FLUSSKREUZFAHRTEN
DONAU

Zwischen Passau und dem Schwarzen Meer

Hinnerk Dreppenstedt

TRESCHER VERLAG

5., aktualisierte Auflage 2017

Trescher Verlag
Reinhardtstr. 9
10117 Berlin
www.trescher-verlag.de

ISBN 978-3-89794-373-5

Herausgegeben von Bernd Schwenkros und
Detlev von Oppeln

Reihenentwurf: Bernd Chill
Gestaltung, Satz und Bildbearbeitung:
Ulla Nickl
Lektorat: Sabine Fach, Corinna Grulich
Stadtpläne und Karten: Johann Maria Just,
Martin Kapp

Gedruckt auf chlorfrei gebleichtem Papier

Printed in Germany

Alle Angaben in diesem Reiseführer wurden sorgfältig recherchiert und überprüft. Dennoch können aktuelle Entwicklungen vor Ort dazu führen, dass einzelne Informationen unvollständig oder nicht mehr korrekt sind. Gerne nehmen wir dazu Ihre Hinweise und Anregungen entgegen. Bitte schreiben Sie an: **post@trescher-verlag.de**

Titel: Budapest, Parlament
Vordere Umschlagklappe: Obernzell
Hintere Umschlagklappe: Eisernes Tor

Die Donau – ein europäischer Fluss

Auf der Oberen Donau

Auf der Mittleren Donau

Auf der Unteren Donau

Reisetipps von A bis Z

Anhang

Vorwort 11
Hinweise zur Benutzung 12
Bordleben 14

DIE DONAU – EIN EUROPÄISCHER STROM 17

Der Lauf des Flusses 18
Grenzverläufe der Anrainerstaaten 18
Schleusen zwischen Passau und dem Schwarzen Meer 19
Streckenverlauf zwischen Passau und dem Schwarzen Meer 22
Die Länder entlang der Donau 23

AUF DER OBEREN DONAU 53

Passau 55
Geschichte 56
Altstadt 57
Innstadt 62
Ilzstadt 64

Zwischen Passau und Linz 66
Von Passau zur Schlögener Schlinge 66
Schlögener Schlinge 69
Von der Schlögener Schlinge nach Linz 69

Linz 71
Geschichte 71
Altstadt 72
Donaulände 77
Pöstlingsberg 79

Machland 81
Mauthausen 81

Strudengau 82
Ardagger Markt und Dornach 82
Grein 83
St. Nikola 84
Ybbs-Persenbeug 84

Nibelungengau 86
Maria Taferl 86
Pöchlarn 88

Wachau 92
Stift Melk 93
Stadt Melk 97
Von Melk nach Weißenkirchen 99
Weißenkirchen 102
Dürnstein 103
Krems 105
Stein 109
Stift Göttweig 110

Tullner Becken 112
Von Mautern nach Tulln 112
Tulln 112
Von Tulln nach Klosterneuburg 114
Klosterneuburg 115

Wien 117
Geschichte 117
Der Strom und die Stadt 120
Stephansplatz 121
Rund um den Stephansplatz 123
Hofburg 126
Westliche Altstadt 129
Ringstraße 133
Museumsquartier 137
Karlsplatz 137
Naschmarkt 139
Belvedere 140
Schönbrunn 142
Hundertwasserhaus 144
Prater 145

Zwischen Wien und Devín 151
Petronell-Carnuntum 152
Hainburg 153

AUF DER MITTLEREN DONAU 155

Devín 156

Bratislava 158
Geschichte 158
Burgberg 161
Stadtzentrum 163
Eurovea-Viertel 170
Ein Ausflug in die Kleinen Karpaten 171

Zwischen Bratislava und Donauknie 176
Gabčikovo 176
Komárno/Komárom 177
Štúrovo 181

Donauknie 183
Esztergom 184
Von Esztergom nach Visegrád 189
Visegrád 190
Vác 195
Szentendre 196
Gödöllő 201

Budapest 205
Geschichte 205
Burgberg 208
Wasserstadt 213
Margareteninsel 214
Gellértberg 215
Pester Uferpromenade 216
Kleiner Ring 221
Andrássy út 226
Heldenplatz und Stadtwäldchen 228
Millenniumsviertel 230

Zwischen Budapest und kroatisch-serbischer Grenze 232
Von Budapest nach Kalocsa 232
Kalocsa 233
Hajós 238
Von Kalocsa nach Mohács 238
Mohács 239
Pécs 241

Entlang der serbisch-kroatischen Grenze 249
Bezdan und Batina 249
Apatin 250
Nationalpark Kopački Rit 250
Osijek 251
Vom Drava-Zufluss nach Vukovar 256
Vukovar 256
Đakovo 257
Ilok 259
Bačka Palanka 260

Novi Sad 261
Geschichte 261
Stadtzentrum 262
Festung Petrovaradin 267
Nationalpark Fruška Gora 270
Sremski Karlovci 272
Von Sremski Karlovci nach Belgrad 277

Belgrad 278
Geschichte 279
Festung 283
Das Viertel Varoš kapija 286
Ulica Knez Mihailova 288
Rund um den Akademski trg 290
Trg Republike 291
Skadarlija 293
Entlang der Terazije 294
Kathedrale des heiligen Sava 296
Ein Ausflug nach Topola 298

Zwischen Belgrad und Eisernem Tor 302
Smederevo 302
Von Kostolac nach Veliko Gradište 303
Moldava Veche und Moldava Nouă 304

Eisernes Tor 305
Eingang zum Eisernen Tor 306
Die Durchfahrt 307
Kraftwerk Đerdap 312
Băile Herculane 313

AUF DER UNTEREN DONAU 315

Zwischen Eisernem Tor und Ruse 317
Kladovo 317
Drobeta-Turnu Severin 318
Von Drobeta-Turnu Severin nach Calafat 320
Calafat und ›Brücke Neues Europa‹ 321
Vidin 322
Belogradčik 326
Lom und Kozloduj 327
Orjahovo und Corabia 328
Nikopol 329
Turnu Măgurele 329
Belene, Svištov und Zimnicea 330
Pleven 331

Ruse 334
Geschichte 334
Stadtzentrum 335
Die Felsenklöster Basarbovo und Ivanovo 340

Veliko Tărnovo 342
Arbanasi 348
Giurgiu 352
Tutrakan und Oltenița 352
Silistra 353

Bukarest 355
Geschichte 356
Casă Poporului 359
Bulevardul Unirii 361
Patriarchenhügel 362
Altes Handelsviertel 363
Calea Victoriei 366
Piața Revoluției 367
Piața 21 Decembrie 1989 369
Piața Universitații 371
Vom Zentrum nach Norden 371
Dorfmuseum 372

Zwischen Silistra und dem Donaudelta 374
Der Borcea-Arm 374

Von Silistra nach Cernavodă 374
Cernavodă und der Donau-Schwarzmeer-Kanal 375
Von Cernavodă nach Brăila 376
Brăila 377
Galați 378
Von Galați zum Donaudelta 379

Rumänische Schwarzmeerküste 380
Constanța 380
Mamaia 388
Weitere Orte an der Küste 389
Murfatlar 389

Donaudelta 390
Landschaften 390
Tier- und Pflanzenwelt 391
Der Mensch und seine Eingriffe 392
Tulcea 393
Der Chilia-Arm 397
Izmail 397
Vylkovo 400
Der Sfăntu-Gheorghe-Arm 401
Der Sulina-Arm 402
Sulina 403

REISETIPPS VON A BIS Z 405

Glossar 407
Internethinweise 408
Literaturhinweise 409
Der Autor 411
Danksagung 411
Register 412
Bildnachweis 417
Kartenregister 417
Kartenlegende/Zeichenlegende 420

ESSAYS

Die Nibelungen 89
Sisi – Leben und Mythos 146
Eugen von Savoyen 300
Ovid in der Verbannung 384

Dieses Denkmal an der Esztergomer Kathedrale erinnert an die Krönung Stephans I.

Vorwort

Die Donau ist der europäische Strom schlechthin. Die Wolga ist länger als die Donau, der Rhein von größerer wirtschaftlicher Bedeutung, aber kein anderer Fluss hat so viele Anrainer. Gleich zehn Staaten gibt es entlang der 2888 Flusskilometer: Deutschland, Österreich, die Slowakei, Ungarn, Kroatien, Serbien, Bulgarien, Rumänien, Moldawien (Moldau) und die Ukraine. Im unmittelbaren Einzugsgebiet des Stromes leben rund 100 Millionen Menschen. An den Donauufern trafen Römer und Barbaren, Christentum und Islam, Katholizismus und Orthodoxie aufeinander – die Donau war seit der Antike Mittlerin und ebenso Scheidegrenze zwischen den Kulturen. Dieses Mit-, Gegen- und Nebeneinander lässt sich an den vielen baulichen Hinterlassenschaften entlang der Ufer ablesen. Die Schlösser, Klöster und Burgen künden ebenso davon wie die Kathedralen, Synagogen und Minarette. Zwischen Passau und dem Donaudelta lassen sich Zeugnisse aus allen kulturgeschichtlichen Epochen finden, und für manche Städte, so etwa Belgrad und Ruse, wurde das Aufeinandertreffen von Okzident und Orient geradezu schicksalhaft oder wenigstens stadtbildprägend. Überwältigend ist allein die große Anzahl stolzer Städte und weiterer prächtiger Bauwerke in allen Ländern.

Abwechslungsreich wie die Kulturen, mit denen der Reisende in Berührung kommt, sind auch die Landschaften. Schier endlose Tiefebenen wechseln sich mit hochaufragenden, schroffen Hügelketten ab, kanalisierte Teilstrecken folgen auf Passagen, die von Menschenhand unberührt scheinen, und größere Unterschiede als zwischen der puppenstubenhaften Kulturlandschaft Wachau mit ihren zahlreichen herausgeputzten Städtchen auf engstem Raum und der weitgehend unberührten und kaum besiedelten Wildnis des Deltas sind kaum denkbar. Auch die Donau selbst wechselt beständig ihren Charakter: Mal fließt sie still oder weitet sich seenartig, dann wieder stürmt sie reißend voran oder drängt sich durch enge, wilde Täler.

Wegen dieser Vielfalt gehört eine Reise auf der Donau sicherlich zu den interessantesten Flusskreuzfahrten in Europa. Man taucht tief ein in die mittel- und südosteuropäische Geschichte und Kultur, in das Spannungsfeld von unterschiedlichen Religionen, Völkern und Sprachen. Zudem eröffnen sich die Schönheiten der spektakulärsten Abschnitte nur von einem Schiff aus in ganzer Eindrücklichkeit: Schlögener Schlinge, Wachau und Eisernes Tor.

Die Donau war immer schon eine der wichtigsten Lebensadern Europas. In jüngerer Zeit ist ihr völkerverbindender Charakter wieder stärker hervorgetreten, denn seit dem Beitritt Kroatiens zur EU im Sommer 2013 sind bis auf Serbien, Moldawien und die Ukraine alle Anrainer Mitglied der Europäischen Union. Eine Donaukreuzfahrt bietet die wohl einfachste und bequemste Möglichkeit, diese vielen Nachbarn mit ihren ganz unterschiedlichen Traditionen und ihrem reichen kulturellen Erbe sowie die unterschiedlichen Landschaften kennenzulernen.

Hinweise zur Benutzung

Der vorliegende Reiseführer richtet sich vornehmlich an Kreuzfahrtreisende und beschreibt die Donau und die an ihren Ufern liegenden Sehenswürdigkeiten zwischen Passau und Schwarzem Meer. Die Beschreibung berücksichtigt zudem sämtliche Orte, die in den vergangenen Jahren das Ziel von Landausflügen waren. Die Darstellung folgt in ihrer Gliederung der üblicherweise verwendeten Unterteilung des Stroms in Ober-, Mittel- und Unterlauf.

Nahezu jeder Ort, der passiert wird und der vom Deck eines Schiffes aus sichtbar ist, findet Erwähnung: Mit fast allen Dörfern und Städten, Festungen, Burgen und Schlössern sind interessante Legenden oder Episoden ebenso wie Epochen oder historische Wendepunkte verknüpft, lässt sich an ihnen beispielhaft Charakteristisches über die Menschen und Mächte darlegen, die die jeweilige Region prägten und prägen. Zu allen Orten an den Ufern werden die offiziellen Flusskilometer genannt. Entlang der Donau sind durchgängig große Schilder aufgestellt, die diese Angaben nachweisen. So weiß man stets, wo man sich befindet. Da dieser Reiseführer streng dem Verlauf der Donau folgt, ist es für Leser ein Leichtes, die entsprechende Stelle nachzuschlagen und dort die Informationen zu dem Ort zu finden, den das Schiff gerade passiert. Dort wo sich die Sehenswürdigkeiten ballen oder aber die Topographie etwas unübersichtlich ist – so etwa an einigen Stellen in der Wachau oder im Eisernen Tor –, wird die Nennung der Flusskilometer durch die Angabe ›rechts‹ oder ›links‹ ergänzt. Sie versteht sich stets als ›in Fließrichtung rechts‹ oder ›in Fließrichtung links‹.

Die Stadtbeschreibungen und die Kartenausschnitte sind so angelegt, dass sich die Orte mühelos auf eigene Faust erkunden lassen und kein zusätzliches Material vonnöten ist. Gerade die großen Städte wie Budapest und Wien bieten so viele Sehenswürdigkeiten, dass im Rahmen eines Kurzbesuchs auch nicht annähernd alle besichtigt werden können. Daher werden hier vorrangig diejenigen beschrieben und erläutert, die allgemein als besonders erwähnenswert gelten. Dieses ›Best of‹ ist noch immer deutlich mehr als ein Tagesprogramm und daher als Angebot zu verstehen, aus dem man sich ganz individuell Touren selbst zusammenstellen kann und unabhängig von den angebotenen Rundgängen ist.

In Bulgarien wird durchgängig das kyrillische Alphabet benutzt, in Serbien finden sowohl das kyrillische als auch das lateinische Alphabet Verwendung. In diesem Buch werden die Eigennamen in Text und Plänen so wiedergegeben, dass eine Orientierung auch für diejenigen problemlos möglich ist, die das kyrillische Alphabet nicht beherrschen.

Da ein Kreuzfahrtschiff Hotel, Restaurant und Verkehrsmittel in einem darstellt, beschränken sich die reisepraktischen Hinweise auf die Angaben, die tatsächlich hilfreich für Passagiere sein können, vor allem für diejenigen, die eine individuelle Erkundung von Orten den geführten Rundgängen vorziehen. Die Hinweise und Tipps zu Tourismusbüros, öffentlichen Verkehrsmitteln und den Liegeplätzen der Schiffe, zu Einkehrmöglichkeiten, Museen und zum Einkauf stellen eine begründete Auswahl und Hinweise auf besonders landestypische Einrichtungen dar.

Die Angaben auf den Seiten 23 bis 51 beziehen sich durchweg auf das Jahr 2015, die stichwortartigen Auflistungen zur Geschichte der Länder berücksichtigen alle wichtigen Ereignisse bis November 2016.

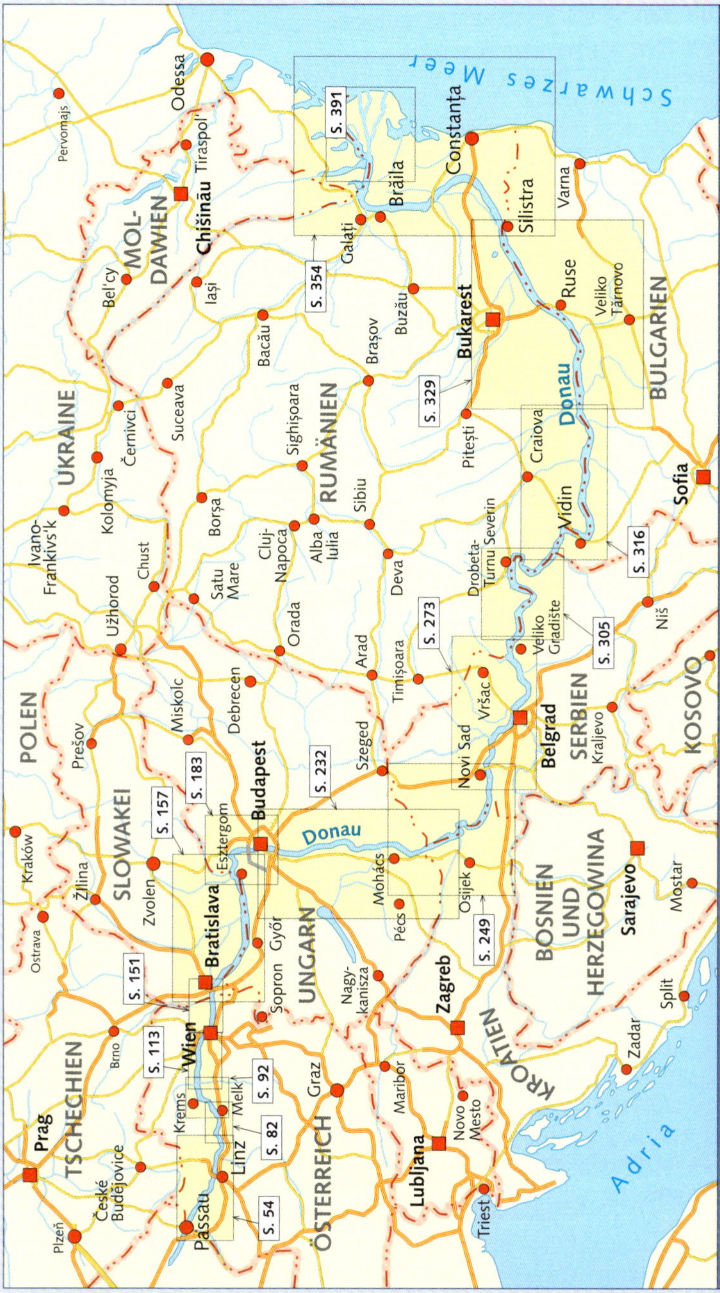

S. 54
S. 82
S. 92
S. 113
S. 151
S. 157
S. 183
S. 232
S. 249
S. 273
S. 305
S. 316
S. 329
S. 354
S. 391
Schwarzes Meer
Adria
Donau
TSCHECHIEN
POLEN
SLOWAKEI
UKRAINE
MOL-DAWIEN
RUMÄNIEN
BULGARIEN
SERBIEN
KOSOVO
BOSNIEN UND HERZEGOWINA
KROATIEN
UNGARN
ÖSTERREICH
Prag
Plzeň
České Budějovice
Brno
Ostrava
Kraków
Žilina
Zvolen
Prešov
Miskolc
Užhorod
Ivano-Frankivs'k
Kolomyja
Černivci
Chust
Bel'cy
Chişinău
Tiraspol'
Odessa
Pervomajs
Suceava
Iaşi
Bacău
Borşa
Satu Mare
Cluj-Napoca
Alba Iulia
Sighişoara
Sibiu
Braşov
Buzău
Galaţi
Brăila
Constanţa
Silistra
Varna
Ruse
Veliko Tărnovo
Bukarest
Piteşti
Craiova
Vidin
Drobeta-Turnu Severin
Veliko Gradište
Deva
Orada
Arad
Timişoara
Debrecen
Szeged
Vršac
Belgrad
Novi Sad
Kraljevo
Niš
Sofia
Budapest
Esztergom
Mohács
Osijek
Pécs
Győr
Sopron
Bratislava
Wien
Krems
Melk
Linz
Passau
Graz
Maribor
Nagykanisza
Zagreb
Novo Mesto
Ljubljana
Triest
Zadar
Split
Sarajevo
Mostar
0
100
200 km

Bordleben

Vorbereitung Die Reiseveranstalter senden rechtzeitig vor Beginn der Reise den Teilnehmern alle notwendigen Unterlagen mitsamt den wichtigsten Reiseinformationen zu.

An- und Abreise Die An- und Abreise erfolgt individuell, bei allen Veranstaltern kann man die Bahnfahrt gleich dazu buchen, manche bieten auch einen deutschlandweiten Busservice an. Ab Hauptbahnhof des Ablegehafens organisieren die Veranstalter stets einen Bustransfer zum Schiffsanleger incl. Gepäckbeförderung.

Einführungsveranstaltung Noch am ersten Tag findet nach der Begrüßung eine Einführungsveranstaltung statt, in der die Gäste beim ersten Glas Sekt vieles zu Bordleben und -regeln, zu der Ausstattung des Schiffes und den Sicherheitsbestimmungen sowie zum Reiseverlauf erfahren. Nicht zuletzt stellen sich dabei sämtliche Verantwortliche und Ansprechpartner vor.

Größe und Ausstattung der Schiffe Bedingt durch Schleusen und Brücken, sind die Flusskreuzfahrtschiffe, verglichen mit den Hochseeschiffen, recht schmal und niedrig; die Schiffe auf der Donau sind für max. 180 Passagiere ausgelegt. Dadurch ist die Atmosphäre familiär, man lernt die Mitreisenden schnell kennen. Es gibt nur Außenkabinen auf zumeist zwei Decks. Im unteren Deck ruht der Kopf etwa auf Höhe der Wasseroberfläche, was nicht alle als angenehm empfinden. In den Kabinen des unteren Decks, die weit vorn oder hinten liegen, muss man mit erhöhtem Geräuschpegel durch das Bugstrahlruder bzw. den Maschinenraum rechnen. Manche Schiffe haben einen eleganten, manche einen eher rustikalen Charme, manche neuere kommen kühl-modern daher. Infos dazu in den Katalogen und auf den Internetseiten der Veranstalter.

Kabinen Die Kabinen sind zweckmäßig und nach raumökonomischen Gesichtspunkten eingerichtet, größere Kabinen – auf neueren Schiffen gibt es sogar ›Suiten‹ – haben ihren Preis.

Bordsprache Auf Schiffen deutschsprachiger Reedereien oder Bordcharterer ist die Umgangssprache Deutsch. Die ausländischen Servicekräfte sind auf deutsche Gäste eingestellt, so dass eine Verständigung problemlos möglich ist.

Rezeption Hier kümmert sich die Reiseleitung um alle Anliegen, in der Regel ist die Rezeption 24 Stunden besetzt.

Geld und Währung Währung ist der Euro. Alle Barrechnungen und Dienstleistungen – z.B. Wäscherei- und Bügelservice, Friseur – werden auf die Kabinenrechnung gesetzt und am letzten Abend vor der Ausschiffung beglichen; Kreditkartenzahlung ist möglich.

Kleidung Die Zeiten von Galagarderobe nicht nur beim Kapitänsdinner sind lange vorbei, auf den Schiffen geht es recht leger zu. Dennoch gehört eine für die Mahlzeiten im Restaurant angemessene Garderobe ebenso ins Gepäck wie festes Schuhwerk für die Landgänge und Ausflugstouren. Kabinen und Gesellschaftsräume sind klimatisiert, an Deck wird es abends frisch; Pullover und feste Jacke sollten daher mitgenommen werden. Andererseits kann es zwischen dem südlichen Ungarn und dem Donaudelta in den Sommermonaten bis zu 40 Grad heiß werden. An luftige, sommerliche Kleidung und auch Badekleidung für den Pool sollte man also denken.

Mahlzeiten an Bord Für erstaunlich viele Reisende die wichtigsten Programmpunkte des Tages. Die Vollverpflegung beinhaltet neben den drei Hauptmahlzeiten oft noch Tee, Kaffee und Süßes am Nachmittag sowie einen Abendsnack. Das Frühstück ist als Büffet organisiert, die beiden anderen Mahlzeiten

Eine Führung durch das Steuerhaus

werden zumeist am Tisch serviert. Auf vielen Schiffen wird am ersten Tag eine Sitzordnung festgelegt. Eher selten sind Wasser und Wein im Gesamtpreis inbegriffen, in der Regel werden die gewählten Getränke auf die Kabinenrechnung gesetzt; die kann je nach individuellen Gewohnheiten am Ende der Reise verblüffend hoch ausfallen. Die Verpflegung ist (über-) reichlich, so dass man ernsthaft in Betracht ziehen sollte, den einen oder anderen Gang oder auch eine ganz Mahlzeit regelmäßig auszulassen; die Küche ist flexibel genug für derlei Wünsche. In der Regel wählt man am Vorabend für den nächsten Tag für die warmen Mahlzeiten Vorspeise und Hauptgericht aus. Die Tageskarte orientiert sich gern – in sehr gemäßigter Form – an dem Land, durch das man an diesem Tag kommt. Auf Authentisch-Landestypisches stößt man aber eher bei den Landausflügen oder beim Besuch eines Lokals an Land. Vorschläge dazu hier im Buch.

Tagesprogramm Hängt am schwarzen Brett (Rezeption) aus und wird am Vorabend verteilt. Z.B. wegen Hoch- oder Niedrigwasser sind kurzfristige Abweichungen vom ursprünglichen Programm möglich, daher unbedingt lesen und v.a. auf die Ablegezeiten achten! Denn wegen der Schleusungen müssen die Schiffe zum festgelegten Zeitpunkt ablegen, mögen auch noch Passagiere von den individuellen Erkundungen nicht wieder zurück an Bord sein. Es gibt oft Tanz- oder Spieleabende, Folkore- oder Zaubervorführungen, manchmal Vorträge. Die Live-Bands sind aus Kostengründen über die Jahre immer kleiner geworden und von vielen Schiffen ganz verschwunden.

Liegeplätze Fast immer sehr zentral, so dass man viele Sehenswürdigkeiten zu Fuß erreicht und sich keinem geführten Ausflug anschließen muss. Die Karten in diesem Buch sind darauf abgestimmt.

Landausflüge Am ersten Tag der Reise informiert die Reiseleitung über die geplanten Landausflüge und die Modalitäten der Buchung. Kurze Erläuterungen gibt auch das jeweilige Tagesprogramm. Die Landausflüge sind meist nicht im Preis inbegriffen; manchmal kann man vorab ein Ausflugspaket buchen. Die Dauer der Reise bestimmt Art und Umfang der Landausflüge und vor allem, welche Orte besucht werden und welche nicht: Die kürzeren Reisen konzentrieren sich auf die großen Städte, auf den zwei- bis dreiwöchigen Reisen werden auch kleinere Orte angesteuert, und man hat in vielen Städten deutlich länger Aufenthalt.

Trinkgeld Es ist üblich, dem Bordpersonal vor der Ausschiffung ein Trinkgeld zu hinterlassen, das alle Serviceleistungen der Reise berücksichtigt. Die Reiseleitung gibt ihren Gästen rechtzeitig Hinweise, was als angemessen gilt. Eine Aufmerksamkeit gleich zu Beginn der Kreuzfahrt erleichtert manches.

Ausschiffung Die Reiseleitung organisiert und informiert so rechtzeitig und so oft, dass niemand nervös werden muss.

Zu allgemeinen Bestimmungen: Reisetipps von A bis Z ab S. 405

Eine Fahrt auf der Donau führt durch viele Länder, zu gleich mehreren Hauptstädten und zahlreichen weiteren Sehenswürdigkeiten.
Die Vielfalt und Unterschiedlichkeit der Orte und Landschaften spiegelt die wechselvolle Geschichte Europas wider.

DIE DONAU –
EIN EUROPÄISCHER STROM

Blick vom serbischen Ufer auf das Eiserne Tor

Der Lauf des Flusses

Die Donau ist neben Mosel und Neckar der einzige Fluss, dessen Kilometer von der Mündung aus gezählt werden und nicht, wie sonst üblich, von der Quelle aus. Der offizielle Nullkilometer ist mit dem Leuchtturm Sulina im Donaudelta am Schwarzen Meer markiert. Der Grund ist einfach: Man ist sich nicht einig, wo man im umgekehrten Fall mit dem Zählen beginnen sollte.

Die Donau hat keine Quelle, sondern nur einen Entstehungsort. Er liegt – gemäß dem alten Merkreim »Brigach und Breg/bringen die Donau zuweg« – am Zusammenfluss zweier Gewässer, die mit dem Wort ›Bächlein‹ wohl am besten charakterisiert sind. Man könnte also sowohl das eine wie das andere Gewässer als Ausgangspunkt der Donau ansehen, entsprechend weiterzählen und hätte zwei unterschiedliche Angaben. Die Breg ist länger als die Brigach, und konsequenterweise findet sich an ihrer Quelle auch eine Tafel mit einer entsprechenden Inschrift: »Hier entspringt der Hauptquellfluss der Donau, die Breg, in der Höhe von 1078 Metern über dem Meer, 2888 Kilometer von der Donaumündung entfernt, 100 Meter von der Wasserscheide zwischen Donau und Rhein, zwischen Schwarzem Meer und Nordsee.«

Im Schlosspark zu Fürstenberg kann man ebenfalls eine Quelle mitsamt Inschrift bewundern: »Mutter Baar schickt die junge Donau auf den Weg nach Osten.« Das Wasser dieser Quelle fließt bald darauf in die Brigach, die, wenige Kilometer von der Bregquelle entfernt, westlich von St. Georgen im Hochschwarzwald entspringt. Von der Donaumündung bei Sulina am Schwarzen

Grenzverläufe der Anrainerstaaten zwischen Passau und dem Schwarzen Meer

Linkes Ufer	km–km	Rechtes Ufer
Deutschland	2288–2223	Deutschland
	2223–2201	Österreich
Österreich	2201–1880	
Slowakei	1880–1872	
	1872–1857	Slowakei
	1857–1709	Ungarn
Ungarn	1709–1433	
Serbien	1433–1288	Kroatien
	1288–1075	Serbien
Rumänien	1075–845	
	845–374	Bulgarien
	374–134	Rumänien
Moldawien	134–133	
Ukraine	133–0	

Meer bis zum Zusammenfluss von Breg und Brigach bei Donaueschingen sind es 2840, bis zur Bregquelle 2888 Kilometer. Beide Zahlen findet man als Längenangaben, die offizielle Kilometrierung aber endet bereits bei Furtwangen. Angesichts der Länge des Stromes erscheint es müßig, über 40 Kilometer mehr oder weniger debattieren zu wollen. Von einem Fluss kann man auf den ersten Kilometern ohnehin nicht sprechen, denn das Wasser versickert immer wieder im Karstboden. Erst bei Beuron in der Schwäbischen Alb findet die Donau endgültig zu Beständigkeit und Eigenständigkeit.

Traditionell wird der Strom in drei Abschnitte gegliedert, in Ober-, Mittel- und Unterlauf. Auch diese Einteilung ist nicht eindeutig, die meisten Fachleute nennen den Abschnitt bis Ulm die ›junge Donau‹ und unterscheiden ihn vom Oberlauf, der bei Kilometer 2588 beginnt; 252 Kilometer liegen schon hinter der Donau, und ab Ulm wird sie für Kleinfahrzeuge schiffbar.

Der Oberlauf

Charakteristisch für den Oberlauf ist das Wechselspiel von engen Flusstälern und Gebirgsdurchbrüchen mit sich in die Breite öffnenden Landschaften, ehemaligen Auen, in denen das Wasser heute fast durchgängig gebändigt, kanalisiert und von Menschenhand geformt ist. Zwar ist damit der Pegelstand des Flusses übers Jahr gleichmäßiger geworden, aber mit dem Verlust der Seitenarme, Auenwälder und Überschwemmungsgebiete rauscht das Wasser schneller talwärts, und auch die zahlreichen künstlichen Reservoire, Wasserkraftwerke und Staustufen können in Hochwasserzeiten den Strom nicht mehr bändigen.

Schleusen zwischen Passau und dem Schwarzen Meer

Land	km	Schleuse	Höhe in Meter	Länge in Meter	Breite in Meter	kWh
Deutschland	2203	Jochenstein	10,20	227	24	940 000
Österreich	2162	Aschach	16,90	230	24	290 000
	2146	Ottensheim	12,80	240	24	170 000
	2119	Abwinden	10,90	230	24	180 000
	2094	Wallsee	9,80	230	24	210 000
	2061	Ybbs-Persenbeug	12,30	230	24	190 000
	2038	Melk	11,80	230	24	330 000
	1980	Altenwörth	16,60	230	24	290 000
	1949	Greifenstein	14,60	230	24	290 000
	1921	Freudenau	10,60	275	24	280 000
Slowakei	1820	Gabcikovo	20,40	280	34	350 000
Serbien/ Rumänien	941	Đerdap 1	34	310	34	3 000 000 (mit Đerdap 2)
	860	Đerdap 2	10,0	310	34	

Von Donaueschingen fließt die Donau in einem beständig nach Nordosten weisenden Schwung, ab Regensburg in allerlei Windungen nach Südosten, bis sie Passau erreicht. Unmittelbar hinter Passau hat sie erkennbar an Statur gewonnen, was sie gemäß einem weiteren Merkreim fast ausschließlich ihren Zuflüssen zu verdanken hat: »Iller, Lech, Isar, Inn/Fließen rechts zur Donau hin. Altmühl, Naab und Regen/Kommen ihr links entgegen.« Die erstgenannten Flüsse kommen aus den Alpen und führen der Donau sehr viel mehr Wasser zu als die Flüsse, die von Norden einmünden und den zweiten Teil des Spruchs bilden. Der Inn, der in Passau dazustößt, trägt dazu besonders viel bei.

Das Wechselspiel von engen Tälern und weiten Landschaften, die oft als ›Feld‹ bezeichnet werden, setzt sich auch auf österreichischem Gebiet fort. Zunächst fließt die Donau dabei weiter nach Südosten, hinter Linz ungefähr in östlicher Richtung. Dabei vollzieht sie zahlreiche Wendungen und Kehren, deren spektakulärste die Schlögener Schlinge hinter Engelhartszell ist.

Die mittlere Donau

Wo die Mittlere Donau beginnt, ist wiederum nicht eindeutig geklärt. Nähme man historische Handelswege zum Maßstab, würde man die Grenze von Mittel- zu Oberlauf in das Wiener Stadtgebiet setzen, geht man vom Gefälle und der Flussgeschwindigkeit aus, ist sie etwa an der Mündung der Raab (ung. Rába) bei Győr anzusetzen, unter geographischen Gesichtspunkten an der Mündung der March (Morava) in der Nähe von Bratislava. Überwiegend wird heute die letztgenannte Variante gewählt, da hier praktischerweise auch die Grenze zwischen Österreich und der Slowakei verläuft. Geht man also von dieser Einteilung aus, umfasst der Oberlauf mitsamt Junger Donau rund 965 Kilometer. Davon befinden sich auf deutschem Gebiet 647, auf österreichischem 318 Kilometer.

Charakteristisch für den Mittellauf sind die zahlreichen Stromspaltungen und die dadurch gebildeten großen Inseln. Die Donau weist deutlich weniger Gefälle auf als in ihrem Oberlauf und fließt daher auch langsamer. Bis Vác, kurz vor Budapest, wird der Fluss von Bergketten begleitet, dann beginnt die ausgedehnte ungarische Tiefebene. Bei Kilometer 1425 wird die ungarisch-kroatische Grenze erreicht; das ist etwa die Hälfte der Flussstrecke. Später münden die Drau, die Theiß und bei Belgrad die Save ein, drei große Flüsse, die die Donau erheblich anschwellen lassen. Der Fluss durchquert Kroatien und Serbien und erreicht an der Grenze von Serbien und Rumänien das Eiserne Tor.

Das war bis vor wenigen Jahren die gefährlichste Stelle des Stromes. Die Donau wird hier über Dutzende von Kilometern von hohen Bergen eingeschnürt und ist stellenweise lediglich 120 Meter breit – vorher hatte sie an einigen Stellen eine Breite von mehreren Kilometern. Sprengungen zur Entschärfung dieser Passage hatte es seit dem 19. Jahrhundert gegeben, erst der gigantische Kraftwerksbau – ein rumänisch-jugoslawisches Gemeinschaftsprojekt, das 1972 fertiggestellt wurde – hat sie endgültig entschärft. Das Wasser staut sich von dort 150 Kilometer zurück, und die Schiffe werden in zwei Schleusen um insgesamt 34 Meter gesenkt oder gehoben. Man setzt das Eiserne Tor allgemein als Grenze zwischen Mittel- und Unterlauf, abermals schwanken die Angaben. Die Länge der Mittleren Donau kann man daher nur ungefähr mit 930 Kilometern angeben.

Die wichtigsten Nebenflüsse der Donau

(Sortierung nach Flusskilometern, gerundete Zahlen)

Name	Einmündung bei km (Land)	Seite	Länge	Abfluss in m³/s
Iller	2588 (D)	rechts	147	71
Lech	2496 (D)	rechts	264	114
Naab	2585 (D)	links	165	50
Isar	2281 (D)	rechts	295	175
Inn	2225 (D)	rechts	518	738
Traun	2125 (A)	rechts	153	135
Enns	2111 (A)	rechts	254	195
March (Morava)	1880 (A)	links	358	109
Waag (Váh)	1765 (A/SK)	links	403	152
Hron	1716 (SK)	links	298	55
Drau (Drava)	1382 (HR)	rechts	749	670
Theiß (Tisa/Tisza)	1214 (SRB)	links	1308	813
Save (Sava)	1170 (SRB)	rechts	945	1722
Morava	1104 (SRB)	rechts	185	255
Jiu	691 (RO)	links	331	94
Iskar	637 (BG)	rechts	368	54
Olt	600 (RO)	links	737	190
Sereth (Siret)	155 (RO)	links	596	230
Pruth (Prut)	134 (RO/MD)	links	953	110

Der Unterlauf

Der Unterlauf, der Abschnitt zwischen Eisernem Tor und Mündungsdelta, weist mit nur 50 Metern ein sehr geringes Gefälle auf und durchmisst ausgedehnte Flachlandschaften. Der Fluss ist bis zu zwei Kilometer breit und oft von Sumpf- und Auengürteln gesäumt, die bis zu 15 Kilometer Breite aufweisen. Die Donau ist dabei zunächst serbisch-rumänischer und dann auf rund 470 Kilometern rumänisch-bulgarischer Grenzfluss; auf dieser Strecke erreicht sie bei Svištov ihren südlichsten Punkt. Hinter Silistra schwenkt sie nach Norden, wendet sich bei Galaţi (Galatz) scharf nach Osten, bildet auf nur einigen hundert Metern die moldawisch-rumänische, dann die rumänisch-ukrainische Grenze (168 Kilometer). Die Donau weitet sich schließlich hinter Tulcea in ein Delta. Dieses spektakuläre Labyrinth aus zahlreichen Wasserarmen und drei Hauptströmen hat etwa die Form eines Dreiecks, dessen Seiten jeweils rund 80 Kilometer lang sind.

Vom Eisernen Tor bis zum Leuchtturm bei Sulina hat die Donau weitere 945 Kilometer zurückgelegt. Sie trägt große Mengen an Schwebestoffen mit sich, die sich an der Mündung absetzen, und so verschiebt sich die Mündung pro Jahr etwa 40 Meter weiter in das Schwarze Meer. Der Leuchtturm von Sulina, der einst die Mündung markierte, steht längst nicht mehr am Meer, und damit hat sich die traditionelle Kilometerzählung, die den Reisenden bis hierhin begleitet hat und die so lange schon kontrovers diskutiert wird, nochmals relativiert.

Streckenverlauf zwischen Passau und dem Schwarzen Meer
(aufgeführt sind nur die wichtigsten Orte)

Flusskilometer	Ort	Land
2226	Passau	Deutschland
2135	Linz	Österreich
2036	Melk	Österreich
2009	Dürnstein	Österreich
1964	Tulln	Österreich
1934	Wien-Nußdorf	Österreich
1929	Wien-Handelskai	Österreich
1869	Bratislava	Slowakei
1768	Komárno	Slowakei
1720	Esztergom	Ungarn
1647	Budapest	Ungarn
1516	Kalocsa	Ungarn
1448	Mohács	Ungarn
1333	Vukovar	Kroatien
1301	Ilok	Kroatien
1257	Novi Sad	Serbien
1246	Sremski Karlovci	Serbien
1170	Belgrad	Serbien
1118	Smederevo	Serbien
1040	Festung Golubac	Serbien
964	Trajanstafel	Serbien
941	Đerdap I	Serbien/Rumänien
863	Đerdap II	Serbien/Rumänien
790	Vidin	Bulgarien
597	Nikopol	Bulgarien
496	Ruse	Bulgarien
375	Silistra	Bulgarien
300	Cernavodă	Rumänien
171	Brăila	Rumänien
150	Galați	Rumänien
71	Tulcea	Rumänien
0	Sulina	Rumänien

Die Länder entlang der Donau

Deutschland

Offizielle Bezeichnung: Bundesrepublik Deutschland
Staats- und Regierungsform: Bundesrepublik, Wahl zum Bundestag alle vier Jahre, Wahl des Staatsoberhaupts durch die Bundesversammlung alle fünf Jahre
Hauptstadt: Berlin (3 470 000 Einwohner)
Gliederung: 16 Bundesländer
Fläche: 357 000 qkm
Größere Städte: Hamburg (1 762 000 Einwohner), München (1 430 000), Köln (1 047 000), Frankfurt am Main (718 000), Stuttgart (612 000)
Amtssprache: Deutsch
Einwohner/Bevölkerungsdichte: 81 413 000/228 pro qkm
Bevölkerung: 92 % Deutsche, 8 % Ausländer, darunter 2 % Türken, 0,6 % Italiener, 0,5 % Polen, 0,3 % Griechen, 0,25 % Kroaten
Städtische Bevölkerung: 75 %
Lebenserwartung: 79/84 Jahre (m/w)
Religion: 30 % Katholiken, 29 % Protestanten, 2,5 % Muslime, 1,5 % Orthodoxe
BNE: 45 800 US-Dollar je Einwohner
Erwerbstätigkeit: Landwirtschaft 1,5 %, Industrie 24,5 %, Dienstleistungen 74 %
Arbeitslosenquote: 6 %
Inflationsrate: 0,3%
Währung: Euro
Zeit: MEZ
Vorwahl/Internetkennung: +49/de
Nationalfeiertag: 3. Oktober (Tag der deutschen Einheit)

Österreich

Offizielle Bezeichnung: Republik Österreich
Staats- und Regierungsform: Bundesrepublik, Wahl zum Nationalrat alle fünf Jahre, Direktwahl des Staatsoberhaupts alle sechs Jahre
Hauptstadt: Wien (1 840 000 Einwohner)
Gliederung: 9 Bundesländer
Fläche: 84 000 qkm
Größere Städte: Graz (280 000 Einwohner), Linz (200 000), Salzburg (150 000), Innsbruck (131 000), Klagenfurt (99 000)
Amtssprache: Deutsch, in manchen Regionen auch Slowenisch, Kroatisch und Ungarisch
Einwohner/Bevölkerungsdichte: 8 611 000/103 pro qkm
Bevölkerung: 87 % Österreicher, zahlreiche kleinere Minderheiten
Städtische Bevölkerung: 66 %
Lebenserwartung: 76/83 Jahre (m/w)
Religion: 69 % Katholiken, 4 % Protestanten, 11 % ohne Religion, 7 % Muslime
BNE: 47 000 US-Dollar je Einwohner
Erwerbstätigkeit: Landwirtschaft 4 %, Industrie 26 %, Dienstleistungen 70 %
Arbeitslosenquote: 5 %
Inflationsrate: 0,9 %
Währung: Euro
Zeit: MEZ
Vorwahl/Internetkennung: +43/at
Nationalfeiertag: 26. Oktober (Verabschiedung des Neutralitätsgesetzes 1955)

■ Geschichte im Überblick

15 v. Chr. Die Römer festigen ihre Herrschaft an der Donau und richten die Provinz Pannonien ein.

Um 430 Verwüstung weiter Landstriche an der Donau durch die Hunnen. Die Römer treten in einem Vertrag die Provinz Pannonien an die Hunnen ab.

500–650 Langobarden, Goten, Awaren und andere slawische Stämme ziehen durch das Land.

Ab 700 Landnahme der Bajuwaren.

909 Die Magyaren erobern die Gebiete des heutigen Österreich.

955 Sieg Ottos I. über die Magyaren in der Schlacht auf dem Lechfeld; Gründung der Ostmark.

976 Otto I. überträgt die Ostmark den Babenbergern; Beginn ihrer langandauernden Herrschaft.

996 Erstmalige Nennung der Ostmark als ›Ostarrichi‹.

1156 Auf dem Reichstag zu Regensburg wird die Ostmark zum Herzogtum erhoben.

1246 Tod Herzog Friedrichs II. in einer Schlacht gegen die Ungarn. Die Dynastie der Babenberger stirbt aus; Interregnum des Böhmen Ottokar II.

1278 Der Habsburger Rudolf I. siegt über Ottokar II. auf dem Marchfeld und begründet damit die Herrschaft der Habsburger. Sie währt bis 1918.

1452 Friedrich V. wird zum Heiligen Römischen Kaiser Friedrich III. gekrönt.

1515 Maximilian I. erlangt mit einer habsburgisch-jagellonischen Doppelhochzeit die Erbfolgerechte der Jagellonendynastie und gewinnt somit Böhmen und Ungarn. Sein Enkelsohn, Karl V., erbt 1516 Spanien.

1526 Niederlage der Ungarn gegen die Türken bei Mohács; Böhmen und Ungarn fallen an Habsburg.

1529 Erste erfolglose Belagerung Wiens durch die Türken. Die Reformation erfasst weite Teile des Landes, die Mehrheit bekennt sich zum protestantischen Glauben.

1577 Rudolf II. hebt die erst 1571 gewährte Glaubensfreiheit auf.

Ab 1618 Die Gegenreformation gewinnt massiv an Boden.

1648 Nach dem Dreißigjährigen Krieg entwickelt sich Österreich zu einem zentralistisch geführten Staat, die Habsburger drängen mit Unterstützung der katholischen Kirche den Einfluss von Bürgertum und lokalem Adel zurück.

1683 Wien entgeht nur knapp der Eroberung durch die Türken. Ihre Niederlage leitet die allmähliche Verdrängung der Türken von den eroberten Gebieten ein; dieser Prozess dauert Jahrhunderte. Dabei erobern die Österreicher Ungarn und Siebenbürgen.

1700–1714 Im Spanischen Erbfolgekrieg gewinnen die Habsburger die Spanischen Niederlande und einen Teil Italiens. Innerhalb weniger Jahrzehnte ist Österreich zu einer europäischen Großmacht aufgestiegen. In den folgenden Jahrzehnten entwickelt sich eine enorme Bautätigkeit in vielen Städten. Dieses Barockzeitalter prägt bis heute viele Orte.

1713 Karl VI. verkündet die ›Pragmatische Sanktion‹, die die weibliche Thronnachfolge sichert.

1740 Beginn der Regierungszeit von Maria Theresia. Bis 1780 bringt sie zahlreiche Reformen auf dem Weg und formt ihr Land zu einem modernen Staat. Der Preußenkönig Friedrich II. führt mehrere Kriege gegen Habsburg.

1745 Der Mann Maria Theresias, Franz Stephan von Lothringen, wird zum Deutschen Kaiser Franz I. gekrönt. Nach seinem Tod 1765 folgt ihm sein Sohn Joseph II.

1780 Joseph II. übernimmt nach dem Tod Maria Theresias die Herrschaft und setzt die Reformpolitik fort.

Ab 1805 Kriegsführung und schwere Niederlagen gegen die Heere Napoleons führen 1809 zum Staatsbankrott. Franz II. legt 1806 auf Druck Napoleons die deutsche Kaiserkrone nieder und nimmt als Franz I. den Titel Kaiser von Österreich an. Damit verzichtet das Land dauerhaft auf den Anspruch, die deutschen Gebiete unter seiner Vorherrschaft regieren zu wollen.

1814/15 Auf dem Wiener Kongress debattieren die Staatsmänner und Diplomaten – insgesamt fast 10 000 Abgesandte – über die Neuordnung Europas nach dem Napoleonischen Zeitalter. Österreich verliert Belgien, das selbständig wird, gewinnt aber Teile Italiens hinzu.

1821 Fürst Metternich wird zum Staatskanzler ernannt. Polizei und Zensur bestimmen das gesellschaftliche Klima bis 1848 maßgeblich.

1848 Die revolutionären Gedanken, die ganz Europa in Aufruhr versetzen, erreichen auch Österreich. Zwar muss die Kaiserfamilie Zugeständnisse an die Aufständischen machen, letztlich scheitert die Revolution aber auf ganzer Linie. Nach Rücktritt Kaiser Ferdinands wird sein erst 18-jähriger Neffe Franz Joseph zum Nachfolger ernannt. Er bleibt bis zu seinem Tod 1916 österreichischer Kaiser.

1866 Das Ringen um die Vorherrschaft in Mitteleuropa mündet in einen Krieg zwischen Preußen und Österreich, die Preußen siegen. Für sie ist es ein wichtiger Schritt auf dem Weg zu einem deutschen Nationalstaat, als ›kleindeutsche Lösung‹ wird er 1871 ohne Österreich ins Leben gerufen.

1867 Verständigung mit den Ungarn, sogenannter Ausgleich. Damit wird die k. u. k. Doppelmonarchie begründet, die ›österreichisch-ungarische Personal- und Realunion‹. Der österreichische Kaiser ist zugleich auch König von Ungarn. Die Ungarn erhalten erhebliche politische Freiheiten.

1914 Ermordung des Thronfolgers Franz Ferdinand in Sarajevo. Habsburg stellt den Serben ein unerfüllbares Ultimatum. Einen Monat später beginnt mit der Kriegserklärung an Serbien der Erste Weltkrieg, in den aufgrund von Bündnisverpflichtungen zahlreiche Länder Europas hineingezogen werden.

1916 Tod des 86-jährigen Kaisers Franz Joseph; Nachfolger wird Karl.

1918 Mit dem Ende des Ersten Weltkriegs bricht die Monarchie zusammen, die Habsburger gehen ins Exil; Ausrufung

Franz II. und Napoleon 1806

der Republik. Mit den Friedensverträgen verliert Österreich sieben Achtel seiner Fläche und Bevölkerung, aus dem Vielvölkerstaat wird das kleine Österreich. Aus der Habsburger Konkursmasse entsteht in Mitteleuropa ein Korridor nun selbständiger Staaten. Die Republik hat mit großen wirtschaftlichen Problemen und Inflation sowie teils gewalttätigen Auseinandersetzungen der extremen politischen Kräfte zu kämpfen. Die junge Republik ist bei vielen Bürgern nicht akzeptiert, von nicht wenigen wird sie gehasst.

1933 Der seit 1932 amtierende Bundeskanzler Engelbert Dollfuß, Vorsitzender der Vaterländischen Front, errichtet ein autoritäres System, den ›Austrofaschismus‹. Er lässt im Folgejahr Teilnehmer eines Arbeiteraufstandes erschießen und die Gewerkschaften verbieten. Dollfuß bleibt auf Distanz zum deutschen NS-Regime. Bei einem erfolglosen Putschversuch der Nationalsozialisten wird er 1934 erschossen.

1938 Einmarsch deutscher Truppen in Österreich, Adolf Hitler verkündet den ›Anschluss‹, der in einer Volksabstimmung von einer überwältigenden Mehrheit bestätigt wird. Unter dem Reichsstatthalter Arthur Seyß-Inquart übernehmen die Nationalsozialisten die Macht und formen den Staat nach deutschem Muster um. Beginn der Verfolgungen und Ermordungen von Juden und Regimegegnern.

1939 Österreich, formal nun ein Teil des Deutschen Reichs, zieht an dessen Seite in den von Hitler angezettelten Zweiten Weltkrieg. Erhebliche Schäden in vielen Städten, vor allem Wien, durch alliierte Bombardements.

1945 Nach der Niederlage Besetzung des Landes durch alliierte Truppen, Proklamierung der Zweiten Republik. Wien wird in vier Zonen aufgeteilt.

1955 Unterzeichnung des österreichischen Staatsvertrages. Die letzten alliierten Truppen ziehen ab, Österreich verpflichtet sich zur immerwährenden Neutralität.

1970 Bruno Kreisky wird Bundeskanzler und bei drei Wahlen bestätigt. Er regiert bis 1983 und prägt vor allem durch sein außenpolitisches Engagement eine Ära.

1979 Eröffnung der UNO-City in Wien als dritter Sitz der UNO neben New York und Genf.

1986 Der wegen seiner NS-Vergangenheit umstrittene Kurt Waldheim, zuvor Generalsekretär der UNO, wird Bundespräsident.

1990 Mit der Öffnung der Grenzen nach Mittelosteuropa rückt Österreich aus seiner Randlage. Wirtschaftliches, politisches und kulturelles Leben erfahren eine deutliche Belebung.

1995 Beitritt zur EU.

1996 Zahlreiche Feiern zum Jubiläum ›1000 Jahre Österreich‹.

Ab 2000 Instabile innenpolitische Verhältnisse und wechselnde Koalitionen, teils unter Einbeziehung der rechtsradikalen FPÖ bzw. nach deren Abspaltung des BZÖ.

2002 Einführung des Euro.

2007 Durch die Erweiterung des Schengenraums ist Österreich mit Ausnahme der Grenze zu Liechtenstein ausschließlich von Schengenstaaten umgeben.

2008 Österreich beteiligt sich an einer militärischen Mission im Tschad. Nach den vorgezogenen Nationalratswahlen erneute Koalition von SPÖ und ÖVP, die nach den Wahlen 2013 wiederum erneuert wird.

2013 und **2015** Bei den vorgezogenen Landtagswahlen in Kärnten und Salzburg sowie den Bundespräsidentschaftswahlen zeigt sich die Unzufriedenheit vieler Bürger mit den in verschiedene Korruptionsfälle verstrickten etablierten Parteien und die wachsende Zustimmung zu den Rechtspopulisten.

Slowakei

Offizielle Bezeichnung: Slowakische Republik
Staats- und Regierungsform: Republik seit 1993, Wahlen zum Nationalrat alle vier Jahre, Direktwahl des Staatsoberhaupts alle fünf Jahre
Hauptstadt: Bratislava (422 000 Einwohner)
Gliederung: 8 Bezirke
Fläche: 49 000 qkm
Größere Städte: Košice (240 000 Einwohner), Prešov (90 000), Zilina (81 000), Banská Bystrica (79 000), Nitra (78 000)
Amtssprache: Slowakisch
Einwohner/Bevölkerungsdichte: 5 420 000/111 pro qkm
Bevölkerung: 81 % Slowaken, 8,5 % Ungarn, 2 % Roma, weitere kleinere Minderheiten (Tschechen, Ukrainer, Deutsche, Polen u.a.)
Städtische Bevölkerung: 54 %
Lebenserwartung: 72/80 Jahre (m/w)
Religion: 62 % katholisch, 6 % evangelisch-augsburgisch, 4 % griechisch-katholisch, 2 % reformiert-christlich, 1 % orthodox, 13,5% konfessionslos
BNE: 17 300 US-Dollar je Einwohner
Erwerbstätigkeit: Landwirtschaft 4 %, Industrie 36 %, Dienstleistungen 60 %
Arbeitslosenquote: 12 %
Inflationsrate: -0,3 %
Währung: Euro
Zeit: MEZ
Vorwahl/Internetkennung: +421/sk
Nationalfeiertag: 1. Januar (Gründung der Slowakei 1993)

Geschichte im Überblick

5. Jhd. v. Chr. Kelten wandern in den südwestlichen Raum der heutigen Slowakei ein.
1. und 2. Jhd. Das Imperium Romanum erstreckt sich bis an die Donau.
5. und 6. Jhd. Slawen wandern in das Gebiet der heutigen Slowakei ein.
Um 800 Ausbildung der Fürstentümer Nitra und Morava.
833 Fürst Mojmír von Morava siegt über den Fürsten von Nitra und etabliert ein erstes Großmährisches Reich. Es wird im Süden von der Donau begrenzt und umfasst auch große Teile des heutigen Tschechien. Der Staat ist nur von kurzer Dauer, für die Slowaken aber von immenser Bedeutung, da aus ihm über die Jahrhunderte die Existenz eines eigenständigen Volkes und die Notwendigkeit der staatlichen Unabhängigkeit abgeleitet wird. Ab 895 allmählicher Niedergang des Mährischen Reiches, die böhmischen Gebiete trennen sich ab.
904 Erste Niederlage gegen die Ungarn, der weitere folgen. Die Ungarn erobern die Gebiete bis an die March und gliedern sie als Provinz Oberungarn in ihre Herrschaft ein.
997 Stephan I. ist der erste ungarische König.
Um 1150 Zuwanderung der ersten deutschen Siedler in der Zips.
13. Jhd. Einfälle der Tataren.
1412/13 Zipser Städte werden wegen Finanzknappheit des ungarischen Königshauses an Polen verpfändet. Diese Regelung hat bis zur Polnischen Teilung 1772 Bestand.
1428–1435 Mehrfache Einfälle der Hussiten verwüsten ganze Landstriche.
1515 Beginn der Reformation.
1526 Vernichtende Niederlage des ungarischen Heeres gegen die Osmanen bei Mohács. In der Folgezeit dringen die Türken nach Norden vor und erobern weite

Teile Ungarns, die ungarische Krone fällt an Habsburg. In den folgenden Jahrhunderten immer wieder kriegerische Auseinandersetzungen zwischen den Osmanen und den Habsburgern und ihren Verbündeten, die sich in den slowakischen Gebieten behaupten. Pozsony (das heutige Bratislava) wird zur Hauptstadt Ungarns und bleibt es bis 1784.

1553 Beginn der Gegenreformation.

1604 Erster Aufstand gegen die Habsburger, dem sich bis 1626 weitere anschließen; sie alle bleiben erfolglos.

1683 Niederlage der Osmanen vor Wien.

1740–1780 Regierungszeit Maria Theresias, die die Habsburger Monarchie umfassend reformiert und deutsche Siedler in verödete Landstriche holt.

1770 In Schemnitz (heute Banská Štiavnica) wird die weltweit erste Hochschule für Bergbau eröffnet.

Ab 1792 Mehrere slowakische gelehrte Gesellschaften entstehen.

1843 Kodifizierung der slowakischen Schriftsprache durch Ľudovít Stúr.

1848 Slowakischer Aufstand scheitert.

1867 Sogenannter Ausgleich zwischen Ungarn und dem geschwächten Österreich. Ungarn erhält größere Rechte. Beginn der gewaltsamen Magyarisierung in der Slowakei. Die Repressionen bewirken eine große Stärkung der Bewegungen in der Slowakei, die die Loslösung von Ungarn fordern; andererseits wandern zahlreiche Slowaken aus, vor allem in die USA und nach Kanada.

1918 Im Ergebnis der Pariser Vorortverträge entstehen in Mitteleuropa zahlreiche Staaten neu bzw. wieder, darunter auch die Tschechoslowakei (ČSR). Eine erste Verfassung wird 1920 verabschiedet.

1925 Nach jahrelangen Auseinandersetzungen einigen sich Polen und die Slowakei auf eine endgültige Grenzziehung zwischen den beiden Staaten.

1935 Edvard Beneš wird Staatspräsident.

1938 Die Staatschefs von Deutschland, Italien, Frankreich und England (Hitler, Mussolini, Daladier und Chamberlain) handeln ohne Beteiligung der Tschechoslowakei das sogenannte Münchener Abkommen aus: Das Sudetenland fällt an Deutschland. Die Slowakei wird kurze Zeit später autonom, muss aber erhebliche Gebiete im Süden und Osten an Ungarn abgeben.

1939 Nach der Besetzung Tschechiens durch deutsche Truppen wird die Slowakei offiziell unabhängig, der Staat ist aber de facto ein Vasall Deutschlands. Jozef Tiso wird Präsident, er führt das Land autoritär. In London konstituiert sich die Exilregierung der Tschechoslowakei unter Edvard Beneš und wird von den Westmächten anerkannt.

1941 An der Seite und auf Druck Italiens und Deutschlands tritt die Slowakei in den Zweiten Weltkrieg ein. Die Regierung verliert deutlich an Zustimmung in der Bevölkerung.

1944 Der Nationalaufstand (SNP) wird von deutschen Truppen niedergeschlagen und fordert tausende von Toten. Die Erinnerung an dieses Ereignis ist bis heu-

Ľudovít Štúr

te überall im Land präsent. Im Winter 1944/45 marschiert die Rote Armee ein.

1946 Wiederherstellung der Tschechoslowakei. Bei den Wahlen erhält die antikommunistische Demokratische Partei 66 Prozent der Stimmen.

1947 Tiso wird hingerichtet.

1948 Die Kommunisten übernehmen die Macht und wandeln den Staat rasch nach dem Vorbild der Sowjetunion in einen sozialistischen Staat um.

1960 Umbenennung des Staates in ČSSR (Tschechoslowakische Sozialistische Republik). In den 60er und 70er Jahren massiver Ausbau der Schwerindustrie auf slowakischem Gebiet, die vor allem der Rüstung dient.

1968 Der Slowake Alexander Dubček wird nach Auseinandersetzungen innerhalb der KP Erster Sekretär des Zentralkomitees der Kommunistischen Partei. Ankündigung und Einleitung von Reformen, die die Liberalisierung des Landes zum Ziel haben. Dubček spricht vom ›Sozialismus mit menschlichem Antlitz‹, seine Regierungszeit geht als ›Prager Frühling‹ in die Geschichte ein. Sie wird gewaltsam am 21. August durch den Einmarsch von Truppen der Warschauer-Vertrag-Staaten beendet, Dubček abgesetzt. Unter seinem Nachfolger Gustav Husák tritt das Regime deutlich repressiver auf.

1969 Reform des Staates. Die ČSSR wird nun föderativ gegliedert, der tschechische und der slowakische Landesteil erhalten größere Machtbefugnisse.

1977 Gründung der Charta 77, die vor allem auf die Einhaltung der in der KSZE-Schlussakte von Helsinki festgelegten Bürgerrechte und rechtsstaatlichen Prinzipien pocht. Die über 1200 Mitglieder sind starken Repressalien ausgesetzt.

1989 Demonstrationen in allen Landesteilen führen zur Überwindung des sozialistischen Systems. Im Dezember wird der Dichter und Bürgerrechtler Václav Havel zum neuen Präsidenten gewählt, Dubček zum Parlamentspräsidenten.

1990 Havel wird bei freien Wahlen bestätigt, der Staat in ČSFR (Tschechoslowakische Föderative Republik) umbenannt. Aus den ersten freien Wahlen geht im slowakischen Teil die HZDS des nationalpopulistischen Politikers Vladimir Mečiar als Sieger hervor; er wird slowakischer Ministerpräsident und bei den Wahlen 1992 bestätigt.

1993 Ab Januar ist die Tschechoslowakei aufgelöst, die beiden selbständigen Staaten Tschechien und die Slowakei sind ihre Nachfolger. Der Vertrag wurde weitgehend von Mečiar und dem tschechischen Premierminister Václav Klaus ausgehandelt. Entgegen den Vereinbarungen wird über die Frage der Selbständigkeit keine Volksabstimmung durchgeführt.

2000 Die Slowakei wird Mitglied der OECD.

2004 Im März Beitritt zur EU, nachdem in einer Volksbefragung 92 Prozent der Wähler für diesen Schritt gestimmt haben; im Mai Beitritt zur NATO. In den Folgejahren starkes Wirtschaftswachstum.

2007 Beitritt zum Schengener Abkommen mit Wirkung zum Dezember.

2009 Einführung des Euro.

2010 Bei den Parlamentswahlen verliert die bisherige Regierung ihre Mehrheit; Bildung einer bürgerlichen Koalitionsregierung, der erstmals in der Geschichte des Landes mit Ministerpräsidentin Iveta Radičová eine Frau vorsteht. Sie wird nach den Wahlen 2012 von einer sozialdemokratischen Alleinregierung unter Robert Fico abgelöst.

2014/15 In der Frage der Sanktionen gegen Russland und in der Flüchtlingspolitik positioniert sich die Regierung gegen die Politik der EU und kündigt den Gang vor den Europäischen Gerichtshof an.

Ungarn

Offizielle Bezeichnung: Ungarn
Staats- und Regierungsform: Republik, Wahl zur Nationalversammlung alle vier Jahre, Wahl des Staatsoberhaupts (durch das Parlament) alle fünf Jahre
Hauptstadt: Budapest (1 760 000 Einwohner)
Gliederung: 19 Komitate und Hauptstadtbezirk
Fläche: 93000 qkm
Größere Städte: Debrecen (203 000 Einwohner), Szeged (163 000), Miskolc (160 000), Pécs (145 000), Györ (129 000)
Amtssprache: Ungarisch
Einwohner/Bevölkerungsdichte: 9 845 000/106 pro qkm
Bevölkerung: 94 % Ungarn, daneben Roma, Deutsche, Kroaten, Rumänen u.a.
Städtische Bevölkerung: 69 %
Lebenserwartung: 72/79 Jahre (m/w)
Religion: 37 % Katholiken, 12 % Calvinisten, 2 % Lutheraner, 17 % konfessionslos
BNE: 13 000 US-Dollar je Einwohner
Erwerbstätigkeit: Landwirtschaft 3 %, Industrie 27 %, Dienstleistungen 70 %
Arbeitslosenquote: 7 %
Inflationsrate: 0,1 %
Währung: Forint (HUF), 1 Forint = 100 Filler
Wechselkurs: 1 Euro = 300 Forint
Zeit: MEZ
Vorwahl/Internetkennung: +36/hu
Nationalfeiertag: 20. August (Stephanstag)

Geschichte im Überblick

5000 v. Chr. Erste feste Siedlungen sind nachweisbar. In der Folge Zuwanderungswellen aus verschiedenen Regionen, insbesondere dem Balkan.

Ab 800 v. Chr. Illyrer bevölkern das heutige Westungarn, Reitervölker den Osten.

400 v. Chr. Zuwanderung der Kelten. Sie pflegen weitreichende Handelsbeziehungen.

10 v. Chr. Beginn der römischen Expansion und Unterwerfung der Kelten. Die heute österreichischen, ungarischen und kroatischen Gebiete, die südlich und westlich der Donau liegen, werden zur Provinz Pannonia. Die Tiefebene östlich der Theiß ist ab 105 die römische Provinz Dacia.

433 Die Hunnen unter Führung von König Attila vertreiben die Römer endgültig und erobern das Karpatenbecken. Nach dem Tod Attilas 453 zerfällt sein Reich allerdings rasch.

Ab 568 Die Awaren, ein innerasiatisches Volk, erobern die Region.

6. bis 8. Jhd. Einwanderung von Slawen und Turkstämmen aus der Wolgaregion.

791 und 796 In zwei Feldzügen unterwirft Karl der Große die Awaren. Die eroberten Gebiete werden zur Ostmark zusammengefasst.

895/96 Unter der Führung Árpáds lassen sich sieben magyarische Stämme im Karpatenbecken nieder. Sie sind vermutlich aus dem Ural eingewandert. Dieser Prozess wird allgemein als ›Ungarische Landnahme‹ bezeichnet und als Geburtsstunde Ungarns angesehen. In der Folgezeit unternehmen die Ungarn zahlreiche Kriegs- und Beutezüge gegen die benachbarten Völker.

955 Die Niederlage auf dem Lechfeld gegen Otto I. beendet die Expansionsbestrebungen der Ungarn. Sie werden sesshaft.

972 Géza I. aus dem Geschlecht der Árpáden führt das Christentum ein und eint die ungarischen Stämme.

1000 Der Sohn Gézas I., Stephan, wird zum ersten ungarischen König gekrönt; in der Folgezeit Gründung von Bistümern, Esztergom und Kalocsa werden zum Sitz eines Erzbistums.

1077–1095 Unter Ladislaus I. erobern die Ungarn Kroatien und Dalmatien, Festigung des Staates.

1151–1162 Unter Géza II. erste Ansiedlung von Deutschen in Siebenbürgen und Oberungarn. Unter seinem Sohn und Nachfolger wird Esztergom die erste feste Königsresidenz; großer Einfluss der französischen Kultur.

1241 Der Einfall der Mongolen hinterlässt das Land schwer verwüstet. Unter Béla IV. werden zahlreiche Orte gegründet, italienische, deutsche und griechische Kaufleute, Handwerker und Ordensbrüder ins Land geholt. Darunter sind viele Juden.

1301 Die Árpádendynastie stirbt mit dem Tod Adrás III. aus. Kämpfe um die Nachfolge.

1308 Karl Robert von Anjou wird als Karl I. ungarischer König. Ihm folgt 1342 sein Sohn Lajos nach. Buda ist Hauptstadt und Königsresidenz.

1367 Gründung der ersten ungarischen Universität in Pécs.

1458 Matthias Corvinus, ein Kleinadliger, wird vom Reichstag zum König gewählt. Aufbau einer königlichen Verwaltung und eines Söldnerheeres, Förderung der Künste, Buda und Visegrád werden zu Zentren der Frührenaissance, außenpolitische Eroberungen, u.a. Wien. Die Regentschaft Matthias (bis 1490) gilt als Goldenes Zeitalter Ungarns.

Eine Darstellung der Schlacht von Mohács

1490–1526 Herrschaft der Jagiellonen aus Böhmen.

1517 Luthers Thesen finden, vor allem auch durch deutsche Zuwanderer, weite Verbreitung.

1526 Niederlage der Ungarn gegen die Türken bei Mohács. Dieses Datum gilt bis heute als dunkelste Stunde in der ungarischen Geschichte, Ungarn verschwindet für fast 400 Jahre als eigenständige politische Macht von der Landkarte. In der Folge fällt die Krone an Habsburg, Ungarn zerfällt für 150 Jahre in drei Teile: das teilselbständige Siebenbürgen unter türkischer Hoheit, das von den Türken besetzte Mittelungarn und das von den Habsburgern regierte Nordwestungarn. Dessen Zentrum und damit ungarische Hauptstadt ist Pozsony, das heutige Bratislava.

1672 und **1677–1684** Erfolglose Aufstände gegen die Habsburger. Die Auseinandersetzungen zwischen der katholischen Krone und den evangelischen Adligen tragen Züge eines Religionskrieges. Nach der Niederlage der Aufständischen brutale Rekatholisierung des Landes.

1683 Entscheidende Niederlage der Osmanen vor Wien, die Habsburger drängen sie in den folgenden Jahrzehnten allmählich aus Ungarn; 1686 Befreiung Budas, 1687 Angliederung Siebenbürgens an Ungarn, 1697 entscheidender Sieg Eugens über die Türken.

1699 Im Frieden von Karlowitz verzichten die Osmanen auf Ungarn mit Siebenbürgen. Ungarn fällt endgültig an die Habsburger.

1703–1711 Aufstände gegen die Fremdherrschaft, die alle scheitern.

1740 Regierungsantritt Maria Theresias. Unter ihrer Herrschaft bis 1780 planmäßige Ansiedlung von Serben, Kroaten, Slowaken und Deutschen in den von den Türken verwüsteten und entvölkerten Gebieten vor allem Südungarns. Die Ungarn stellen am Ende dieser Kolonisationswelle weniger als die Hälfte der Bevölkerung.

1825 Beginn des sogenannten Reformzeitalters: wirtschaftlicher Aufschwung, Magyarisierung des Geisteslebens.

1848/49 Aufstand gegen die Österreicher. Die Revolution wird mit Hilfe russischer Truppen niedergeschlagen, zahlreiche Revolutionäre fliehen in das Ausland.

1867 ›Ausgleich‹ zwischen Ungarn und dem durch Niederlagen geschwächten Österreich, der stark auf die Bemühungen Ferenc Deáks zurückgeht. Ungarn erhält eine eigene Verfassung, Verwaltung, Parlament und Regierung. Es entsteht die k.u.k. Monarchie, der österreichische Kaiser wird zugleich König von Ungarn.

1896 Mit zahlreichen Millenniumsfeiern wird der Landnahme unter Árpád gedacht.

1914 Kriegseintritt auf Seiten der Mittelmächte.

1918 Ausrufung der Republik, Ungarn erlangt die völlige Unabhängigkeit. In der Folge revolutionäre Unruhen und Ausrufung einer Räterepublik.

1920 Ausrufung der Monarchie unter dem ›Reichsverweser‹ Admiral Nikolaus Horthy (›Königtum ohne König‹). Im Vertrag von Trianon verliert Ungarn etwa zwei Drittel seines Gebiets und gut die Hälfte seiner Bevölkerung. Große ungarische Minderheiten, etwa ein Drittel aller Ungarn, leben vor allem in der neu geschaffenen Tschechoslowakei und in Siebenbürgen, das nun zu Rumänien gehört, Gebiete gehen auch an Österreich, Italien und Jugoslawien.

Der Politiker Ferenc Deák (1803–1876)

1938–1940 In den ›Wiener Schiedssprüchen‹ werden Ungarn auf erheblichen Druck Deutschlands große Teile der 1920 verlorenen Gebiete zurückgegeben, als Gegenleistung Beitritt zum ›Dreimächtepakt‹.

1941 Teilnahme am Krieg gegen Russland. 1942/43 werden große Teile der ungarischen Truppen bei Stalingrad aufgerieben.

1944 Im März Besetzung Ungarns durch deutsche Truppen, Verhaftung Horthys und Machtübernahme durch die faschistischen ›Pfeilkreuzler‹. In wenigen Monaten werden fast alle Juden deportiert und ermordet.

1945 Die Rote Armee erobert Ungarn.

1946 Ausrufung der Republik, ab 1947 Umgestaltung des Landes nach sowjetischem Vorbild unter massivem Druck der UdSSR, zahlreiche Regimegegner flüchten ins Ausland oder kommen in Internierungslagern um.

1949 Ausrufung der Volksrepublik.

1953 Liberalisierungstendenzen nach dem Tod Stalins. Imre Nagy wird Ministerpräsident, aber bereits 1955 aufgrund innerparteilicher Richtungskämpfe aus der KP ausgeschlossen; er verliert alle Ämter.

1955 Beitritt zum RGW.

1956 Spontane Massenproteste; Nagy kehrt in seine Ämter zurück. Die Ablösung des alten Regimes beantwortet die Sowjetunion mit dem Einmarsch starker Verbände. Der Aufstand gegen die Besatzer wird von der Roten Armee niedergeschlagen; er kostet vermutlich rund 20 000 Tote; 200 000 Menschen gehen ins Ausland. Nagy wird verhaftet und zwei Jahre später hingerichtet.

1961 Allmähliche innenpolitische Liberalisierung.q

1968 Einführung marktwirtschaftlicher Elemente in der Wirtschaft (›Gulaschkommunismus‹), Beteiligung am Einmarsch in der ČSSR zur Beendigung des ›Prager Frühlings‹.

1982 Weitere Liberalisierungen. So sind jetzt Reisen in den Westen grundsätzlich erlaubt.

1988 Der Reformer Károly Grósz wird neuer Generalsekretär der KP. Ermutigt durch die neue Politik von Michael Gorbatschow, beginnt die Staatsführung mit weitreichenden innenpolitischen Reformen.

1989 Am 27. Juni zerschneidet der ungarische Außenminister Gyula Horn zusammen mit seinem österreichischen Amtskollegen Alois Mock den Stacheldraht, den ›Eisernen Zaun‹, zwischen beiden Ländern. Am 33. Jahrestag des Aufstandes von 1956, dem 23. Oktober, erfolgt die Umbenennung in Republik Ungarn (zuvor Volksrepublik Ungarn). Verabschiedung einer neuen Verfassung: Mehrparteiensystem, Gewaltenteilung.

1990 Erste freie Parlamentswahlen, Bildung einer konservativen Koalitionsregierung. In den Folgejahren ist die ungarische Politik von ständigen Mehrheitswechseln nach Wahlen und Veränderungen in der Parteienlandschaft geprägt.

1991 Die Mitgliedsstaaten des Warschauer Vertrages lösen in Budapest dieses Bündnis auf. Bis 2007 jedes Jahr deutliches Wirtschaftswachstum.

1999 Beitritt zur NATO.

2000 Umweltkatastrophe in einer rumänischen Goldmine: Theiß und Donau werden durch Gifte auf Jahre verseucht.

2004 Beitritt zur EU, nachdem in einer Volksbefragung 2003 eine große Mehrheit der Wähler – bei gleichzeitig sehr niedriger Wahlbeteiligung – diesem Schritt zugestimmt hat.

2007 Beitritt zum Schengener Abkommen. Ungarn ist von der weltweiten Finanzkrise besonders betroffen und nimmt 2008 und erneut 2013 je ein Rettungspaket von IWF, EU und Weltbank in Anspruch.

2010 Bei den Parlamentswahlen im April erringen die rechtsgerichteten Kräfte eine Zweidrittelmehrheit im Parlament, so dass Verfassungsänderungen möglich sind. In der Folgezeit führt die Regierung mehrere problematische Verfassungs- und Gesetzesänderungen durch. So befinden sich seit 2011 sämtliche öffentlichen und privaten Medien unter der Kontrolle einer neu geschaffenen zentralen Medienbehörde, die Verfassungsrang besitzt, wurde 2013 das Verfassungsgericht weitgehend entmachtet. Kritiker sehen durch weitere Änderungen die Religionsfreiheit und die prinzipielle Trennung von Kirche und Staat in Gefahr und werfen der Regierung vor, dass den Regierungsparteien offen antisemitische und homophobe Politiker angehören. Daher mehren sich seit 2013 auf europäischer Ebene die Stimmen, die umstrittenen Verfassungsänderungen der ungarischen Regierung dahingehend zu prüfen, ob sie den europäischen Werten widersprechen, und gegebenenfalls Strafmaßnahmen einzuleiten.

Kroatien

Offizielle Bezeichnung: Republik Kroatien
Staats- und Regierungsform: Republik seit 1991, Wahl zur Versammlung (Sabor) alle vier Jahre, Direktwahl des Staatsoberhaupts alle fünf Jahre
Hauptstadt: Zagreb (688 000 Einwohner)
Gliederung: 20 Komitate und Hauptstadtbezirk
Fläche: 56 500 qkm
Größere Städte: Split (167 000 Einwohner), Rijeka (128 000), Osijek (84 000), Zadar (71 000), Pula (57 000)
Amtssprache: Kroatisch
Einwohner/Bevölkerungsdichte: 4 224 000/75 pro qkm
Bevölkerung: 90 % Kroaten, 4,5 % Serben, 5,5 % Sonstige (Bosnier u.a.)
Städtische Bevölkerung: 59 %
Lebenserwartung: 75/81 Jahre (m/w)
Religion: 87 % Katholiken, 4 % Orthodoxe, 2 % Muslime, 0,3 % Protestanten
BNE: 12 700 US-Dollar je Einwohner
Erwerbstätigkeit: 9 % Landwirtschaft, 27 % Industrie, 64 % Dienstleistungen
Arbeitslosenquote: 16 %
Inflationsrate: 0,3 %
Währung: Kuna (HRK), 1 Kuna = 100 Lipa
Wechselkurs: 1 Euro = 7,5 Kuna
Zeit: MEZ
Vorwahl/Internetkennung: +385/hr
Nationalfeiertag: 25. Juni (Unabhängigkeitstag)

Geschichte im Überblick

1200 v. Chr. Illyrer siedeln sich an der Adriaküste an.

7. Jhd. v. Chr. Griechen gründen erste Kolonien an der Adriaküste.

6. Jhd. v. Chr. Die Vorfahren der Kroaten wandern aus ihrer Urheimat, dem nördlichen Karpatenbogen, auf die Balkanhalbinsel ein.

4. Jhd. v. Chr. Die Griechen gründen auf einigen dem Festland vorgelagerten Inseln Handelsniederlassungen.

Ab 186 v. Chr. Die Römer erobern die Adriaküste und Teile des Hinterlandes; das küstennahe Gebiet wird zur Provinz Illyricum, das Hinterland die Provinz Pannoniae. In den folgenden Jahrzehnten zahlreiche Stadtgründungen vor allem an der Küste.

271 Der römische Kaiser Aurelian erklärt die Donau zur Reichsgrenze.

395 Illyrien-Dalmatien kommt bei der Teilung des Römischen Reiches an Westrom, im Jahr 533 an Byzanz.

7. Jhd. Slawische Stämme wandern in die Region ein, Byzanz gerät immer mehr in die Defensive.

Türkische Janitscharen (16. Jahrhundert)

Um 800 Die Karolinger bringen Teile Istriens unter ihre Herrschaft (bis etwa 860), beginnende Christianisierung.

852 Ein erstes eigenständiges kroatisches Staatswesen unter Fürst Trpimir entsteht. Es erstreckt sich entlang der Küste bis etwa Split.

880 Fürst Branimir wird erster unabhängiger Herrscher der Kroaten; die Vorherrschaft von Byzanz ist beendet. Die Kroaten behaupten sich in kriegerischen Auseinandersetzungen mit den Ungarn.

925 Fürst Tomislav erhält vom Papst die Königskrone. Unter seiner Regentschaft (910–928) umfasst das Herrschaftsgebiet vor allem die istrische Küste. Es reicht im Süden bis an die Bucht von Kotor (heute Montenegro), im Osten bis zur Drau.

1102 Vereinigung von Ungarn und Kroatien in einer Erbmonarchie. Erster gemeinsamer Regent ist König Koloman aus der ungarischen Arpaden-Dynastie. Damit endet die kroatische Selbständigkeit. Die Union mit Ungarn dauert bis 1918.

13. Jhd. Venedig wird zur dominierenden Macht im östlichen Mittelmeer und bringt Istrien unter seine Kontrolle; nur Ragusa (heute Dubrovnik) bleibt unabhängig. Es nennt sich um 1400 erstmals Republik.

1358 Im Frieden von Zadar verliert Venedig die Adriaküste an Ungarn-Kroatien.

1409 Ungarn verkauft Dalmatien an Venedig. Diese Regelung hat bis 1797 Bestand.

15. Jhd. Die Osmanen erobern Dalmatien und Slawonien; 1493 auf der Ebene von Krbava vernichtende Niederlage eines kroatisch-ungarischen Heeres gegen die Osmanen; 1526 eine weitere katastrophale Niederlage bei Mohács.

1527 Ferdinand I. wird König von Ungarn, damit gehört Kroatien zum Reich der Habsburger.

1697 Sieg Habsburgs über die Osmanen. Im Frieden von Karlowitz (heute Sremski Karlovici nahe Novi Sad) erreichen die Habsburger große Gebietsgewinne.

1797 Dalmatien fällt an Österreich, bleibt aber von Kroatien getrennt.

1805 Friede von Preßburg (heute Bratislava): Teile Istriens und Dalmatiens gehen an das von Frankreich abhängige Italien.

1809–1815 Die Truppen Napoleons erobern Dalmatien, Istrien und die Krain. Diese Gebiete werden zu den ›Illyrischen Provinzen‹ zusammengefasst.

1815 Im Ergebnis des Wiener Kongresses erhält Österreich Dalmatien und Istrien zurück. In der Folgezeit erleben einige Städte eine erste Blütezeit; die Industrialisierung erfahren sie verspätet und sehr eingeschränkt. Die national-kulturelle Bewegung des Illyrismus gewinnt in der Bevölkerung großen Zuspruch. Ihr Ziel ist die kulturelle Vereinigung aller Südslawen.

1850 Administrative Zusammenfassung der Orte Gradec und Kaptol zur Stadt Zagreb (Agram), die zur Hauptstadt Kroatiens ernannt wird; sie wird 1852 zum Sitz eines Erzbistums.

1867 Im Zuge des sogenannten Ausgleichs zwischen Ungarn und Österreich kommt Dalmatien zu Österreich, Kroatien zu Ungarn.

1918 Gründung des Königreichs der Serben, Kroaten und Slowenen unter serbischer Dynastie; Istrien, Rijeka und Zadar fallen an Italien.

1929 König Alexander setzt die Verfassung außer Kraft und errichtet eine Königsdiktatur; der Staat wird in Königreich Jugoslawien (Südslawien) umbenannt. Alexander wird 1934 von kroatischen Nationalisten ermordet, ihm folgt Prinz Paul nach.

1941 Der Kriegseintritt Jugoslawiens an der Seite von Italien und Deutschland führt zum Staatsstreich. Daraufhin marschieren deutsche Truppen ein, König Peter II. geht nach London ins Exil. Mit

Billigung und Unterstützung der deutschen und italienischen Truppen errichtet Ante Pavelić einen faschistischen Staat. Deportationen und Massenmorden fallen vor allem Sinti und Roma sowie Juden zum Opfer. Gegen die brutale Diktatur und die Okkupation der anderen Landesteile formiert sich der Widerstand, in dem die Kommunisten unter Josip Broz die Führung gewinnen.

1945 Proklamation der Föderativen Volksrepublik Jugoslawien, die sozialistische Republik Kroatien ist nach Serbien die zweitgrößte Teilrepublik im neuen Staat.

1948 Ausschluss Jugoslawiens aus der Kominform.

1953 Josip Broz Tito wird Präsident Jugoslawiens, ab 1963 auf Lebenszeit.

1971 ›Kroatischer Frühling‹: Mit Unterstützung breiter Bevölkerungsteile fordert die kroatische Führung eine stärkere Autonomie.

1974 Die neue Verfassung Jugoslawiens stärkt die Rechte der einzelnen Republiken.

1980 Tod Titos. Zunahme der Kräfte in Slowenien und besonders Kroatien, die sich für eine stärkere Unabhängigkeit gegenüber der Zentralregierung einsetzen. Krisenerscheinungen in der Wirtschaft: Aufschwung und Lebensstandard wurden in den vorangehenden Jahrzehnten nicht zuletzt durch ausländische Kredite finanziert. Nun Stagnation und rapide steigende Inflationsrate.

1989 Nach anhaltenden Protesten wird die Gründung von Parteien erlaubt und die Abhaltung freier Wahlen beschlossen.

1990 Franjo Tudjman gewinnt mit seiner Partei HDZ die Wahlen und wird Präsident der Teilrepublik Kroatien.

1991 Kroatien erklärt sich wie auch Slowenien für unabhängig, nachdem in einer Volksabstimmung über 90 Prozent der Wähler für diesen Schritt gestimmt haben. 1992 nicht zuletzt auf Druck Deutschlands Anerkennung durch die Staaten der EU.

1991 Beginn des Krieges zwischen Kroatien und Serbien, der durch das Abkommen von Dayton 1995 beendet wird. Kroatien behält Ostslawonien und die Krajina, hunderttausende Serben fliehen daraufhin aus diesen Landstrichen nach Serbien.

1999 Tod Tudjmans, dessen Herrschaft zunehmend autoritäre Züge trug. Bei den folgenden Wahlen im Jahr 2000 unterliegt seine Partei HDZ. Umfangreiche Privatisierungen und eine grundlegende Liberalisierung und Demokratisierung des Landes; so wird das präsidial geprägte Regierungssystem zu einer parlamentarischen Demokratie umgeformt. Gleichzeitig Öffnung nach außen und für ausländische Investoren.

2002 Die Auslieferung international gesuchter Kriegsverbrecher an das Tribunal in Den Haag ist bei Bevölkerung wie Regierung umstritten.

2005 Mesić wird bei einer Wahl in seinem Amt bestätigt.

2009 Beitritt zur NATO.

2013 Nach langen Verhandlungen tritt Kroatien zum 1. Juli der EU bei.

Unterzeichnung des Dayton-Abkommens

Serbien

Offizielle Bezeichnung: Republik Serbien
Staats- und Regierungsform: Republik, Wahl zum Parlament alle vier Jahre, Direktwahl des Staatsoberhaupts alle fünf Jahre
Hauptstadt: Belgrad (1166000 Einwohner)
Gliederung: 24 Kreise, 1 Hauptstadtkreis
Fläche: 77000 qkm
Größere Städte: Novi Sad (231000 Einwohner), Niš (183000), Kragujevac (151000), Subotica (98000)
Amtssprache: Serbisch, in der Vojvodina auch Kroatisch, Ungarisch, Slowakisch und Rumänisch
Einwohner/Bevölkerungsdichte: 7098000/92 pro qkm
Bevölkerung: 83% Serben, 3,5% Ungarn, weitere Minderheiten (u.a. Kroaten, Bosniaken, Roma, Rumänen)
Städtische Bevölkerung: 56%
Lebenserwartung: 73/78 Jahre (m/w)
Religion: 85% Serbisch-Orthodoxe, 5% Katholiken, 3% Muslime, 1% Protestanten
BNE: 5500 US-Dollar je Einwohner
Erwerbstätigkeit: Landwirtschaft 21%, Industrie 26%, Dienstleistungen 53%
Arbeitslosenquote: 19%
Inflationsrate: 1,4%
Währung: Neuer Dinar (RSD), 1 Dinar = 100 Para
Wechselkurs: 1 Euro = 123 Dinar
Zeit: MEZ
Vorwahl/Internetkennung: +381/rs
Nationalfeiertag: 15. Februar (Aufstand gegen die Osmanen 1804)

Geschichte im Überblick

Um 40000 v. Chr. (Paläolithikum) Erste Besiedlungen.

7. Jhd. v. Chr. Einwanderung slawischer Stämme.

Ende des 1. Jhd. Eroberung durch die Römer, Ausbau eines Kastell- und Straßensystems.

8. Jhd. In den folgenden Jahrhunderten bilden sich erste serbische Fürstentümer aus.

9. Jhd. Die Serben nehmen das Christentum unter Byzanz an.

11. Jhd. Ein erster serbischer Staat entsteht, da das im Kampf gegen die Osmanen geschwächte Byzanz auf dem Balkan an Einfluss verliert.

1051–1081 Regierungszeit von Fürst Michael von Zeta, er ist der erste offiziell als König der Serben anerkannte Herrscher und erhält 1077 von Papst Gregor VII. die Königskrone. Im folgenden taktieren die serbischen Herrscher zwischen Rom und Byzanz und suchen mit der Schaukelpolitik ihren Einfluss und die Größe ihres Herrschaftsgebietes zu vergrößern.

1190 Stephan Nemanja erreicht in Byzanz die Anerkennung der serbischen Eigenstaatlichkeit.

1217 Sein Sohn erhält die Königskrone aus der Hand des Papstes, dies bedeutet politische Anlehnung an Rom. Sava, der jüngere Bruder, lässt sich dagegen 1219 vom byzantinischen Patriarchen zum serbischen Erzbischof weihen, was die religiöse Bindung an Byzanz verstärkt, die lange prägend für Serbien sein wird.

1331–1355 Höhepunkt der Entwicklung eines serbischen Staates unter Kaiser Dušan, der sich zum Zaren der Serben und Griechen krönen lässt. Das Reich umfasst erhebliche Teile des heutigen Bulgarien, Griechenland und Albanien, reicht vom Mittelmeer bis zum Schwarzen Meer, von der Donau bis nach Korinth. Nach Tod Dušans zerfällt das Reich jedoch schnell in einzelne Herrschaftsgebiete.

1389 Vernichtende Niederlage gegen die Türken in der Schlacht auf dem Amselfeld (Kosovo Polje), Ende des großserbischen Reiches. Die meisten Serben bleiben orthodox, auch wenn sie dadurch von der politischen Teilhabe ausgeschlossen sind (politische Betätigung ist nur den zum Islam Konvertierten erlaubt). In den Klöstern werden die Traditionen gepflegt, und die enge Verbindung zwischen orthodoxer Kirche, Tradition und Pflege des Unabhängigkeitsgedankens, der heute noch konstitutiv für die serbische Politik ist, hat seine Wurzeln in dieser Zeit.

1459 Ganz Serbien ist von den Osmanen erobert, 1521 auch Beograd (Belgrad).

1689 Erste Eroberung Beograds durch habsburgische Truppen, bis 1739 mehrmaliger Wechsel der Machtverhältnisse, seitdem wieder unter osmanischer Herrschaft.

17./18. Jhd. Im serbischen Gebiet wechseln sich Osmanen und Habsburger als Herrscher mehrmals ab.

1804–1813 Erster serbischer Aufstand, Anführer ist Petrović Karađorđe.

1815 Zweiter serbischer Aufstand unter Miloš Obrenović.

1830 Obrenović wird vom Sultan als Fürst mit Erbfolgeregelung anerkannt. Serbien bleibt aber den Osmanen gegenüber weiter tributpflichtig.

1878 Berliner Kongress. Serbien existiert nun wieder als unabhängiger Staat.

1882 Fürst Milan nimmt den Königstitel an.

1889 Milan gibt den Titel an seinen Sohn Alexander weiter.

1903 Ermordung Alexanders und seiner Frau. Alexander hatte seine Geliebte, die Zofe seiner Mutter, zur Königin machen wollen. Mit seinem Tod endet die Herrschaft der Obrenović. Die Karađorđe

Das Attentat auf Franz Ferdinand

regieren nun als Könige von Serbien, ab 1918 als Könige der Serben, Kroaten und Slowenen.

1918 Serbien wird ein Teil des neugeschaffenen Königreichs der Serben, Kroaten und Slowenen.

1929 Das Königreich nimmt den Namen Jugoslawien an.

1941 Der Eintritt Jugoslawiens an der Seite von Italien und Deutschland in den Krieg führt zum Staatsstreich. Daraufhin marschieren deutsche Truppen in Serbien ein, König Peter II. geht nach London ins Exil. Bis zum Einmarsch der Roten Armee bleibt Serbien von den Deutschen besetzt. Unterstützung des sich gegen die Okkupation rasch formierenden Widerstands durch große Teile der Bevölkerung. Innerhalb der Widerstandsbewegung werden die Kommunisten unter Josip Broz Tito tonangebend.

1945 Proklamation der Föderativen Volksrepublik Jugoslawien, die sozialistische Republik Serbien ist die größte Teilrepublik im neuen Staat.

1948 Ausschluss Jugoslawiens aus der Kominform.

1953 Josip Broz Tito wird Präsident Jugoslawiens, ab 1963 auf Lebenszeit.

1974 Die neue Verfassung Jugoslawiens stärkt die Rechte der einzelnen Republiken.

1980 Tod Titos. Ein Jahr später erste Unruhen im Kosovo wegen der Forderungen der Albaner nach Unabhängigkeit.

1990 Der Nationalist Milošević wird Präsident der Teilrepublik Serbien.

1991 Zerfall des Tito-Systems, Unabhängigkeitserklärung von Kroatien und Slowenien. Jugoslawien besteht nach Ende der Kämpfe und unter diplomatischem Druck der internationalen Staatengemeinschaft noch aus Serbien und Montenegro. Unabhängigkeitsbestrebungen im Kosovo, auf die der Staat mit militärischen Mitteln reagiert.

1992 Serbien und Montenegro bilden die Bundesrepublik Jugoslawien.

1997 Milošević wird Präsident der Bundesrepublik Jugoslawien.

1998 Eskalation der Lage im Kosovo, Intervention der NATO, dabei März bis Juni 1999 Bombardements auf serbische Militäreinrichtungen und strategisch wichtige Ziele, die auch zahlreiche zivile Opfer forderten.

2000 Friedliche Demonstrationen lassen das Milošević-Regime zusammenbrechen; von Juni 2001 bis zu seinem Tod im März 2006 verantwortet er sich vor dem Internationalen Gerichtshof in Den Haag.

2000 Koštunica wird neuer jugoslawischer Präsident, Zoran Đinđić Premierminister; er wird im März 2003 ermordet.

2003 Aus der Bundesrepublik wird der Staatenbund Serbien und Montenegro.

2006 Nach einer Volksabstimmung erklärt Montenegro im Juni seine völlige Unabhängigkeit und damit Loslösung von Serbien.

2008 Bei den Präsidentschaftswahlen setzt sich der gemäßigte Tadić gegen den Nationalisten Nikolić durch. Das Parlament in Kosovo erklärt einseitig seine völlige Unabhängigkeit.
Serbien ratifiziert einseitig ein Stabilisierungs- und Assoziierungsabkommen mit der EU. Im Gegenzug Handelserleichterungen und eine ab Dezember 2009 gültige Reiseerleichterung: serbische Staatsbürger können nun visafrei in die EU einreisen.

2009 Die serbische Regierung stellt einen Antrag auf EU-Mitgliedschaft.

2012 Vorsichtige Normalisierung der Beziehungen zwischen Serbien und Kosovo.

2014 Offizieller Beginn der Beitrittsverhandlungen zur EU. Serbien, nun ›assoziiertes Mitglied‹ der EU, strebt die Vollmitgliedschaft zum Jahr 2022 an.

Diese Herren initiierten 1917 die Gründung des Königreichs der Serben, Kroaten und Slowenen

Rumänien

Offizielle Bezeichnung: Rumänien
Staats- und Regierungsform: Republik, Wahl zum Abgeordnetenhaus alle vier Jahre, Direktwahl des Staatsoberhaupts alle fünf Jahre
Hauptstadt: Bukarest (1883000 Einwohner)
Gliederung: 41 Bezirke, 1 Hauptstadtbezirk
Fläche: 238000 qkm
Größere Städte: Cluj-Napoca (325000), Timișoara (319000), Iași (290000 Einwohner), Constanța (283000), Craiova (269000)
Amtssprache: Rumänisch
Einwohner/Bevölkerungsdichte: 19832000/83 pro qkm
Bevölkerung: 89% Rumänen, 6,5% Ungarn, 3,3% Roma, weitere kleinere Minderheiten
Städtische Bevölkerung: 55%
Lebenserwartung: 71/79 Jahre (m/w)
Religion: 87% Rumänisch-Orthodoxe, 5% Katholiken, 3% Reformierte
BNE: 9500 US-Dollar
Erwerbstätigkeit: Landwirtschaft 25%, Industrie 30%, Dienstleistungen 45%
Arbeitslosenquote: 7%
Inflationsrate: -0,4%
Währung: 1 Neuer Leu (RON), 1 Leu = 100 Bani
Wechselkurs: 1 Euro = 4,5 Leu
Zeit: OEZ (Osteuropäische Zeit, MEZ + 1 Stunde)
Vorwahl/Internetkennung: +40/ru
Nationalfeiertag: 1. Dezember (Vereinigung Siebenbürgens mit Rumänien)

Geschichte im Überblick

10000 v. Chr. Erste Besiedlungen zwischen Donau und Karpaten.

6000 v. Chr. Einwanderung von Indoeuropäern, Geto-Dakern, die von Viehzucht und Getreideanbau leben.

700 v. Chr. Beginn der griechischen Kolonisation an der Schwarzmeerküste. Als Handelsstädte entstehen unter anderem Istros (Histria), Tomis (Constanța) und Callatis (Mangalia).

80 – 44 v. Chr. Dem Dakerkönig Burebista gelingt die Einigung der getodakischen Stämme, die die griechischen Seestädte erobern.

29 v. Chr. Die Römer erobern, über die Donau kommend, Dobrudscha und Schwarzmeerküste.

86 Beginn des dakischen Widerstands unter Decebal.

101–106 Kriegszug des römischen Kaisers Trajan gegen die Daker. Nach Sieg seiner Armeen wird Dakien zur römischen Provinz Dacia. Sie besteht bis 271, danach endet die römische Herrschaft am nördlichen Ufer der Donau.

395 Teilung des Römischen Reiches, der Donauraum gehört nun zu Byzanz.

5. Jhd. Die Bevölkerung ist überwiegend christlich.

5.–7. Jhd. Eindringen der Hunnen, Awaren und Goten von Norden.

602 Fall des Donaulimes und damit Ende der römischen Herrschaft an der Donau.

11. Jhd. Die Ungarn dehnen ihre Herrschaft über Transsilvanien aus, von Norden dringen Turkvölker ein.

12 Jhd. Erste Ansiedlungswelle von Kolonisten aus dem deutschsprachigen Raum in Siebenbürgen.

14. Jhd. In der nördlichen Moldau und der Walachei bilden sich erste Fürstentümer aus.

1419 Beginn der Türkenherrschaft über weite Teile Rumäniens, die fast 500 Jahre andauert.

1593–1601 Kurzzeitige Vereinigung der drei Fürstentümer Moldau, Walachei und Siebenbürgen unter dem Walachenfürst Mihai Viteazul.

1688 Siebenbürgen gehört zu Österreich, ab 1775 auch die Bukowina.

1718 Deutsche Siedler erhalten auf Betreiben Österreichs im Banat Land.

1812 Im Ergebnis der Kriege zwischen dem Osmanischen Reich und Russland bzw. Österreich fällt Bessarabien an Russland, Nord-Moldau an Habsburg.

1829 Die Walachei wird zum russischen Protektorat.

1862 Vereinigung von Moldau und Walachei unter Fürst Alexandru Ioan Cuza unter dem Namen Rumänien, Bukarest wird Hauptstadt des neuen Landes.

1866 Militärputsch gegen Cuza. Prinz Karl von Hohenzollern wird zum Fürsten gewählt.

1877 Verkündung der staatlichen Unabhängigkeit Rumäniens. Prinz Karl wird 1881 als Carol I. der erste rumänische König, Staatsform ist die konstitutionelle Monarchie.

1913 Im Ergebnis des Zweiten Balkankrieges erhält Rumänien die Süddobrudscha. Das Osmanische Reich verliert jeglichen Einfluss in Südosteuropa; damit endet eine 500-jährige Epoche.

Carol I.

1914 Im Ersten Weltkrieg erklärt Rumänien zunächst seine Neutralität, arbeitet aber mit der Entente zusammen.

1916 Rumänien tritt auf Seiten der Entente in den Krieg ein, nachdem es sich in Geheimvereinbarungen den Gewinn Siebenbürgens, das Banat, Teile Südungarns und die Südbukowina hat zusichern lassen, wo große rumänische Minderheiten leben.

1919/1920 Die Pariser Vorortverträge bestätigen fast alle Gebietsansprüche Rumäniens. Damit verdoppeln sich Fläche und Einwohnerzahl, gleichzeitig leben im Land nun große Minderheiten, vor allem Ungarn, Ukrainer, Deutsche, Bulgaren und Juden, die insgesamt 30 Prozent der Bevölkerung ausmachen.

1939 Bei Kriegsbeginn bleibt Rumänien neutral.

1940 Unterzeichnung des ›Öl-Waffen-Pakts‹ mit Deutschland. Auf deutschen und sowjetischen Druck tritt Rumänien Bessarabien und die Bukowina an die UdSSR, Nordsiebenbürgen an Ungarn und die Süddobrudscha an Bulgarien ab, insgesamt verliert es ein Drittel seines Staatsgebietes. Carol II. setzt Ion Antonescu als Ministerpräsidenten ein und gewährt ihm diktatorische Vollmachten. Antonescu, fanatischer Nationalist, Antikommunist und Antisemit, zwingt den König zur Abdankung und errichtet den ›national-legionären Staat‹ mit seiner Person als ›Conducator‹ an der Spitze. Verfolgungen und Ermordungen beginnen, der bis Kriegsende etwa 120 000 Juden und Roma zum Opfer fallen.

1941 Rumänien stellt sich mit Deutschland gegen die Sowjetunion und besetzt Bessarabien und die Bukowina.

1944 Sturz der Regierung Antonescu durch König Mihai; Kriegserklärung an Deutschland.

1945 Mihai I. ernennt die erste Nachkriegsregierung.

1947 Ausrufung der Volksrepublik, der König wird ins Exil gezwungen; Umgestaltung des Landes nach sowjetischem Vorbild. Rumänien verliert Bessarabien und die Nord-Bukowina an die Sowjetunion, die Süddobrudscha an Bulgarien.

1948 Diktatur der Rumänischen Arbeiterpartei. Gheorghiu-Dej wird Partei- und Staatschef. In der Folge schlägt er eine ›Politik der nationalen Unabhängigkeit‹ ein, seit den 60er Jahren vorsichtige Öffnung auch zum Westen.

1949 Beitritt zum COMECON.

1955 Beitritt zum Warschauer Vertrag.

1965 Rumänien nennt sich nun ›Sozialistische Republik Rumänien‹. Nach dem Tod von Gheorgiu-Dej wird Nicolae Ceauşescu ZK-Generalsekretär.

1967 Als erstes Ostblockland nimmt Rumänien diplomatische Beziehungen zur Bundesrepublik Deutschland auf.

1974 Ceauşescu übernimmt das neugeschaffene Amt des Staatspräsidenten.

1977 Schweres Erdbeben, das vor allem in Bukarest große Zerstörungen anrichtet. Seit Mitte der 70er Jahre: wirtschaftlicher Verfall, 1981 erklärt Rumänien seine Zahlungsunfähigkeit und muss mit den internationalen Gläubigern ein Umschuldungsabkommen für seine Auslandskredite unterzeichnen. Rumänien erklärt die Rückzahlung der Auslandsschulden zum vorrangigen Ziel, in der Folge drastische Verschlechterung der Versorgungslage. Zunehmende außenpolitische Isolation, im Innern Forcierung von Groß- und Prestigeobjekten (Donau-Schwarzmeer-Kanal, Umbau der Bukarester Altstadt), Verfolgung von Minderheiten, Zuspitzung der wirtschaftlichen Misere, Ausbau des Überwachungssystems.

1989 Die Rückzahlung der Auslandsschulden ist abgeschlossen, das Land ist völlig verarmt. Massendemonstrationen in Timoşoara weiten sich zu einem landesweiten Aufstand aus. Ceauşescu wird gestürzt und zusammen mit seiner Frau am 25. Dezember hingerichtet. Den bürgerkriegsähnlichen Zuständen fallen mehr als 1100 Menschen zum Opfer.

1990 – 1992 Massenauswanderung der deutschstämmigen Bevölkerung. Zuvor lebten rund 300 000 von ihnen im Land, heute weniger als 30 000.

1990 Erste freie Wahlen. Sieg der gewendeten früheren Kommunisten, die nun als ›Front der nationalen Rettung‹ auftreten; Regierungschef wird der Ex-Kommunist Ion Iliescu. Die sozialdemokratische Partei, die sich zum großen Teil aus den früheren kommunistischen Eliten rekrutiert, bleibt in der Folgezeit die bestimmende politische Kraft, wenngleich zwischenzeitlich auch bürgerliche Regierungen gebildet werden. Das Land erholt sich nur langsam von den Folgen jahrzehntelanger Diktatur und Misswirtschaft.

1991 Verabschiedung einer neuen, demokratischen Verfassung.

1993 Beitritt zum Europarat.

2000 Marktwirtschaftliche Reformen, einsetzende spürbare wirtschaftliche Erholung. Bis heute sind dagegen mangelnde demokratische Transparenz und die weit verbreitete Korruption in Politik und öffentlicher Verwaltung ein ernstes Problem.

2004 Beitritt zur NATO, **2007** zur EU.

2012 Staatskrise, in deren Mittelpunkt ein von der Opposition eingeleitetes Amtserhebungsvorhaben gegen den amtierenden Präsidenten steht. Es scheitert an der niedrigen Wahlbeteiligung. Die Kritik aus dem Land und von außen richtet sich vor allem gegen die grassierende Korruption in allen Parteien und den massiven Druck, der von der Politik auf das Justizsystem ausgeübt wird.

Bulgarien

Offizielle Bezeichnung: Republik Bulgarien
Staats- und Regierungsform: Republik, Wahl zur Nationalversammlung alle vier Jahre, Direktwahl des Staatsoberhaupts alle fünf Jahre
Hauptstadt: Sofia (1 231 000 Einwohner)
Gliederung: 28 Bezirke
Fläche: 111 000 qkm
Größere Städte: Plovdiv (342 000 Einwohner), Varna (334 000), Burgas (203 000), Ruse (146 000), Stara Zagora (137 000), Pleven (100 000).
Amtssprache: Bulgarisch
Einwohner/Bevölkerungsdichte: 7 178 000/65 je qkm
Bevölkerung: 85 % Bulgaren, 9 % Türken, 5 % Roma, 1 % Sonstige (Griechen, Armenier u.a.)
Städtische Bevölkerung: 74 %
Lebenserwartung: 71/78 Jahre (m/w)
Religion: 76 % Orthodoxe, 10 % Muslime, 1 % Protestanten
BNE: 7200 US-Dollar je Einwohner
Erwerbstätigkeit: Landwirtschaft 7 %, Industrie 30 %, Dienstleistungen 63 %
Arbeitslosenquote: 9 %
Inflationsrate: –1,1 %
Währung: Bulgarischer Lew (BGN), 1 Lew = 100 Stótinki
Wechselkurs: 1 Euro = 1,95 Lew
Zeit: OSZ (Osteuropäische Zeit, MEZ + 1 Stunde)
Vorwahl/Internetkennung: +359/bg
Nationalfeiertag: 3. März (Friede von San Stefano 1878)

Geschichte im Überblick

4000 v. Chr. Aus Asien wandern Indogermanen, aus Westen Kelten ein.
2. Jtsd. v. Chr. Die Völker des südlichen und mittleren Balkanraums bilden eine einheitliche Sprache und Kultur aus und werden als Thraker bezeichnet.
7. Jhd. v. Chr. Griechische Kolonien werden an der Schwarzmeerküste gegründet, unter anderem Odessos (Varna), Messambria (Nessebar) und Apolonia (Sosopol).
5.–4. Jhd. v. Chr. Unter der Vorherrschaft der Odrysen Ausbildung eines ersten thrakischen Reiches; dabei Aufnahme hellenistischer Einflüsse in die Kultur.
341 v. Chr. Philipp III. von Makedonien und später sein Nachfolger Alexander der Große unterwerfen die Thraker trotz heftigen Widerstands.
2. Jhd. v. Chr. Die Römer erobern die Gebiete bis zur Donau, im Jahr 46 n. Chr. ist dieser Prozess abgeschlossen. Die eroberten Gebiete sind nun als Provinz Thracia und Moesia inferior Teil des Imperium Romanum. Zahlreiche Neugründungen von Städten und Anlage von Straßen. Entlang der Donau entsteht ein System von Befestigungsanlagen.
395 Nach Teilung der Römischen Reichs gehört das Gebiet des heutigen Bulgarien zu Byzanz.
5./6. Jhd. Slawen wandern von Norden ein, werden sesshaft und vermischen sich mit der ansässigen thrakisch-römischen Bevölkerung. Später wandern die sogenannten Protobulgaren aus dem zentralasiatischen Raum ein. Byzanz gibt seine Stützpunkte in diesem Gebiet auf.
7. Jhd. Ausbildung eines ersten organisierten Staates unter dem Zaren Isperich (oder Asparuch).
681 Nach längeren kriegerischen Auseinandersetzungen Friedensvertrag mit Byzanz. Hauptstadt des Staates, der sich beidseits der Donau erstreckt, wird Pliska (in der Nähe des heutigen Novi Pazar),

etwa 100 Kilometer südlich von Silistra. Dieser Staat hat bis 1018 Bestand. Ab 752 nennen sich die bulgarischen Herrscher Zar.

865 Zar Boris I. (852–888) lässt sich in Byzanz taufen – damit wird das Christentum Staatsreligion. Kyrill und Method führen in seinem Auftrag ab etwa 886 das kyrillische Alphabet ein.

893–927 Das Erste Bulgarische Reich steht unter Zar Simeon I. im Zenit seiner Macht. Es grenzt an das Schwarze Meer, die Ägäis und die Adria und wird auch ›Reich der drei Meere‹ genannt. Preslav ist neue Hauptstadt. Danach allmählicher Verfall des Staates, Einfall von Magyaren.

919 Gründung des von Byzanz unabhängigen bulgarischen Patriarchats.

1014 Niederlage eines bulgarischen Heeres gegen Byzanz, das in der Folge die Herrschaft über Serbien und Bulgarien übernimmt. Die bulgarische Kirche untersteht dem Patriarchat in Byzanz.

1186 Befreiung der Bulgaren von der byzantinischen Herrschaft, die Bojarenbrüder Assen und Peter sind die treibenden Kräfte. Beginn des Zweiten Zarenreichs, das bis 1396 währt. Tărnovo, das heutige Veliko Tărnovo, wird zur neuen Hauptstadt. In den nächsten 50 Jahren erlebt Bulgarien eine kulturelle und wirtschaftliche Blüte und eine enorme Ausdehnung seines Territoriums: von Albanien bis zum Schwarzen Meer, vom Norden des heutigen Griechenland über die Donau hinaus.

1330 Niederlage gegen Serbien, das zur dominierenden Macht auf dem Balkan wird.

Mitte des 14. Jahrhunderts Die Osmanen dringen auf dem Balkan stetig weiter vor und bringen 1396 Bulgarien endgültig in ihren Besitz. Trotz zahlreicher Aufstände und Unruhen dauert ihre Herrschaft bis 1878.

18. Jhd. Seit den 1750er Jahren Beginn der sogenannten Bewegung der Nationalen Wiedergeburt, die zunächst die kulturelle und kirchliche Unabhängigkeit anstrebt. Zahlreiche lokale Aufstände gegen die Osmanen, die in einen nationalen Befreiungskampf münden.

1877 Diese Auseinandersetzungen sind Grund und Vorwand für Russland, in Bulgarien einzumarschieren und den Türken den Krieg zu erklären.

1878 Friede von San Stefano: Bulgarien erlangt eine staatliche Struktur, ist aber nicht souverän, sondern ein Fürstentum unter der Oberhoheit des Osmanischen Reichs. Endgültige Regelungen auf dem Berliner Kongress im gleichen Jahr: Teile Südbulgariens bleiben noch für einige Jahre unter osmanischer Herrschaft. Beginn der bis heute andauernden Freundschaft zwischen Russen und Bulgaren.

1879 Prinz Alexander von Battenberg wird erster Fürst des neuen Staates.

1885 Krieg zwischen Serbien und Bulgarien, Serbien unterliegt. Im Frieden von Bukarest 1886 wird das zwischen beiden umstrittene Ostrumelien Bulgarien zugesprochen. Alexander stürzt über eine Offiziersrevolte, Ferdinand von Sachsen-Coburg wird als Ferdinand I. sein Nachfolger.

1908 Prinz Ferdinand von Coburg-Gotha erklärt die völlige staatliche Unabhängigkeit Bulgariens.

1912/13 Balkankriege: Zunächst kämpfen Bulgarien, Serbien, Montenegro und Griechenland gegen die Osmanen. Die Uneinigkeit über die Aufteilung der Gebietsgewinne führt zum Krieg der Länder untereinander. Das unterlegene Bulgarien verliert die Süddobrudscha an Rumänien, das nördliche Makedonien an Serbien.

1915–1918 Kriegsteilnahme auf Seiten der Mittelmächte; Kriegserklärung an Rumänien und Serbien.

1918 Ein Militärputsch stürzt Ferdinand I. Ihm folgt sein Sohn Boris III. nach. Er regiert bis 1943, ab 1935 Errichtung der ›Königsdiktatur‹.

1919 Mit den Friedensverträgen nach Ende des Ersten Weltkriegs verliert Bulgarien den Zugang zur Adria an das neugegründete Jugoslawien.

1941 Kriegseintritt auf Seiten der ›Achsenmächte‹. Bulgarien nimmt nicht aktiv an den Kämpfen teil, erlaubt jedoch deutschen Truppen den Durchmarsch. Die Regierung erklärt zwar den Westmächten, nicht aber der Sowjetunion den Krieg.

1943 Tod Boris III., offizieller Nachfolger wird sein 6-jähriger Sohn Simeon II. Ein Regentschaftsrat übernimmt die Regierungsgeschäfte.

1944 Besetzung des Landes durch sowjetische Truppen, Kriegserklärung Bulgariens an Deutschland.

1946 Abschaffung der Monarchie durch ein Plebiszit, die Zarenfamilie geht ins Exil. Ausrufung der Volksrepublik Bulgarien, Beginn der kommunistischen Herrschaft.

1947 Verabschiedung der neuen Verfassung nach sowjetischem Vorbild.

1949 Beitritt zum RGW, 1955 Mitglied des Warschauer Vertrages.

1960er und 1970er Jahre Ausbau der Schwerindustrie und der touristischen Infrastruktur an der Schwarzmeerküste.

1971 Die neue Verfassung definiert Bulgarien als ›Sozialistischen Staat der Werktätigen in Stadt und Land‹.

1980er Jahre Allmählicher wirtschaftlicher Niedergang, politische Stagnation.

1981 1300-Jahr-Feier Bulgariens. In den Folgejahren ›Zwangsbulgarisierung‹ der türkischen Minderheit, die zu großen Teilen wegen der Repressionen das Land verlässt.

1987 Erste – vorsichtige – Reformen (›Pseudostroika‹), unter anderem soll die Planwirtschaft abgeschafft werden.

1989 Im November Sturz des Generalsekretärs und Staatsratsvorsitzenden Todor Živkov. Beginn der Demokratisierung und Öffnung des Landes.

1990 Die Kommunisten gewinnen als Sozialistische Partei die ersten freien Parlamentswahlen.

1991 Verabschiedung einer demokratischen Verfassung; die Union Demokratischer Kräfte siegt bei den folgenden Wahlen über die Sozialisten. Beginn der Privatisierungen.

1994 Die Sozialistische Partei gewinnt die Wahlen. Unzufriedenheit breiter Bevölkerungsschichten wegen der katastrophalen wirtschaftlichen Lage, verschleppter Reformen und grassierender Korruption.

1996/97 Hungerwinter. Etwa ein Zehntel der Bevölkerung verlässt in den kommenden Jahren das Land.

1999 Währungsreform. Der Lev wird fest an die Deutsche Mark, ab 2002 an den Euro gekoppelt.

2001 Simeon von Sachsen-Coburg und Gotha, der Sohn Zar von Boris III., wird unter dem angenommenen bürgerlichen Namen Simeon Sakskoburggotski Premierminister. Im Wahlkampf hatte er ›Wohlstand für alle in 800 Tagen‹ versprochen, die Versprechung erweist sich schnell als unrealistisch.

2004 Bulgarien wird Mitglied der NATO.

2005 Bei den Wahlen verzeichnen die Splitterparteien und extremen Kräfte trotz wirtschaftlichen Aufschwungs erhebliche Stimmenzuwächse.

2007 Beitritt zur EU, obwohl die EU dem Land erhebliche Defizite – v.a. Korruption und mangelnde Unabhängigkeit der Justiz – attestiert.

2016 Bei den Präsidentschaftswahlen siegt der Ex-General Rumen Radew. Der daraufhin erklärte Rücktritt der Regierung löst eine politische Krise aus.

Moldawien

Offizielle Bezeichnung: Republik Moldau
Staats- und Regierungsform: Republik, Wahl zum Parlament alle vier Jahre, Direktwahl des Staatsoberhaupts alle vier Jahre
Hauptstadt: Chișinău (674 000 Einwohner)
Gliederung: 32 Distrikte, 2 Stadtbezirke, 1 autonomes Gebiet (Gagausien); Transnistrien ist faktisch selbständig
Fläche: 33 800 qkm
Größere Städte: Bălți (145 000 Einwohner), Tiraspol (134 000), Tighina (92 000), Ribnița (48 000)
Amtssprache: Moldauisch
Einwohner/Bevölkerungsdichte: 3 554 000/105 je qkm
Bevölkerung: 76 % Moldauer, 8 % Ukrainer, 6 % Russen, 4,5 % Gagausen, 2 % Roma, 2 % Bulgaren
Städtische Bevölkerung: 45 %
Lebenserwartung: 66/74 Jahre (m/w)
Religion: 96 % Orthodoxe; Minderheiten von Protestanten, Katholiken und Juden
BNE: 2220 US-Dollar je Einwohner
Erwerbstätigkeit: Landwirtschaft 14 %, Industrie 18 %, Dienstleistungen 68 %
Arbeitslosenquote: 5 %
Inflationsrate: 10 %
Währung: Moldau-Leu (MDL), 1 Leu = 100 Bani
Wechselkurs: 1 Euro = 22 Moldau-Leu
Zeit: OSZ (MEZ + 1 Stunde)
Vorwahl/Internetkennung: +373/md
Nationalfeiertag: 27. August (Proklamation der Unabhängigkeit 1991)

Geschichte im Überblick

Bis zu den Römern war das Gebiet zwischen Pruth und Dnjestr vermutlich nur Durchzugs-, kein Siedlungsland.

7. Jhd. v. Chr. Die Griechen gründen erste Kolonien an der Schwarzmeerküste, auch an der Dnjestrmündung.

106 n. Chr. Nach Abschluss der Dakerkriege gehören große Teile des heutigen Rumänien mitsamt dem Donaudelta als Provinz Dacia zu Rom. Der Pruth bildet im wesentlichen die östliche Begrenzung des Römischen Reiches. Die Gebiete weiter nördlich gehören nicht zum Imperium Romanum, geraten aber unter dessen Einfluss.

Mitte des 2. Jahrhunderts Einbruch der Goten vom Schwarzmeerraum Richtung Donau, wodurch der Zerfall der römischen Ordnung beginnt. Den Goten folgen die Hunnen, Awaren, Bulgaren, Magyaren, Petschnegen und Kumanen, die das Land sämtlich aber nur durchziehen, nicht sesshaft werden.

6. Jhd. Beginn der Einwanderung slawischer Stämme vor allem in das nördliche Bessarabien.

10. Jhd. Der nordwestliche Teil kommt vorübergehend in den Herrschaftsbereich der Kiewer Rus, später in den des Fürstentums Wolhynien.

13. Jhd. Die Mongolen benutzen den Raum zwischen Pruth und Dnjestr als Basis für ihre Eroberungs- und Raubzüge in die südlich und westlich gelegenen Regionen.

14. Jhd. Herausbildung der rivalisierenden Fürstentümer Moldau und Walachei auf dem Gebiet des heutigen Rumänien. Beide trachten nach einem Zugang zum Schwarzen Meer und daher danach, den Raum östlich des Pruth unter ihre Kontrolle zu bringen.

Um 1400 Die Gebiete nördlich des Donaudeltas gehören bis zum Dnjestr zum Fürstentum Moldau.

15. Jahrhundert Die Osmanen erobern weite Teile des westlichen und nördlichen Schwarzmeerraums.

Um 1500 Unter Ştefan cel Mare (Stefan der Große, um 1433–1504), der 47 Jahre lang regiert, erreicht das Fürstentum Moldau seine größte Ausdehnung, es umfasst auch weite Teile des heutigen Moldawien. Daher wird er heute in beiden Ländern sehr verehrt, und er war und er ist für diejenigen, die eine Vereinigung von Rumänien und Moldawien anstreben, die zentrale Leitfigur.

1512 Moldau muss sich endgültig dem Osmanischen Reich unterordnen, das sich 1538 den südöstlichen Teil Bessarabiens einverleibt. Diese Machtverhältnisse haben bis 1812 Bestand.

18. Jhd. Die russischen Herrscher streben danach, ihr Herrschaftsgebiet bis an das Schwarze Meer zu erweitern. In den russisch-türkischen Kriegen (1710/11, 1735–1739, 1768–1774) wird das Land zwischen Pruth und Dnjestr mehrmals zum Schauplatz von Kämpfen.

1774 Russland erlangt das Schutzrecht über die Fürstentümer Moldau und Walachei.

1783 Russland erobert das Krim-Chanat von den Osmanen, mit dem Frieden von Iaşi 1792 schiebt Russland seine Grenze bis an den Dnjestr vor. Die Gebiete westlich davon bleiben zunächst beim Osmanischen Reich.

Chişinău um 1880

1812 Im Frieden von Bukarest kann Russland seine Grenze weiter nach Westen verschieben, bis an den Pruth. Das Gebiet zwischen Pruth und Dnjestr und damit die östliche Hälfte des früheren Fürstentums Moldau heißt nun offiziell Bessarabien. Zu seiner Hauptstadt wird 1828 Chişinău bestimmt. Die Stadt wird ab den 1830er Jahren planmäßig erweitert, wodurch ihre Bevölkerung rasant ansteigt (1812: 7000 Einwohner; 1892: 123 000 Einwohner). Russifizierung des Landes.

1829 Russland bringt die Donaumündung unter seine Kontrolle und errichtet ein Protektorat über die beiden rumänischen Fürstentümer. Diese Annexion provoziert eine scharfe Reaktion der übrigen europäischen Hegemonialmächte, die schließlich in den Krimkrieg (1853–1856) mündet; Russland unterliegt.

1856/57 In den Pariser Verträgen wird die Donaumündung unter internationale Kontrolle gestellt, der südliche Teil Bessarabiens um Cahul und Izmail kommt zum Fürstentum Moldau.

1878 Auf dem Berliner Kongress wird die Unabhängigkeit Rumäniens anerkannt, das 1859 durch die Vereinigung der Fürstentümer Moldau und Walachei entstanden ist. Rumänien erhält das Donaudelta und einen Teil der Dobrudscha zugesprochen, muss das südliche Bessarabien aber wieder an Russland abgeben. Die russischen Herrscher fördern den Zuzug von Neusiedlern, eine offizielle Statistik für das Jahr 1897 nennt 48% ›Moldawanen‹, 28% Russen und Ukrainer, 12% Juden, 5% Bulgaren. Das Land wird an das russische Schienennetz angeschlossen, deutlicher wirtschaftlicher Aufschwung.

1917 Im Zuge der Auflösungserscheinungen des Zarenreichs beschließt ein selbsternannter Landesrat die Unabhängigkeit der neugegründeten Republik Bessarabien. Dieser Landesrat, dominiert von bessarabischen Rumänen, beschließt aber schon im April 1918 die Vereinigung mit Rumänien; sie wird im Vertrag von Trianon 1920 von den Siegermächten des Ersten Weltkriegs anerkannt. In Russland bzw. der jungen Sowjetunion stößt diese Entscheidung auf entschiedenen Widerstand. Forcierte Rumänisierung des Landes.

1924 Die Gebiete östlich des Dnjestr werden aus der Ukraine gelöst und erhalten den Namen Autonome Moldawische Sozialistische Sowjetrepublik (kurz: MASSR).

1940 Auf Druck Deutschlands erhält die Sowjetunion im Juni Bessarabien von Rumänien, im August wird es mit der MASSR zur Moldawischen Sozialistischen Sowjetrepublik vereinigt. Der nordwestliche und der südliche Landesteil fallen an die Ukraine. Als Folge dieser administrativen Neugliederung wird Moldawien von der Donau abgeschnitten und reicht über den Dnjestr nach Osten hinaus.

1941–1944 Rumänien zieht an der Seite Deutschlands in den Krieg und besetzt Moldawien. Nach der Rückeroberung durch die Rote Armee im Sommer 1944 wird die alte Verwaltungsordnung wiederhergestellt. Durch die Kriegshandlungen erleidet das Land erhebliche Schäden.

Nach 1945 Die Industrialisierung zielt vor allem darauf, den landwirtschaftlichen Reichtum des Landes – Wein, Obst, Gemüse, Tabak, Getreide – besser nutzen zu können. Die Einrichtung zahlreicher kultureller Institutionen in der Hauptstadt soll bei der Bevölkerung das Bewusstsein fördern, einem eigenständigen moldawischen Volksstamm anzugehören und nicht Teil der Rumänen zu sein.

1990 Die Sowjetunion zerfällt, Moldawien erklärt seine Souveränität. Im August ruft die im südöstlichen Landesteil lebende gagausische Minderheit die ›Gagausische Republik‹ aus, im September proklamiert die mehrheitlich prorussische eingestellte Bevölkerung im transnistrischen Teil die ›Dnjestr-Republik‹.

1991 Moldawien erlangt im August seine völlig Unabängigkeit. Zwischen 1991 und 2012 verlassen rund eine Million Menschen hauptsächlich aus wirtschaftlichen Gründen das Land, etwa ein Fünftel der Bevölkerung.

1994 Eine neue Verfassung tritt zum Juli in Kraft. Gleichzeitig tritt das Land aus der Gemeinschaft unabhängiger Staaten (GUS) aus. Gagausien wird im Dezember innerhalb der Republik Moldau der Status einer Autonomen Region mit weitreichenden Rechten zuerkannt. Transnistrien ist dagegen faktisch außerhalb der moldauischen Regierung, seine Unabhängigkeit wird aber international nicht anerkannt, nicht einmal von Russland, das die Regierung massiv unterstützt und trotz seit 1999 geltender anderslautender Verträge seine Truppen bislang nicht aus dem Gebiet abgezogen hat.

2001 Die katastrophale wirtschaftliche Lage bringt die Kommunisten bis 2008 zurück an die Macht.

2011 Nach sechsjähriger Pause werden die Verhandlungen ›5+2‹ (Ukraine, Russland, EU, OSZE, USA, Moldau, Transnistrien) zur Lösung des Transnistrienkonflikts wieder aufgenommen.

2013 EU und Moldawien unterzeichnen im November trotz Drohungen seitens der russischen Regierung ein Partnerschafts- und Assoziierungsabkommen; langfristig strebt das Land den Beitritt zur EU an.

2015/16 Ein Bankenskandal weitet sich zu einem Korruptionsskandal in der Politik aus und führt zu einer Regierungs- und Vertrauenskrise. Gleichzeitig wird das Land von einer starken Rezession erfasst.

Ukraine

Offizielle Bezeichnung: Ukraine
Staats- und Regierungsform: Präsidialrepublik, Wahl zum Parlament alle vier Jahre, Direktwahl des Präsidenten alle fünf Jahre
Hauptstadt: Kiev (2 888 000 Einwohner)
Gliederung: 24 Regionen, zwei Stadtbezirke und die Autonome Republik Krim
Fläche: 603 000 qkm
Größere Städte: Charkiv (1 453 000 Einwohner), Odessa (1 016 000), Dnipropetrovsk (990 000), Donetsk (936 000), Zaporižžja (762 000), Lviv (729 000).
Amtssprache: Ukrainisch
Einwohner/Bevölkerungsdichte: 45 198 000/75 pro qkm
Bevölkerung: 78 % Ukrainer, 17 % Russen, weitere kleinere Minderheiten
Städtische Bevölkerung: 70 %
Lebenserwartung: 62/73 Jahre (m/w)
Religion: 70 % Orthodoxe, 9 % Griechisch-Katholische, 4 % Muslime, 1 % Protestanten, 1 % Katholiken
BNE: 2600 US-Dollar je Einwohner
Erwerbstätigkeit: Landwirtschaft 15 %, Industrie 26 %, Dienstleistungen 59 %
Arbeitslosenquote: 10 %
Inflationsrate 2012: 48%
Währung: Hrywnja (UAH); 1 Hrywnja=100 Kopeken
Wechselkurs: 1 Euro = 27 Hrywnja
Zeit: OEZ (Osteuropäische Zeit; MEZ + 1 Stunde)
Vorwahl/Internetkennung: +380/ua
Nationalfeiertag: 24. August (Unabhängigkeitstag)

Geschichte im Überblick

Erste Besiedlung durch verschiedene Steppenvölker.
7./6. Jhd. v.Chr. Gründung griechischer Kolonien an der Schwarzmeerküste.
3./.4 Jhd. n.Chr. Goten herrschen über die Gebiete um Dnister und Dnepr und die Krim. In den folgenden Jahrhunderten Einwanderung slawischer Stämme.
9. Jahrhundert Ausbildung eines lose strukturierten slawischen Staates, der Kiewer Rus mit Zentren in Kiev und Novgorod. Der Süden der heutigen Ukraine ist nicht Bestandteil dieses staatsähnlichen Gebildes. Wladimir, einer der ersten Herrscher, nimmt 988 den christlichen Glauben nach östlichem Ritus an. Erste kulturelle und wirtschaftliche Blüte.
13. Jahrhundert Einfall der Mongolen, die einen Großteil des Territoriums erobern und es der Goldenen Horde tributpflichtig machen. In der Folge bilden sich mit Vladimir-Susdal, Halytsch-Wolhynien und der Republik Nowgorod drei Staaten heraus. In dieser Zeit taucht auch der Begriff ›Ukraine‹ für dieses Gebiet erstmals auf.

Bohdan Chmelnyzkyj

16. Jahrhundert Weite Teile der heutigen Ukraine gelangen unter den Herrschaftsbereich Polen-Litauens. In der Folge Benachteiligung der orthodoxen Bevölkerung gegenüber den Katholiken in wirtschaftlicher, politischer und sozialer Hinsicht. Der südliche Teil der heutigen Ukraine steht als Krim-Khanat unter dem Schutz des Osmanischen Reiches, weite Teile der Steppengebiete werden von Steppenvölkern beherrscht.

1648 Durch einen Vertrag mit dem polnischen König gelingt es Bohdan Chmelnyzkyj, einen eigenständigen ukrainischen Kosakenstaat zu etablieren. Er gerät aber schnell in Abhängigkeit von Russland und Osmanischem Reich und wird schließlich zwischen Polen und Russland aufgeteilt.

1772, 1793, 1795 Nach den drei Teilungen Polens gehören Teile Galiziens zu Österreich, die anderen Gebiete zu Russland. Sie werden nun zur Provinz Neurussland zusammengefasst, die auch die Krim und die Schwarzmeerküste umfasst. Gezielte Neugründungen von Städten und Ansiedlungen von Kolonisten unter Katharina II. sollen die russische Herrschaft stabilisieren.

18.–20. Jahrhundert Die Ukrainische Nationalbewegung gewinnt immer mehr Anhänger unter der Bevölkerung.

1917 Nach der Oktoberrevolution konstituiert sich ein Ukrainischer Nationalkongress, der einen Zentralrat wählt. Dieser ruft im Januar 1918 die Unabhängigkeit der Ukraine aus.

1919 Nach den Wirren des letzten Weltkriegsjahres und bürgerkriegsähnlichen Zuständen verliert die Ukraine wieder ihre Selbständigkeit. 1922 wird die Ukrainische Sozialistische Sowjetrepublik offiziell Teil der neu gegründeten Sowjetunion. Der südwestliche Landesteil, zuvor ungarisch, fällt an die neugegründete Tschechoslowakei, die westlichen

Vladimir (960–1015)

Landesteile um Lemberg (heute Lviv) werden von den Polen erobert.

1920er und 1930er Jahre Forcierte Industrialisierung im Osten und Kollektivierung der Landwirtschaft. Auf den Widerstand der Bevölkerung antwortet die Staatsmacht mit brutaler Härte (Beschlagnahmungen, Folter, mehrere tausend Todesurteile) und einer bewusst herbeigeführten Hungerkatastrophe. Diesem faktischen Massenmord fallen nach jüngsten Schätzungen bis zu sieben Millionen Ukrainer zum Opfer.

1941–1944 Die Deutschen überfallen die Sowjetunion und besetzen die Ukraine. Sie ermorden fast die gesamte jüdische Bevölkerung. Die Kämpfe zwischen Wehrmacht und Roter Armee sowie Partisanen und die brutalen Repressionen der Besatzer (Verschleppungen nach Deutschland, Deportationen, Massenerschießungen) fordern fünf bis sieben Millionen Tote. Am Ende des Krieges ist ein Großteil der Orte weitgehend oder völlig zerstört, die Wirtschaft ruiniert.

1945–1947 Im Ergebnis der Konferenzen von Jalta und Potsdam gehören die bis dahin östlichen Teile Polens (v.a. Galizien) nun zur Ukraine. Die Polen werden zur Ausreise gezwungen, andererseits wird die ukrainische Minderheit in Südpolen in die Ukraine umgesiedelt.

1954 Als ein ›Geschenk‹ Nikita Chruschtschows gelangt die Autonome Republik Krim, mehrheitlich von Russen bewohnt, an die Sowjetrepublik Ukraine.

1986 In Tschernobyl, ca. 100 Kilometer nördlich von Kiev, explodiert im April ein Block des Atomkraftwerks. Große Mengen an radioaktivem Material werden freigesetzt. Bis heute ist eine ausgedehnte Zone um Tschernobyl wegen der weiterhin existierenden Verseuchung für Menschen gesperrt. Es gibt nach wie vor keine offiziellen Zahlen zu Todesopfern und Geschädigten.

1991 Die Sowjetunion zerfällt. Die Ukraine wird selbständig und tritt der Gemeinschaft Unabhängiger Staaten (GUS) bei. Die Überwindung der wirtschaftichen Schwierigkeiten und die angestrebte außenpolitische und wirtschaftliche Unabhängigkeit von Russland bestimmen in der Folgezeit die Politik. Politisch ist das Land bis heute in einen westlich orientierten und einen Russland nahestehenden Teil gespalten; diese Grenze verläuft etwa entlang des Dnepr.

2004 Proteste gegen Wahlfälschungen münden in die ›Orangene Revolution‹, die sich v.a. die Modernisierung des Landes, gesellschaftliche Reformen, eine Annäherung an den Westen sowie eine Verfassungsänderung auf die Fahnen geschrieben hat. Die Protagonisten der Bewegung sind sich in wichtigen Fragen uneins, so dass das Land blockiert ist.

2008/2009 Tiefgreifende Wirtschaftskrise, starker Rückgang des Bruttoinlandsprodukts. Russland und der IWF geben umfangreiche Notkredite.

2010 Der andauernden politischen Streitereien überdrüssig, wählen die Ukrainer den Altkommunisten Wiktor Janukowytsch zum Präsidenten. Die neue Regierung sucht die Nähe zu Russland und wahrt deutlich Distanz zum Westen; so werden Mitgliedschaften in NATO und EU nicht mehr angestrebt.

2013 Die überraschende Entscheidung der Regierung, das bereits ausgehandelte Freihandels- und Assoziierungsabkommen mit der EU nicht unterzeichnen zu wollen, führt im November zu massenhaften Protesten vor allem in Kiev. Sie erzwingen den Rücktritt der Regierung.

Ab 2014 Russland besetzt völkerrechtswidrig die Krim und unterstützt militärisch separatistische Gruppen im Ostteil des Landes. Trotz internationaler Bemühungen kann kein Ende des Krieges erreicht werden.

Zwischen Passau und Devín dominiert der Barock. Zahlreiche Stifts- und Klosteranlagen und kleinere Orte lohnen ebenso einen Besuch wie die österreichische Hauptstadt Wien mit ihren überreichen kulturellen Schätzen. Zu den Höhepunkten einer Kreuzfahrt gehört die Passage der Kulturlandschaft Wachau.

Der Zusammenfluss von Ilz (links), Donau und Inn (oben) in Passau

AUF DER OBEREN DONAU

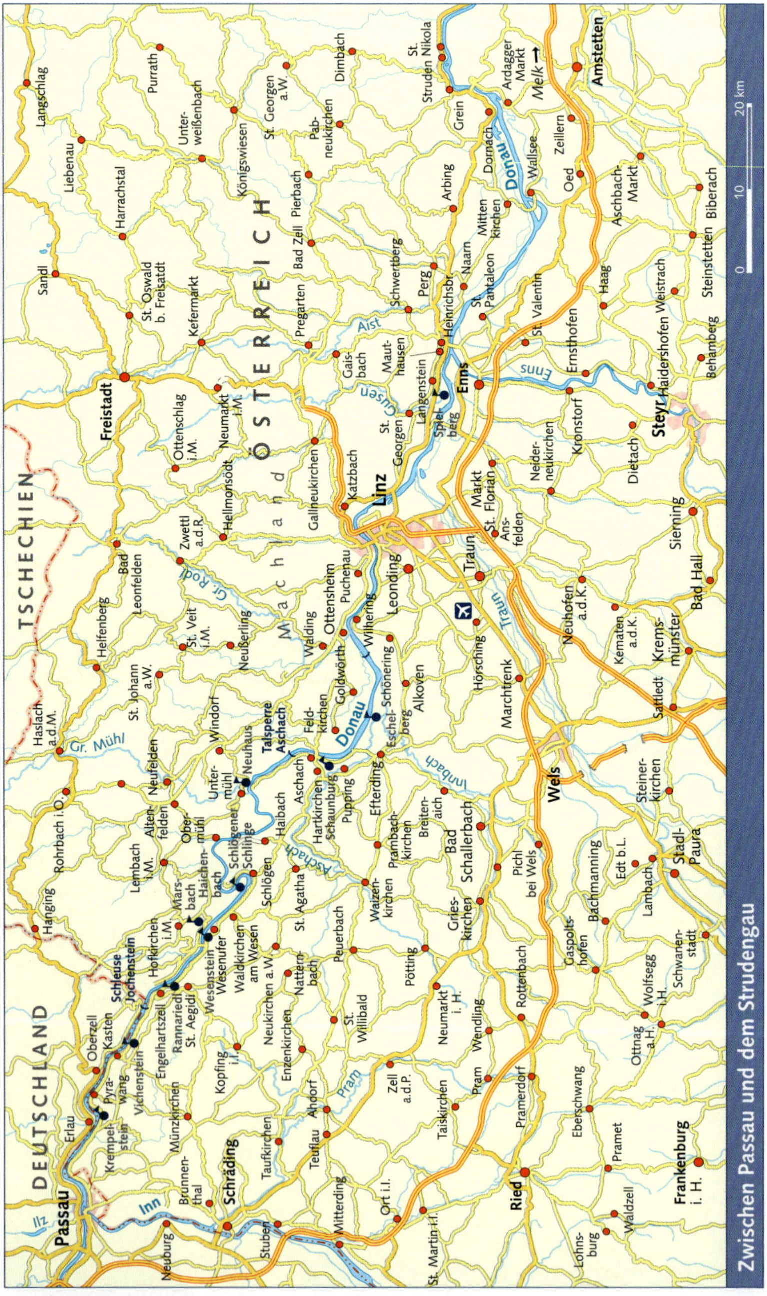

Zwischen Passau und dem Strudengau

Passau ▸ km 2226

Wie kaum eine andere Stadt an der Donau ist Passau vom Katholizismus geprägt worden. Über Jahrhunderte übten die Kleriker hier neben der geistlichen auch die weltliche Macht aus, ihr Einflussgebiet reichte zeitweilig bis nach Ungarn, und lange war Passau die flächenmäßig größte Diözese im deutschen Sprachraum, das kirchliche Zentrum auch Österreichs. Äußerlicher Ausdruck dieser Dominanz sind die zentralen Bauten, die üblicherweise adliges oder bürgerliches Selbstbewusstsein demonstrieren, hier aber auf die Kleriker zurückgehen: Residenz, Burg und Theater. Diese und andere Sehenswürdigkeiten sind in eine auffallend einheitliche Stadtlandschaft gebettet. Ihre barocke Geschlossenheit geht auf zwei große Stadtbrände am Ende des 17. Jahrhunderts zurück, die zu einem weitgehenden Neuaufbau der Stadt gezwungen hatten. Dieses Stadtbild hat sich bis heute bewahrt und gibt Passau sein besonderes Flair.

Die zweite stadtbildprägende Kraft stellen die drei Flüsse Ilz, Inn und Donau dar, die hier aufeinandertreffen. Sie formen und begrenzen den ungewöhnlichen Stadtgrundriss, der, einem Schiffsrumpf nicht unähnlich, die Form eines gerundeten Dreiecks aufweist.

Die meisten Sehenswürdigkeiten liegen in der Altstadt zwischen Inn und Donau. Reizvoll sind auch Abstecher in die südlich gelegene Innstadt und in die Ilzstadt auf der nördlichen Donauseite. Auch diese Stadtteile sind vom Schiffsanleger oder vom Bahnhof in wenigen Fußminuten erreichbar, dabei jedoch deutlich weniger frequentiert als die in den Sommermonaten manchmal sehr überlaufene Altstadt.

Die Westfassade des Doms

Geschichte

Das Gebiet des heutigen Passau ist seit dem 5. Jahrtausend vor unserer Zeitrechnung durchgehend besiedelt. Prägend für einen längeren Zeitraum wurden seit dem 1. Jahrhundert vor Christus die Römer. Sie errichteten zunächst das Kastell Batavis etwa auf dem Gebiet des heutigen Domplatzes – davon leitet sich der Name Passau ab –, später das Kastell Boiotro am Südufer des Inns. Dieses Kastell war Teil des hier an der Donau verlaufenden Limes.

Am Ende des 4. Jahrhunderts wurde das Christentum zur Staatsreligion Roms, und so fanden die ersten Missionierungsbestrebungen noch während der Römerzeit statt. Zu nennen ist vor allem der heilige Severin, der am Ende des 5. Jahrhunderts an der Donau wirkte und auf den auch der Bau einer ersten Kirche zurückgeht. In dieser Zeit löste sich die Römerherrschaft in Etappen auf. Aber das heutige Passau blieb wohl auch in den Wirren der Völkerwanderungszeit dauerhaft besiedelt und vermutlich auch christlich.

Im Jahr 739 wurde Passau Bischofssitz, ein Jahr später das Kloster Niedernburg begründet und mit ausgedehnten Ländereien ausgestattet. Zu uneingeschränkten Stadtherren wurden die Kleriker dank eines Vertrages mit Otto III. ab 999. Sie erhielten die Landeshoheit und die damit verbundenen Zoll-, Münz- und Marktrechte, die Gewerbeaufsicht und die Gerichtsbarkeit. Diese Machtfülle blieb ihnen bis 1803.

Im Jahr 1161 setzte sich die geistliche Macht endgültig gegen die weltliche durch, da Friedrich I. (Barbarossa) den Bischöfen auch das Areal der Niedernburg übergab. Die Stadt kam in den folgenden Jahrhunderten zu Wohlstand, der aus dem Handwerk und vor allem dem Handel resultierte. Die Bischöfe dehnten ihren Machtbereich weit entlang der Donau aus, er umfasste zeitweilig das Gebiet bis nach Wien. Ab 1219 entstanden erst die Veste Oberhaus, dann die mit ihr durch wehrhafte Mauern verbundene Veste Unterhaus. Sie dienten dazu, den Handel zu sichern und zu kontrollieren, boten den Klerikern aber auch Schutz gegen die Bürgeraufstände, die bis 1367 immer wieder aufflammten – und allesamt scheiterten.

▲ Karte S. 58

Im Jahr 1143 wurde eine hölzerne Innbrücke eingeweiht, 1278 eine über die Donau. Sie erleichterten den Handel erheblich. In Passau kreuzten sich eine wichtige Ost-West-Route entlang der Donau mit einer Nord-Süd-Verbindung, die durch die Flüsse Ilz und Inn markiert wurde. Alle Waren dieser Zeit wurden entlang dieser Strecken transportiert. Einen erheblichen Verlust musste die Stadt 1594 hinnehmen: Der Herzog von Bayern brachte den Salzhandel unter seine Kontrolle, er lief nun an Passau vorbei. Zwei große Stadtbrände 1662 und 1680 vernichteten große Teile der Altstadt. Viele Gebäude Passaus stammen aus der darauffolgenden Aufbauphase und sind daher barock geprägt. Zahlreiche italienische Architekten wurden für den Wiederaufbau gewonnen, ihr Einfluss ist unverkennbar.

Im Jahr 1783 verlor das Bistum Passau sämtliche österreichischen Gebiete und war nun eines der kleinsten in Deutschland, 1803 fiel die Stadt an Bayern. Seitdem ist sie – politisch gesehen – eine ganz normale bayerische Mittelstadt.

Im Jahr 1837 legte das erste Dampfschiff an, und 1990 wurde ein Containerhafen eingeweiht. Diese Daten verdeutlichen, dass auch in der Moderne die Donau für das Gedeihen der Stadt bestimmend blieb. Passau, heute eine Stadt mit gut 50 000 Einwohnern, hat eine Universität und ein wenig Industrie, lebt aber in erheblichem Maße vom Tourismus: Hier

Der ›Regenprüfer‹

nimmt der Großteil der Donaukreuzfahrten seinen Anfang, hier treffen sich gleich mehrere Fernwander- und radwege, und die Stadt stellt auch einen beliebten Ausgangsort zu den Wander- und Ausflugsgebieten des Bayerischen Waldes dar. Passau hat sich lange schon mit zahlreichen Hotels, Restaurants und Souvenirläden auf diesen Ansturm eingestellt.

Altstadt

Domplatz

Der Domplatz ist seit jeher das Zentrum Passaus. Beherrscht wird er von der Westfassade des Doms, umgeben ist er von weiteren sehenswerten Bauten, die früher sämtlich den Klerikern gehörten. Daher wurde er in früheren Jahrhunderten auch ›Pfaffenplatz‹ genannt. Heute ist er Marktplatz, oft erster Anlaufpunkt für die Touristen und beliebter Treffpunkt der Einheimischen. Sie verabreden sich gern an der **Statue für König Maximilian I. Joseph**, die 1824 anlässlich seines 25-jährigen Dienstjubiläums aufgestellt wurde. Begonnen hatte er seine Amtszeit als Kurfürst, erst ab 1806 durfte er sich König nennen. Liebevoll-spöttisch nennt ihn der Volksmund wegen des ausgestreckten Arms auch ›der Regenprüfer‹. Von den einst zahlreichen Palais der Bischöfe ist noch eines erhalten, das prächtige **Lambergpalais** von 1724 an der Westseite. Daneben liegen die Dompropstei (Nr. 4) und das bischöfliche Priesterseminar (Nr. 5).

Dom

Der Dom gilt als größter barocker Kirchenbau nördlich der Alpen. Sein heutiges Aussehen geht im wesentlichen auf die Umgestaltung im 18. Jahrhundert zurück, und die vollendeten Formen im italienischen Barockstil wurden zum Vorbild für zahlreiche Kirchenbauten, die in den folgenden Jahrzehnten in Bayern entstanden.

Die offizielle Bezeichnung lautet Bischofskirche zum heiligen Stephanus, und dieser Name hat eine lange Tradition. Bereits in einer Urkunde von 635 wird eine

Skulptur an der Kanzel im Dom

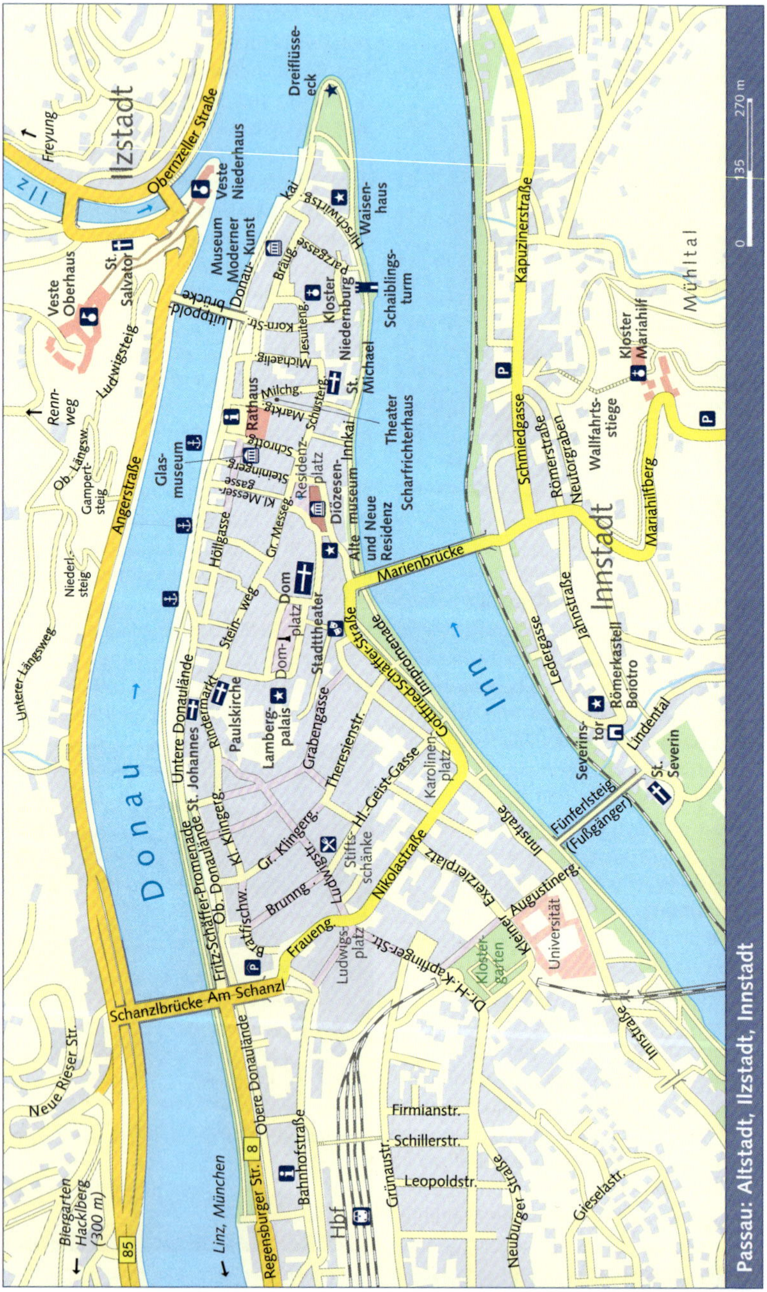

Passau: Altstadt, Ilzstadt, Innstadt

Kirche des heiligen Stephanus innerhalb der Stadtmauern erwähnt. Mehr ist nicht bekannt, man nimmt aber an, dass spätestens hundert Jahre später an der Stelle der heutigen Doms eine Stephanskirche existierte. Sie wurde in der Folgezeit immer wieder um- und ausgebaut.
Im Jahr 1662 richtete der Stadtbrand auch am Dom großen Schaden an, nur Teile des Chores und des Mauerwerks blieben bestehen. Fürstbischof Wenzeslaus von Thun (1664–1673) entschloss sich für einen weitgehenden Neubau und bewies bei der Auswahl der italienischen Baumeister außerordentliches Geschick. Er beauftragte Carlo Lurago mit den Arbeiten, für die Innengestaltung Giovanni Battista Carlone und für die Steinmetzarbeiten Francesco Torres. Mit ihren zahlreichen Mitarbeitern schufen sie die beeindruckende Kirche. Die Arbeiten dauerten mehrere Jahrzehnte. Später wurde die Spitzhaube in eine barocke Kuppel umgewandelt, die Westfassade verändert, 1896/97 schließlich bekamen die beiden Türme an der Westfassade ihre heutige Gestalt: Ihnen wurden Kuppeln aufgesetzt. Von 1973 bis 1980 fand eine grundlegende Renovierung im Inneren statt, die der Außenfassaden scheint ein Dauerzustand zu sein.
Im Kern ist der Dom gotisch. Die Um- und Neubauten der italienischen Meister waren aber so geschickt, dass sich der Dom im Innern als barockes Raumwunder präsentiert und sogar seine Proportionen verschleiert. In Hauptschiff und Seitenschiffen finden sich in den 170 Gewölbeflächen neben zahlreichen Gemälden und Fresken viele Stuckfiguren und Putten, darunter 20 große gebälktragende Atlanten – insgesamt rund 1000 Figuren. Dennoch wirkt die Raumgestaltung nicht protzig, Architektur, Stuckarbeiten und Malerei verbinden sich zu einem einzigartigen Gesamtkunstwerk. Zwei Objekte ragen in all der Pracht heraus, die Kanzel und die Orgel. Die **Kanzel**, eine Arbeit von 1720, ist aus Lindenholz geschnitzt, vollständig vergoldet und mit zahlreichen figürlichen Darstellungen geschmückt. Die **Orgel** gilt als die größte Domorgel der Welt: 17774 Pfeifen und 233 klingende Register. Im Grunde besteht sie aus fünf im Raum verteilten Orgeln, die von einem Spieltisch aus zusammen bedient werden können. Sie wurde 1688 installiert und 1715 erweitert, der Prospekt stammt von 1731 bis 1733. Davon, dass die Orgel zu Recht auch oft als ›Klangwunder‹ bezeichnet wird, kann man sich im Sommer überzeugen: Regelmäßig finden werktags ab 12 Uhr Orgelkonzerte statt.
An der Nordseite des Doms befindet sich der **Kreuzgang**. Er wurde 1812/13 weitgehend abgetragen, vier Seitenkapellen sind aber noch erhalten. Hier ist der gotische Stil noch deutlich sichtbar, und man gewinnt eine Vorstellung davon, wie sehr die Arbeiten nach dem großen Stadtbrand den Dom verändert haben.

Residenzplatz

Die Zengergasse führt vom Dom zum Residenzplatz. An dieser schmalen Gasse finden sich mit Alter und Neuer Residenz zwei weitere bauliche Manifestationen bischöflicher Macht. Zusammen mit dem dazwischen liegenden Saalbau bilden sie eine 320 Meter lange durchgehende und beeindruckende Fassadenfront. Die **Alte Residenz** stammt im Kern aus dem 15. Jahrhundert. In den Bau ist eine Hofkapelle integriert, die heute vom Landgericht als Sitzungsraum genutzt wird.
Der **Saalbau** ist sehenswert. In seinem ersten Geschoss ist seit 1989 das Domschatz- und Diözesanmuseum untergebracht. Zwar ist ein erheblicher Teil der einstigen Schätze beim großen Stadtbrand von 1662 vernichtet worden,

Im Treppenhaus der Neuen Residenz

doch Anzahl und Qualität der erhaltenen Teile sind beeindruckend. Darunter sind Krummstäbe, Monstranzen, Kreuze, Kelche, Reliquiare, Heiligenfiguren und vieles andere mehr. Nicht wenige Exponate stammen aus dem Mittelalter. Einen Besuch wert ist auch der Bibliothekssaal im Erdgeschoss, vor allem wegen der meisterhaften Deckenmalerei, die die Illusion einer großen Raumhöhe zaubert. Der Residenzplatz ist, verglichen mit dem Domplatz, erstaunlich klein, aber ebenso belebt wie jener. In der Mitte steht der **Wittelsbacherbrunnen**, der 1903 zum Gedenken an das Jahr 1803 aufgestellt wurde, als das Land Bayern die Stadt quasi übernahm und die bischöfliche Autonomie beendete. Auf der Brunnensäule findet sich Maria als Patronin Bayerns, in ihrem Schoß das Jesuskind. Die drei Engelsfiguren zu ihren Füßen symbolisieren die drei Flüsse Donau, Ilz und Inn. Der Platz wird von hübschen Bürgerhäusern im italienischen Stil gesäumt, dem Ostchor des Doms sowie dem Marschallhaus. Darin befinden sich die Wohnräume des Bischofs, die Mesnerwohnung und die Kirchenverwaltung. An der Südseite des Platzes liegt die **Neue Residenz**. Dem Bau (1712–1739) mussten einige Wohnhäuser weichen, 1765 wurden die Fassaden ausgeschmückt. Seither präsentieren sie sich im frühklassizistischen Stil, filigran gegliedert und mit Balkonen, einer umlaufenden Balustrade und zahlreichen weiteren Ornamenten versehen. Die Innenarbeiten wurden weitgehend von Melchior Hefele geleitet, einem Schüler Balthasar Neumanns. Neumann ist als Architekt der Neuen Residenz in Würzburg berühmt geworden. Sein Einfluss ist vor allem im großartigen Treppenhaus unverkennbar. Es zählt zu den schönsten in Deutschland und kann sich durchaus mit dem in Würzburg messen. Es wird von einem meisterlichen Deckengemälde (›Die Götter des Olymp beschützen das unvergängliche Passau‹) geziert und weist hochwertige Stukkaturen auf.

▲ Karte S. 58

Klosterviertel

Die **St. Michaelskirche**, erbaut zwischen 1665 und 1678, verstärkt das ›Klosterviertel‹, wie die östliche Altstadt inoffiziell auch heißt. Man nennt den Bau auch Jesuitenkirche, sie ist von dem dreiflügeligen Jesuitenkolleg umgeben.

Komplettiert wird das Klosterviertel vom **Kloster Niedernburg**. Der heutige Komplex geht auf das 14. Jahrhundert zurück, an dieser Stelle gab es aber bereits Vorgängerbauten. Um 750 wurde hier ein Stift gegründet, um 1000 existierte eine Benediktinerinnenabtei. Die berühmteste Bewohnerin der Abtei war zweifellos Gisela, die 1042, nach dem Tod ihres Mannes König Stephan von Ungarn, in das Kloster eintrat und als Äbtissin wirkte. Nach ihrem Tod wurde sie selig- und später gar heiliggesprochen. Zahlreichen Zeugnisse der Verehrung, vor allem von ungarischen Pilgern, schmücken stets das Grab der Gisela. Es befindet sich in der Maria-Parz-Kapelle, Schilder weisen den Weg.

Innkai und Donaukai

Über den Klosterwinkel gelangt man an den Innkai und den stämmigen **Schaiblingsturm**. Er wurde um 1250 als Wehrturm zur Sicherung der Schiffsanlegestelle errichtet. Später war er Vorratsraum, heute ist er vor allem malerische Kulisse.

Gleich daneben liegt das hübsche **Waisenhaus**, das nach seinem Stifter Lukas-Kern-Kinderheim benannt ist. Kern, selbst Waise, war als Schiffsmeister und Brauer wohlhabend geworden und vermachte der Stadt eine große Summe mit der Auflage, ein Waisenhaus zu unterhalten. Vor dem Haus erinnert die kleine Statue ›Sterntaler‹ an das berühmte Waisenkind aus dem gleichnamigen Märchen.

Der Innkai endet am **Dreiflüsseeck**, einer Grünanlage, in der noch Reste der mittelalterlichen Befestigung erhalten sind. Beeindruckend ist der Blick auf die Burganlage zwischen Ilz und Donau, sehnsuchtsvoll bei vielen der Blick donauabwärts - hier ist die Aura der Ferne, die die Stadt an den vielen Ufern verströmt, wohl am greifbarsten.

Der Donaukai führt vom Dreiflüsseck zum **Museum Moderner Kunst**. Der Kontrast zwischen dem schönen alten Bürgerhaus und der Gegenwartskunst, die in Wechselausstellungen präsentiert wird, ist reizvoll.

Etwas weiter überspannt die **Luitpoldbrücke**, eine nicht schöne, aber zweckmäßige Konstruktion von 1910, die Donau. Diese Brücke, beschützt vom Brückenheiligen Nepomuk, führt in die Ilzstadt.

Rathausplatz

Beherrschendes Gebäude am Rathausplatz ist das **Rathaus**. Es ist auffällig, aber durchaus disproportioniert, da es aus acht Gebäuden besteht, die Ende des 19. Jahrhunderts zu einer Einheit zusammengefügt und um einen Turm ergänzt wurden. Das Ergebnis wirkt eigenartig venezianisch. An der Fassade sind Hochwassermarken zu sehen, die zeigen, dass Passau nicht nur an den Flüssen und von ihnen lebte, sondern immer auch von ihnen bedroht war. Ungleich romantischer ist eine weitere Gedenktafel am Rathaus. Sie ist wurde 1904 angebracht, um daran zu erinnern, dass 50 Jahre zuvor Elisabeth von Österreich (›Sisi‹), Tochter des bayerischen Herzogs Max, auf ihrer Brautfahrt nach Wien in Passau die letzte Station eingelegt hat.

Morgenstimmung am Inn

Das ehemalige Südportal des Rathauses ist seit dem Umbau schlicht ein Fenster, und so gelangt man über das Westportal ins Innere. Sehenswert sind vor allem der Kleine und der Große Rathaussaal. Der kleine ist nicht immer zugänglich, da er auch für Trauungen genutzt wird, der große schon. Beide sind kunstvoll ausgestaltet und weisen gewölbte Decken mit Stukkaturen auf, der große düsterschwülstige Historiengemälde; sie thematisieren einzelne Szenen der Nibelungensage oder die ›Die drei Flüsse zu Füßen der Passavia‹.

Gleich nebenan liegt das **Haus Wilder Mann**, das 1985 aus vier Barockbauten zusammengefügt wurde. Es beherbergt ein traditionsreiches Hotel, zwei Drittel des Hauses sind aber dem **Passauer Glasmuseum** vorbehalten. Es ist mit rund 30 000 Gläsern, von denen 15 000 in 25 Räumen auf vier Etagen ausgestellt sind, das größte Museum zum Thema Böhmisches Glas. Das Museum bietet einen Überblick über die Epochen der Glaskunst aus Bayern, Böhmen, Österreich und Schlesien zwischen 1650 und 1950.

■ Rindermarkt

▶ Karte S. 58

Hinter dem Paulusbogen, dem ältesten erhaltenen der einst fünf Stadttore, liegt der Rindermarkt. Das ist ein schmaler Platz, eher eine Gasse, in der die rosafarbene und eigentlich schlanke **Pfarrkirche St. Paul** sehr groß wirkt. An dieser Stelle gab es seit 1050 eine Kirche, die auch 1662 dem Brand zum Opfer fiel. Der heutige barocke Bau wurde bis 1678 fertiggestellt und überstand den zweiten großen Brand von 1680. Daher hängt heute im Innern ein großes Votivbild, das für das Davonkommen einen Dank ausspricht. Die Innenräume sind schlicht gehalten, so kommen die dominierenden Farben Schwarz und Gold umso stärker zur Geltung. Am Platz findet sich auch die sehr unauffällige **Spitalkirche St. Johannes** aus dem 14. und 15. Jahrhundert. Man legte sie hier an, da man in dieser Zeit kein Krankenhaus innerhalb der Stadtmauern haben wollte. Über die Roßtränke ist das Donauufer schnell wieder erreicht. Von der Ortsspitze bis zur Schanzbrücke ist es vor allem ein langgestreckter Liegeplatz für lokale Ausflugsschiffe und die Kreuzfahrtschiffe. Auf ihnen flattern zumeist fremdländische Flaggen, die Besatzungsmitglieder unterhalten sich in verschiedenen Sprachen, und wenn auch die Reise nicht bis in das ferne Donaudelta führen mag, so wird doch hier bei vielen Passagieren die Reisestimmung, die Neugier auf das Unbekannte geweckt.

Innstadt

Die Innstadt ermöglicht einen Einblick in die Anfangsgeschichte der Stadt. Dorthin gelangt man über den Innsteig, den die

Der Rindermarkt mit der Pfarrkirche

Einheimischen ›Fünferlsteig‹ nennen, da er früher mautpflichtig war; es gab sogar Monatskarten. Er ist den Fußgängern vorbehalten und eröffnet einen schönen Blick auf die Altstadt.

Die **Kirche St. Severin** stammt im Kern aus dem 11. Jahrhundert und wurde später immer wieder erweitert und verändert. Ein Vorgängerbau, von dem noch Reste erhalten sind, entstand bereits im 5. Jahrhundert. Der Bau der Kirche hängt unmittelbar mit dem Wirken Severins zusammen, der 460 nach Passau gekommen und vor allem in der Umgebung als Missionar tätig war. Ungewöhnlich ist das Alter einiger Gegenstände. So stammen einige der Grabplatten an der Außenwand aus dem 14. Jahrhundert, als Weihwasserbehälter dient gar ein alter römischer Grabstein.

Römerkastell Boiotro

Geht man nach Osten, unterquert man zunächst das **Severinstor** von 1492 und erreicht dann das Römermuseum Kastell Boiotro. Die zweifarbig gemauerten Stümpfe auf der Grünfläche sind rekonstruierte Pfeiler der Grundmauern, die einst zu diesem Kastell gehörten. Erst 1974, bei Bauarbeiten, stieß man auf seine Überreste, seit 1982 sind sie für die Öffentlichkeit zugänglich. Im Freigelände finden sich noch zwei römische Meilensteine und Reste der Kastellmauer, die wichtigsten Überreste werden im Innern des Museums präsentiert. Das Museum selbst ist in einem umgebauten spätmittelalterlichen Haus untergebracht, das auf den Fundamenten des einstigen römischen Kastells errichtet wurde. Sie können im Keller in Augenschein genommen werden. Im ersten Geschoss werden vor allem Gegenstände gezeigt, die zur Ausrüstung römischer Soldaten gehörten. Viele der Exponate wurden auf dem Gelände oder in der

Kloster Mariahilf

Altstadt gefunden, wo sich das Kastell Batavis befand. Im Dachgeschoss sind verschiedene Exponate zu sehen, die die Vor- und Frühgeschichte des östlichen Niederbayern dokumentieren, daneben auch solche aus der spätrömischen Zeit und, eine ausgesprochene Rarität, der Völkerwanderung. Das frühe Mittelalter wird durch verschiedene Grabbeigaben lebendig.

Kloster Mariahilf

Die frühbarocke Wallfahrtskirche des Klosters Mariahilf erreicht man über die leicht geschwungene Zufahrtsstraße oder aber über die 321 Stufen, die die **Wallfahrtsstiege** bilden. Im Jahr 1616 wurde der Kapuzinerorden nach Passau geholt, für ihn entstanden Klostergebäude und Kirche. Die einstige Dimension der Anlage ist seit der Zeit der Säkula-

Veste Unterhaus und Veste Oberhaus, ganz rechts die Einmündung der Ilz

risation, als einiges abgetragen wurde, nur noch eingeschränkt erlebbar; Kreuzwegstationen, Klosterhof und Friedhof der Kapuziner bilden aber immer noch eine abgeschlossene Welt. Die Kirche war über Jahrhunderte ein Anziehungspunkt und ist bis heute als Wallfahrtsort gut besucht. Das Innere ist, gemäß den Grundsätzen des Bettelordens, schlicht gehalten und gerade deswegen von Eleganz, in der die Engelsfiguren besonders ins Auge fallen.

In der Sakristei ist ein **Museum** untergebracht, das über den Orden und sein Verhältnis zu Passau genauer informiert. Von verschiedenen Punkten der Anlage bietet sich ein beeindruckender Blick auf die Stadt.

▲ Karte S. 58

Ilzstadt

Die Ilzstadt erreicht man über die Luitpoldbrücke. Ihre Hauptattraktion ist die **Veste Oberhaus**. Sie liegt 108 Meter über der Stadt. Manche Touristen nehmen daher gern den Pendelbus in Anspruch, romantischer ist die Annäherung über den Ludwigsteig, der 1893 in den Fels gehauen wurde. Er führt in Teilen auch durch den Wehrgang, der die Veste Oberhaus mit der Veste Niederhaus verbindet.

Die Burg wurde 1217 begründet und nach 1550 zur Festung ausgebaut, um 1700 kam der sternförmige Wallgürtel dazu. Zwischen 1822 bis 1918 war in ihr das bayerische Militärgefängnis untergebracht, heute beherbergt sie Jugendherberge, Sternwarte und Restaurant sowie das **Oberhausmuseum**. Es ist in insgesamt acht verschiedene Sammlungen und Ausstellungen unterteilt. So gibt es Sammlungen zur Passauer Kunst der Gotik und des Barock, zu den Zünften im Mittelalter, zu Salzhandel, Salzproduktion und der Rolle, die Passau darin spielte. Weiter gibt es – im Rittersaal – Waffen zu bestaunen; das Böhmerwaldmuseum erinnert an die Kultur des sich unmittelbar nördlich anschließenden Landstrichs.

Zur Veste gehören unter anderem die Burgkapelle St. Georg und ein Turm. Von dort hat man eine herrliche Aussicht über die Stadt, und von dort sind auch die oft beschriebenen Farben der drei Flüsse zu erkennen: die schwarze Ilz, der grüne Inn und die blaugraue Donau.

Auf einer Landspitze zwischen Ilz und Donau liegt die **Veste Niederhaus**. Sie ist in Privatbesitz und daher nicht zu besichtigen. Der Bau wurde nach 1435 errichtet. Die Pulvervorräte explodierten in diesem Jahr in dem Vorgängerbau und ruinierten ihn.

Die Burganlage diente nicht zuletzt der Sicherung des Handels. In ihrem Schutz entwickelte sich die Ilzstadt, die vollkommen auf den Handel eingestellt war. Hier wurden die Waren vom Schiff auf Pferde umgeladen und dann nach Böhmen transportiert, vor allem Salz, Wein, Öl und Gewürze. Auf umgekehrtem Weg gelangten Getreide, Malz und Hopfen, Häute und Wolle von Böhmen nach Süden. Daher lebten in der Ilzstadt viele Hufschmiede und Packer, existierten zahlreiche Gasthöfe, Pensionen und Bierschenken. Der Großteil der historischen Bebauung fiel im 20. Jahrhundert leider den Hochwasserschutzmaßnahmen zum Opfer.

Erhalten ist auf der anderen Ilzseite die ehemalige **Wallfahrtskirche St. Salvator**, ein schlichter und turmloser Bau. Er wurde zwischen 1479 und 1570 als Sühne erbaut für die Judenverfolgungen, die um 1476 stattgefunden hatten und denen auch die Synagoge zum Opfer fiel. Auf deren Fundamenten steht die Kirche, die heute als Konzerthaus genutzt wird.

i Passau

Passau Tourismus, Rathausplatz 2 und Bahnhofstr. 28 (Bahnhofsvorplatz).

Zwischen Rathausplatz und Oberveste verkehrt – nicht in den Wintermonaten! – ein Bus; Abfahrt vom Rathausplatz zu jeder vollen und halben Stunde.

Für diejenigen, die einen langen Anfahrtsweg nach Passau haben, bietet es sich an, einen Tag früher anzureisen und in Passau zu übernachten. Buchung am einfachsten über den Kreuzfahrtveranstalter.

Die größte Dichte an Cafés und Lokalen findet sich in der Fußgängerzone, v.a. Ludwigstraße, Heuwinkel und Grabengasse. Eine Alternative dazu ist der Biergarten ›Bayerischer Löwe‹ am Ludwigsplatz, der deftige landestypische Speisen bietet.

Zahlreiche Souvenirläden, insbesondere am Rindermarkt und an der Höllgasse.

Die Reederei Wurm + Köck hat verschiedene Fahrten auf Donau und Inn im Programm (in den Wintermonaten eingeschränktes Angebot), von der 45-minütigen ›Stadtrundfahrt‹ bis zum tagesfüllenden Ausflugsprogramm. Kartenverkauf am Kiosk an der Donaupromenade (gegenüber dem Alten Rathaus), Informationen und Buchung auch unter www.donauschiffahrt.de.

Zwischen Passau und Linz

Auf den rund 90 Kilometern zwischen Passau und Linz zwingen die Ausläufer der Alpen und des Böhmischen Massivs die Donau in zahlreiche Schleifen und Kehren, deren spektakulärste die Schlögener Schlinge ist. Zum ausgesprochen malerischen Charakter dieses Abschnitts trägt neben den herausgeputzten kleinen Ortschaften die ungewöhnliche Dichte an Burgen bei. Jede dieser Anlagen hat für sich eine spannende und wechselvolle Vergangenheit aufzuweisen; Umbauten, Zerstörungen und Wiederaufbau, friedliche und nicht friedliche Besitzerwechsel sind fast mit allen Burgen verbunden. Sie sind steinerne Zeugen für die über die Jahrhunderte komplizierte Geschichte dieser oberösterreichischen Region, in der lokale wie nationale, geistliche und weltliche Mächte eine Rolle spielten. Die Bedeutung der Burgen wird auch in den zahlreichen Sagen und Legenden deutlich, die mit ihnen verbunden sind, und die mitunter einen Kern aufweisen, der historisch belegbar ist.

Burg Krempelstein rechts voraus

▲ Karte S. 54

Von Passau zur Schlögener Schlinge

Dieser Donauabschnitt wird auch als ›Donauleiten‹ bezeichnet. Der Name geht auf die steil aufragenden Talhänge (Leiten) zurück, die den Fluss säumen. Die Ausläufer des Bayerischen Waldes auf der einen und des Sauwaldes auf der anderen Seite reichen bis unmittelbar an die Ufer heran, die Gipfel liegen bis zu 300 Meter über dem Flusspegel. Das enge, waldbestandene Tal ist für sein mildes Klima bekannt.

Bereits etwa zwei Kilometer hinter dem Zusammenfluss von Ilz, Inn und Donau markiert eine Eisenbahnbrücke, die **Kräutelsteinerbrücke** (km 2223), den Punkt, ab dem die Donau für etwa 20 Kilometer die Staatsgrenze zwischen Österreich am rechten und Deutschland am linken Ufer bildet.

Die **Burgruine Krempelstein** (km 2215) befand sich im 14. Jahrhundert im Besitz der Passauer Bischöfe, später war es ein Raubrittersitz. Um die Burg rankt sich eine Sage, nach der zufolge ein hier lebender Schneider wütend seine verstorbene, einzige Ziege in die Donau geworfen haben soll. Da er sich in den Hörnern verfing, wurde er selbst in den Fluss gezogen und kam um.

■ Obernzell und Umgebung

Der staatlich anerkannte Erholungsort Obernzell (km 2210) war seit 1220 im Besitz der Passauer Bischöfe und wurde von ihnen gern als Sommerresidenz genutzt. Seinen einstigen Charme hat Obernzell mit dem Bau des Kraftwerks Jochenstein allerdings etwas eingebüßt. Denn dadurch stieg der Flusspegel, die Ufer wurden erhöht und befestigt, und die Donau hat hier eher den Charakter eines Sees.

Einfahrt in die Schleuse Jochenstein

Der umgangssprachlich noch verwendete Name ›Hafnerzell‹ (Hafner: süddeutsch und österreichisch für Töpfer oder Ofensetzer) verweist auf die Bedeutung, die Obernzell im Mittelalter hatte: Hier wurde Graphit- und Porzellanerdeabbau betrieben, was dem Ort seinen Wohlstand einbrachte. Davon können sich Besucher im **Schloss** ein Bild machen, denn in ihm ist ein Zweigmuseum des Bayerischen Nationalmuseums für Keramik untergebracht. Weitere Anziehungspunkte sind die im Rokokostil ausgeführte doppeltürmige **Pfarrkirche Mariä Himmelfahrt** aus der ersten Hälfte des 18. Jahrhunderts und der stimmungsvolle Marktplatz, der von bunten Häuserfassaden gesäumt wird.

In der Nähe des Schiffsanlegers befindet sich der Gasthof ›Alte Schiffspost‹, einst das Haus des Schiffmeisters, später Poststation. Das Haus wird oft als eines der schönsten Gasthäuser der Region gerühmt und ist dank seiner sehr guten regionalen Küche und der unmittelbar am Ufer gelegenen Terrasse im Sommer sehr frequentiert. **Kasten** etwas weiter (km 2208) ist hübsch, aber ohne Bedeutung. **Burg Vichenstein** (km 2207) erhebt sich rund 300 Meter über der Donau. Ihren Namen trägt sie nach den Grafen von Vichtenstein, die hier von 1097 bis 1227 die Hausherren waren. Die Burg ging in diesem Jahr in den Besitz der Passauer Bischöfe über und kam 1782 zu Österreich. Die ältesten heute noch erhaltenen Teile der Anlage stammen aus dem 14. Jahrhundert.

■ Jochenstein ▸ km 2203

Mit der **Schleuse Jochenstein**, einem deutsch-österreichischen Gemeinschaftsprojekt, ist die erste Schleuse auf der Donaukreuzfahrt erreicht. Das Wasserkraftwerk – Fallhöhe maximal acht Meter, Jahresleistung 940 Millionen Kilowattstunden – versorgt seit 1956 vor allem Passau, Vilshofen, Deggendorf und Straubing mit Strom. Die Schleusenanlage weist zwei Kammerschleusen auf, mittels derer die Schiffe gehoben und gesenkt werden. In der Nähe des Kraftwerks beleuchtet das **Haus am Strom,** ein sogenanntes Umwelt-Erlebniszentrum, das Thema Natur an der Donau von verschiedenen Seiten.

Der Sage nach wohnt die Nixe Isa, Schwester der Loreley, auf der Felseninsel in der Mitte des Stromes. Die Romantik, die der Sage innewohnt, ist heute so recht nicht mehr nachvollziehbar. Denn über die Insel wurde eine der Schleusen-

mauern gezogen, und die Szenerie wirkt daher vor allem nüchtern. Eine kleine Skulptur stellt die Nixe dar.
Etwa einen Kilometer weiter mündet an der linken Seite der kleine **Matelbach** in die Donau. Ab dieser Stelle gehören ihre beiden Ufer zu Österreich.

■ Engelhartszell ▸ km 2200

Wie so viele Orte am Fluss ist Engelhartszell klein und hat eine große Vergangenheit. Im Jahr 1194 wurde der Ort erstmals erwähnt, ab 1494 ist ein Weinmarkt verbürgt. Vor allem durch den Weinhandel nahm Engelhartszell einen großen Aufschwung, danach begann der Niedergang, den unter anderem Pestwellen verursachten. Eine Neusiedlung des 17. Jahrhunderts fiel 1699 einem Großbrand zum Opfer. Rund 70 Jahre später wurde der Ort abermals aufgebaut, Bedeutung hatte er nun vor allem als Mautstelle. Bis in das 19. Jahrhundert hinein mussten alle passierenden Handelsschiffe an einer den Strom überspannenden Leine stoppen und ihre Ladung von kaiserlichen Zollbeamten inspizieren lassen. Heute hat der freundliche Ort knapp 1000 Einwohner und mit der **Donau-Welt** ein Haus, das sich dem Leben am Strom widmet.
Überregional ist Engelhartszell wegen des **Trappistenklosters Engelszell** bekannt. Es wurde 1295 als Zisterzienserabtei begründet und die Mönche verpflichtet, den entlang der Donau Reisenden Quartier und Schutz zu bieten. 1786 wurde das Kloster aufgehoben, 1868 kam es in privaten Besitz. Nach dem Ersten Weltkrieg übergab man es an Mönche des Trappistenklosters Ölenberg im Elsass, die nach Ende des Ersten Weltkrieges ihre Heimat hatten verlassen müssen. So ist Engelszell heute das einzige Trappistenkloster in Österreich. Überregional bekannt sind die hier produzierten Liköre.

▲ Karte S. 54

Stift Engelhartszell

■ Von Engelhartszell zur Schlögener Schlinge

Burg Rannariedl (km 2197, rechts) ist derzeit im Privatbesitz. Sie geht vermutlich auf das 14. Jahrhundert zurück und war seit 1358 im Besitz der Bischöfe von Passau. Die vielen Besitzerwechsel lassen sich aus ihrer wehrhaften und daher strategisch günstigen Lage erklären. Kurz hinter Wesenufer (km 2193) befindet sich die **Burgruine Wesenstein** (km 2192, links), im 11. Jahrhundert von einem Passauer Ministerialengeschlecht errichtet, im 16. Jahrhundert zerstört und seitdem nicht wieder aufgebaut.
Burg Marsbach (km 2192, links) ist heute ein Schlosshotel. Der Bau stammt vermutlich aus dem späten 12. Jahrhundert. Seit Ende des 13. Jahrhunderts war die Burg im Besitz der Bischöfe in Passau und berühmt-berüchtigt als Sitz des Raubritters Othmar Oberheimer, an den die Bischöfe die Burg verpfändet hatten. Um den Raubritterauswüchsen ein Ende zu setzen, stürmten die Bayern 1520 die Burg und töteten Oberheimer. Danach wurde sie instandgesetzt und wechselte einige Male den Besitzer.

Schlögener Schlinge

▸ km 2187–2180

Die Donau vollzieht hier unmittelbar hintereinander zwei dramatische Richtungswechsel um jeweils fast 180 Grad. Vor der Regulierung des Flusses galt diese Schlinge als eine der heikelsten Stellen für die Schifffahrt im oberen Donautal, heute ist das einzigartige Schauspiel, das sich am besten an Bord eines Schiffes erleben lässt, völlig ungefährlich. Dabei ist es weniger ein Augenblick oder eine Stelle, die so faszinierend ist, als vielmehr die rund zwanzigminütige Fahrt durch die zwei von Bergen gesäumten Spitzkehren. Die Schlögener Schlinge wurde 2008 von der Bevölkerung Oberösterreichs zum ›Naturwunder Oberösterreichs‹ ernannt.

Burg Haichenbach (km 2188/2185), auf der durch die Schlögener Schlinge gebildeten Halbinsel gelegen und dadurch zweimal sichtbar, war wie Burg Marsbach Sitz des Raubritters Othmar Oberheimer und wurde ebenso bei der Strafaktion Maximilians erobert. In Adalbert Müllers Donauführer von 1856 kann man lesen, dass die Wegelagerer ›ungescheut Raub und Gewaltthätigkeit übend keine geringe Plage des Landes‹ gewesen waren. 1626 diente die Burg aufständischen Bauern als Rückzugsort und Stützpunkt, heute ist sie ruinös. Zahlreiche Sagen ranken sich um die Burg. So erzählt man sich, dass noch heute in der Sommersonnenwende nachts Waffengeklirr zu hören sein soll.

Von der Schlögener Schlinge nach Linz

Obermühl (km 2178) liegt an der Mündung der kleinen Mühl in die Donau, bei **Untermühl** (km 2168) mündet die Große Mühl ein. **Burg Neuhaus** direkt daneben und oberhalb ist äußerlich recht unauffällig und im Besitz der Familie von Thurn und Taxis.

■ Aschach ▸ km 2160

Der kleine Ort Aschach an der Donau (2200 Einwohner) wurde im Jahr 777 urkundlich erstmals erwähnt. Jahrhundertelang war er als Mautstelle von Bedeutung, zudem war hier ein Übergang über die Donau möglich. Später kam der Weinanbau hinzu, der mittlerweile schon lange eingestellt ist. Diese Tradition wird in einigen guterhaltenen Winzerhäusern sichtbar. Neben der gotischen Pfarrkirche ist vor allem **Schloss Harrach** erwähnenswert. Die vierflügelige Anlage geht in ihrer heutigen Form auf Baumaßnahmen um 1825 zurück, ist in ihrem Kern jedoch deutlich älter.

Die Schlögener Schlinge

Burg Schaunburg (km 2159, rechts) ist ruinös, lässt ihre früheren Ausmaße aber noch erkennen. Der Verfall setzte erst im 19. Jahrhundert ein. Damals richtete sich eine neu eingeführte Steuer nach der Größe der Dachfläche, wodurch ganze Dächer der Anlage abgetragen wurden, somit Feuchtigkeit eindrang und die Mauern massiv in Mitleidenschaft zog. Bedeutend ist die Burg, weil hier vom 13. Jahrhundert an die Schaunberger saßen, eines der bedeutendsten österreichischen Adelsgeschlechter. Die Linie starb 1559 aus. Seit den 1970er Jahren wurden die Reste der Burg konserviert.
Burg Eschelberg (km 2150, rechts) wird im Jahr 1209 erstmals erwähnt, ab 1283 war es das Stammschloss der in Österreich bekannten Grafen Abenberg und Traun, seit 1647 ist die Anlage im Besitz der Familie Starhemberg.

Ottensheim und Wilhering

Wilhering am rechten und Ottensheim am linken Ufer verbinden das 1974 in Betrieb genommene **Kraftwerk Ottensheim-Wilhering** (km 2146) und eine Rollfähre, die die Strömung des Flusses zur Fortbewegung nutzt und durch Drahtseile gesichert wird.
Ottensheim (km 2144) am linken Ufer trägt seinen Namen vermutlich nach einem Ritter Otini, der sich im frühen 12. Jahrhundert auf dem Hügel direkt an der Donau eine Burg errichten ließ. 1228 erhielt der Ort die Marktrechte – als überhaupt erst dritte österreichische Stadt. Ottensheim profitierte erheblich davon und wurde zu einem bedeutsamen Handelsknoten. Für das Stadtbild prägend war der Umbau der Burg in ein Schloss um 1530.
Ein verheerender Brand zerstörte 1889 einen Großteil der historischen Bausubstanz, Teile der Kirche und des Schlosses. Dennoch hat Ottensheim, besonders um

▶ Karte S. 54

Und noch eine Schleuse: Aschach

den Marktplatz, auch heute noch ein schönes Ortsbild. Dominierend ist das Schloss auf dem Hügel, das von einem Kreuzfahrtschiff von weither auszumachen ist und abends illuminiert wird.
Wilhering (km 2142) am rechten Ufer ist zwar klein (6000 Einwohner), seine Zisterzienserabtei, deren Kirche zu den beeindruckendsten Rokokokirchen Österreichs zählt, jedoch berühmt. Das Kloster wurde im 12. Jahrhundert begründet, der Bau einer ersten Kirche war Mitte des folgenden Jahrhunderts abgeschlossen. Das Kloster betrieb Tochtergründungen im Umland und entwickelte sich bald zu einem geistlichen Zentrum. Das Jahr 1733 brachte eine schlimme Zäsur: Kloster und Kirche wurden bei einem Großbrand nahezu vollständig vernichtet. Man begann rasch mit dem Wiederaufbau und hatte so große und kostspielige Pläne, dass ein Großteil der Arbeiten erst 1781 abgeschlossen werden konnte, manche Teile erst 1835 und der Stiftshof an der Westseite gar erst nach 1945.
Die herausragende Sehenswürdigkeit in **Puchenau** (km 2139) ist das gleichnamige Schloss. Dieser dreistöckige, in etwa quadratische und recht schmucklose Bau liegt etwas oberhalb des Ortes.

Linz ▸ km 2135

Die Oberösterreichische Landeshauptstadt Linz gehört in Deutschland zu den nicht sehr bekannten Donauorten, die meisten verbinden vor allem die Linzer Torte und Mozarts Linzer Sinfonie mit ihr. Bekannt mag auch sein, dass der Astronom Johannes Kepler hier lebte, Adalbert Stifter einige seiner Werke mit Blick auf die Donau schrieb und Anton Bruckner hier viele Jahre als Organist tätig war.

Die Kreuzfahrtschiffe, die die Donau befahren, gehen hier nur sehr selten vor Anker – zu übermächtig sind Melk und Dürnstein, Wien und Budapest als Programmpunkte für die Tagesausflüge. Diejenigen aber, die die Möglichkeit haben, einige Stunden in Linz zu verbringen, erleben eine angenehme, lebendige Stadt mit einer großen Vielzahl an Sehenswürdigkeiten und einem überraschend reichen Kulturangebot.

Geschichte

Urkundlich wird der Ort erstmals 799 als ›Linze‹ erwähnt, einige Jahre später avancierte er zum Marktort. Die Babenberger bauten ihn um 1210 als landesfürstliche Stadt zur Grenzfestung gegen die Bayern aus. Die Stadt lag entlang der Handelswege nach Bayern, Italien, Böhmen und Wien und erlebte daher in der Folgezeit einen nachhaltigen Aufschwung. Sie etablierte sich im 14. Jahrhundert als wichtiger Handelsort, Donauhafen und Messeplatz. Eine erste Donaubrücke wurde 1497 errichtet, lange die einzige zwischen Passau und Krems.

Kaiser Friedrich III. erhob Linz 1490 zur ›Landeshauptstadt‹. Sie wuchs erheblich im Barock und wurde im 17. Jahrhundert von der Frühindustrialisierung erfasst. Der Linzer Christian Sint gründete 1672 die ›Zeug und Catis‹-Fabrik, die erste Textilfabrik Österreichs, die in ihrer Blütezeit mehrere tausend Menschen beschäftigte und die die Stellung Linz als Industriestadt begründete, die sie bis heute hat. Seit 1783 ist Linz Bischofssitz. Im Jahr 1800 zerstörte ein verheerender Stadtbrand erhebliche Teile des Schlosses und der Altstadt.

Im Jahr 1832 ging die erste Pferdeeisenbahn auf dem Kontinent zwischen Linz und Budweis in Betrieb, und 1837 wurde der österreichische Schiffslinienverkehr mit der Strecke Wien–Linz aufgenommen. 1858 erhielt Linz Anschluss an die Bahn, 1872 wurde die erste eiserne Brücke über die Donau dem Verkehr übergeben, diese aber bereits 1938 durch die Nibelungenbrücke nach Plänen von Speer und Hitler ersetzt.

In diesem Jahr wurde auch mit dem Beginn der riesigen Hermann-Göring-Werke begonnen, aus denen nach dem Krieg die VOEST-Alpine AG (Vereinigte Österreichische Eisen- und Stahlwerke-Alpine-Montan AG) hervorgingen. Linz sollte zum industriellen Zentrum Oberösterreichs ausgebaut werden, die Werke waren Teil der Kriegsindustrie. Vermutlich deshalb flogen die Alliierten im Zweiten Weltkrieg einige schwere Luftangriffe auf Linz. Dabei entstanden zwar große Schäden, die Altstadt überstand diese Zeit aber relativ glimpflich.

Der Ausbau der Industrie und die Eingemeindungen seit der zweiten Hälfte des 19. Jahrhunderts ließen die Stadt erheblich anwachsen. Nach dem Ersten Weltkrieg lebten etwa 100 000 Menschen hier, heute sind rund 200 000 Menschen in der drittgrößten Stadt Österreichs zu Hause. Geprägt wird sie noch immer von der Industrie – so besitzt die Stadt einen der größten Industriehafen Österreichs (km 2131–2126) –, seit den 1960er Jahren hat sie sich aber auch als Stadt der Kultur einen Namen gemacht: 1966 nahm die Linzer Hochschule, heute die Johannes-Kepler-Universität, den Lehrbetrieb auf, 1974 wurde das Brucknerhaus eröffnet, 1994 das Kongress- und Messezentrum Design Center Linz, 1996 das Ars Electronica Center – Museum der Zukunft, das 2009 seinen neuen Standort bezog, 2002 das Lentos-Kunstmuseum und 2013 das Neue Musiktheater am Volksgarten.

Im Jahr 2009 war Linz Kulturhauptstadt Europas, was neben einer Reihe von Veranstaltungen zu Neubau und Umbau, Renovierung und Erweiterung zahlreicher kultureller Einrichtungen führte. Die Nachhaltigkeit dieses Feierjahres wurde und wird in der Stadt sehr unterschiedlich bewertet.

Altstadt

Linz hat einige würdevolle Kirchen und gleich zwei Dome sowie einige Museen zu bieten, seine eigentliche Sehenswürdigkeit aber stellen die zahlreichen Bürgerhäuser vornehmlich aus dem 16. bis 18. Jahrhundert dar, die sich im Zentrum zu einem geschlossenen Stadtbild vereinen. Schon ein zwei- bis dreistündiger Spaziergang erschließt wesentliche Teile dieser reizvollen Innenstadt.

■ Hauptplatz

Mittelpunkt der historischen Altstadt ist der rechteckige Hauptplatz. Er ist mit seinen etwa 220 mal 60 Metern der größte in Österreich und wurde in seiner jetzigen Form bereits um 1276 angelegt. Seine ungewöhnliche Größe erklärt sich aus seiner Funktion: Hier verlief die Salzstraße, und der Platz wurde von Anfang an als Marktplatz genutzt. Er weist eine geschlossene Barockbebauung auf; viele Fassaden lohnen einen genauen Blick. Daneben lohnen die zahlreichen Cafés einen Besuch, freitags der Bauernmarkt, am Sonnabend Vormittag der Flohmarkt und ab Mitte November der Christkindlmarkt.

Mittelpunkt des Hauptplatzes ist die **Dreifaltigkeitssäule**. Der vergoldete Strahlenkranz auf der Spitze der 20 Meter hohen Säule aus weißem Marmor sticht heraus. Die Säule wurde 1723 von Sebastian Stumpfegger nach Plänen des Italieners Antonio Beduzzi ausgeführt und aus Dankbarkeit für die Rettung aus Kriegsgefahr (1704), Feuersbrunst (1712) und Pest (1713) aufgestellt – das verrät die Inschrift am Sockel.

Das **Rathaus** dominiert die östliche Platzseite. Im Kern stammt es aus der Zeit nach dem großen Stadtbrand von 1509,

Flohmarkt auf dem Hauptplatz

▲ Karte S. 73

seit der Vergrößerung und Umgestaltung 1658/59 ist die Fassade barock ausgeführt. Letzte Renovierungen fanden in den Jahren zwischen 1993 und 1999 statt. Dabei wurde nicht nur das alte Rathaus modernisiert, sondern gleich auch die angrenzenden Häuser, die zuvor von der Stadt Linz erworben worden waren. Diese Häuser sind heute durch Passagen miteinander verbunden, wenn auch äußerlich noch unterscheidbar. Hier sitzen Bürgermeister, Stadtparlament und Teile der Verwaltung. Im Inneren laden ein schöner Arkadenhof und ein kleines Museum zur Geschichte der Stadt zum Besuch ein. Eine gewisse Berühmtheit

Linz, Zentrum

Die markanten Doppeltürme der Jesuitenkirche

hat das Rathaus, weil Adolf Hitler von seinem Balkon am 13. März 1938 vor einer begeisterten Menschenmasse den ›Anschluss‹ Österreichs an das Deutsche Reich verkündete.

Pfarrplatz

Die Rathausgasse führt zum schmalen Pfarrplatz, an dem sich die **Stadtpfarrkirche Mariä Himmelfahrt** erhebt. An dieser Stelle entstand bereits bis 1286 eine erste dreischiffige romanische Basilika. 1684 wurde das dreischiffige Langhaus völlig neu errichtet. Der Turm stammt von 1453, der Turmhelm von 1818. Im Eingangsbereich sind noch gotische Kreuzrippengewölbe aus der frühen Bauphase erhalten. Das Innere ist wohlproportioniert. Einige bedeutende Künstler haben am Bau mitgewirkt, und einige Details sind sehenswert. Deckenfresko und Altarbild stammen von Bartolomeo Altomonte, eine Marmornische, in der eine Nepomuk-Figur von Georg Raphael Donner aufgestellt ist, von Lukas von Hildebrandt. Im Chor befindet sich ein Grabstein für Kaiser Friedrich III., der 1493 in Linz verstarb. Dort sind auch Herz und Eingeweide dieses Herrschers bestattet. Schräg gegenüber, in der Rathausgasse 5, liegt das schmale **Keplerhaus**. Der Astronom Johannes Kepler lebte und arbeitete zwischen 1612 und 1626 in Linz, ab 1622 bewohnte er mit seiner Familie eine Wohnung in diesem Haus. Hier befand sich ab 1745 die erste Linzer Druckerei. Der Kepler Salon im ersten Stock versteht sich als Ort der Begegnung und Wissensvermittlung.

▶ Karte S. 73

Jesuitenkirche

Den besten Blick auf die doppeltürmige Jesuitenkirche hat man vom Hauptplatz aus, auch wenn sie an der Domgasse liegt. Der massive Baukörper scheint viel zu groß für die enge Gasse geraten, und tatsächlich wurde ihre Wirkung auf den Hauptplatz ausgerichtet. Der Bau wurde für den seit dem Jahr 1600 seelsorgerisch in Linz tätigen Jesuitenorden 1678 geweiht. Joseph II. hob den Orden auf und bestimmte Linz zum Sitz eines Bischofs. Der wählte 1785 die Jesuitenkirche statt der ihm zugewiesenen Stadtpfarrkirche, und so kam sie zu ihrem Namen ›Dom‹. Im Jahr 1909 wurde der Neue Dom fertiggestellt, der nun die Funktion der Bischofskirche einnahm, und die Jesuiten konnten ihren angestammten Besitz wieder übernehmen.

Der Bau wurde nach Plänen des berühmten Architekten Pietro Francesco Carlone errichtet. Er legte angesichts der engen räumlichen Verhältnisse um die Kirche das Hauptaugenmerk auf das Innere, das weitaus prunkvoller und eindrucksvoller ausgeführt wurde als die Fassaden, es erstrahlt, so ein Kunsthandbuch, »in feierlicher Noblesse«. Herausragend sind der **Hochaltar** von 1683, die **Kanzel** von 1673 und das kunstvoll geschnitzte **Chor-**

gestühl von 1633. Die Orgel wird für ihren Klang weithin gerühmt. Sie stammt aus Engelszell und ist ein Werk der dortigen berühmten Krismann-Werkstatt. Anton Bruckner wirkte hier zwischen 1856 und 1868 als Domorganist; eine Tafel an der Außenwand der Kirche erinnert an den berühmten Komponisten.

Minoritenkirche

Westlich des Hauptplatzes liegt der älteste Teil der Stadt; man erreicht ihn am einfachsten über die Klosterstraße. Hier kann man die Minoritenkirche leicht übersehen. Sie verkörpert eine Haltung, die in der Mitte des 18. Jahrhunderts oft zum Tragen kam: außen schlicht, innen kostbar. Ein Blick in das Innere lohnt also, denn hier finden sich schöne Stuckarbeiten, ein sehenswertes Altargemälde von Bartolomeo Altomonte und Seitenaltarbilder von Johann Martin Schmidt, der auch der Kremser Schmidt genannt wird. Im Kern stammt die Kirche von 1288, ihr heutiges, vom Rokoko dominiertes Aussehen erhielt sie um 1751. Da sie sich unmittelbar an das Landhaus anschließt, wird sie umgangssprachlich auch Landhauskirche genannt.

Landhaus

Das Landhaus ist einer der herausragenden Bauten in Linz. An der Stelle eines verwaisten Minoritenklosters wurde bis 1569 ein repräsentatives Gebäude für die Oberösterreichischen Landstände – Herren, Ritter, Geistliche – errichtet. Später diente es als Schule. Hier wirkte auch der Mathematiker und Astronom Johannes Kepler zwischen 1612 und 1626, und hier verfasste er sein berühmtes Werk ›Harmonices mundi‹. Nach dem großen Brand von 1800 wurde der Bau renoviert und in Teilen verändert. Er gruppiert sich um drei Höfe, von denen der **Arkadenhof** am meisten beeindruckt. Drei Arkadenreihen auf zwei Seiten und der Planetenbrunnen in der Mitte schmücken ihn, und seine Eleganz und die gute Akustik machen ihn zu einer stimmungsvollen Kulisse für die Sommerkonzerte, die hier regelmäßig abgehalten werden. Zu einem Wahrzeichen der Stadt ist das **Nordportal** geworden. Es ist in rotem Marmor ausgeführt, von Säulen flankiert und von Putten geschmückt, die die Wappen von Oberösterreich, Niederösterreich und Österreich in den Händen halten. Wie

Kunstmarkt im Landhaus

das Tor, so sind große Teile des Baus im Renaissancestil ausgeführt. Somit stellt das Landhaus eine Besonderheit für das barock dominierte Linz dar. Es ist heute Sitz von Landeshauptmann und Landesregierung.

Altstadt und Alter Markt

Vor dem Landhaus zweigt die Altstadt ab. Diese von Häusern aus dem 16. bis 18. Jahrhundert gesäumte Gasse ist der älteste Teil der Stadt. Gleich an der Ecke liegt das nach einem der früheren Besitzer benannte Palais Thun, das unter seinem inoffiziellen Namen **Mozarthaus** weitaus bekannter ist. Mozart war am 30. Oktober 1783 in Linz eingetroffen, weil er fünf Tage später dem Grafen Thun-Hohenstein eine neue Sinfonie präsentieren sollte. Nach eigenem Bekunden hatte er keine Entwürfe mitgebracht und schrieb ›Hals über Kopf‹ an dem Werk. Es wurde die Nr. 36 in C-Dur, die heute allgemein als ›Linzer Sinfonie‹ bezeichnet wird. Mozart logierte in dieser Zeit im Eckzimmer im ersten Stock des Hauses. Eine Plakette, eine Büste und eine Klanginstallation im Innenhof – sie spielt den Beginn eben dieser Linzer Sinfonie – erinnern an Mozart; der Innenhof ist allein einen Besuch wert. Er wird von einem dreigeschossigen Arkadenhof umspielt und wirkt, als sei seit den Zeiten Mozarts nichts verändert worden.

Im Hof des Mozarthauses

Etwas weiter öffnet sich die Altstadt auf einen dreieckigen Platz, den Alten Markt. Er war vor der Anlage des Hauptplatzes das Zentrum des Ortes. An seiner Westseite steht das beeindruckende **Kremsmünstererhaus**. Es stammt im Kern von 1489 – die beiden markanten Runderker und das dritte Geschoss sind von 1616 – und wurde nach dem Brand von 1800 weitgehend originalgetreu wieder aufgebaut. Somit entspricht seine Renaissancefassade wohl genau dem Aussehen von 1674. Kaiser Friedrich III. soll in diesem Gebäude 1493 gestorben sein. Seinen Namen hat es nach dem Stift Kremsmünster, in dessen Besitz es sich seit 1507 befand. Heute ist es ein Wohnhaus.

Westlich der Landstraße

Das **Landestheater** nimmt die Promenade fast vollständig ein. Im Grunde genommen handelt es sich um drei Bauten in einem, denn dem ersten Theater, das 1695/96 nach Plänen von Carlo Antonio Carlone errichtet und 1773/74 um ein Stockwerk aufgestockt wurde, fügte man im Jahr 1803 das Landständische Theater an und, im Zuge von Renovierungsarbeiten, 1957/58, die Kammerspiele. Dennoch strahlt der Bau Harmonie aus. Der Weg führt über die Herrenstraße am massigen **Bischofshof** (1784) vorbei. Die Flügel sind um einen Innenhof gruppiert, auf drei Seiten sind die barocken Fassaden ganz auf Repräsentation ausgerichtet.

Der **Neue Dom** überragt die Stadt, er ist ihr größtes Bauwerk und die größte Kirche Österreichs: 20 000 Gläubige passen hinein, der Turm ist unübersehbare 135 Meter hoch. Die Grundsteinlegung fand

▲ Karte S. 73

Die Landesgalerie

zwar bereits 1862 statt, das Bauwerk war aber erst 1909 weitgehend fertiggestellt und wurde 1924 geweiht, die Orgel steht gar erst seit 1970 an ihrem Platz. Bruckner komponierte eigens für die Weihe der Votivkapelle – sie konnte immerhin schon im September 1869 vollzogen werden – seine e-moll-Messe für Chor und Bläser. Der Bau in reiner Neogotik ist eher respekteinflößend als schön, sehenswert sind vor allem die Glasfenster, die nach alten Techniken hergestellt wurden.

Östlich der Landstraße

In der **Landesgalerie Linz** gibt es vor allem Wechselausstellungen zu sehen, der Schwerpunkt liegt auf dem 20. und 21 Jahrhundert. Das **Nordico Stadtmuseum Linz** bietet Exponate vor allem zur oberösterreichischen und Linzer Kunst sowie zur Stadtgeschichte.

Das Gebäude an der Museumsstraße wurde zwischen 1607 und 1610 als Palais des Klosters Kremsmünster erbaut und lag damals noch außerhalb der Stadt. Kleriker nutzten es bis 1786, zuletzt die Jesuiten, danach war es ein Wohn- und Geschäftshaus, und seit 1851 ist es Sitz des in diesem Jahr gegründeten Oberösterreichischen Kunstvereins. Eine Fensterachse fiel in den 1970er Jahren dem Konzept der autogerechten Stadt zum Opfer.

Zum OÖ.Kulturquartier sind Ursulinenkirche, Landeskulturzentrum und das OK Offenes Kulturhaus zusammengefasst. Im **Ursulinenhof** sind Galerien, die Kunstsammlung des Landes Oberösterreich und ein Theater beheimatet, das **OK Offenes Kulturhaus** ist eine der spannendsten Adressen der Stadt. Es versteht sich als ›Produktions- und Ausstellungshaus‹ für zeitgenössische Kunst, bietet Wechselausstellungen, ein Kino, Gastronomie und nicht zuletzt die Möglichkeit für junge Künstler, sich von einer Idee bis zur Ausstellung begleiten zu lassen.

Östlich der Landstraße liegen mit Elisabethinenkirche, Deutschordenskirche, Ursulinenkirche und Karmelitenkirche auch noch vier **Sakralbauten**. Sie sind aber weitaus weniger spektakulär als etwa Neuer und Alter Dom.

Donaulände

Zwar wendet sich die Stadt Linz nicht zur Donau, aber einige ihrer Sehenswürdigkeiten liegen unmittelbar am Fluss auf wenigen Metern beieinander.

Martinskirche

Die helle und schlichte Martinskirche auf dem Römerberg ist die älteste erhaltene Kirche in Linz und die älteste noch genutzte in Österreich. Sie wurde vermutlich Anfang des 8. Jahrhunderts errichtet und urkundlich erstmals 799 erwähnt. Bei der Errichtung bezogen die Baumeister Steine aus römischer Zeit ein, später folgten immer wieder Um- und Erweiterungsbauten, so dass sich Elemente aus vielen Epochen finden. Die Kirche wirkt sehr bescheiden und ist

in eine gepflegte Grünanlage gebettet. Eine Besichtigung ist nur im Rahmen von Führungen möglich.
Zwischen Martinskirche und Schloss führt ein ausgeschilderter Weg zum Donaublick, von dem sich tatsächlich ein besonders schöner Blick auf den Strom und den Stadtteil Urfahr am gegenüberliegenden Ufer eröffnet.

Schloss

Die Baumasse des Schlosses kann am besten bewundern, wer von der anderen Seite der Donau oder der Nibelungenbrücke herüberblickt. Wer sich Linz von Westen mit dem Schiff nähert, sollte sich diesen Anblick nicht entgehen lassen. Abends wird die Fassade festlich beleuchtet. Umgekehrt hat man von vielen Stellen des Schlossareals einen weiten Blick auf die Donau, die Altstadt und die Stadtteile auf der anderen Flussseite.
Auch das Schloss wurde erstmals 799 urkundlich erwähnt, um 1477 fand unter Friedrich III. ein tiefgreifender Umbau statt. Aus dieser Zeit sind nur noch einige wenige Elemente erhalten, etwa das Westtor. Kaiser Rudolph II. initiierte um 1600 weitere Um- und Erweiterungsbauten; seitdem ist das äußere Erscheinungsbild nahezu unverändert geblieben. Mit dieser Erweiterung entstanden auch die beiden Innenhöfe und das Tor zur Stadt, das Rudolfstor. Hier nahm 1800 der große Stadtbrand seinen Ausgang, der auch Teile des Schlosses erheblich in Mitleidenschaft zog. Die erhalten gebliebenen Flügel wurden im 19. Jahrhundert vor allem als Gefängnis und zwischen 1851 und 1945 als Kaserne genutzt, danach als Flüchtlingslager und Gendarmeriekaserne. Erst seit dem Jahr 2009 ersetzt eine moderne Glas-Stahl-Konstruktion den 1800 zerstörten Südflügel.
Zwischen 1953 und 1963 fanden eine umfassende Restaurierung und ein Umbau für das **Schlossmuseum des Landes Österreich** statt. Seitdem ist dieses Museum hier beheimatet. Es umfasst unter anderem eine Skulpturensammlung, historische Waffen, Keramik und Numismatik, Kunstgewerbe und Technikgeschichte.
Das **Atelierhaus Salzamt** gleich unterhalb des Schlosses – der historische Salzstadel, in dem man im Mittelalter Salz lagerte – wurde im Zuge des Kulturhauptstadtjahres 2009 saniert und mit Künstlerateliers ausgestattet.

Die Martinskirche, älteste Kirche der Stadt

Untere Donaulände

Die **Nibelungenbrücke** ist einer der wenigen Bauten, die in der NS-Zeit nicht nur geplant, sondern auch verwirklicht wurden. Der für den Bau verwendete Granit stammt aus dem KZ Mauthausen, was beispielhaft die enge Verbindung von Baupolitik und Zwangsarbeit im NS-Regime verdeutlicht.
Die Brücke ist vergleichsweise hoch, da Linz zu einem Rüstungszentrum ausgebaut werden sollte; auch große Frachtschiffe sollten unter der Brücke hindurch fahren können. Den Zufahrten fiel die alte Uferbebauung zum Opfer, seitdem flankieren massig-graue **Brückenkopfgebäude** die Donau zur einen und den

▶ Karte S. 73

Hauptplatz zur anderen Seite. Weil der Platz unter dem Niveau dieser Kopfbauten liegt, ist auch die alte Sichtachse Hauptplatz–Donau verloren gegangen. Genau gegenüber, am anderen Ufer, thematisiert das **Ars Electronica Center** Phänomene an der Schnittstelle von Kunst, Technologie und Kultur. Seit 2009 sitzt das Museum in diesem futuristischen Bau, der nachts UFO-gleich in hellen Rottönen erstrahlt.

Die Lage des äußerlich sehr unauffälligen **Adalbert-Stifter-Hauses** am gleichnamigen Platz ist durch die nahe Fußgängerbrücke und den stets dichten Verkehr etwas unglücklich. Der Schriftsteller, Maler und Pädagoge lebte hier von 1848 bis 1868 und schrieb in dieser Zeit mit Blick auf den damals noch ungezügelten Fluss. Heute nutzen das Stifter-Institut mit Bibliothek, das Museum der oberösterreichischen Literaturgeschichte, eine Galerie und natürlich auch ein kleines Stifter-Museum das Gebäude.

Auf der anderen Seite der Straße erstreckt sich der beliebte Donaupark. In seiner Mitte steht seit 1974 das **Brucknerhaus**, ein Konzerthaus auf geschwungenem Grundriss und mit eloxierter Metallhaut. Der große Saal ist für seine hervorragende Akustik bekannt – Linzer Patrioten betonen, nur hier ließe sich die Musik Bruckners in Vollendung erleben –, er ist regelmäßig Schauplatz großer Konzerte und Musikfestivals.

Nur ein kurzes Stück weiter komplettiert das 2002 eröffnete **Lentos-Kunstmuseum** die Abfolge der Bauten an der Donau, die den Künsten dienen. Es widmet sich ganz der zeitgenössischen Kunst und bietet eine der besten Kunstsammlungen Österreichs.

Pöstlingsberg

Der 539 Meter hohe Pöstlingsberg mit seiner weithin sichtbaren Wallfahrtskirche ist so etwas wie das Wahrzeichen von Linz; Hunderttausende zieht es jedes Jahr dorthin: die Pilger zur Wallfahrtskirche, die Kinder zur Grottenbahn, sehr viele zum Biergarten.

Der Weg dorthin ist seit 1896 denkbar bequem, denn in diesem Jahr nahm die **Pöstlingsbahn** ihren Betrieb auf. Seit 2009 ist die Anreise nochmals einfacher geworden: Die Bahn fährt nun ab Hauptplatz – zuvor startete sie in Urfahr –, und die Niederflurwagen sind barrierefrei ausgelegt. Die Züge benötigen für die 4,1 Kilometer lange Strecke 22 Minuten und überwinden dabei 255 Höhenmeter. Allein diese Fahrt ist ein Erlebnis.

Untere Donaulände, rechts das Lentos-Kunstmuseum

Am Eingang zur Grottenbahn

Auf dem obersten Punkt des Berges erhebt sich die **Wallfahrtskirche**, deren offizieller Name Basilika zu den Sieben Schmerzen Mariä lautet. Hier befand sich seit 1720 eine hölzerne Kapelle. Der Neubau war 1774 fertiggestellt und wurde 1786 geweiht, die beiden Turmhelme kamen 1892 hinzu. Es handelt sich um einen typisch spätbarocken Bau in weiß und hellrosa, der seine Doppeltürme mit den schwarzen Helmen der Stadt zuwendet.

Den heute so berühmten Blick von der Stadt auf die Kirche gibt es jedoch erst seit 1809. In diesem Jahr holzten die Franzosen einen größeren Waldbestand auf dem Berg ab. In den 1830er Jahren errichteten die Österreicher als Reaktion auf die Franzosenkriege unterhalb des Gipfels eine Befestigungsanlage mit 32 Türmen; sie musste ihre Tauglichkeit nie unter Beweis stellen.

Schon für das Jahr 1747 ist auf dem Berg ein **Gasthaus** bezeugt. Gäste waren zunächst Wallfahrer, später auch Ausflügler. Weil der Aufstieg sehr mühsam war, kam die Idee einer Bergbahn auf. Und seit ihrer Eröffnung verfielfachte sich die Zahl der Besucher. Mit der Bahn entstanden auch ein Hotel und eine **Aussichtsterrasse** auf dem Dach eines früheren Festungsturms. Es ist die, die noch heute so viele Besucher anzieht.

Eine weitere Attraktion schließlich stellt die **Grottenbahn** dar, die seit 1906 in einem der früheren Befestigungstürme ihr Zuhause gefunden hat. Dieser ›Drachenexpress‹ führt durch eine fantastische Märchenwelt, die Riesen und Zwerge, Elfen und Drachen bevölkern, und im Untergeschoss flanieren die Besucher durch Szenen aus den Märchen der Brüder Grimm und den Nachbau des Linzer Hauptplatzes.

▲ Karte S. 73

i Linz

Tourist Information, Hauptplatz 1. Ein weiteres Büro ist im Hauptbahnhof eingerichtet, in der Schalterhalle der Bahn im Untergeschoss.

Vom Hauptbahnhof (Untergeschoss) fahren die Straßenbahnlinien 1, 2, 3 und 4 in dichter Taktfolge über Hauptplatz und Nibelungenbrücke auf die andere Donauseite.

Die Abfahrtsstelle der Pöstlingsbahn befindet sich auf dem Hauptplatz. Viertel- bis halbstündiger Takt.

Zahlreiche Lokale aller Art an der Landstraße und den angrenzenden Gassen; hier drängen sich auch die Geschäfte, alle Preisklassen sind vertreten.

Machland

Als Machland wird eine nicht allzu große Region und Kulturlandschaft bezeichnet. Sie umfasst das südliche Mühlviertel und damit einen kleinen Teil Oberösterreichs sowie einen Teil des Mostviertels, das zu Niederösterreich gehört.

Das **Kraftwerk Abwinden-Asten** (km 2119) hat seinen Namen nach den beiden Orten, die auf dem nördlichen bzw. südlichen Ufer der Donau liegen. Die Anlage mit ihren beiden Schleusen wurde 1979 als Laufkraftwerk fertiggestellt und versorgt seitdem das öffentliche Stromnetz. Da sich die Donau durch die Mauer rückstaut, ist seither der Linzer Hafen auch bei Niederwasser voll schiffbar.

Der **Burg Spielberg** (km 2116, links) sieht man ihre frühere strategische Bedeutung nicht mehr an, denn durch Regulierungsarbeiten fließt die Donau nicht mehr unmittelbar an ihr vorbei. Seit etwa 1670 wird sie nicht mehr genutzt, davor hatte sie mehrere Besitzer. Errichtet wurde sie vermutlich im 12. Jahrhundert.

Mauthausen ▸ km 2112

Untrennbar ist der Name Mauthausen mit den Gräueln des NS-Regimes verbunden. Der Ort liegt relativ abgeschieden, und seine Granitvorkommen sind seit Jahrhunderten berühmt. Im September 1938 richtete die SS hier ein Konzentrationslager ein. Ursprünglich sollten die Inhaftierten den Granit für die Repräsentationsbauten des NS-Regimes abbauen. Während des Zweiten Weltkrieges schufen die Machthaber jedoch schnell ein System von bis zu 40 Außenlagern, die Gefangenen wurden nun zum großen Teil in der Rüstungsindustrie eingesetzt, unter anderem in den ›Hermann-Göring-Werken‹ in Linz.

Bis zu 350 000 Gefangene waren hier untergebracht, Folter, Willkür und unmenschliche Bedingungen bestimmten das Leben. Nach Schätzungen starben bis Mai 1945 rund 120 000 Menschen. Die Anlage wurde nach dem Zweiten Weltkrieg zur Gedenkstätte umgewandelt und kann besichtigt werden.

Der Ort selbst, etwa drei Kilometer südöstlich der **Gedenkstätte**, wurde 1208 erstmals urkundlich erwähnt und verdankte seinen Wohlstand dem Salzhandel. Mittelpunkt des Ortes ist der dreieckige Marktplatz, an dem sich restaurierte Bürgerhäuser – zumeist nach dem großen Brand von 1688 entstanden –, die Pfarrkirche des heiligen Nikolaus und der achteckige Karner befinden. Die Hochwassermarken an den Häusern zeigen, dass Mauthausen von seiner Lage am Fluss nicht nur profitierte, sondern dadurch auch immer wieder bedroht war. Dem Städtchen gegenüber liegt die Einmündung der 320 Kilometer langen **Enns** in die Donau. Früher wurde auf der Enns viel geflößt, heute spielt sie als Energielieferant eine Rolle. Die Enns markiert die Grenze zwischen Ober- und Niederösterreich.

■ Wallsee ▸ km 2093

Das kleine Wallsee kann mit einer weit zurückreichenden Geschichte aufwarten, einem imposanten Schloss in habsburgischem Besitz, das in seinem Kern bis auf 12. Jahrhundert zurückgeht, und überhaupt auf ein hübsches Ortsbild. Seine heutige Bedeutung aber liegt allein in dem **Kraftwerk Wallsee-Mitterkirchen** (km 2094), das 1968 in Betrieb genommen wurde. Das Bauwerk ist nicht so sehr als Stromlieferant wichtig, sondern dient auch und gerade der Flussregulierung. Neben dem Kraftwerk entstand bis 2015 im Rahmen des Hochwasserschutzes eine rund neun Kilometer lange Abflussmulde.

Strudengau

Bis in die unmittelbare Gegenwart hinein bestimmten ›Strudel‹ und ›Würbel‹ (Wirbel) den Lauf der Donau zwischen Grein und Ybbs, und so kam der früher so gefürchtete Flussabschnitt zu seinem Namen Strudengau. Es ist ein enges Tal, durch das sich der Fluss, Straßen und die Eisenbahn zwängen. Die recht steil abfallenden Hänge reichen bis unmittelbar an das Ufer, teilweise hinein, und Sandbänke und Felsen im Wasser machten den Schiffern das Leben schwer.

Daher mühte man sich seit dem 18. Jahrhundert, die schwierigen Stellen zu entschärfen. Während der Regierungszeit Maria Theresias wurden einige der gefährlichsten Felsen entfernt, zwischen 1853 und 1866 weitere Sprengungen durchgeführt. Gänzlich beseitigt wurden die Gefahren jedoch erst mit dem Bau des Kraftwerks Ybbs-Persenbeug 1957. Noch immer sind jedoch einige Abschnitte sehr eng und unübersichtlich; zwischen Grein und St. Nikola dürfen die Schiffe auch heute noch nur im Einbahnverkehr fahren.

Die Regulierungsarbeiten und die Inbetriebnahme des Kraftwerks haben dazu geführt, dass der Fluss einen konstanten und höheren Pegel aufweist und deutlich langsamer fließt. Zwar ist die Donau, verglichen mit früheren Zeiten, seitdem zu einem sehr friedlichen Fluss geworden, aber immer noch haftet dem Strudengau, vor allem verglichen mit der lieblichen Wachau, etwas Düsteres an. Gleichzeitig gehört diese Strecke, auf der sich die Donau in engen Kehren um die bewaldeten Hänge windet, zu den reizvollsten Abschnitten.

Ardagger Markt und Dornach

In früheren Zeiten war Ardagger Markt (km 2086) die letzte Anlegestelle vor den gefürchteten Strudeln und damit die letzte Möglichkeit, dieser Gefahr zu entgehen, indem man den Landweg benutzte. Der Ort besitzt ein Schloss und eine romanische Kirche, die im Jahr 823 erstmals erwähnt wurde.

Schloss Dornach (km 2084) liegt direkt am linken Flussufer. Der Bau im eigen-

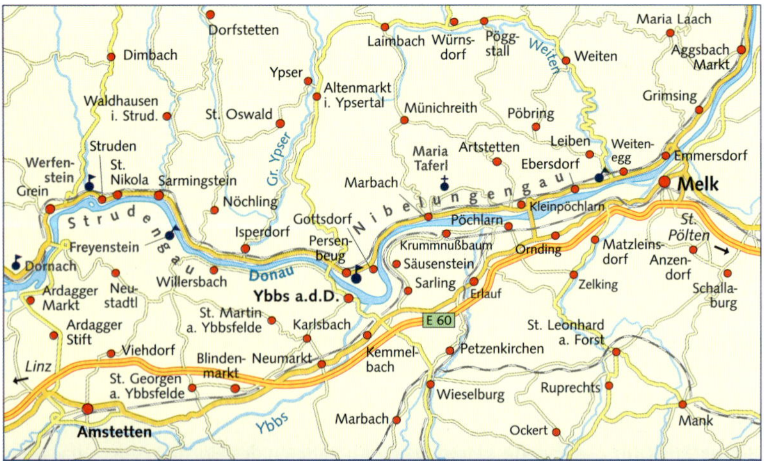

Strudengau und Nibelungengau

Der Innenhof der Greinburg

willigen Stilmix – Neobarock überwiegt – erhielt sein heutiges Aussehen am Ende des 19 Jahrhunderts. Er ist in Privatbesitz und wird ab und an für Veranstaltungen genutzt. Unmittelbar hinter Schloss Dornach pressen die Berge die Donau in ein enges Tal – ein dramatisches Bild.

Grein ▸ km 2079

Mit rund 3000 Einwohnern ist Grein der größte Ort im westlichen Strudengau. Die Kapitäne legten früher hier an und holten sich Lotsen an Bord, um sich von ihnen durch die folgenden gefährlichen Kilometer bringen zu lassen. Die Mannschaften kamen hier ebenfalls an Land und brachten den Lokalen und Herbergen zusätzlich Geld. Daneben verdankt der Ort, der ab 1491 Stadtrechte besaß, seinen Aufschwung dem Wein-, Salz- und Getreidehandel.

Seit 1992 wird das **Theater,** das älteste noch erhaltene Rokokotheater Österreichs, wieder ganzjährig bespielt. Es wurde zur Zerstreuung der Reisenden 1793 eröffnet und befindet sich, seitdem praktisch unverändert, im ersten Stock des Rathauses; sein zauberhafter Holzsaal fasst 165 Zuschauer. Das Rahmenthema wechselt jedes Jahr.

Überhaupt wird das Stadtbild, dessen Mittelpunkt das Theater und der angrenzende Platz bilden, sorgsam gepflegt. Dazu gehört auch die oberhalb des Ortes gelegene **Greinburg**, die unter architekturhistorischen Gesichtspunkten als sehr wertvoll angesehen wird. Das Schloss besteht aus zwei Komplexen und beherbergt verschiedene Einrichtungen. Unter anderem findet sich dort seit 1970 das Oberösterreichische Schifffahrtsmuseum, das die Holzflößerei und die Schifffahrt auf Inn, Salzach, Traun und Enns und natürlich auch der Donau erklärt.

■ Insel Wörth ▸ km 2077–2076

Die Insel Wörth besteht aus Fels und ist so stark bewaldet, dass die gleichnamige **Burgruine** auf der Insel kaum auszumachen ist. Ursprünglich gehörte die Burg als Teil eines Befestigungssystems zur **Burg Werfenstein** (km 2076, links), denn bei Bedarf konnten von Burg zu Burg Ketten gespannt werden, die die Schifffahrt zum Erliegen brachten. Auch Burg Werfenstein ist durch die Bäume kaum auszumachen. Der Turm und die Außenmauern sind die verbliebenen Reste einer Anlage, die vor dem

Burg Werfenstein

Bau von Straße und Eisenbahnlinie von einer Vorburg geschützt wurde. Burg Werfenstein ist die einzig erhaltene von einst fünf derartigen Anlagen, die bis zu den Regulierungsmaßnahmen den Fluss bewachten. Um diese Burg ranken sich einige Sagen, sie wird bereits im Nibelungenlied erwähnt.

Dahinter (km 2076) liegt der kleine Ort **Struden** (300 Einwohner). Er gab der Region zwar ihren Namen, ist bis auf den historischen Marktbrunnen aber recht uninteressant.

St. Nikola ▸ km 2075

Der Name des kleinen Ortes St. Nikola (rund 800 Einwohner) geht auf den heiligen Nikolaus zurück, den Schutzpatron der Schiffer. Die kleine **Pfarrkirche**, ein im Kern romanisch-gotischer und im Äußeren barocker Bau, ist ihm gewidmet. Hier legten früher die Schiffe nach überstandener Passage des Strudengaus an. Dann kam der Mesner mit einem Klingelbeutel an Bord und nahm den Obolus der Davongekommenen entgegen. Wie Grein kam auch St. Nikola also dank der gefährlichen Donau zu Wohlstand. Davon künden neben der Pfarrkirche einige sehr schöne Häuser.

■ Sarmingstein und Freyenstein

Sarmingstein (km 2073) besteht aus wenigen Häusern, die sich zwischen der Donau und den unmittelbar dahinter aufragenden Bergen drängen. Dieser kleine Ort entstand im Schutz einer oberhalb gelegenen Burg aus dem frühen 16. Jahrhundert, von der nur ein mittlerweile einsturzgefährdeter Turm die Zeiten überdauert hat.

Burg Freyenstein (km 2069, rechts) gehört zu den größeren Burgen im Strudengau, ist aber vom Schiff kaum auszumachen, da von dichtem Wald fast völlig verdeckt. Landeinwärts zieht sich

▸ Karte S. 82

Die Pfarrkirche in St. Nikola

das gleichnamige kleine Dorf. Einer Sage zufolge lebt auf der Burg der Nöck. Dieser Donaufürst zeigt sich über Wasser vor allem in Vollmondnächten.

Ybbs-Persenbeug

In Ybbs-Persenbeug befindet sich das gleichnamige, älteste österreichische **Donaukraftwerk** (km 2061); es markiert die Grenze zwischen Strudengau und Nibelungengau. Für seinen Bau wurde Schloss Donaudorf den Fluten überlassen. Das Schloss lag früher zwei Kilometer nordwestlich der Stadt und heute unterhalb der Wasseroberfläche. Das Kraftwerk sollte schon in den 1930er Jahren errichtet werden, der Zweite Weltkrieg und die nachfolgende Besatzung Österreichs führten jedoch dazu, dass es erst zwischen 1954 und 1959 realisiert wurde. Seitdem sind die beiden sich gegenüberliegenden Orte Ybbs und Persenbeug durch eine Stauwerkbrücke verbunden. Die Schleuse überwindet gut zwölf Meter Höhenunterschied.

Persenbeug wird erstmals 863 in einer Urkunde erwähnt, 1597 war es eines der Zentren der aufständischen Bauern. In der ersten Hälfte des 19. Jahrhunderts war eine Schiffmeisterfamilie Feldmüller ansässig, in deren Firma bis zu 250 Menschen Treidelschiffe bauten. Mit dem Aufkommen der Dampfschifffahrt verschwand die Firma, das ehemalige Schiffmeisterhaus ist ein Zeuge dieser Zeit.

Unübersehbar ist **Schloss Persenbeug** direkt am Stauwerk. Es entstand von 1617 bis 1621, wechselte oft den Besitzer, seit 1800 gehört es den Habsburgern. Da es als Privatbesitz galt, wurde es der Familie auch nach 1918 belassen. Überliefert ist ein furchtbares Unglück: 1045 waren Kaiser Heinrich III. und der Bischof von Würzburg zu Besuch. Während der Feierlichkeiten barst der Boden des Rittersaales, und die Festgesellschaft fiel in die Tiefe. Es gab zahlreiche Tote, wie durch ein Wunder blieb der Kaiser unverletzt. Die Burg wendet ihre Fassade nach Südosten, und so wirkt sie ganz besonders romantisch, wenn man sich ihr im Morgenlicht stromaufwärts nähert.

Ybbs geht auf eine Gründung des Hochstifts Salzburg im 8. Jahrhundert zurück,

Schleuse und Schloss Persenbeug

Eines der wenigen Häuser in Sarmingstein

bereits im 10. Jahrhundert bestand eine Burganlage. Ab dem 13. Jahrhundert erfuhr der Ort durch die Verleihung einiger Rechte – unter anderem das Stapelrecht – und durch ausgedehnten Eisenhandel einen bedeutenden Aufschwung. Allerdings nahm er im Dreißigjährigen Krieg und durch zwei Großbrände, 1716 und 1868, schweren Schaden.

In jüngerer Zeit ist die **Ybbser Altstadt** (km 2059) sorgfältig saniert worden, und so ist ein Bummel entlang der vielen kleinen Plätze ein Erlebnis. Mit dem gotischen Passauer Hof, dem Sandtor, der Pfarrkirche des heiligen Lorenz und der tausendjährigen Stadtmauer lassen sich einige Sehenswürdigkeiten entdecken, die von der Bedeutung des Ortes in der Vergangenheit Zeugnis ablegen. Besonderer Anziehungspunkt ist die Pfarrkirche des heiligen Lorenz.

Der Ort erstreckt sich bis zum Ufer, und so können auch Kreuzfahrtpassagiere von Bord einen Blick auf die schmucken, abends beleuchteten Fassaden werfen.

Nibelungengau

Die 25 Kilometer lange Strecke zwischen Ybbs und Melk wird Nibelungengau genannt. Anders als die Wachau und der Strudengau ist der Name keine gewachsene historische Bezeichnung. Er wurde erst 1913 offiziell festgelegt, und die zu dieser Zeit weitverbreitete Begeisterung für alles Mystisch-Nationale mag dazu ebenso beigetragen haben wie der Gedanke, mit einem zugkräftigen Begriff touristisch punkten zu können. Dass die Wahl dabei auf die Nibelungen fiel, ist nur bedingt logisch. Die Helden des Epos durchmessen einen Raum vom Niederrhein bis zum ungarischen Esztergom, so dass viele andere Landschaften sich ebenso mit diesem Namen schmücken könnten, und zudem ist im Epos nur der Ort Pöchlarn eindeutig identifizierbar.

Der Kontrast zwischen Strudengau und Nibelungengau ist augenfällig: War der zuvor durchfahrenen Landschaft ein etwas wilder und unheimlicher Charakter eigen, so durchfließt die Donau nun ein Gebiet, das sehr viel heller erscheint. Die Hänge liegen weiter vom Ufer zurück und wirken weniger steil, Felder säumen nun die Ufer. Mit den ungemein herausgeputzten Orten darin wirkt der Nibelungengau wie ein Puppenstubenidyll.

Die Flussschlinge hinter Persenbeug gehört bereits zum Nibelungengau. **Sarling** (km 2056) und **Säusenstein** (km 2054), beide am rechten Ufer gelegen, sind die ersten kleineren Orte, die passiert werden; in beiden sind die Kirchen sehenswert. Das Dorf, das Säusenstein genau gegenüber liegt, heißt **Gottsdorf** und besitzt ebenfalls eine hübsche Kirche.

▲ Karte S. 82

Maria Taferl ▸ km 2049

Von weitem schon ist die Wallfahrtskirche Maria Taferl sichtbar. Sie ist zwar bescheiden in ihren Ausmaßen, liegt aber exponiert auf einem 433 Meter hohen kleinen Plateau und dominiert so die Szenerie.

Vermutlich schon zu keltischer Zeit befand sich hier ein Baumheiligtum mit Opferstein – als ›Taferlstein‹ ist er noch heute erhalten –, später soll ein in eine verdorrte Eiche gestelltes Marienbild den toten Baum wieder zum Erblühen gebracht haben. Weitere Wunder-, Engels- und Marienerscheinungen waren mit dem Ort verbunden, und so wurde 1660 mit dem Bau einer Wallfahrtskirche nach Plänen berühmter italienischer Baumeister begonnen, erst 1710 war er abgeschlossen. Charakteristisch für den Barockbau auf kreuzförmigem Grundriss sind die beiden zwiebelbehelmten Türme, die die Fassade rahmen. Wegen der reichen Ausschmückung im Innern wird die Kirche auch ›die Goldene‹ genannt.

Schon bald nach ihrer Fertigstellung entwickelte sich Maria Taferl zu einer der meistbesuchten Wallfahrtskirchen in Österreich. Kein Wunder, dass sich in unmittelbarer Nähe Herbergen und Lokale etablierten. Diese Einrichtungen versorgen heute nicht nur die Wallfahrer, sondern viele Wanderer und Radwanderer – gleich mehrere Wanderwege laufen hier entlang – und die Touristen, die vor allem wegen des fantastischen Panoramas anreisen: Von hier hat man den besten Blick über den Nibelungengau und an machen Tagen bis zu den Alpen.

■ Marbach ▸ km 2049

Direkt unterhalb von Maria Taferl liegt Marbach, ein kleiner Ort (1600 Einwohner) mit dem ehemaligen Herrenhaus derer von Starhemberg-Schaumburg und der **Martinskirche**. Sie stammt aus dem 17. Jahrhundert, der auch vom Fluss aus gut sichtbare neobarocke Turm aus der Mitte des 19. Jahrhunderts.

Säusenstein

Auch hübsch: Marbach

Pöchlarn ▸ km 2044

Die Nibelungen feierten dem Epos zufolge in Pöchlarn (›Bechelaren‹), in der Burg des Markgrafen Rüdiger von Bechelaren, ein vier Tage währendes Fest; auch die Verlobung Giselhers mit Rüdigers Tochter Dietlinde soll hier stattgefunden haben. Was davon Sage ist und was Wahrheit, ist nicht genau zu ermitteln. Dagegen ist gesichert, dass bereits die Römer ein Lager namens Arelape errichteten, in dem 395 der Sitz des Oberkommandos der römischen Donauflotte eingerichtet wurde. Nach der Vertreibung der Römer war der Ort weiterhin besiedelt, der rechteckige Stadtgrundriss zeigt noch heute die Kontinuität der Bebauung von der Antike bis zum Mittelalter. Vor dem 13. Jahrhundert war Pöchlarn vor allem als Umschlagstation für Holz und Harz bekannt, woraus sich auch der Name ableitet (verladen: auslaarn, Harz: Pöch). Seit dem 13. Jahrhundert erlangte Pöchlarn durch den Eisenhandel Wohlstand, ihre Blüte erlebte die Stadt im 16. Jahrhundert. Zu diesem Zeitpunkt entstand auch der Großteil der heute noch erhaltenen Altstadt.

Vom Schiff aus fällt der fast direkt am Ufer liegende hoch aufragende Turm auf, der der **Pfarrkirche Mariä Himmelfahrt** vorgelagert ist. Die Kirche ist mehrmals umgebaut und erweitert worden. Daneben finden sich ein ehemaliges **Wasserschloss** und der sogenannte **Welserturm**. Er markierte früher die Ablagestelle für die Handelsschiffe, seit 1931 ist in ihm das Heimatmuseum untergebracht, das unter anderem mit einigen Fundstücken aus römischer Zeit aufwarten kann. Das **Oskar-Kokoschka-Museum** ist dem berühmtesten Sohn der Stadt gewidmet. Es befindet sich in seinem Geburtshaus.

■ Weitenegg ▸ km 2038

Pöchlarn ist in etwa der geographische Mittelpunkt des Nibelungengaus, die restliche Strecke bis Melk ist rar an echten Sehenswürdigkeiten. Lediglich die Burg-ruine Weitenegg – kurz vor der Schleuse Melk am linken Ufer, an der Einmündung des Weitenbachs in die Donau – ist erwähnenswert. Sie gilt als bekannteste Burganlage dieses Flussabschnitts. In der Nibelungensage wird Rüdiger von Bechelaren als ihr Erbauer genannt. Die Burg stammt vermutlich aus dem 10. Jahrhundert und gehörte wechselnden Besitzern. Aus mittelalterlicher Zeit sind lediglich der Palas und zwei Bergfriede erhalten.

▸ Karte S. 82

Die Nibelungen

Friedrich II. von Preußen formulierte 1784 deutlich: Derartige Texte seien »nicht einen Schuß Pulver werth und verdienten nicht, aus dem Staube der Vergessenheit gezogen zu werden.« Etwa zur gleichen Zeit lobte Goethe dagegen ebendiesen Stoff immer wieder und urteilte, dass die Kenntnis des Werkes zur ›Bildungsstufe‹ der deutschen Nation gehören solle.

Beide Urteile sind typisch für ihre Zeit und bezogen sich auf das Epos ›Die Nibelungen‹. Es war kurz zuvor in einer Gesamtausgabe erschienen und damit der Vergessenheit entrissen worden, in der es sich mehr als zwei Jahrhunderte befunden hatte. Das Nibelungenlied, wie es auch genannt wird, fasziniert die Menschen bis heute: Unerhörte Begebenheiten werden in einer spannenden Handlung erzählt, und nicht wenige der Personen tragen sowohl heldenhafte als auch menschliche Züge, die zu Identifikation und Verehrung einladen.

Siegfried aus Xanten, der legendäre Drachentöter, der in den Besitz des sagenhaften Nibelungenschatzes gelangt ist, macht sich nach Worms auf und freit um Kriemhild, Tochter des Burgunderkönigs Gunther. Der willigt unter der Bedingung ein, ihm dabei zu helfen, Brunhild, die Königin der Isländer, für sich zu gewinnen. Brunhild besitzt, so lange sie Jungfrau bleibt, übernatürliche, schier unüberwindliche Kräfte und ist nicht bereit, sich einem Mann hinzugeben und sich mit ihm zu vermählen, der sie nicht in drei Kampfspielen besiegen kann: Steinwurf, Weitsprung und Speerwurf. Siegfried kann seinem Kumpan Gunther bei diesem Wettbewerb ebenso wie in der Hochzeitsnacht helfen, mit Hilfe seiner Tarnmaske, die ihn unsichtbar werden lässt. Es folgt die Doppelhochzeit in Worms.

Jahre später geraten Brunhild und Kriemhild in einen heftigen Streit über die Frage, wer ihrer Männer der ranghöhere sei. Im Verlauf dieses Gesprächs offenbart Kriemhild ihrer Rivalin Brunhild die wahren Geschehnisse vor und während der Hochzeitsnacht. Entgegen seinem Versprechen gegenüber Gunther hatte sich Siegfried seiner Frau anvertraut – und beschwört damit seinen Untergang herauf. Denn Brunhild ist tief gekränkt und stiftet Hagen von Tronje, den treuesten Gefolgsmann Gunthers, und die beiden Brüder Kriemhilds an, Siegfried zu ermorden. Hagen ermordet heimtückisch Siegfried und versenkt dessen Schatz im Rhein. Kriemhild erkennt den Mörder ihres Mannes und schwört Rache – Ende des ersten Teils.

Im zweiten Teil wird berichtet, dass Kriemhild Jahre später den Hunnenkönig Etzel heiratet und wiederum einige Jahre später ihre Verwandten aus Worms auf die Burg ihres Mannes einlädt. Die Burgunder, obwohl gewarnt, folgen der Einladung. Auf der Burg kommt es zu einem furchtbaren Gemetzel, dem fast alle Beteiligten zum Opfer fallen. Dem zweiten Teil ist die sogenannte Klage angehängt, der vor allem die Wahrhaftigkeit der Überlieferung betont.

Der Text umfasst rund 2400 Strophen, die in 39 Aventuiren (Abenteuer) gegliedert sind. Es gibt mehrere Dutzend Handschriften in mehr oder weniger vollständiger Form, die Urschrift aber ist nicht bekannt. Selbst wenn sie erhalten wäre, wüssten wir nicht, wer das Epos verfasst hat. Den Konventionen seiner Zeit entsprechend, hat sich der Autor nicht genannt.

Es spricht einiges dafür, dass das Werk zwischen 1191 und 1204 in Passau geschrieben wurde. Die Wortwahl, das Reimschema und die genaue Ortskenntnis des bayerisch-österreichisch Donauraums, die der Verfasser hat, sprechen für diese These. Auffällig ist auch, wie ausführlich die für den Fortgang der Geschichte unwichtige Person des Passauer Bischofs gewürdigt wird. Daher nimmt man an, dass das Werk in der Amtszeit des Passauer Bischofs Wolfger von Ellenbrechtskirchen (1191–1204) entstand.

Mehrere Sagen, Motivkreise und historische Figuren aus ganz unterschiedlichen Epochen sind in dem Stück verwoben und in Zusammenhang gebracht. So gehen Siegfrieds Heldentaten auf germanische Mythen zurück, die Geschehnisse um die Burgunder und Etzel können auf tatsächliche Geschehnisse und Figuren aus der Völkerwanderungszeit und dem frühen 6. Jahrhundert zurückverfolgt werden. Für den nordischen und englischen Sprachraum sind große Teile des Stoffes bereits für das 10. Jahrhundert bezeugt.

Offenbar stieß das Epos seit seinem Erscheinen zunächst auf Interesse, ab etwa 1500 scheint es aber nicht mehr wahrgenommen worden zu sein. Nur einige Gelehrte, die in dem Werk eine historische Quelle sahen, beschäftigen sich damit. Die ›Wiederentdeckung‹ und Neuauflage ab 1755 durch den zu dieser Zeit sehr einflussreichen Gelehrten Johann Jakob Bodmer stieß zunächst auf geteiltes Echo – und wenig Widerhall. Die anfangs zitierte Äußerung Friedrichs II. ist typisch dafür.

Kriemhilds Ankunft auf einem Gemälde im Passauer Rathaus; Ölbildnis von Ferdinand Wagner (um 1890)

Spätestens im Zeitalter der Befreiungskriege gegen Napoleon entwickelte sich im deutschen Sprachraum ein Nationalbewusstsein, das vor dem schädlichen Einfluss der romanischen Kultur warnte und die Bedeutung der deutschen Wurzeln und Kulturwerte betonte. Nun erfuhren auch die Nibelungen eine verstärkte Wertschätzung. Man sah das Vorbild aber weniger in der Handlung; vielmehr interpretierte man die Eigenschaften und zentrale Tugenden einzelner Charaktere als deutsch und damit national bedeutsam: neben der unbedingten Treue vor allem ›Heldensinn, Standfestigkeit in der Gefahr, Tapferkeit, Kühnheit, willige Opferung für Ehre, Pflicht und Recht‹. Eine regelrechte Nibelungen-Hysterie setzte nun ein, und die Nibelungen wurden zu einem nationalen Mythos, zu einer identitätsstiftenden Geschichtsideologie. Siegfried wurde zum deutschen Helden schlechthin. Nach 1871 fanden Auszüge aus der Sage ihren Weg in alle Schullesebücher, und fleißig lernten die Schüler die zahlreichen Nibelungen-Balladen auswendig.

Der Konservativismus bediente sich in der Folgezeit aus dem Mythen-Fundus, um seine Politik zu legitimieren. So beschwor Reichskanzler von Bülow 1909 vor dem Reichstag die ›Nibelungentreue‹ zu Österreich-Ungarn. Sie führte geradewegs in den Ersten Weltkrieg, in dem deutsche Truppen an der ›Siegfried-Linie‹ kämpften, und sein Ende, die Niederlage Deutschlands, wurde ebenfalls mit einem Bild aus dem Epos erklärt: »Wie Siegfried unter dem hinterlistigen Speerwurf des finsteren Hagen, so stürzte unsere ermattete Front.« Als ›Dolchstoßlegende‹ erlangte diese Sichtweise ungemeine Popularität und bedeutete eine schwere Hypothek für die junge Weimarer Demokratie.

In der NS-Zeit wurde die vorbehaltlose Treue zum Führer als deutsches Ideal beschworen und auch mit dem Beispiel der Nibelungentreue legitimiert. Der Gipfel pervertierter Vereinnahmung war mit der berüchtigten Rede erreicht, die Hermann Göring am 30. Januar 1943 hielt. Er beschwor die verloren gegangene Schlacht um Stalingrad als ›größten Heroenkampf unserer Geschichte‹ und führte aus: »Auch sie [die Nibelungen] standen in einer Halle voll Feuer und Brand, löschten den Durst mit dem eigenen Blut, aber sie kämpften bis zum letzten.«

Angesichts dieser Wortwahl verwundert es nicht, dass die Nibelungen nach 1945, wenn überhaupt, dann in Jugendbuchausgaben gelesen wurden. Nun stand die Romantik der Ritterzeit im Vordergrund, keine kühnen nationalen Deutungen.

In jüngerer Zeit hat das Interesse wieder deutlich zugenommen. Neben Worms, in der seit kurzem der ›Nibelungenweg‹ zu den wichtigsten Sehenswürdigkeiten der Stadt führt, unter anderem dem Nibelungenmuseum, schmücken sich auch einige Orte an der Donau mit diesem Namen. In Passau gibt es neben der Nibelungenpassage – einem schmucklosen Einkaufscenter – die Nibelungenhalle und im Rathaus ein Kolossalgemälde von Ferdinand Wagner, einem Münchener Historienmaler des ausgehenden 19. Jahrhunderts: Es zeigt, im schwülstig-düsteren Stil dieser Zeit, den Einzug Kriemhilds in Passau bei ihrem Onkel.

Linz hat dank Albert Speer und Adolf Hitler die Nibelungenbrücke, und Pöchlarn ein Denkmal. Das erinnert an das Fest, das die Nibelungen hier feierten, und will gleichzeitig ›den europäischen Friedensgedanken‹ befördern. In Melk erinnert eine Steintafel unterhalb des Klosters an die Durchfahrt Kriemhilds, und in Hainburg stellen zwei Sandsteinsäulen Kriemhild und Etzel dar. Sie sollen daran erinnern, dass Kriemhild hinter Hainburg erstmals ungarischen Boden betrat.

Wachau

Die Wachau, der Flussabschnitt zwischen Melk und Krems, gehört zu den schönsten Abschnitten der Donau überhaupt. In dem landschaftlichen Gesamtkunstwerk von nur rund 35 Kilometer Länge wechseln sich schroffe Berge mit bis zu 960 Metern Höhe und kleinere Ebenen, Wald und terrassierte Weinberge ab. In dieser malerischen Kulisse sind hübsche Orte sowie Wehrkirchen und Burgen vornehmlich aus Romanik, Gotik und Barock eingebettet. Vieles davon ist von besonderer Schönheit und großem architekturhistorischem Wert. Am eindrücklichsten erschließen sich die ineinander übergehenden Panoramen vom Panoramadeck eines Kreuzfahrtschiffes aus.

Bei der Wachau handelt es sich um ein Durchbruchstal der Donau durch die Böhmische Masse. Deren Steilhänge halten die kalten Winde aus dem angrenzenden Weinviertel und aus Böhmen ab. Der zumeist felsige Untergrund strahlt am Abend Wärme ab, und überhaupt ist die Wachau mit vielen Sonnenstunden verwöhnt. So bestehen ideale Bedingungen für den Wein- und Obstanbau. Er findet sich vor allem auf der linken Seite, Wald dominiert die Hänge auf der rechten Seite. Als einzigartige und bewahrenswerte Landschaft ist die Wachau seit 2001 als UNESCO-Weltkulturerbe ausgewiesen.

Die Wachau

Schlichtweg beeindruckend: Stift Melk

Der Weinanbau hat seit den Römern eine lange Tradition in der Wachau, derzeit werden rund 1500 Hektar bewirtschaftet, davon mehr als 90 Prozent für Weißwein. Marillen (Aprikosen) und anderes Obst wurde schon zur Römerzeit angebaut. Aber erst Ende des 19. Jahrhunderts, als Reblausbefall den Weinanbau in eine tiefe Krise stürzte, begann man in größerem Stil mit dem Obstanbau und auch der Förderung des Tourismus. Die Marillen wurden vermehrt erst nach dem Zweiten Weltkrieg angebaut, heute sind sie aus der Gegend nicht mehr wegzudenken. Sie werden zu Marmelade verarbeitet, sind Zutat für Kuchen, Pralinen und die berühmten süßen Marillenknödel, und besonders beliebt sind auch Marillenlikör und -schnaps, deren Rezepturen von den traditionsreichen Destillerien gut gehütet werden. Im März/April blühen die Bäume rosa-weiß, und ihre Blüte verleiht der Wachau in dieser Zeit ein ganz besonderes Flair.

Durch die Wachau führen zahlreiche Wander- und Radwanderwege, und in vielen Orten finden sich ausgezeichnete Lokale. All dies hat dazu geführt, dass sich an schönen Wochenende die Besucher, gerade am ohnehin stärker frequentierten Nordufer, drängeln. Dennoch lohnt ein Besuch unbedingt, und Halbtagesausflüge – meist nach Melk, Dürnstein, Krems und Stift Göttweig – stehen daher auf dem Programm einer jeden Kreuzfahrt.

Stift Melk ▸ km 2036

Stift Melk dürfte das bekannteste Fotomotiv der Wachau sein. Unnachahmlich erhaben thront der mächtige ockerfarbene Komplex auf einem 40 Meter hohen Felsvorsprung oberhalb der Donau und scheint sie zu bewachen. Das Kloster ist in kirchenhistorischer Hinsicht von großer Bedeutung, seit rund einem Jahrtausend untrennbar mit der österreichischen Geschichte und Kultur verbunden, und es ist ein Höhepunkt barocker Macht- und Prachtentfaltung.

Die strategisch günstige Lage zwischen der Einmündung von Melk und Pielach in die Donau motivierte bereits die Römer, hier ein Lager aufzuschlagen. Ab 831

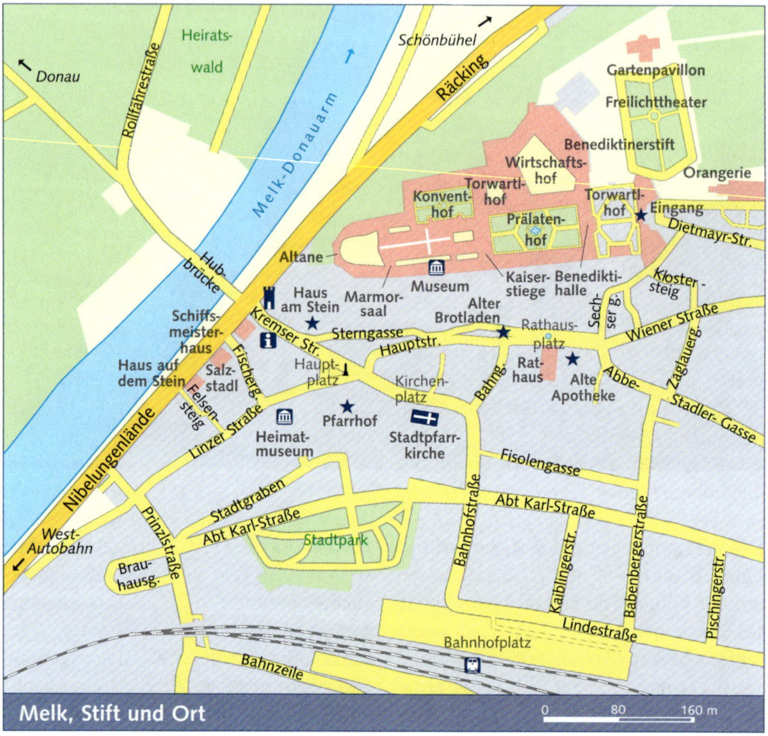

Melk, Stift und Ort

sind die Karolinger bezeugt, im Jahr 976 erhielt der Babenberger Leopold I. die Ostmark, wählte Melk zur Hauptstadt seines Herrschaftsgebietes und baute eine wohl schon vorhandene Burg aus. Im Jahr 1089 wurden Benediktinermönche hierher berufen, sie erhielten Melk 1106 mitsamt Gütern und einer Reihe von Pfarreien als Eigentum. In der Folgezeit entwickelte sich Melk zu einem kulturellen, wissenschaftlichen und geistlichen Zentrum von überregionaler Bedeutung, dessen Reichtum vor allem in den ausgedehnten Ländereien und den mit ihnen verbundenen Einnahmen lag. Nicht zufällig nimmt der Roman ›Der Name der Rose‹ von Umberto Eco hier seinen Ausgang, heißt seine – fiktive – Hauptfigur Edson von Melk.

Ein vehementer Aufschwung des Stifts setzte im frühen 18. Jahrhundert ein. Bertold Dietmayr wurde 1701, gerade 30 Jahre alt, zum neuen Abt gewählt. Er setzt seine kühnen Visionen einer neugestalteten Anlage gegen erhebliche Widerstände durch und berief zahlreiche namhafte Baumeister und Künstler zu deren Verwirklichung. Das Werk, nicht zuletzt durch die Abgaben aus den Ländereien finanziert, wurde 1746 vollendet – es ist die Anlage, so wie wir sie heute vorfinden.

Den besten Blick auf Stift Melk hat man von Bord eines Schiffes, kurz bevor es, von Westen kommend, in die Kraftwerkschleuse Melk (km 2038) einfährt. Dieses Kraftwerk markiert in etwa auch die Grenze von Nibelungenau und Wachau.

Innenhöfe und Kaisertrakt

Da es sich bei Stift Melk um ein nach wie vor aktives Kloster handelt, ist nur ein Teil der Räume zugänglich und auch nur im Rahmen von Führungen zu besichtigen. Mit der Bibliothek, der Altane mit Ausblick, dem Marmorsaal und natürlich der Stiftskirche stehen die herausragenden Teile den Besuchern offen. Voranmeldungen für Führungen sind dringend empfohlen, denn nicht nur im Sommer drängen sich die Besucher. Der Rundgang führt durch die Bibliothek und schließt einen Besuch der Stiftskirche mit ein.

Man erreicht die Räume von Osten. Zwischen den beiden Basteien hindurch geht es in den **Torwartlhof**, von dort durch die Benediktihalle in den **Prälatenhof**. Das ist ein nahezu rechteckiger und mit einem Brunnen verzierter Platz - 84 mal 42 Meter –, den als Figuren die vier Kardinalstugenden Gerechtigkeit, Tapferkeit, Mäßigung und Weisheit schmücken. An seiner südwestlichen Ecke befindet sich der Eingang zur **Kaiserstiege**. Das ist ein überraschend schmaler, himbeerfarbener

Die Kaiserstiege

In der Ausstellung

Zugang zu den eigentlichen Räumlichkeiten, dezent geschmückt mit Stuckverzierungen und figürlichen Darstellungen. Hat man über die Treppe das erste Obergeschoss erreicht, befindet man sich bereits im **Kaisertrakt**.

Die sich von hier nach Osten erstreckenden Räume waren ursprünglich für das Gesinde vorgesehen, die zur anderen Seite für das österreichische Herrscherhaus und seine Gäste. Sie werden durch einen 196 Meter langen Gang verbunden, der mit Bildnissen der österreichischen Herrscher geschmückt ist.

Die Führung führt ausschließlich durch den westlichen Trakt. Diese Räume, Kaiserräume genannt, beherbergen seit 2001 die Ausstellung ›Stift Melk in Geschichte und Gegenwart‹. Sie informiert über das Stift, seine Entstehung und Geschichte, Funktion und Gegenwart und beleuchten nicht zuletzt die verschiedenen Bau- und Umbauphasen. In den Räumen finden sich einige sehr kostbare Exponate. Beispielhaft seien erwähnt: ein romanisches Kreuz; Flügelaltäre unter anderem von Jörg Breu, einem der großen Meister dieses Genres; Portraitmalereien.

Marmorsaal und Altane

An die elf Räume schließt sich der Marmorsaal an, der frühere Speisesaal für Gäste, insbesondere den kaiserlichen Hof. Der Name täuscht, denn Marmor ist hier kaum verwendet worden. In der Mitte befindet sich ein Bodengitter, darunter die Heißluftheizung.

Vom Marmorsaal tritt man auf die sogenannte Altane. Das ist die Terrasse, die Marmorsaal und Bibliothek miteinander verbindet. Es ist ein architektonisches Glanzstück, denn dieses Element schließt die Stiftsanlage elegant nach Westen ab und ermöglicht dennoch einen Blick auf die Westseite der Kirche, eine zweitürmige Fassade, in der sich bereits das Rokoko ankündigt. Heute genießen die Besucher von hier die Aussicht auf die Stadt Melk und über die Donau.

Bibliothek

Von der Altane betritt man die Bibliothek, ein mit figürlichen Darstellungen geschmücktes Gesamtkunstwerk aus Intarsienarbeiten und darin aufgestellten kostbaren Schriften aus verschiedenen Epochen. Die Bibliothek hat etwa 100 000 Bände in ihrem Besitz, darunter 750 Inkunabeln (frühe Drucke) und rund 1800 Handschriften, von denen die älteste aus dem 9. Jahrhundert und etwa zwei Drittel aus dem 15. Jahrhundert stammen, der Reformperiode des Klosters. Etwa 16 000 Bände haben Platz im Bibliotheksraum gefunden. Übrigens sind einige Buchrücken nur Attrappen – dahinter verbergen sich geheime Wandtüren.

Stiftskirche

Über eine Wendeltreppe ist die Stiftskirche erreicht, das ideelle Zentrum des Stifts und auch der Höhepunkt des barocken Kunstschaffens. Es ist vor allem das Werk des zu seiner Zeit berühmten und vielbeschäftigten italienischen Baumeisters Antonio Beduzzi. Er war Theateringenieur, und sein Bemühen um einen möglichst großen theatralischen Effekt ist unübersehbar. Die Kirche schwelgt in Gold und Stuck, in Orange, Ocker und Grau, ist mit Fresken, Marmor und vergoldeten Holzarbeiten geschmückt und von einer großen Kuppel gekrönt, fasziniert mit großen Deckenfresken von Johann Michael Rottmayr – kurzum: Sie überwältigt ihre Besucher.

Das Hauptschiff wird vom Hochaltar im Osten beherrscht, die Kanzeln und Altäre in den Seitenschiffen sind ebenso sorgfältig gearbeitet. Das eine Seitenschiff ist Benedikt geweiht, das andere Koloman, den beiden Personen also, die für die Entwicklung des Klosters so bedeutend waren.

Orangerie und Garten

Oft wird die Führung durch das Stift mit einer Degustation der hauseigenen Weine kombiniert. Sie findet in der Orangerie statt, die auf dem Weg zwischen Busparkplatz und Stiftskomplex liegt.

Der prunkvolle Hochaltar

▶ Karte S. 94

Der Pavillon im Stiftsgarten

Hier ist auch ein feines Restaurant untergebracht, das Plätze im Außenbereich wie auch im Kreuzgewölbe-Stiftskeller anbietet.

Denjenigen, die nicht einkehren, sondern noch ein wenig spazieren gehen möchten, sei der Besuch der Gartenanlage empfohlen. Der Eingang liegt gleich neben der Orangerie. Der Garten präsentiert sich als sorgsam gepflegte Anlage im Rokokostil, die nach hinten in einen Landschaftspark im englischen Stil übergeht. Darin liegt ein kleiner geschmackvoller **Pavillon**, in dem im Sommer öfter Konzerte stattfinden. Informationstafeln können am Kassenhaus entliehen werden.

Stadt Melk

Unwillkürlich misst man das klei-ne Städtchen Melk an dem alles beherrschenden Stift und tut ihm so Unrecht, denn es weist einige interessante Bauten auf. Die Altstadt ist in Teilen als Fußgängerzone gestaltet, und so lassen sich die Sehenswürdigkeiten aus rund 500 Jahren Stadtgeschichte auf angenehme Weise erkunden. Trotz mehrerer großer Stadtbrände sind einige Gebäude aus dem 15. und 16. Jahrhundert erhalten. Das war die Blütezeit Melks; damals besaß der Ort das Marktrecht, war Maut- und Zollort und führend im Salzhandel entlang der Donau.

Teile des **Wehrgangs mit Stadtmauer** sind noch erhalten, etwa dort, wo der Klostersteig auf die Wiener Straße mündet. Hier stand bis 1874 das Wiener Tor, das einen Zugang in den Ort ermöglichte.

Der **Rathausplatz** bildet mit seiner Verlängerung, der Hauptstraße, den Mittelpunkt Melks. Das Rathaus mit dem Stadtwappen befindet sich hier und schräg gegenüber der **Apotheke** aus dem 16. und 18. Jahrhundert der **Alte Brotladen** mit seinen beiden schindelgedeckten Türmchen.

Von der Hauptstraße zweigt die **Sterngasse** ab. Sie blieb als einzige Gasse beim großen Stadtbrand von 1847 verschont und ist daher heute die älteste komplett erhaltene Gasse Melks.

Der Hauptplatz ist trotz seines Namens nicht sonderlich attraktiv. Hält man sich hier rechts und geht einige Schritte durch

Nepomuk am Pfarrhof

Schloss Schönbühel

einen kleinen Durchgang, steht man vor dem **Haus am Stein**. Dieses Gebäude ist zum einen deswegen bemerkenswert, weil es sich um eines der ältesten Häuser Melks handelt (1550), zum anderen, weil der Weinstock, der die Fassade schmückt und sich an ihr rankt, wegen seines Alters unter Naturschutz steht.

An der südlichen Seite des Hauptplatzes liegt der **Pfarrhof**, ein barockes Kunstwerk mit auffallender Fassadengestaltung, an der östlichen ein **Standbild des heiligen Nepomuk**. Er ist der Brückenheilige, und die schützende Geste gilt der Straßenbrücke, die hier früher über den Weiherbach führte.

Vom Hauptplatz zweigt auch die Linzer Straße ab. Im 1792 erbauten schmucken **Posthaus** an dieser Straße, das allgemein als der schönste Profanbau Melks gerühmt wird, ist heute das Heimatmuseum untergebracht.

Direkt an den Hauptplatz schließt sich nach Osten der **Kirchenplatz** an, wo sich die relativ kleine und auch unter architekturhistorischen Gesichtspunkten nicht sehr interessante gotische Stadtpfarrkirche befindet.

An der Nibelungenlände, gleich neben dem Salzhof, befindet sich das frühere **Schiffsmeisterhaus**. Am Bau aus dem 16. Jahrhundert verdeutlichen Hochwassermarken, wie sehr Melk über die Jahrhunderte von Hochwassern heimgesucht wurde.

Jenseits der Hubbrücke erstreckt sich die **Insel**, die von Seitenarm und Hauptarm der Donau gebildet wird. Sie wartet unter anderem mit Freilichttheater und Campingplatz auf; von einigen Stellen des Hauptweges ist die Frontfassade des Stifts besonders eindrücklich zu erleben. Am Ende des Weges hat man vom Biergarten des Restaurants einen wunderbaren Blick auf die Donau und in die Wachau hinein.

■ Emmersdorf ▸ km 2035

Melk ziemlich genau gegenüber liegt Emmersdorf. Das kleine Dorf besitzt einige hübsche Winzerhöfe am langgestreckten Marktplatz, eine gotische Pfarrkirche aus dem 15. Jahrhundert sowie eine Anlegestelle, an der ab und an ein Kreuzfahrtschiff Halt macht.

Von Melk nach Weißenkirchen

Hinter Melk beginnen die Berge allmählich zusammenzurücken, die Burgen und kleinen Flecken inmitten der Wälder und Weinberge liegen dicht an dicht.

■ Schönbühel ▸ km 2032

Auf einem markanten Felsen am rechten Ufer etwa fünf Kilometer hinter Melk, erhebt sich **Schloss Schönbühel**. Es ist ein beliebtes Fotomotiv, manche sprechen gar von einem Wahrzeichen Österreichs, andere davon, dass man sich, wenn in der untergehenden Sonne Landschaft und Schloss zu einer Einheit verschmelzen, in ein Märchen versetzt fühle.

Die weiße Anlage ist von dem zwiebelbehelmten Turm in der Mitte der Frontfassade geprägt; ihre heutige Form erhielt sie zwischen 1819 und 1821. Dabei übernahm man Motive und teilweise auch den Grundriss des Vorgängerbaus, der im Kern aus dem 12. Jahrhundert stammte. Bereits für das 9. Jahrhundert ist eine Burg an dieser Stelle verbürgt. Der flachere Seitenflügel mit dem angrenzenden runden Turm ist der noch erhaltene Rest dieser ursprünglichen Anlage. Das Schloss ist im Besitz der Grafen Seilern zu Aspang-Schönbühel, die Innenräume können nicht besichtigt werden.

Nach Voranmeldung steht dagegen das rund 500 Meter flussabwärts gelegene **Servitenkloster** den Besuchern offen. Der sehr fromme Graf Lothar Balthasar von Starhemberg ließ an diesem Ort eine Kapelle als Abbild der Grabeskirche in Jerusalem errichten, danach kamen Kirche und Kloster. Das Kloster entstand ab 1666, zeitgleich kamen Servitenmönche ins Land, die der Graf gerufen hatte.

Aggsbach ▸ km 2027

Aggsbach besteht aus zwei Teilen: Aggsbach-Markt am linken Ufer und Aggsbach-Dorf am anderen. **Aggsbach-Markt** (400 Einwohner) besitzt einen schönen Badestrand und eine überraschend große gotische Pfarrkirche, **Aggsbach-Dorf** (ebenso 400 Einwohner) eine deutlich schmalere Kirche: der Rest der früheren Kartause Aggsbach. Dieser Teil Aggsbachs liegt in einem Seitental und etwas abseits der Donau.

Aggstein ▸ km 2026

Die Burgruine Aggstein ist so etwas wie das Wahrzeichen der Wachau, und diese spektakulärste aller hiesigen Burgen zieht jährlich zehntausende von Besuchern an. Sie kommen nicht zuletzt wegen des fantastischen Blicks, den man von hier auf das Donautal genießt. Umgekehrt ist auch der Anblick von unten auf die Burg beeindruckend, da die Ruine rund 300 Meter über dem Fluss liegt und ihn drohend zu bewachen scheint. Vom Fluss aus ist die Größe der Anlage allerdings nicht erkennbar. Diverse Trakte gruppieren sich um vier verschiedene Höfe, von denen der zentrale immerhin 80 Meter lang ist. Die Mauern sind bis zu fünf Meter dick. Die Burg war dank Lage und Fortifikationstechnik äußerst wehrhaft. Wegen der großen strategischen Bedeutung war sie über die Jahrhunderte immer wieder umkämpft. Und so wurde sie, im 11. Jahrhundert errichtet, in der Folgezeit mehrmals zerstört und immer wieder aufgebaut. Im Jahr 1438 verlieh Albrecht V. die Burg seinem Rat- und Kammermeister Georg Scheck vom Wald. Dieses Dokument ist eines

Betörender Blick über die Ruine Aggstein auf die Donau

der frühesten Zeugnisse für den Handel auf der Donau, da in ihm die Übertragung der Mautrechte auf den Burgherrn festgeschrieben werden. Scheck nahm sie so brutal wahr, dass er als ›Schreckenwald‹ in die Geschichtsbücher einging und noch heute oft als Raubritter charakterisiert wird. Auf die von ihm veranlassten Umbauten um 1490 geht auch die heute erhaltene Form zurück. Die bekannteste Legende ist mit ebendiesem Schreckenwald verbunden. Danach soll er seine Gefangenen durch eine Pforte auf einen winzigen Felsvorsprung gebracht haben, den er mit schwarzem Humor ›Schreckenwalds Rosengärtlein‹ nannte. Die Gefangenen hatten nun die Wahl zwischen einem – zweifellos tödlichen – Sprung in die Tiefe oder dem langsamen Hungertod. Einem der Gefangenen soll es allerdings gelungen sein, die Felsen herabzuklettern und im Tal Hilfe zu holen. Eine mutige Schar stürmte daraufhin die Burg und bereitete der Schreckensherrschaft ein Ende.

▲ Karte S. 92

Bei der Eroberung der Burg durch die Türken 1529 erlitt sie erhebliche Schäden. Diese wurden nach der Rückeroberung zwar behoben, die Burg verfiel aber seit dem 18. Jahrhundert dauerhaft, da sie nicht mehr genutzt wurde. Um 1930 kam die Anlage in den Besitz der Grafenfamilie Sailern zu Asperg-Schönbühel, die einen weiteren Verfall verhinderte. Zwischen 2003 und 2006 wurden erhebliche Sicherungs- und Rekonstruktionsmaßnahmen durchgeführt.
Reste der Küche, der Verliese, Wehrgänge und anderer Einrichtungen sind noch erkennbar, in den am besten erhaltenen Teilen ist heute ein Restaurant untergebracht.

Willendorf ▸ km 2024

Der Name des kleinen Ortes Willendorf ist vor allem bei Ur- und Frühhistorikern bekannt. Denn hier fand sich die ›Venus von Willendorf‹, eine etwa elf Zentimeter hohe und rund 25 000 Jahre alte Plastik aus Stein. Es ist eine unbekleidete Frauengestalt, deren Proportionen den Schluss nahelegen, dass es sich um ein Fruchtbarkeitssymbol gehandelt haben könnte. Ausgegraben wurde sie im Sommer 1908, im Zuge von Terrassierungsarbeiten für die Eisenbahn zwischen Krems und Grein. Dabei stieß man auf eine Reihe weiterer Funde aus der Steinzeit, darunter Pfeilspitzen und Werkzeuge, aber die Figur war der mit Abstand spektakulärste Fund. Das Original steht seit 1908 im Wiener Naturhistorischen Museum, eine stark vergrößerte Kopie ist etwa am Fundort aufgestellt.

Burg Hinterhaus oberhalb von Spitz

Schwallenbach ▸ km 2022

Das Dorf Schwallenbach ist sehr klein, bietet dafür aber ein schönes Ortsbild und eine erstaunliche Anzahl an Sehenswürdigkeiten, unter anderem eine spätgotische **Wehrkirche**, den ehemaligen **Pfarrhof** und das um 1600 fertiggestellte frühere **Schloss** der Schwallenbacher mit seinem markantem, zinnenbekröntem Bergfried.

Spitz ▸ km 2019

Am Ende des 15. Jahrhunderts war Spitz eine befestigte, für damalige Verhältnisse stattliche Stadt. Über dem Ort wachte die **Burg Hinterhaus**, heute eine Ruine. Deren Nachfolger wurde das im 16. Jahrhundert erbaute und gut erhaltene Renaissanceschloss. Im Ort sind weiterhin einige alte Winzerhöfe, das gotische Rathaus und ein Pfarrhof aus dem 15. Jahrhundert erhalten; besonderer Anziehungspunkt und Wahrzeichen ist die Pfarrkirche, deren Längsachse um etwa 20 Grad geknickt ist. Im Inneren ist sie mit bedeutenden gotischen Holzplastiken geschmückt. Das eigentliche Wahrzeichen des Ortes stellt der direkt hinter den Häusern aufragende Berg dar, der im Volksmund auch **1000-Eimer-Berg** genannt wird.
Die große Bedeutung, die der Warenverkehr auf der Donau für die Entwicklung

von Spitz gespielt hat, dokumentiert seit 1970 das **Schifffahrtsmuseum**. Hier werden Nachbildungen verschiedener Schiffstypen und auch ein lebensgroßes Modell eines Schiffszuges gezeigt sowie das Alltagsleben der Schiffer beleuchtet. **Mitterarnsdorf** (km 2018, rechts) war schon von den Römern besiedelt und ist ansonsten ohne Bedeutung.

St. Michael ▸ km 2017

Die spätgotische **Kirche St. Michael** wird erstmals 987 erwähnt und ist damit eine der ältesten Wehrkirchen in der Wachau. Ihre heutige äußere Gestalt erhielt sie zwischen 1500 und 1523, als sich die Region von den Türken bedroht sah; das barocke Innere stammt aus der Zeit um 1630. Die Kirche, um die sich kein Ort ausgebildet hat, ist ein Anlaufpunkt wegen der Orgelkonzerte, die hier regelmäßig stattfinden und einen sehr guten Ruf genießen.

Wer genau auf den First schaut, kann nachvollziehen, warum die Kirche umgangssprachlich auch ›Die Kirche mit den sieben Hasen auf dem Dach‹ heißt. Eine Legende besagt, in einem strengen Winter habe so viel Schnee gelegen, dass sieben Hasen den Dachfirst erreichen konnten und dort hockten. Dann aber schmolz der Schnee so schnell, dass die Hasen nicht mehr hinunter fanden und zu Stein erstarrten.

St. Michael

▲ Karte S. 92

Wösendorf und Joching

Wösendorf (km 2016) mit barocker Pfarrkirche und Joching (km 2015) ohne Kirche sind typische Winzerdörfer; sie gehören verwaltungstechnisch schon zu Weißenkirchen.

Weißenkirchen ▸ km 2013

Weißenkirchen ist einer der malerischsten und bekanntesten Winzerorte in der Wachau; er wurde schon 830 als ›Wachowia‹ erwähnt. Ein starker Aufschwung kam später mit dem Wein, ein weiterer mit dem Beginn der Donaudampfschifffahrt, die es zum einen erleichterte, den Wein zu exportieren, zum anderen, die Touristen direkt zum Ort zu bringen.

Ein Wehrmauer mit Türmen umfasst die namensgebende **Kirche** mit ihrem 54 Meter hohen Turm und den **Teisenhoferhof**. Diese Anlage, um 1540 im Renaissancestil fertiggestellt, ist der größte und beeindruckendste der im Ort zahlreich vorhandenen Winzerhöfe, und heute ist in einem Teil das **Wachaumuseum** untergebracht. Es beleuchtet die (Wein-) Geschichte der Region und zeigt auch einige typische Arbeiten der hiesigen Landschaftsmalerei vornehmlich des 19. und frühen 20. Jahrhunderts sowie Trachten und historische Waffen.

Die Winzerhöfe sind zum Teil von erstaunlich großzügigen Dimensionen und nicht selten ebenso wehrhaft ausgebaut. Die Flügel der Anlage gruppieren sich stets um einen Innenhof, die teils von Arkaden und Laubengängen geschmückt werden und vom Reichtum der früheren Bewohner künden. Die Weißenkirchener waren lange im innereuropäischen Weinhandel führend.

Fähre, Kirche, Weinberge: Weißenkirchen

Auf der andere Donauseite erheben sich die Hügel des Dunkelsteiner Waldes. Der Name passt ausgesprochen gut, da die Hügel deutlich weniger Sonneneinstrahlung als das gegenüberliegende Ufer abbekommen. An dieser Stelle lassen sich die Unterschiede zwischen Nord- und Südseite der Wachau besonders gut erkennen.

Dürnstein ▸ km 2009

Hinter Weißenkirchen vollzieht die Donau eine scharfe Rechtskurve, und gleich darauf haben Kreuzfahrtreisende den wohl schönsten Blick auf den blauen Kirchturm des Augustiner-Chorherrenstifts. Er steht nur wenige Meter vom Ufer entfernt; das Schiff scheint sich geradeswegs auf ihn zuzubewegen. An dieser Stelle ist der Fluss besonders schmal, die Strömung besonders stark – bis zu acht Stundenkilometer – und drängen sich die Berge an der Nordseite besonders weit zum Ufer vor: Dürnstein liegt in einer überaus malerischen Kulisse.

Da der Ort (900 Einwohner) zudem vor allem dank seines Chorherrenstifts als architektonische Kostbarkeit gilt, nimmt er seit Jahren unangefochten die Spitzenstellung des meistbesuchten Touristenziels in der Wachau ein. Zwar drängen sich in den Sommermonaten die Besucher durch die romantischen, kopfsteingepflasterten und für den Autoverkehr gesperrten Gassen, ein Besuch lohnt dennoch.

Augustiner-Chorherrenstift

Die meisten Besucher zieht es zunächst zum früheren Augustiner-Chorherrenstift. Das Stift wurde 1410 gegründet – Joseph II. ließ es 1788 auflösen –, zwischen 1715 und 1733 erfolgte der einheitliche Neubau von Kirche, Turm, Kreuzgang und Prälatenhof im Barockstil. Das so entstandene Ensemble begründete den Ruf weit über die Landesgrenzen hinaus. Es wurde ab den 1980er Jahren sorgfältig renoviert, und so erleben Besucher dieses grandiose Barockensemble heute in den Originalfarben.

Durch das Prunkportal betritt man den Stiftshof, ein von gleichförmigen Bauten gerahmtes Viereck. Hier hat man auch einen Blick auf den markanten blauen Kirchturm, der im Volksmund ›Fingerzeig Gottes‹ heißt. Das Kirchenschiff selbst ist ein eindrucksvoller und sehr harmonischer Bau in Weiß, Braun und Gold. Zur wertvollen Innenausstattung zählen unter anderem das Chorgestühl,

Dürnstein: unten Chorherrenstift, oben Burg

Plastik im Innenhof des Stifts

Stuckreliefs und Altarbilder. Der sich anschließende Kreuzgang ist ebenfalls sehenswert, hier fällt vor allem ein kunstfertig geschnitzter Altar ins Auge. Von der Donauterrasse hat man einen sehr schönen Blick stromaufwärts.

Altstadt

Das Stift liegt an einem Rechteckplatz, an dem sich auch das **Klarissenkloster** findet. Ende des 13. Jahrhunderts begründet, erfolgte Ende des 17. Jahrhunderts die Profanierung, heute werden Teile des Gebäudes von einem Hotel genutzt. Die frühere Klosterkirche wirkt nur wie eine Ruine, da das flache Dach vom Platz nicht sichtbar ist.

Ein weiteres Hotel der gehobenen Klasse hat sich im früheren **Schloss** eingerichtet. Der massige frühbarocke Bau stammt von 1622 und hat eine schöne Inneneinrichtung. Die Hotelgäste wissen nicht nur das Interieur zu schätzen, sondern auch den hinreißenden Blick, der sich ihnen von der unmittelbar oberhalb des Donauufers gelegenen Terrasse bietet. Schräg gegenüber dem Schloss liegt das **Rathaus**, ein im Kern spätgotischer und 1547 fertiggestellter Bau.

Entlang der Hauptstraße reihen sich die prächtig herausgeputzten **Wohnhäuser** der früheren Ackerbürger und Winzer; die meisten stammen aus dem 16. bis 18 Jahrhundert, einige weisen kunstvolle Sgfraffitoverzierungen auf. Sie beherbergen heute vor allem gastronomische Einrichtungen und Läden, die Andenken und Erzeugnisse der Region anbieten. Am Rand des Städtchens sind noch Teile der **Wehrmauer** erhalten, am östlichen Stadtrand liegen auch Friedhof und Karner. Hinter dem Steiner Tor führt die Straße sogleich durch Weinstöcke.

Zwei Wege führen zur **Burgruine**. Mit ihr verbindet sich die berühmte Legende von Prinz Richard Löwenherz und seinem Getreuen, dem Sänger Blondel. Prinz Löwenherz wurde 1192/93 hier drei Monate lang auf der zwischen 1140 und 1145 errichteten Burg der Kuenrin-

Ritter Blondel als Werbeträger

▲ Karte S. 92

ger Ritter gefangengehalten. Er hatte auf einem Kreuzzug die Fahne der Babenberger beleidigt und seinen Rückweg unvorsichtigerweise durch Österreich gewählt. Die 35 000 Kilo Silber Lösegeld teilten sich der Deutsche Kaiser Heinrich VI. und der Babenberger Leopold V. Mit der unvorstellbar großen Summe wurden unter anderem große Bauprojekte in Wien, Wiener Neustadt und Hainburg finanziert. In der Legende wird nun berichtet, dass der Sänger Blondel auf der Suche nach seinem verschwundenen Heerführer von Stadt zu Stadt, von Burg zu Burg zog und seinen Herrn schließlich an der gesungenen Melodie eines englischen Liedes erkannte. Die Burg ist seit der Zerstörung durch die Schweden im Jahr 1645 eine Ruine. Der etwas beschwerliche Weg dorthin (knapp 30 Fußminuten) lohnt vor allem wegen der wunderbaren Sicht auf Dürnstein und die Donau.

■ Rossatz ▸ km 2009

Rossatz liegt etwas vom rechten Ufer zurück und ist daher kaum auszumachen. Sehenswert sind die spätromanische Pfarrkirche mit gotischem Turm und die Reste eine römischen Wachturms. Eine kleine Rollfähre – sie kann nur Fußgänger und Fahrradfahrer transportieren – verbindet Rossatz und Dürnstein.

■ Loiben

Weinreben umgeben die beiden kleinen Winzerorte Oberloiben (km 2007) und Unterloiben (km 2006) auf allen Seiten. Im Unterschied zu fast allen anderen Orten in der Wachau weisen die beiden Dörfer ein relativ junges Ortsbild auf; es stammt aus dem 19. Jahrhundert. Die Orte wurden bei der Schlacht von Dürnstein – auch oft Schlacht von Loiben genannt – schwer in Mitleidenschaft gezogen. Zwar gelang es den verbündeten Österreichern und Russen hier am 10./11. November 1805, ein französisches Korps fast völlig aufzureiben, der sogenannte Dritte Koalitionskrieg aber endete dennoch im Dezember des gleichen Jahres desaströs für Österreich und seine Verbündeten. Zahlreiche Gedenktafeln und Grabmäler in Loiben und den umliegenden Ortschaften erinnern an die Geschehnisse jener Tage.

■ Mautern ▸ km 2003

Auch Mautern geht auf die Römer zurück; sie nannten den Ort Favianis. Im 5. Jahrhundert wirkte der aus Passau bekannte heilige Severin an dieser Stelle und initiierte eine Klostergründung. Als Mautstelle besaß der Ort im 9. Jahrhundert Bedeutung. Zu diesem Zeitpunkt heißt er Mutarum, im Nibelungenlied wird er als Mutaren erwähnt. Seit 1276 besaß Mautern das Stadtrecht, 1463 wurde hier die zweitälteste österreichische Donaubrücke aus Holz gebaut, nicht zufällig, denn an dieser Stelle trafen sich Handelsstraßen.

Mautern wirkt heute sehr beschaulich und bietet den Touristen neben dem Schloss, der Pfarrkirche St. Stephan, dem in der Margarethenkirche eingerichteten Römermuseum, Resten der Befestigungsmauer und dem Nikolaihof ein schönes Stadtbild, in dem sich zudem sehenswerte Bürgerhäuser finden. Unter Weinkennern und Feinschmeckern genießen die Restaurants einen hervorragenden Ruf.

Krems ▸ km 2002

Bei Krems, das den Ostrand der Wachau markiert, quert eine Brücke die Donau, die erste seit Melk. Nicht zufällig findet sich dieses Bauwerk hier, denn in Krems kreuzen sich seit Jahrhunderten zwei Handelswege: Der eine folgt der Donau, der andere führt vom Böhmerwald in Richtung Alpen.

Krems, erstmals urkundlich 995 erwähnt, entwickelte sich dank dieser Lage rasch als wichtiges Handelszentrum, in dem vor allem Salz, Wein und Getreide, dann auch Eisen umgeschlagen wurde. Später erhielt der Ort auch das Mautrecht. Im 11. und 12. Jahrhundert war Krems bedeutender als Wien, und der arabische Geograph Idrisi bezeichnete es 1153 als schönste Stadt Österreichs. In der Folgezeit wurde sie mehrmals erweitert, 1518 waren mit der Ummauerung die heutigen innerstädtischen Grenzen erreicht. Mit dem Aufstieg Wiens zum unbestrittenen Zentrum der Habsburger Monarchie ging die Bedeutung von Krems zurück, wenn es auch als Handelsplatz nach wie vor eine Rolle spielte. Heute ist Krems, zu dem seit 1938 das bis dahin selbständige Stein gehört, eine Verwaltungsstadt mit gut 24 000 Einwohnern. Krems und Stein weisen einen ungewöhnlichen Reichtum am Baudenkmälern auf. Sie wurden in den vergangenen Jahrzehnten sorgfältig und mit großem Aufwand restauriert. Beide Orte bestechen durch ein einzigartig geschlossenes Bild, und nicht wenige bezeichnen die gepflegte historische Altstadt in Krems als eine der schönsten in Österreich.

Die Doppelstadt bietet außerdem ein reiches kulturelles Leben, eine Universität und lebt auch von der Stahlindustrie und dem Hafen (km 1998), einem der nach wie vor wichtigsten österreichischen Donauhäfen.

Ein Rundgang

Idealer Ausgangspunkt für einen Rundgang ist das markante **Steiner Tor**. Es bildet den westlichen Abschluss der quer durch Krems führenden Hauptachse, der

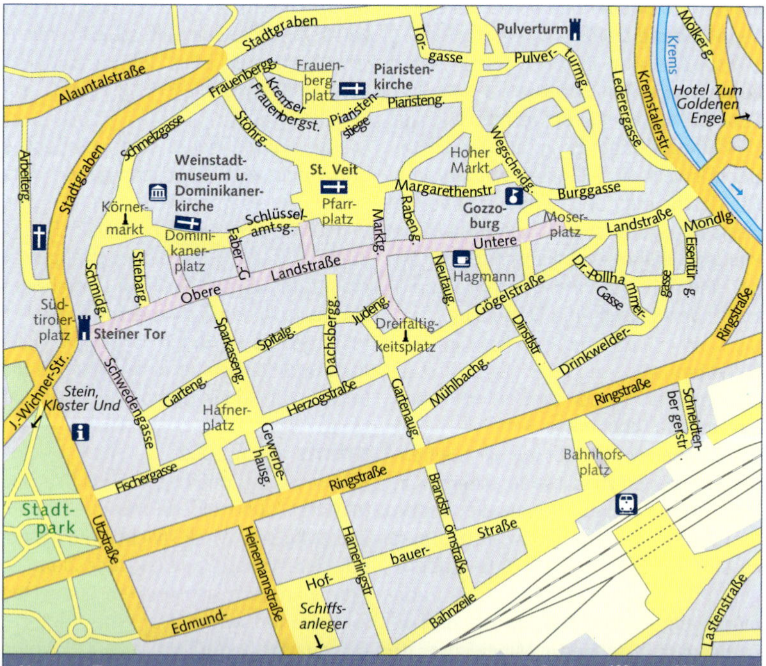

Krems, Zentrum

Am Steiner Tor, dem Entrée in die Altstadt

Oberen und Unteren Landstraße. Das Steiner Tor ist das einzig erhaltene von ursprünglich vier Stadttoren. Es stammt von 1480, die barocke Haube kam 1754 hinzu.

Mit wenigen Schritten ist der **Körnermarkt** erreicht, einer der besonders schönen Plätze in Krems. Eine Mariensäule steht in der Mitte dieses dreieckigen Platzes, sehenswert sind die Fassaden der stolzen Bürgerhäuser.

Nach Osten schließt sich der **Dominikanerplatz** mit dem beherrschenden Dominikanerkloster mitsamt Kirche an der Nordseite an. Heute ist hier das **museum krems** untergebracht, das Besucher über die Lokalgeschichte von der Altsteinzeit bis zum 19. Jahrhundert informiert. So erfährt man auch einiges über den berühmtesten Sohn der Stadt, den Maler Martin Johann Schmidt (1718–1801), einen der bedeutendsten und produktivsten Barockmaler Österreichs, der in Fachkreisen meist ›Der Kremser Schmidt‹ genannt wird. Die Klosteranlage wurde 1265 fertiggestellt, der Chor im Jahr 1320. Die Kirche, eine dreischiffige Basilika, ist hoch, gotisch und beeindruckend.

Zentraler Platz in Krems ist der **Pfarrplatz** mit der Stadtpfarrkirche. Der Originalbau war gotisch, der heutige stattliche, der 1630 fertiggestellt wurde, ist barock. Hervorzuheben sind die Deckenfresken und die Werke namhafter Maler – unten ihnen der Kremser Schmidt – im Inneren. An der Südseite des Pfarrplatzes erhebt sich das Rathaus, ein hübscher Renaissancebau. Geht man in diese Richtung weiter, gelangt man alsbald zu der Dreifaltigkeitssäule auf dem gleichnamigen Platz.

Zur anderen Seite führt die Piaristenstiege auf den **Piaristenplatz**, quasi eine Terrasse oberhalb der Altstadt. Die Piaristenkirche wurde 1014 begründet, der hohe spätgotische Bau erhielt sein heutiges Aussehen im 14. und 15. Jahrhundert. Auch hier lohnt ein Blick ins Innere, denn der hohe lichtdurchflutete Raum weist neben kunstvollen Fenstern vor allem schöne Schnitzwerke auf, die Altar-

Die Piaristenkirche

›Deixfiguren‹ vor dem Karikaturmuseum

bilder stammen wiederum vom Kremser Schmidt. Jüngst wurde die Kirche einer umfassenden Renovierung unterzogen. Nur wenige Schritte führen von hier zum **Hohen Markt** mit seinem Herkulesbrunnen, den ältesten Teil des Ortes. Hier finden sich einige besonders sehenswerte Bauten, darunter die sogenannte Gozzoburg aus dem 13. Jahrhundert, die ehemalige Stadtburg. Einige originale Elemente sind erhalten; die Anlage wurde bei der umfassenden Renovierung 2006/07 von einigen Umbauten aus späterer Zeit befreit. Das derzeit leerstehende Gebäude will die Fachhochschule Krems ab 2017 nutzen; vorher soll der Bau umfassend saniert werden.

Ein Schlenker könnte noch zum **Dreifaltigkeitsplatz** führen. Er lohnt vor allem an Freitagen einen Besuch, wenn sich die Stände des Bauernmarktes locker um die Dreifaltigkeitssäule gruppieren.

Stadtteil Und

›Was liegt zwischen Krems und Stein?‹ ›Und!‹

Der alte Kalauer mag etwas überstrapaziert sein, ist aber im Kern richtig: Zwischen Krems und Stein befanden sich bis weit in das 19. Jahrhundert Felder und darin zwei Klosteranlagen; eines der Klöster hieß Und. Heute ist der Ortsteil Und das Zentrum des geistigen und kulturellen Lebens der Stadt.

Im Norden dieses Stadtteils erstreckt sich der **Campus**, dessen wichtigste Einrichtung die Donau-Universität ist. Neben einigen Neubauten nutzt sie auch Teile der ehemals im Ort ansässigen Tabakfabrik. In anderen Trakten dieser Tabakfabrik ist heute die **Kunsthalle** beheimatet, die sich mit Wechselausstellungen der modernen Kunst verschrieben hat. Östlich davon erstreckt sich die Kunstmeile mit weiteren Museen und anderen Einrichtungen. Eine davon ist das **Karikaturmuseum**, in dem unter anderem eine Dauerausstellung mit rund 250 Werken von Manfred Deix zu finden ist. Deix (geb. 1949) war wegen seiner drastischen Darstellungsweise und oft Tabugrenzen überschreitenden Zeichnungen lange umstritten, gilt heute aber als Klassiker und stilprägend für zahlreiche Cartoonisten. Dabei hat sich, so ein Kunstkritiker, »in Österreich sogar sein Name als Synonym für einen bestimmten Menschentyp eingebürgert, der in Verhalten und Aussehen an seine Karikaturen erinnert: die Deixfigur.« Zwei seiner unverwechselbaren Deixfiguren finden sich in Lebensgröße vor dem Karikaturmuseum.

Am östlichen Ende der Kunstmeile schließlich liegt das vormalige **Kloster Und**, heute gehobenes Restaurant mit Weinbar und Veranstaltungsräumen.

Stein ▸ km 2003

Wie Krems wirkt Stein heute ein wenig wie eine bewohnte Filmkulisse. Denn auch hier findet sich ein reicher historischer Baubestand, der von dem einstigen Wohlstand und der Bedeutung des Ortes kündet. Auffällig ist die Ausdehnung des Ortes. Stein zieht sich in West-Ost-Richtung an der früheren Handelsstraße und heutigen Steiner Landstraße entlang, die parallel zum Ufer verläuft. Fast alle Sehenswürdigkeiten liegen hier. Es findet sich ein Nebeneinander von reich verzierten und giebelgeschmückten Wohn- und Handelshäusern sowie vormaligen Salzstadeln, die nicht zuletzt durch ihre Innenhöfe beeindrucken.

Den Mittelpunkt des Ortes bildet der **Rathausplatz** mit dem breiten Steiner Rathaus aus dem 18. Jahrhundert und der reich verzierten Nepomuksäule von 1715. Der Ort wird im Osten durch das **Kremser Tor** und im Westen durch das **Linzer Tor** (beide aus dem 15. Jahrhundert) begrenzt und von zwei etwas oberhalb liegenden Sakralbauten überragt: der **Minoritenkirche**, einer spätromanischen Basilika aus dem 13. Jahrhundert, und der gotischen **Pfarrkirche** aus der Mitte des 15. Jahrhunderts. Die profanierte Frauenbergkirche direkt daneben ist heute den Gefallenen der beiden Weltkriege gewidmet.

Stift Göttweig

Stift Göttweig liegt einige Kilometer vom Donauufer zurückgesetzt auf einem 428 Meter hohen Höhenzug. Weithin ist die Anlage sichtbar, und noch aus der Ferne wirkt der Bau erhaben und würdevoll. Die geradezu jenseitige Macht, die es verkörpert, wird in den vielen Beinamen deutlich, mit denen man versucht hat, Stift Göttweig zu beschreiben. So wird es das ›österreichische Montecassino‹ genannt oder auch ›Kastell des Himmels‹. Gelegentlich findet man auch die Umschreibung ›glanzvoller Torso‹. Auch sie trifft zu, denn so ausgedehnt und majestätisch diese in sich geschlossene Welt auch ist, sie stellt nur etwa zwei Drittel des geplanten Bauvolumens dar.

Bischof Altmann von Passau wählte 1083 diesen Ort für die Klostergründung aus. Anfangs wirkten hier Augustiner-Chorherren, ab 1094 Benediktiner, die aus St. Blasien im Schwarzwald hierher gekommen waren. Sie sind seitdem ununterbrochen hier ansässig. Etwa 50 Mönche leben heute im Kloster, ihre Hauptaufgabe ist die Pfarrseelsorge in den 28 inkorporierten Pfarren.

Ab dem 16. Jahrhundert führten Pestwellen, Brände und vor allem das Wirken der Reformation zum Niedergang des geistlichen Lebens. Erst seit dem frühen 18. Jahrhundert, in der Aufbruchstimmung nach den Türkenkriegen, erstarkte auch Stift Göttweig und wurde zu einem Zentrum der Gegenreformation. Nach einem weiteren verheerenden Brand, der nur wenige Teile verschonte, entstand ab 1718 die beeindruckende Anlage, wie sie bis heute erhalten ist. Zwar gehörten zum Stiftsbesitz ausgedehnte Ländereien, die zur spöttischen Benennung als ›Kloster zum klingenden Pfennig‹ führten, aber die Einnahmen reichten nicht, alle geplanten Bauten zu realisieren.

Das, was letztlich geschaffen wurde, ist aber so eindrucksvoll, dass das Stift auf Kreuzfahrten oft im Rahmen einer Halb-

Die Orgel in der Stiftskirche

Die Stiftskirche

tagestagestour durch die Wachau angesteuert wird. Die Besucher besichtigen einen Teil der Repräsentationsräume, die Klosteranlagen dagegen sind nicht der Öffentlichkeit zugänglich.

Ein Rundgang

Den Mittelpunkt der Anlage bildet der **Stiftshof**. Auf ihn ist die klassizistische Fassade der **Stiftskirche** ausgerichtet, davor befindet sich ein Brunnen, der bereits ab 1742 mit Hilfe einer Pumpanlage für Frischwasser sorgte. Die Kirche blieb von dem großen Brand im 18. Jahrhundert verschont, so dass sich im Innern noch barocke und gotische Elemente finden. Die doppeltürmige Fassade ist dem Bau nach 1750 vorgesetzt worden. Aus der Einrichtung des blau-weiß dominierten Innenraums ist vor allem der **Hochaltar** aus der flämischen Bildhauerschule (1639) erwähnenswert, in der **Krypta** findet sich eine gotische Pietà, die das Ziel vieler Wallfahrer ist.

Ein Rundgang durch den zugänglichen Teil der Anlage führt über die durch ein beeindruckendes Fresko von Paul Troger bekrönte **Kaiserstiege**, durch diverse Fürstenzimmer zum **Altmannisaal** und dem **Kaiserzimmer**. Diese Räume sind mit Gemälden und Fresken geschmückt, in ihnen ist ein Teil der über 150 000 Bände ausgestellt, die zur Bibliothek des Klosters gehören, sie sind mit kostbaren Tapeten bespannt und mit einigen Teilen des Originalmobiliars ausgestattet. Im Klostergang ist die **Ausstellung Klosterleben** untergebracht, die die Geschichte und Gegenwart des Klosters und das Leben der Mönche erläutert.

Regelmäßig werden Sonderausstellungen aus dem reichen Bestand von Kunstschätzen des Klosters gezeigt, und ebenso regelmäßig finden die renommierten Göttweiger Stiftskonzerte statt. Manche Gäste kommen, um einmal Urlaub im Kloster zu machen – Gasträume sind im Exerzitienhaus eingerichtet –, andere finden den Weg wegen des Restaurants zum Kloster. Hier wird nicht nur die Original Göttweiger Benediktinertorte angeboten, die immer noch unverändert nach einem Rezept von 1401 hergestellt wird, sondern auch Regionaltypisches und die Weine der eigenen klostereigenen Produktion – und der weite Blick von der Restaurant-Terrasse lohnt allein einen Besuch.

Wachau

Wachau Info-Center Melk, Kremser Str. 5 (im Zentrum, nicht weit von der Hubbrücke entfernt). Infos und Material nicht allein zu Melk, sondern zur Wachau insgesamt.

Krems Tourismus, Utzstr. 1 (gegenüber dem Stadtpark, Nähe Steiner Tor).

Alle Orte der Wachau, in die Kreuzfahrttouristen kommen, warten mit einer großen Anzahl an Geschäften auf, in der die Produkte der Wachau – unter anderem die berühmten Weine und Obstschnäpse – angeboten werden. Oft kann zuvor probiert werden.

Tullner Becken

Das Tullner Becken, auch als Tullerfeld bezeichnet, zwischen Mautern und Wien bietet das Kontrastprogramm zur Wachau. Säumten dort bis unmittelbar an die Ufer heranreichende Höhenzüge die Ufer, durchmisst die Donau nun eine flache Landschaft, die gleichzeitig weniger herausragende Sehenswürdigkeiten aufzuweisen hat. Daher wird bis Wien fast nie ein Stopp eingelegt.

Von Mautern nach Tulln

Hinter Mautern passiert man zunächst das etwas vom Ufer zurückgesetzt liegende **Traismauer** (km 1988). Die Römer errichteten an der Mündung der Traisen in die Donau ein Kastell, im Nibelungenlied wird die Burg König Etzels, in der er Kriemhild empfing, hier verortet. Seit Kurzem erschließt das Kulturleitsystem ›Die sprechenden Römer‹ die Hauptsehenswürdigkeiten der Stadt.

Etwas weiter liegt das **Wasserkraftwerk Altenwörth** (km 1980), und wiederum etwas weiter das **Kernkraftwerk Zwentendorf** (km 1976), eine Investruine.

Das Kernkraftwerk Zwentendorf

Marc Aurel an der Tullner Uferpromenade

Es wurde zwar fertiggestellt, aber anhaltender Bürgerprotest und schließlich eine Volksbefragung verhinderten seine Inbetriebnahme. Der Bau dient heute als Ersatzteilspender für baugleiche Anlagen in Deutschland, ab und an als Filmkulisse und auch als Ausbildungsort. Besucher können ihn im Rahmen von Gruppenführungen besichtigen.

Tulln ▸ km 1964

Das beschauliche, gepflegte Städtchen Tulln geht auf die Römer zurück. Sie richteten sich hier, am Limes, einen Stützpunkt mit Hafen ein und gaben ihm den Namen Comagena. Nach Vertreibung der Römer dauerte es wohl bis zum 9. Jahrhundert, bis sich wieder ein nennenswerter Ort herausbildete. Tulln war dank der verliehenen Mautrechte im Spätmittelalter ein wichtiger Handelspunkt, gleichzeitig ein Hauptsitz der Babenberger und erlebte daher einen deutlichen Aufschwung. Heute hat die Stadt, in der etwa 16 000 Menschen wohnen, einige regionale Bedeutung als Messeort.

Das auch vom Fluss aus gut zu erkennende Denkmal für Marc Aurel ist eine

▲ Karte S. 113

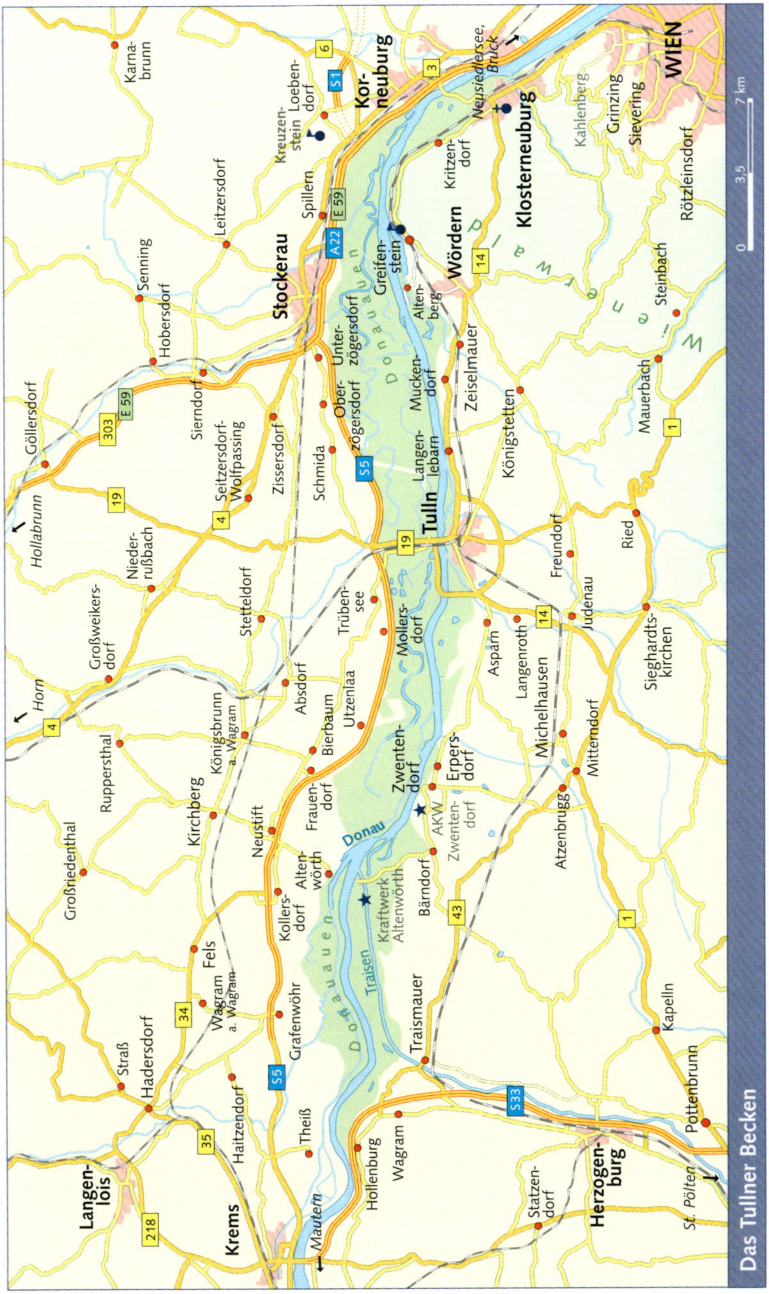
Das Tullner Becken
WIEN
Klosterneuburg
Kor-
neuburg
Stockerau
Tulln
Krems
Langen-
lois
Herzogen-
burg
Wördern
Wienerwald
Donauauen
Donau
Traisen
Kraftwerk
Altenwörth
AKW
Zwenten-
dorf
Neusiedlersee,
Bruck
Hollabrunn
Horn
Mautern
St. Pölten
Kahlenberg
Grinzing
Sievering
Rötzleinsdorf
Steinbach
Mauerbach
Königstetten
Zeiselmauer
Kritzen-
dorf
Greifen-
stein
Alten-
berg
Mucken-
dorf
Langen-
lebarn
Spillern
Kreuzen-
stein
Loeben-
dorf
Karna-
brunn
Leitzersdorf
Senning
Hobersdorf
Sierndorf
Göllersdorf
Seitzersdorf-
Wolfpassing
Zissersdorf
Schmida
Ober-
zögersdorf
Unter-
zögersdorf
Nieder-
rußbach
Stetteldorf
Trüben-
see
Mollers-
dorf
Freundorf
Ried
Judenau
Aspam
Langenroth
Michelhausen
Sieghardts-
kirchen
Großweikers-
dorf
Absdorf
Utzenlaa
Bierbaum
Königsbrunn
a. Wagram
Ruppersthal
Erpers-
dorf
Mitterndorf
Atzenbrugg
Frauen-
dorf
Neustift
Kirchberg
Großriedenthal
Alten-
wörth
Kollers-
dorf
Bärndorf
Fels
Wagram
a. Wagram
Grafenwöhr
Traismauer
Kapelln
Pottenbrunn
Straß
Hadersdorf
Haitzendorf
Theiß
Hollenburg
Wagram
Statzen-
dorf
0
3,5
7 km
A22
E 59
S5
S1
S33
303
19
4
6
3
14
1
34
35
218
43

Kopie der berühmten Reiterstatue für den römischen Kaiser (121–180 n. Chr.), die auf dem Kapitol in Rom steht. Sie erinnert an die jahrhundertelange Anwesenheit der Römer an der Donaugrenze; nachweislich hielt sich auch Marc Aurel mehrmals für längere Zeit hier auf. Römerturm und Römermuseum in der Nähe der Statue verweisen ebenso auf diese Epoche.

Mittelpunkt Tullns ist der **Hauptplatz**, ein geschlossenes Altstadtensemble mit Dreifaltigkeitssäule, schönen Bürgerhäusern aus verschiedenen Epochen und dem sich unmittelbar anschließenden Rathausplatz mitsamt gotischem Rathaus. Herausragend ist die doppeltürmige **Pfarrkirche St. Stephan**, die im Kern auf eine romanische Basilika aus dem 12. Jahrhundert zurückgeht. Dem wohl größten Sohn der Stadt ist das **Egon-Schiele-Museum** gewidmet, das Geburtshaus Schieles kann ebenfalls besichtigt werden.

Der **Garten Tulln** ist aus der Landesgartenschau im Jahr 2008 hervorgegangen. An ihn grenzt der **Wasserpark Tulln** an, eine von Wegen und befahrbaren Wasserstraßen durchzogene Auenlandschaft. Die Wiesen und Auen um Tulln waren das Gebiet, in dem der bekannte Verhaltensforscher Konrad Lorenz seine Streifzüge unternahm und die Graugänse beobachtete. Er lebte in Altenberg, einem kleinen Ort zwischen Tulln und Klosterneuburg.

Von Tulln nach Klosterneuburg

Mit dem **Kraftwerk Greifenstein** (km 1949) nutzt eine weitere Anlage im Tullner Becken das Gefälle der Donau zur Energiegewinnung. Sie erhielt ihren Namen nach der **Burg Greifenstein**, die sich recht malerisch auf einem Hügel am rechten Ufer erhebt. Die Burg geht auf die Passauer Bischöfe zurück und wurde nach Beschädigungen im Dreißigjährigen

Krieg wiederhergestellt. Heute sind hier ein Museum und ein Restaurant untergebracht. Die Anlage gehört ebenso wie **Burg Kreuzenstein** (km 1947, links) zum Besitz des Fürsten von Liechtenstein.

Bei Greifenstein schieben sich wieder Berge bis unmittelbar an das Flussufer heran; damit ist der Wienerwald erreicht. An seinen östlichen Ausläufern liegt Klosterneuburg, nun schon kurz vor den Toren Wiens.

Die Kleinstadt **Korneuburg** (km 1943) weist eine lange Geschichte auf, aber nur wenige Sehenswürdigkeiten. Bereits seit dem 12. Jahrhundert sind Marktflecken und eine Burg bezeugt, dank einiger Handelsprivilegien erfuhr Korneuburg im Spätmittelalter seine Blütezeit. Hauptanziehungspunkte sind das neogotische Rathaus, der Rattenfängerbrunnen davor – der Ort schmückt sich mit einem ähnlichen Märchen wie Hameln –, Reste der Stadtmauer und einige Sakralbauten.

Die Donaudampfschiffahrtsgesellschaft (DDSG) gründete in Korneuburg 1852 eine Schiffswerft, auf der bis 1992 Passagier- und Frachtschiffe für die Fluss- und die Hochseeschifffahrt konstruiert und gebaut wurden. In Spitzenzeiten hatte die Werft 2000 Beschäftigte, heute werden hier Schiffe nur noch repariert und überholt. Einige der Kreuzfahrt- und Ausflugsschiffe, die hier vom Stapel gelassen wurden, sind nach wie vor auf Wolga, Dnepr und Donau im Einsatz.

Heute Museum und Restaurant: Burg Greifenstein

Klosterneuburg ▸ km 1939

Klosterneuburg gehört nicht zu den Zielen, die im Rahmen einer Kreuzfahrt angesteuert werden. Der Ort, nur etwa zwölf Kilometer vom Wiener Zentrum entfernt, lohnt aber einen Besuch, nicht nur für die Reisenden, die meinen, in Wien schon alles Sehenswerte besucht zu haben: Das Stift gehört zu den bedeutendsten Klosteranlagen des Landes; oft wird es ›Österreichisches Escorial‹ genannt.

Klosterneuburg ist vom Franz-Josefs-Bahnhof in Wien mit der Schnellbahn S 40 bequem zu erreichen, sie hält auch an der Station Nußdorf in unmittelbarer Nähe der Schiffsanlegestelle Wien-Nußdorf (Fahrtzeit ab Franz-Josephs-Bahnhof bis Station Klosterneudorf-Kierling etwa 15 Minuten, halbstündiger Takt).

Neben dem Besuch des Stifts lohnt ein Bummel durch die Altstadt mit ihren hübschen Bürgerhäusern in Barock und Renaissance, der Pfarrkirche St. Martin und dem Weinmuseum.

Das Stift

Unter den Babenbergern wurde Klosterneuburg zur Residenzstadt und damit zum politischen Zentrum Österreichs, 1133 wurde ein Augustinerkloster eingerichtet. Der Legende nach stand Markgraf Leopold III. eines Tages mit seiner jungen Frau auf dem Söller seiner Burg auf dem Kahlenberg, als eine Bö den Brautschleier der Gräfin davontrug. Er blieb trotz allen Suchens verschwunden.

Neun Jahre später fand der Graf, als er auf der Jagd war, den Schleier unversehrt an einem Holunderbaum. Der Graf sah dieses Ereignis als Zeichen und ließ an dieser Stelle das Kloster Neuburg errichten. Die politische Macht verlagerte sich nach 1133 bald nach Wien, die geistliche aber blieb, und so avancierte das Kloster auch zu einem kulturellen Zentrum. Davon künden unter anderem zahlreiche Handschriften in der **Stiftsbibliothek**. Sie gilt mit ihrem Bestand von rund 160 000 Bänden, 1200 Handschriften und 850 Inkunabeln als eine der wertvollsten des Landes. Bereits im 15. Jahrhundert wurden hier Globen hergestellt, sie gehören zu den ältesten in Europa.

Dem Niedergang im 16. Jahrhundert folgte im 18. Jahrhundert eine Revitalisierung und ab 1730 eine erhebliche Erweiterung der vorhandenen Anlage. Vorbild für den barocken Bau war der spanische Escorial. Karl VI. plante eine herrschaftliche Klosterresidenz; sie sollte sich mit allen zu dieser Zeit bekannten Anlagen messen lassen können. Nur etwa ein Viertel des äußerst ambitionierten Vorhabens wurde letztlich verwirklicht, die fertiggestellten Trakte sind jedoch äußerst repräsentativ und in ihren Ausmaßen beeindruckend. Einen reizvollen Gegensatz zum barocken Stiftsgebäude bildet das sich anschließende **Kloster** in Gotik und Renaissance.

Die romanische **Stifts- und Pfarrkirche Unserer lieben Frau** komplettiert das Ensemble. Sie entstand ab 1114 und wurde 1136 geweiht, die beiden Türme sind bis 1892 neogotisch umgestaltet worden. Das Innere der Kirche wurde im 17. Jahrhundert verändert und ganz zeitgemäß barock ausgeformt. Es weist einige sehenswerte Fresken an Wänden und Decken auf, die Innenausstattung umfasst wertvolle Altäre und Kanzeln sowie eine Orgel von 1642. Zur Kirche gehört die Leopoldskapelle, in der die ältesten bekannten Altarbilder Österreichs aufbewahrt werden. Sie stammen aus der ersten Hälfte des 14. Jahrhunderts. Seit dem Frühjahr 2006 ist ein Großteil des Stiftes für die Öffentlichkeit zugänglich, seit 2011 auch die **Schatzkammer** mit ihrem überreichen Bestand aus kostbaren liturgischen Gewändern, Reliquien und vor allem der ›heiligen Krone Österreichs‹. Gruppenführungen müssen zuvor angemeldet werden (www.stift-klosterneuburg.at).

▶ Karte S. 113

Rund um den Kahlenberg

Unmittelbar hinter Klosterneuburg schiebt sich ein Hügel (km 1938–1936) direkt bis an den Fluss, der bei genauerer Betrachtung aus drei Hügeln besteht: Bisamberg, Leopoldsberg, Kahlenberg. Diese Hügelkette, ein Teil des Wienerwalds, stellt den nördlichsten Ausläufer der Alpen dar. Der Kahlenberg ist ein beliebtes Ausflugsziel der Wiener, nicht zuletzt dank der fantastischen Sicht, die sich von der Aussichtsterrasse unterhalb des Gipfels eröffnet. Bekannt ist der Name Kahlenberg aber vor allem wegen der Schlacht von 1683. Sie fand allerdings nicht am heutigen Kahlenberg statt, sondern am Leopoldsberg, der verwirrenderweise zu jener Zeit Kahlenberg hieß; der Berg, der heute Kahlenberg heißt, wurde vor seiner Umbenennung Schweins- oder Sauberg genannt. In der Schlacht am Kahlenberg am 12. September 1683 siegten die Habsburger und die mit ihnen verbündeten Sachsen, Bayern, Badener und Polen über die Osmanen, die daraufhin die Belagerung Wiens abbrechen mussten. Diese Niederlage bedeutete den Anfang vom Ende ihrer Herrschaft über weite Teile Mittel- und Südosteuropas; dieser Prozess zog sich allerdings noch bis in das 20. Jahrhundert hin.

Wien

Seit dem Spätmittelalter war Wien stets das politische, kulturelle und geistige Zentrum des Landes, heute lebt rund ein Fünftel der österreichischen Bevölkerung hier, gut 1,8 Millionen Menschen. Aus allen Epochen finden sich Zeugnisse in der Stadt, dabei dominiert im Zentrum der Barock. Geprägt wurde Wien von der Zeit nach Ende der Türkengefahr, als sich die österreichische Monarchie als politische Großmacht etablierte und Wien zu seiner repräsentativen Hauptstadt um- und ausgebaut wurde.

Einige der bedeutendsten Sehenswürdigkeiten stammen aus dieser Epoche, etwa Schönbrunn und das Belvedere. Neben diesen prächtigen Schlössern bilden der Prater, der Stephansdom und das Hundertwasserhaus, allesamt Wahrzeichen Wiens, sowie die Hofburg mit dem Sisi-Museum die anderen Hauptanziehungspunkte. Darüber hinaus hat Wien seinen Gästen unter anderem eine unüberschaubare Fülle eindrucksvoller Bauten, dutzende hochkarätiger Museen und stilvoller Kaffeehäuser zu bieten – ein Reichtum, den keine andere Stadt an der Donau aufzuweisen hat.

Daher gehen die Kreuzfahrtschiffe stets mindestens für einen ganzen Tag vor Anker, und oft haben die Passagiere die Möglichkeit, zwischen Frühstück und Mitternachtssnack gleich an mehreren Führungen teilzunehmen. Da der Weg von den Liegepunkten in das Zentrum recht einfach ist, kann man die Stadt oder wenigstens Teile davon jedoch ebenso gut auf eigene Faust erkunden.

Geschichte

Zwar sind für das Gebiet des heutigen Wien die ersten Besiedlungen für das 5. Jahrhundert vor Christus nachweisbar, die eigentliche Stadtgeschichte beginnt aber erst mit den Römern. Ausgrabungen lassen vermuten, dass das von ihnen um 15 v. Chr. errichtete Lager Vindobona zu Hochzeiten eine Stadt mit rund 20 000 Einwohnern war. Durchziehende Vandalen und Goten richteten schwere Schäden an, um 433 gaben die Römer die Stadt mit einem Vertrag an die Hunnen ab. Es ist nicht erwiesen, dass der Ort zwischen 400 und 600 durchgängig besiedelt war, gesichert ist jedoch die Landnahme durch die Bajuwaren ab 700 und das Eindringen der Magyaren im 9. und 10. Jahrhundert. In den Salzburger Annalen wird 881 ein Ort namens ›Wenia‹ erwähnt, der sich offenkundig dank eines Hafens zu einem Handelsplatz entwickelte.

Aufstieg zur Residenzstadt

Im Jahr 995 eroberte Otto II. die bayerische Ostmark zurück und drängte die Ungarn hinaus, 976 wurden die Babenberger zu Markgrafen der Ostmark. In dieser Zeit taucht der Begriff ›Ostarrichi‹ auf, und um 1030 sprach man erstmals von Wien. Es wurde 1106 Residenzstadt und erlebte in der Folgezeit einen nachhaltigen Aufschwung. Von hier aus verliefen auch Handelswege in Richtung Böhmen und Flandern und nach Venedig. 1138 erlangten die Babenberger die Stadtherrschaft, 1137 wurde die Ansiedlung erstmals als civitas (Stadt) bezeichnet, 1147 die Stephanskirche geweiht. Ab 1156 wurde Wien zur Residenzstadt des Babenberger Reiches, am Anfang des 13. Jahrhunderts war Wien nach Köln die bedeutendste Stadt nördlich der Alpen. 1237 wurde Wien zur freien unmittelbaren Reichsstadt. Das bedeutete die unmittelbare Unterstellung unter den Kaiser. In den folgenden Jahrhunderten kam es zwischen den Regenten und der

Stadt immer wieder zu Auseinandersetzungen wegen dieser Abhängigkeit Wiens von der Krone.
Um 1320 hatte das mittels einer Stadtmauer geschützte Wien bereits rund 40 000 Einwohner. In der Regierungszeit von Herzog Rudolf IV. (1358–1365) erlebte Wien eine erneute Blüte. So wurde der Grundstein für den Turm von St. Stephan gelegt und die Universität gegründet (1365). Wie in vielen anderen Städten auch, fanden in dieser Zeit immer wieder Pogrome gegen Juden statt, die in ihrer Ermordung und Vertreibung im Jahr 1421 gipfelten.

Reformation und Klosteroffensive

Im Jahr 1521 schloss sich die Stadt der Reformation an, 1529 standen die Türken erstmals vor den Stadttoren. Sie konnten die Stadt zwar nicht erobern, die Bürger aber nachhaltig verunsichern. Daher wurden die Befestigungen nach dem Vorbild italienischer Festungen ausgebaut. Unter Kaiser Rudolf II. wurde ab etwa 1570 die Gegenreformation energisch vorangetrieben und dazu einige katholische Orden nach Wien geholt – Historiker sprechen auch von einer ›Klosteroffensive‹. Die Orden errichteten zahlreiche Kirchen und Klostergebäude, Wien erlebte eine erste Barockblüte. Der Dreißigjährige Krieg berührte die Stadt kaum, von einer Pestepidemie im Jahr 1679 wurde sie aber schwer getroffen. Im Jahr 1683 standen die Türken erneut vor Wien. Auch diese Belagerung scheiterte, der Sieg des Entsatzheeres unter Führung des polnischen Königs Jan Sobieski leitete die Zurückdrängung der Osmanen aus Mitteleuropa ein.
Ab 1687 waren die Habsburger auch böhmische und ungarische Könige, Wien verwandelte sich von einer gefährdeten Grenzstadt zum Mittelpunkt einer expandierenden europäischen Großmacht. Auch das Jahr 1685 ist für die Stadtentwicklung von großer Bedeutung: Das erste Kaffeehaus wurde eröffnet.

Zentrum einer Großmacht

Ab dem späten 17. Jahrhundert entwickelte sich Wien zu einer Barockstadt von europäischem Format, zu einem europäischen Musik-, Theater- und Kunstzentrum. Seit 1723 war die Stadt zudem Erzbischofssitz. Zahlreiche Kultur- und Sakralbauten entstanden, der Adel baute sich rund 400 Schlösser und Palais. Vieles davon war im Barock ausgeführt, manches hat sich bis heute erhalten.
Unter Maria Theresia (1740–1780) und Joseph II. (1780–1790) kam es zu einer regen Bautätigkeit, der Herausbildung einer straffen Verwaltung, der Etablierung frühindustrieller Produktionsverhältnisse

Vogelschau auf Wien von Norden, Kupferstich von 1640

▲ Karte: vordere Umschlagklappe

und dem dadurch bedingten Zuzug vieler Arbeitskräfte. Wien hatte um 1720 etwa 120 000, um 1770 schon 180 000 Einwohner und war damit die zu dieser Zeit viertgrößte Stadt Europas; 1800 lebten 250 000 Menschen hier. Sie gehörten 13 Nationen an und redeten in 17 Sprachen. In diese Zeit fällt auch das Wirken des Dreigestirns, für das die Musikgeschichte früh den Begriff ›Wiener Klassik‹ gefunden hat: Haydn, Mozart, Beethoven. Sie arbeiteten in einer Umgebung, die gesättigt war von Komponisten, Orchestern und anderen festen Kultureinrichtungen.

Industrialisierung

Die Industrialisierung führte zu erheblichen Veränderungen im Stadtbild. Zahlreiche Fabriken entstanden, Eisenbahnlinien wurden eingerichtet, und die rasante wirtschaftliche Entwicklung lockte viele Menschen in die Stadt. Das Proletariat lebte auch in Wien unter zumeist erbärmlichen Bedingungen in großer Armut. Die Eingemeindung der Vorstädte wurde 1850 vollzogen, Wien hatte nun etwa 430 000 Einwohner. 1890 waren es bereits 1,5 Millionen. Ab 1857 wurde die Stadtbefestigung geschleift, dafür die Ringstraße angelegt und mit repräsentativen Bauten versehen. 1862, nach einer Überschwemmung, begann man mit dem Bau des Donaukanals, der 1875 vollendet wurde. Seit Ende des 19. Jahrhunderts wurde vor allem in die Infrastruktur investiert, und dem Bau großer Mietskasernenanlagen fielen in dieser Zeit nicht wenige der Barockbauten zum Opfer. Um 1910 hatte die Stadt etwa 2,1 Millionen Einwohner. Diesen Zuwachs verdankte sie vor allem den Zuwanderern aus allen Gebieten der Monarchie, vorwiegend aus Böhmen und Mähren, Ungarn und Galizien. 60 Prozent der Zuwanderer waren fremdsprachiger Herkunft.

Das 20. Jahrhundert

Nach 1918 förderte man vor allem den sozialen Wohnungsbau. Die Nationalsozialisten vertrieben und ermordeten zahlreiche Regimegegner und die meisten Juden, ebenso wie die Sinti und Roma. Ab 1944 flogen die Alliierten Bombenangriffe gegen Wien, die Rote Armee eroberte im April 1945 die Stadt. Bei Kriegsende war sie zu 20 Prozent zerstört.

Ab 1955 war Wien die Hauptstadt eines neutralen und nun wieder souveränen Staates; der Status als ›blockfreies Land‹ motivierte den Zuzug einiger internationaler Organisationen und Konferenzen: Atomenergiebehörde, Abrüstungskonferenzen, UNIDO (Organisation für industrielle Entwicklung der Vereinten Nationen) und OPEC. Seit 1979 ist Wien neben New York und Genf der dritte offizielle Sitz der UNO.

Nach 1945 sind zahlreiche historische Bauten renoviert oder nach den Kriegszerstörungen wiederhergestellt worden. Die Umgestaltung des Donaugebiets begann 1972. Hier entstanden neue Wohngebiete, große Areale für internationale Firmen und die UNO, Kongresse und Messen sowie ausgedehnte Freizeitanlagen. In den 1970er Jahren kamen viele Einwanderer aus Jugoslawien und der Türkei, nach Öffnung der Grenzen 1989/90 zogen zahlreiche Menschen aus den Ländern Ostmitteleuropas nach Wien. Heute ist jeder vierte Wiener nicht österreichischer Nationalität.

Seit den 1970er Jahren fanden in vielen Bereichen Modernisierungen statt. So entstand seit dieser Zeit das U-Bahnnetz, investierte man viel in die Sanierung der maroden Altbausubstanz und förderte nicht zuletzt weitaus stärker als zuvor Kultureinrichtungen.

Die Veränderungen ab 1989 haben die Stadt einerseits aus ihrer Sackgassenlage kurz vor dem Eisernen Vorhang befreit

Am Donaukanal unterhalb der Marienbrücke

und das kulturelle und geistige, wirtschaftliche und auch politische Leben enorm belebt, ihr andererseits eine zuvor nicht dagewesene Konkurrenzsituation zu den nahegelegenen Hauptstädten Budapest, Prag und Bratislava gebracht. Die Stadtväter reagierten auf diese Herausforderung nicht zuletzt mit der Einrichtung neuer Museen und Festivals. So wurden etwa das Sisi-Jahr 1998, das Strauß-Jahr 1999 und das Mozart-Jahr 2006 mit einer Fülle von Veranstaltungen begangen.

Augenfällige Veränderungen der jüngsten Zeit sind die zahlreichen Hochhausprojekte - teils am Rand des Zentrums, teils auf der Donauinsel - und der Hauptbahnhof. Seine Eröffnung für den Regionalverkehr fand im Dezember 2012 statt, seit 2015 wird der Fernverkehr fast komplett über diese Station abgewickelt. Damit besitzt Wien erstmals in seiner Geschichte einen Hauptbahnhof.

Der Strom und die Stadt

Vermutlich ist es Johann Strauß und seinem unsterblichen Donau-Walzer (1867) zu verdanken, dass nicht wenige Menschen bei Wien zunächst an die Donau denken. Dabei liegt das Wien der Touristen wahrlich nicht an der Donau, bestenfalls am Donaukanal. Und wer die klassischen Sehenswürdigkeiten aufsucht, wird selbst davon kaum etwas mitkriegen. Das hat viel mit den Versuchen zu tun, den Strom zu bändigen.

Vor den Regulierungen war die Donau ein mäandernder und vielfach verzweigter Fluss, mit Sandbänken und kleineren Inseln, der umgeben war von Auen, oft über die Ufer trat und daher eine Ausbreitung der Stadt über das nördliche Ufer hinaus verhinderte und auch die Schifffahrt enorm erschwerte. Da die Überschwemmungen immer mal wieder katastrophal stark waren - etwa 1501 und 1787 -, gab es schon sehr lange Pläne, den Strom im Stadtgebiet zu bändigen. Aber erst die technischen Möglichkeiten des 19. Jahrhunderts ließen eine Realisierung der Ideen zu, 1875 war die Regulierung vorerst vollendet. Seitdem umgeht die Donau im geraden, kanalisierten Flussbett die Stadt weiträumig, und ihr früherer Verlauf ist in etwa die Alte Donau. Der südliche Seitenarm wurde vollständig befestigt und trägt seither den Namen Donaukanal. In Nußdorf trennen sich die Wege von heutigem Hauptstrom und Kanal.

Zwischen 1975 und 1987 wurde abermals reguliert, die Arbeiten sollten die Stadt vor allem absolut hochwassersicher machen. Seitdem ist die Donau auf

▲ Karte: vordere Umschlagklappe

21 Kilometer Länge, also im gesamten Stadtgebiet, kanalisiert und parallel zum Hauptstrom die Neue Donau vorhanden. Dazwischen entstand die Donauinsel. Die Donau gibt es im Stadtgebiet also als Kanal, Hauptstrom, Neue Donau und Alte Donau. Hinter Wien kommen die künstlichen Flussbette wieder zusammen. Zwischen Alter und Neuer Donau ist die **UNO-City** angesiedelt, vom Fluss an den markanten Bauten unschwer auszumachen. Dieses Gebiet wurde und wird zu einer Donau-City mit teils spektakulären Gewerbe- und Wohngebäuden erweitert.

Die im Schnitt 400 Meter breite und rund 20 Kilometer lange **Donauinsel** ist eine rege frequentierte Erholungs- und Freizeitlandschaft, die viele Möglichkeiten für sportliche Aktivitäten aller Art bietet, insgesamt 42 Kilometer Strand aufweist und mit zahlreichen Lokalitäten versehen ist. Der Südteil steht unter Naturschutz, hier hat sich in den vergangenen Jahren eine erstaunliche Vielfalt an Tier- und Pflanzenarten ausgebildet.

Zur Orientierung die wichtigsten Kilometerangaben für das Wiener Stadtgebiet: Wien-Nußdorf (km 1934), Nordbrücke (km 1932,6), Floridsdorfer Brücke (km 1931,7), Millenniumstower und Donauturm (km 1931), UNO-City (km 1929), Reichsbrücke (km 1928,9), Handelskai und Franz-von-Assisi-Brücke (km 1928,7), Praterbrücke (km 1925,8), Friedenspagode (km 1922), Schleuse Freudenau (km 1921), Einmündung des Donaukanals (km 1919).

Stephansplatz

Stephansdom und Stephansplatz bilden den räumlichen und vor allem den ideellen Mittelpunkt der Stadt. Der Stephansdom ist der höchste Bau der Innenstadt, am Platz treffen sich mehrere Straßen.

Die Nordseite des Stephansplatzes wird vom barocken **Erzbischöflichen Palais** (1638–1669) begrenzt, heute Sitz des **Dom Museum Wien**. Darin sind die Domschätze vom Mittelalter bis ins vorige Jahrhundert ausgestellt.

An der Westseite liegt das gläserne **Haas-Haus**, dessen Restaurantterrasse im obersten Stock eine wunderbare Aussicht auf die Altstadt eröffnet.

An der Südseite des Platzes ist ein Grundriss mit roten Steinen markiert. Hier stand die Maria-Magdalena-Kapelle, die 1781 niederbrannte. Unter ihr liegen die Reste der **Virgilkapelle**. Sie befindet sich zwölf Meter unter der Erde und ist zu sehen, wenn man zur U-Bahn station hinuntersteigt. Die gotische Kapelle entstand um 1250 und wurde 1973 wiederentdeckt.

Stephansdom

Der Dom gehört zu den wertvollsten Bauten Wiens, er repräsentiert acht Jahrhunderte Kunst- und Stadtgeschichte. Eine romanische Basilika wurde hier 1147 geweiht. Funde, die man bei Aus-

Der Südturm des Stephansdoms

grabungen im Jahr 2000 gemacht hat, lassen den Schluss zu, dass an dieser Stelle bereits um 800 ein Sakralbau stand. Ein Brand vernichtete die Basilika, 1263 weihte man den Neubau. Das Haupttor stammt unter anderem noch aus dieser Epoche. Zwischen 1304 und 1340 wurden Erweiterungen im gotischen Stil vorgenommen, von 1359 bis 1443 der Neubau des gotischen Doms vorangetrieben. Der Südturm kam 1433 dazu, der Nordturm wurde erst 1511 fertiggestellt, seine Renaissancekuppel gar erst 1578. So wie der Dom nach Abschluss dieser Arbeiten aussah, präsentiert er sich heute in weiten Teilen. Beschädigungen erlitt er durch Beschuss der Franzosen 1809, erheblich in Mitleidenschaft gezogen wurde er 1945. Unter anderem brannte der Dachstuhl komplett aus. Die Restaurierung dauerte von 1948 bis 1962.

Der **Südturm** – von der Bevölkerung liebevoll ›Steffl‹ genannt – ist 136,7 Meter hoch, der nie fertiggestellte **Nordturm** immerhin noch 60 Meter. Den Nordturm kann man mit Hilfe eines Lifts erobern, den Südturm nur über 343 Stufen. Von beiden eröffnet sich eine fantastische Sicht über die Stadt.

Im Nordturm hängt die **Pummerin**. Das war ursprünglich eine große Glocke, die 1683 aus dem Metall erbeuteter türkischer Kanonen gegossen wurde. 1945 stürzte sie vom Turm und zersprang, 1952 wurde sie neu gegossen, unter dem Jubel der Bevölkerung mit einem geschmückten Fahrzeugkorso zum Dom gebracht und wieder aufgehängt. Sie erklingt bei besonderen Anlässen, in der Silvesternacht läutet sie mit einem ihrer dumpfen Schläge das Neue Jahr ein.

Unterhalb des Turms befinden sich die **Katakomben**, in denen Tausende von Skeletten liegen. Die meisten waren ursprünglich auf dem Friedhof begraben, der sich um den Dom erstreckte und im 18. Jahrhundert aufgelöst wurde. Seitdem sind sie hier zur letzten Ruhe gebettet.

An der Nordseite liegt das gotische **Bischofstor**, zugänglich ist das Innere aber über den Eingang an der Westseite, der von zwei kleineren Türmen flankiert wird. Das sind die einzigen Reste der romanischen Kapelle.

Der Dom ist eine dreischiffige Anlage in Form eines lateinischen Kreuzes, das Hauptschiff mit seinen Kreuzrippengewölben ist sehr hoch (28 Meter), wodurch die Längsrichtung nochmals betont wird. Das Innere weist eine prächtige gotische Innenausstattung und barocke Ergänzungen auf, unter denen der **Hochaltar** und die farbigen **Glasmalereien** am augenfälligsten sind. Besonders kostbar ist die sandsteinerne **Kanzel** links vom Mittelschiff, die Meister Anton Pilgram geschaffen hat. Er hat sich an ihrem Fuß mit einem Relief selbst ein Denkmal gesetzt, daher wird sie auch ›Pilgramkanzel‹ genannt.

Kanzeldetail

▲ Karte: vordere Umschlagklappe

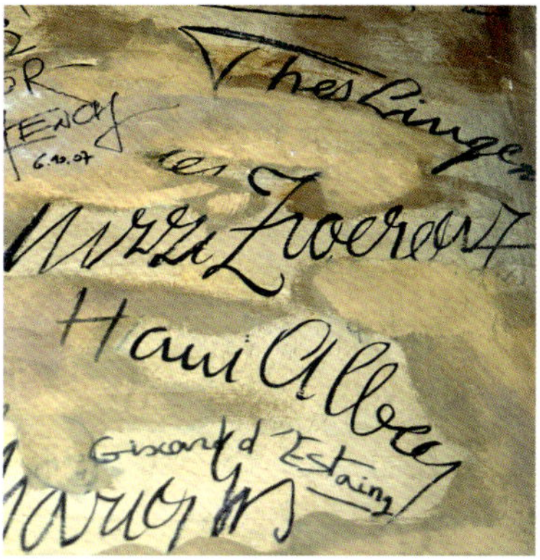

Tapetenwand im Griechenbeisl

Das **Hochgrab des Kaisers Friedrich III.** im rechten Seitenschiff zeigt sich als Mausoleum aus rotem Marmor. Der Sarkophag ruht auf einer Sockelplatte. Auf der Grabplatte ist der Kaiser eingemeißelt, mit Reichsapfel, Zepter und dem Spruch AEIOU, den man meistens mit ›Austria erit in orbe ultima‹ übersetzt: Alles Erdreich ist Österreich untertan. Eine kostenpflichtige Führung führt in die Katakomben und die Herzogsgruft. Dort werden seit dem 17. Jahrhundert die Eingeweide von Mitgliedern des Kaiserhauses aufbewahrt.

Rund um den Stephansplatz

Das Viertel östlich und südlich des Stephandoms ist deutlich weniger frequentiert als der Stephansplatz. Die barocken Fassaden entlang der schmalen Gassen geben einen guten Eindruck von der Bürgerlichkeit des 18. Jahrhunderts.

Griechengasse

Das **Griechenbeisl** (Fleischmarkt 11) ist womöglich das älteste Wirtshaus der Stadt: 1447 erstmals urkundlich erwähnt. Wohl deswegen sitzen hier heute fast ausschließlich die Touristenmassen. Von den Kugeln, die in einer Wand stecken, wird gesagt, dass es türkische Geschosse sind, die sich seit der Belagerung an dieser Stelle befinden. Im hinteren Gastraum kann man sich davon überzeugen, dass das Haus viele berühmte Gäste gesehen hat. Sie haben sich an den Wänden mit einer Unterschrift verewigt; darunter sind Beethoven, Grillparzer und Johann Strauß, Bismarck und Prinz Eugen, Brahms und Mozart und auch Johnny Cash und Johnny Weissmüller. Das Haus ist ein Beispiel für die in Wien typischen Pawlatschenhöfe. Damit sind die zum Hof hin offenen Gänge gemeint. Nebenan liegt die **Griechische Kirche**, die im Jahr 1782 erbaut wurde. Sie bietet einen ungewöhnlichen Anblick in der ansonsten barock dominierten Sakralbautenlandschaft der Stadt, denn sie wurde 1858 mit einer neuen Fassade versehen und präsentiert sich seitdem in maurischen Formen.

Mozarthaus Vienna

Ein wichtige Adresse für Mozartfreunde ist die Domgasse 5. Wolfgang Amadeus Mozart (1756–1791) wohnte von 1784 bis 1787 im ersten Stock dieses Hauses, er bezeichnete diese Jahre später als die »glücklichsten meines Lebens«. Von der originalen Einrichtung ist nichts erhalten. Die – für Mozarts Verhältnisse – sehr großzügige Wohnung beherbergt heute eine Ausstellung, die den Fokus auf die zweieinhalb Jahre legt, die er hier verbrachte.

Pünktlich zu Beginn des Mozartjahres 2006 wurde aus diesem ›Figarohaus‹ das ›Mozarthaus Vienna‹. Seitdem setzen sich Exponate und multimediale Installationen auf vier weiteren Etagen und im Innenhof mit Mozart und seiner Zeit auseinander. So erfährt man einiges über die gesellschaftlichen Verhältnisse am Ende des 18. Jahrhunderts, Mozarts persönliche Lebensumstände, die Hinter-

Stets gut besucht: die Kärntner Straße

gründe seine Opernwerke und auch die Geschichte dieses Hauses. In ihm sind seit den Umbauten zum Jubiläumsjahr auch ein Veranstaltungssaal (Untergeschoss) und ein gut bestückter Shop (Erdgeschoss) untergebracht.

■ Franziskanerkirche

Einen schönen Tupfer setzt die Franziskanerkirche am gleichnamigen Platz ein Stück weiter südlich. Er ist brunnengeschmückt und von einer einheitlichen Bebauung aus dem 17. und 18. Jahrhundert umgeben. Die Kirche (1603–1611) stellt eine Besonderheit dar: Ihre Fassade ist die einzige in Wien in den Formen der Renaissance, im Innern vermischt sie Gotik und Renaissance und beherbergt mit der ältesten erhaltenen Orgel der Stadt einen kleinen Schatz.

■ Himmelpfortgasse

Die mächtige, mit Putten, Prunkportalen und Balkonen geschmückte Fassade des ehemaligen **Winterpalais des Prinzen Eugen** dominiert die schmale Himmelpfortgasse. Das Palais wurde 1697/98 erbaut und von 1708 bis 1728 erweitert. Von 1798 an nutzte das Finanzministerium das Gebäude, seit dem Abschluss einer Generalsanierung im Herbst 2013 ist hier das Barockmuseum beheimatet. Es führt in die Zeit Eugens ein und nicht zuletzt in das Leben dieses in Österreich nach wie vor sehr bekannten Mannes. Nebenan (Nr. 6) lädt mit dem **Café-Restaurant Frauenhuber** das älteste Kaffeehaus der Stadt zum Besuch ein. Man verweist mit Stolz auf die Tatsache, dass in den Räumen schon Mozart und Beethoven Tafelmusik geboten haben.

■ Kärntner Straße und Neuer Markt

Die größtenteils als Fußgängerzone gestaltete Kärntner Straße ist eine der Haupteinkaufsstraßen Wiens und daher tagsüber entsprechend überlaufen. Parallel zur Kärntner Straße liegt der Neue Markt, im Mittelalter der zentrale Korn- und Mehlmarkt. Sein Schmuckstück ist der **Donner-Brunnen** in seiner Mitte, benannt nach seinem Erbauer Georg Raphael Donner. Er war bei seiner Einweihung 1739 die erste rein profane Brunnenanlage der Stadt und heißt offiziell Providentia-Brunnen. Mittelpunkt des vielleicht schönsten Brunnens der Stadt ist die Frauenfigur, eben die Providentia (vorausblickende Klugheit). Die vier Figuren am Brunnenrand stellen die für die Entstehung Österreichs bedeutsamen Flüsse Enns, March, Traun und Ybbs dar.

Die unscheinbare **Kapuzinerkirche** (1622–1632) an der westlichen Platzseite ist leicht zu übersehen. Sie bietet ein ganz besonderes Erlebnis, denn die Gruft, in der alle Regenten von Matthias bis Franz Josef I. – also von 1633 bis 1916 – beigesetzt sind, insgesamt 12 Kaiser, 16 Kaiserinnen und über 100 Herzöge, steht Besuchern offen. Das gedämpfte Licht und die teils übergroßen

▲ Karte: vordere Umschlagklappe

und aufwendig verzierten Metallsärge verbreiten eine erhaben-schaurige Stimmung. Am erhabensten ist sicherlich das Grab für Maria Theresia und ihren Mann, Kaiser Franz von Lothringen. Letzter Zugang war im Juli 2011 Otto von Habsburg, Sohn Karls I., dem letzten österreichischen Kaiser (reg. 1916–1918). Dieser ist nach wie vor an seinem letzten Exilort bestattet, auf Madeira.

Albertinaplatz

Die **Albertina** beherbergt eine weltberühmte graphische Sammlung. Unter den 50 000 Zeichnungen und 900 000 Blättern - Stiche, Radierungen und Lithographien - finden sich Werke von Dürer, Cranach, da Vinci, Michelangelo, Rafael, Tizian, Rubens und Rembrandt. Im selben Gebäude finden sich auch noch eine Musiksammlung, eine Papyrussammlung und ein Filmmuseum. Das bietet Sammlungen zur Filmgeschichte, ein Archiv und ein anspruchsvolles tägliches Programm.

Der Albertinaplatz wird von dem **Mahnmal gegen Krieg und Faschismus** des Bildhauers Alfred Hrdlicka beherrscht. Es wurde 1991 zum Gedenken an die

Schädel mit Reichskrone in der Kapuzinergruft

Teil des Mahnmals gegen Krieg und Faschismus

während der NS-Gewaltherrschaft Umgekommenen aufgestellt. Die Bronzeplastik des auf den Knien liegenden Juden erinnert an die Behandlung der jüdischen Bürger in den Jahren 1938 bis 1945. Bis heute ist das Mahnmal wegen seiner drastischen Bildsprache umstritten.

Zum Platz wendet seit 1876 eines der weltweit berühmtesten Hotels seine Frontseite, das **Hotel Sacher**, seit 2006 mit einem auffallenden Dachausbau ausgestattet. Das Hotel gehört noch immer zu den luxuriösesten der Stadt und noch immer zu den wichtigen gesellschaftlichen Treffpunkten in Wien.

Augustinerkirche und Stallburg

In einem Seitenraum der Krypta der **Augustinerkirche**, der allgemein ›Herzgrüft'l‹ genannt wird, werden in silbernen Urnen 54 Herzen aufbewahrt, die den Habsburgern, einem alten Ritus gemäß, vor der Beisetzung entnommen worden waren. Diesen Raum kann man nicht betreten, ein Blick durch ein Fenster in der Tür ist aber möglich, wenn anlässlich von Führungen die Krypta aufgeschlossen wird. Aus der Entfernung sehen die Dosen kleinen Siegerpokalen nicht unähnlich. Nur wenige Schritte weiter liegt die **Stallburg**, die Heimstatt der Spanischen Reitschule. Am Vormittag kann man den weltberühmten Lipizzanern bei einer ihrer Vorführungen oder beim Training zusehen.

Michaelerplatz

Die Augustinerstraße mündet auf den Michaelerplatz. Einige freigelegte, konservierte und eingefasste Reste aus der Römerzeit finden sich in seiner Mitte. Die meisten Besucher steuern zielgerichtet das kuppelbekrönte **Eingangstor zur Hofburg** an, das als Dominante der Sichtachse des Kohlmarktes konzipiert wurde.

Das **Palais Herberstein** (1896/97) daneben sollte sich, so die Intentionen der Bauherren, gegen die repräsentative Dominanz der Hofburg behaupten können, und so entstand ein Bau auf tortenstück-

Volksfest auf dem Heldenplatz

▲ Karte: vordere Umschlagklappe

Das ›Haus ohne Brauen‹

förmigem Grundriss, den ein Architekturkritiker zutreffend als ›Schwelgerei in wuchtigem Neobarock‹ beschrieb. Im Parterre befindet sich seit 1990 wieder das Café Griensteidl.

Ungewöhnlich für das Wiener Zentrum ist das gegenüberliegende **Loos-Haus**. Das Parterre ist durch Säulen gefasst, die darüber liegenden Erdgeschosse sind betont nüchtern gehalten. Für die Schneiderfirma Goldmann und Salatsch entwarf der Architekt Adolf Loos 1910 einen Firmensitz und versuchte durch die ganz eigene Architektursprache Moderne und am Platz vorhandene Traditionen in Einklang zu bringen. Die Zeitgenossen rieben sich heftig am ›Haus ohne Brauen‹ – Loos verzichtete unter anderem auf Fensterlaibungen –, heute wird die klare, durchdachte Form des Gebäudes allgemein als herausragendes Beispiel für die Moderne angesehen.

Hofburg

Die Hofburg, das Zentrum der monarchischen Macht, setzt sich aus zahlreichen Trakten zusammen. Die erste Burg, die im 13. Jahrhundert entstand, war noch von bescheidenen Ausmaßen, fast alle Herrscher ließen dann anbauen und erweitern, so dass nach und nach der riesige Komplex entstand. Die Planungen Gottfried Sempers, der am Ende des 19. Jahrhunderts ein geradezu gigantomanisches ›Kaiserforum‹ plante, blieben – gottlob, so muss man wohl sagen – unvollendet. Dennoch sind die Ausmaße beeindruckend: 2600 Räume in 10 Trakten und 18 Gebäuden, die um 19 Höfe gruppiert sind, insgesamt 240 000 Quadratmeter Nutzfläche.

Die Hofburg wird heute teils museal genutzt, teils von staatlichen Stellen. Gutes Karten- und Informationsmaterial hält das Auskunftsbüro bereit, dort kann man sich auch Führungen anschließen. Wenn man die Hofburg vom Michaelerplatz aus betritt, erkundet man sie in etwa chronologisch. Man kommt zunächst zum **Michaelertrakt**, der nach Abbruch des alten Hofburgtheaters 1888 entstand, und darauf in den Hof In der Burg, in dessen Mitte ein **Denkmal für Kaiser Franz I.** Platz gefunden hat.

Sisi-Museum

An der westlichen Seite liegt der barocke Reichskanzleitrakt. Darin befinden sich die Franz-Joseph-Appartements, die ebenso zugänglich sind wie die Räume des Zaren Alexander I. und die der Kaiserin Elisabeth. Ihre Räume befinden sich im wiederum westlich anschließenden Amalientrakt. Seit 2004 heißt dieser Teil offiziell Sisi-Museum. Dessen sechs Räume – Der Tod, Mythos Sisi, Das Mädchen, Am Hof, Die Flucht, Das Attentat – sind für viele Gäste der Hauptgrund, der Hofburg einen Besuch abzustatten. Das Sisi-Museum versteht sich als die ›Inszenierung von Gefühlen‹, orientiert sich an den ›persönlichen Gedichten der melancholischen Kaiserin‹ – und wird der geheimnisvollen Kaiserin vielleicht genau deshalb gerecht. Es gibt einige Bilder und Fotos zu sehen, das Hochzeitskleid, einen Morgenrock, die Totenmaske, Regenschirme und auch ihren Letzten Willen, der dramatisch auf dem Schreibtisch plaziert wurde. Sisis Toilette kann ebenso besichtigt werden wie die Sportgeräte, an denen sich die streng auf Gewicht und Figur achtende Elisabeth fit hielt, darunter Ringe, Reck und Sprossenwand.

Interessant ist in den Franz-Joseph-Räumen der Gegensatz zwischen den teils kostbar ausgestatteten Repräsentations- und Regierungsräumen des Kaisers und seinen geradezu spartanisch eingerichteten Privatzimmern.

Der Leopoldinische Trakt

Zum Süden begrenzt der Leopoldinische Trakt den Hof. Er steht den Besuchern nicht offen, da in ihm die Amtsräume des Bundespräsidenten liegen. Früher befanden sich in diesem Trakt die Wohn- und Repräsentativräume von Maria Theresia und später ihrem Sohn Joseph II.

Kaiser Franz I.

Alte Hofburg

Die Alte Hofburg auf östlicher Seite komplettiert die Bebauung. Sie wird auch Schweizerhof genannt, weil hier einst Söldner aus der Schweiz Wache standen. Es ist der älteste Teil der Hofburg, ursprünglich eine wehrhafte Anlage mit Ecktürmen, die Ferdinand I. in der Mitte des 16. Jahrhunderts zu einem Renaissanceschloss umgestalten ließ. Besonders sehenswert ist das **Schweizertor**. Über den Hof gelangt man zur **Burgkapelle**, die seit ihrer Einweihung 1296 mehrfach umgestaltet wurde. Im Schweizertrakt befindet sich auch der Zugang zur geistlichen und weltlichen **Schatzkammer**. Unter den Exponaten befinden sich Reichskleinodien, Reliquien des Heiligen Römischen Reiches deutscher Nation, Krönungs- und Ordensinsignien, Schmuck und Erinnerungsstücke aus Habsburger Besitz und vieles andere mehr.

Nationalbibliothek

Zwischen Josephsplatz mit Denkmal für Kaiser Joseph II. und Bibliothekshof liegt die Nationalbibliothek. Hier befinden sich die Bücherbestände des Hofes, überaus kostbare und wertvolle Sammlungen, die nach dem Ende der Monarchie in Staatsbesitz übergingen. Der Gesamtbestand beträgt etwa 2,5 Millionen Bücher, darunter sind 43 000 Handschriften – die ältesten aus dem 6. Jahrhundert –, Globen und Karten – die ältesten gar aus dem 4. Jahrhundert –, Papyri und 8000 Inkunabeln, außerdem ein Portrait- und Bildarchiv sowie eine Musik- und Theatersammlung. Mittelpunkt dieses Reichtums ist der **Prunksaal**, ein ovaler zweigeschossiger Raum von 77 Metern Länge, 14 Metern Breite und 20 Metern Höhe, der seinem Namen alle Ehre macht. Mit Deckenfresken und Säulen ist er verziert, er wird von einer mächtigen Kuppel bekrönt, unter der vor allem die 16 000 goldgepressten Bände, die einst zur Bibliothek des Prinzen Eugen von Savoyen gehörten, die Blicke auf sich ziehen.

Heldenplatz

Ein Gang führt hinaus auf den Heldenplatz. In seiner Weiträumigkeit bildet er einen großen Kontrast zu den Höfen der Alten Hofburg. Selbst die großen **Reiterstandbilder**, das für Erzherzog Karl (das westliche) und das für Prinz Eugen, wirken innerhalb dieser Dimensionen etwas verloren. Der Heldenplatz wird auf der einen Seite durch den massigen Baukörper der **Neuen Hofburg** konturiert. Begonnen hatte man mit ihrem Bau bereits 1881, sie wurde jedoch erst 1926 fertiggestellt. Im Festsaaltrakt auf der linken Seite ist heute ein Kongresszentrum untergebracht, die anderen Räume belegen Katalog- und Leseräume der Österreichischen Nationalbibliothek und das Museum für Völkerkunde sowie das Ephesos-Museum, die Waffensammlung und die Sammlung alter Musikinstrumente.

Am Graben, im Hintergrund die Pestsäule

▲ Karte: vordere Umschlagklappe

Die Schaubäckerei im Café Demel

An die nordwestliche Ecke des Heldenplatzes schließt sich der **Ballhausplatz** an. Das hier dominierende helle Barockgebäude beherbergte seit seiner Fertigstellung 1719 stets wichtige staatliche Institutionen, bis 1918 etwa das Außenministerium der k.u.k. Monarchie. Heute ist es Dienstsitz des österreichischen Bundeskanzlers.

An seiner südöstlichen Seite wird der Heldenplatz durch das **Burgtor** begrenzt, einen Rest des alten Befestigungssystems. Es führt auf die Ringstraße.

Westliche Altstadt

Im Gebiet nördlich und westlich des Stephansdoms befand sich einst die Römerstadt, und von hier breitete sich seit dem Mittelalter die Stadt Wien aus. Zeugnisse aus vielen Epochen finden sich in diesem Viertel, und ein Rundgang durch die unregelmäßigen Gassen und über die sehr unterschiedlichen Plätze macht mit den ältesten Teilen der Stadt bekannt.

Graben und Kohlmarkt

Der Graben westlich des Stephansdoms ist halb Platz und halb Straße, auf jeden Fall aber eine Prachtmeile, an der eine Reihe exklusiver Geschäfte und Lokalitäten beheimatet ist. Zusammen mit Kohlmarkt und Kärntner Straße bildet er das sogenannte ›Goldene U‹, das über ein gehobenes Angebot verfügt und als Fußgängerzone gestaltet ist. Im Sommer ist dem Graben, vor Autos geschützt und mit zahlreichen Pflanzen geschmückt, der Charakter einer italienischen Piazza eigen. Mit der enormen Summe, die die Österreicher als Lösegeld für den gekidnappten König Löwenherz erhielten, wurde der Graben – bis dahin eben ein Graben, der auf dieser Seite das römische Lager begrenzt hatte – planiert und in die Form gebracht, wie er heute zu bestaunen ist. Die Bebauung kam ab 1220 dazu, und etwa seit den Zeiten Maria Theresia ist er ein glanzvoller Mittelpunkt Wiens.

Zwei **Brunnen**, 1804 aufgestellt, markieren ungefähr seine Ausmaße, in der Mitte steht die große **Pestsäule**. Sehenswert sind auch die originellen Jugendstiltoiletten in der Mitte des Platzes, die der berühmte Architekt Adolf Loos entwarf.

An der nördlichen Seite des Platzes fügt sich die **Peterskirche** harmonisch in die sie umgebenden Fassaden ein. Man nimmt an, dass sie bereits von Karl dem Großen 792 begründet worden ist. Damit wäre sie nach der Kirche St. Ruprecht in der Nähe des Morzinplatzes die zweitälteste der Stadt. Der heutige Bau wurde 1733 vollendet, ist barock und im Inneren aufwendig ausgestaltet.

Der vom Graben abzweigende Kohlmarkt hat sich lange schon als Adresse für die bekannten internationalen Modefirmen etabliert; manche Einheimische sprechen von der ›Champagnermeile‹. Die meisten Touristen zieht es in die traditionsreiche **Konditorei Demel**, ehemals Hoflieferant und heute noch eine der vornehmsten Adressen unter den Kaffeehäusern der Stadt.

Goldenes Quartier

In Verlängerung des Kohlmarkts ist jüngst eine kleine in sich abgeschlossene Welt entstanden. Sie nennt sich selbst ›Goldenes Quartier‹ und besteht zwischen Tuchlauben, Bognergasse und Am Hof aus über 10 000 Quadratmetern Verkaufsfläche, die nur den luxuriösesten unter den weltweit bekannten Marken vorbehalten sind; einheimische Firmen könnten sich die Quadratmeterpreise auch gar nicht mehr leisten. Als Kunden hat man die Superreichen vor allem aus dem Nahen Osten, China, Brasilien und Russland im Blick, die erwägen, während des Shoppingtrips im integrierten Park Hyatt logieren zu wollen, einem Fünf-Sterne-Hotel mit zahlreichen Suiten, Ballsaal und gehobenem Spa.

Hier lässt sich am adeutlichsten beobachten, dass sich viele größere Städte mittlerweile an den Bedürfnissen der Touristen orientieren, vor allem an denjenigen, für die ein Städteurlaub in erster Linie ein Dauereinkaufstrip darstellt. Die Orte sind dabei austauschbar und letztlich unwichtig. Die Verdrängung der alteingesessenen Läden aus dem ›Goldenen U‹ ist seit Jahren schon augenfällig, immer mehr sind die großen internationalen Marken hier mit sogenannten Flagshipstores vertreten. Und so werden die Städte letztlich immer gleichförmiger – ein Verlust für die Bewohner wie für ihre Gäste.

Am Hof

Der Platz Am Hof ist nicht nur besonders harmonisch, er ist auch mit gleich mehreren wichtigen Phasen und Daten der österreichischen Geschichte verbunden. Hier entstand die älteste Babenbergerpfalz, eben der Hof, den Walther von der Vogelweide schwärmerisch als »wunneclichen hof ze Wiene« beschreibt und der im Spätmittelalter ein herausragen-

Peter Altenberg im Café Central

des Kulturzentrum Europas war. Heute geht es am Platz, abgesehen von den Markttagen, eher ruhig zu.

An der östlichen Seite erhebt sich eine der schönsten Kirchen aus dem 17. Jahrhundert, die **Jesuitenkirche Zu den neun Chören der Engel**, ein gotischer Bau von 1386, dem um 1662 eine barocke Fassade vorgelagert wurde. Im Jahr 1806 verkündete von dem Balkon ein Gesandter die Auflösung des Heiligen Römischen Reiches deutscher Nation und die Niederlegung der deutschen Kaiserkrone durch den Habsburger Monarchen. Vor der Kirche erinnert die **Mariensäule** an die Schwedengefahr im Dreißigjährigen Krieg.

Freyung und Herrengasse

Nur wenig weiter stößt man auf die Freyung, einen unregelmäßigen, in etwa trapezförmigen Platz. Er ist heute als Ort für den Weihnachts- und den Ostermarkt populär. Seinen Namen er-

▲ Karte: vordere Umschlagklappe

hielt er zur Erinnerung an die Befreiung des Schottenstifts von der landesfürstlichen Gerichtsbarkeit. Dieses **Stift** mitsamt Kirche liegt an der Nordseite. Es wurde, anders als der Name es nahelegt, von irischen Mönchen zwischen 1155 und 1200 errichtet. Das heutige barocke Aussehen der Kirche geht auf die Umbauten in der Mitte des 17. Jahrhunderts zurück, das Innere wurde nochmals 1892/93 umgestaltet. Dort finden sich hübsche Altargemälde und Epitaphe. Im Stift selbst sind 19 gotische Gemälde von Interesse, die unter anderem Stadtansichten von Wien zeigen.

In der Mitte der Freyung demonstriert der große **Austriabrunnen** aus der Mitte des 19. Jahrhunderts die einstige Größe der Habsburger Monarchie: Dort werden als die vier Hauptflüsse des ehemaligen Staates Elbe, Weichsel, Donau und Po symbolisiert.

Hier haben sich auch zwei Zeugnisse aus der Zeit erhalten, als sich Österreich anschickte, eine europäische Großmacht zu werden: das **Palais Kinsky** (1716, Freyung 4) und das **Palais Harrach** (1700, um 1845 erheblich verändert, Freyung 1). In relativer Nähe, so vor allem in der Wallnerstraße, der Bankgasse und der Herrengasse, haben sich weitere Adelspaläste mit sorgsam herausgeputzten Originalfassaden erhalten. Ein schönes Beispiel dafür ist etwa das **Palais Mollard-Clary** (Herrengasse 9), das seit seiner Sanierung 2006 zwei Sammlungen der Österreichischen Nationalbibliothek beherbergt: die Musiksammlung und das sehr sehenswerte Globenmuseum, dessen ältestes von rund 200 ausgestellten Exponaten aus dem Jahr 1550 stammt.

Unbedingt lohnt das ganz in der Nähe befindliche **Palais Ferstel**, bis 1860 als Nationalbank errichtet, einen Blick. Der prächtige Bau im Neorenaissancekleid besitzt zu drei Straßen – Herrengasse, Strauchgasse und Freyung – je einen Eingang, die durch Passagen und drei Innenhöfe miteinander verbunden sind. Im Arkadenhof steht der Donaunixenbrunnen von Anton Fernkorn. Berühmt ist die Adresse wegen des hier befindlichen **Café Central**. Es gehörte seit dem späten 19. Jahrhundert zu den wichtigsten Treffpunkten der Wiener Literatenszene; einer der regelmäßigen Besucher, Alfred Polgar, spottete: »Seine Bewohner sind größtenteils Leute, deren Menschenfeindlichkeit so heftig ist wie ihr Verlangen nach Menschen, die allein sein wollen, aber dazu Gesellschaft brauchen.« Einem der früheren Stammgäste, Peter Altenberg, ist direkt am Eingang ein liebevolles Denkmal gewidmet.

Judenplatz

Im Spätmittelalter bildete der Judenplatz das Zentrum jüdischen Lebens in Wien. In dieser Zeit entstand die Orsura-Synagaoge, deren Reste seit 1995/96 freigelegt sind. Das Zusammenleben von Christen und Juden war über die Jahrhunderte nie spannungsfrei, immer wieder fanden Pogrome gegen die Juden statt. Das **Lessingdenkmal** am Rand des Platzes gemahnt daher an Humanismus und Toleranz. 1998 kam eine Gedenktafel hinzu, die die Mitschuld der katholischen Kirche an den Judenverfolgungen des Mittelalters dokumentiert. Ihre Aufstellung war umstritten, ebenso wie die Errichtung des **Mahnmals für die österreichischen Opfer der Shoah**, das im Jahr 2000 nach Plänen von Rachel Whiteread entstand. Es stellt eine umgestülpte Bibliothek dar. Im gleichen Jahr wurde im Haus Judenplatz 8 die **Dauerausstellung** zur Geschichte des mittelalterlichen Judentums eröffnet. Hier ist auch eine Dokumentation zur Shoah untergebracht, der 65 000 österreichische Juden zum Opfer fielen.

Die Rückfront der **Böhmischen Hofkanzlei** schließt den Platz nach Norden ab. Sie wurde 1708 bis 1714 nach Entwürfen des berühmten Architekten Johann Bernhard Fischer von Erlach als kaiserliches Innenministerium erbaut und später mehrfach erweitert.

Das **Alte Rathaus** an der Wipplingerstraße stammt im Kern aus dem 14. Jahrhundert und wurde mehrfach umgestaltet. Im Hof ist der **Andromedabrunnen** von Georg Raphael Donner sehenswert. Er stellt die Befreiung der von einem Drachen gefangen gehaltenen Andromeda durch Perseus dar.

Die **Kirche Maria am Gestade** wurde erstmals 1158 erwähnt und ruht in Teilen auf Grundmauern der römischen Befestigungsanlage. Die Kirche lag ursprünglich am Steilhang des alten Donauarms und war die Kirche der Donauflößer. Die Kirche ist schmuck und gotisch, zum Teil sind die schönen mittelalterlichen Glasmalereien erhalten geblieben.

Gleich um die Ecke (Tiefer Graben 30) verdeutlicht seit 1896 das **Hotel Orient**, ein Stundenhotel, mit wie viel Plüsch und Fin-de-siècle-Pracht, Geschmack und Stil – unter anderem in der Kaiser-Suite – sich Doppelmoral leben, ja zelebrieren lässt.

■ Hoher Markt und Morzinplatz

Der Hohe Markt ist der älteste Platz Wiens. Der römische Stadtkommandant hatte hier seinen Sitz, seit dem Mittel-alter und bis ins 19. Jahrhundert war der Platz Richt- und Hinrichtungsstätte. Im Zweiten Weltkrieg ist er stark zerstört worden. Seinen Mittelpunkt bildet der **Vermählungsbrunnen**, der die Hochzeit von Joseph und Maria darstellt. Im **Römermuseum** am Hohen Markt (Nr. 3, Souterrain) sind Überreste der römischen Siedlung ausgestellt und erläutert.

An der Ostseite des Platzes lockt die **Ankeruhr** jeden Tag um 12 Uhr mittags die Touristen an. Dann erscheinen zwölf wichtige Persönlichkeiten aus der österreichischen Geschichte zu passender Begleitmusik. Die Uhr hat ihren Namen von der Versicherungsgesellschaft Anker, für die sie 1911 erbaut wurde.

Die Judengasse führt von hier aus zum Morzinplatz. Hier befindet sich die **Ruprechtskirche**, die älteste erhaltene der Stadt, und hier befand sich bis zu seiner Zerstörung im Zweiten Weltkrieg das Hotel ›Metropol‹, ab 1938 das Hauptquartier der Gestapo. Ein schlichter Gedenkstein erinnert an die vielen Wiener, die hier gefoltert und ermordet wurden.

Das Mahnmal für die österreichischen Opfer der Shoah

▲ Karte: vordere Umschlagklappe

Die Ankeruhr

Ringstraße

Das imperiale Wien ist nirgends so gut fassbar wie an der Ringstraße. Dieser vier Kilometer lange, durchgängig 57 Meter breite, auch im europäischen Vergleich beispiellose Prachtboulevard umfasst als Dreiviertelkreis die Altstadt. Er trägt mehrere Namen und heißt – im Uhrzeigersinn – Stubenring, Parkring, Schubertring, Kärntner Ring, Opernring, Burgring, Dr.-Karl-Renner-Ring, Universitätsring (bis 2012 Dr.-Karl-Lueger-Ring) und Schottenring, aber man spricht allgemein von der Ringstraße oder vom Ring. Er ist vergleichsweise jung. 1857 ordnete Kaiser Franz Joseph an, die noch vorhandenen Festungsmauern zu schleifen und statt dessen einen Boulevard anzulegen. Als er 1865 eröffnet wurde, war er noch weitgehend unbebaut, komplettiert wurde die Bebauung erst am Ende des Jahrhunderts. Auffällig ist, dass sich unter den Bauten nur eine Kirche befindet, die Votivkirche. Das sich in der Monarchie formierende Bürgertum baute sich am Ring seine neuen Weihe- und Wallfahrtsstätten, der Staat setzte zentrale Einrichtungen daneben: Hotels, Museen, Theater, Rathaus und Börse, Universität, Kriegsministerium und Parlament entstanden, insgesamt 15 Großbauten, zwischen denen repräsentative Bürgerhäuser Platz fanden.

Gebaut wurde im sogenannten Ringstraßenstil, einer Mischung aus Monumentalität, Eklektizismus und Nachahmung. Sie wurde schon von den Zeitgenossen kontrovers diskutiert, und auch ein Jahrhundert später darf man feststellen, dass der künstlerische Wert vieler Bauten bei aller Pracht- und Machtdemonstration überschaubar ist, die städtebauliche Leistung des Rings als Ensemble aber unbestritten. In den vielen historisierenden Hüllen befinden sich auch heute Einrichtungen von Rang, und so macht ein Bummel entlang der baumbestandenen Trottoirs mit einer nicht unbeträchtlichen Zahl von Sehenswürdigkeiten bekannt.

Zwischen Donaukanal und Stadtpark

Der riesige Bau am Beginn des Rings wurde 1913 als Kriegsministerium fertiggestellt und heißt heute offiziell **Regierungsgebäude**. Die über 1000 Räume hinter der 200 Meter breiten Fassade und rund um die neun Innenhöfe werden heute von gleich mehreren Ministerien genutzt. Unter dem Doppeladler mit 16 Metern Spannweite sind allegorische Reliefdarstellungen von Krieg und Frieden angebracht. Vor dem Gebäude sitzt Feldmarschall Radetzky auf einem Pferd, der den Kaisern vor allem dadurch diente, dass er mit Härte Freiheitsbestrebungen in allen Gebieten der Monarchie unterdrückte.

Die Staatsoper

Gegenüber, etwas zurückgesetzt, findet sich die **Postsparkasse** (1904–1906), eines der besten Beispiele für die Überwindung des Ringstraßenstils durch die Moderne. Der Architekt Otto Wagner verzichtete im Innern wie bei der Fassadengestaltung weitgehend auf Ornamentik und betonte die Oberflächen allein mittels der verwendeten Materialien. Die Fassade wird von Marmorplatten verkleidet, die von großen Nieten gehalten werden. Im Innern dominieren Wandverkleidungen aus Metall, an einigen Stellen wurde das für diese Zeit völlig neuartige Aluminium eingesetzt. Seit der Renovierung 2004 präsentiert sich der Bau so wie zu seiner Fertigstellung.
Als nächstes stößt man auf das **Museum für Angewandte Kunst** (MAK), einen Bau aus den Jahren 1868 bis 1871, dessen Ziegelmauerwerk von hübschen Sgrafittos geschmückt wird. Hier sind die Sammlungen für europäisches und orientalisches Kunsthandwerk untergebracht.
Einen Blick wert ist auch das **Café Prückel** auf der anderen Straßenseite wegen seines Fünfziger-Jahre-Interieurs.
Gleich dahinter beginnt der schöne **Stadtpark**. Die Wien fließt hier entlang, einige Denkmale vornehmlich für Komponisten schmücken den Park, und der elegante Kursalon lädt zum Besuch. Das Denkmal für den ›Walzerkönig‹ Johann Strauß ist ein besonders beliebtes Fotomotiv.
An einigen repräsentativen Wohn- und Geschäftshäusern vorbei, stößt man auf das **Hotel Imperial**. Es ist mitsamt seinem vorzüglichen Restaurant seit seiner Eröffnung 1873 eine der nobelsten Adressen in der Stadt, in der noch heute Größen aus Politik, Kultur und Wirtschaft logieren.

Zwischen Staatsoper und Maria-Theresien-Platz

Am Hotel ›Imperial‹ beginnt der Kärntner Ring, früher die Flaniermeile der guten Gesellschaft. Der nächste Monumentalbau auf der Ringtour ist die **Staatsoper**, mit 2200 Besucherplätzen eines der größten Häuser in Europa. Die Oper wurde im Stil der Hochrenaissance zwischen 1861 und 1869 nach Plänen der Architekten Eduard van der Nüll und

Mozart im Burggarten

▲ Karte: vordere Umschlagklappe

August Sicard von Sicardsburg errichtet und als k. u. k. Hofoper mit Mozarts ›Don Giovanni‹ eingeweiht. Seit 1918 ist das Haus in staatlicher Hand, es wurde 1945 stark beschädigt und konnte erst 1955 den Spielbetrieb wieder aufnehmen.

Den **Burggarten** findet man von der Oper aus jenseits des Goethe-Denkmals. Diese Grünanlage im Rücken von Palmenhaus und Hofburg hieß bis 1919 Kaisergarten und war bis dahin den Mitgliedern der Kaiserfamilie vorbehalten. Angelegt wurde sie 1823 im Stil eines englischen Landschaftsgartens. Zwischen einem Teich, Wiesen und Palmenhaus sind Denkmäler für Mozart und Kaiser Franz Joseph aufgestellt. Studenten, Familien und Touristen kommen gleichermaßen gern hierher und genießen die wunderbar entspannte Atmosphäre.

Schräg gegenüber beherrscht der **Maria-Theresien-Platz** die Szenerie. Überlebensgroß sitzt dort die Kaiserin, umgeben von wichtigen Männern ihrer Epoche – Feldherren, Beratern, Komponisten. Links und rechts sind in exakter Symmetrie Kunsthistorisches Museum und Naturhistorisches Museum angeordnet. Sie wurden zeitgleich nach Plänen der Architekten Carl Hasenauer und Gottfried Semper im Stil der italienischen Renaissance errichtet und ähneln sich sehr. Habsburgische Privatsammlungen bildeten für beide Häuser den Grundstock.

Das **Naturhistorische Museum** (1889) geht auf das von Kaiser Franz I. begründete Naturalien-Kabinett zurück; bereits Maria Theresia machte die Sammlung öffentlich. Sie wird ständig ergänzt und gehört heute zu den bedeutendsten naturwissenschaftlichen Sammlungen Europas.

Auch das **Kunsthistorische Museum** (1891) auf der anderen Seite des Platzes weist bedeutende Sammlungen auf, aus Platzgründen sind nicht alle im Haus selbst untergebracht. Hier werden die

Klassisch: das Parlament

Ägyptisch-Orientalische Sammlung, die Antikensammlung, die Kunstkammer, die Gemäldegalerie mit einer großartigen Sammlung Alter Meister und das Münzkabinett gezeigt. Jede einzelne ist von Rang.

Rathauspark

Das Zentrum des auf den Maria-Theresien-Parks folgenden Blocks ist der Rathauspark, der von Universität, Rathaus und Parlament flankiert wird. Nicht wenige halten das **Parlament** (1873–1883) wegen seiner Klarheit und der ausgewogenen Proportionen für den gelungensten Bau am Ring. Der Architekt Theophil Hansen zitierte bewusst die Akropolis, denn Griechenland galt als das Mutterland der Demokratie. Gebaut wurde das Parlament für den Reichsrat, heute tagen in dem übergroßen Bau National- und Bundesrat.

Die Geschicke der Stadt werden im **Wiener Rathaus** (1872–1883) bestimmt, das hinter einer Grünfläche liegt, die wiederum von einer Vielzahl von Denkmälern geschmückt wird. In dem großen neogotischen Gebäude sind das Wiener Stadt- und Landesparlament sowie die Hauptverwaltung der Stadtgemeinde un-

tergebracht. Im Sommer bildet der Park eine schöne Kulisse für Konzerte, Kinovorführungen und Volksfeste.
Der Rathausplatz wird auf der nördlichen Seite von der **Universität** (1877–1884) begrenzt. Der Architekt Heinrich Ferstel errichtete sie bewusst in der Formensprache der Renaissance, da man in dieser Zeit die Renaissance als das Zeitalter ansah, in der die modernen Wissenschaften ihren Anfang genommen hatten.

Volksgarten und Burgtheater

Gegenüber dem Parlament liegt der Volksgarten. Er entstand zeitgleich mit dem Kaiserpark an Stelle einer gesprengten Burgbastei. Die Anlage gehört zu den anmutigsten in Wien, und vor allem, wenn im Rosengarten unzählige Blüten erblühen, fühlt man sich fern der quirligen Hauptstadt. Neben einigen Skulpturen, dem Theseustempel und einer Brunnengruppe ist vor allem das vielbesuchte **Denkmal für Kaiserin Elisabeth** erwähnenswert. Nach ihrer Ermordung wurde es auf Initiative der Bevölkerung hier aufgestellt.
Etwas weiter schließt sich das **Burgtheater** an, für viele Wiener noch vor Rathaus, Parlament und Börse die wichtigste Institution am Ring, wenn nicht in der Stadt. Seit der ersten Spielzeit 1883/84 gehört das Haus zu den renommiertesten Bühnen im deutschsprachigen Gebiet, noch heute gilt eine Berufung an die ›Burg‹ als Ritterschlag für Regisseure und Schauspieler. Gottfried Semper lieferte die Pläne für den Bau im Stil der italienischen Hochrenaissance, der von 1872 bis 1883 errichtet wurde. Das Burgtheater ist 136 Meter lang und bietet 1500 Zuschauern Platz, damit gehört es auch in seinen Ausmaßen zu den größeren Häusern.
Nördlich des Burgtheaters liegt das traditionsreiche **Café Landtmann**, ein

Sisi im Volksgarten

beliebter Treffpunkt von Schauspielern, Medienvertretern und auch Politikern – die SPÖ-Zentrale, das Bundeskanzleramt und mehrere Ministerien liegen ganz in der Nähe.
An den hohen, markanten Doppeltürmen ist von hier die **Votivkirche** gut auszumachen. Als sie erbaut wurde (1856–1879), ließ eine Vorschrift Bauten nur bis zu 100 Metern Höhe zu. Man hielt sich daran – und begrenzte die Türme auf 99 Meter. Ansonsten macht die Kirche Anleihen bei den gotischen Kathedralen Frankreichs, die Orgel ist in Teilen eine Nachbildung derer aus dem Kölner Dom. Die Kirche wurde zum Andenken an ein – missglücktes – Attentat auf Kaiser Franz Joseph I. von der Monarchie in Auftrag gegeben.
Den **Schottenring**, der den letzten Abschnitt des Rings bis zum Donaukanal bildet, bestimmen noble Fassaden, hinter denen heute zahlreiche Banken und Versicherungen residieren. Sie sind verglichen mit den anderen Bauten aber unspektakulär.

▲ Karte: vordere Umschlagklappe

Museumsquartier

Seit 2001 besitzt Wien ein weiteres Kunstzentrum, das Museumsquartier. Es liegt südwestlich des Maria-Theresien-Platzes und bietet vor allem der Moderne ein Forum. Auf diesem Areal wurden nach Plänen von Fischer von Erlach zwischen 1713 und 1725 Hofstallungen erbaut, die später mehrmals erweitert und umgebaut wurden, dabei aber ihren barocken Charakter behielten. Seit 1918 nutzte man die Gebäude als Messehallen.

Pläne für eine Umgestaltung hatte es schon lange gegeben, Traditionalisten fürchteten jedoch, die Umbauten könnten die historische Bausubstanz beeinträchtigen. So wurde der Umbau erst nach langen Diskussionen unter Federführung der Architekten Laurids und Manfred Ortner realisiert und nach einigen Verzögerungen seiner Bestimmung übergeben. Das Ergebnis ist überzeugend: Die neuen Teile fügen sich harmonisch in die historischen ein. Insgesamt sind hier neben einigen gastronomischen Einrichtungen rund zwei Dutzend Museen, Initiativen und Projekte beheimatet. Die wichtigsten Museen sind Leopold-Museum, das die größte Schiele-Sammlung und dazu Werke von Klimt, Kokoschka und weiteren Zeitgenossen in seinem 5000 Exponate umfassenden Bestand hat; das Museum Moderner Kunst Stiftung Ludwig Wien, kurz MUMOK, das eine große Sammlung moderner und zeitgenössischer Kunst aufweist; die Kunsthalle Wien, die Film, Foto und neue Medien präsentiert; das Zoom-Kindermuseum und das Architekturzentrum Wien. Dem Innenhof mit seinen überdimensionalen fröhlich-bunten Sitzmöbeln ist an Sommertagen die Lässigkeit eines Campus-Freiluftcafés eigen.

Entspannte Stimmung im Innenhof des Museumsquartiers

Karlsplatz

Das Areal, das heute den Namen Karlsplatz trägt, durchzog bis zum Ende des 19. Jahrhunderts der unregulierte Wien-Fluss. Dann wurde die Wien kanalisiert und überdacht, in den Jahrzehnten danach entstanden an seinem Rand mehrspurige Ausfallstraßen und ein Kreuzungspunkt gleich dreier U-Bahn-Linien. So ist der Karlsplatz einerseits heute vor allem Umsteige- und Transitraum, andererseits zielen die aktuellen Pläne darauf ab, seinen Wert als Aufenthaltsraum zu stärken und die um ihn herum befindlichen Kulturinstitutionen räumlich miteinander in Beziehung zu setzen. Die vor einiger Zeit vorgenommene Neu- und Umgestaltung der Grünflächen ist in diesem Zusammenhang zu sehen.

Zwei traditionsreiche Einrichtungen stehen an der Nordseite des Platzes einträchtig nebeneinander: Musikverein und Künstlerhaus. Der **Musikverein** residiert in dem klassizistischen Bau an der rechten Seite, der nach Plänen von Theophil Hansen errichtet wurde (1867–1879). Hansen lieferte auch die Pläne für das

Parlament am Ring. Im Museumsverein hat die 1814 gegründete Gesellschaft der Musikfreunde ihren Sitz, und hier sind die weltberühmten Wiener Philharmoniker zu Hause. Sie treten ebenso regelmäßig auf wie die vielen anderen weltberühmten Solisten und Orchester - nicht zufällig, denn vor allem der Goldene Saal und der Brahmssaal weisen eine hervorragende Akustik auf. Viele Menschen haben den Goldenen Saal schon einmal gesehen, ohne je in Wien gewesen zu sein: Von hier wird das traditionsreiche und beliebte Neujahrskonzert in viele Länder der Welt übertragen.

Das 1868 fertiggestellte **Künstlerhaus** im Neorenaissancekleid dient der Genossenschaft der bildenden Künstler Wiens als Ausstellungsgebäude, in dem immer wieder wichtige Großausstellungen präsentiert werden.

Ein funktionaler Bau aus der Nachkriegszeit fasst den Platz an seiner Ostseite ein. Darin ist das **Historische Museum der Stadt Wien** untergebracht, dessen Dauerausstellung einen guten Überblick der Stadtgeschichte bietet. Die zahlreichen Exponate im Innern lohnen einen Besuch, besonders interessant ist ein großes hölzernes Modell, das die Stadt Wien um 1900 zeigt. Neben der Dauerausstellung werden hier auch Wechselausstellungen gezeigt.

Sehenswert allein für sich sind die beiden **Pavillons** in der Mitte des Platzes. Sie stammen von Otto Wagner, einem der bedeutendsten Architekten der Wiener Moderne. Wagner lehrte von 1894 bis 1912 an der Kunstakademie in Wien, im Verlauf seines Schaffens löste er sich mehr und mehr vom Historismus. Mit seinen Schülern wurde er prägend für das moderne Wien am Anfang des 20. Jahrhunderts. Die Pavillons stellen, ganz im Gegensatz zu den Prinzipien des Historismus, ihre Konstruktion offen zur Schau, indem das Eisenskelett nicht verkleidet wurde. Der eine der klar gegliederten Bauten wird funktional genutzt - als Zugang zur U-Bahn -, der andere als Kaffeehaus. Im Innern informiert eine kleine Dauerausstellung über Leben und Werk Otto Wagners.

▲ Karte: vordere Umschlagklappe

Karlskirche

Die Karlskirche an der Südseite des Platzes ist für viele Kunsthistoriker die bedeutendste Barockkirche Wiens und einer der bedeutendsten Sakralbauten überhaupt. Letztmalig in der österreichischen Geschichte gingen kaiserlicher Herrschaftsanspruch und katholische Macht in einem Bauwerk eine so eindrucksvolle Symbiose ein, und beeindruckend ist allein, wie sich hier griechische, römische und byzantinische Formensprache zu einem harmonischen Gesamtwerk verbinden.

Kaiser Karl VI. gelobte den Bau im Pestjahr 1713 und widmete ihn seinem Namensvetter, dem Pestheiligen Karl Borromäus. Baumeister waren der berühmte Johann Bernhard Fischer von Erlach und nach seinem Tod sein Sohn Joseph Emanuel; die Weihung wurde 1737 vollzogen. Über dem Hauptschiff wölbt sich die mächtige 72 Meter hohe Kuppel. Der

Die Karlskirche

Kuppelhalle ist ein Giebel im Stil eines griechischen Tempelportikus vorgelagert. Zwei schmale Türme, Minaretten nicht unähnlich, flankieren die Front. Es sind Triumphsäulen, die das Symbol der kaiserlichen Macht tragen: jeweils eine Krone, die von vier goldenen Adlern gestützt wird.

Die ursprüngliche städtebauliche Wirkung kann sich heute leider nicht mehr entfalten. Als die Kirche fertiggestellt war, fand sie sich nicht nur am Ufer der von Auenwäldchen gesäumten Wien, eine Sichtachse verband sie zudem mit der Hofburg, auf die auch der Haupteingang der Karlskirche ausgerichtet ist. Dafür geht heute die schlichte Skulptur ›Hill arches‹ von Henry Moore vor dem Bassin eine spannungsreiche Beziehung zu der ehrfurchtheischenden Karlskirche ein, und von der Kuppel eröffnet sich ein wunderbarer Blick über die angrenzenden Stadtviertel – auch die Hofburg.

Pavillon der Secession

An der Friedrichstraße, Ecke Getreidemarkt, befindet sich der Pavillon der Secession, der ideelle Fixpunkt der Wiener Moderne. Der in seinen Proportionen und seiner Formensprache fast streng wirkende Kubus wurde 1898/99 nach Plänen von Joseph Olbrich für die Secessionisten errichtet. Das war eine Gruppe von Malern, Architekten und Dekorateuren um Gustav Klimt und Otto Wagner, die sich dem damals vorherrschenden Zeitgeschmack nicht anschließen wollte und sich 1892 unter dem Motto ›Der Zeit ihre Kunst, der Kunst ihre Freiheit‹ zusammenschlossen. Die Mitglieder der Secession wollten mit der konservativen Dominanz in der bildenden Kunst brechen. Diese Haltung ist in dem Titel eines programmatischen Aufsatzes von Adolf Loos prägnant zusammengefasst: ›Ornament und Verbrechen‹.

Der Pavillon wurde eigens errichtet, um die Werke dieser Jungen Wilden zu zeigen. Der Industrielle Karl Wittgenstein, Vater des Philosophen Ludwig Wittgenstein, finanzierte ihn. Im Innern verblüffte er Zeitgenossen durch das System der flexiblen Wände, das darin Ausgestellte löste mindestens in konservativen Kreisen regelmäßig Skandale aus. Von Anfang an zeigte man hier moderne Kunst und öffnete Wien so für zeitgenössische Strömungen. Im Keller ist eines der wichtigsten Werke aus dieser Frühzeit vorhanden, der Beethovenfries von Gustav Klimt. Er versinnbildlicht die 9. Sinfonie des Komponisten. Die Darstellung stieß auf Unverständnis, der Fries wurde nach Ende der Ausstellung abgenommen und archiviert. Erst seit 1986 ist der – nun restaurierte – Fries wieder zu sehen.

Naschmarkt

Direkt hinter dem Secessionsgebäude nehmen Rechte und Linke Wienzeile ihren Anfang. Zwischen ihnen erstreckt sich der Naschmarkt, Wiens wohl bekanntester Markt. Dabei handelt es sich um rund 120 mobile und feste Stände, an denen wochentags bis 18.30 Uhr und sonnabends bis 17 Uhr hauptsächlich Backwaren, Fisch und Fleisch, Obst und Gemüse sowie frische Kräuter angeboten werden. Einheimische Waren stehen dabei ebenso zum Verkauf wie exotischere Waren aus dem Balkan und dem Orient und sogar Fernost, und so bietet es sich an, sich einfach von den Düften durch das farbenprächtige Gewirr treiben zu lassen. Um das Jahr 2004 herum verwandelten sich einige Marktstände in Restaurants und Cafés, die teils sehr früh öffnen und teils sehr spät schließen, und so mischen sich zu manchen Stunden hier die Markthändler mit den Nachtschwärmern.

Man nimmt an, dass der Name von der

Auf dem Trödelmarkt

alten Bezeichnung ›Asch‹ für aus Eschenholz gefertigte Milchbehälter herrührt. Jedenfalls ist ab etwa 1820 der Name Naschmarkt belegt. Er fand seinen heutigen Platz, nachdem der Wienfluss am Ende des 19. Jahrhunderts kanalisiert und überwölbt und parallel dazu die Stadtbahn angelegt worden war. Auf der Überwölbung entstanden von 1910 bis 1916 in drei Zeilen gemauerte Stände und dazwischen Wasserstellen und Sanitäranlagen. Vieles davon ist erhalten; der Naschmarkt steht komplett unter Denkmalschutz. Sehenswert sind außerdem die **U-Bahnstation Kettenbrückengasse** nach Entwürfen von Otto Wagner und einige **Jugendstilgebäude** an der Wienzeile, vor allem die Häuser Linke Wienzeile 38 und 40, die ebenfalls auf Otto Wagner zurückgehen.

Ungefähr ab dieser Höhe nimmt Wiens größter Flohmarkt seinen Anfang. Er findet regelmäßig sonnabends statt. Die Profihändler überwiegen deutlich, und die besseren und begehrten Stücke gehen in der Regel rasch weg. Wer nicht nur durch das Gewirr schlendern möchte, um die Atmosphäre zu genießen, sollte daher früh kommen. Der Flohmarkt öffnet um 5 Uhr.

▲ Karte: vordere Umschlagklappe

Belvedere

Ein passenderer Name als Belvedere (Schöne Aussicht) ließe sich für das Barockensemble am südlichen Rand der Altstadt nicht finden: Sein besonders repräsentativer Teil erhebt sich auf dem höchsten Punkt eines Hügels, und von hier liegt die Stadt dem Betrachter zu Füßen. Seine Lage und seine prachtvolle Gestaltung, die umgebenden Gartenanlagen sowie die präsentierten Sammlungen machen das Belvedere zu einem lohnenswerten Ziel für einen Halbtagesbesuch. Nach Schloss Schönbrunn stellt das Belvedere die größte feudale Residenz Wiens dar. Prinz Eugen von Savoyen ließ es sich von den Summen errichten, die er von den Habsburgern wegen seiner in den Kriegen gegen die Türken erworbenen Verdienste um das Vaterland erhalten hatte. Das ehemalige Sommerschloss des Prinzen besteht aus zwei Gebäuden, die in einem weitläufigen, zur Stadt hin abfallenden Park liegen.

Dieser rund 500 Meter lange Garten bildet das Bindeglied zwischen den beiden Schlössern. Nach einigen Rekonstruktionsarbeiten weist er mittlerweile wieder sein ursprüngliches Aussehen auf. Er ist auf drei Terrassen angelegt. Die obere symbolisiert den Olymp (den Sitz der Götter), die mittlere den Parnass (Musenberg), die untere die vier Elemente und die vier Jahreszeiten.

Oberes Belvedere

Das Obere Belvedere, das von 1721 bis 1723 nach Plänen von Lukas von Hildebrandt errichtet wurde, diente Eugen vor allem als Ort für Geselligkeit und Festivitäten und wurde entsprechend aufwendig gestaltet. Die Fassade ist streng symmetrisch, dabei reich gegliedert, die Dachkonstruktion originell: Man sagt, dass sie an ein türkisches Zelt und damit an die Heldentaten Eugens erinnern soll, der sich nicht zuletzt als Bezwinger der Osmanen einen Namen gemacht hat. Unter den zahlreichen Prunksälen im Inneren ragen die Sala terrena – die Eingangshalle – und der Marmorsaal heraus. Hier unterzeichneten im Mai 1955 die vier Siegermächte des Zweiten Weltkrieges den Staatsvertrag, der Österreich die immerwährende Neutralität und gleichzeitig seine Souveränität einbrachte.

Eine grundlegende Renovierung war 1995 abgeschlossen. Seitdem ist hier die **Österreichische Galerie Belvedere** beheimatet, die die bedeutendste Sammlung österreichischer Kunst aufweist; sie reicht vom Mittelalter bis zur Gegenwart. Sie zeigt im Erdgeschoss die Sammlung des 20. Jahrhunderts, im ersten Stock Jugendstilwerke und im zweiten die Biedermeiersammlung. Besonders die Moderne um Klimt und Kokoschka lohnt wegen der großen Anzahl an Werken einen Besuch.

Unteres Belvedere

Das Untere Belvedere ist weniger prächtig und in den Ausmaßen auch etwas kleiner als das Obere, im Innern aber von ähnlicher Pracht. Hier ragen Marmorgalerie und Goldkabinett heraus. Auch für diese Anlage lieferte Lukas von Hildebrandt die Pläne, sie war 1716, ebenfalls nach nur zwei Jahren Bauzeit, fertiggestellt und diente Eugen als Wohnsitz. Hier finden Veranstaltungen statt, zeigt die Österreichische Galerie Belvedere Sonderausstellungen.

In der nahegelegenen **Orangerie** überwinterten früher die frostempfindlichen Pflanzen der Gartenanlagen, heute dient sie ebenfalls Kunstausstellungen.

Das Obere Belvedere

Schönbrunn

Schönbrunn zählt seit vielen Jahren zu den meistbesuchten Orten in Wien. Die Gäste kommen wegen des beeindruckenden Schlosses, einem der herausragenden Barockbauten Österreichs, dem originellen Zoo und wegen der sich über 185 Hektar erstreckenden Parkanlagen, einem Höhepunkt europäischer Gartenbaukunst. Schloss und Gartenanlage wurden 1996 als barockes Gesamtkunstwerk in die UNESCO-Weltkulturerbeliste aufgenommen.

Schloss Schönbrunn ist geradezu Sinnbild für Aufstieg und Ende der Habsburger Monarchie. Hier wurde Franz Joseph 1830 geboren, und hier starb er auch 1916. Seinen Tod in schweren Zeiten sahen viele Zeitgenossen bereits als das vorweggenommene symbolische Ende der Monarchie. Das kam dann zwei Jahre später: 1918 unterzeichnete Kaiser Karl I. in Schönbrunn seine Abdankungsurkunde, beendete mit einem Tintenstrich die 636-jährige Herrschaft der Habsburger und besiegelte damit gleichzeitig das Ende des Vielvölkerstaates.

Begonnen hatte die Geschichte Schönbrunns, als Kaiser Maximilian das einige Kilometer außerhalb der Stadt gelegene Gebiet Ende des 16. Jahrhunderts erwarb. Sein Sohn Matthias nannte es nach einer Quelle, die er einfassen ließ, Schönbrunn. Ein erstes Jagdschloss wurde bei der Belagerung Wiens durch die Türken zerstört. Zwischen 1696 und 1700 entstand nach Plänen von Johann Bernhard Fischer von Erlach ein neues Schloss. Karl VI. (reg. 1711–1740) hielt sich kaum in Schönbrunn auf, Maria Theresia aber machte es zum Mittelpunkt ihres privaten und höfischen Lebens. Nach Plänen ihres Lieblingsarchitekten Nicolaus Pacassi fanden 1743 und ein zweites Mal ab 1766 tiefgreifende Umbaumaßnahmen statt, und an ihrem Ende stand ein Repräsentationsbau, der ein hervorragendes Beispiel des österreichischen Rokoko ist.

▲ Karte: vordere Umschlagklappe

Nach dem Tod Leopolds II. 1792 geriet Schönbrunn ein wenig ins Abseits. Es wurde unter Franz Joseph erneut zum Regierungssitz. Er pflegte in seiner langen Amtszeit (1848–1916) mittags stets um die gleiche Stunde aus der Stadt hierher zu fahren, um seine Staatsgeschäfte zu erledigen: Empfänge, Gespräche, diplomatische Runden.

Nach Ende der Monarchie fehlten lange zündende Ideen für die Nutzung der rund 1400 Zimmer. Seit 1992 vermarktet eine private Gesellschaft Schloss und Park Schönbrunn, und seitdem wurde viel unternommen, um das Gebäude zu erhalten und die Touristen anzulocken. So findet man neben den Museen und Sammlungen Cafés und einen Sisi-Shop in dem Bau, und Kulturveranstaltungen und Festivals bringen zusätzlich Renommee und Einnahmen.

Schönbrunn bietet genug Sehenswürdigkeiten für einen Halbtagesausflug. Wer die Anlage in ihrer Gänze erfahren und gerade auch die oftmals sehr langen Schlangen vor dem Eingang zum Schloss vermeiden möchte, sollte daher pünktlich um 8.30 Uhr hier sein.

Schönbrunn, Hauptfassade

Die Gloriette

■ Schloss Schönbrunn

Die Wohn- und Repräsentationsräume der kaiserlichen Familie erstreckten sich über gut 350 Räume. Davon lassen sich heute 40 im ersten Stock im Rahmen von Führungen besichtigen. Unter ihnen ragen einige besonders heraus. Die **Große Galerie** – 40 Meter lang und 10 Meter breit – ist der wohl repräsentativste Raum. Seine zahlreichen Kristallspiegel und großen Lüster machen ihn zur perfekten Kulisse für die Staatsempfänge und sonstigen Feiern der gehobenen Art, die der Staat hier ausrichtet. Kristallspiegel dominieren auch im **Spiegelsaal**, einem der Privaträume Maria Theresias. Das **Millionenzimmer** ist durchweg vertäfelt. In die Vertäfelung sind Miniaturen eingelassen, die Szenen aus dem Leben in Indien des 16. und 17. Jahrhunderts darstellen. Der Raum erhielt seinen Namen, weil angeblich das Rosenholz, das zur Vertäfelung gebraucht wurde, eine Million Gulden gekostet haben soll. Das **Napoleonzimmer** ist vor allem bemerkenswert, weil der Franzose hier zwischen 1805 und 1809 wohnte. Der Blaue Salon, das Chinesische Rundkabinett und das Porzellanzimmer werden ihrem Namen gerecht.

Manche Technikbegeisterte ziehen den genannten Räumen die **Wagenburg** vor. Dieses Museum präsentiert in einem Seitentrakt rund 60 Fahrzeuge aus verschiedenen Epochen und adligen Fuhrparks und verdeutlicht dabei auch deren früher gebräuchliche Kategorisierung: Galawagen, Alltagswagen, Freizeitwagen, Nutzfahrzeuge. Dieses Museum gehört zum Kunsthistorischen Museum Wien; daher gilt die einfache Eintrittskarte für Schloss Schönbrunn hier nicht.

■ Park Schönbrunn

Der weitläufige Garten hinter dem Schloss ist ebenso einen Besuch wert wie der barocke Prachtbau. Er wurde nach dem Vorbild des Parks in Versailles gestaltet und präsentiert sich nach Renovierungen in weiten Teilen wie zu seiner Fertigstellung um 1755. Zwischen einigen Brunnen und Bassins, einer unter Bewuchs halb verborgenen künstlichen Römischen Ruine, einigen Denkmälern, dem großen verglasten Palmenhaus, dem Heckenirrgarten und anderen Schmuckstücken flaniert es sich recht angenehm. Einen fantastischen Blick auf die Anlage und die Stadt Wien haben Besucher von der Aussichtsterrasse der **Gloriette**, einem rundum verglasten, 1775 fertiggestellten Barockbau, der sich auf einer künstlichen Anhöhe erhebt und den triumphalen Abschluss der Gartenanlage bildet.

■ Tiergarten

Einen besonderen Anziehungspunkt bildet der Tiergarten, der im Jahr 2002 sein 250-jähriges Jubiläum feiern konnte. Kaiser Franz Stephan I. rief ihn als ›Menagerie Schönbrunn‹ ins Leben. Seitdem laufen die von einem Kreis umschlossenen Alleen auf ein rundes Gebäude in der Mitte zu. An diesem Kreis stehen ein Dutzend Häuser, die sogenannten Logen. Sie bilden noch heute den Mittelpunkt des Tiergartens, der seitdem einige Male, zuletzt 1992, nach außen erweitert worden ist. Viele Tierarten, die hier ausgestellt sind, kann man auch in anderen großen Tierparks und Zoos besuchen, einzigartig und besonders eindrucksvoll ist aber die Verbindung von barocker Parkanlage und den original erhaltenen Logen mit den neu eingerichteten Lebensräumen beispielsweise für Großkatzen und Menschenaffen.

Im Tiergarten Schönbrunn

Hundertwasserhaus

Das vielbesuchte Hundertwasserhaus liegt inmitten eines Wohnbezirks, der ansonsten nicht mit großartigen Sehenswürdigkeiten aufwarten kann. Um so stärker ist der Kontrast zwischen dem farbenfrohen Bau mit seinen verspielten Formen und den normalen Wohn- und Geschäftshäusern ringsherum.

Die Stadt Wien beauftragte den Maler und Architekten Friedensreich Hundertwasser (eigentlich Fritz Stowasser, 1928–2002) mit der Gestaltung des Hauses; 1985 war der Bau fertiggestellt. Bis heute ist das Haus in kommunaler Hand, und mit Rücksicht auf die Bewohner kann man die 52 Mietwohnungen nicht besichtigen. Der Blick auf Fassade und Umgebung zeigt aber bereits einiges von den Gestaltungsprinzipien und der Philosophie, die Hundertwasser leiteten. Auffällig sind nicht nur die bunten Farben, sondern auch ihre Verteilung an der Fassade. Die Wohneinheiten sind farblich voneinander abgesetzt und durch Keramikbänder getrennt, so dass sich die Struktur des Hauses außen ablesen lässt. So wird nicht nur deutlich, dass es zahlreiche Maisonettewohnungen gibt, sondern auch durchgängig auf gerade Linien und rechte Winkel verzichtet wurde. Böden, Decken und Wände respektieren damit, dies die Intention Hundertwassers, die Schöpfung, in der gerade Linien auch nicht vorkommen. So könne der Mensch wieder zur Natur finden. Diesem Grundgedanken folgend, wurde auf den Einsatz von Beton und Kunststoffen verzichtet: Das Haus ist gemauert, mit Fliesen und Steinsäulen geschmückt. Auch die unterschiedliche Form, Größe und Farbgestaltung der Fenster folgt dem Vorbild der Schöpung, die das Serielle nicht kennt.

Dem ökologischen Gedanken folgt auch die Bauweise des Daches. Dabei handelt es sich um miteinander verbundene Dachgärten und -terrassen auf unterschiedlichen Niveaus, die ebenso begrünt sind wie die Balkone.

Das Hundertwasserhaus

▲ Karte: vordere Umschlagklappe

Prater

Das Wahrzeichen Wiens schlechthin ist das Riesenrad im Prater. Es bildet das Zentrum des Volkspraters, der wiederum nur einen kleinen Teil des eigentlichen Praters darstellt. Das ist ein großes, von Gewässern, Wiesen und Wäldern geprägtes Gelände, das sich vom Riesenrad nach Osten über fast 15 Kilometer erstreckt und im Norden von der Donau begrenzt wird. Der Prater bietet vielfältige Möglichkeiten für Sport und Business, Vergnügung und Zerstreuung. So finden sich im Prater die Messehallen, eine Galopp- und eine Trabrennbahn, Golfanlagen, ein Radstadion sowie das Ernst-Happel-Stadion, das nach dem legendären Fußballtrainer benannt wurde. Ein Netz von Rad- und Spazierwegen durchzieht das Areal, Teile davon lassen sich auch mit einer Schmalspurbahn erkunden, deren vier Kilometer lange Strecke vom Volksprater bis in die Nähe des Fußballstadions führt. Im Planetarium ist außer dem, was man unter diesem Namen vermuten darf, auch ein kleines Museum zur Geschichte des Praters eingerichtet.

Ursprünglich bestimmten Donauauen das Gebiet, mit der Regulierung des Flusses bis 1855 sind davon nur einige Tümpel und Totarme geblieben. Seit 1560 befand sich hier ein königliches Jagdgebiet, Kaiser Joseph II. machte weite Teile 1766 für die Öffentlichkeit zugänglich. Ab etwa 1830 siedelten sich im westlichen, dem der Stadt nächstgelegenen Teil, Lokalitäten und Vergnügungsstätten an. Dieser Ort wurde und wird umgangssprachlich nach einer Figur aus den Volksstücken, dem Hanswurst, Wurstelprater genannt.

Die Attraktionen dort sind zum größeren Teil modern, es findet sich dazwischen aber auch noch Traditionelles wie eine Geisterbahn und ein Lachkabinett. Hauptanziehungspunkt des ganzjährig geöffneten Praters ist aber neben den großen Biergärten nach wie vor das Riesenrad. Es wurde 1896/97 als Provisorium für die Feierlichkeiten ›50 Jahre Kaiser Franz Joseph‹ (1898) errichtet, blieb dann jedoch wegen des enormen Zuspruchs stehen. Im Zweiten Weltkrieg wurden alle Wagen beschädigt, bei der Renovierung brachte man aus Sicherheitsgründen nur jeden zweiten wieder an. Sie schweben bis auf 67 Meter Höhe, und von dort hat man einen weiten Blick auf die Stadt. Eine Fahrt dauert etwa 15 Minuten, im Sommer kann man das Vergnügen bis Mitternacht genießen.

Der Prater am späten Abend

ESSAY

Sisi – Leben und Mythos

Die Trauung, die am 24. April 1854 in der Wiener Augustinerkirche vollzogen wird, ist nicht nur eine besonders prächtige Hochzeit. Es ist auch ein ungemein wichtiger Staatsakt und gleichzeitig das gesellschaftliche Ereignis des Jahres, Abschluss und Höhepunkt achttägiger Feiern. Vor mehreren Dutzend kirchlichen Würdenträgern und zahlreichen Vertretern der herrschenden Stände geben sich Franz Joseph, Kaiser von Österreich, und Elisabeth, Tochter des Wittelsbacher Herzogs Max, das Ja-Wort. Von außen gesehen, ist es eine Traumhochzeit. Doch schon zwei Wochen nach der Hochzeit vertraut die Braut ihrem Tagebuch an: »Ich bin erwacht in einem Kerker / Und Fesseln sind an meiner Hand / Und meine Sehnsucht immer stärker / Und Freiheit! Du mir abgewandt.« Womöglich beginnt bereits hier, am Tag der Hochzeit, die Mystifierung eines Lebens, das bis heute die Massen fesselt.

Die Tochter des Herzogs Max Joseph in Bayern und seiner Frau, Prinzessin Ludovika Wilhelmine, wird am Heiligen Abend 1837 in München geboren und auf den Namen Elisabeth Amalie Eugenie getauft. Ihre Familie gehört einer Nebenlinie der Wittelsbacher an, hat keine höfischen Verpflichtungen, und so wächst Elisabeth, meist Sisi gerufen, mit ihren sieben Geschwistern unbeschwert heran, in München und Possenhofen am Starnberger See, wo ihre Familie ein Sommerhaus besitzt.

Die Mutter Elisabeths ist die Schwester der Mutter Franz Josephs, und die beiden kommen überein, dass sich der Habsburger Herrscher mit Néné, der älteren Schwester Elisabeths, verheiraten soll. Um die Vermählung in die Wege zu leiten, wird im Sommer 1853 ein Treffen in Bad Ischl arrangiert, an dem auch Sisi teilnimmt – und der 23-jährige Kaiser verliebt sich Hals über Kopf in die 15-Jährige und hält um ihre Hand an. Schon am 19. August wird Verlobung gefeiert, die Hochzeit dann ein Dreivierteljahr später. Das junge Glück scheint vollkommen, bereits 1855 bringt Elisabeth das erste Kind zu Welt – ihre Tochter Friederike Sophie –, der 1856 Gisela und 1858 der vor allem von der Schwiegermutter Sophie ersehnte Thronfolger Rudolph folgen.

Doch der Schein trügt. Die herrische und strenge Sophie versucht seit der Verlobung aus dem jungen Mädchen eine würdige Kaiserin zu formen, deren Tagesablauf vor allem aus Repräsentationspflichten bestehen soll, und sie traut ihrer Schwiegertochter nicht zu, ihre Kinder zu erziehen: Elisabeth darf ihre Kinder nie allein sehen, ein Zusammensein ist nur im Beisein Sophies möglich. Franz Joseph liebt seine Frau aufrichtig, ist aber dennoch vor allem von seinen Kriegen und amourösen Abenteuern in Anspruch genommen, und der besorgte, aber pedantische und unsensible Mann und seine lebenslustige Frau entfremden sich rasch. Zudem stoßen das strenge Zeremoniell und die Intrigen am Hof Sisi ab. Sie fühlt sich einsam und leidet bald an Schlaflosigkeit und Husten.

Auf Anraten der Ärzte und wohl auch, um der Hofetikette und den Gerüchten um die Affären ihres Mannes zu entfliehen, tritt Elisabeth 1860 eine Reise nach Korfu und Madeira an. Als offizielle Begründung für die Notwendigkeit der Kur gibt der Hof Lungenschwindsucht an, die unter Zensur stehende Presse folgt ihm, der Adel aber zeigt sich pikiert: Eine Kaiserin, die sich ihren Pflichten entzieht, ist für diese Kreise unvorstellbar.

Erst nach zwei Jahren kehrt Elisabeth an den Hof zurück, und sie hat sich sehr verändert. Aus dem jungen Mädchen ist eine selbstbewusste Frau geworden. Sie ist sich ihrer Schönheit bewusst und setzt sie zur Durchsetzung ihrer Vorstellungen ein, und sie ist eigensinnig bis zur Egozentrik. Mit Ausdauer und unbeeindruckt von den Anstandsregeln ihrer Zeit widmet sie sich von nun an ganz ihren Leidenschaften: Reisen, Sport und der eigenen Schönheit.

Seit ihrer Jugend ist Elisabeth eine begeisterte Reiterin gewesen, und nun ist sie regelmäßig Gast in der Hofreitschule, in den 1870er Jahren nimmt sie sogar an Porfarcejagden in England teil. Daneben unternimmt sie stundenlange Märsche und trainiert täglich eine Stunde an den eigens für sie in der Hofburg installierten Turngeräten. Mit dem exzessiven Sport und den zahlreichen Diäten, denen sie sich unterwirft, will Elisabeth ihre Figur halten. Sie ist 1,72 Meter groß, stolz auf ihren Taillenumfang von 50 Zentimetern und ihre schlanke Figur und achtet penibel darauf, dass ihr Gewicht nie über 47 Kilo liegt. Dreimal am Tag wiegt sie sich und lässt die Daten in eine Tabelle eintragen.

Die Pflege ihres knöchellangen Haares, auf das sie so stolz ist, nimmt jeden Tag zwei Stunden in Anspruch. Eigens dafür ist eine Friseurin vom Wiener Burgtheater engagiert, und Sisi nutzt die Zeit im Friseurstuhl und lernt Sprachen oder tauscht sich mit ihren Vertrauten aus. Komplettiert wird die Körperpflege durch mehrere Bäder täglich und die Verwendung immer neuer Schönheitscremes. Elisabeth treibt einen selbst für ihre Zeit und für eine Monarchin ungewöhnlichen Schönheitskult, berauscht sich an sich selbst und genießt es, als eine der schönsten Frauen Europas gerühmt zu werden. Dabei ist sie nicht nur tatsächlich schön, sondern auch intelligent, kultiviert, musisch interessiert und gebildet. Immer wieder werden neben ihrer Schönheit auch ihre Anmut und Ausstrahlung gerühmt.

Die Eheleute sehen sich nur noch wenige Wochen im Jahr, ansonsten ist Elisabeth auf Reisen, nach England und Irland, Spanien, Frankreich und Italien. Besonders oft und gern hält sie sich auf Korfu in ihrer Villa Achilleion und auf Schloss Gödöllő in Ungarn auf. In Ofen – heute ein Teil Budapests – bringt Elisabeth auch 1868 ihr viertes Kind zur Welt, Marie Valerie Mathilde Amalie, das daher oft als ›das ungarische Kind‹ bezeichnet wird. Allein zu Marie baut Elisabeth eine innige mütterliche Beziehung auf.

Elisabeth fühlt sich zu den Ungarn hingezogen, sie spricht gut Ungarisch, ihre Bediensteten und Vertrauten sind teils Ungarn, und über sie lernt sie ungarische Künstler und Politiker kennen, darunter Graf Gyula Andrássy und Ferenc Deák. Deren politische Forderungen und Anregungen finden bei Elisabeth eine engagierte Fürsprecherin. So geht der ›Ausgleich‹ zwischen Österreich und Ungarn, der den Ungarn eine deutliche Besserstellung in der Monarchie bringt, wesentlich auf das Drängen Elisabeths zurück, dem ihr Mann letztlich nachgibt. Eigentlich hatte er den Tschechen eine größere Autonomie innerhalb der Vielvölkermonarchie zugestehen wollen. Daher ist Elisabeth bei den Ungarn noch heute sehr angesehen, und vielleicht sahen und sehen sie in der Kaiserin auch eine Seelenverwandte, die wie sie gegen den Hof in Wien rebellierte. In Ungarn ist sie bereits zu Lebzeiten eine Legende.

In der Wiener Bevölkerung allerdings hat Elisabeth – ganz im Gegensatz zu ihrem Mann – keinen guten Ruf. Zu selten hält sie sich hier auf, und nur anlässlich zweier großer Feierlichkeiten kommt sie ihren Repräsentationspflichten uneingeschränkt nach: 1873 wird das 25-jährige Dienstjubiläum ihres Mannes begangen, 1879 die Silberhochzeit des Paares. Diese Festlichkeiten dauern mehrere Tage, allein an dem ›historisch-illustrirten Festzug‹, der sich entlang der Ringstraße vor einer Viertelmillion Zuschauern abspielt, wirken rund 14 000 Statisten mit. Franz Joseph ist tief ergriffen, Elisabeth dagegen erklärt ihrer Hofdame, dass 25 Jahre genug seien und keine Feier verdienten.

Danach zieht sich Elisabeth fast vollständig aus der Öffentlichkeit zurück. Sie hadert mit ihrer nachlassenden Schönheit, die unvermeidlichen Alterserscheinungen verursachen bei ihr depressive Anwandlungen. Vielleicht hat auch ihre Haut durch die ständigen Diäten gelitten. Schirm, Schleier und der berühmte Lederfächer werden ihre ständigen Begleiter, die sie vor den Blicken schützen sollen. 1868 lässt sie sich zum letzten Mal fotografieren, nach 1879 darf auch kein Portraitbild mehr angefertigt werden.

Im Jahr 1889 begeht ihr Sohn Rudolph Selbstmord. Seitdem trägt Elisabeth nur noch schwarz, ist, getrieben von Todesängsten und -sehnsucht, pausenlos auf Reisen – sie wirke gehetzt und wie auf der Flucht, notieren Vertraute – und nimmt nur noch einen offiziellen Termin wahr, anlässlich der ungarischen Millenniumsfeierlichkeiten im Juni 1896. Ein Chronist schreibt erschüttert von einer ›marmorbleichen Statue‹ in Schwarz, in deren Gesichtszüge sich der Schmerz tief eingegraben habe. Verschiedene Berichte über ihren schlechten körperlichen Zustand, den womöglich eine Magersucht verursachte, sind überliefert. Am 10. September 1898 verübt der italienische Anarchist Luigi Lucheni in Genf ein Attentat auf Elisabeth, an dessen Folgen sie am gleichen Tag stirbt. Lucheni hatte eigentlich einen französischen Aristokraten umbringen wollen, diesen aber verpasst. Und so wird Elisabeth eher zufällig sein Opfer.

Bezeichnenderweise wird ihr Tod in Österreich vor allem als erneuter Schicksalsschlag für den Kaiser angesehen; »es wurden ihr nur wenige Tränen nachgeweint«, notiert etwa ein Adliger etwas despektierlich. Diese Reaktion zeigt, dass sich die Untertanen mit der Kaiserin zu ihren Lebzeiten nicht hatten anfreunden können. Der tragische Tod aber ist die Grundlage für die rasch einsetzende Verklärung, Verkitschung und Vermarktung der unglücklichen, schönen und geheimnisvollen Kaiserin.

Bis heute am populärsten unter den künstlerischen Verarbeitungen des Stoffes ist die Sissi-Trilogie (1955–1957) mit Romy Schneider in der Rolle der jungen Kaiserin. Diese österreichischen Kinoproduktionen gehen sehr frei mit den historischen Ereignissen um, bieten dafür aber prächtige Kulissen und eine schlichte Handlung, die nach allerlei Irrungen und Verwirrungen jeweils in sentimentaler Glückseligkeit ihren Höhepunkt findet. Diese Mischung aus Heimatfilm, Melodram, Märchen und prachtvoller Biedermeieridylle wurde von der Kritik als ›fürstlicher Seelenkitsch am Höhepunkt‹ oder schlicht ›Kaiserschmarrn‹ verrissen, und wohl gerade wegen ihrer simplen Machart gehören die drei Filme bis heute zu den erfolgreichsten deutschsprachigen Produktionen aller Zeiten. Einen vierten Teil lehnte Romy Schneider ab: »Das pappt mein Leben lang wie Grießbrei an mir.« In der Tat kam sie trotz der vielen künstlerisch anspruchsvollen Filme, die sie in den folgenden Jahrzehnten drehte, in ihrer Heimat nie ganz von ihrem Sisi-Image los.

Spätestens seit dieser Zeit ist die Kaiserin Elisabeth hinter dem Sisi-Bild nahezu verschwunden. Kaum eine Monarchin ist so stilisiert, zur Legende verklärt worden wie sie, und einen ähnlichen postumen Imagewandel hat wohl nur Diana Spencer erfahren, die erst nach ihrem Unfalltod zur ›Königin der Herzen‹ wurde.

Wer heute versucht, hinter dem Image die ›echte‹ Elisabeth zu entdecken, sich die Frage zu beantworten, ob wir es mit einer unkonventionellen, unverstandenen und betrogenen Herrscherin zu tun haben oder doch eher mit einer eitlen, narzistischen Egozentrikerin, sollte einen Großteil der Literatur, der Filme und auch das seit seinem Start im Jahr 1992 sehr erfolgreiche Musical außer acht lassen.

Auch nicht viel näher kommt man der Person Elisabeth bei einem Besuch der zahlreichen Stätten, die ihr gewidmet sind. Sie sind 2002 zur mehrmals verzweigten Sisi-Straße (www.sisi-strasse.info) zusammengefasst worden, die sich auf einigen Stationen ihres Lebens von Augsburg und Regensburg, Bad Ischl und Wien, Budapest und Herend bis nach Meran, Triest und Genf erstreckt. Hier und in den vielen anderen Städten an der Route vor allem in Österreich und Ungarn sind erstaunlich viele Plätze, Straßen und Brücken nach ihr benannt, man logiert im Hotel ›Sissi‹, dem Hotel ›Kaiserin Elisabeth‹ oder im ›Resort & Spa Principessa Sissi‹ oder wenigstens im ›Sissi-Zimmer‹ eines größeren Hotels, spaziert durch ›Sissi-Parks‹ und auf ›Sissi-Wegen‹ unentwegt an Sisi-Büsten, -Statuen und -Bildern vorbei.

Eine etwas realistischere, dabei sehr kunstvolle Auseinandersetzung leistet das Sisi-Museum in der Wiener Hofburg. Hier wenigstens wird der Versuch unternommen, Elisabeth von ihren postumen Fesseln zu befreien.

Portrait der Kaiserin von Franz Xaver Winterhalter (Schloss Schönbrunn)

ESSAY

Wien

Tourist-Info, Albertinaplatz, Ecke Maysedergasse; tgl. 9–19 Uhr. Zahlreiche Materialien.

Fast alle Schiffe machen in Nußdorf oder am Handelskai in der Nähe der Reichsbrücke fest. Vom Bahnhof Nußdorf in die Stadt entweder mit der S40 bis Spittelau und von dort mit der U4 bis ins Zentrum oder mit der Tramlinie D bis zum Ring.
Vom Handelskai ist die U-Bahn-Station Vorgartenstraße (U1) nur zehn Fußminuten entfernt.
Hat man einen ganzen Tag Aufenthalt in Wien und möchte an keiner geführten Stadtrundfahrt teilnehmen, ist der Kauf einer **Wien-Karte** sehr zu empfehlen. Sie gilt als Fahrkarte für alle öffentlichen Verkehrsmittel in Wien und ermöglicht viele Vergünstigungen in Museen und Theatern, Cafés und Geschäften: 14/22/25 € (24/48/72 Std.).

► In einigen Quartieren ist die Dichte an Kneipen und Lokalen besonders hoch:
Bermudadreieck: In den 1980er Jahren entstandenes Bar- und Kneipenviertel nordwestlich des Stephansdoms mit den Zentren Rabensteig, Seidenstettergasse und Ruprechtsplatz. Da dieses Viertel im jüngerer Zeit sehr von Touristen besucht wird, bevorzugen die Einheimischen mittlerweile die nicht weit entfernten Lokale zwischen Judengasse und Rudolfsplatz. Dort viel junges Publikum.
Spittelberg: Direkt hinter dem Museumsquartier, zahlreiche Lokale zwischen Mariahilfer Straße, Burggasse und Stiftgasse sowie entlang der Siebensterngasse, der Zentralachse dieses Viertels. Typische Cafés, asiatische, italienische, orientalische oder gutbürgerliche Küche – alles ist da.
Naschmarkt und Schleifmühlgasse: Zahlreiche Cafés und Restaurants dicht an dicht. Viele Nationaliäten, z. T. Alt-Wiener Flair mit landesytypischer Speisekarte.

► Kaffeehäuser: Nach wie vor gibt es eine Reihe von stilechten Kaffehäusern. Viele bieten neben Kuchen und Torten weitere wientypische Süß- und Mehlspeisen und auch eine gute Mittags- und Abendkarte. Klassiker im Zentrum:
Prückel, Stubenring 24 (Luegerplatz). Stilvolles 50er-Jahre-Interieur.
Landtmann, Dr.-Karl-Lueger-Ring 4. Gern aufgesucht von Journalisten und Politikern.
Hawelka, Dorotheergasse 6. Oft beschrieben, etwas hochpreisiger.
Central, Herrengasse 14 (im Palais Ferstel). Früher das Zentrum der Literatenszene.
Griensteidl, Michaelerplatz 2. Am Eingang zur Hofburg.
Café im Palmenhaus, Burggarten 1. Bezaubernder Ort, dafür erstaunlich wenig überlaufen.
Frauenhuber, Himmelpfortgasse 6. Ältestes noch existierendes Kaffeehaus in Wien. Nostalgischer Charme.
Demel, Kohlmarkt 14. Süßspeisenparadies, Heimat der Sachertorte, Schaubäckerei. Etwas teurer.
Schwarzenberg, Kärntner Ring 17. Ledersofas, gehobene Preise.
► Heurigen: Ein Besuch eines Heurigenlokals wird auf fast jeder Kreuzfahrt angeboten. Falls das Schiff nicht am Handelskai, sondern in Nußdorf festgemacht hat, ist ein Besuch eines Grinzinger Heurigenlokals auf eigene Faust denkbar einfach: Man folgt ab dem Heiligenstadter Zentrum (Heiligenstadter Str.) der Grinzinger Str. so lange, bis man vor den ersten Lokalen steht. Dort große Auswahl, einfacher Weg ca. 30 Fußminuten.

Haupteinkaufsstraßen im Zentrum sind Kärntner Straße, Graben, Kohlmarkt sowie die angrenzenden Straßen. Zur besseren Orientierung gibt es Broschüren zum Thema in der Tourist-Info (s.o.).

▲ Karte: vordere Umschlagklappe

Zwischen Wien und Devín

In Schwechat, dem östlichsten Teil Wiens, kommen Donaukanal, Neue und Alte Donau wieder zusammen. Der Strom, bis dahin kanalisiert und geteilt, findet wieder in sein altes Flussbett zurück. Auf den ersten Kilometern danach kann man vom Oberdeck aus gut die im Minutentakt nach Wien-Schwechat einschwebenden Flugzeuge beobachten.
Auf nördlicher Seite erstreckt sich das Marchfeld, ungefähr von Donau, March und der Bundesstraße 8 begrenzt. Diese Ebene wird oft als ›Korn- und Gemüsekammer‹ Wiens bezeichnet, ist aber auch unter touristischen Gesichtspunkten von Interesse. Mit den repräsentativen Schlössern in Orth, Eckartsau, Obersiebenbrunn, Schlosshof und Niederweiden liegen hier einige Solitäre aus dem 18. Jahrhundert, die den Besuchern viel von dem Aufblühen Österreichs nach Abwehr der Türkengefahr und der Jagdleidenschaft der Adligen in dieser Zeit erzählen. Die Häuser werden heute großteils museal genutzt, in **Orth** ist beispielsweise ein Fischerei- und Donaumuseum eingerichtet. Der Ort liegt etwa zwei Kilometer landeinwärts, am Fluss selbst (km 1902) befindet sich lediglich ein Schiffsanlager.
Zu beiden Ufern begleiten den Strom die Auenwälder, die ihn bis zur Mitte des 19. Jahrhunderts auch auf den anderen österreichischen Abschnitten prägten. Die Auenlandschaft zwischen Wien und österreichisch-slowakischer Grenze sollte für die Stromgewinnung genutzt und ein riesiges Wasserkraftwerk errichten werden, das den 50 Kilometer langen Flussabschnitt radikal verändert hätte. Dank der Hainburger Aubesetzung, an der sich 1984 Tausende von Menschen beteiligten, zogen Regierung und Stromwirtschaft in letzter Minute ihre Pläne zurück; so konnte eines der größten zusammenhängenden Auwaldgebiete Europas erhalten werden. Seit 1996 ist es als **Nationalpark Donau-Auen** ausgewiesen. Das Gewirr von Flussarmen, teils im Charakter eines versumpften Urwalds, bietet den Lebensraum für sonst nicht mehr anzutreffende Tier- und Pflanzenarten. Ein Informationszentrum ist im Schloss Eckartsau eingerichtet.

Zwischen Wien und Devín

Petronell-Carnuntum ▸ km 1890

In der Nähe der Einmündung der March in die Donau kreuzte sich in der Antike die Handelsstraße, die entlang der Donau verlief, mit der Bernsteinstraße. Dieser Weg verband die Ostsee mit dem Mittelmeer. Noch die heutigen Fernstraßen folgen exakt dem Verlauf dieser alten Handelswege. Diese Lage wies dem Ort ganz automatisch auch eine militärstrategisch wichtige Funktion zu.

Daher bauten die Römer an dieser Stelle etwa ab der Zeitenwende ein großes Kastell, und es entwickelte sich daneben eine Bürgerstadt. Carnuntum war in ihrer Blüte im 3. und 4. Jahrhundert die zentrale Militär-, Verwaltungs- und Handelsstadt an der Donau, in der schätzungsweise 30 000 oder gar 50 000 Menschen lebten.

Im Jahr 395 wurde Carnuntum von den durchziehenden Goten und Awaren erobert, zerstört und geplündert, danach geriet der Ort in Vergessenheit. Erst die Ausgrabungen der Neuzeit ab etwa 1850 riefen ihn wieder in das Gedächtnis zurück. Sie förderten ein antikes Erbe zutage, das in seinem Reichtum nicht nur für Österreich als einzigartig gilt.

So lassen sich die Reste gleich zweier Amphitheater besuchen – sie waren für

Brücke bei Bad Deutsch-Altenburg

Ein Ausflugsschiff bei Hainburg

8000 und 13 000 Zuschauer gebaut – wie auch die Fundamente einiger Häuser der Lagerstadt. Eines der Tore, das sogenannte Heidentor, ist als Ruine noch erhalten. Daneben findet sich die Palastruine, eine um eine große Therme errichtete große Freizeitanlage. Weiterhin sind Mosaike unterschiedlich vollständig erhalten wie auch Reste der Kanalisation und Fundamente einiger Bürgerhäuser. Teile der Lagerstadt sind mittlerweile im Fluss versunken, andere sind vermutlich unter Neubauten verborgen.

■ Bad Deutsch-Altenburg ▸ km 1887

Seit der Römerzeit ist Bad Deutsch-Altenburg ein bekannter Badeort, mittlerweile kann es sich dank seiner schwefel- und jodhaltigen Wasser offiziell Kurort nennen. Zum Marktort erhoben ist es seit 1927. In dem kleinen Städtchen leben zwar nur rund 1600 Einwohner, es wartet aber mit einer tausendjährigen Kirche und einem Wasserschloss aus dem 17. Jahrhundert auf, dem Schloss Ludwigstorff sowie zwei Kirchen aus dem 12. Jahrhundert, die zu den besterhaltenen ihrer Art in Österreich zählen.

▲ Karte S. 151

Hainburg ▸ km 1884

Hainburg (14 000 Einwohner) ist die östlichste Stadt Österreichs. Durch ihre Lage an der Thebener Pforte war sie geradezu zwangsläufig immer schon Grenzstadt. Bereits die Kelten errichteten hier ein Fort, um 900 gab es eine Burganlage, die im 12. Jahrhundert deutlich erweitert wurde. Unter anderem war der Ausbau dank des Lösegeldes für Richard Löwenherz möglich. Die Burg wurde Anfang des 15. Jahrhunderts nochmals verstärkt. Diese Bemühungen konnten aber nicht verhindern, dass die Türken den Ort 1683 eroberten und fast alle der über 8000 Einwohner umbrachten. Von diesem Rückschlag erholte sich die Stadt nur allmählich. Gezielte Ansiedlungen von Neubürgern und die Gründung einer Tabakmanufaktur 1724 trugen maßgeblich dazu bei. Bis 2011 war die Tabakverarbeitung ein wichtiger Wirtschaftszweig. Die Anlage des Ortes als Grenzfeste ist im Stadtbild noch deutlich auszumachen. Auf dem Schlossberg thront die ab 1975 sanierte **Burgruine**; Mauerteile, Türme und einige der Stadttore, die früher die Stadt sicherten, sind heute noch erhalten. Insbesondere das **Wienertor** an der westlichen Seite und das **Ungartor** auf der anderen sind in einem guten Zustand. Im Ort selbst finden sich Relikte aus der Stadtgeschichte seit dem 12. Jahrhundert, manches ist nur noch in kleinen Überresten vorhanden, wie etwa Burg Röthelstein am nahe gelegenen **Braunsberg**. Hier erinnert seit einiger Zeit eine von der Donau gut sichtbare Turmkonstruktion aus Holz an die Kelten. Vom Braunsberg eröffnen sich weite Blicke in die Slowakei, auf das Burgenland und das Marchland.

Auffällig ist die Präsenz des Namens Haydn im Stadtbild. Joseph Haydn wurde zwar im zehn Kilometer entfernten Rohrau geboren, ging aber in Hainburg zur Schule, wo man sein musikalisches Talent entdeckte und förderte. So trägt der Ort heute stolz den Beinamen ›Haydnstadt‹.

■ Mündung der March ▸ km 1880

Kurz hinter Hainburg mündet auf der linken Seite die von Norden, aus Mähren kommende March (slowakisch Morava) in die Donau. Ihr Wasser ist wegen des hohen Eisengehalts deutlich dunkler als das der Donau. Die March bildet auf etwa 90 Kilometern die Staatsgrenze zwischen Österreich und der Slowakei. Die Thebener Pforte ist erreicht, die allgemein als Grenze zwischen oberer und mittlerer Donau angesehen wird.

Blick auf Hainburg

Mit Bratislava, Budapest und Belgrad liegen gleich drei Hauptstädte an dem Abschnitt zwischen Devín und Eisernem Tor. Zu den landschaftlichen Höhepunkten zählen die Passagen von Donauknie und Eisernem Tor.

AUF DER MITTLEREN DONAU

Blick vom Budapester Gellértberg auf die Donau, in der Bildmitte die Kettenbrücke

In ihrem Mittellauf berührt die Donau die Slowakei, Ungarn, Kroatien, Serbien und Rumänien. Auf dieser Strecke münden mit der Theiß, der Save und der Drave drei der wasserreichsten Nebenflüsse ein, und spürbar verändert sich der Charakter der Donau: Kurz vor dem Eingang in das Eiserne Tor ist sie zu einem mehrere Kilometer breiten Strom geworden. Abgesehen von den mehrere hundert Meter aufragenden Bergen am Donauknie, fließt die Donau durch flache Landschaften. An den Ufern liegen immer wieder ausgedehnte Naturschutzgebiete.

In vielen Orten zwischen der Porta Hungarica bzw. Thebener Pforte – so wird der Ort, an dem die March in die Donau mündet, von den Historikern auch genannt – und Eisernem Tor haben sich bauliche Zeugnisse erhalten, die viel von dem jahrhundertewährenden Dualismus von Habsburger und Osmanischem Reich und von dem früheren bunten Völkergemisch in diesen Städten erzählen. Für die Kroaten ist die Donau von minderer, für die anderen Nationen seit Jahrhunderten jedoch von überragender Bedeutung. Sie teilt sich unter anderem in den Hauptstädten mit, die allesamt am Strom liegen und unterschiedlicher kaum sein könnten: Bratislava überrascht als barockes Kleinod, Budapest ist die wohl weltläufigste Stadt an der Donau, und in Belgrad verbinden sich balkanische und mitteleuropäische Traditionen.

Die anderen besuchten Orte erlauben ebenso einen tiefen Einblick in die Geschichte und Gegenwart der Völker: die früheren ungarischen Hauptstädte Esztergom und Visegrad sowie die ›Paprikahauptstadt‹ Kalocsa, die habsburgisch geprägten Orte im kroatischen Slawonien, die mächtige Festung Petrovaradin sowie die Klöster in der Fruška Gora, die zu den bedeutendsten Serbiens zählen.

Devín ▸ km 1880

Die March (Morava) bildet auf über 90 Kilometern die Grenze zwischen Österreich und der Slowakei. An ihrer Einmündung in die Donau wird diese für rund 150 Kilometer zum slowakisch-ungarischen Grenzfluss. Lediglich um Bratislava herum gehören Gebiete am südlichen Donauufer zur Slowakei.

Devín liegt direkt an der Marchmündung. Hauptsehenswürdigkeit des kleinen Ortes (1300 Einwohner) ist die **Burgruine**, die in Teilen auch vom Fluss auszuma-

Devín an der Mündung der March in die Donau

▲ Karte S. 157

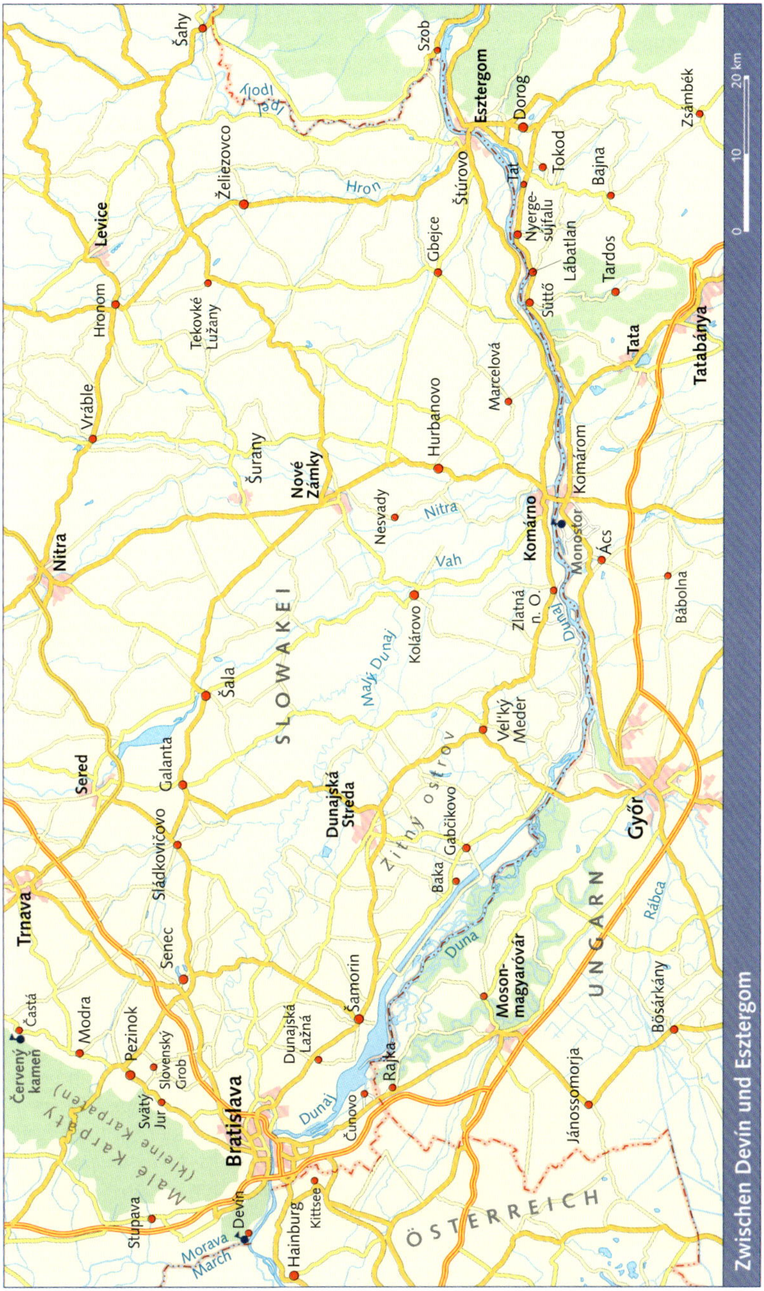
Zwischen Devín und Esztergom
0
10
20 km
SLOWAKEI
UNGARN
ÖSTERREICH
Bratislava
Devín
Hainburg
Kittsee
Stupava
Morava
March
Malé Karpaty
(Kleine Karpaten)
Červený kameň
Častá
Modra
Pezinok
Svätý Jur
Slovenský Grob
Senec
Trnava
Sered
Sládkovičovo
Galanta
Šala
Nitra
Vráble
Hronom
Levice
Tekovké Lužany
Želiezovco
Šahy
Ipeľ
Ipoly
Hron
Šurany
Nové Zámky
Nesvady
Hurbanovo
Gbejce
Štúrovo
Szob
Esztergom
Dorog
Tokod
Tát
Nyergesújfalu
Lábatlan
Süttő
Bajna
Tardos
Zsámbék
Tata
Tatabánya
Marcelová
Komárno
Komárom
Monostor
Ács
Bábolna
Zlatná n. O.
Nitra
Vah
Kolárovo
Malý Dunaj
Veľký Meder
Žitný ostrov
Dunajská Streda
Gabčíkovo
Baka
Šamorín
Dunajská Lužná
Čunovo
Rajka
Dunaj
Duna
Mosonmagyaróvár
Győr
Rábca
Bősárkány
Jánossomorja

chen ist. Schon die Römer legten hier eine Befestigung mit dem Namen Divinium an, bereits seit der Jungsteinzeit war die Stelle auf den Felsen wegen ihrer günstigen strategischen Lage besiedelt: Sie liegt am Fuße des Thebener Kogels und dem Hundsheimer Berg am Donaudurchbruch gegenüber.

Die älteste urkundliche Erwähnung stammt aus den Fuldaer Annalen (864) und nennt den Ort Dowina. Er bestand zu diesem Zeitpunkt nur aus der Burg, eine der wichtigsten Festungen des Großmährischen Reiches. In den folgenden Jahrhunderten wurde die Anlage mehrmals verstärkt und umgebaut. Die Burg widerstand allen Eroberungsversuchen, auch denen der Türken 1683, und konnte erst von den napoleonischen Truppen 1809 eingenommen werden. Von ihnen wurde sie gesprengt. Für die Slowaken ist der Ort von großer ideeller Bedeutung. Sie sehen in ihm eine der Keimzellen der slowakischen Nation, die schon bestand, bevor im 10. Jahrhundert die Fremdherrschaft der Ungarn begann.

Der Staat übernahm 1932 die Anlage und erklärte sie 1961 zum Nationaldenkmal. Noch in den 30er Jahren begannen die Ausgrabungen, denen wir die Erkenntnisse über die Siedlungsgeschichte verdanken und die teilweise die frühen Bauphasen wieder an das Tageslicht brachten; Teile der Anlage wurden sogar rekonstruiert.

Mit dem **Jungfernturm** am Ufer, etwas unterhalb der Burg, ist eine Legende von einem unglücklichen Liebespaar verbunden, das sich von dort in die Tiefe gestürzt haben soll.

Bratislava ▸ km 1869

▲ Karte S. 159

Die slowakische Hauptstadt Bratislava liegt im äußersten Südwesten der Slowakei, nur 5 Kilometer von Österreich und nur 20 von Ungarn entfernt. Jahrhundertelang prägten diese Lage im Dreiländereck und die drei Volksgruppen die Stadt gleichermaßen, und diese Geschichte vermittelt sich bei genauem Hinschauen noch heute im Stadtbild.

Bratislavas historisches Zentrum ist vor allem barock geformt und entstand in weiten Teilen zu der Zeit, als die Stadt als Pozsony, wie die Ungarn sie nannten, Hauptstadt Ungarns war. In dieser Epoche bauten sich Adlige und Bürger die zahlreichen, repräsentativen Palais, die Bratislavas kleinräumiger Altstadt bis heute ein unverwechselbares Gepräge geben.

Bratislava mit seinen rund 422 000 Einwohnern ist Sitz von Landesregierung und Parlament sowie der wichtigsten staatlichen Einrichtungen, Standort mehrerer Universitäten mit insgesamt rund 65 000 Studenten, Museen, Theatern und anderer Einrichtungen, kurz: auch das überragende kulturelle, wissenschaftliche und wirtschaftliche Zentrum des Landes und daneben bedeutender Knotenpunkt für den Straßen-, Eisenbahn- und Luftverkehr sowie für die Schifffahrt.

Geschichte

Bratislava entstand an jenem Durchgang zwischen Alpen und Karpaten, an der sich einst die Bernsteinstraße und die Donau kreuzten, zwei der wichtigsten Verkehrswege Mitteleuropas. Erste Besiedlungen sind seit der Steinzeit nachweisbar, ebenso ist die Besiedlung durch die Kelten im ersten vorchristlichen Jahrhundert gesichert. Die Römer errichteten an dieser Stelle eine Grenzbefestigung und hielten sie über Jahrhunderte.

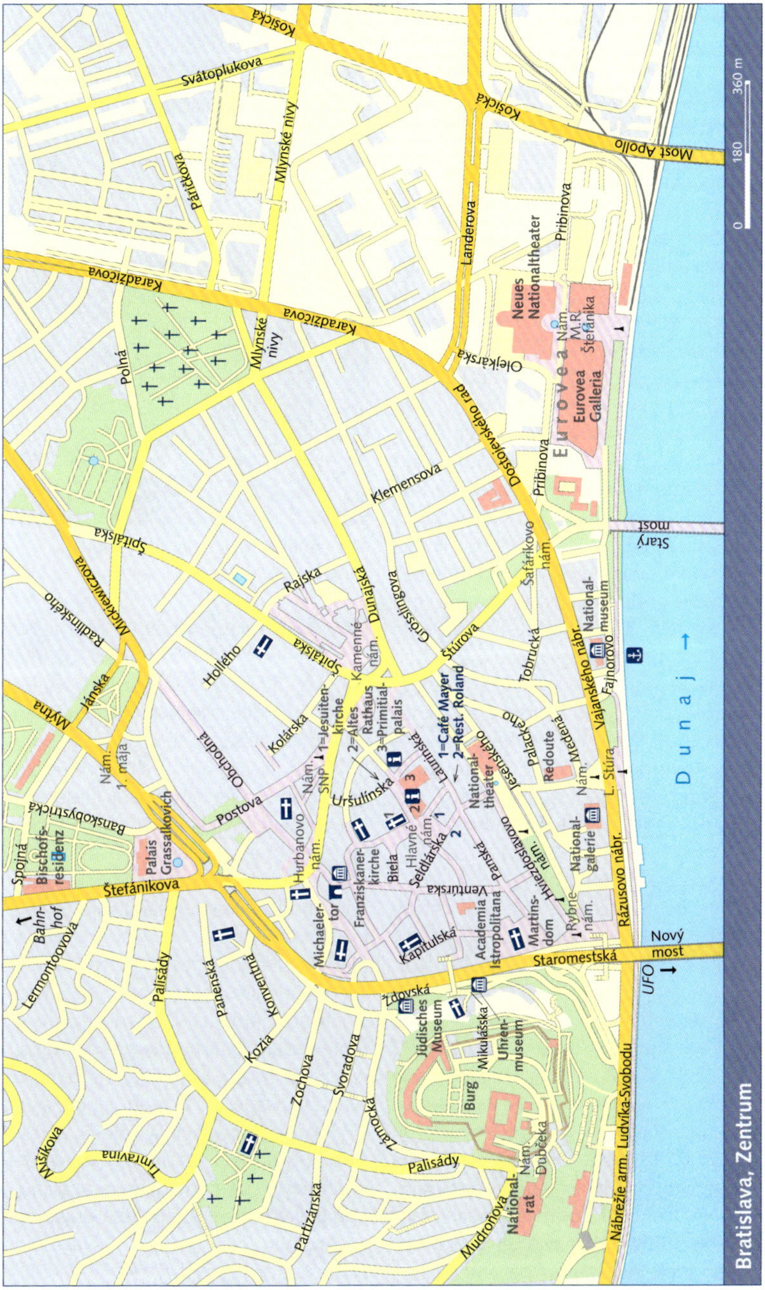
Bratislava, Zentrum
0
180
360 m
Dunaj
Nový most
UFO
Starý most
Most Apollo
Staromestská
Nábrežie arm. Ludvíka Svobodu
Rázusovo nábr.
Vajanského nábr.
Fajnorovo
L. Štúra
Burg
Nám. Dubčeka
National-rat
Mudroňova
Partizánska
Palisády
Zámocká
Svoradova
Zochova
Kozia
Timravina
Mišíkova
Lermontovova
Bahnhof
Spojná
Bischofs-residenz
Banskobystrická
Palais Grassalkovich
Štefánikova
Panenská
Konventná
Židovská
Jüdisches Museum
Mikulášska
Uhren-museum
Michaeler-tor
Franziskaner-kirche
Kapitulská
Academia Istropolitana
Martins-dom
Rybné nám.
Hviezdoslavovo nám.
Ventúrska
Panská
Biela
Hlavné nám.
Sedlárska
National-theater
National-galerie
Nám. Hurbanovo
Nám. SNP
Uršulínska
Laurinská
Jesenského
Palackého
Redoute
Medená
Nám. 1. mája
Mýtna
Jánska
Obchodná
Postova
Kolárska
Hollého
Radlinského
Mickiewiczova
Špitálska
Rajska
Kamenné nám.
Dunajská
Grösslingova
Štúrova
Šafárikovo nám.
Tobrucká
National-museum
Klemensova
Dostojevského rad
Pribinova
Eurovea
Eurovea Galleria
Nám. M.R. Štefánika
Neues Nationaltheater
Olejkárska
Landerova
Karadžičova
Mlynské nivy
Polná
Páričkova
Svätoplukova
Košická
1=Jesuitenkirche
2=Altes Rathaus
3=Primatialpalais
1=Café Mayer
2=Rest. Roland

Im Mittelalter

Im 5. und 6. Jahrhundert siedelten sich Slawen an, und im 9. Jahrhundert war das Gebiet der Slowakei Teil eines Großmährischen Reiches. Eine erste schriftliche Erwähnung als ›brezalausburc‹ liegt aus dem Jahr 907 vor. Da muss es bereits eine Burg oder eine burgähnliche Anlage gegeben haben. Unterhalb des Burgbergs entwickelte sich seit dem 10. Jahrhundert eine Stadt, 1030 gründete der ungarische König Stephan I. hier seinen Komitatssitz. Stephan I. förderte den Zuzug von Neubürgern, vor allem aus Franken und Sachsen. Nach der Eroberung und Zerstörung 1241/42 durch die Mongolen musste die Stadt neu aufgebaut und besiedelt werden. Dazu wurden erneut Kolonisten aus Österreich und Süddeutschland gezielt angeworben, die seitdem und bis weit in das 19. Jahrhundert hinein die größte ethnische Gruppe stellten. Im Jahr 1291 stattete Andreas III. den Ort mit Privilegien aus, Zeichen für die Bedeutung, die er als wichtige Grenzfestung des ungarischen Reiches besaß. Aus Angst vor weiteren Belagerungen wurden 1427 die Stadtmauern neu befestigt; zu dieser Zeit war Pressburg ein bedeutendes Handelszentrum.

Hauptstadt Ungarns

Entscheidend für die weitere Entwicklung war die Niederlage der Ungarn gegen die Türken in der Schlacht von Mohács 1526. Ein weiteres Vordringen der Türken fürchtend, verlegten die Ungarn ihre Residenz von Buda nach Pressburg. Zwischen 1536 und 1784 war Pressburg (Pozsony) die ungarische Hauptstadt, die Krönungen der ungarischen Könige fanden hier von 1563 bis 1830 statt. Die Slowaken sahen in den Ungarn ebenso wie in den Habsburgern zu Recht Besatzer, andererseits begann nun die glanzvollste Zeit Pressburgs. Viele habsburgische und ungarische Adlige kamen hierher und ließen sich standesgemäße Stadtpalais errichten; Kirchen und Klöster entstanden, wurden erweitert oder umgebaut. Unter Maria Theresia erlebte Bratislava seine Blüte; in dieser Zeit erfuhr auch die Burg ihre Erweiterung. Die Bauten aus dieser Epoche bestimmen noch heute ganze Straßenzüge in der Altstadt.

Der ›schöne Naci‹ heißt die Gäste willkommen

Nach der Rückverlegung der Residenz nach Buda war die glanzvolle Epoche Pressburgs vorbei. Im 19. Jahrhundert war der Handel bestimmend, der ab 1818 von der Anbindung an die Dampfschifffahrt auf der Donau profitierte. Ende des 19. Jahrhunderts waren nach einer Zählung 60 Prozent der Bevölkerung Deutsche, 20 Prozent Ungarn und 17 Prozent Slowaken. In dieser Zeit erfuhr Pressburg einen deutlichen Modernisierungs- und Industrialisierungsschub, und gleichzeitig entwickelte es sich zum wichtigsten Zentrum der slowakischen Nationalbewegung.

▶ Karte S. 159

Von der Tschechoslowakei zur Unabhängigkeit

Nach dem Ersten Weltkrieg gehörte das vormalige Preßburg, nun in Bratislava umbenannt, zum Staatsgebiet der neu formierten Tschechoslowakei. Viele ungarische Einwohner verließen die Stadt, dagegen zogen Tschechen und vor allem Slowaken zu. Bratislava erlebte einen wirtschaftlichen Aufschwung, neue Wohnviertel wurden angelegt, die Hafenanlagen bedeutend erweitert. Für eine kurze Zeit, zwischen 1939 und 1945, war es die Hauptstadt der scheinbar unabhängigen Slowakei. Gegen Kriegsende flüchteten die meisten Deutschen aus der Stadt.
Nach Ende des Zweiten Weltkriegs wurde die Tschechoslowakei in leicht geänderten Grenzen wiederhergestellt, Bratislava wurde Verwaltungssitz des slowakischen Teils. Ab 1969 war Bratislava Hauptstadt der nun föderativ strukturierten ČSSR, viele Slowaken sahen sich dennoch nicht den Tschechen gleichberechtigt.
Aufgrund von Eingemeindungen war die Einwohnerzahl 1972 – rund 380 000 Bewohner – fast dreimal so hoch wie am Ende des Zweiten Weltkriegs. Zu den neu zur Stadt gehörenden Vierteln zählen auch zahlreiche Trabantenstädte, die wie ein Ring um die historische Stadt liegen. Während ihr Bau vorangetrieben wurde, ging man mit der Altstadt nachlässig um; so musste das historische jüdische Viertel unterhalb der Burg einer innerstädtischen Magistrale (Starometská) weichen.

Nach 1990

Seit der Unabhängigkeit der Slowakei im Jahr 1993 ist Bratislava die jüngste der europäischen Hauptstädte. Sie profitierte enorm von der Öffnung der Grenzen. Maßgebliche Impulse gingen neben der Chemie- und der Maschinenbauindustrie zunächst von der Automobilindustrie aus; neben einigen Zulieferern baute etwa der Volkswagen-Konzern schon 1991 ein großes Produktionswerk auf. Seit 2000 ist ein Zuzug internationaler Firmen vor allem in den Bereichen Handel, Finanzdienstleistungen sowie Informationstechnik und Telekommunikation zu verzeichnen; daneben entstanden zahlreiche Arbeitsplätze im Tourismussektor. Die Firmen siedeln sich wegen der Vielzahl an Forschungseinrichtungen und der gut ausgebildeten Mitarbeiter hier an und gerade auch wegen der Lage der Stadt im Herzen Europas.
Derzeit arbeiten mehr als drei Viertel der Beschäftigten im Dienstleistungsbereich. Die Arbeitslosenquote liegt bei unter 5 Prozent – in manchen Gegenden der Ostslowakei sind es 30 Prozent –, und nicht nur im slowakischen, sondern im gesamteuropäischen Vergleich gilt der Großraum Bratislava als eine wohlhabende Region mit hoher Wertschöpfung.
Die zahlreichen neuen Verwaltungsgebäude, die Apollo-Brücke und das 2010 offiziell eingeweihte Eurovea-Viertel sind Zeugen der dynamischen Entwicklung seit 1990, gleichzeitig ist in diesen Jahren das reiche bauliche und museale Erbe sorgsam renoviert worden. Beides, die Geschichte wie die Gegenwart, lohnt einen genauen Blick.

Burgberg

Auf einem Hügel 80 Meter oberhalb der Donau erhebt sich die Burg, das Wahrzeichen der Stadt, das aufgrund seiner charakteristischen Silhouette umgangssprachlich oft ›Der umgedrehte Tisch‹ genannt wird. Die Burg war wegen ihrer strategischen Lage am Übergang von Karpaten zu Donautiefebene lange Zeit vor allem Festungswerk und weniger Repräsentationsobjekt. Diese Funktion teilt sich auch heute noch in dem trutzig wirkenden Äußeren mit.

Ein Besuch lohnt wegen der bedeutenden musealen Sammlungen und der fantastischen Aussicht. Die Stadt und der Fluss liegen dem Betrachter zu Füßen, weite Blicke ergeben sich an schönen Tagen bis zu den Alpen.

Die älteste Besiedlung Bratislavas - in der Altsteinzeit - ist für den Burgberg nachweisbar. Im 12. Jahrhundert befand sich hier eine steinerne Burg, die unter Sigismund von Luxemburg ab 1427 befestigt wurde und dabei ihren heutigen Grundriss erhielt. In den Jahren bis 1562 wurde sie erneut umgebaut und verstärkt, nun erhielt sie auch die Funktion der königlichen Schatzkammer. Mitte des 17. Jahrhunderts wurden die vier Ecktürme angebaut und der gesamten Anlage ein drittes Stockwerk aufgesetzt. Die Insignien des ungarischen Reichs wurden nun für Jahrhunderte ebenfalls hier untergebracht. Unter Maria Theresia, zwischen 1761 und 1766, fanden Umbauten statt, die vor allem den Repräsentationszwecken der Habsburger dienten. Bereits in der Regierungszeit ihres Nachfolgers, Joseph II., verlor die Burg aber wichtige Funktionen. Im Zuge der Verwaltungsreformen, die er durchführte, wurden sowohl die Regierungsstellen wie auch die Kunstsammlungen, die dort untergebracht waren, teils nach Buda, teils nach Wien verlegt. Als Folge setzte ein allmählicher Verfall ein.

Das Leopoldtor, einer der Zugänge in die Burg

▲ Karte S. 159

Ein verheerender Brand im Jahr 1811 ruinierte die Burg nahezu vollständig. Anderthalb Jahrhunderte wurden keine erhaltenden Arbeiten vorgenommen, erst 1953 begann man mit systematischen Grabungs-, Sicherungs- und Rekonstruktionsarbeiten. Sie waren aufwendig und zogen sich über Jahrzehnte hin; die jüngste Renovierung ist erst vor wenigen Jahren abgeschlossen worden. Seitdem erstrahlt die Burg in Weiß. In weiten Teilen wurde sie in den Zustand nach dem letzten Umbau unter Maria Theresia zurückversetzt, aber nicht durchgängig. Ältere Schichten wurden freigelegt und teils belassen. So kann man heute bei genauerer Betrachtung Details aus verschiedenen Bauphasen erkennen.

Drei **Tore** führen zur Burg. An der westlichen Seite liegt das Wiener Tor, an der östlichen das Siegmundstor, an der nordöstlichen das kleine Nikolaustor. Alle Wege münden in den barocken **Ehrenhof**. Südlich schließt sich der Leopoldhof mit Bastionen an, östlich davon sind Reste der Burganlage aus dem frühen Mittelalter freigelegt. Dahinter findet sich die **Aussichtsterrasse**, die den schönsten Blick über die Stadt ermöglicht.

Einige Räume der Burg nutzt heute der Nationalrat für repräsentative Zwecke, im Hof werden im Sommer Stücke von Shakespeare aufgeführt, die Burg dient heute jedoch vor allem musealen Zwecken. Die verschiedenen Ausstellungstrakte erschließen sich über den Haupteingang. Am attraktivsten ist die

Der ›umgedrehte Tisch‹

Ausstellung mit dem Namen **Schatzkammer**. Sie zeigt Exponate von der ersten Besiedlung der Gegend bis zum 13. Jahrhundert. Beeindruckend ist die numismatische Sammlung mit Münzen aller Epochen, darunter sehr rare römische Stücke. Im **Historischen Museum** kann man die Entwicklung der Slowakei von den Anfängen bis heute nachvollziehen, und das **Musikmuseum** glänzt mit zahlreichen historischen Musikinstrumenten.

Rund um die Burg

Westlich der Burg liegt der Námestie Alexandra Dubčeka. Er ist nach dem Reformkommunisten benannt, der 1968 als Erster Sekretär der tschechoslowakischen KP entscheidend den ›Prager Frühling‹ prägte, bis die von ihm geführte Regierung mit dem Einmarsch der Roten Armee gewaltsam gestürzt wurde. Ein Denkmal auf dem Platz erinnert an ihn. Das große moderne Gebäude am Platz ist der **Nationalrat**, das slowakische Parlament.

Das Haus zum Guten Hirten hat als eines der wenigen Gebäude unterhalb der Burg die Zeiten überdauert. In diesem zauberhaften, sehr schmalen Rokokohäuschen hat das **Uhrenmuseum** seinen Sitz.

Nicht weit davon entfernt, am nördlichen Ende der Židovská, informiert das **Museum der jüdischen Kultur** über die Geschichte der Juden in der Slowakei.

Stadtzentrum

Einige der wichtigsten Museen liegen entlang der Donaupromenade, die meisten Sehenswürdigkeiten am Hauptplatz oder in seiner unmittelbaren Nähe.

Entlang der Donau

Direkt am Schiffsanleger dominiert der massige Baukörper des **Slowakischen Nationalmuseums** den kleinen Platz. Es weist einen reichen Bestand an Exponaten vor allem aus dem Gebiet der Naturwissenschaften auf.

An der Ostseite des Ľudovit-Štúr-Platzes, dem früheren Krönungshügel, befindet sich das **Lafranconi-Palais**, in dem das Umweltministerium untergebracht ist, an der Westseite die **Slowakische Nationalgalerie**. Man erreicht die frühere Wasser-

Im Pfeiler der Neuen Brücke ist das Restaurant UFO untergebracht

kaserne, in dem die Exponate präsentiert werden, wenn man den futuristischen Neubau an der Straßenfront durchquert. Die Sammlungen lohnen unbedingt einen Besuch. Ihre vier Bereiche - Alte Europäische Kunst des 16. bis 18. Jahrhunderts; Gotische Kunst in der Slowakei; Barockkunst in der Slowakei; Maler- und Bildhauerwerke slowakischer Künstler des 19. Jahrhunderts - gehören zu den bedeutendsten des Landes. In der Mitte des Platzes erhebt sich seit 1972 das **Denkmal für Ľudovít Štúr** (1815-1856), den Philologen und Schriftsteller, der an der Entwicklung der slowakischen Schriftsprache maßgeblich beteiligt war.

Von diesem Platz fällt der Blick auf die markante, 430 Meter lange **Neue Brücke**, die offiziell Brücke des Slowakischen Volksaufstands heißt. Sie wurde 1972 fertiggestellt und war damit die erste asymmetrische Seilbrückenkonstruktion in Europa. Ihre Verlängerung bildet die Staromestská, eine Art Stadtautobahn, deren Bau ein Teil der Altstadt, das alte jüdische Viertel, geopfert wurde.

▲ Karte S. 159

Am Hviezdoslav-Platz

An der Mostavá, einige Schritte vom Donauufer entfernt, erhebt sich die zwischen 1913 und 1919 an der Stelle eines alten Speichers als Ballhaus errichtete **Redoute**. Die Slowakische Philharmonie hat hier ihren Stammsitz und konzertiert auch hier, neben dem Konzertsaal bietet das Gebäude noch Platz für Casino, Restaurant und Café.

Etwas weiter öffnet sich die Straße auf einen für Bratislavaer Verhältnisse recht großzügigen Platz, den Hviezdoslav-Platz (Hviezdoslavovo námestie), heute Sitz auch einiger Botschaften und großer Hotels. Im Sommer ist er oft Kulisse für Konzerte unter freiem Himmel.

Mit dem **Slowakischen Nationaltheater** befindet sich hier eine weitere Kultureinrichtung von nationalem Rang. Der Neorenaissancebau wurde nach Plänen des bekannten Wiener Architektenduos Helmer und Fellner bis 1884 errichtet. Heute werden hier vor allem Opern- und Ballettaufführungen gezeigt. Vor dem Eingang setzt der **Ganymed-Brunnen** einen schmucken Tupfer.

Die Pestsäule am Rybné nám

Dem Namensgeber des Platzes ist zur anderen Seite ein Denkmal gewidmet. Pavol Országh (1849–1921), genannt Hviezdoslav (etwa: ›Verehrer der Sterne‹), gilt als einer der Väter der Nationaldichtung, er war aber vor allem ein revolutionärer Patriot, und davon handeln auch seine Bücher. Nicht zufällig findet man heute in fast jedem größeren Ort in der Slowakei ein Denkmal für ihn. Die **Bronzeplastik** wurde von den Bildhauern Ihrisky und Pospíšil im Jahr 1937 geschaffen.

Der schmucke Platz wird von Bäumen gesäumt und von kleinen Fontänen umspielt; ein **Denkmal** erinnert an den bekannten Märchendichter Hans Christian Andersen, der sich 1833 einige Monate in Bratislava aufhielt und später vor allem die hier genossenen Rotweine rühmte, das große **Schachbrett** unter freiem Himmel an Wolfgang Kempelen (1734–1804), der einen zu seiner Zeit europaweit vielbeachteten Schachautomaten konstruierte.

Seinen westlichen Abschluss findet der Hviezdoslavovo námestie mit dem **Rybné nám** (Fischmarkt). Mit dem Bau der Neuen Brücke und ihrer Verlängerung verlor er fast vollständig seine Bebauung, und seitdem ist sein Charme deutlich eingeschränkt. Erhalten ist noch die **Pestsäule** von 1713.

Der Ganymed-Brunnen vor dem Nationaltheater

Martinsdom

Der Martinsdom ist in ideeller Hinsicht der wichtigste Sakralbau Bratislavas. Der Dom, in seiner glanzvollsten Zeit zwischen 1563 und 1830 Krönungskirche der ungarischen Könige, wurde an Stelle einer aus dem 13. Jahrhundert stammenden romanischen Basilika errichtet und 1452 geweiht. Anbauten kamen im 15. und 16. Jahrhundert hinzu, unter anderem der 85 Meter hohe Turm. Der Dom weist eine wertvolle Innenausstattung auf, darunter ein gotisches Bronzetaufbecken von 1403, ein Epitaph von 1470, die Orgel von 1452 sowie Tafelgemälde vom Anfang des 16. Jahrhunderts. Bemerkenswert sind auch die Gewölbedecken aus dem 15. Jahrhundert und vor allem die **Kapelle des heiligen Johannes**, die der berühmte Bildhauer Georg Raphael Donner um 1730 schuf. Von ihm stammt auch die Reiterstatue des namensgebenden heiligen Martin (1734). Donner arbeitete im Auftrag des Erzbischofs Imrich Eszterházy, der einen repräsentativen Rahmen für die Krönungsfeierlichkeiten schaffen wollte, und angeblich trägt der heilige Martin die Züge des Erzbischofs. Ende des 19. Jahrhunderts wurde die barocke Inneneinrichtung jedoch zum Teil zugunsten einer neogotischen Ausstattung wieder entfernt. Heute ist der Dom oft Schauplatz für Konzerte.

Auf dem Platz vor dem Dom erinnert das **Holocaustdenkmal** an die 60000 slowakischen Juden, die während des Zweiten Weltkriegs ermordet wurden.

Der Čumil

Weiter sind hier drei **Statuen** aufgestellt, eine für Franz Liszt, eine für Georg Raphael Donner und eine für Anton Bernolák, der das Schriftslawisch am Anfang des 19. Jahrhunderts kodifizierte. Ein letzter Rest der Wehranlage ist entlang der Staromestská noch sichtbar. An ihr wird deutlich, dass der Dom nicht nur eine sakrale und eine repräsentative Funktion besaß, sondern auch Teil der Befestigungsanlagen war.

Vom Martinsdom führen seit Kurzem 178 kleine **Bodenplatten** aus Messing in Form einer Königskrone zum früheren Krönungshügel und zeichnen so den Krönungsweg der Könige nach. Die Könige wurden im Dom gekrönt, auf dem Krönungshügel dann nahmen sie das Land mit vier Schwertstreichen in alle Himmelsrichtungen symbolisch in Besitz und gaben das Versprechen ab, das Land vor allen Feinden zu beschützen.

Zwischen Martinsdom und Michaelertor

▶ Karte S. 159

Östlich des Doms nimmt die **Panská** ihren Anfang. Die Panská mit ihrer Verlängerung Laurinská ist ebenso eine belebte und beliebte Einkaufsstraße wie die von ihr abzweigende Ventúrska, die in ihrem Verlauf ihren Namen in Michalská ändert. Diese Straßen sind durch die zahlreichen früheren Adelspalais geprägt. Viele Innenhöfe dieser Palais weisen noch die Pawlatschen auf, umlaufende Balkone. Daher lohnt es sich, wenn möglich, hie und da einen Blick in die oft begrünten Höfe zu werfen.

Unter all den prächtigen **Palais** ragen der Barockpalast des Grafen Esterházy (Panská Nr. 13), der der Familie Balass (Nr. 15), und der der Familie Pálffy (Nr. 19) heraus. Im Pálffy-Palais ist eine Galerie untergebracht, in der neben slowakischer Malerei und Bildhauerkunst auch italienische und flämische Meister gezeigt werden. Weiter finden sich in unmittelbarer Nachbarschaft das Palais der Familie Keglevich (Nr. 27), in dem Ludwig van Beethoven konzertierte, und das Palais des Grafen Csáky (Nr. 33).

Folgt man der Panská bis zur übernächsten Straßenkreuzung, trifft man auf den **Čumil**, der grinsend aus der Kanalisation zu den Passanten aufschaut. Man sagt, er habe stets versucht, den Frauen unter die Röcke zu schauen. In der Altstadt finden sich weitere wunderliche Figuren: Der Gehrockträger, der vor dem Café ›Mayer‹ so höflich den Hut lüftet, ist der

Schöne Náci. Er wurde dem Bratislavaer Bürger Ignaz Lamar nachempfunden, der zwar ärmlich, dabei aber fein gekleidet gewesen sein und die Rolle eines gutmütigen Nobelstadtstreichers gespielt haben soll - wenn auch mit Melone statt Zylinder. Der dritte schließlich ist der mit einem Fernrohr ausgestattete **Paparazzi**. In der **Ventúrska** tritt zunächst das **Zichy-Palais** hervor (Nr. 9). Hinter der klassizistischen Fassade werden heute vor allem Hochzeitsfeiern abgehalten. Die **Universitas Istropolitana gleich daneben** (Nr. 3) ist die von Matthias Corvinus 1465 gegründete Universität, von der nur ein Teil erhalten ist. Heute beherbergt das Gebäude die Hochschule für Musik. Zwei weitere ehemalige Adelspalais sind sehenswert. Das ist zum einen, der Hochschule direkt gegenüber (Nr. 10), das Palais des Grafen Pálffy, in dem Mozart als Zehnjähriger konzertierte. Pálffy war zeitweise Burghauptmann Bratislavas. Und da

Besuchergruppe in der Ventúrska, im Hintergrund das Michaelertor

ist zum anderen, ebenfalls im Rokokostil, das Palais des Grafen Erdödy (Nr. 1). Die **Michalská**, die Verlängerung der Ventúrska, ist eine der belebtesten Straßen der Stadt. Ein weiteres Palais im Spätbarock ragt an der linken Seite heraus (Nr. 1). In der Mitte des 18. Jahrhunderts für die Königliche Ungarische Kammer erbaut, die damals oberste Finanzbehörde des Staates, ist es heute Teil der Universitätsbibliothek. Auf den wenigen Metern bis zum schon sichtbaren Stadttor folgen weitere Palais. Kurz vor dem Tor liegt auf der rechten Seite die **Apotheke Zum Roten Krebs**. Es ist die älteste Apotheke der Stadt, in der das Pharmazeutische Museum untergebracht ist, eine ungewöhnliche Ausstellung über gut 700 Jahre Heilkundegeschichte mit rund 5000 Exponaten. Das Interieur besteht aus dem Originalmobiliar mehrerer Apotheken. Der Imbiss schräg gegenüber ist erwähnenswert, weil er sich in dem **schmalsten Haus der Stadt** (130 Zentimeter) nun ja: breitgemacht hat.

Das **Michaelertor** (Michalská brána) ist das einzig erhaltene Tor der mittelalterlichen Stadtbefestigung. Er stammt aus dem 13. Jahrhundert, der achteckige Turmaufsatz von 1513, die weitere Verlängerung nach oben, der Barockaufsatz, kam bis 1758 hinzu. Damals wurde auf die Spitze eine Kupferplastik des Erzengels Michael aufgesetzt, der dem Turm seinen Namen gab. Der Turm wirkt nicht gerade filigran, von seiner umlaufenden Plattform hat man jedoch einen schönen Blick über die Dächer der Altstadt. Im Inneren ist das Waffen- und Befestigungsmuseum untergebracht. Neben dem Tor finden sich Reste der alten Stadtmauer und des ehemaligen Befestigungsgrabens, direkt am Tor verläuft die schmalste Gasse der Stadt, die Basteigasse (Baštová), einst Henkergassl, mit ihren charakteristischen drei Schwibbögen.

Palais Grassalkovich

Das nicht nur wegen seiner Größe beeindruckendste Palais Bratislavas liegt etwas außerhalb des Zentrums, in der früheren Michaelervorstadt. Es ist das Palais Grassalkovich, das sich Graf Anton Grassalkovich in den 1760er Jahren errichten ließ. Er gehörte in der Herrschaftszeit Maria Theresias zu den einflussreichsten Adligen in der Stadt - mitunter wird er auch etwas abfällig als einer ihrer größten Günstlinge bezeichnet -, und sein Palais war in diesen Jahren ein Zentrum des gesellschaftlichen Lebens. Heute ist es ein Ort wichtiger politischer Entscheidungen, denn der Staatspräsident residiert in dem repräsentativen Gebäude. Der **Brunnen** vor dem breiten Palais symbolisiert die Erde als Planet des Friedens. Sehr sehenswert ist der gepflegte **Park** hinter dem Palais, der mit einigen Kunstwerken und einem Reiterdenkmal für Maria Theresia aufwartet.
Das auffällige Gebäude etwas nördlich davon, in der ersten Hälfte des 17. Jahrhunderts errichtet und um 1765 verändert, war einst die **Sommerresidenz der Graner Bischöfe** und dient heute als Sitz des Ministerpräsidenten.

Die ›Erde als Planet des Friedens‹ vor dem Grassalkovich-Palais

▲ Karte S. 159

Hauptplatz

Der Hauptplatz (Hlavné námestie) ist das Zentrum des städtischen Lebens. Seit jeher fanden hier publikumswirksame Veranstaltungen statt, früher Märkte, Volksversammlungen und Hinrichtungen, heute neben Märkten und klassischen Konzerten allerlei Events, unter denen die Sylvesterfeier, auch als ›Partyslava‹ beworben, in jüngster Zeit am besten besucht war.
Der Platz liegt am Schnittpunkt der wichtigen Straßen, und mit dem Alten Rathaus befindet sich hier auch das wichtigste Bauwerk des Bürgertums.
Der Platz ist von hübschen, teils beeindruckenden Häusern aus den unterschiedlichsten Epochen gesäumt, von Gotik bis Jugendstil. Sie stechen sich nicht aus und reiben sich nicht aneinander, sondern bilden eine zugleich harmonische und spannende Kulisse für das öffentliche Leben. Der große **Brunnen** von 1572 wurde ursprünglich zum Gedenken an Maximilian II. errichtet, der sich als erster Kaiser 1563 in Bratislava zum ungarischen König krönen ließ. Das Denkmal blieb, wird seit der Ersten Republik aber, politisch neutral, Rolandsbrunnen genannt. Dass das kleinere **Denkmal** an der nördlichen Seite Napoleon zeigt, ist kein Zufall: Im Gebäude dahinter, dem ehemaligen Palais Kutscherfeld, residiert die französische Botschaft.

Altes Rathaus

Herausragendes Baudenkmal am Platz ist das Alte Rathaus, ein Komplex aus mehreren Gebäuden unterschiedlicher Stilepochen, die im 15. Jahrhundert zusammengefasst wurden. Bedingt durch Erdbeben und Brand, wurden 1590 und 1773 Umbauten vorgenommen. Der älteste Teil ist gotisch und stammt aus dem 13. Jahrhundert. Es ist die frühere Wohnung des Bürgermeisters mit einem Turm

Am Franziskanerplatz

für den Scharfrichter. Seit dem Mittelalter saß hier die Stadtverwaltung der freien königlichen Stadt, seit 1868 ist es Sitz des **Städtischen Museums**. Ein Rundgang durch die Innenräume lohnt, denn im Unterschied zur Außenfassade, die mehrmals im jeweiligen Geschmack der Zeit verändert wurde, ist dort noch einiges aus der ersten Bauphase erhalten. Und mit dem Museum der Feudaljustiz hat das Gebäude eine ungewöhnliche Sammlung aufzuweisen. Konsequenterweise sind vor allem Folterinstrumente und Henkerswerkzeuge ausgestellt. Freundlicher ist der Innenhof mit seinen teilweise erhaltenen Arkadengängen. Er ist im Sommer Ort für Konzerte und Theateraufführungen.

Primitialpalais

Das Primitialpalais ist das wohl eindrucksvollste Palais in Bratislava. Die Graner (Esztergomer) Erzbischöfe ließen es sich zwischen 1778 und 1781 nach Plänen von Melchior Hefele errichten, die Stadt kaufte es Anfang des 20. Jahrhunderts und ließ es um historisierende Flügel erweitern. Seitdem ist es ein Teil des Städtischen Museums. Im ersten Stock befinden sich wertvolle englische Gobelins aus dem 17. Jahrhundert. Sie stellen die griechische Sage von Hero und Leander dar und sind als Zyklus eine Besonderheit. Historische Bedeutung erlangte das Palais 1805, als in seinen Innenräumen der sogenannte Preßburger Frieden zwischen Napoleon und Kaiser Franz I. unterzeichnet wurde.

Franziskanerplatz

Nach Norden schließt sich an den Hlavné námestie der Franziskanerplatz (Františkánske námestie) an. Ihn dominiert die **Franziskanerkirche** mit dazugehörigem Kloster, das älteste erhaltene Bauwerk in der Innenstadt. Die Kirche wurde 1297 eingeweiht, das Kloster im 14. und 15. Jahrhundert errichtet und später, auch bedingt durch Brände und Erdbeben, mehrfach umgestaltet. Nach der Schlacht von Mohács wählten die ungarischen Adligen hier den Habsburger Ferdinand I. zum ungarischen König und begründeten damit die jahrhundertelange Herrschaft der Österreicher in Ungarn. Teil der Anlage ist die Kapelle des heiligen Johannes des Evangelisten aus der Mitte des 14. Jahrhunderts, die viele als das schönste gotische Bauwerk der Slowakei ansehen.

Majolikaziegel aus dem ungarischen Pécs schmücken das Dach des Rathauses

Ebenfalls am Platz liegt die **Jesuitenkirche**. Ursprünglich für die Protestanten deutscher Herkunft in den Jahren zwischen 1636 und 1638 erbaut, ging der dreischiffige Hallenbau später in den Besitz der Jesuiten über. Ungewöhnlicherweise kommt die Kirche ganz ohne Turm aus. Vor der Kirche erhebt sich die **Siegessäule**, die 1675 zum Gedenken an einen kurz zuvor errungenen Sieg über die Türken aufgestellt wurde.

Dem Franziskanerkloster gegenüber liegt das **Mirbach-Palais**. Das Rokokopalais ist nach seinem letzten Besitzer benannt, Dr. Emil Mirbach. Erbaut wurde es bis 1770 für einen wohlhabenden Bierbrauer namens Spech anstelle eines abgebrannten Theaters. Heute ist hier ein Teil der Kunstsammlung der städtischen Galerie untergebracht. Neben bildhauerischen Arbeiten von Georg Raphael Donner und Franz Xaver Messerschmidt können zwei historische Zimmerinterieurs besichtigt werden. Im Erdgeschoss werden Sonderausstellungen meist mit moderner Kunst gezeigt. Sehenswert ist auch das Haus selbst, denn vieles von der originalen Ausstattung - Stuckarbeiten, Kassettendecken - ist erhalten und ermöglicht einen Einblick in die wohlhabende Bürgerwelt des 18. Jahrhunderts.

Milan Rastislav Štefánik und slowakischer Löwe an der Donaupromenade

Eurovea-Viertel

Bratislava besitzt seit dem Frühjahr 2010 ein neues Stadtviertel, das Eurovea. Es wurde auf einem früheren Industriegelände östlich des historischen Zentrums errichtet, das bis in die 1960er Jahre von der Slovnaft-Raffinerie genutzt wurde und danach zu einer kontaminierten Brache verkam. Hier nutzte die Stadt die Möglichkeit, sich zur Donau hin zu erweitern und überhaupt zu öffnen. Am einfachsten und angenehmsten ist der Weg in das Eurovea-Viertel über die neu angelegte Donaupromenade, die an der 2016 fertiggestellten, neuen Alten Brücke (Starý Most) ihren Anfang nimmt und einen Teil des etwa drei Hektar großen, auch neu angelegten Parks darstellt.

Kultureller Anziehungspunkt ist das **Neue Nationaltheater** mit seiner markanten halbrund geschwungenen Hauptfassade, das nach 25-jähriger Planung als erster Bau des Viertels 2007 fertiggestellt war. Es bietet in seinen drei Hauptsälen für Oper, Ballett und Schauspiel Platz für etwa 1400 Zuschauer.

Für die meisten Besucher stellt sicherlich die **Eurovea Galleria** den Hauptanziehungspunkt dar, eine Shopping-Mall, wie sie in dieser Form überall in der Welt stehen könnte, mit 160 Geschäften, mehr als 30 gastronomischen Betrieben und einem Multiplex-Kino.

Weitere Cafés und biergartenähnliche Einrichtungen finden sich direkt an der Promenade, und hier erheben sich auch, von den meisten Flaneuren igno-

▶ Karte S. 159

riert, zwei hohe **Säulen**. Eine trägt ein Denkmal des Mitbegründers der ersten Tschechisch-Slowakischen Republik, Milan Rastislav Štefánik, die andere den slowakischen Löwen, der bis 2010 vor dem Nationalmuseum stand.

Komplettiert wird das Viertel durch das Fünf-Sterne-Hotel ›Sheraton‹, 25000 Quadratmeter Bürofläche und einige ebenfalls neu errichtete Wohnhäuser der gehobenen Klasse. Deren Balkone eröffnen wunderbare Blicke auf die Donau und die gegenüberliegende Uferseite, und wohl nicht deswegen liegen die Preise der Eigentumswohnungen deutlich über Bratislavaer Niveau.

Ein Ausflug in die Kleinen Karpaten

Die Kleinen Karpaten stellen den westlichsten Teil des Karpatenbogens dar. Sie tragen ihren Namen zu Recht, denn die Berge erreichen kaum 800 Meter, und es handelt sich eher um sanfte Hügelketten denn um Berge. Das dicht bewaldete Gebiet in unmittelbarer Nähe Bratislavas ist bei Wanderern und Wintersportlern sehr beliebt, und das Klima an den südlichen Hängen bietet beste Voraussetzungen für den Weinanbau. So ist es kein Wunder, dass diese Tradition spätestens mit den Römern begann; die Region ist das älteste und auch das größte Weinbaugebiet der Slowakei. Ein Drittel aller slowakischen Weine stammt von hier, 80 Prozent der angebauten Sorten sind verschiedene Weißweine. Einen deutlichen Aufschwung erfuhr der Weinbau durch die deutschen Neusiedler, die im 13. Jahrhundert hierher kamen und auf die die meisten Orte zurückgehen.

Die Winzerfamilien wurden nach 1945 enteignet, haben aber zum großen Teil nach 1990 wieder ihre angestammten Flächen übernehmen können. Seither besinnt man sich sehr auf Qualität. Etwa zwei Dutzend Dörfer und Städtchen, dazu einzelne Winzer und Genossenschaften haben sich zur ›Weinstraße der Kleinen Karpaten‹ zusammengeschlossen, um sich unter einem Dach und damit gerade auch international besser vermarkten zu können. Diese Straße reicht von Rača, einem Vorort Bratislavas, bis zum rund 70 Kilometer entfernten Smolenice. Jeder Ort hat seine eigenen Weinspezialitäten, überall kann man viele Kellereien, Weinstuben und Vinotheken besuchen, und auch Weinmuseen gibt es zahlreich.

Die Halbtagesfahrten führen die Kreuzfahrtgäste meist zu einem der Hauptorte – Svätý Jur, Pezinok oder Modra – und zur Bibersburg, der sicherlich bedeutendsten Sehenswürdigkeit in dieser Region.

■ Svätý Jur

Technikbegeisterten Slowaken ist der Name Svätý Jur bekannt, denn die erste Bahn auf slowakischem Gebiet – damals noch als Pferdebahn – wurde 1840 zwischen Bratislava und Svätý Jur eröffnet. Der Ort entstand als Neugründung deutscher Siedler nach den verheerenden Mongoleneinfällen 1241/21 im Schutz einer neu erbauten Burg. Schon im 13. Jahrhundert besaßen die Weine aus St. Georgen, dem heutigen Svätý Jur, einen guten Ruf; sie wurden auch in die benachbarten Länder exportiert. Heute ist Svätý Jur als einer der Hauptorte an der Kleinkarpatischen Weinstraße bekannt.

Der hübsche Stadtkern – er steht seit 1990 als Ensemble unter Denkmalschutz – liegt nördlich der Durchgangsstraße und verjüngt sich nach oben. An der Hauptstraße finden sich ein- und zweistöckige **Winzerhäuser**, viele aus der Renaissancezeit, das **Renaissancerathaus**, in dem das Heimatmuseum untergebracht ist, und am oberen Ende das **Pálffy-Schloss** von 1609. Die **Georgskirche** noch etwas

weiter hügelan stammt aus dem späten 13. Jahrhundert. Sehenswert sind der Renaissancealtar von 1530 und der freistehende Glockenturm aus Holz. Er ersetzt seit dem 17. Jahrhundert den ursprünglichen Glockenturm, der einem Brand zum Opfer fiel.
Am östlichen Stadtrand erstreckt sich ein in seiner Größe - 600 Hektar - für Europa einzigartiger **Moorerlenwald**.

Pezinok

Mit seinen rund 22 000 Einwohnern ist Pezinok der größte Ort an der Kleinkarpatischen Weinstraße, und tatsächlich ist allein ihm ein städtischer Charakter eigen. Das mag auch daran liegen, dass in unmittelbarer Nähe vom 13. bis zum 19. Jahrhundert Bergbau betrieben wurde - er bewirkte, dass Pezinok im 17. und 18. Jahrhundert als eine der reichsten ungarischen Städte galt - und sich mit der Eisenbahnanbindung etwas Industrie entwickelte. Heute stellt neben dem Weinbau die Baustoffindustrie das zweite wirtschaftliche Standbein Pezinoks dar.
Einige der Sehenswürdigkeiten liegen am Radničné nám., dem Hauptplatz: Das 1832, nach dem großen Stadtbrand, fertiggestellte klassizistische **Rathaus** mitsamt **Stadtmuseum**, die **Marienstatue**, die **Untere Kirche** sowie einige historische Bürgerhäuser.
Gleich um die Ecke liegt das **Kleinkarpatische Museum**. Es ist in einem zweistöckigen Renaissancehaus untergebracht und wurde 2008, nach aufwendigen zweijährigen Restaurierungsarbeiten, wieder eröffnet. In den geräumigen Kellern, die noch die Vergangenheit als Weinkeller atmen, verdeutlicht das Museum mit zahlreichen Exponaten unter anderem die Geschichte des Weinbaus in der Region.
Das barocke **Schloss** mit seinem weitläufigen Park bildet den nördlichen Abschluss des Ortes. Hier befand sich vor den Neu- und Umbauten, die die Familie Pálffy in der ersten Hälfte des 19. Jahrhunderts vornehmen ließ, eine Wasserburg. Im Schloss ist der Nationale Weinsalon untergebracht. Das ist eine staatliche Einrichtung, in der die besten Weine des Landes ausgestellt werden und natürlich auch probiert werden können.
Die **Wassermühle** am südlichen Stadtrand ist eine der letzten erhaltenen in der Region; derartige Mühlen prägten früher viele Dörfer in der Region.

Karte S. 157

Die Hauptstraße in Sväty Jur

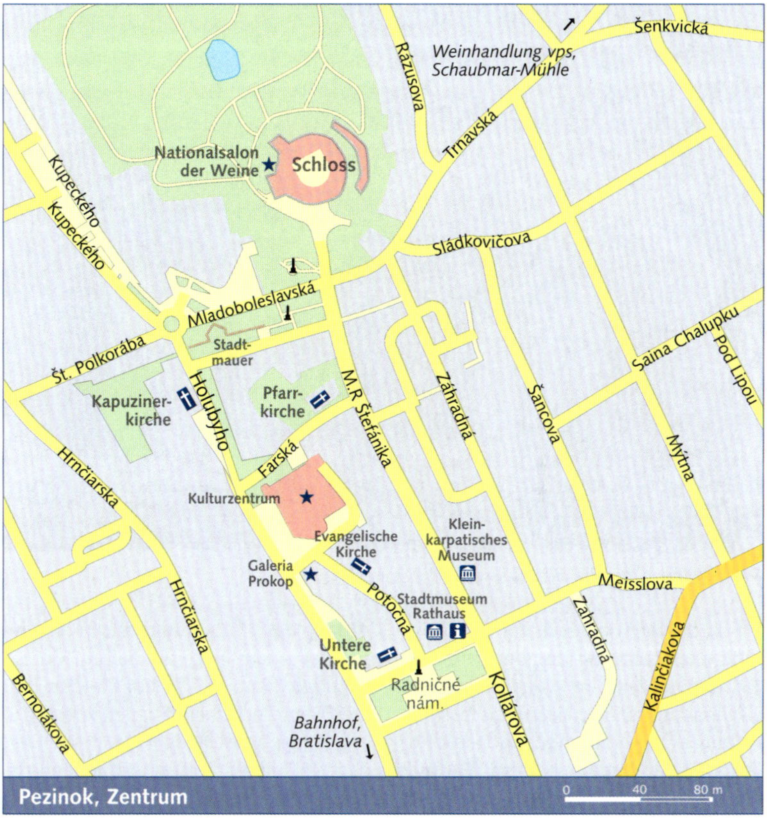

Slovenský Grob

Slovenský Grob (Deutsch Eisgrub) wurde 1214 erstmals erwähnt. Im Ort, wenige Kilometer südlich von Pezinok gelegen, gibt es eine Kirche und zwei Kapellen, natürlich auch Winzerhöfe, überregional bekannt aber ist das Dorf wegen der hier zubereiteten Gänsebraten. Sie gelten als die besten des Landes, und im Herbst werden viele Wohnhäuser zu Gaststätten, in denen die Braten dann auf den Tisch kommen. Bis zu 15 000 Gänse werden in dem kleinen Ort (2800 Einwohner) jedes Jahr zubereitet und verspeist, ein nennenswerter Teil davon beim großen Gänsefest im August.

Modra

Neben Pezinok ist Modra eines der Zentren des Kleinkarpatischen Weinanbaugebiets. Es gilt als guter Ausgangspunkt für Wanderungen in die nahe gelegenen Berge und ist bekannt, weil **Ľudovít Štúr,** der für die Slowaken so wichtige Schriftsteller, die letzten Jahre bis zu seinem Tod 1856 hier verbrachte. Ein Denkmal im Zentrum erinnert an ihn. Landesweit bekannt ist auch die blau-weiße Modraer Majolika, die nach wie vor in vielen kleineren Firmen produziert wird. Seit 1883 gibt es im Ort eigens für diesen Wirtschaftszweig eine Fachschule für Keramik. Der möglichen Entwicklung

Die sala terrana in der Bibersburg

zur Stadt steht nach wie vor die Weigerung der Stadtväter aus der Mitte des 19. Jahrhunderts im Wege, sich an das Eisenbahnnetz anschließen zu lassen. Neben einigen **Kirchen** und des Resten der **Stadtmauer**, dem **Ľudovít-Štúr-Museum** im früheren Rathaus – dort auch Abteilungen zu den Themen Weinbau und Keramikproduktion – sowie einigen ein- und zweistöckigen Winzerhäuschen lohnt vor allem das **Renaissancekastell** am Oberen Tor einen Blick. Heute ist darin die Weinbauschule untergebracht.

■ Červený kameň

Oberhalb des Dorfes Častá, an der Ostseite der Kleinen Karpaten, thront die mächtige Burg Červený kameň (Bibersburg). Sie hat sich in den vergangenen Jahren hauptsächlich wegen ihres Museums zu einem Besuchermagneten entwickelt. Wohl schon im 12. Jahrhundert befand sich an dieser Stelle eine Burg. Sie kam Anfang des 16. Jahrhunderts in den Besitz der zu dieser Zeit in diesem Gebiet wichtigen Familie Thurzo, die den Bau 1535 an die Familie Fugger verkaufte, mit der sie verschwägert war. Die Fuggers, zu dieser Zeit eine der einflussreichsten und finanzstärksten Familien im deutschsprachigen Gebiet und Besitzer des größten Handelsimperiums auf europäischem Boden, planten die Nutzung der Anlage als Umschlagplatz für Wein, aber vor allem für Erze, die in der Nähe gewonnen wurden. Die vorhandene Burg war für diese Zwecke ungeeignet, und so ließen die Fugger sie fast vollständig abreißen und durch eine neue im Renaissancestil ersetzen. Bei der Konstruktion der bis zu neun Meter hohen und mit einem ausgeklügelten Belüftungssystem ausgestatteten Kellerlagerräume sowie des Verteidigungssystems mit mehreren Basteien griff man auf ein theoretisches Konzept Albrecht Dürers zurück. Durch die Türkenkriege ging der Einfluss der

▲ Karte S. 157

Fugger deutlich zurück, und schon bald gaben sie auch den Bergbau auf. Daher verkaufte die Familie die Burg bereits 1588 an Nikolaus Pálffy, den Ehemann von Anna Fugger. Die Pálffys ließen immer mal wieder um- und anbauen und mussten nach zwei großen Bränden 1646 und 1785 auch viel rekonstruieren lassen, der festungsähnliche Charakter der Anlage aber blieb bestehen - bis heute. Die Familie Pálffy wurde 1949 enteignet, das Schloss zwischen 1976 und 1991 einer aufwendigen Sanierung unterzogen, große Teile der Vorburg jedoch abgerissen. Seitdem ist die Burg im Rahmen von Gruppenführungen für die Öffentlichkeit zugänglich.

Man betritt die Anlage über das Tor im nordwestlichen Trakt und gelangt zunächst in den Innenhof. Der **Brunnen** mit einer Hirschfigur, dem Wappentier der Pálffys, geht auf eine Legende zurück. Ihr zufolge war ein Mitglied der Familie im dichten Nebel unterwegs, als ein Hirsch aus dem Gebüsch hervorsprang und mit der Kutsche kollidierte. Dabei ging ein Rad entzwei, und die Kutsche musste stoppen. Dadurch blieb sie von einem Sturz in eine tiefe Schlucht verschont, auf die sie zugefahren war.

Vom Innenhof erschließen sich die weiteren Räumlichkeiten. Das darin untergebrachte **Museum** stellt die Wohnkultur der Adligen vom 16. bis zu 20. Jahrhundert dar, daher finden sich Möbel und Einrichtungsgegenstände von Renaissance bis Sezession, einige Kutschen sowie eine sehr umfangreiche Waffensammlung. Besonders beeindruckend sind die **Bibliothek** mit ihren 2600 Bänden - bis 1945 waren es rund 8000 -, die **Burgapotheke** von 1752 und die **sala terrana**. Das ist eine künstliche Grotte mit einem Mosaikfußboden aus Kieselsteinen, die heute ab und an für Aufführungen genutzt wird.

Bratislava und Kleine Karpaten

Touristeninformation, Klobučnicka 2 (neben dem Primitialpalais). Neben Karten und Broschüren zu zahlreichen Themen (Museen, Einkaufen, Festivals etc.) gibt es hier auch die **Bratislava City Card**. Sie beinhaltet eine kostenlose Stadtführung, freie Benutzung der öffentlichen Verkehrsmittel, Preisnachlässe in div. Museen (20%) sowie vielen Geschäften und Lokalen (meist 10–20%). Preis 12/14/16 Euro (1/2/3 Tage).

Allerlei Info-Material auch im **Shop** der Bibersburg.

Fast alle Sehenswürdigkeiten sind vom Schiffsanleger aus bequem und rasch zu Fuß zu erreichen, so dass eine Benutzung öffentlicher Verkehrsmittel nicht nötig ist. Die Firma LOD (www.lod.sk) bietet neben ‹Panoramafahrten› in der Saison u.a. 2x tgl. Ausflugsfahrten zur Burg Devín an. Büro und Liegeplatz: Fajnorovo nábrežie 2 (direkt neben dem Ankerplatz für die Kreuzfahrtschiffe). Dauer 4 Std. (2 Std. Aufenthalt), Abfahrt 10 und 14.30 Uhr.

An Cafés und Restaurants herrscht wahrlich kein Mangel. Besonders dicht gedrängt finden sie sich in der Ventúrska, der Michalská und der Sedlárska. Tipps:

Das **Café Mayer** und das **Roland Café und Restaurant** am Hauptplatz sind zwei stilvolle Institutionen, am Franziskanerplatz geht es etwas ruhiger zu als in den genannten Gassen, und vom Restaurant **UFO** im Pfeiler der Neuen Brücke (Nový most) hat man einen wunderbaren Blick auf die Stadt.

Weinstraße der Kleinen Karpaten: Überall dort, wo verkostet wird, können die Produkte auch direkt erworben werden.

Zwischen Bratislava und Donauknie

Die Donau vollzieht am östlichen Stadtrand von Bratislava eine scharfe Rechtskurve und geht in eine seenartige Ausbuchtung über. Am Scheitelpunkt dieser Kurve (km 1865) zweigt links der Malý Dunaj ab, ein Seitenarm der Donau. Er mündet nordwestlich von Komárno in den Fluss Váh ein, der wiederum bei Komárno in die Donau mündet.

Zwischen der Donau und diesem Seitenarm liegt der Große Schütt, der auch **Schüttinsel** genannt wird, Zitný ostrov. Die Insel ist 84 Kilometer lang und bis zu 30 Kilometer breit und gilt als das wärmste und trockenste Gebiet der Slowakei und gleichzeitig als das mit der größten Anzahl an Sonnenstunden im Jahr: 2200 (Bratislava: 1900). Zentrum der Schüttinsel ist die Kreisstadt Dunajská Streda mit gut 22 000 Einwohnern; die Ungarn stellen die Mehrheit.

Wenige Kilometer hinter Bratislava markiert am rechten Ufer der kaum auszumachende Ort **Čunovo** die Stelle, an der die ungarisch-slowakische Landgrenze auf die Donau trifft. Ab hier – und bis kurz hinter Esztergom – bildet der Strom die Grenze zwischen den beiden Staaten. Bei Čunovo beginnt ein weiterer Nebenarm,

Einfahrt in die Schleuse Gabčikovo

▲ Karte S. 157

der Mosoni Duna (km 1854). Er mündet nordöstlich von Győr wieder in den Hauptstrom, zwischen beiden liegt der Kleine Schütt.

Großer und Kleiner Schütt sind zwei dünnbesiedelte und von zahlreichen Auen, Wasser-, Alt- und Totarmen durchzogene Inseln, die als Rückzugs- und Lebensraum für eine Reihe seltener Tier- und Pflanzenarten wichtig sind, gerade auch für einige in Mitteleuropa seltene Vogelarten wie Seeadler, Trappe und Eisvogel. Charakteristisch auf slowakischer Seite sind die Wassermühlen.

Gabčikovo ▸ km 1820

Bekanntester Ort auf dem Abschnitt zwischen Bratislava und Komárno/Komárom ist Gabčikovo, rund 20 Kilometer hinter Bratislava. Der Ort liegt vom Fluss entfernt und hat zudem keine historische Bedeutung; erwähnenswert ist er aber als Namensgeber für das riesige **Wasserkraftwerk**. Bis 1948 hieß der Ort Beš. Er wurde nach Jozef Gabčik benannt, einem der beiden Männer, die 1942 in Prag das Attentat auf Reinhard Heydrich verübten. Gabčik stammt aus der Nordostslowakei. Im Ort selbst (5000 Einwohner) ist neben dem Thermalbad und der römisch-katholischen Kirche die alte gotische **Wasserburg** aus dem 17. Jahrhundert die Hauptattraktion.

Die Donau wird bei Gabčikovo angestaut und ihre Kraft von einem Wasserkraftwerk genutzt. Die Schiffe werden bei ihrer Durchfahrt mittels einer Schleusenkammer gehoben und gesenkt. Die Donau hatte an dieser Stelle immer wieder Überschwemmungen verursacht, und so wurde bereits 1845 der ›Schüttinselverein zur Gewässerregulierung‹ gegründet. Realisiert wurde das diesem Zweck dienende Bauwerk aber erst 1993; 1977

Die Elisabethbrücke verbindet Komárno und Komárom

hatten Ungarn und die Slowakei einen Vertrag über das Vorhaben unterzeichnet. Er sah vor, die Donau von Gabčikovo bis Nagymaros, unmittelbar vor Visegrád, als Energiespender zu nutzen und mittels eines zweiten Kraftwerks bei Nagymaros aufzustauen. 1990 kündigte Ungarn mit Hinweis auf die Gefährdungen der Umwelt den Vertrag auf, und so wurde nur das Kraftwerk Gabčikovo realisiert. Es deckt etwa zehn Prozent des slowakischen Strombedarfs.

Das Kraftwerk liegt an einem Kanal, der einige Kilometer hinter Čunovo beginnt und rund vier Fünftel der Wassermengen aufnimmt. Umweltschützer sahen darin eine große Gefahr für die Auenwälder, bis heute ist selbst unter Fachleuten umstritten, wie groß die ökologischen Folgen dieser Maßnahme letztlich waren und sind. Unumstritten ist, dass der Grundwasserspiegel bereits deutlich gesunken ist.

Der Standort ist für ein Wasserkraftwerk ungewöhnlich. Es befindet sich inmitten einer Ebene und nicht, wie zumeist, am Ende einer Schlucht oder wenigstens zwischen zwei Hügeln. Die Staumauer ragt daher weit über die umliegende Landschaft heraus, und auch der Kanal erhebt sich sanft, aber stetig über das Niveau der flachen Landschaft.

Die Kreuzfahrtschiffe benutzen ausschließlich diese Kanalwanne, und so blicken die Passagiere auf einer knapp 40 Kilometer langen Strecke auf Betonwände und allmählich darunter verschwindende Felder und Dörfer und selbst Kirchtürme herab – ein durchaus skurriler Anblick.

Komárno/Komárom

▸ km 1768/67

Das slowakische Komárno und das ungarische Komárom sind Schwesterstädte, die bis 1920 eine Einheit bildeten und zu Ungarn gehörten. Eine Eisenbahn- und eine Autobrücke verbinden sie: Brücke der Freundschaft und Elisabethbrücke. Seit dem Inkrafttreten der Pariser Vorortverträge markiert die Donau zwar die Staatsgrenze, nicht aber die zwischen den Völkern. In der Südslowakei bezeichnen sich rund zehn Prozent der Bevölkerung als Ungarn, in Komárno aber rund zwei Drittel. Die Stadt mit rund 34 000 Einwohnern ist das Zentrum der Ungarn in der Slowakei. So erklärt sich auch die durchgängig zweisprachige Beschriftung im Stadtbild, die Besucher zunächst irritieren mag. Die Ungarn haben eigene Schulen, seit 2004 eine eigene Universität, und zwei der berühmtesten Ungarn sind mit dem Ort verbunden: Hier wurden der Komponist Franz (ung. Ferenc) Lehár (1870–1948) und der Schriftsteller Mór Jókai (1825–1904) geboren. Jedes Jahr im April findet das überregional bekannte Lehár-Festival statt, ein Sangeswettbewerb, und im Mai ein Amateurtheatertreffen, die sogenannten Jókai-Tage. Ein großes Stadtfest wird jährlich im April/Mai von den Schwesterstädten gemeinsam durchgeführt.

Komárom (20 000 Einwohner) ist unter touristischen Gesichtspunkten keinen Abstecher wert. Auch in Komárno halten die Kreuzfahrtschiffe nur sehr selten und dann meist, weil hier die Bustouren nach Bratislava ihren Ausgang nehmen. Nur wenige Touristen finden den Weg hierher, fast alle werden aber angenehm überrascht: In der engräumigen Innenstadt gibt es einiges Sehenswertes. Insgesamt macht Komárno den Eindruck eines etwas verschlafenen, aber gepflegten k. u. k. Provinzstädtchens.

Die Stelle am Zusammenfluss von Váh (der alte deutsche Name ist Waag, km 1766) und Donau war seit der Bronzezeit besiedelt, die Römer unterhielten rund vier Kilometer flussabwärts ein Lager. Die erste urkundliche Erwähnung liegt für das Jahr 1037 vor, die Erwähnung als Marktgemeinde Camarum datiert von 1075. 1218 erhielt der Ort das Stadtrecht, 1244 das Stapelrecht für Waren, die auf der Donau transportiert wurden. Eine erste Blütezeit erlebte er im 15. Jahrhundert, als sich die ungarischen Herrscher mitsamt Hofstaat bevorzugt hier aufhielten. Nach den Ereignissen von Mohács und der darauffolgenden Besetzung Ungarns durch die Türken besaß die Festung eine Schlüsselposition im Kampf gegen die Osmanen, und tatsächlich ist sie nie erobert worden. In der Mitte des 18. Jahrhunderts war Komárno die mit 10 000 Einwohnern fünftgrößte Stadt im ungarischen Teil

Beschaulichkeit in Komárno

der Habsburger Monarchie und hatte einen wichtigen Hafen. Nicht die Erdbeben am Ende des 18. Jahrhunderts und auch nicht die große Feuersbrunst von 1850 leiteten den Bedeutungsverlust ein; Komárno verlor vielmehr nach dem Rückzug der Osmanen seine strategisch wichtige Funktion. Heute lebt die Stadt vorrangig vom Donauhafen, dem Maschinenbau und den Werften.

Ein Stadtrundgang

Von der Anlegestelle an der Donau ist über die Klappbrücke das Zentrum schnell erreicht. An der Záhradnícka ist das kleine Denkmal für Ferenc (Franz) Lehár leicht zu übersehen. Es findet sich in der gepflegten Grünanlage.

Das kleinräumige Zentrum erstreckt sich von hier in östlicher und nördlicher Richtung. Ein kleiner Umweg nach Westen könnte zur **Alten Synagoge** und zur **serbisch-orthodoxen Kirche** führen, die beide an der ul. Palatínova liegen. Die Kirche ist ein Spätbarockbau von 1754, der nach dem Brand 1848 originalgetreu aufgebaut wurde. Das Innere ist wegen der Sammlung orthodoxer Ikonen aus dem 17. und 18. Jahrhundert und der prunkvollen Ikonostase von 1770 sehenswert.

▲ Karte S. 179

Folgt man der ul. Palatínova, einer ruhigen baumbestandenen Straße, in die andere Richtung, gelangt man in das Zentrum. Rechter Hand ziehen das ehemalige Benediktinerkollegium, ein aus der ersten Hälfte des 18. Jahrhunderts stammendes Barockgebäude, und vor allem die römisch-katholische **Kirche des heiligen Andreas** die Blicke auf sich. Sie wurde 1738 fertiggestellt und bis 1756 umgebaut; seitdem ist ihr Gewand spätbarock. Nach dem Erdbeben 1768 und dem großen Brand 1850 wurde die Kirche wiederhergestellt, die beiden markanten Türme stammen von 1896.

Gegenüber ist neben dem früheren Kulturpalast im Stil der Neoromanik vor allem das Mór-Jókai-Denkmal erwähnenswert. Es stammt von 1936 und befindet sich auf der Freifläche vor dem **Museum der Donauregion**. Dieses Haus beherbergt Exponate zur Stadtgeschichte und eine Gemäldesammlung; ihm angeschlossen ist auch das Palais Zichy nur wenige Schritte weiter.

Klapka-Platz

Die ul. Palatínova mündet auf den zentralen Platz der Altstadt, den nám. Gen. Klapka. Die Statue für diesen Herrn (1896) dominiert den Platz. Juraj Klapka war der Kommandierende der Festung, stand 1848/49 auf Seiten der ungarischen Revolutionäre und musste sich im Oktober 1849 der Übermacht der Habsburger Truppen beugen und die Festung an sie übergeben. Der Platz wird auf seiner nördlichen Seite durch das **Rathaus** begrenzt. Das dreistöckige pastellfarbene Gebäude mit dem auffallend hohen Turm stammt von 1875 und steht auf den Mauern eines Vorgängerbaus von 1725.

Die westliche Seite des Platzes nimmt das ehemalige **Palais Zichy** ein. Im 17. Jahrhundert für diese Familie errichtet, erfuhr es eine grundlegende bauliche Veränderung im 19. Jahrhundert. Seitdem ist es um zwei Flügel erweitert worden und seine Fassade klassizistisch. Seit der durchgreifenden Sanierung im Jahr 1989

Komárno, Zentrum

dient ein Flügel dem Donaumuseum und einer Dauerausstellung zur Stadtgeschichte als Heimstatt. Die **Dreifaltigkeitssäule** direkt davor stammt von 1715. Sie wurde zum Gedenken an die Kriege und Pestepidemien errichtet, die 1709 und 1711 in der Stadt wüteten.

An der Südseite des Platzes ist ein schönes Bürgerhaus erhalten, das typisch ist für die klassizistischen Bürgerbauten aus dem zweiten Drittel des 19. Jahrhunderts. Neben diesen Bauten verleihen vor allem die schönen Blumenrabatten, Bänke und einige kleinere Skulpturen dem Platz ein sehr angenehmes Flair.

Einige Schritte weiter nach Osten stößt man auf den ehemaligen **Offizierspavillon**. Das Gebäude ist unverkennbar von der englischen Gotik beeinflusst; es wurde 1863 fertiggestellt. Die ockerfarbene Fassade ist sehenswert, vor allem aber lohnt ein Besuch des Innenhofs, wo Historie und moderne Glasarchitektur einen reizvollen Kontrast bilden. Teile der Stadtverwaltung sind heute in dem Bau untergebracht, unter anderem das Standesamt.

An der ul. Františkánov, die vom nám. Gen. Klapka nach Norden führt, finden sich noch mehrere **Sakralbauten** aus dem 18. Jahrhundert.

Europaplatz

An der Stelle eines alten Marktes mit maroder Bausubstanz entstand von 1999 bis 2001 der Europaplatz, offiziell ›Hofraum Europas‹ (Nádvorie Európy). Ungewöhnlich ist der Name, und ungewöhnlich der Platz selbst. Fünf Tore führen auf diesen nicht sehr großen, etwas verwinkelten Platz, den die Millenniumsfontäne in der Mitte und der Musikpavillon zieren. An den vier umliegenden Seiten erheben sich in einer wilden Mischung 45 Bauten, ein jeder steht für eine Region oder ein Land Europas. Sie sollen durch einen für dieses Land charakteristischen Baustil dargestellt werden. So ist Deutschland mit einem Fachwerkbau vertreten, Italien mit einem Renaissancebau, Rumänien in traditioneller Holzbauweise. Irland präsentiert sich in Grün, und die Kuppel des Gebäudes, das für den Vatikan steht, zitiert die Kuppel des Petersdomes. Als

Am Europaplatz

▲ Karte S. 179

Gesamtensemble sollen die Häuser die gemeinsame Kultur der europäischen Länder symbolisieren.
Das geschieht auf unangestrengte Weise. In den Erdgeschossen der schmalen Häuser sind Läden und Cafés beheimatet, der Platz hat sich zu einem lebendigen Mittelpunkt des Ortes entwickelt - die Generationen kommen hier so zwanglos zusammen, wie man es sich für die Nationen Europas auch wünscht.

Die Festungsanlagen

Komárno ist von ausgedehnten Festungsanlagen umgeben. Das davon eingeschlossene Gebiet umfasst ein Mehrfaches der Fläche, die die historische Altstadt einnimmt. Bis zu 200 000 Soldaten hätten hier Platz finden können. Die Anlagen stammen aus verschiedenen Epochen. Eine schon vorhandene Festung wurde nach der Schlacht bei Mohács, als 1526 die Türken über die Ungarn siegten, zwischen 1546 und 1557 sowie 1572 und 1592 nach Plänen italienischer Fortifikationsexperten erheblich ausgebaut. Diese sogenannte **Alte Festung** galt als die modernste ihrer Zeit und befindet sich direkt am Zusammenfluss von Váh und Donau. Zwischen 1663 und 1673 entstand die **Neue Festung**. Sie schließt sich unmittelbar westlich der Alten Festung an und ist mir ihr verbunden. Diese Festungsanlagen wurden um 1820 nochmals verstärkt. Sie mussten ihre Wehrhaftigkeit über die Jahrhunderte ebenso wenig unter Beweis stellen wie die sogenannte **Palatinlinie**, die zwischen 1839 und 1847 entstand. Sie zog sich von der Donau nach Norden. Ihr Verlauf ist heute an vielen Stellen noch erkennbar, bis auf das **Preßburger Tor** an der Straße nach Bratislava sind jedoch nur noch wenige Reste erhalten. An die Palatinlinie schloss sich östlich die Waaglinie an, die in den 1870er Jahren entstand und sich entlang der Váh bis zur Alten Festung zog. Dieses System war die größte zusammenhängende Festungsanlage der Habsburger Monarchie und ist die einzige Anlage dieser Art in der Slowakei; seit der Renovierung der vorhandenen Teile in den 1990er Jahren sind die Reste gesichert. Die Festung ist heute als Kulturdenkmal ausgewiesen, Teile davon können besichtigt werden.

Festung Monostor

Zum System der Festungsanlagen gehörte auch die Festung Monostor an der südlichen Uferseite, etwas westlich von Komárom. Diese Festung entstand zwischen 1850 und 1871 und war so groß, dass sie mehr als 10 000 Soldaten Platz bieten konnte.
Nach dem Zweiten Weltkrieg unterhielt hier die Rote Armee ein riesiges geheimes Waffenlager. Heute ist das 18 Hektar große Areal mitsamt den erhaltenen Basteien und Kasematten, Unterkünften und Lagerräumen frei zugänglich, manchmal finden im Innenhof auch Theateraufführungen statt. Eine kleine Ausstellung erläutert die Geschichte der Anlage, hier sind auch Uniformen und einiges Kriegsgerät ausgestellt.
Die Festung liegt unmittelbar an der Donau. Sie ist vom Fluss aus jedoch nur schwer auszumachen, da die Mauern bewachsen sind.

Štúrovo ▸ km 1719

Štúrovo ist die östlichste Stadt des slowakischen Donaulandes, wenige Kilometer östlich markiert das Flüsschen Ipoly (Ipel) die slowakisch-ungarische Landgrenze.
Die Stadt geht auf die beiden Niederlassungen Kakath und Nána zurück; die eine wurde 1075 erstmals erwähnt, die andere im Jahr 1157. 1543 besetzten die Türken Kakath. An Stelle dieses in

Blick von Esztergom auf die Maria-Valeria-Brücke

den Kampfhandlungen zerstörten Ortes errichteten sie eine Festung, der sie den Namen Dschigerdelen Parkani gaben; daraus leitete sich später der ungarische Name Párkány ab; Gockern nannten ihn die Habsburger, die ihm 1740 die Stadtprivilegien erteilten. Bei Párkány fand im Oktober 1683 eine Schlacht statt. Die einen Monat zuvor bei Wien geschlagenen Osmanen zogen sich nach Osten zurück und mussten hier eine weitere herbe Niederlage gegen die vereinigten Habsburger und Polen einstecken.

Der heutige Name der Stadt existiert erst seit 1948. Benannt ist sie nach Ľudovít Velislav Štúr (1815–1856), der 1846 sein Werk ›Lehre der slowakischen Sprache‹ veröffentlichte und allgemein als Begründer der slowakischen Schriftsprache gilt. Er war, wie alle slowakischen Schriftsteller seiner Zeit, Patriot und kämpfte für einen unabhängigen slowakischen Staat. Wirkungsmächtig wurde vor allem seine 1868 postum veröffentlichte Schrift ›Das Slawentum und die Welt der Zukunft‹, in der er den Zerfall der Doppelmonarchie und die Errichtung eines slowakischen Staates beschwor.

Der in einem Referendum von der Mehrheit der Bevölkerung Ende 1991 zum Ausdruck gebrachte Wunsch, der Stadt wieder ihren alten Namen Parkan zu geben, wurde von der damaligen Regierung wegen ›gesellschaftlichem Interesse‹ abgelehnt. In Štúrovo wohnen rund 11 000 Menschen. Bei einer Volkszählung 2011 gaben etwa 60 Prozent der Einwohner als Nationalität ungarisch an, etwa 27 Prozent slowakisch. Der Ort ist durchgängig zweisprachig beschildert.

Der Ort besitzt eine römisch-katholische Kirche, ein sehr großes Thermalbad und darüber hinaus keine nennenswerten Sehenswürdigkeiten.

Die hübsch geschwungene **Maria-Valeria-Brücke**, benannt nach der Tochter Franz Josephs I., verbindet Štúrovo mit dem ungarischen Esztergom am anderen Donauufer. Sie wurde 1895 eingeweiht und Ende 1944 von den sich zurückziehenden deutschen Truppen gesprengt. Wegen der notorisch schlechten Beziehungen zwischen Ungarn und der Slowakei konnte erst im Oktober 2001 eine Rekonstruktion dem Verkehr übergeben werden.

▶ Karte S. 157

Donauknie

Der rund 60 Kilometer lange Flussabschnitt, der ungefähr zwischen den Orten Esztergom und Szentendre verläuft, wird allgemein als ›Donauknie‹ bezeichnet. Er macht nur etwa ein Siebtel der Gesamtlänge des Stromes auf ungarischem Gebiet aus, ist aber zweifellos der reizvollste Teil. Geographen nennen nur den etwa 20 Kilometer langen Durchbruch des Flusses durch das Börzsönygebirge und das Visegráder Bergland Donauknie, die touristisch orientierte großzügigere Namensgebung hat sich aber durchgesetzt. Die Donau ist hier beidseitig von Mittelgebirgshöhen gesäumt und nimmt zwei dramatische Richtungsänderungen vor. Hinter Visegrád knickt sie sodann scharf nach Süden in Richtung Budapest ab und teilt sich dabei in zwei Arme, zwischen denen sich eine langgezogene Insel befindet. Auf Budapester Stadtgebiet vereinigen sich die beiden Arme wieder zu einem Strom.

Die bis zu 1000 Meter hohen Berge sind das Ziel von Wanderern, und in die Landschaft sind malerische und dabei sehr unterschiedliche Orte eingebettet. Einige von ihnen haben eine sehr bewegte Vergangenheit hinter sich, sind eng mit der ungarischen Geschichte verwoben und weisen zudem einen erstaunlichen kulturellen Reichtum auf, so dass das

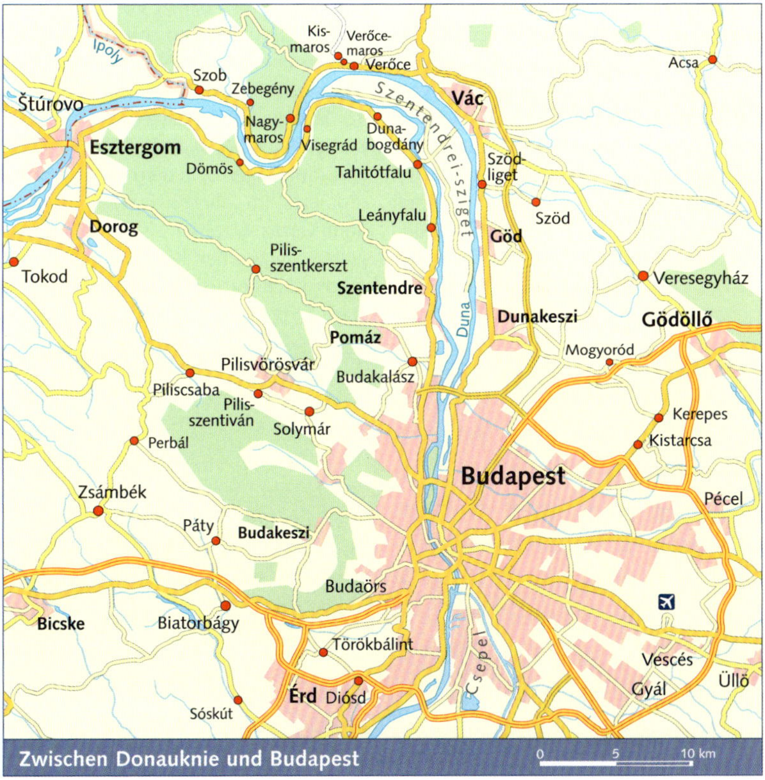

Zwischen Donauknie und Budapest

Donauknie auch zuweilen als ›Brennspiegel ungarischer Geschichte und Kultur‹ bezeichnet wird.

Die Region ist seit etwa 5000 vor Christus durchgängig besiedelt. Entscheidenden Einfluss übten die Römer aus, die im 1. Jahrhundert bis hierher vordrangen. Im 10. Jahrhundert befand sich unter dem ungarischen Fürsten Géza mit Esztergom das Zentrum des ungarischen Einflussbereiches am Donauknie. Während dieser Zeit entstanden zahlreiche Siedlungen rechts und links der Donau. Die jahrhundertelangen Auseinandersetzungen zwischen Türken, Ungarn und Österreichern um die Vorherrschaft entvölkerten jedoch ganze Landstriche wieder. Unter den Habsburgern wurden gezielt Siedler angeworben und die Städte wieder aufgebaut, deswegen sind viele Ortskerne überwiegend barock geprägt. In Esztergom finden sich die Überreste der ältesten königlichen Burg und die größte Kirche Ungarns, in Visegrád die Reste des alten Königsschlosses aus der Renaissancezeit, Szentendre ist als Stadt der Kunst und Künstler weltberühmt, und Vác auf der linken Donauseite ist als städtisches Ensemble geradezu ein Paradebeispiel für den ungarischen Barock.

Esztergom ▸ km 1720

Von weitem ist die Kuppel der Kathedrale auszumachen. Sie bestimmt das Stadtbild Esztergoms, und ihre Dominanz verrät auch, worin die Bedeutung des Ortes liegt: Esztergom war und ist Sitz des Erzbischofs und das Zentrum der katholischen Kirche in Ungarn.

Die Stadt ist mit gut 30 000 Einwohnern nicht sehr groß, dabei auch recht kleinräumig, aber reich an Sehenswürdigkeiten und die älteste Stadt am Donauknie. Die Kelten siedelten an dieser Stelle, und die Römer errichteten hier ihre wichtigsten Anlagen innerhalb der Verteidigungslinie, die entlang des Donauufers verlief. Nach der Niederlage der Ungarn 955 gegen die Truppen Ottos des Großen entschied sich Fürst Géza, mit seinem Volk sesshaft zu werden. Er nahm den christlichen Glauben an und wählte Esztergom zur Residenzstadt. So wurde der Ort bereits im 10. Jahrhundert zum Sitz des ungarischen Königs, kurz darauf auch zum geistlichen Zentrum Ungarns, in dem der Erzbischof residierte. Im Jahr 1000 wurde hier der Sohn Gézas, Stephan, als Stephan I. zum ersten ungarischen König gekrönt.

Auch nachdem Budapest zur Hauptstadt Ungarns wurde, blieb Esztergom

Wegen dieser Basilika kommen die meisten Touristen nach Esztergom

▸ Karte S. 183/185

bedeutend. Während der Türkenzeit wurde die Stadt weitgehend zerstört. Seit 1715 ist Esztergom das Zentrum der ungarischen katholischen Kirche und Sitz des Erzbischofs. Im Ort wird auch heute noch der Priesternachwuchs des Landes ausgebildet.

Die beiden wichtigsten Wirtschaftszweige sind heute die Industrie und der Tourismus. Der Ort ist zudem als Ausgangspunkt für Ausflüge in die umliegenden Berge beliebt, auch weil er von Budapest aus mit regelmäßig verkehrenden Schiffen erreichbar ist und weil er über einige Strände und Heilbäder verfügt.

Hauptsehenswürdigkeiten sind zweifellos die Basilika und der Königspalast; die Wasserstadt und die Barockstadt sind ebenso sehenswert, wenngleich deutlicher weniger von Touristen besucht.

Esztergom, Zentrum

Basilika

Die Basilika steht auf dem höchsten Punkt des Stadtgebietes, wenn auch der Hügel für den Bau um rund elf Meter abgetragen wurde. Die Vorderfront ist der Stadt zugewandt, der Chor der Donau. Wenn man sich von der Stadt über den leicht ansteigenden Stephansplatz (Istvan tér) der Basilika nähert, nimmt man sie aus leichter Froschperspektive wahr. Dadurch wird die imposante Erscheinung noch verstärkt.

Einige Zahlen verdeutlichen die Ausmaße: Der 118 Meter lange und 49 Meter breite Bau ist 100 Meter hoch und fasst bis zu 8000 Gläubige, die Kuppel weist einen Durchmesser von 33,5 Metern auf, und das Altarbild - 13,5 x 6,5 Meter - soll das größte auf Leinwand gemalte Altarbild der Welt sein. Der Hauptfassade ist ein 22 Meter langer offener Säulenportikus vorgelagert, der von acht Säulen getragen wird. Flankiert wird der Bau durch zwei Türme, die Aussicht vom Glockenturm ist grandios. Vorbild für die Basilika war der Petersdom in Rom.

In der Krypta

Die beeindruckende Kuppel

Sie wurde 1856 in Anwesenheit Kaiser Franz Josephs I. eingeweiht, Franz Liszt komponierte eigens die ›Graner Messe‹ - der alte deutsche Name für Esztergom ist Gran - und dirigierte sie am Weihungstag selbst. An dieser Stelle hatte es seit dem 11. Jahrhundert eine Vorgängerkirche gegeben, die in den Türkenkriegen schwer beschädigt wurde. Die an ihrer Stelle Mitte des 18. Jahrhunderts errichtete Barockkirche wurde schnell als nicht standesgemäß angesehen und daher ein Neubau in Angriff genommen.

Die Basilika ist nicht nur von außen eindrucksvoll, im Innern finden sich einige Kostbarkeiten von Rang. Im Hauptschiff ist neben einigen anderen bildlichen Darstellungen vor allem das **Altarbild** von Interesse, eine - vergrößerte - freie Kopie der Assunta von Tizian, ausgeführt vom Maler Grigoletti aus Venedig. Vom Mittelschiff aus erschließt sich die **Bakócz-Kapelle**. Sie stammt aus der Zeit um 1510 und wurde in die Basilika integriert, wenn auch um 20 Meter von ihrem ursprünglichen Ort versetzt. Sie gilt als eine der bedeutendsten Renaissancearbeiten Ungarns, eine beeindruckende Raumkomposition als verschwenderisches Nebeneinander von rotem und weißem Marmor.

▲ Karte S. 185

Auf der anderen Seite des Hauptschiffs befindet sich eine weitere **Kapelle**. Sie ist dem Märtyrer Stephan geweiht und weist ebenso Kostbarkeiten auf. In der im altägyptischen Stil errichteten **Krypta** unterhalb des Hauptschiffs finden sich vor allem einige steinerne Grabplatten Esztergomer Bischöfe. Sie vermitteln ein anschauliches Bild der ungarischen Grabmalplastik seit dem Mittelalter.

Ebenfalls von der Haupthalle aus erreicht man die **Schatzkammer**, die größte Sammlung sakraler Kunst in Ungarn, obwohl sie durch die Jahrhunderte, vor allem während der Türkenzeit, empfindliche Verluste hinnehmen musste. Messgewänder, Reliquien, liturgische Gefäße und vieles andere aus rund 1000 Jahren Kirchengeschichte wird hier präsentiert. Rund 400 Kunstgegenstände sind ausgestellt, unter ihnen das Prunkkreuz des Corvinus, das sogenannte Apostolische Kreuz und eine byzantinische Festtagsikone aus dem 13. Jahrhundert.

■ Königspalast

Seit dem Jahr 2000 präsentiert sich der Königspalast in altem und vor allem neuem Glanz. Vieles wurde restauriert, manches auch rekonstruiert - die Bauarbeiten dauern nach wie vor an -, und die Unterschiede sind auf den ersten Blick nicht erkennbar. In einem Teil der Räume ist eine Ausstellung untergebracht, die über die Geschichte der Anlage informiert und somit auch über die Umstände ihrer Wiederentdeckung und Wiederherstellung; der Eingang zum Museum befindet sich neben der Basilika.

Jahrhundertelang war der Palast in Vergessenheit geraten; zerstört und unter meterhohen Schichten begraben. Eher per Zufall, als ein durch heftige Regenfälle ausgelöster Erdrutsch einige Teile freilegte, erinnerte man sich der Anlage, die während der Türkenzeit mit Schutt bedeckt und beim Bau der Basilika unter einer weiteren Schuttschicht begraben worden war. Ab 1934 fanden systematische Grabungen statt.

Die Burg, Residenz der ungarischen Könige seit Géza, wurde im 10. Jahrhundert begründet, in der Folgezeit um- und ausgebaut, bis sie als uneinnehmbar galt. Ab 1249, als Béla IV. seine Residenz nach Buda verlegte, war der Palast von den Bischöfen bewohnt. Sie nahmen weitere Umbauten vor. Im Süden und Westen der Burg sind noch Wehranlagen aus dem 14. und 15. Jahrhundert erkennbar. In der Burg sind Elemente aus Romanik, Gotik, Barock und Renaissance erhalten, der Einfluss von Byzanz und des französischen Adels ist ebenfalls erkennbar: Béla II. (1173–1196) war in Byzanz erzogen worden und nacheinander mit zwei französischen Prinzessinnen verheiratet. Heute werden die wiederentdeckten Räume zum Teil als Museum genutzt, sie präsentieren unter anderem Gebrauchsgegenstände, Schmuck, Waffen, Siegel und Wappen. Daneben ist allein der noch vorhandene Decken- und Wandschmuck einen Besuch wert. Darunter befinden sich Fresken der vier Kardinaltugenden Justitia, Prudentia, Fortitudo und Temperentia (Gerechtigkeit, Klugheit, Tapferkeit und Mäßigkeit). Herzstück der Anlage ist die **Burgkapelle** aus dem 12. Jahrhundert, die den Übergang von der Romanik zur Gotik markiert. Zwar ist von der ursprünglichen Farbgestaltung fast nichts erhalten, dank der sorgfältigen Rekonstruktionsarbeiten eröffnet sich dem Besucher jedoch in aller Nachdrücklichkeit das Raumerlebnis eines durch zahlreiche Bauplastiken und Seitenkapellen reich ornamentierten Gesamtkunstwerks. Die Mauern, die den Burgberg umgeben, stammen aus dem 14. und 15. Jahrhundert, ebenso die in sie eingelassenen Basteien.

Wasserstadt

Zwischen Burgberg und Donau liegt die Wasserstadt, ein überschaubares und beschauliches Viertel entlang einiger weniger kopfsteingepflasterter Straßen. Es ist barock geprägt, sein Wahrzeichen ist die Wasserstädtische Kirche. Große Teile des Viertels stehen unter Denkmalschutz.

Herausragend ist sicherlich das **Erzbischöfliche Palais** von 1882 (Berényi Zsigmond utca 2), nicht aber wegen seiner eklektizistischen Fassaden, sondern weil in ihm das Christliche Museum untergebracht ist, das eine der bedeutendsten Sammlungen insgesamt in Ungarn aufweist sowie eine wichtige Sammlung alter italienischer Malerei. Im Kern geht der große Bestand auf die Sammelleidenschaft des Graner Erzbischofs János Simor zurück, der in der zweiten Hälfte des 19. Jahrhunderts viele Exponate erwarb. Die Sammlung wurde in der Folgezeit immer wieder ergänzt. Im Haus ist eine Textil- und Kunstgewerbeausstellung untergebracht, es finden sich auch einige Skulpturen ungarischer und deutscher Herkunft aus der Zeit vom 14. bis zum 18. Jahrhundert. Herzstück des Museums ist aber die Gemäldegalerie. Das älteste Exponat entstand um 1400 und ist ein Altarbild des Meisters von Bát. Daneben sind einige Werke der sogenannten ungarischen Tafelmalerei zu besichtigen, die zum großen Teil aus der zweiten Hälfte des 15. Jahrhunderts stammen. Ferner sind einige Bilder ungarischer Meister aus dem 18. und 19. Jahrhundert vertreten. Die italienische Malerei, die den Großteil der Stücke ausmacht, ist mit Werken vom 13. bis zum 18. Jahrhundert zu sehen.

Nur wenige Schritte entfernt, in der Baycsy-Zsilinszky utca 63, liegt das **Balassi-Bálint-Museum**. In ihm sind zahlreiche Zeugnisse ausgestellt, die Einblicke in das Leben der Römer und Kelten und der Siedlungsgeschichte des Mittelalters geben. Balassi gilt als der erste ungarische Dichter von Rang. Er starb 1594 in Esztergom, als die Ungarn die zu dieser Zeit von den Türken gehaltene Stadt belagerten.

Unmittelbar an das Erzbischöflichen Palais schließt sich die **Wasserstädtische Kirche** an, ein hübscher und blassrosafarbener zweitürmiger Bau im Barockstil, dessen Türme erst am Ende des 18. Jahrhunderts, mehrere Jahrzehnte nach dem Bau des Kirchenschiffs, angefügt wurden.

Ein weiteres Museum ist erwähnenswert, schon etwas außerhalb der Wasserstadt gelegen. Das **Donaumuseum** in der Kölcsey Ferenc utca 2 stellt den Strom, die Geschichte seiner Besiedlung und die des Schiffsverkehrs sowie den Fluss als Lebensraum dar.

In der Nähe des Museums finden sich auch die frühere Synagoge und die Stephanskapelle. Der Weg auf den Hügel, auf dem diese drei Einrichtungen liegen, ist etwas beschwerlich, man wird aber mit einem schönen Blick auf die Stadt belohnt.

Die Wasserstädtische Kirche

▲ Karte S. 185

Barockstadt

Von der Wasserstadt führt ein kurzer Spaziergang entlang der Kleinen Donau (Kis-Duna) zur Barockstadt, dem historischen Zentrum des bürgerlichen Esztergom. Das Viertel ist um zwei zentrale Plätze angeordnet, den Rákóczi tér und den Széchenyi tér, sein Rückgrat ist die diese beiden Plätze verbindende Bottyán János utca, die in ihrem Verlauf den Namen in Jókai Mór utka ändert.

Insbesondere der dreieckige **Széchenyi tér** hat sich weitgehend sein Erscheinungsbild aus dem 18. Jahrhundert bewahren können. Hier finden sich zahlreiche geschmackvolle Häuser hauptsächlich im Stil des Barock, des Rokoko und des Klassizismus, die sich zu einem harmonischen Gesamtbild zusammenschließen. Die südliche Seite des Széchenyi tér nimmt das Bürgermeisterhaus ein. Eingebettet in diese Szenerie sind mit der griechisch-orthodoxen Kirche, der St.-Annen-Kirche und vor allem der **Franziskanerkirche** einige sehenswerte Sakralbauten. Insbesondere die letztgenannte Kirche ist einen Besuch wert. An ihrer Stelle befanden sich einst eine mittelalterliche Kirche und ein Franziskanerkloster, die während der Türkenherrschaft zerstört wurden.

Von Esztergom nach Visegrád

Das kleine **Szob** (km 1706) ist der westlichste Ort Ungarns auf der linken Uferseite. Sehenswert sind die spätbarocke katholische Kirche aus dem 18. Jahrhundert, das Schloss aus der zweiten Hälfte des 19. Jahrhunderts und das Börzsöny-Museum, das den Besuchern die Siedlungsgeschichte und die Volkskultur der Region näherbringt.

Zebegény (km 1703) liegt malerisch am Westtor der Donauenge. Der Ort ist ein gutes Beispiel für die Entwicklung der Region nach der Türkenzeit. Hier siedelten sich slowakische und süddeutsche Einwanderer an. Auf sie soll auch der Name des Ortes zurückgehen. Es wird erzählt, dass die deutschen Siedler beim Anblick des Flusses, der sich vor den Bergen zu stauen scheint, ›Hier See beginnt!‹ riefen. Von dieser Vergangenheit zeugen die typisch slowakischen Holzhäuser, die sich vor allem im östlichen Ortsteil befinden, und die Bauten im barocken und klassizistischen Stil.

Neben der katholischen Kirche im Jugendstil und der alten Mühle (um 1800) ist vor allem das Museum sehenswert, das an István Szönyi (1894–1960) erinnert. Er ließ sich zwischen den beiden Weltkriegen im Ort nieder und wurde zu dem wohl bedeutendsten ungarischen Maler der Donaulandschaft. Ein weiteres Museum, das Schifffahrtsmuseum, enthält Modelle und andere Erinnerungsstücke aus dem Lebensweg eines hier ansässigen Kapitäns.

Dömös (km 1699) am rechten Ufer gilt als eine der wichtigen Pforten in das Piliser Bergland und ist daher vor allem bei Wandertouristen beliebt. Sie zieht es unter anderem zum wohl schönsten Aussichtspunkt des Donauknies, dem sogenannten Prédikálószék (Prediger-knie). Im Ort selbst finden sich Reste eines Klosters aus dem 12. Jahrhundert und eine Barockkirche.

Nagymaros (km 1695), ein großes Dorf mit knapp 5000 Einwohnern, liegt Visegrád unmittelbar gegenüber und ermöglicht den wohl beeindruckendsten Blick auf die Burganlage. Nagymaros ist vor allem das Ziel von Erholungssuchenden, die von hier aus in die Berge wandern, daneben seit langem ein Zentrum des Rudersports auf der Donau. Die malerische Lage und die guten Erholungsmöglichkeiten in der unmittelbaren Nähe haben auch einige Künstler veranlasst, sich hier niederzulassen. Das Interesse der wenigen Touristen gilt zumeist dem kleinen Museum und der katholischen Kirche aus dem 16. Jahrhundert im gotischen Stil.

Nagymaros ist noch aus einem anderen Grund erwähnenswert. Hier war, als Korrespondenzobjekt zu der Schleusen- und Kraftwerksanlage im slowakischen Gabčikovo, als slowakisch-ungarisches Gemeinschaftsprojekt ein Staudamm geplant. Es hätte wohl eine der reizvollsten Stellen im Flusslauf zerstört, dort wo die Donau die Berge des Pilis- und des Börzsöny-Gebirges durchschneidet und eine Richtungsänderung von 90 Grad vollzieht. Nach großen Protesten seitens der Bevölkerung und von Umweltgruppen nahm die ungarische Regierung nach 1990 endgültig Abschied von den Plänen.

Visegrád ▸ km 1694

Ausgangs einer Donauschlinge, in der die Donau einen Richtungswechsel um 180 Grad vollzieht, liegt Visegrád. Der Ort selbst ist mit seinen etwa 1800 Einwohnern eher ein großes Dorf, für die Ungarn ist er aber von großer historischer Bedeutung. Sie zeigt sich in den Resten einer Burganlage, die sich vom Ufer bis auf den an dieser Stelle steil aufragenden Berg hinaufzieht.

Die Slawen, die hier ansässig waren, waren nicht die ersten Siedler, aber sie gaben ihrem Ort den bis heute gültigen Namen, der auf Deutsch ›Hohe Burg‹ bedeutet. Die Slawen siedelten dort, wo bereits die Römer ein Militärlager angelegt hatten. Die Ungarn errichteten eine Burg, die während der Einfälle der Mongolen zerstört wurde. Nach 1250 wurden daher die neuen Befestigungsanlagen ungleich stärker angelegt; es entstanden die Oberburg auf dem Berg und die Unterburg nahe der Donau, die durch Mauern miteinander verbunden waren. Ab 1316, unter Karl Robert von Anjou, kam eine königliche Residenz hinzu, und in der Folgezeit zählte Visegrád zu den politischen Zentren des Landes. Unter Matthias Corvinus und seiner aus Neapel stammenden, kunstsinnigen Frau Beatrix erlebte der Palast seine Blütezeit, er war das politische und künstlerische Zentrum des Landes, seine Größe und Pracht Gesprächsthema an den europäischen Höfen.

Die Türken eroberten die Burg um 1530, und in den folgenden Auseinandersetzungen wurden große Teile des Befestigungssystems beschädigt. 1702 schließlich ließen die Habsburger die Reste sprengen, da sie fürchteten, Aufständische könnten sie nutzen. Später benutzten die verbliebenen Einwohner wie auch die deutschen Neusiedler Steine der Festung zum Bau ihrer Häuser, im 18. Jahrhundert wurde der königliche Palast gar von einem Erdrutsch begraben und verschwand unter einer meterhohen Erdschicht. Erst Ausgrabungen ab 1934 legten Teile wieder frei.

Im Grunde hat der Ort heute zwei touristische Zentren. Da ist zum einen die Oberburg, und da ist der Ort selbst, in dem vor allem die Wasserbastei, der Salomonturm und der Königspalast die Attraktionen darstellen.

■ Wasserbastei und Salomonturm

Die Wasserbastei, Teil der unteren Burg, diente ursprünglich zur Wasserversorgung der Palastanlagen und war mit ihnen durch eine Steinmauer verbunden. Der mehrstöckige Bau wurde Anfang des 19. Jahrhunderts abgetragen, als eine Landstraße in der Nähe des Ufers angelegt wurde. Die heutige Wasserbastei ist eine Nachbildung von 1937.

Vorbei an der König-Matthias-Statue gelangt man nach wenigen Schritten zum

▶ Karte S. 183

Blick von der Hochburg auf Visegrád und die Donau

Salomonturm. Das Gebäude auf sechseckigem Grundriss war ursprünglich 31 Meter hoch, die Dicke seiner Mauern variiert zwischen 3,5 und 8 Metern. Der Bau diente zur Bewachung der Uferstraße und auch als Zollstation. Der mittelalterliche Bau hatte auf fünf Stockwerken Wohnräume und auf den anderen Versorgungsräume, Speicher sowie Aufenthaltsräume für die Wachen. Während der Türkenkriege wurde er beschädigt, heute ist er restauriert und beherbergt ein **Museum** zur Geschichte des Ortes. Im Erdgeschoss ist ein rekonstruierter gotischer Brunnen aus dem 14. Jahrhundert ausgestellt, dem man am besten von der umlaufenden Galerie aus bewundern kann. Er befand sich ursprünglich im königlichen Palast, bis er von König Matthias durch einen anderen Brunnen ersetzt wurde. Das Ausstellungsstück beeindruckt durch seine ungewöhnliche achteckige Form und die meisterhafte Zusammenfügung kostbarer Materialien. In den darüber liegenden Stockwerken sind weitere Skulpturen und Reliefs aus dem Königspalast ausgestellt.

Vom obersten Stock aus hat man einen wunderbaren Blick auf die Donau und die Berghügel.

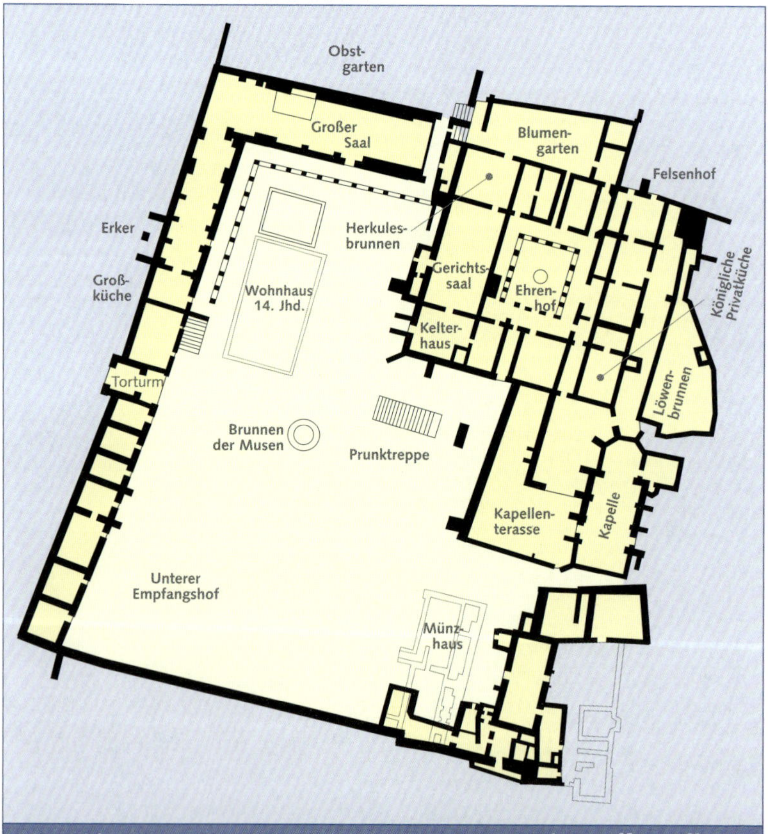

Visegrád, Königspalast

Königspalast und Umgebung

Der Palast umfasste ursprünglich ein Areal von 600 Metern Länge und 300 Metern Breite. Mit seinem Bau wurde unter Karl I. 1316 begonnen, im 15. Jahrhundert ließ ihn König Matthias von italienischen Künstlern erweitern und umgestalten. Zusammen sollen der Nordpalast (Matthiaspalast), die Kapelle und der Südpalast (Palast der Königin Beatrix), in die sich die gewaltige Anlage einteilen lässt, mehr als 350 Räume gehabt haben. Zeitgenossen schwärmten nicht nur von den Ausmaßen, sondern auch von der prunkvollen Ausgestaltung und der Ausstattung. So soll der Palast nicht nur mit reichlich Marmor und vergoldeten Säulen verziert gewesen sein, sondern neben Fischteichen und Bassins auch eine eigene Pferderennbahn aufgewiesen haben. Der päpstliche Legat nannte das Gesamtkunstwerk 1483 ein ›Paradies auf Erden‹, und Mikós Oláh, Erzbischof von Esztergom und humanistischer Gelehrter, berichtet um 1530 unter anderem von reichlich Alabaster und Gold, von Gärten voller Weinreben und Obstbäumen: »Wer durch das Tor eintritt, sieht eine weite, mit Blumen übersäte Rasenfläche vor sich. Nach mehr als hundert Schritten stößt man auf eine Treppe, die sieben oder acht Ellen breit, aus viereckigen Steinen zusammengefügt und ungefähr vierzig Schritt hoch ist. In der Mitte [des Hofes] bricht eine Quelle aus einem kunstvoll gemeißelten rotmarmornen Brunnen hervor, den Reliefs der Musen schmücken. Oben auf dem Brunnen sitzt Cupido, er hält einen Schlauch aus Marmor, aus dem das wohlschmeckende, kalte Wasser kommt, das aus einem nahegelegenen Bergquell durch Röhren hierher geleitet wird und mit angenehmen Geplätscher in die Marmorschale und von hier in das Becken fällt. Auf Befehl des Königs Matthias Corvinus, dessen Werk dieser herrliche Bau ist, führte die Quelleitung bei Siegesfeiern Wein, und zwar abwechselnd Rot- und Weißwein, der weiter oben in die Rohre gefüllt wurde.« Ab 1971 wurde die Freilegung mit größerer Energie betrieben. Die heute sichtbaren Teile sind teils ausgegraben, teils rekonstruiert worden. Nach wie vor dauern die Ausgrabungs, Renovierungs- und Rekonstruktionsmaßnahmen an.

Man betritt die Anlage über die unterste der insgesamt vier Terrassen. Von dort führt der Weg über den Empfangshof in den **Prunkhof**, den Mittelpunkt des Komplexes. In seiner Mitte ist der Herkules-Springbrunnen aus rotem Marmor aufgestellt, eine Kopie des Originals aus der Renaissance. Um den Hof herum sind die eigentlichen Palasträume, dahinter weitere Terrassen und Gärten angeordnet. Teile der Originalausstattung sind erhalten, andere mittlerweile im Salomonturm untergebracht. Sicherlich sind einzelne erhaltene kostbare Materialien beeindruckend oder die ausgeklügelte Wasserver- und -entsorgung, imponierend ist aber die schiere Größe der Anlage.

In der Unteren Burg informiert eine **Ausstellung** über die Geschichte der Anlage, ihre Wiederentdeckung und die Ausgrabungsarbeiten. Besonders belebt ist der Hof während des alljährlich im Juli stattfindenden großen Schlossfestes.

Weiter am Ufer entlang, außerhalb des Palastes, finden sich noch der barocke **Adelshof**, die **Marienkapelle** und eine weitere römisch-katholische **Kirche** aus dem 18. Jahrhundert. Sie liegen in unmittelbarer Nähe des **Fő tér**, der, etwas von der Hauptstraße zurückgesetzt, das Zentrum des kleinen Ortes bildet.

Wendet man sich von diesem Platz zum Flussufer, erreicht man den Fähranleger. Einige Schritte davon entfernt finden sich eine **Kapelle** von 1770 und ein rekonstruierter römischer **Wachturm**. Die Inschrift besagt, dass er 372 erbaut wurde.

Hochburg

Die Donau befindet sich bei Visegrád auf etwa 100 Meter Höhe über dem Meer, die Hochburg - oft als Zitadelle bezeichnet - immerhin auf 329 Meter. Daher ist es angeraten, sich ihr über die Panoramastraße zu nähern. Vom Parkplatz ist dann nur noch ein geringer Höhenunterschied zu überwinden. Bevor man die Anlage betritt, erreicht man einen unmittelbar am Abhang liegenden Aussichtspunkt. Von hier bietet sich eine beeindruckende Sicht auf die gegenüberliegenden Bergzüge, den U-förmigen Verlauf der Donau und die Nordspitze der Donauinsel. Allein dieser Ausblick lohnt den Aufstieg.

Die Hochburg entstand zwischen 1245 und 1255. Die Wohnanlagen im Zentrum waren durch ein System von mehreren Mauern und Gräben geschützt, die Höfe miteinander durch enge Pforten oder Zugbrücken verbunden, so dass ein äußerst wehrhafter Komplex entstand. Die wichtigsten Gebäude der inneren Burg waren ursprünglich in Dreiecksform um den oberen Burghof angeordnet. Heute stehen hier größtenteils nur noch Ruinen - fast alle scheinbar erhaltenen Teile entpuppen sich bei genauem Hinsehen als moderne Rekonstruktionen -, aber auch sie wirken überaus malerisch. Im wesentlichen erhalten sind vier Tortürme, Teile des inneren Palasttraktes und Teile der Mauern. An manchen Details, etwa an Fensterlaibungen, ist noch zu erkennen, dass die Burg im Kern gotisch war.

Der östliche Turm beherbergt heute neben einigen Kupferstichen und Wappen eine **Ausstellung** zur Geschichte der Burganlage. Hier ist auch ein Modell ausgestellt, das die Burg in ihrem Zustand vor den Zerstörungen zeigt. Weitere kleinere Ausstellungen thematisieren die herrschaftliche Jagd und Rüstung und

Auf der Hochburg

Ausrüstung eines Ritters im Mittelalter. Das ebenfalls kleine Wachsfigurenkabinett, das - vermeintliche - Alltagsszenen aus dem Burgalltag darstellt, kostet einen Extra-Eintritt. Er lohnt sich nicht. Unter- wie Oberburg sind seit einigen Jahren Schauplatz für die auch in Ungarn beliebten Mittelalterfeste.

Donauinsel

Die Donauinsel oder Szentendre-Insel (Szentendrei-sziget) ist maximal 2,3 Kilometer breit, in Nord-Süd-Richtung erstreckt sie sich über 38 Kilometer. Ihre Fläche beträgt rund 56 Quadratkilometer; darauf verteilen sich einige sehr kleine Dörfer und eine Handvoll Kirchlein. Das hier vorherrschende Sedimentgestein filtert das Donauwasser, das über Brunnensysteme gewonnen und nach Budapest geleitet wird. Das auf der Insel angebaute Obst und Gemüse ist für seine Qualität bekannt und wird ebenfalls größtenteils in die Hauptstadt geliefert. Einige Fähren und eine einzige Brücke verbinden die Insel mit dem Festland.

▲ Karte S. 183

Verőcemaros

Der Name ist Produkt einer Verwaltungsreform, als die zuvor selbständigen Orte Kismaros (km 1689) und Verőce (km 1687) in den 1960er Jahren zusammengelegt wurden. In beiden Ortsteilen befindet sich die obligatorische katholische Kirche, interessant ist aber vor allem das **Schloss**, das etwas abseits der Durchgangsstraße liegt. Es wird nach seinem Auftraggeber Migazzi-Schloss genannt. Kristóf Migazzi, zu dieser Zeit Stellvertreter des Erzbischofs von Vác, ließ das Gebäude zwischen 1766 und 1784 nach Plänen des italienischen Architekten Isidore Canevale als Sommerschloss errichten.

Vác ▸ km 1679

Dort wo sich die Donau in einer langgestreckten Rechtskurve aus dem Donauknie herauswindet und die Ausläufer des Börzsöny-Gebirges in die Ebene übergehen, liegt Vác. Die von den Türmen zweier Kirchen dominierte Silhouette passt sich harmonisch in die malerische Landschaft ein. Tatsächlich ist Vác (der alte deutsche Name ist Waitzen) wegen seiner zahlreichen Baudenkmäler und des geschlossenen barocken Stadtbilds sehenswert. Es ist lange nicht so überlaufen wie die Orte am rechten Donauufer und wirkt auch im Sommer trotz seiner immerhin 33 000 Einwohner sehr beschaulich.

Am Márcinus 15. tér, links das Rathaus

Sein günstige Lage zog bereits Menschen in der Kupferzeit an, später siedelten die Römer hier, ab 1010 wurde der Ort als Bischofssitz bedeutend. 1241 wurde er durch die Mongolen in Brand gesetzt, erholte sich danach aber wieder. Dank dem günstigen Donauübergang und dem Schutz durch eine Burg erblühte Vác im Hochmittelalter als regionales Handelszentrum. Nach den schweren Verwüstungen im 16. und 17. Jahrhundert wurde Vác neu aufgebaut. Ende des 17. Jahrhunderts ließen sich erneut die Bischöfe hier nieder, und nördlich der alten Burg entstand in ihrem Gefolge die Barockstadt, die so gut wie vollständig erhalten ist und dem Ort noch heute seinen besonderen Charme verleiht.

Die Sehenswürdigkeiten der Stadt liegen relativ dicht beieinander und gruppieren sich fast vollständig um die drei zentralen Plätze Márcinus 15. tér, Konstantin tér und Géza király tér. Der **Márcinus 15. tér**, ein dreieckiger Platz, ist der Mittelpunkt der Bürgerstadt. Er wird von niedrigen Bauten im Barock- und Zopfstil gesäumt. Inmitten dieses sehr harmonisch wirkenden Ensembles befinden sich das Rathaus von 1769 und an der Südseite des Platzes die 1745 geweihte Oberstädtische Pfarrkirche.

Bedeutendstes Bauwerk am kleinen **Szentháromság tér** (Dreifaltigkeitsplatz) ist die ehemalige, 1745 geweihte Piaristenkirche mit ihren beiden charakteristischen schlanken, spitzenbehelmten Türmen, am **Konstantin tér** erhebt sich mit dem Dom Mariä Himmelfahrt und St. Michael der wichtigste Sakralbau der Stadt. Auch diesen Platz säumen Bürgerhäuser im Zopfstil.

Im Ort finden sich weitere Kirchen, einige interessante Museen, Reste der Stadtmauer und sogar ein **Triumphbogen**, der eigens anlässlich eines Besuchs von Maria Theresia erbaut worden ist.

Szentendre

Je nachdem, aus welcher Richtung man sich der Kleinstadt Szentendre (26 000 Einwohner) nähert, markiert es für den Besucher das Eingangs- oder das Ausgangstor zum Donauknie. Da die Stadt nicht an dem Hauptstrom der Donau, sondern am kleineren westlichen Donauarm liegt, kann man sie vom Schiff aus nicht sehen. Den besten Eindruck von der Schönheit ihrer Lage erhält man, wenn man von der Insel auf Szentendre schaut: Die Stadt wird im Osten durch das Halbrund des Donauarms begrenzt und auf der anderen Seite durch Berge, die zum Fluss hin terrassenförmig abfallen. Im Zentrum finden sich einige schöne Kirchen und vor allem eine Vielzahl von schmalen pastellfarbenen Wohn- und Geschäftshäusern, die zum großen Teil aus der Barockzeit stammen und dem Ort ein geschlossenes, anheimelndes Aussehen geben. Berühmt ist Szentendre für seine zahlreichen Ateliers und Museen. Sie haben dem Ort den Rang einer Künstlerstadt verliehen. Daneben finden sich überall Andenkenläden und Lokalitäten. Das malerische Stadtbild, das reiche Angebot an Kunst und Kunsthandwerk sowie die Nähe zu Budapest haben dazu geführt, dass Szentendre insbesondere an Wochenenden von den Touristen beherrscht wird. Aber auch zu diesen Zeiten ist dem Ort ein besonderer liebenswerter Charme eigen, den zu entdecken lohnt.

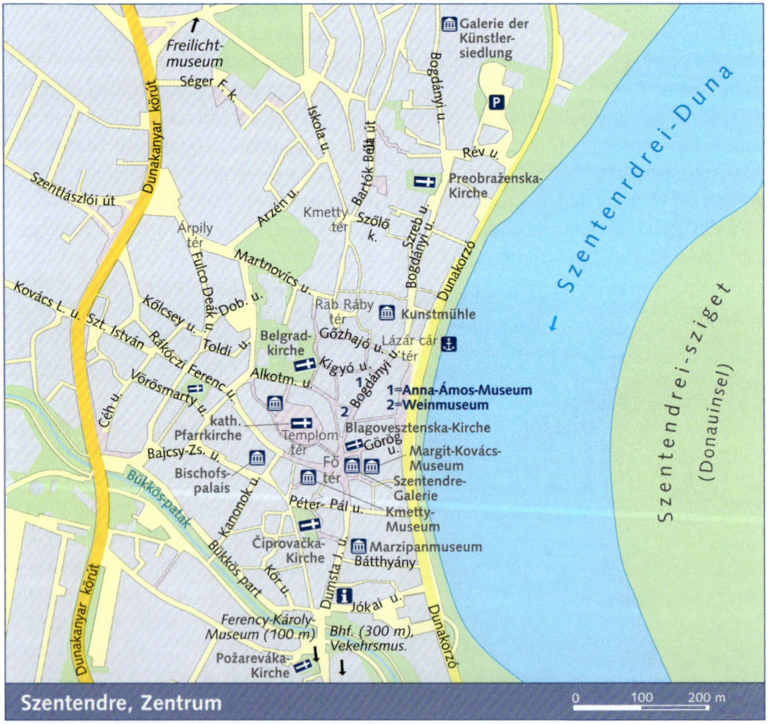

Szentendre, Zentrum

Szentendre hat sich ganz auf die Touristenmassen eingestellt

Geschichte

An der Stelle einer keltischen Siedlung legten die Römer eine Festung mit dem Namen Ulcisia Castra an, Teil des Limes, der entlang der Donau verlief. Um 1009 kam der Ort in den Besitz des Bischofs von Veszprém, als Sanct Andreas wurde er erstmals 1146 erwähnt. Der heutige Name ist die ungarische Version davon: Szent Endre heißt heiliger Andreas. Der Siedlungskern befand sich vermutlich rund um den heutigen Templom tér.

Nach der Niederlage der Serben gegen die Türken auf dem Amselfeld 1389 folgte eine erste Zuwanderungswelle serbischer Siedler. Unter den Osmanen war der Ort nahezu entvölkert, nur die Pfarrkirche und das Straßenraster in der Altstadt haben diese Zeiten überdauert. Prägend für Szentendre waren die Zuwanderer, die ab 1690 kamen. Belgrad war erneut an die Osmanen gefallen, und etwa 36 000 Familien aus Serbien, Albanien, Bosnien, Dalmatien und Montenegro und auch aus Griechenland flohen vor ihnen aus ihrer Heimat und siedelten sich weiter nördlich an, 1000 Familien – rund 6000 Menschen – davon in Szentendre. Die österreichischen Kaiser räumten den Neubürgern Privilegien ein, so dass Handel und Handwerk bald florierten und die Stadt wohlhabend wurde. Da die Neuankömmlinge ihre Baustile aus der Heimat mitbrachten, entstand ein Stadtbild, das sich von den Nachbarorten deutlich abhebt und sehr an balkanische Kleinstädte erinnert. Im Verlaufe des 19. Jahrhunderts wanderten viele Nachfahren der serbischen Zuwanderer nach Serbien aus, nun kamen neben Ungarn einige Donauschwaben und Slowaken in die Stadt. Bis in das 20. Jahrhundert waren die Ungarn in der Minderheit. Zum Wohlstand trug auch der Donauhafen bei. Er verlor aber mit dem Bau der Eisenbahn erheblich an Bedeutung. Szentendre fand sich nun abseits dieser modernen Verkehrsverbindung und fiel in eine Art Dämmerzustand.

Anfang des 20. Jahrhunderts entdeckten Maler den pittoresk-mediterranen Charme und ließen sich in größerer Zahl hier nieder, mit der Anbindung an Budapest wurde Szentendre zur beliebten Sommerfrische. Heute ist es nach Budapest die meistbesuchte Stadt Ungarns.

Fő tér

Das zum großen Teil als Fußgängerzone ausgewiesene Zentrum ist von unregelmäßig verlaufenden kopfsteingepflasterten und teils nur handtuchbreiten Gassen geprägt, die sich immer wieder auf kleinere Plätze öffnen.

Als Ausgangspunkt für eine Besichtigung bietet sich der Fő tér an. Dieser dreieckige Platz ist das Zentrum des Ortes und diente lange Zeit als Marktplatz. In seiner Mitte steht das **Andreaskreuz**. Es ist das Schutzzeichen und Symbol der Kaufleute und wurde von ihnen aus Dankbarkeit darüber gestiftet, dass Szentendre von einer grassierenden Pestepidemie verschont worden war. Der Platz ist von Wohn- und Handelshäusern in verschiedenen Stilen gesäumt, die nun Galerien und Lokale beherbergen, und steht als Gesamtensemble unter Denkmalschutz. Typisch für einige Häuser an diesem Platz wie auch entlang vieler anderen Straßen sind die hohen Erdgeschosse, die geräumigen Dachböden – früher als Warenlager genutzt –, und die breiten Tordurchfahrten, die mit Fuhrwerken passierbar waren. An manchen Fassaden sind noch die Ladenfenster auszumachen, deren Holzläden zur Geschäftszeit heruntergeklappt werden konnten, schmiedeeiserne Gitter, eingemauerte Steinkreuze, Kruzifixe oder Reste von Hebevorrichtungen, mit deren Hilfe die Waren auf die Dachböden gehievt wurden.

In unmittelbarer Nähe des Platzes befinden sich einige der sprichwörtlichen sieben Kirchen. Sie sind durchweg von bescheidenen äußeren Ausmaßen, und man muss ein wenig aufpassen, um sie zu finden. Äußerlich sind sie durchweg barock, die Unterschiede zwischen Katholizismus und Orthodoxie werden nur in den – zum Teil kostbaren – Innenausstattungen sichtbar. Die meisten Kirchen sind außerhalb der Messen geschlossen und können daher nicht besichtigt werden.

Am Fő tér, dem Zentrum des Ortes

▲ Karte S. 196

Blagovesztenska-Kirche

Die Blagovesztenska-Kirche ragt unter den Kirchen der Stadt zweifellos heraus. Die griechische Gemeinde gab sie in Auftrag – daher wird sie heute noch umgangssprachlich ›Griechische Kirche‹ genannt –, die Pläne lieferte Andreas Mayerhoffer.

Die heute serbisch-orthodoxe Kirche war nach kurzer Bauzeit 1754 fertiggestellt und ist von außen bis auf das Portal schlicht. Im Inneren sind vor allem die 1790 vom serbischen Künstler Michael Živkovič geschaffene **Ikonostase** und das kostbar geschmückte **Evangeliar** sehenswert, die Arbeit eines Moskauer Goldschmieds aus dem 17. Jahrhundert. Die Blagovesztenska-Kirche ist als eines der wenigen Gotteshäuser in Szentendre auch an Werktagen zur Besichtigung geöffnet.

Templom tér

Am Templom tér liegt die katholische **Pfarrkirche des heiligen Johannes des Täufers**, nur wenige Schritte von der Blagovesztenska-Kirche entfernt. Ihr Kern stammt – als einziges erhaltenes Gebäude in Szentendre – aus dem 15. Jahrhundert, nach Umbauten präsentiert auch sie sich barock. An ihr zeigt die älteste erhaltene Sonnenuhr des Landes zuverlässig die Zeit an.

Der Templom tér liegt auf dem alten Burghügel, der im Mittelalter Zentrum des Ortes war. Der Platz ist einen Besuch wert, weil von hier die Altstadt geradezu unter dem Betrachter zu liegen scheint. Im Sommer finden auf ihm Märkte statt, deren Produkte vor allem auf die Touristen zielen.

Der Turm der Belgrad-Kirche

Belgrad-Kirche

Die serbisch-orthodoxe Bischofskirche wird auch ›Belgrad-Kirche‹ genannt. Dieser 1754 geweihte Bau im markanten Rot-Gelb ist die eleganteste Kirche im Ort und war lange Zeit das geistliche und kulturelle Zentrum der in Ungarn ansässigen Serben, da im Nachbargebäude die Bischöfe residierten. Sie wurden in der Krypta der Kirche bestattet. Im Kircheninnern ist noch der **Bischofsthron** mitsamt Baldachin erhalten, daneben ist vor allem die prachtvolle **Ikonostase** beeindruckend. Neben Szenen aus dem Neuen Testament werden auf ihr die Heiligen der slawischen Kirche dargestellt: Demetrius, Nikolaus, Georg und Johannes der Täufer.

Im ehemaligen **Bischofspalais**, schräg gegenüber, ist heute die **Sammlung der serbischen Kirchenkunst** beheimatet: liturgische Geräte, Messgewänder, Ikonen. Der reiche Bestand weist auch Gegenstände auf, die die Serben aus ihrer alten Heimat mitbrachten. Später kamen Stücke aus ganz Ungarn dazu, als viele Serben wieder in die Heimat ihrer Vorfahren zurückgingen.

Rund um die Bogdányi út

Die sanft geschwungene Bogdányi út verbindet den Fő tér mit den Parkplätzen am nördlichen Stadtrand und ist so automatisch zur touristischen Haupteinkaufsstraße des Ortes geworden. Rund um ihren nördlichen Teil zieht sich ein etwas dünner besiedeltes Stadtviertel dahin. Es unterscheidet sich vom Zentrum durch die einstöckigen und vereinzelt stehenden Häuser, die ursprünglich von Bauern bewohnt waren. Vor allem einige Kreuze weisen noch auf die ursprünglichen Siedler und ihre Berufe hin, so das Winzerkreuz an der Ecke Endre út und Dezsma utca, das serbische Gerberkreuz an der Bartók Béla út und das Kreuz des Zaren Lazar an der Bogdányi út. Lazar war im 14. Jahrhundert Anfüh-

Die Bogdányi út

rer der Serben. Geistlicher Mittelpunkt dieses Viertels ist die 1746 geweihte **Preobraženska-Kirche**, deren Auftraggeber die am Ort ansässigen Tabakbauern und Gerber waren. Auch das Innere dieser Kirche ist reich geschmückt.

■ Weitere Kirchen

Die anderen Kirchen des Ortes sind in ihrer Gestaltung nicht so auffällig und dennoch sehenswert. Die 1791 fertiggestellte **Čiprovačka-Kirche**, ebenfalls ursprünglich eine orthodoxe Kirche und heute von den Katholiken benutzt, findet sich südlich des Fő tér; die ebenfalls barocke **Požareváka-Kirche** liegt noch weiter südlich, am Vuk Karadzics tér.

In der Dumsta Jenő ut

■ Kunstmuseen und Galerien

Szentendre weist mehr als 20 Museen und Galerien auf. Wir können hier nur die wichtigsten kurz vorstellen.

Im Jahr 1926 wurde die ›Gesellschaft der Maler von Szentendre‹ ins Leben gerufen, die seither durch die Organisation von Ausstellungen das Gesicht des Ortes maßgeblich prägt. Sie stellt in der **Szentsendre-Galerie** (Szentendrei Képtár, Fő tér 2–5) und im Haus eines serbischen Kaufmanns aus dem 18. Jahrhundert aus, in der **Galerie der Künstlersiedlung** (Bogdányi út 51).

Das **Margit-Kovács-Museum** ist in dem sorgsam renovierten früheren Salzhaus von 1750 untergebracht, einem der schönsten Barockbauten im Ort (Görög utca, Ecke Vastagh György). In zehn Räumen werden rund 300 Werke der vielfach ausgezeichneten und landesweit berühmten Bildhauerin und Keramikkünstlerin Margit Kovács (1902–1977) ausgestellt. Kovács stammte aus Győr und lebte jahrzehntelang im Ausland, bevor sie sich in den 60er Jahren in Szentendre niederließ. Ihr Stil ist von der Verbindung von volkstümlichen mit modernen Elementen geprägt, die Künstlerin wurde besonders durch ihre figürlichen Darstellungen bekannt. Das Museum ist eines der meistbesuchten am Ort.

Das **Ferency-Károly-Museum**, seit 2012 an der Kossuth Lajos utca heimisch, bewahrt das künstlerische Erbe der Familie Ferency. Károly Ferency (1862–1917) zählt zu den bedeutendsten ungarischen Malern des Impressionismus. Neben seinen Werken sind auch einige seiner Frau Olga und ihrer Kinder vertreten. Dazu gehören Gemälde, Gobelins, Plastiken und Graphiken.

Im **Kmetty-Museum** am Fő tér macht eine ständige Ausstellung mit den Werken des von französischen Vorbildern beeinflussten Kubisten János Kmetty (1889–1975) bekannt, das **Anna-Ámos-Museum** in der Bogdányi út 10–12 mit den so gegensätzlichen symbolischen Arbeiten des Künstler-Ehepaares Margit Anna und Imre Ámos.

Am nördlichen Ende der Bogdányi út befindet sich die jüngste Einrichtung, die in den 1980er Jahren eröffnete **Kunst-**

▶ Karte S. 196

mühle. In diesem Fabrikgebäude aus dem 19. Jahrhundert werden verschiedene Genres mit aktuellen Werken und gleichzeitig die für Szentendre wichtigsten Arbeiten aus dem ersten Drittel des 20. Jahrhunderts in repräsentativer Auswahl vorgestellt. Im Sommer finden im Innenhof auch häufiger Konzerte, Theateraufführungen und andere Veranstaltungen statt.

Weitere Museen

Die Museen in Szentendre machen aber nicht nur mit Werken bildender Kunst bekannt. Sehenswert sind auch das **Konditoreimuseum Dobos**, das **Szabó-Marzipanmuseum**, zu dessen Attraktionen unter anderem Michael Jackson, Sisi oder auch das Budapester Parlamentsgebäude in Marzipan gehören, sowie das **Nationale Weinmuseum**. Es stellt alle 22 Weinregionen Ungarns mit herausragenden Tropfen vor und bietet wie auch das Marzipan- und das Konditoreimuseum die Möglichkeit zur Verkostung. Etwas außerhalb, am Bahnhof der HÉV, präsentiert das **Verkehrsmuseum** Fahrzeuge des öffentlichen Nahverkehrs aus allen Epochen.

Freilichtmuseum

Drei Kilometer außerhalb, Richtung Visegrád, liegt das Szabadtéri Néprajzi Múzeum (Freiland-Volkskunde-Museum), das nach seinen skandinavischem Vorbild auch ›Skansen‹ genannt wird. Es ist ein in Ungarn einzigartiges Museum. Hier werden seit 1967 volkstümliche Bauten mit originaler Inneneinrichtung aus allen Landesteilen zusammengetragen. Ausgestellt sind auf rund 60 Hektar Fläche 80 Häuser, drei Kirchen, 200 Wirtschaftsgebäude, Kirchen und Kapellen, Windmühlen sowie eine Vielzahl von traditionellen Gebrauchs- und Kunstgegenständen.

Gödöllő

Gödöllő, rund 30 Kilometer nordöstlich des Pester Stadtzentrums und damit ein ganzes Stück abseits des Donauknies gelegen, hat rund 32 000 Einwohner. Der Ort weist einige Barockbauten auf und ein sehenswertes Museum, das über die früher hier ansässige Künstlerkolonie informiert. Besucher würden sich aber kaum hierher verirren, gäbe es nicht das berühmte Schloss. Es gilt neben dem Schloss in Fertőd – in der Nähe von Sopron – als das schönste des Landes. Seine Anziehungskraft liegt in seiner baulichen Vollkommenheit und vor allem in der Person der Kaiserin Elisabeth: Neben dem Sisi-Museum in Wien ist Gödöllő sicherlich der bedeutendste Ort zur Pflege des Sisi-Mythos, und die Kaiserin-Elisabeth-Gedenkausstellung ist das Ziel fast aller Gäste.

Das Schloss entstand nach Plänen des vielbeschäftigten Andreas Mayerhoffer in mehreren Bauphasen zwischen 1741 und 1759 für Antal I. Grassalkovich. Er war einer der einflussreichsten ungarischen Adligen und ein enger politischer Vertrauter von Maria Theresia. Die Kaiserin hatte ihm das Dorf Gödöllő als Anerkennung seiner Verdienste für die Habsburger Monarchie geschenkt. In den 1760er Jahren wurden vor allem die Gärten umgestaltet und erweitert. Antal II. ließ 1780 einige Wohnräume im südlichen Flügel zu einem Saisontheater umbauen: Es wurde nur bespielt, wenn sich der Hof in Gödöllő aufhielt. Hier traten Preßburger und Budaer Theatertruppen und ab und an auch das schlosseigene 26-köpfige Orchester auf. In den Jahren bis 1785 ließ Antal II. weitere Umbauten vornehmen, die dem Schloss seine heutige Form gaben; seitdem hat sich sein Äußeres kaum verändert. Um 1817 wurde, durch Stauung des Rákos-Baches, der Schwanenteich angelegt.

Schloss Gödöllő, Ehrenhof

Mit dem Tod von Antal III. starb das Geschlecht Grassalkovich aus, das Schloss gehörte nun wechselnden Besitzern, ein langsamer Verfall setzte ein. Nach dem sogenannten Ausgleich 1867 kaufte der ungarische Staat das Schloss und schenkte es dem Kaiserpaar; bis zum Ende des Ersten Weltkriegs blieb es im Besitz der Habsburger. Grund für diese Entscheidung waren nicht zuletzt die Nähe zu Buda, dem politischen Zentrum des Landes, und die hervorragenden Bedingungen für die Jagd, die die umliegenden Wälder boten. Franz Joseph I. und Elisabeth (›Sisi‹) beauftragten den berühmten ungarischen Architekten Miklós Ybl mit den Umbauten und Renovierungen.

Gödöllő diente in der Folgezeit dem Kaiserpaar, das regelmäßig im Frühjahr und Herbst mehrere Wochen hier verbrachte, zu Wohn- und Repräsentationszwecken. Vor allem Elisabeth kam gern hierher, und immer mehr war Gödöllő für sie auch ein Zufluchtsort vor der starren Wiener Etikette. Nach ihrem Tod 1898 wurde es deutlich ruhiger im Schloss, wenn es auch nach wie vor von der kaiserlichen Familie genutzt wurde. In den Nachkriegswirren ging einiges der Innenausstattung verloren, danach fiel das Schloss an den ungarischen Staat. Der Reichsverweser, Admiral Miklós Horthy, machte es zu einem seiner offiziellen Amtssitze, in dem er bevorzugt ausländische Staatsgäste empfing und wo er seiner Jagdleidenschaft frönte. Am Ende des Zweiten Weltkrieges entstanden durch plündernde Soldaten der deutschen Armee empfindliche Verluste, möglicherweise bedienten sich auch die Dorfbewohner ein wenig; vandalierende Soldaten der Roten Armee richteten nach ihrem Einzug großen Schaden an. Danach waren hier die Rote Armee, ein Kindergarten und ein Altenheim unter-

▲ Karte S. 183

gebracht, das Schloss verfiel allmählich. Größere Teile des unteren Gartens mitsamt Schwanenteich fielen in den 1970er Jahren Zweckbauten zum Opfer. Nach der Wende ließ der ungarische Staat Renovierungen vornehmen, und seit 1996 stehen die restaurierten Räume des Haupttrakts den Besuchern offen. Die Renovierung des Theaters war 2003 vollendet. In jüngster Zeit konnte die Renovierung des Pavillons auf dem ›Königshügel‹ abgeschlossen werden, der Schlossgarten erstrahlt in alter Pracht, und auch Reithalle und barocker Stall stehen nun den Besuchern offen.

Im Sisi-Saal

Die Räumlichkeiten

Man erreicht das Schloss vom unteren Garten. Eine Mauer und Löwenfiguren scheinen es zu bewachen. Das großzügige und repräsentative Treppenhaus führt in den ersten Stock zu den Ausstellungsräumen. 31 Räume sind den Besuchern zugänglich. Grob gesagt, beinhaltet ein Rundgang vier voneinander getrennte Bereiche: die königliche Suite, die Ära Grassalkovich, die Geschichte des Schlosses im 20. Jahrhundert, die Königin-Elisabeth-Ausstellung. Die rekonstruierten **königlichen Gemächer** sollen eine Vorstellung vom Alltag des Kaiserpaares vermitteln und einen Einblick in das Ungarn der k. u. k. Zeit ermöglichen. Man hat sich bemüht, dem Zustand vom Ende des 19. Jahrhunderts möglichst nahe zu kommen; Teile der Originalausstattung, die in den unruhigen Zeiten verloren gegangen sind, konnten bei Auktionen sogar wieder zurückerworben werden. Die Räume des Kaisers sind in den ›männlichen‹ Grau- und Goldtönen gehalten, die der Kaiserin sind zumeist lavendelfarben.

In den königlichen Gemächern

Besonders eindrucksvoll mit seinen 160 Quadratmetern und der Höhe von neun Metern ist der **Prunksaal**. Er hat stuckmarmorne Wände und Blumendekor in vergoldeter Stuckarbeit und bietet sich somit für besonders festliche oder exklusive Feierlichkeiten an. Auch Privatpersonen können diesen wie auch andere Säle für private Feste mieten und nicht nur gutes Essen dazu bestellen, sondern Barock- oder Operettenmusik gleich dazu.

Die **Kaiserin-Elisabeth-Gedenkausstellung** kann einige interessante Originalexponate wie Briefe, Fotos und Kleidungsstücke aufweisen. Hier wird sicherlich keine kritische Auseinandersetzung mit der Monarchin versucht; es ist eher eine leichte Verbeugung vor der Kaiserin, die wie keine andere Habsburgerin von den Ungarn verehrt wurde und wird. Auf der rückwärtigen Seite liegen der von den drei Innenflügeln umschlossenen **Ehrenhof**, heute eine stimmungsvolle Kulisse für Hofkonzerte, und der **obere Garten**.

Wer eine Erholung benötigt, ist in dem stilvollen Café im Erdgeschoss gut aufgehoben, wer seine Auseinandersetzung mit Sisi vertiefen möchte, im Souvenirgeschäft. Hier gibt es ein reiches Angebot, und am erstaunlichsten ist, auf wie wenigen Produkten das Portrait Elisabeths nicht abgedruckt ist.

Donauknie/Gödöllő

Die Tagesausflüge führen stets nur zu den Orten am rechten Donauufer, nicht aber nach Vác. Kreuzfahrtreisende haben durchgängig nur in Szentendre die Möglichkeit zur individuellen Freizeitgestaltung, selten auch in Esztergom. In Visegrăd wird zumeist nur die Hochburg besucht.

Tourinformbüro Vác: Március 15. tér 17. Im Zentrum.

Tourinformbüro Szentendre: Dumtsa Jenő u. 22. Die freundlichen Mitarbeiter dieses gut ausgestatteten Tourismusbüros informieren auch über die zahlreichen Galerien und aktuelle Ausstellungen; es gibt dort u.a. Broschüren zu verschiedenen Themen. Der hier ebenfalls erhältliche Stadtplan führt die wichtigsten Einrichtungen auf. Materialien auch zu Esztergom und Visegrăd, die keine derartigen Büros unterhalten.

Gödöllő: Da Besichtigungen der Innenräume nur im Rahmen von Führungen möglich sind und bei der Anfahrt mit öffentlichen Verkehrsmitteln beim Umsteigen von Metro auf die Vorortbahn u.U. viel Zeit verloren gehen kann, ist es ratsam, sich ab Budapest einer organisierten Tour anzuschließen. Sie ist nicht viel teurer als die Summe, die man individuell für die Bahnfahrkarten und den Eingang in das Schloss aufzubringen hat.

Szentendre: Die Bogdányi út ist eine einzige Andenken- und Souvenirstraße mit recht einheitlichem Preisniveau. Oft wird in den Geschäften und Lokalen der Euro akzeptiert, aber nicht immer - vorher nach dem angebotenen Wechselkurs fragen!

Gleich mehrere **Wechselstuben** finden sich z.B. an der Bogdányi út, ein Bankautomat z.B. an der Dumsta Jenő ut südlich des Fő tér.

Vác ist vom Budapester Westbahnhof (Nyugati pályaudvar, abgekürzt Nyugati pu) gut zu erreichen. Die Züge verkehren mindestens halbstündlich, die Fahrtzeit beträgt 25 bis 45 Minuten. Vom Bahnhof nur zehn Minuten Fußweg bis ins Zentrum.

Szentendre ist von Budapest mit der HÉV vom Batthyány tér gut zu erreichen; Taktfolge mindestens viertelstündlich, die Fahrtzeit beträgt rund 40 Minuten. Der Bahnhof in Szentendre liegt etwa 500 Meter südlich des Zentrums.

Gödöllő: Von Budapest mit der Metro M2 bis zur Endstation Örs vezér tere, dann mit der HÉV bis Gödöllő, Station Szabadság tér. Fahrtzeit ab Örs vezér tere rund 40 Minuten, halbstündliche Verbindung.

In allen Orten befinden sich zahlreiche Lokale.

Esztergom: Unterhalb der Kathedrale liegen zwei nette Lokale, die bei gutem Wetter auch Plätze im Freien anbieten.

Szentendre: Am Fő tér kann man am besten den Touristenmassen zuschauen, in den Cafés an der Dumsta Jenő ut sitzt man sehr angenehm unter schattigen Bäumen und hat weniger Trubel, am hübsch geschwungenen Duna korzó (Donaukorso) reihen sich ebenfalls die Lokale. Allerdings schaut man hier nicht auf den Donauarm, sondern nur auf die aufgeschüttete Uferpromenade.

Karte S. 183/185/196

Budapest ▸ km 1647

»Budapest bildet mit der Donau eine der schönsten Fluss-Stadt-Landschaften, die es gibt, vielleicht die schönste in Europa.« Dem Urteil des französischen Schriftstellers Jules Romains (1885–1972) kann man immer noch uneingeschränkt zustimmen. Wie sonst keine Stadt zwischen Passau und dem Schwarzen Meer integriert Budapest die Donau in ihr Stadtbild. Auf der einen Seite ragt der Burgberg mit seinen bekannten Wahrzeichen auf, auf der anderen prägen Parlament und andere zur Donau gewandte Repräsentationsbauten das Ufer. Verbunden sind sie durch mehrere Brücken, die auch zu den Wahrzeichen der Stadt gehören, im Zentrum sind dies: Margaretenbrücke (km 1648,8), Kettenbrücke (km 1647), Elisabethbrücke (km 1646) und Freiheitsbrücke (km 1645,3). Die Ufer fassen die Donau wie einen Prachtboulevard ein und machen ihn zum Zentrum der Metropole. Am eindrücklichsten zeigt sich dieser Charakter den Schiffspassagieren, die von Norden in die Stadt kommen.

Schon bei dieser Art der Annäherung sind wesentliche Unterschiede der beiden Stadtteile deutlich auszumachen: Buda am rechten Ufer erstreckt sich auf Hügeln, Pest auf der anderen Seite in einer Ebene. Buda umfasst etwa ein Drittel der Fläche, seine Hauptsehenswürdigkeiten sind der Burgberg mit Burgpalast, Matthiaskirche und Fischerbastei sowie Gellértbad und Gellértberg. In Pest konzentrieren sich die politischen Institutionen, Vergnügungs- und Geschäftsviertel.

In Budapest lassen sich Zeugnisse aus der Zeit der Römer, der Osmanen und der Habsburger besichtigen, gleichzeitig hat sich im Stadtbild das zunehmende Selbstbewusstsein Ungarns seit dem ›Ausgleich‹ von 1867 niedergeschlagen, und die Stadt kann für sich in Anspruch nehmen, eine der bedeutendsten Jugendstilmetropolen zu sein. Dieses Erbe wird gepflegt, und es steht Besuchern nicht zuletzt in den rund 80 Museen und den mehreren Dutzend Kirchen offen.

Dabei gleicht Budapest mitnichten einem großen Museum. Von den knapp zehn Millionen Ungarn lebt jeder sechste hier. Die Stadt ist die mit Abstand größte des Landes und seine einzige wirkliche Großstadt, sein politisches, wirtschaftliches, kulturelles und ideelles Zentrum. Musik- und Bühnenliebhaber kommen hier ebenso auf ihre Kosten wie Nachtschwärmer. Budapest präsentiert sich als elegante und weltoffene Metropole, die seit 1990 eine dynamische Entwicklung genommen hat und längst nicht allein wegen der einzigartigen Stadt-Fluss-Landschaft einen längeren Besuch lohnt.

Geschichte

Die erste Besiedlung auf dem Gebiet des heutigen Budapest fand in der Steinzeit statt. Die Römer legten hier ihre Militär- und Bürgerstadt an, in der am Ende des 2. Jahrhunderts bis zu 30 000 Menschen lebten. Die Hauptstadt der Provinz Pannonia Inferior befand sich auf dem Gebiet des heutigen Stadtteils Óbuda. Dass dort mehrere Bäder eingerichtet wurden, ist kein Zufall: Am Übergang von ungarischem Mittelgebirge zu Pannonischer Tiefebene, erstreckt sich eine geotektonische Bruchstelle, weshalb Budapest einen ungewöhnlichen Reichtum an Thermalquellen aufweist. Daher finden sich so überaus viele Thermal-, Heil- und sonstige Bäder in Budapest.

Wie überall entlang der Donau, wurden die Römer im Rahmen der Völkerwanderung vertrieben, und nach ihnen kamen die Hunnen, dann die Langobarden, dann die Ostgoten, dann die Awaren.

Die Freiheitsbrücke, eines der Wahrzeichen Budapests

Die Zeit der Ungarn

Seit der ›Landnahme‹ von 896 blieben die Ungarn für rund 600 Jahre die Herrscher von Buda und Pest. Béla IV. ließ 1275 eine erste Burg errichten, und Sigismund von Luxemburg wertete Buda um die Wende zum 15. Jahrhundert zur Residenzstadt auf. Sie entwickelte sich unter Matthias Corvinus am Ende des Jahrhunderts zu einem Zentrum der Renaissancekultur. In der Nähe der Burg breitete sich die Stadt Buda allmählich aus, am anderen Ufer lag die unbedeutendere Ortschaft Pest.

Nach der verlorenen Schlacht von 1526 bei Mohács wurden die Ungarn von den Türken vertrieben. Pozsony (Bratislava) war nun bis 1848 die ungarische Hauptstadt, Buda Sitz eines türkischen Verwaltungspaschas. Die Türken bauten Kirchen zu Moscheen um und legten Bäder und Festungsanlagen an, allerdings ist von ihrer rund 150-jährigen Herrschaft wie auch in Belgrad oder Bukarest kaum etwas erhalten.

Die Habsburger Zeit

Die Habsburger vertrieben die Türken 1686 vom Gebiet des heutigen Budapest und zogen selbst als neue Herrscher ein. Auch durch die gezielte Ansiedlungspolitik deutscher und anderer Kolonisten wurden in den nächsten Jahrzehnten aus Buda und Pest deutsch geprägte Orte. Die Ungarn empfanden die Österreicher ebenso als Besatzer wie zuvor die Türken; so kam es immer wieder zu Aufständen. Auf der anderen Seite trieben die Habsburger die Entwicklung Budas voran. Maria Theresia ließ die zerstörte Burg wieder aufbauen und erheblich erweitern, ihr Sohn und Nachfolger Joseph II. verlegte staatliche Einrichtungen aus Bratislava nach Wien und Budapest. In dieser Zeit wurde auch eine Universität gegründet, 1825 die ungarische Akademie der Wissenschaften. Das noch getrennte Budapest wurde mehr und mehr – nicht offiziell, aber de facto – neben Wien zur zweiten Hauptstadt der Habsburger Monarchie. Die beiden Hälften Buda und

▲ Karte S. 209/217

Pest erlebten seit der ersten Hälfte des 19. Jahrhunderts einen wirtschaftlichen Aufschwung, durch die Einweihung der Kettenbrücke im Jahr 1849 rückten sie auch enger zusammen. Die Kettenbrücke ist nach der Brücke in Regensburg die zweitälteste über die Donau überhaupt.

Budapest entsteht

Budapest entstand 1873 durch den Zusammenschluss der Orte Buda, Pest und Óbuda (Alt-Buda). Damit wurden zwei sehr unterschiedliche Orte miteinander verschmolzen. Buda war in seinem Habitus königlich und in seinem Äußeren barock geprägt, Pest die bürgerliche Stadt der Kaufleute und Handwerker. Daraus wurde die Hauptstadt Ungarns, sein seit dem ›Ausgleich‹ von 1867 unbestrittenes politisches, kulturelles und wirtschaftliches Zentrum, das sich in den nächsten Jahrzehnten explosionsartig erweiterte. Vor allem in Pest wurden ganze Stadtviertel in rascher Folge planmäßig neu angelegt und durch ein systematisches Straßennetz erschlossen. Entlang der Straßen entstanden neben den Repräsentations- und Funktionsbauten des jungen Staates die prachtvollen Wohnhäuser des sich formierenden Bürgertums. Zur Millenniumsfeier 1896 wurden nochmals ganze Straßenzüge neu angelegt und viele der Bauten errichtet oder tiefgreifend umgebaut, die heute noch zu den Wahrzeichen der Stadt zählen. Einige Zahlen verdeutlichen das Wachstum: Buda und Pest hatten zusammen vor 1848 keine 100 000 Einwohner, 1873 waren es bereits 300 000, 1890 500 000, 1910 eine Million.

Das 20. Jahrhundert

Das Stadtbild änderte sich seit 1918 kaum, auch der Zweite Weltkrieg brachte zunächst keine tiefgreifenden äußerlichen Folgen mit sich. Nach dem Sturz des Horthy-Regimes 1944 besetzten deutsche Truppen das Land, Adolf Eichmann, in offizieller Sprache ›Leiter des Judenreferats im Reichssicherheitshauptamt‹ und damit Chefbürokrat der Judenvernichtung, richtete in Budapest sein Büro ein. Innerhalb weniger Monate wurden 500 000 der 800 000 ungarischen Juden deportiert und ermordet. Schwere Verwüstungen erlitt Budapest im Frühjahr 1945 bei der Eroberung durch die Rote Armee. Die Niederschlagung des Aufstandes 1956 durch die Rote Armee richtete erneut schwere Zerstörungen im Zentrum an. In den folgenden Jahrzehnten konzentrierte sich die Politik auf Reparaturarbeiten, den Ausbau der Industrie und des Metronetzes und die Anlage von Neubauvierteln an der Peripherie.

Seit Mitte der 1970er Jahre öffnete sich Ungarn auch den westlichen Touristen. Für sie entstanden zahlreiche Großhotels in der Stadt. Überhaupt präsentierte sich Budapest spätestens seit dieser Zeit weitaus weltoffener als die anderen Großstädte in der sozialistischen Gemeinschaft.

Seit dem Fall des Eisernen Vorhangs hat sich Budapest zu einem wichtigen Wirtschafts-, Handels- und Bankenzentrum Mitteleuropas entwickelt – so wurde bereits 1990 die Börse eröffnet –, und zu einem Touristenmagneten.

Derzeit prägen einerseits ein neuerlicher Bauboom – so soll die Metro eine fünfte Linie erhalten –, zahlreiche herausgeputzte Fassaden und Nobelmarken im Zentrum sowie riesige Shopping-Malls in den Außenbezirken das Bild, andererseits leben viele Budapester nicht nur in den Plattenbausiedlungen in einfachen Verhältnissen, ist die Armut vieler Menschen auch im Zentrum nicht zu übersehen. Die Finanzkrise ab 2008 hat das Land weitaus härter getroffen als etwa Deutschland. Die derzeitige national-

Die ›Sikló‹

konservative Regierung, ohnehin schnell bei der Hand mit Verunglimpfungen und Diskriminierungen von Minderheiten, hat vor einiger Zeit die Obdachlosigkeit per Gesetz zum kriminellen Delikt erklärt; betroffen sind allein in Budapest an die 10 000 Menschen.

Burgberg

Der Burgberg erhebt sich etwa 50 bis 60 Meter über der Donau, und so bilden Burgpalast, Matthiaskirche und Fischerbastei eine eindrucksvolle, weithin sichtbare Kulisse. Viele Besucher reduzieren das Burgviertel auf diese Wahrzeichen Budapests, aber ganz in der Nähe dieser beherrschenden Bauten liegen zahlreiche weitere Sehenswürdigkeiten. Das Burgviertel ist das älteste erhaltene Viertel der Stadt, und entlang der stimmungsvollen schmalen Gassen finden sich Zeugnisse aus der Gotik, der Renaissance und dem Barockzeitalter.

Die wichtigsten Zugänge bilden das Wiener Tor an der Nordseite und die Wege, die vom **Clark-Adam-tér** heraufführen. An diesem Platz ist übrigens der Nullpunkt des Landes definiert, alle Entfernungsangaben beziehen sich auf ihn. Den bequemsten Zugang zum Burgviertel ermöglicht die **Sikló** genannte Standseilbahn, deren untere Station hier liegt.

▲ Karte S. 209

Burgpalast

Der Burgpalast nimmt den gesamten Südteil des Burgberges ein und beeindruckt vor allem durch seine Ausmaße, schön ist er nicht. Umgeben ist der Komplex von einem Garten und, an der Südseite, einigen mittelalterlichen Resten der ursprünglichen Burg.

Der ungarische König Belá IV. ließ im 13. Jahrhundert an dieser strategisch günstigen Stelle eine erste Burg errichten, die bald zur Residenz der ungarischen Könige wurde. In den Türkenkriegen wurde die zwischenzeitlich erweiterte Anlage zerstört, die Habsburger setzten aber nach der Eroberung der Stadt rasch einen Neubau an diese Stelle, den heutigen Südflügel. Anfang des 20. Jahrhunderts kamen die drei anderen Flügel hinzu. Nach schweren Zerstörungen im Zweiten Weltkrieg wurde der Palast seit den 1950er Jahren schrittweise restauriert. Von Rang ist er heute vor allem wegen der hier ausgestellten Sammlungen, die zu den wichtigsten des Landes zählen.

Prinz Eugen vor dem Burgpalast

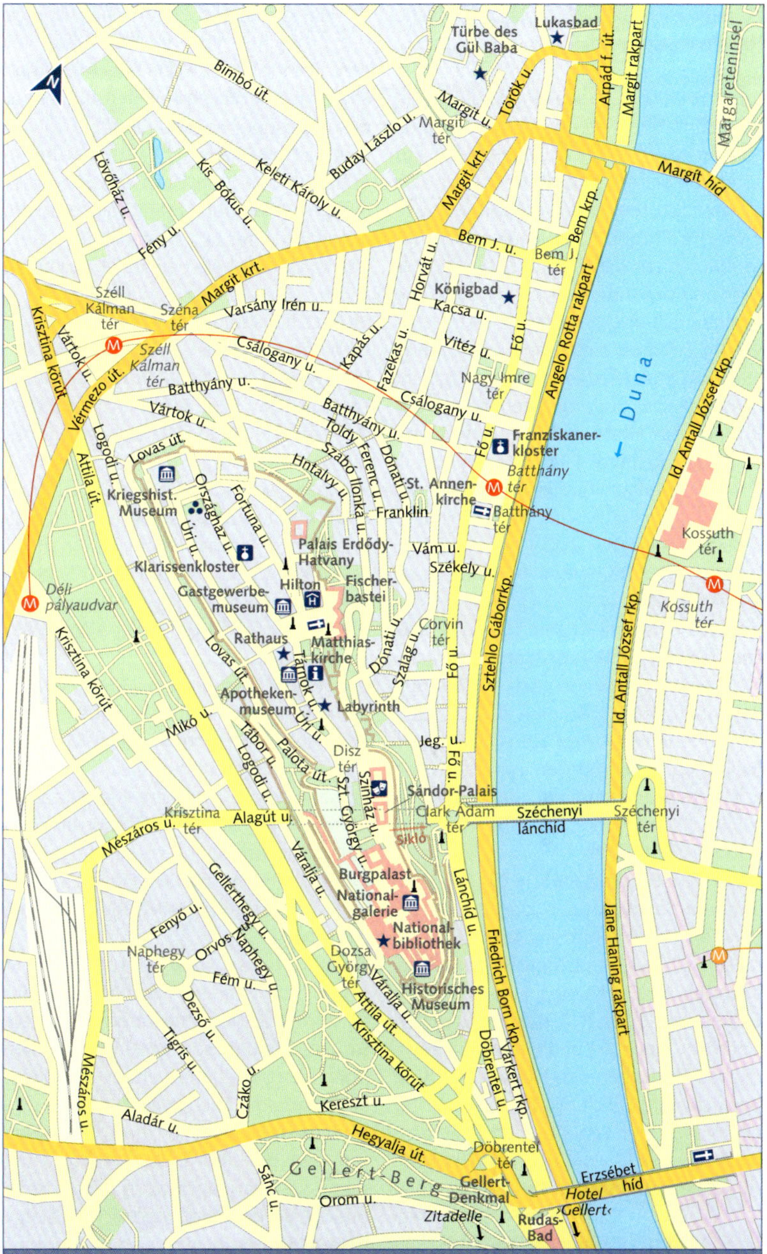

Budapest, Budaer Seite

Zu nennen ist zunächst die **Ungarische Nationalgalerie**, die wohl bedeutendste Kunstsammlung in Ungarn. Sie weist rund 100 000 Exponate auf, die einen repräsentativen Querschnitt der ungarischen Kunst vom Mittelalter bis zur Moderne bieten. Darunter befinden sich Holzskulpturen und Tafelbilder sowie gotische Flügelaltäre. Malereien und Skulpturen aus dem 19. und 20. Jahrhundert sind besonders reich vertreten. Die Sammlung barocker Kunst ist einzigartig. Weiter gehören eine graphische Sammlung und eine Medaillensammlung zum Museum. Der Südflügel beherbergt das **Budapester Historische Museum** und das **Burgmuseum**. Hier werden vor allem Alltagsgegenstände gezeigt, die das Leben in den Siedlungen Buda, Pest und Óbuda der letzten 2000 Jahre illustrieren, von der Römerzeit bis zum Zweiten Weltkrieg.

Im Südwestflügel ist seit 1985 die **Széchenyi-Nationalbibliothek** untergebracht. Sie erhielt den Namen nach ihrem Gründer, Graf Ferenc Széchenyi, der sie 1802 ins Leben rief. Unter den rund sechs Millionen Dokumenten befinden sich kostbare Handschriften, darunter mittelalterliche Werke, die sogenannten Budapester Blätter.

Das große **Reiterstandbild für Prinz Eugen von Savoyen** feiert den Bezwinger der Türken und kam im Jahr 1900 an diesen Platz, der übergroße **Matthiasbrunnen** im Durchgang zum südlichen Flügel erinnert seit 1904 an Matthias Corvinus, einen der bedeutendsten ungarischen Herrscher, den Eingang zur Burg bewacht schließlich ein **Turul** genannter Greifvogel. Eine Legende berichtet, dass der Vogel den Urvater der Árpáden, Fürst Álmos, gezeugt und dessen Sohn Árpád den Weg vom Karpatenbecken ins heutige Ungarn gewiesen haben soll. Der Turul gilt als das Wappentier der Dynastie, die die ersten ungarischen Könige hervorbrachte. Von der Balustrade vor dem Standbild des Prinz Eugen hat man einen beeindruckend weiten Blick über das gegenüber liegende Pest.

▲ Karte S. 209

Das **Sándor-Palais** schließt sich unmittelbar an den Burgpalast an. Seit 2002 residiert hier der Staatspräsident, die Wachablösung vor dem Palais – stets um 12 Uhr – ist ein beliebtes Fotomotiv.

■ Matthiaskirche

Über den Dísz tér, früher Marktplatz, Paradeplatz und auch Hinrichtungsstätte, führt der Weg zur Matthiaskirche, dem zweiten Hauptanziehungspunkt auf dem Burgberg.

Ausmaße und Aussehen des mächtigen neogotischen Baus gehen auf den tiefgreifenden Umbau zurück, der unter Leitung des Architekten Frigyes Schulek zwischen 1874 und 1896 vorgenommen wurden. Béla IV. initiierte Mitte des 13. Jahrhunderts den Kirchenbau, und in der Folgezeit ließen viele Herrscher Umbauten und Erweiterungen vornehmen oder sich in ihr krönen. König Matthias Corvinus heiratete hier gleich zweimal, Franz Joseph I. und seine Frau Elisabeth wurden hier zum ungarischen Königspaar gekrönt. Eigens zu diesem Anlass hatte das Herrscherhaus Franz Liszt mit der Komposition der ›Krönungsmesse‹ beauftragt.

Charakteristisch und weithin sichtbar sind die bunten Majolikaziegel, die das Dach schmücken. Im Inneren sind die früheren Bauphasen an einigen Stellen noch auszumachen, weitaus auffälliger ist jedoch die Dichte an Schmuck und Kunstwerken, Fresken und Ornamenten. Aus der überreichen Ausstattung ragen das **Marienportal** an der Südseite und die **Sarkophage** ungarischer Könige heraus. In der Krypta ist das überreich ausgestattete **Kirchenmuseum** unterge-

Touristenmagnet: die Fischerbastei. Daneben das Reiterstandbild für König Stephan

bracht. Neben allgemeiner Sakralkunst, Reliquien und Krönungsdokumenten findet sich hier auch eine Kopie der ungarischen Königskrone. Das Original befindet sich auf der anderen Uferseite, im ungarischen Nationalmuseum.

Fischerbastei

Gerahmt wird die Matthiaskirche zur Uferseite von der Fischerbastei. Die putzigen Türmchen und Erker, Zinnen und Wehrgänge und die Treppen verraten nichts vom Mittelalter, aber viel davon, wie sehr man diese Epoche am Ende des 19. Jahrhunderts verkitschte. Schulek lieferte für die Pseudofestung ebenfalls die Pläne, sie entstand zwischen 1895 und 1902. Ihren Namen erhielt die Festung nach dem früheren Fischermarkt, der etwas unterhalb lag.

Von der Fischerbastei eröffnet sich ein fantastischer Blick auf das gegenüberliegende Uferpanorama. Besonders eindrucksvoll ist die Wirkung abends und nachts, wenn die Stadt und die Brücken beleuchtet sind. Dann ist es hier auch ungleich romantischer, denn so belebt es hier tagsüber zugeht, so ruhig ist es spätabends.

Die Fischerbastei spiegelt sich nach Norden in eloxierten Glasfassaden. Die gehören zum **Hotel Hilton**, das in den 1970er Jahren unmittelbar neben Bastei und Kirche gesetzt wurde. Manche halten dieses Aufeinandertreffen von Historie und Moderne für eine geniale Idee, andere nennen die Kombination eine katastrophale städtebauliche Sünde. Bis heute scheiden sich an dem Nebeneinander die Geister. Im Hilton ist ein sehenswertes **Marzipanmuseum** untergebracht.

Vor der Bastei befindet sich ein **Reiterstandbild für König Stephan** (reg. 997–1038) aus dem Jahr 1906, etwas weiter stößt man auf eine Nachbildung der ursprünglich 1714 aufgestellten, rund 15 Meter hohen **Pestsäule**, zur Erinnerung an eine Pestepidemie, die einige Jahre zuvor gewütet hatte.

An der Südwestseite des Szentháromság tér sticht der markante Erker des **Alten Rathauses** hervor, ein Barockbau aus der ersten Hälfte des 18. Jahrhunderts.

Burgviertel

Die meisten Besucher des Burgberges bewegen sich zwischen Burgpalast und Matthiaskirche und lassen das Wohnviertel links liegen. Es lohnt jedoch, sich dafür auch ein wenig Zeit zu nehmen. Am Dreifaltigkeitsplatz (Szentháromság tér) befinden sich mit einer Wechselstube, dem Touristenbüro, der traditionsreichen Konditorei ›Ruszwurm‹ und dem Haus der Ungarischen Weine, das gleichermaßen zu Verkostung und Kauf einlädt, gleich mehrere unter touristischen Gesichtspunkten besonders wertvolle Einrichtungen. Hier kann man sich also für einen kleinen Rundgang durch die Gassen vorbereiten und stärken.

An diesen Gassen befinden sich einige liebevoll eingerichtete Museen, zahlreiche Lokale, Boutiquen und Kunsthandwerk- und Andenkenläden; die Häuser selbst sind jedoch die Hauptattraktion. Nach dem Zweiten Weltkrieg war das Viertel zu großen Teilen zerstört. Es wurde danach sorgfältig rekonstruiert, und heute präsentiert es sich weitgehend in seiner ursprünglichen Gestalt.

Die Ruine der Maria-Magdalenen-Kirche

▲ Karte S. 209

In der Úri utca, der wohl eindrucksvollsten Gasse, und auch in der Tárnok utca, früher die Straße der Kaufleute, herrschen barocke und klassizistische Bauten vor, einige gotische aus dem 13. Jahrhundert sind noch erhalten. Vor allem im nördlichen Teil der Úri utca haben sich einige gotische Sitznischen erhalten, deren Funktion nach wie vor unklar ist. An der Nr. 9 liegt der Eingang zum **Labyrinth**. Es zeigt in seinen ausgedehnten unterirdischen Gewölben in der Art eines Wachsfigurenkabinetts und zwei Dutzend Darstellungen die ungarische Geschichte von der Landnahme der Ungarn bis zum Zeitalter des Matthias Corvinus. Einen Besuch wert ist auch das **Apothekenmuseum** (Tárnok utca Nr. 18).

Die Fortuna utca, die vom Dreifaltigkeitsplatz nach Norden führt, ist von Barock- und Zopfstilbauten geprägt, die parallel verlaufende Országház utca von Barock und Klassizismus. Hier findet man auch das ehemalige **Klarissenkloster** und das **Ungarische Handels- und Gastgewerbemuseum** (Nr. 4), das sich im Innern viel liebevoller und skurriler präsentiert, als es die nüchterne Bezeichnung nahelegt.

Die Táncsis Mihály utca war im Mittelalter das Zentrum der jüdischen Gemeinde, das Haus Nr. 26 weist Reste des früheren Gebetshauses auf. Im Innern informiert eine Ausstellung über das Leben der Juden im alten Buda. In dieser Straße steht auch eines der schönsten Budapester Barockgebäude, das **Palais Erdődy-Hatvany** (Nr. 7). Darin sind heute das Musikwissenschaftliche Institut und das Museum für Musikgeschichte untergebracht. Es präsentiert seltene Musikinstrumente und Autographe des ungarischen Komponisten Béla Bartók (1881–1945).

Beide Straßen münden auf den Kapisztrán tér im Nordwesten des Areals. Auf der einen Seite steht das **Kriegshistorische Museum**, auf der anderen Seite ein gotischer **Kirchturm**, letzter Rest der im Zweiten Weltkrieg zerstörten mittelalterlichen Maria-Magdalenen-Kirche. Im Museum befindet sich unter anderem die Bilderchronik der Árpádenkönige.

Wasserstadt

Zwischen Burgberg und Donau erstreckt sich die Wasserstadt (Víziváros), ein an vielen Ecken auch heute noch barock und nobel geprägtes Viertel. Sein Rückgrat bildet die Fő utca. Ihr Verlauf folgt der Handelsstraße, die bereits die Römer anlegten und die nach Aquincum führte, dem späteren Óbuda. Es finden sich einige hübsche Fassaden und auch nette Lokale. Da die Straße aber stets stark befahren ist, bietet es sich an, sie zu verlassen und ohne festes Ziel durch die teils steilen Gassen zu schlendern. Besonders schön ist der **Corvin tér**. Bäume und ein Brunnen schmücken, eine geschlossene Bebauung eindrucksvoller Barockbauten säumt ihn.

Batthyány tér

Der Batthyány tér ist der andere wichtige Platz der Wasserstadt, nicht zuletzt weil hier die Umsteigemöglichkeiten zur Vorortbahn HÉV, zu Tram-, U-Bahn und Buslinien bestehen. Hier finden sich ebenso einige sehenswerte Häuser im Stil des Rokoko und Spätbarock, und von hier hat man den wohl besten Blick auf das Parlamentsgebäude am anderen Donauufer.

Der Batthyány tér hat eine lange Tradition als Handelsplatz, leider ist schon vor Jahren einer der üblichen langweiligen Supermärkte in die alte Markthalle an der Westseite eingezogen. Die Nordseite des Platzes wird vom ehemaligen **Franziskanerkloster** sowie **Kirche**, Klostergebäude und Spital der Elisabethinerinnen begrenzt.

Der schönste Sakralbau am Platz und einer der anmutigsten in Budapest überhaupt ist die zweitürmige barocke **St. Annenkirche**, die 1762 geweiht wurde. Ungewöhnlich ist der ovale Kuppelraum, sehenswert sind Hauptaltar und Kanzel sowie die Seitenaltäre und die Bilder des Wiener Meisters Franz Wagenschön.

Nördlich des Batthyány tér

Wer noch etwas spazieren möchte, kann weiter nordwärts einige der raren Überreste aus osmanischer Zeit in Augenschein nehmen. An der Fő utca liegt das **Königbad** (király-fürdő). Sein Name geht auf die Familie König zurück, in deren Besitz es sich im 19. Jahrhundert befand. Das Bad wurde bereits um 1570 von den Türken angelegt, Teile der originalen Innenausstattung sind erhalten. Damit ist es eine Besonderheit unter den Bädern in Budapest. Der zentrale Baderaum liegt

Die Annenkirche am Batthyány tér

unter einer achteckigen Kuppel mit farbigen Fenstern, die eine geheimnisvolle Stimmung erzeugen.
Noch etwas weiter nördlich, an der Gül Baba utca, befindet sich die **Türbe des Gül Baba**. Baba Gül kam nach 1526 als Missionar nach Budapest und starb 1541 auch hier. Der Sultan erhob den Gül Baba, ›Vater der Rosen‹, nach dessen Tod zum Schutzheiligen der Stadt und ließ ein Mausoleum errichten. Das war bis 1548 fertiggestellt, und dieses kleine achteckige Gebäude ist bis heute erhalten. Es gehört zu den heiligen Stätten des Islam in Europa, ist ein Pilgerziel und wird von der türkischen Regierung unterhalten.
Das Viertel rings um die Türbe heißt seit seiner Anlage Rosenhügel, und dass es seit der Wende zum 20. Jahrhundert eine Vorstadt der besseren Kreise war, kann man noch an einigen Villen aus dieser Zeit erkennen.

Baba Gül vor dem Eingang zur Türbe

Margareteninsel

Abgesehen vom Stadtwäldchen sind größere innerstädtische Parks in Budapest rar. Zwar schmücken zahlreiche begrünte Plätze das Zentrum, sie dienen aber vor allem der Zierde der Stadt und weniger der sportlichen Betätigung und Erholung ihrer Bewohner. Die Budapester werden aber mit der rund 2,5 Kilometer langen und bis zu 500 Meter breiten Margareteninsel mehr als nur entschädigt. Sie hat sowohl Freizeitsportlern als auch Erholungssuchenden sowie Kulturinteressierten eine Menge zu bieten.
Die **Margaretenbrücke** (Margit híd) ermöglicht seit 1901 den Zugang zur Insel. Ungewöhnlich ist ihre Form: Die beiden Teile stoßen dort, wo sie die Insel berühren, in einem Winkel von 150 Grad aufeinander. So stehen sie senkrecht zur Strömung der beiden Donauarme, die sich unmittelbar hier wieder in einem Flussbett zusammenfinden.

▲ Karte S. 209

Die Insel wird durch die beiden Arme der Donau gebildet. Schon die Römer wussten die auf ihr sprudelnden Heilquellen zu schätzen und zu nutzen. In der ersten Hälfte des 19. Jahrhunderts war sie im Besitz von Erzherzog Joseph, der eine Umgestaltung im Stil der englischen Landschaftsgärtnerei vornehmen ließ. Ihr heutiger Name geht auf die Prinzessin Margarete zurück, Tochter des ungarischen Königs Béla IV. Sie kam 1251 als Kind in eines der Klöster auf die Insel und blieb dort bis zu ihrem Tod.
Die vom Autoverkehr befreite Insel weist einige **Freizeitanlagen** und Überreste vor allem von **Klosteranlagen** auf. So finden sich – ungefähr im mittleren Teil, etwas nach Osten hin – die Ruine der Franziskanerkirche aus dem 13./14. Jahrhundert, die des Dominikanerklosters (13. Jahrhundert) sowie Reste des Prämonstratenserklosters (12. Jahrhundert).
Die Freizeit- und Sportanlagen liegen auf der westlichen Seite. Dazu zählen

vor allem ein Leichtathletikstadion, das Alfréd-Hajós-Strandbad, das Palatinus-Strandbad und das ›Danubius Grand Hotel Margitsziget‹. Es wirkt heute ebenso nobel wie bei seiner Einweihung 1873 als ›Grand Hotel Ramada‹ und ist dank seiner einzigartigen Lage – inmitten einer Parklandschaft und gleichzeitig zentrumsnah – ebenso beliebt wie teuer. Eingebettet sind die Bauten und Sportstätten in eine abwechslungsreiche und in Jahrhunderten entstandene **Gartenlandschaft** mit hohen Bäumen, Wiesen und Blumenrabatten, zu der unter anderem ein Rosengarten, ein Wasserfall, ein Wildpark und – ganz im Norden – ein Japanischer Garten zählen.

Gellértberg

Der Gellértberg bildet den südlichsten Ausläufer des Höhenzugs, der die Donau seit dem Donauknie begleitet hat. Südlich davon geht die Stadtlandschaft allmählich in die Ungarische Tiefebene über.

Das **Hotel Gellért** am Fuße dieses Höhenzugs, gleich neben der Freiheitsbrücke gelegen, ist noch immer das berühmteste Hotel der Stadt, und das **Gellértbad**, das man über einen Seiteneingang des Hotels betritt, sicherlich auch das bekannteste der Stadt. Die Thermalquellen des Berges speisen Thermal-, Wannen-, Sprudel-, Wellen-, Schwimm- und Freibad.

Seit seiner Fertigstellung 1918 hat das Géllertbad unzählige Besucher angezogen, und dank der steten Modernisierungen verbinden sich hier aufs Trefflichste Jugendstilinterieur, Komfort und moderne Technik.

Der Berg liegt rund 140 Meter über dem Donauspiegel. Ein Aufstieg zur **Zitadelle** – möglich vom Gellértbad wie auch von der Elisabethbrücke aus – auf den Bergrücken dauert eine knappe halbe Stunde und lohnt sich vor allem wegen der fantastischen Sicht auf den Burgberg, die Margareteninsel und die Pester Seite. Am eindrucksvollsten ist ein Besuch am späten Abend, wenn den Betrachtern das Lichtermeer gleichsam zu Füßen liegt. Die Österreicher legten die Zitadelle nach der Niederschlagung der Aufstände 1848/49 an, zur Abschreckung weiterer Freiheitsbestrebungen und zur Demonstration ihrer Macht. Heute sind hier ein Hotel der gehobenen Klasse und die Ausstellung ›Panoptikum 1944‹ untergebracht, die an die Zeit der Belagerung erinnert.

Der Gellértkomplex

In der Nähe, zum Ufer hin ausgerichtet, steht die weithin sichtbare, 14 Meter hohe **Frauenfigur** mit dem Palmzweig. Sie wurde im Jahr 1947 zur Erinnerung an die Befreiung vom Faschismus aufgestellt. Ihren heutigen Namen tragen Berg und Hotelanlage nach dem heiligen Gerhard (ungarisch Gellért). Er wollte die Ungarn im 10. Jahrhundert missionieren. Der Legende nach wurde er aber von ihnen in ein Fass gesteckt, in die Donau geworfen und starb so den Märtyrertod. Ein **Denkmal** erinnert an ihn.

Pester Uferpromenade

Bei einem Spaziergang entlang der Pester Uferseite passiert man einige der Hauptsehenswürdigkeiten Budapests und erhält Einblicke in wichtige Phasen der Stadtgeschichte. Zugleich flaniert es sich zwischen Markthalle und Parlament sehr angenehm, denn Teile der Promenade sind als Fußgängerzone gestaltet, und von ihr hat man den wohl schönsten Blick auf den alles überragenden Burgberg.

Typische Produkte des Landes in der Markthalle

▲ Karte S. 217

Freiheitsbrücke und Markthalle

Der Anleger für die Kreuzfahrtschiffe befindet sich zwischen Freiheitsbrücke (Szabadság híd) und Petőfi-Brücke (Petőfi híd) auf Pester Seite. Die 2009 renovierte Freiheitsbrücke markiert die Stelle, an der die Donau im Stadtgebiet am schmalsten ist. Die Brücke wurde im Rahmen der Millenniumsfeierlichkeiten 1896 dem Verkehr übergeben, die Petőfi-Brücke – benannt nach dem Nationaldichter schlechthin, Sándor Petőfi (1823–1849) – ist jünger; sie stammt von 1952.

Unmittelbar an der Auffahrt zur Freiheitsbrücke, an der Vámhaz krt, ist der markante Backsteinbau der zentralen Markthalle unschwer auszumachen. Die 150 Meter lange Eisenkonstruktion wirkt im Innern ungemein luftig, ist in Querschiffe unterteilt und einer Kathedrale nicht unähnlich. Seit ihrer Eröffnung Ende des 19. Jahrhunderts ist sie eine Budapester Institution und seit langem auch eine für die Touristen. Um sie einigermaßen unverfälscht erleben zu können, muss man daher früh aufstehen. Schwerpunkt des Treibens bildet das Erdgeschoss mit seinen zahlreichen kleinen Verkaufsbuden, die vor allem Obst und Gemüse sowie Fleisch anbieten; einen besonders farbenfrohen Anblick bieten die vielen Knoblauch- und Paprikagirlanden. Frischen und auch noch lebenden Fisch gibt es im Untergeschoss, auf der umlaufenden Galerie im ersten Stock sind die Angebote an Kunsthandwerk und Kleidung konzentriert. An den Imbissständen, die zumeist deftige Kost anbieten, hat man einen guten Blick auf das Treiben eine Etage tiefer.

Rund um die Elisabethbrücke

Man kann nun wählen, ob man den Weg entlang des Ufers fortsetzt oder durch die parallel verlaufende **Váci utca** schlendert, die bekannteste Einkaufsmeile Budapests. Bis weit in die 1990er

Budapest, Pester Seite

In der Váci utca, der Haupteinkaufsstraße

Jahre hinein war der südliche Teil, verglichen mit dem nördlichen, recht ruhig. Er hat sich in den vergangenen Jahren deutlich belebt, zahlreiche Modeläden, Cafés und Kunsthandwerkläden haben sich angesiedelt. Unübersehbar ist in jedem Fall etwas weiter die **Elisabethbrücke** (Erzsébet híd). Dieser funktionalistische Bau wurde 1964 dem Verkehr übergeben; den Vorgängerbau hatten die deutschen Truppen 1945 gesprengt. Die Elisabethbrücke ist als Kabelhängebrücke konzipiert, 378 Meter lang und 27,5 Meter breit.

Jenseits der Elisabethbrücke zeigt sich mit der **Innerstädtischen Pfarrkirche** ein Wahrzeichen des alten Pest. Die Kirche liegt am Platz des 15. März (Március 15 tér), dessen Name an die Revolution von 1848 erinnert, die an diesem Datum begann. Die älteste Kirche und gleichzeitig das einzige erhaltene mittelalterliche Gebäude im Stadtteil Pest wirkt trotz ihrer zwei Türme eher unspektakulär, auffällig ist vielmehr das Nebeneinander von barocken und gotischen Stilelementen. Es geht auf die zahlreichen Um- und Ausbauten und auch die Zerstörungen zurück, die die Kirche im Laufe der Zeit erfuhr. Erbaut wurde sie als romanische Basilika im 12. Jahrhundert, die letzten durchgreifenden Rekonstruktionsmaßnahmen erfolgten nach den Zerstörungen im Zweiten Weltkrieg. Die Kirche steht auf Fundamenten eines römischen Kastells, das an dieser Stelle die Funktion eines Brückenkopfs hatte und den Namen Contra-Aquincum trug. Im nördlich angrenzenden, etwas unscheinbaren **Ruinengarten** sind einige Überreste dieses Lagers ausgestellt.

Ganz in der Nähe findet sich das letzte erhaltene barocke Bürgerhaus auf Pester Seite (Pesti Barnabas utca 2, Ecke Galamb utca). Es liegt mittlerweile etwas unter Straßenniveau, zudem ist nur der Mittelteil der ehemals dreiflügeligen Anlage erhalten. Dennoch vermittelt das zierliche Häuschen, 1755 nach Plänen des vielbeschäftigten Architekten Andreas Mayerhoffer errichtet, einen Eindruck vom Pest des 18. Jahrhunderts. In dem ockerfarbenen Gebäude ist ein Restaurant zu Hause, das ›Százéves étterem‹ (Hundert Jahre), das als ältestes erhaltenes Lokal von Pest gilt.

Inmitten einer kleinen Grünanlage ist ein schönes **Denkmal für Sándor Petőfi** (1823–1849) aufgestellt. Petőfi stammte aus der Provinz und ging in Budapest aufs Gymnasium; der Dichter war 1848 einer der Wortführer ungarischer Intellektueller. Ihr Drängen trug dazu bei, dass die Habsburger Monarchie erste Zugeständnisse machte und erstmals eine unabhängige ungarische Regierung gebildet wurde. Petőfi starb 1849 im Kampf gegen die russischen Truppen. Er wird heute als einer der wichtigsten Patrioten des 19. Jahrhunderts verehrt.

▲ Karte S. 217

Korso

Ganz in der Nähe der Innerstädtischen Pfarrkirche beginnt der Korso, eine vielbesuchte autofreie Flaniermeile. Von hier eröffnet sich ein wunderbarer Blick auf den Burgberg, und so fällt gar nicht auf, dass der Korso durch die Kriegszerstörungen und die übergroßen Hotelklötze aus sozialistischer Zeit seine frühere Eleganz fast vollständig verloren hat.

Eine der Hauptattraktionen des Korso ist die **Pester Redoute**. Die strahlende Fassade vereint romanische und maurisch-orientalische Stilelemente, auffällig ist die Betonung der Eckteile. Sehenswert ist zudem der figurale Schmuck an der Vorderseite. Der eigentümliche Stil ist vom Architekten, Frigyes Feszl, bewusst kreiert worden. Einer weitverbreiteten Theorie jener Zeit folgend, vermutete er die Ursprünge des ungarischen Volkes im Orient und sah in seinem Bau die architektonische Verkörperung dieser Wurzeln, sprach ganz bewusst von einem ungarischen Nationalstil, den er mit der Redoute hervorbringen wolle. Die Redoute, als Ballhaus bis 1865 errichtet und nach schweren Zerstörungen im Zweiten Weltkrieg detailgetreu restauriert, wird wegen der guten Akustik als Aufführungsort vor allem für Konzerte und Chorkonzerte genutzt.

Die Redoute

Löwen bewachen die Kettenbrücke

Hier, am Vigadó tér, befindet sich auch die **Abfahrtsstelle für die Ausflugsboote** nach Visegrád und Esztergom (via Szentendre) sowie der Wasserbusse zur Margareteninsel.

Am Szechenyi István tér

Der Fußgängerbereich endet an einem Platz, der jahrzehntelang Roosevelt tér hieß. Er wurde vor einigen Jahren von den Fidesz-Nationalisten, die auch im Budapester Stadtparlament die Mehrheit haben, in Szechenyi István tér umbenannt. An diesem stark frequentierten Platz liegt die Auffahrt zur **Kettenbrücke** (Széchenyi lánchíd), einem Wahrzeichen Budapests. Ihr ungarischer Name verweist auf den Initiator des Bauwerks, Graf István Széchenyi, der seit den 1820er Jahren die Errichtung einer festen Brücke zwischen Buda und Pest angeregt hatte und schließlich der Initiator des Brückenvereins war, der maßgeblich die Realisierung des damals kühnen Plans vorantrieb. Széchenyi gehörte über Jahrzehnte zu einer der wichtigsten Figuren auf Ungarns diplomatischem Parkett und wird heute von nicht wenigen als der größte Ungar angesehen. Das Bauwerk konnte 1849 als erste feste Brücke über den Fluss seiner Bestimmung übergeben werden und wurde zu einem Motor für das Zusammenwachsen der beiden Städte Buda und Pest. Die Kettenbrücke ist 375 Meter lang und 16 Meter breit. Die Fahrbahn wird von Ketten gehalten, die an den beiden 48 Meter hohen Pfeilern verankert sind. Diese wirken wie Triumphbögen. Beidseits wird die Brücke von zwei steinernen, zungenlosen Löwen bewacht.

Zwei Bauten beherrschen den Szechenyi István tér. Die denkmalgeschützte Fassade des eleganten **Gresham-Palais** dominiert die Ostseite des Platzes. Seit seiner Eröffnung im Jahr 2004 nach umfangreicher Sanierung gilt das darin untergebrachte

Die Hauptfassade des Parlaments

▲ Karte S. 217

›Four Seasons‹ als eines der stilvollstes Hotel der Stadt. Seinen Namen trägt das Haus nach der englischen Gresham-Versicherungsgesellschaft, die den prächtigen Jugendstilbau 1906 errichten ließ.

An der Nordseite des Platzes liegt ein weitaus weniger auffälliger, wenngleich massiger Neorenaissancebau, der nach Plänen des Berliner Architekten Friedrich August Stüler errichtet wurde. Hier residiert die **Ungarische Akademie der Wissenschaften**.

Parlament

Wenngleich sich die Dimensionen des Parlamentsgebäudes am besten vom gegenüberliegenden Ufer würdigen lassen, so wirkt der Bau auch auf die Besucher, die direkt vor ihm stehen und seine Ausmaße - 268 Meter lang und 118 Meter breit, 96 Meter hohe Kuppel - nicht überblicken können, sehr eindrucksvoll. Es gilt als das größte Parlamentsgebäude Europas. Seine Fassaden sind überreich geschmückt und vermischen dabei verschiedene Stilelemente. Vorherrschend ist die englische Tudorgotik, wie der Bau überhaupt recht eindeutig eine Kopie des Londoner Parlaments darstellt.

Bis zu 1000 Menschen arbeiteten nach Plänen des Architekten Imre Steindl an seiner Errichtung, nach 17 Jahren Bauzeit wurde das Gebäude 1902 seiner Bestimmung übergeben. Heute beherbergen die 691 Räume um die zehn Innenhöfe neben dem Parlament auch Büros für die Kanzlei des Staatspräsidenten und des Ministerpräsidenten. Zwar ist das Parlament eines der Wahrzeichen Budapests und eines der beliebtesten Fotomotive, sein Inneres ist jedoch nur im Rahmen von Führungen zugänglich. So eindrucksvoll das Parlament auch die Donau beherrscht: Haupteingang und Hauptfassade liegen auf der anderen Seite, am Kossuth Lajos tér.

Kossuth Lajos tér

Auf dem Kossuth Lajos tér erinnert ein bronzenes **Denkmal** an eben jenen Publizisten und Politiker, der 1848 einer der führenden Köpfe der Revolution war. Lajos Kossuth (1802–1894) trat vehement für eine Selbständigkeit Ungarns ein. Nach der Niederschlagung des Aufstands ging er ins Exil, wo er auch starb. Zwei massige eklektizistische Bauten aus den 1890er Jahren beherrschen die östliche Seite des Platzes: das **Landwirtschaftsministerium** und der frühere Justizpalast, den seit 1957 das **Ethnographische Museum** mit seinen rund 200 000 Exponaten nutzt.

Geradezu im Schatten dieser übergroßen Bauten liegt eine kleine dreieckige Grünanlage, der **Vértanúk tere**. Seinen Mittelpunkt bildet eine scheinbar ins Nichts führende Brücke. Darauf steht als Steinfigur Imre Nagy, er blickt zum Parlament. Dieses bescheidene, ja anrührende Denkmal ist dem Mann gewidmet, der 1956 als Ministerpräsident in Ungarn liberale Reformen durchsetzen wollte und dafür von den Sowjets 1958 nach einem entwürdigenden Schauprozess als Abweichler hingerichtet wurde.

Kleiner Ring

Zwischen Freiheitsbrücke und Kettenbrücke verläuft der rund anderthalb Kilometer lange, etwa halbkreisförmige Kleine Ring. Der Straßenzug entstand dort, wo sich zuvor die Pester Stadtmauer befunden hatte. Innerhalb des Kleinen Rings lag ursprünglich das barocke Pest, von dem allerdings nur noch wenige Zeugnisse erhalten sind. In diesem Gebiet befinden sich Bauwerke aus allen Epochen, darunter einige der Hauptsehenswürdigkeiten Budapests sowie einige schöne Plätze, die dazu einladen, sich ein wenig von all den kunst- und architekturhistorischen Schätzen zu erholen.

Ungarisches Nationalmuseum

In der Nähe des Kálvin tér liegt in einer schönen Grünanlage mit dem Ungarischen Nationalmuseum eines der bedeutendsten ungarischen Museen. Mittelpunkt des Ungarischen Nationalmuseums sind die beiden Dauerausstellungen zur Geschichte Ungarns von der Urzeit bis zur Landnahme und zur Geschichte des ungarischen Volkes von der Landnahme bis 1848. Unter den vielen Exponaten ragen die ungarische Krone und die Krönungsinsignien heraus. Der mächtige klassizistische Bau ist von 1847, durch die beeindruckende Vorhalle mit korinthischen Säulen erreicht man die Innenräume. Das Denkmal in der Grünanlage (1893) ist dem ungarischen Dichter János Arany gewidmet.

Universitätskirche

Weitaus weniger aufmerksamkeitsheischend präsentiert sich die Universitätskirche, die zwischen 1725 und 1742 nach Plänen von Andreas Mayerhoffer für das benachbarte Paulinerkloster an-

Das Nationalmuseum

stelle einer Moschee errichtet wurde. Sie ist leicht zu übersehen, zählt aber zu den schönsten Barockdenkmälern der Stadt und weist eine reiche Innenausstattung auf.

Rákóczi út

Die Rákóczi út, eine der wichtigen Ausfallstraßen, kreuzt den Kleinen Ring. Sie bildete das Rückgrat der neuen Viertel, die um die Wende zum 20. Jahrhundert entstanden. Hier finden sich noch zahlreiche Häuser aus dieser Epoche. Ihre stolzen Jugendstilfassaden vermitteln noch immer etwas von der Aufbruchsstimmung, die während der ungarischen Gründerzeit herrschte.

Ferenciek tér

Sehenswert am Ferenciek tér ist vor allem die **Franziskanerkirche**, dominierend der **Pariser Hof** schräg gegenüber. Im Erdgeschoss dieses von 1909 bis 1913 errichteten neogotischen Wohn- und Bürohauses ist eine Geschäftspassage untergebracht. Die Originaleinrichtung ist bis heute erhalten erhalten, gedämpftes Licht fällt von oben und erzeugt eine romantisch-unwirkliche Stimmung. Nach langen Jahren der Agonie und des Leerstands soll die Passage jetzt renoviert und mit neuem Leben gefüllt werden.

Im Pariser Hof

Große Synagoge

Die Große Synagoge an der Dohány út ist eine von 22 Synagogen in der Stadt und dabei die mit Abstand größte: 4000 Gläubige finden in ihr Platz. Der Bau im maurischen Stil wurde 1859 fertiggestellt und konnte kurz nach der Jahrtausendwende grundlegend renoviert werden, nicht zuletzt dank Geldern einer Stiftung des Schauspielers Tony Curtis, dessen Eltern aus Budapest stammten.

Zum Komplex gehören ein **Jüdisches Museum** – direkt links neben der Synagoge – und ein Forschungszentrum für Jüdische Kultur. Im Innenhof – Zugang über die Wesselényi út – erinnert seit 1992 ein **Mahnmal** des Künstlers Imre Varga an die im Zweiten Weltkrieg von den Faschisten ermordeten Juden. Seine stilisierte Trauerweide besteht aus Tausenden von silbrig-metallenen Plättchen, in die jeweils der Name eines Toten eingraviert ist.

Eine **Plakette** an der Stelle, an der früher das Geburtshaus Theodor Herzls stand, erinnert an den Begründer der Zionismus, oder dem, wie es die Tafel auf ungarisch sagt, »Erträumer des jüdischen Staates«.

Elisabethstadt

Die Synagoge bildet den religiösen Mittelpunkt des historischen Judenviertels, das in etwa von Kiralý út, Erzsébet krt, Rakóczi út und Károly körút begrenzt wird und früher Elisabethstadt (Erzsébévaros) genannt wurde. Es ist auch heute wieder Mittelpunkt des jüdischen Lebens

▲ Karte S. 217

in Budapest. So finden sich einige weitere Synagogen und besonders in der Wesselényi utca koschere Läden und Lokale sowie Schilder in hebräischer Schrift. Fast in der Mitte des Viertels liegt der **Klauzál ter**, ein kleiner Platz mit Grünfläche in der Mitte und Markthalle an der nördlichen Seite. Im Gegensatz zur zentralen Markthalle, die lange schon vom Tourismus vereinnahmt wurde, ist diese kleine Markthalle ein Ort nur für die Bewohner der umliegenden Straßen geblieben.

Die Nazis richteten in der Elisabethstadt ein Getto ein und planten seinen Abriss. Dazu kam es glücklicherweise nicht mehr, und so überstand das Viertel den Krieg fast unbeschadet. Jahrzehntelang wurde es vernachlässigt, und noch immer stößt man auf baufällige Gebäude und stille Winkel. Die zentrumsnahe Gegend wurde ab etwa 2000 zu einem Mittelpunkt des Nachtlebens mit nicht immer offiziell angemeldeten Kneipen und Bars, seit einigen Jahren haben sie auch die Investoren entdeckt. Und so wurden bereits einige der alten Häuser abgerissen und durch gesichtslose Neubauten ersetzt; sie versprechen mehr Rendite. Die Stadtverwaltung zeigt sich hilflos, erster Protest regt und organisiert sich, es bleibt jedoch abzuwarten, ob die Elisabethstadt Opfer einer Gentrifizierungswelle wird oder die Interessen der Anwohner Gehör finden.

Ein Beispiel für den Wandlungsprozess sind die **Gozsdu-Höfe**. Diese sechs hintereinander liegenden Höfe zwischen Dob utca 16 und Király utca 13 dämmerten lange vor sich hin. Seit ihrer Sanierung 2008 bieten sie Luxusapartments für die Besserverdienenden und trotz der Läden und Cafés einen aseptischen Charme.

Interessant an der **Király utca** sind weniger die Barockkirche oder die schönen Innenhöfe hinter den repräsentativen Fassaden, sondern vor allem die vielen originellen, manchmal gar skurrilen, oft improvisiert wirkenden Läden. Hier ist viel junges Publikum unterwegs, man hört diverse Sprachen, und gerade in dieser Straße wirkt Budapest sehr weltoffen.

Rathaus und Komitatshaus

Eine ungewöhnlich breite Barockfassade (189 Meter!) nimmt die Nordseite der Városház utca ein. Das Gebäude entstand bis 1747 und wurde als Invalidenheim für die Opfer der Türkenkriege geplant, seit 1894 beherbergt es das Budapester Rathaus. Zwar sind die ursprünglich an der Fassade angebrachten Skulpturen nicht mehr vorhanden, dennoch gehört das Rathaus zu den eindrucksvollsten Barockbauten Budapests. Direkt rechts schließt sich das ebenfalls sehr breite Komitatshaus (1801–1841) an, Sitz des Rates des Komitates Pest. Der große dunkle Kasten ist äußerlich nicht spektakulär, aber interessant wegen der drei Innenhöfe.

Vörösmarty tér

Der Vörösmarty tér ist sicher einer der lebendigsten Plätze der Stadt; zu jeder Tageszeit versuchen Straßenmusiker, Pantomimen und Portraitmaler von den Touristenmassen zu profitieren. Hier nimmt die Váci utca, die berühmte Einkaufsmeile, ihren Anfang. Der Platz ist von schönen Bürgerhäusern gesäumt, in der Mitte steht ein großes **Denkmal** für den romantischen Schriftsteller Mihály Vörösmarty (1800–1855).

Berühmt ist die **Konditorei Gerbeaud** an der Nordseite, seit 1870 ein gesellschaftlicher Treffpunkt. Eine Konditorei bestand schon einige Jahre, bevor sie der Schweizer Emile Gerbeaud 1884 übernahm. Er sicherte sich einen Platz in den Geschichtsbüchern, indem er die Weinbrandkirsche kreierte.

Erzsébet tér und Déak Ferenc tér

Der zwei Hektar große Erzsébet tér erfreut mit gepflegtem Grün und einigen verteilten Plastiken. In der Mitte steht ein **Brunnen**, dessen Figuren die vier großen ungarischen Flüsse Donau, Drau, Theiß und Save symbolisieren. Den Platz suchen vor allem junge Hauptstädter auf, die hier lesen, dösen und flirten. Um ihn herum rauscht der Verkehr, und ganz in der Nähe, am sich nach Osten anschließenden Déak Ferenc tér, befindet sich der zentrale Busbahnhof. An dieser Stelle kreuzen sich auch die drei Metrolinien. Im Untergeschoss des Bahnhofs informiert das **U-Bahn-Museum** über Geschichte und Gegenwart dieses Verkehrssystems. Beherrschendes Bauwerk am Déak Ferenc tér ist die klassizistische evangelische **Kirche** (1799–1809).

Stephansbasilika

An ihrer hohen kupfernen Kuppel und den beiden flankierenden schlanken Türmen kann man die Stephansbasilika von vielen Punkten der Stadt ausmachen. Sie ist mit Platz für 8500 Gläubige nicht nur die größte Kirche Budapests, sondern auch in ideeller Sicht bedeutsam, da Sitz eines Erzbischofs. Die Bauarbeiten dauerten fast 54 Jahre, und so konnte die Kirche erst 1901 geweiht werden; 2004 wurde eine umfassende Renovierung abgeschlossen. Ebenso wie das Äußere lohnen die Innenräume einen Blick; es gibt wertvolle Gemälde und Glasmalereien namhafter ungarischer Künstler zu besichtigen sowie in der Kapelle die einbalsamierte rechte Hand des ersten ungarischen Königs Stephan.

Viele, die die Basilika besuchen, werden nicht von den Details der Geschichte angezogen, sondern vom imposanten Blick, der sich von der **Aussichtsplattform** direkt unterhalb der 96 Meter hohen Kuppel eröffnet. Man erreicht die Plattform über 370 Stufen oder einen Fahrstuhl. Beliebt sind die Sommerkonzerte, die auf dem Platz hinter der Basilika regelmäßig abgehalten werden. Der Kirchenbau bildet dafür eine stimmungsvolle Kulisse, und von diesem Hof ist besonders gut zu erkennen, dass der Haupteingang im Stil eines Triumphbogens gestaltet wurde.

▶ Karte S. 217

Ehemalige Postsparkasse

Eines der schönsten Beispiele für den ungarischen Jugendstil ist die ehemalige Postsparkasse, die ihre Hauptfassade zur Hold utca öffnet. Mit einem beeindruckenden Detailreichtum gelang Ödön Lechner eines seiner Hauptwerke (1900/01). Riesenschlangen, Bienen und Stierköpfe lassen die hohe, fünfstöckige Fassade sehr abwechslungsreich erscheinen. Die Ornamente auf dem Dach schuf Lechner, wie er sagte, nur »für die Vögel«. Da dies ein kostspieliger Luxus war, der sich herumsprach, war der Architekt in Fachkreisen zwar hoch angesehen, erhielt aber lange Zeit keine Aufträge mehr. Der Bau ist heute Teil der Nationalbank und kann daher nicht besichtigt werden.

Szabadság tér

An der Rückseite der früheren Postsparkasse bildet der schöne Szabadság tér einen grünen Tupfer. Er liegt etwas von den großen Verkehrsadern zurückgesetzt und ist daher vergleichsweise ruhig. Bis zum Ende des 19. Jahrhunderts standen hier die bei den Ungarn verhassten Kasernen der österreichischen Truppen; nach ihrem Abriss wurde der Platz angelegt. Er ist von einheitlicher Bebauung im Jugendstil gefasst, aus der zwei Gebäude herausragen: die **Börse** und die Ungarische **Nationalbank**, die beide um die Jahrhundertwende errichtet wurden. Der Szabadság tér gehört zu den schönsten Plätzen der Stadt und ist dafür erstaunlich wenig bevölkert.

Einige der Glasmalereien in der Stephansbasilika

Andrássy út

Keine andere Straße zeigt die Weltläufigkeit und das Selbstbewusstsein Budapests so deutlich wie der Andrássy út. Diese Prachtmeile wurde als wichtigste Repräsentationsstraße ab 1872 angelegt und war 1896, zu den Tausendjahrfeierlichkeiten, mitsamt rund 250 Gebäuden fertiggestellt. Um die Eleganz des Boulevards nicht zu stören, waren Pferdebahnen verboten, und auch aus diesem Grund wurde eine U-Bahn angelegt.

Das ursprüngliche Aussehen des Andrássy út ist fast vollständig erhalten, und so präsentiert er sich seit über hundert Jahren als wahrhaft großstädtischer Boulevard, der Grandezza und Baukunst vereint und zahlreiche würdevolle Bauten aufweist. In ihnen befinden sich einige Museen und andere Kultureinrichtungen sowie zahlreiche Lokale. Unterhalb des Boulevard verkehrt die U-Bahn (Linie 1), die als erste Metro des Kontinents ebenfalls 1896 fertiggestellt war. Die winzigen Bahnhöfe, die Metro-Schilder und hölzernen Schalter, gusseisenen Säulen und Kachelverkleidungen sind sämtlich original; eine Fahrt mit dieser Linie kommt daher auch einer Reise in die Jugendstilepoche gleich.

Als Gesamtensemble ist der 2,5 Kilometer lange Boulevard mitsamt U-Bahn seit 2002 als UNESCO-Weltkulturerbe ausgewiesen. Möchte man auch nur die wichtigsten Sehenswürdigkeiten besuchen, sollte man einen halben Tag einplanen.

Rund um die Staatsoper

Das dominierende Gebäude des ersten baumbestandenen Abschnitts – Platanen überwiegen – zwischen dem Anfang des Andrássy út und dem Oktogon ist die **Staatsoper** (Nr. 22). Miklós Ybl, der zu den namhaftesten ungarischen Architekten Ungarns zählt, entwarf die Pläne für das 1884 im Stil der Neorenaissance fertiggestellte Gebäude. Die lebhaft gegliederte Fassade passt sich harmonisch in die Straße ein, Standfiguren einiger Komponisten schmücken die Balustrade des zweiten Stocks. Da die Staatsoper mit ihrer Schmalseite zur Straßenfront ausgerichtet ist, wird man der Ausmaße erst gewahr, wenn man den Andrássy út verlässt und die Seiten abgeht. Im plüschigen Inneren ist Platz für 1200 Besucher, und die Oper ist für ihre hervorragende Akustik bekannt.

Die Staatsoper ist der bekannteste Musentempel dieser Gegend, drumherum finden sich weitere kulturelle Einrichtungen, so die **Staatliche Ballettschule** (schräg gegenüber), ein **Marionettentheater**, ein **Puppentheater** (Nr. 69), ein **Operettentheater**, das **Thália** an der Nagymező utca sowie die **Liszt-Musikhochschule** (Nr. 67). Hierin ist neben dem großen und kleinen Aufführungssaal auch ein Museum für Liszt untergebracht. Franz Liszt ist etwas weiter ein kleiner Platz gewidmet. Hier steht ein **Denkmal** für den Lyriker Endre Edy, der seinen Blick auf den Dichter Mór Jókai (1825–1904)

Die Staatsoper

▶ Karte S. 217

Im Café New York

gerichtet hält, dem die gleiche Auszeichnung auf der anderen Straßenseite zuteil geworden ist. An diesem Platz ist die Kneipendichte besonders hoch, vor allem junge Besucher zieht es zu allen Tageszeiten hierher.

Zwischen Oktogon und Heldenplatz

Etwas weiter ist mit dem Oktogon ein markanter Platz erreicht, an dem der Große Ring kreuzt. Auch die übergroßen Reklameschilder auf den Dächern haben seine Ausstrahlung nur unwesentlich beeinträchtigen können. Hier endet der quirlige Teil der Straße. Der Andrássy út wird nun breiter und ist durch doppelte Baumreihen gesäumt.

Ein kurzer Abstecher bietet sich nach Süden entlang der Teréz körút an, die ihren Namen bald in Erzsébet krt ändert. Berühmt ist hier vor allem das **Café New York** (Nr. 9–11, ungefähr auf der Ecke zum Dohány út), ein prachtvoll-kitschiges Jugendstilwerk, das seinen legendenbehafteten Ruf in den 1920er Jahren erhielt, als es das Wohnzimmer zahlreicher Literaten und Publizisten war. Seinen Namen trägt es nach der Versicherungsgesellschaft New York, die das Gebäude errichten ließ. Nach einer langwierigen Renovierung ist es 2006 als Teil eines Hotelkomplexes wieder eröffnet worden.

In dem Abschnitt östlich des Oktogon wurde 2002 das **Haus des Terrors** (Nr. 60) eröffnet. Es informiert ausführlich über die kommunistische und weitaus weniger über die faschistische Gewaltherrschaft und wurde in dem Gebäude eingerichtet, das in den 1930er Jahren den ungarischen Faschisten als ›Haus der Loyalität‹ diente und während des Sozialismus der ungarischen Geheimpolizei. Das Museum war bei seiner Eröffnung sehr umstritten. Kritiker monierten, dass das kommunistische Unrechtsregime angeprangert würde, die Herrschaft der faschistischen ›Pfeilkreuzler‹ dagegen zu kurz komme. Der Protest gegen die einseitige Darstellung der jüngeren ungarischen Geschichte war so groß, dass er die Einrichtung des am Stadtrand gelegenen Holocaustmuseums erheblich beschleunigte.

Der Andrássy út stößt auf einen weiteren markanten, von hohen Bäumen bestandenen Platz, das **Rondell**. Es heißt offiziell eigentlich Kodály köröند (Kodály-Platz) und ist nach dem ungarischen Komponisten Zoltan Kodály (1882–1967) benannt, der eine Zeitlang in der Nr. 89 wohnte. Seine frühere Wohnung steht Besuchern offen. Vier prachtvolle Bürgerhäuser im Stil der Neorenaissance auf den vier Teilstücken des Platzes nehmen elegant die Krümmung des Platzes auf. Jenseits des Rondells stehen die Häuser nicht mehr Wand an Wand, zurückgesetzte schmucke Villen mit Vorgärten bestimmen das Bild. Die Straße wirkt gerade hier ausgesprochen vornehm, und

Oben Gabriel, unten Árpád mit seinen Getreuen

in den gediegenen Villen sind neben einigen diplomatischen Vertretungen zwei besuchenswerte Museen beheimatet: Seit 2004 beherbergt das Kogart-Haus (Nr. 122) eine **Sammlung zeitgenössischer Kunst** mir angeschlossenem Café. Die Sammlung geht auf die Initiative eines reichen Sammlers zurück. Schräg gegenüber (Nr. 103) befindet sich das **Ostasiatische Museum Ferenc Hopp**.

Heldenplatz und Stadtwäldchen

Der große halbkreisförmige Heldenplatz (Hősök tere) wurde wie der Andrássy út, der hier sein Ende findet, zu den Feierlichkeiten 1896 fertiggestellt. Mittelpunkt dieser beeindruckenden Anlage ist die 36 Meter hohe **Säule**, auf deren Spitze der Erzengel Gabriel steht. Auf dem Sockel findet sich eine Reitergruppe. Dargestellt ist Fürst Árpád mit sechs seiner Getreuen. Die Figurengruppe soll an die Landnahme der Ungarn 896 erinnern.

▶ Karte S. 217

Links und rechts der Säule komplettieren Kolonnaden die Anlage. Zwischen ihren Säulen sind Statuen berühmter Herrscher und ungarischer Freiheitskämpfer aufgestellt. Sie stehen teils erst seit 1945 dort und ersetzten die Habsburger Herrscher, die dort vorher plaziert waren. So war die Aussage des Platzes von Epoche zu Epoche unterschiedlich, und daher konnte seine monumentale Gestaltung bis 1990 für Aufmärsche und Paraden aller Regierungen die Kulisse abgeben.
Gesäumt ist der Platz von Museen. An der nordwestlichen Seite des Heldenplatzes befindet sich das **Museum der Bildenden Künste**. Es weist eine kostbare Sammlung Alter Meister auf. Neben den Sammlungen, die die Burg beherbergt, ist dies zweifellos die wertvollste in der Stadt. Unter den Exponaten finden sich unter anderem Werke von Raffael und Tizian, Breughel, Rubens und Rembrandt, El Greco, Velasquez und Goya, Delacroix, Monet und Renoir. Daneben ist im Haus eine Ägyptische Abteilung und

Burg Vajdahunyad scheint verwunschen

Das Széchenyi-Heilbad

eine Sammlung barocker Skulpturen untergebracht. Gegenüber liegt die **Kunsthalle**, Ungarns größte Ausstellungshalle, in der bedeutende Wechselausstellungen gezeigt werden.

Direkt südlich des Heldenplatzes erstreckt sich der **Platz der 56-er**, auf dem sich das Mahnmal des Aufstandes von 1956 befindet. Die Stelen erheben sich an der Stelle, an der beim Aufstand ein Standbild Stalins gestürzt wurde und über Jahrzehnte die Aufmärsche zum 1. Mai stattfanden. Das Mahnmal wurde genau 50 Jahre nach dem Aufstand enthüllt, am 23. Oktober 2006.

In scharfem Kontrast zur Monumentalität des Heldenplatzes steht das verspielte **Stadtwäldchen**, das sich gleich dahinter anschließt. In der rund einen Quadratkilometer großen Grünanlage finden sich zahlreiche Freizeit- und Vergnügungseinrichtungen. Sie ist neben der Margareteninsel die größte innerstädtische Grünfläche und entsprechend gut besucht.

Skurril ist die auf einer Insel inmitten eines künstlichen Teichs gelegene **Burg Vajdahunyad**, 1896 begonnen und ein Dutzend Jahre später fertiggestellt. Sie ist aus nachgebildeten Gebäudeteilen zusammengesetzt, die sich in verschiedenen Gebieten Ungarns zu dieser Zeit befanden. Der gewagte Mix aus Romanik und Gotik, Renaissance und Barock sollte gleichzeitig alle wichtigen ungarischen Baustile wie auch die Ausdehnung Ungarns am Ende des 19. Jahrhunderts darstellen. In der Nähe gibt es einen weiteren See. Er ist deutlich größer, hier kann man je nach Jahreszeit Boot fahren oder Schlittschuh laufen.

An der Nordwestseite des Parks liegt das **Széchenyi-Heilbad**, eines der großen Bäder Budapests mit Thermal- und Schwimmbecken, Wannen und Dampfbad sowie Freigelände. Die Fassade wirkt von außen eher unscheinbar, innen präsentiert sich das Bad dagegen erstaunlich geräumig und als schöne Jugendstilkomposition. Gespeist wird es von einer 70 Grad warmen Thermalquelle.

Jenseits der Straße laden weitere **Vergnügungseinrichtungen** zum Besuch ein: ein Pflanzengarten, ein Rummelplatz mit Achterbahn und Riesenrad und der ebenfalls vor allem bei Kindern sehr beliebte Zoo. Einen ungewöhnlichen Anblick bieten einige Tierhäuser, die im Jugendstil ausgeformt sind.

Technikbegeisterte können das **Verkehrsmuseum** an der Nordostecke des Wäldchens aufsuchen, Hungrige wird es eher ins **Restaurant Robinson** ziehen, dessen Terrasse auf den künstlichen Teich ragt, oder zum **Restaurant Gundel**, das sich wenige Meter neben dem Museum der Bildenden Künste findet. Es ist nicht ganz billig, aber traditionsreich und gediegen und bietet sich daher für den Ausklang eines Tages nach einer anstrengenden Stadtbesichtigung an.

Vorhang auf: das neue Nationaltheater

Millenniumsviertel

Am südlichen Rand der Innenstadt hat Budapest vor wenigen Jahren ein neues Kulturzentrum erhalten. Hier, zwischen Donaufer und Ausfallstraße und ganz in der Nähe der 1995 fertiggestellten Lágymányos-Brücke, befand sich ein lange vernachlässigtes Stadtgebiet. Ein Teil dieser vormaligen Brache bebaut worden, und seitdem finden sich hier neben gehobenen Wohnblocks zwei Institutionen von Rang: Nationaltheater und Palast der Künste.

Seitdem das **Nationaltheater** 1965 seine alte Heimat verloren hatte – der Bau von Fellner und Helmer aus dem Jahr 1875 stand angeblich dem U-Bahn-Bau im Weg und wurde gesprengt –, gab es

Palast der Künste, Vorderseite

▲ Karte S. 217

immer wieder Pläne für einen Neubau. Verschiedene Standorte wurden in Erwägung gezogen und wieder verworfen und schließlich das Millenniumsviertel festgelegt. Der Baubeschluss erfolgte 1999, die Eröffnung des neuen Hauses bereits 2002. Schon jetzt gilt der postmoderne Bau als eines der Wahrzeichen Budapests. Er bietet zwei Bühnen und Proberäume und im Außenbereich neben einem Brunnen eine Open-Air-Bühne. Im Park, der das Haus umgibt, sind einige der großen ungarischen Schauspieler als Statuen verewigt. Noch ist dieser Park allerdings unvollendet: Die Tieferlegung der Vorortbahn ist zwar in Planung, aber noch nicht vollzogen, und so schneidet die Bahntrasse den Statuenpark nach wie vor vom Donauufer und der geplanten Promenade ab.

Der **Palast der Künste** ist ein recht schmuckloser und dabei massiger Bau, der seit seiner Fertigstellung 2005 verschiedene Einrichtungen beherbergt: Im Westflügel ist das Ludwig-Museum untergebracht, das zeitgenössische Kunst präsentiert; den östlichen Flügel nimmt das Festival-Theater ein, Spielstätte des Nationalen Tanztheaters; den Mittelpunkt schließlich bildet der Nationale

Béla-Bartók-Konzertsaal. Hier haben die Ungarischen Philharmoniker ihre Heimstatt gefunden, hier treten aber auch andere Orchester auf, und zuweilen erklingt Rock, Jazz oder Weltmusik.
Zwar ist man mit der Straßenbahn von der zentralen Markthalle in weniger als 15 Minuten im Millenniumsviertel, ein Besuch lohnt aber nur, wenn man eine Ausstellung oder eine Veranstaltung besuchen möchte; noch wirkt das Gelände insgesamt allzu zugig und unbelebt.

Budapest

Fast alle Kreuzfahrtschiffe ankern am Pester Ufer, südlich der Freiheitsbrücke. Von hier lässt sich die Stadt problemlos zu Fuß und mit öffentlichen Verkehrsmitteln erkunden.
Das städtische Tourismusamt **Budapest Tourinform** unterhält verschiedene Büros, u.a. in der Sütő utca (Nähe Deák tér) und in der Tárnok utca (an der Matthiaskirche, Burgviertel).
Die **Budapest Card** ermöglicht kostenloses Fahren mit allen öffentlichen Verkehrsmitteln, freien oder ermäßigten Eintritt in viele Museen und Preisnachlässe in zahlreichen Lokalen und Geschäften. Erhältlich z.B. in den Büros der Tourinform. 4900/7900/9900 Forint (1/2/3 Tage).

Die teuren Geschäfte und gehobenen Restaurants akzeptieren die üblichen Kreditkarten, in den kleineren Geschäften und auch in der Markthalle werden jedoch fast nie Karten oder Euro akzeptiert. Es gibt zahlreiche Wechselstuben und Bankautomaten in den von den Touristen üblicherweise aufgesuchten Vierteln. Vor Geldwechsel auf der Straße wird ausdrücklich gewarnt.

Die öffentlichen Verkehrsmittel sind so teuer wie in Wien oder Berlin, für Vielfahrer lohnt sich die Tageskarte (derzeit rund 1650 Forint) oder die Budapest Card (s.o.). Einzigartige Regelung: Alle EU-Bürger über 65 Jahren können die öffentlichen Verkehrsmittel kostenlos benutzen (Ausweis mitnehmen!).
Einige Strecken sind unter touristischen Gesichtspunkten besonders attraktiv:
Die Straßenbahnlinie 2 fährt vom Palast der Künste südlich des Pester Zentrums immer am Pester Ufer entlang und endet bei der Margaretenbrücke.
Die Straßenbahnlinien 4 und 6 folgen zwischen Petőfi-Brücke und Margaretenbrücke immer dem Großen Ring.
Die Straßenbahnlinien 19 und 41 verkehren zwischen Batthyány tér und Freiheitsbrücke stets am Budaer Ufer entlang.
Die Straßenbahnlinien 47 und 49 fahren vom Deák tér via Kleiner Ring von der Freiheitsbrücke zum Gellértkomplex.

Besonders viele Lokale finden sich in der südlichen Váci utca und am Liszt Ferenc tér (viel junges Publikum) sowie an der verkehrsberuhigten Ráday u. (ca. 500 m östlich der großen Markthalle), die sich in jüngerer Zeit zur Gastromeile schlechthin entwickelt hat. Sehr stimmungsvoll besonders am Abend sind die Lokale am Donaukorso; oft hat man hier einen zauberhaften Blick auf die beleuchteten Brücken und den ebenso angestrahlten Burgberg.
Einige Klasssiker für Kaffeehausliebhaber: **Konditorei Gerbeaud**, Vörösmarty tér; **Café Ruszwurm** Szentháromság tér (Burgviertel); **Café Central**, Károlyi Mihály utca 9; **Café New York**, Erzsébet körút 9–11; **Müvész**, Andrássy út 29 (ggü. Oper); **Café im Hotel Astoria**, Kossuth Lajos utca 19.

Alles Landestypische aus dem kulinarischen Bereich und auch Stickereien, Trachten u. dgl. findet man in der großen **Markthalle** an der Freiheitsbrücke, ebenso im **Folkart Centrum** (Váci utca 58).
Zahlreiche Kunsthandwerk- und Andenkenläden an der südlichen Váci utca.

Zwischen Budapest und kroatisch-serbischer Grenze

Die Donau fließt ab Budapest ruhig als breiter, behäbiger Strom fast genau nach Süden und behält diese Richtung bis zur kroatisch-serbischen Grenze bei. Von Mohács abgesehen, liegen die Sehenswürdigkeiten etwas abseits und werden im Rahmen von Busausflügen besucht: Kalocsa, Pécs, eines der traditionellen Bauerngehöfte.

Zwar wurden die früher prägenden Auen zu großen Teilen in landwirtschaftliches Nutzland umgewandelt, die Donau durchmisst aber durchgängig unbegradigt in sanften Schwüngen die Ungarische Tiefebene. Die Landschaft auf beiden Seiten ist flach, ab und an säumen niedrige Hügel die Ufer – die Strecke südlich von Budapest bildet einen deutlichen Kontrast zur dramatischen Kulisse des Donauknies.

Von Budapest nach Kalocsa

Jenseits der letzten innerstädtischen Brücke geht die Budapester Stadtlandschaft rasch in ein schmuckloses Nebeneinander von Wohnvierteln und ausgedehnten Gewerbe- und Industrieanlagen über. Noch im Stadtgebiet zweigt östlich des Hauptstroms ein kleiner Seitenarm ab, diese beiden Arme bilden die **Insel Csepel** (km 1642–1586). Sie ist vor allem wegen der Eisen- und Metallwerke von Bedeutung und wegen des modernen Freihafens, der zu den größten Häfen an der Donau zählt. Die nördliche Spitze der Insel gehört noch zum Stadtgebiet, der größere Teil liegt außerhalb.

Die größte bauliche Sehenswürdigkeit auf der Insel stellt das dreiflüglige **Schloss Ráckeve** mit seinem weitläufigen Park am Rand der gleichnamigen Ortschaft dar, das sich Prinz Eugen 1701/02 vom berühmten Wiener Baumeister Johann Lukas von Hildebrandt errichten ließ. Das Schloss wird heute als Hotel und Tagungsstätte genutzt.

Das Alleinstellungsmerkmal des Städtchens **Százhalombatta** (km 1620) wenigstens in Ungarn ist sein Archäologischer Park im Zentrum. In diesem Freilichtmuseum auf dem Boden eines eisenzeitlichen Hügelgräberfeldes ist eine Vielzahl an Ausgrabungsgegenständen ausgestellt, die man hier oder in der Nähe fand. Sie sind zwischen 2700 und 4000 Jahre alt und zeigen, dass sich an dieser Stelle eine größere Siedlung befand. Százhalombatta liegt auf einem leichten Plateau und etwas landeinwärts, und daher sind von Bord nur die langgezogenen Industrieanlagen

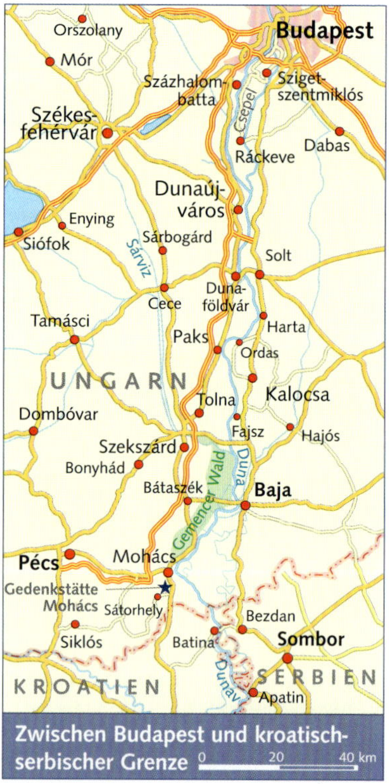

Zwischen Budapest und kroatisch-serbischer Grenze 0 20 40 km

– Raffinerie und Kraftwerk – auszumachen, denen der Ort seine Größe (gut 18 000 Einwohner) verdankt.

Dunaújváros (km 1580) war bereits seit der Römerzeit besiedelt, bis 1949 aber niemals mehr als ein Dorf. Dann beschlossen die neuen Machthaber, hier die ›erste sozialistische Stadt Ungarns‹ zu errichten. Und so entstand, wie etwa Eisenhüttenstadt in der DDR, eine Siedlung vom Reißbrett nach sowjetischem Vorbild. Ihr Herzstück war ein riesiges Stahl- und Eisenkombinat, um das herum die Wohnsiedlungen gruppiert wurden. Die Architektur der Wohnblocks im Stadtzentrum orientierte sich am sogenannten Zuckerbäckerstil, der heute im Gegensatz etwa zu den später entstandenen anspruchslosen Plattenbauten nicht nur von Architekturinteressierten als qualitätsvolle städtebauliche Variante empfunden wird. Der erste Name der Stadt war Sztalinváros (Stalinstadt), in der Chruschtschow-Ära wurde dann die Umbenennung zu dem noch heute gültigen Namen vorgenommen: Dunaújváros (Donauneustadt). Als Treppenwitz der Geschichte darf gelten, dass ausgerechnet in der Vorzeigestadt nach Vorbild des großen Bruders der Widerstand gegen die sowjetischen Panzer 1956 am erbittertsten war. Jahrzehntelang war die Stadt allein auf das Stahlwerk ausgerichtet; längst aber haben sich moderne Industriewerke angesiedelt, darunter auch ausländische Firmen wie etwa der südkoreanische Reifenhersteller Hankook. Die elegante Donaubrücke am südlichen Stadtrand wurde 2007 dem Verkehr übergeben.

Hauptsehenswürdigkeit in **Dunaföldvár** (km 1561) ist der quadratische Festungsturm. Er entstand in der Türkenzeit und wird umgangssprachlich daher auch Türkenturm genannt; ihm angegliedert ist ein kleines Waffenmuseum. Die Besucher haben vom Turm einen weiten Blick über die Donau. Sehenswert sind ebenfalls zwei Barockkirchen.

Harta (km 1547) liegt etwas vom linken Ufer zurückgesetzt und ist vor allem wegen des aufragenden Kirchturms auszumachen. Der Ort ist ein typisches Beispiel für die zahlreichen Dörfer, die von Donauschwaben nach Ende der Türkenzeit gegründet wurden. Maria Theresia initiierte zahlreiche Neugründungen, um das ausgezehrte Land wiederzubeleben. Nicht die Reste eines alten Kastells machen das Dörfchen **Ordas** (km 1538) aus Sicht der Kreuzfahrtkapitäne interessant, sondern sein Schiffsanleger: Hier starten oder enden manchmal die Bustouren in die Puszta.

Paks (km 1531, 20 000 Einwohner) ist wegen einer ungewöhnlichen Kombination erwähnenswert: Hier stehen das einzige Atomkraftwerk Ungarns – es deckt rund 40 Prozent des ungarischen Strombedarfs – und zugleich die 1990 eingeweihte dreitürmige Heiliggeistkirche des Architekten Imre Makovecz. Er war lange Zeit sehr umstritten, gilt heute aber als der wohl angesehenste zeitgenössische Architekt Ungarns, der eine ganze Reihe von jungen Architekten beeinflusste.

Kalocsa ▸ km 1516

Kalocsa wurde im 11. Jahrhundert am Strom angelegt. Der aber änderte infolge von Regulierungsarbeiten seinen Lauf erheblich, und so liegt die Kleinstadt heute etwa sechs Kilometer von der Donau entfernt, leicht erhöht auf einem Plateau.

Hier ist die Landwirtschaft noch von großer wirtschaftlicher Bedeutung, und da in der Gegend seit dem 19. Jahrhundert ausgedehnte Paprikafelder vorherrschen, wird Kalocsa auch oft die ›Paprikahauptstadt‹ Ungarns genannt. Die Paprikamühle ist der mit Abstand wichtigste Arbeitgeber am Ort. Von den 4500 Tonnen, die hier jährlich verarbeitet werden, geht die Hälfte in den Export. Die Früchte kommen aus den Dörfern in der Re-gion. Dort wird der empfindliche Paprika fast durchgängig noch immer von Hand geerntet. Wer im Spätsommer über das Land fährt, erlebt geradezu glühende Felder und zum Ende der Paprikaernte in vielen Dörfern farbenfrohe Umzüge, Konzerte und Kochwettbewerbe für Paprikaspeisen.

Berühmt ist Kalocsa wegen seiner ›malenden Frauen‹. Seit gut einem Jahrhundert werden die Stickereien und Wandmalereien angefertigt, die vor allem florale Motive variieren. Sie finden sich auf Haushaltsgegenständen, Innen- und Außenwänden und sind in dieser Form einzigartig. Die Keramiken, Möbel und anderen Gegenstände sind weit über die Grenzen der Stadt hinaus bekannt.

Kalocsa hat einen gepflegten barocken Siedlungskern, eine Hauptstraße und eine kleine Fußgängerzone mit einigen Geschäften, ein Rathaus, Galerien und Museen. Trotz seiner rund 16 000 Einwohner wirkt es wie ein großes Dorf. Umso augenfälliger ist der Kontrast zu den Bauten, die einige Geh-minuten entfernt am westlichen Ende der Hauptstraße zu finden sind, dort wo sie auf den Szentháromság tér (Dreifaltigkeitsplatz) mündet; sie wirken überaus weltläufig.

Am Szentháromság tér

Die **Kathedrale**, eine ausgewogene Komposition in Ocker und Beige, wurde 1754 geweiht, ist aber bereits der vierte Sakralbau an dieser Stelle. Schon seit 1040 zierte den Platz eine romanische Basilika. Sie wurde im 13. Jahrhundert zerstört, ebenso wie ihre beiden Nachfolgerbauten. Auch der jetzige Bau kam nicht unbeschädigt über die Zeiten, ein Brand im Jahr 1816 richtete ernste Schäden an.

Der Eingang befindet sich auf der zweitürmigen Westseite. Eindrucksvoller noch als das Äußere ist das Innere, das in den 1980er Jahren grundlegend renoviert wurde. Dabei versuchte man dem Zustand des 18. Jahrhunderts möglichst nahe zu kommen. Die neuerliche Renovierung wurde jüngst abgeschlossen.

Stephan I. vor dem Bischofspalais

▲ Karte S. 235

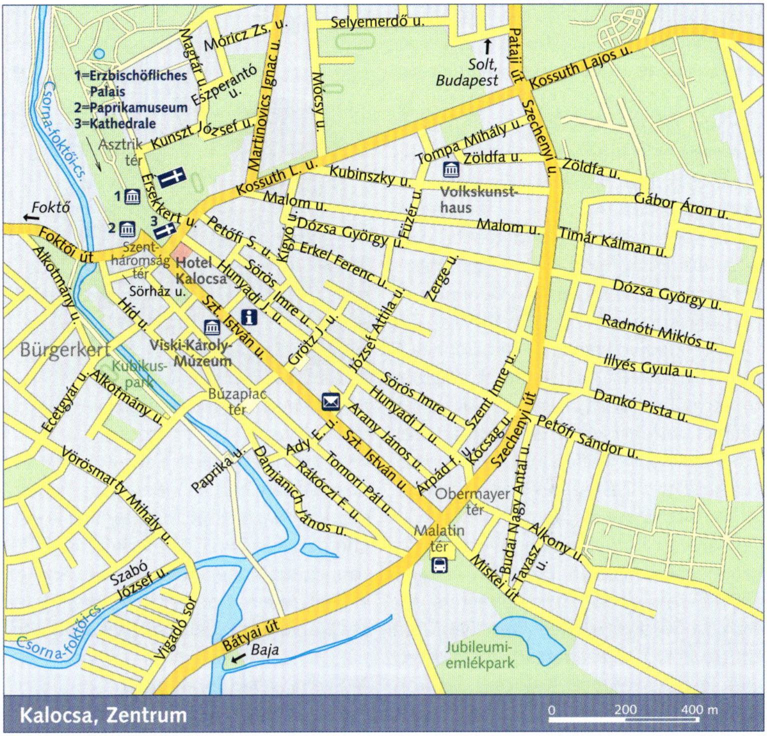

Kalocsa, Zentrum

Das Innere folgt zweifellos den Vorstellungen, wie sie das italienische Barock entwickelt hat. Beeindruckend ist aber, wie filigran, fast dezent, die Inneneinrichtung wirkt. Anders als in vielen anderen Barockkirchen aus dieser Zeit verzichteten die Baumeister auf überbordende Schmuckelemente und die Zurschaustellung wertvoller Materialien. Die klangstarke Orgel wurde im 19. Jahrhundert von Franz Liszt eingeweiht, der sich öfter in Kalocsa aufhielt. Ein kleines Denkmal für ihn steht außerhalb der Kathedrale. In der Krypta finden sich einige Bischofsgräber – das älteste aus dem 13. Jahrhundert –, von einem Seiteneingang aus erreicht man eine kleine, aber wertvolle Ausstellung der Erzbischöflichen Schatzkammer mit gut hundert Exponaten. Hier werden vor allem Messgewänder, Kelche und andere liturgische Instrumente aufbewahrt.

Neben der Kirche befinden sich die **Dreifaltigkeitssäule** – sie steht am höchsten Punkt der Stadt – und das **Erzbischöfliche Palais**. Das Erzbistum wurde in Kalocsa im Jahr 1002 von Stephan I. begründet, seitdem besteht es durchgängig. Das heutige, kürzlich aufwendig restaurierte Palais ist auf den Grundmauern der mittelalterlichen Bischofsburg errichtet und 1776 fertiggestellt worden. Es ist ebenfalls ein gutes Beispiel für einen nicht allzu ausladenden italienischen Barockstil, und auch hier ist das Innere beeindruckender als die Außenfassade. Sehenswert sind die Deckenmalereien und die Fresken, von großem

Wert und weltberühmt die Bibliothek. Sie umfasst rund 140 000 Bände, darunter zahlreiche Codices und Wiegendrucke, zu denen rund 500 Erstlingsdrucke gehören, sowie eine von Martin Luther handsignierte Bibel von 1519. Kalocsa ist noch heute Sitz eines Bischofs, das Nonnenkloster und das Priesterseminar in der Nähe des Palais werden aber nicht mehr im ursprünglichen Sinn genutzt.

Vor dem Palais erinnert ein **Denkmal** an die Gefallenen des Ersten Weltkriegs, das andere - deutlich größere - an Stephan I. (969–1038). Er gilt als Staatsgründer Ungarns und wird heute als Nationalheiliger verehrt; sein Gedenktag, der 20. August, ist zugleich Staatsfeiertag. Denkmäler für Stephan finden sich in vielen Orten in Ungarn.

Ein weiterer Prachtbau komplettiert das barocke Ensemble am Platz. Er entstand um 1750 als Haus des Verwalters der erzbischöflichen Güter. Das Gebäude wurde 2005 sehr sorgsam restauriert, und so ist das **Hotel Kalocsa**, das vornehmste Haus der Stadt, hier angemessen untergebracht.

Paprikamuseum

Das meistbesuchte Museum der Stadt liegt seit seinem Umzug im Jahr 2012 der Kathedrale gegenüber. Es ist das Paprikamusuem, das mit seinen historischen Gerätschaften einen Hauch von Bauernhof verbreitet. Dort erfährt man alles Wissenswerte über Anbaumethoden, Verarbeitung und Export in alle Welt, über die verschiedenen Sorten, den grundlegenden Unterschied zwischen Gemüse- und Gewürzpaprika und die Tradition. Erwähnt wird der Paprika erstmals 1729 in einer Urkunde des Erzbischöflichen Archivs, von 1748 an steht er regelmäßig in Rechnungen des Erzbischöflichen Herrschaftsguts, seit dem 19. Jahrhundert wird er in großem Stil angebaut. Da

Florale Malerei im Volkskunsthaus

von Anfang an Kalocsa das Zentrum des ungarischen Paprikaanbaus war, richtete das Landwirtschaftsministerium konsequenterweise auch 1917 die Anstalt für Paprikaforschung und chemische Analyse in Kalocsa ein. Der kleine Shop am Ende des Rundgangs bietet allerlei Produkte.

Szent István király utca

Die Szent István király utca ist so etwas wie die Hauptstraße des Ortes. Wer ein Café in der Nähe der Kathedrale sucht, wird hier eine kleine Auswahl finden; das bescheidene Informationsbüro des Ortes liegt in der Nähe.

Das **Viski-Károly-Múzeum** (Nr. 25), benannt nach dem Ethnographen Károly Viski, präsentiert Volkskunst, frühgeschichtliche Funde, bäuerliche Arbeitsgeräte, eine numismatische sowie eine Gesteinssammlung.

Folgt man der Hauptstraße weiter nach Süden, gelangt man in den Teil, der seit dem Jahr 2000 als Fußgängerzone gestaltet ist. Ein kleiner Brunnen, Blumenrabatten und Bäume schmücken ihn, hier finden sich auf den gut 100 Metern einige schöne Bürgerhäuser und sieben Skulpturen, die die wichtigsten der bislang 99 Bischöfe darstellen.

▲ Karte S. 235

Volkskunsthaus

Etwas außerhalb des Zentrums liegt das Volkskunsthaus. Das ist ein schilfgedecktes Bauernhaus mit Laubengang, das unter Verwendung von Originalinterieurs als **Museumshaus** eingerichtet wurde. Im Nachbargebäude ist ein **Laden** untergebracht, in dem Keramik und mit den typischen Stickereiarbeiten geschmückte Kleidung, Bett- und Tischwäsche angeboten wird. Im Museumshaus selbst ist zu sehen, dass dies keinesfalls Kunsthandwerk nur für Touristen ist. Dort finden sich die typisch floralen Muster nicht nur auf den Möbeln, sondern auch auf den Wänden. Man versteht, warum die Folklorekunst als ›Kunst des Lichts‹ gerühmt wird. Eindrucksvoll ist dieses Formen- und Farbenspiel auch im kleinen Bahnhof zu erleben, der allerdings einige Kilometer entfernt liegt.

Puszta-Show

Im Rahmen einer Besichtigung Kalocsas wird fast immer ein etwas außerhalb gelegenes Bauerngehöft aufgesucht, wo dann eine Reiterdarbietung stattfindet. Sie hat mit heutigen Lebensformen nichts mehr zu tun, beleuchtet aber die Traditionen der Puszta, in der die Gehöfte liegen. Rund um Kalocsa gibt es etwa ein halbes Dutzend derartiger Gehöfte, weiter nördlich weitere. Sie bieten im Grunde alle das gleiche Programm: Nach einer Begrüßung – oft mit Obstler oder Wein aus der Region – folgt eine kurze Kutschfahrt, sodann verschiedene Reiterspiele mit Reitern in historischen Trachten, die über eine Mikrofonanlage erläutert werden und die die geradezu akrobatische Geschicklichkeit der ›Hirten‹ demonstrieren. Anschließend bleibt Zeit zur individuellen Besichtigung und zum Kauf von Lebensmitteln und Getränken aus der Region sowie Kunsthandwerklichem. So hat man auch die Möglichkeit, näher an die für Ungarn so charakteristischen Tierarten heranzutreten: das Mangalica-Schwein mit seinem lockigen Haarkleid, das ungarische Steppenrind mit den langen aufstrebenden Hörnern und das Zackelschaf mit den charakteristischen V-förmig abstehenden, korkenzieherartig gedrehten Hörnern.

Es handelt sich bei den Anwesen meist um recht große, sehr gepflegte Gehöfte mit einem großzügigen Wohnhaus und einer Reihe von Stallungen sowie pittoreskem Hofbrunnen. Oft ist eines der reetgedeckten Gebäude als eine Art

Tollkühne Reiter bei einer Puszta-Show

Museum der bäuerlichen Lebens eingerichtet, und in Nebengebäuden präsentiert man alte handwerkliche Techniken, manchmal spielt auch eine kleine Musikgruppe alte Volkslieder.

Hajós

Der keine Ort Hajós liegt rund 20 Kilometer südlich von Kalocsa und auch einige Kilometer von der Donau entfernt. Dennoch führen Landausflüge ab und zu Kreuzfahrttouristen hierher. Sie kommen nicht wegen der früheren erzbischöflichen Sommerresidenz - das Dorf gehörte lange zum Besitz des Erzbischofs in Kalocsa -, sondern wegen des hier angebauten Rotweins.

Weinkeller in Hajós

Die Entwicklung des Dorfes ist wie die so vieler Orte in dieser Region mit den deutschen Zuwanderern verknüpft, die unter Maria Theresia ins Land kamen. Sie brachten aus ihrer schwäbischen Heimat den Weinanbau mit, für den Hajós heute so berühmt ist. Entlang der wenigen Gassen reihen sich über 1000 Weinkeller aneinander - eine einzigartige Dichte. Die Gassen öffnen sich dabei immer wieder auf kleine Plätze, auf denen, vor allem im Herbst, die Weinfeste stattfinden. Die meisten Besucher zieht es dorthin, zu Verkostung und Direktverkauf - und bei Zeit auch in das Weinmuseum des Ortes.

Von Kalocsa nach Mohács

Das Dorf **Fajsz** (km 1507) hat lokale Bedeutung durch seinen Tabakanbau, die Flora und Fauna der Puszta wird Besuchern des Öko-Zentrums vermittelt. Wie auch Ordas, so liegt seine Bedeutung für die Kreuzschifffahrt vor allem in der Existenz der Anlegestelle. Der schmale **Sio-Kanal** (km 1497) etwas weiter verbindet die Donau mit dem Balaton.

Die kleine Stadt **Baja** (km 1479) ist als lokaler Verkehrsknotenpunkt und Standort von Möbel- und Lebensmittelindustrie von Bedeutung. Auch die Landwirtschaft und der Weinanbau spielen eine Rolle. Prägend ist die Lage an verschiedenen Armen der Donau, und es ist wohl kein Zufall, dass die ansonsten recht unbekannte Stadt einen skurrilen Rekord hält, der ihr einen dauerhaften Platz im Guinness-Buch der Rekorde beschert: Jedes Jahr, stets am zweiten Samstag im Juli, wird im Rahmen eines Stadtfestes Fischsuppe gleichzeitig in über 2000 Kesseln auf offenem Feuer gekocht - eine beachtliche Leistung bei nur 35 000 Einwohnern. Passend dazu gibt es im Ort ein Fischereimuseum, das sich allein der Donaufischerei widmet. Das heutige Bild des Stadtkerns stammt aus der zweiten Hälfte des 19. Jahrhunderts; es weist einige reichverzierten Gebäude auf. Sein Hauptplatz orientiert sich zum Nebenfluss der Donau, der Sugovica, am Hauptstrom liegen die Kai- und Verladeanlagen.

Baja gegenüber erstreckt sich der **Gemencer Wald**, seit 1996 Teil des Nationalparks Donau-Drava, der sich bis zur kroatischen Grenze zieht. Hier verästelt sich die Donau in ein Gewirr von Seiten- und Totarmen und schafft ein Überschwem-

▲ Karte S. 232

mungsgebiet mit einer Fläche von etwa hundert Quadratkilometern, das den größten Auenwald Ungarns bildet. Er gibt eine Vorstellung davon, welchen Charakter die Landschaften entlang der Donau ursprünglich hatten. Wenn der Fluss im südlichen Ungarn auch nicht so sichtbar kanalisiert ist wie auf anderen Teilabschnitten, so hat doch der Mensch fast überall eingegriffen und vor allem die Seitenarme und Auwälder reguliert, der landwirtschaftlichen Nutzung zugeführt und damit weitgehend zum Verschwinden gebracht.

Der Gemencer Wald ist das größte ungarische Wildreservat und dient vielen, auch seltenen Tierarten als Rückzugsgebiet. Nur bestimmte Teile des Nationalparks sind für Besichtigungen freigegeben, man unternimmt sie am besten per Boot oder mit der Kleinspurbahn. Der Startpunkt für die Bahntour liegt nahe der Kleinstadt Szekszárd am Nordrand des Naturschutzgebietes, hier befindet sich auch ein Informationszentrum.

Mohács ▸ km 1448

Der Name des Ortes steht für den schwärzesten Tag der ungarischen Geschichte. Am 29. August 1526 erlitt in der Schlacht von Mohács das zahlenmäßig hoffnungslos unterlegene und zudem schlecht ausgerüstete und hastig zusammengewürfelte ungarische Heer gegen die nach Norden drängenden Osmanen eine vernichtende Niederlage. 20 000 Soldaten fielen allein auf ungarischer Seite, der Großteil der Adligen und auch König Ludwig II. Der Weg nach Norden war für die Türken frei. 150 Jahre herrschten nun die Osmanen, und erst fast 400 Jahre später erhielt Ungarn sei-

Mohács, Zentrum

ne völlige Souveränität zurück. Bis heute hat sich im Alltag die Redewendung ›Bei Mohács haben wir mehr verloren‹ gehalten, die in etwa meint: ›Ist doch nicht so schlimm‹.

Nach dem Ende der Türkenherrschaft war das südliche Ungarn verwüstet und weitgehend entvölkert. Durch gezielte Ansiedlungen kamen vor allem Deutsche, Kroaten und Serben, die seitdem recht friedlich mit den Ungarn in dieser Region lebten. Die mehrsprachigen Ortsschilder zeigen, dass dieses Neben- und Miteinander auch heute noch funktioniert. Dabei hat sich die Zusammensetzung der Bevölkerung stark verändert. Mohács hieß lange Mohatsch und war von den Donauschwaben geprägt. Lebten bis 1945 etwa 800 000 Deutschstämmige in Ungarn, waren es wenige Jahre später nur noch 200 000. Mohács selbst hat etwa 18 000 Einwohner, wovon sich noch knapp 2000 als Ungarndeutsche bezeichnen.

Überregional bekannt ist die Stadt auch wegen des Faschingsumzugs Busójárás, der stets im Februar abgehalten wird. Mit furchteinflößenden Masken vertreiben die Teilnehmer den Winter und die bösen Geister. Man nimmt an, dass mit diesem Brauch ursprünglich die Türken symbolisch vertrieben wurden.

Mohács ist der südlichste ungarische Donauhafen, er liegt am Flusskilometer 1447 und damit fast in der geographischen Mitte der 2888 Kilometer langen Donau. Die Kreuzfahrtschiffe legen hier für die Grenzrevision an und um die Passagiere auf den Landausflug nach Pécs zu entlassen.

Sehenswürdigkeiten

Die Stadt wirkt stets etwas verschlafen und ist überschaubar: Vom Schiffsanleger verläuft die Szabadság u., die Hauptstraße, schnurgerade nach Westen, bis sie am Deak tér auf das **Kriegerdenkmal** stößt. Die Sehenswürdigkeiten befinden sich direkt an dieser Straße oder in fußläufiger Nähe.

Am Hauptplatz (Széchenyi tér) wurde 1926, zum 400. Jahrestag der denk-

Die Gedächtniskirche in Mohács

▲ Karte S. 239

würdigen Schlacht, die **Gedächtniskirche** (Votivkirche) errichtet. Sie ist nicht nur erstaunlich groß – 3600 Gläubige finden Platz –, sondern vor allem als symbolische Leistung des ganzen Landes bemerkenswert. Um den nationalen Zusammenhalt zu bezeugen, gaben für ihren Bau die 3000 Gemeinden, 52 Städte und 25 Höfe der einzelnen Komitate je ein Kilogramm Erde, das für das Fundament verbaut wurde. Bemerkenswert ist die Gestaltung der katholischen Kirche in Anlehnung an die maurisch-byzantinische Formensprache. Dazu passend präsentiert sich das 1927 fertiggestellte **Rathaus** schräg gegenüber ebenfalls im maurischen Stil.

Die Synagoge an der Eötvös u. ist nicht mehr erhalten. An ihrer Stelle steht ein **Denkmal** mit Inschriften in ungarischer und hebräischer Sprache, das an die jüdischen Opfer des Faschismus erinnert.

Der höchste Kirchturm der Stadt gehört zur 1732 bis 1738 errichteten **serbisch-orthodoxen Kirche**. Sie ist außen schlicht, bemerkenswert sind die Ikone der Gottesmutter und der schöne hölzerne Ikonostas im Innern. Die Kirche ist meist verschlossen, den Schlüssel können sich Besucher bei der Familie leihen, die im an den Kirchhof angrenzenden Haus lebt. Ebenso von schlichter Schönheit ist die katholische **Stadtkirche** (1776), besonders sehenswert ihre Kanzel.

Das **Dorottya-Kanizsai-Museum** ist auf zwei Standorte verteilt. In dem einen thematisiert es die Volkskunst der Region, in dem anderen die Schlacht von 1526.

■ Gedenkstätte Mohács

Weitaus eindrucksvoller als der Ort ist ein Besuch der etwa sieben Kilometer außerhalb, in Richtung Sátorhely, gelegenen Gedenkstätte. Die Gittertore des Eisentores am Eingang erinnern an die Knochen der Gefallenen, die Steinrose symbolisiert das nach der Niederlage in drei Teile zerlegte Land. Zahlreiche Künstler schufen die 120 Holzpfähle, die an die Toten erinnern. 10 000 Eiben sind auf den Massengräbern gepflanzt, eine kriegsgeschichtliche und eine archäologische Ausstellung gehören auch zum weitläufigen Areal. Der sogenannte ›Gedächtnispark‹ wurde 1976 eingeweiht, zum 450. Jahrestag der in Ungarn bis heute unvergessenen Schlacht.

Für die Teilnehmer einer Kreuzfahrt, die am Busausflug nach Pécs nicht teilnehmen wollen und die einen halben Tag in Mohács – berechtigterweise – für zu langweilig halten, ist der Besuch dieser Gedenkstätte unbedingt empfehlenswert. Der einfachste Weg dorthin ist der mit einem Taxi; das Touristenbüro am Hauptplatz vermittelt eines und gibt auch weitere Informationen.

Pécs

Pécs liegt an den Südhängen des Mecsek-Gebirges, wird dadurch vor den kalten Nordwinden geschützt und besitzt ein sonnenreiches, mildes Klima. Die Region eignet sich vorzüglich für den Wein- und Obstanbau, selbst Feigen und Mandeln gedeihen hier. Das historische Zentrum ist von den vielen schmalen, unregelmäßigen Gassen geprägt, die sich auf einige Plätze öffnen. Das Leben spielt sich in Pécs viel im Freien ab. Bei all diesen Vorzügen ist es kein Wunder, dass als Hauptcharakteristikum der Stadt immer wieder ihr mediterranes Flair genannt wird. Gleichzeitig ist es eine sehr lebendige Stadt, wozu nicht zuletzt die rund 18 000 Studenten unter den rund 145 000 Einwohnern beitragen.

Pécs hat zahlreiche Zeugnisse seiner bewegten Geschichte aufzuweisen. Einzigartig ist die Fülle frühchristlicher Grabstätten, und nirgendwo sonst in Ungarn haben sich so viele Bauwerke aus osmanischer Zeit erhalten. Dazu kommt die pittoreske Hanglage der Stadt, die eindrucksvolle Kulisse der dahinter aufragenden Berge und die große Zahl an gut ausgestatteten Museen – Pécs gehört zu den sehenswertesten Städten in Ungarn.

Geschichte

Schon die Kelten legten an dieser Stelle ein Dorf an, die kontinuierliche Siedlungsgeschichte begann dann mit den Römern. Sie gründeten 107 vor unserer Zeitrechnung eine Siedlung und nannten sie Sopianae. Der Ort avancierte später zum Handels- und Verwaltungszentrum Unterpannoniens, und die Römer brachten auch das Christentum in diese Region. Nach der Vertreibung der Römer waren die Hunnen hier, dann die Ostgoten, Langobarden und Awaren. Die ersten Ungarn kamen um 899 in die Region. Im Jahr 1009 begründete der ungarische König Stephan das Bistum Pécs. In dieser Zeit besaß der Ort fünf christliche Kirchen und wurde in einer Urkunde Quinque Basilicae genannt. Der alte deutsche Name Fünfkirchen rührt daher. Nach dem Einfall der Mongolen im 13. Jahrhundert wurde die Stadt wieder aufgebaut, und im Jahr 1367 die

Pécs, Zentrum

erste Universität Ungarns – und erst die fünfte in Europa – hier eingerichtet. Pécs wurde zu einem geistigen und kulturellen Zentrum weit über die Grenzen Ungarns hinaus. In osmanischer Zeit – zwischen 1543 und 1686 – war Pécs Verwaltungszentrum und Sitz eines Militärdistrikts, eine lebendige Stadt mit zehn Moscheen und vielen anderen öffentlichen Gebäuden. Die meisten von ihnen sind allerdings nach der Rückeroberung durch die Christen zerstört worden. Nach Vertreibung der Osmanen wohnten nur wenige Menschen hier, weitere Opfer forderte um 1710 eine Pestwelle.

Durch gezielte Anwanderung kamen danach in großer Zahl deutschsprachige Siedler, die nun mit Ungarn, Slawen, einigen Griechen und einigen wenigen verbliebenen Osmanen zusammen lebten; bis 1945 war Pécs ein Zentrum der sogenannten Donauschwaben. Ein erster wirtschaftlicher Aufschwung setzte dank einiger Privilegien unter Maria Theresia ein, ein zweiter im 19. Jahrhundert, als in der Nähe die Kohleförderung begann. Pécs wurde in dieser Zeit zu einem wichtigen Industriestandort. Gemäß den Bestimmungen der Friedensverträge kam Bratislava nach dem Ersten Weltkrieg zur Tschechoslowakei, und die dort erst 1912 ins Leben gerufene Elisabeth-Universität fand ihr neues Zuhause in Pécs. Weitere Ausbildungsstätten und Hochschulen kamen hinzu, und so avancierte Pecs in der Zwischenkriegszeit nach Budapest zu einer der wichtigsten ungarischen Kultur- und Bildungsstädte.

Nach 1945 forcierten die Sozialisten den Ausbau der Stahlindustrie, und in der Nähe wurde Uranerz entdeckt, das in die Sowjetunion ging. So wuchs Pécs beträchtlich; hatte die Stadt 1949 knapp 90 000 Einwohner gehabt, so waren es 30 Jahre später bereits 170 000. Für die vielen Zuwanderer entstanden zahlreiche

Pestsäule, Reiterstandbild und Rathaus am Széchenyi tér

Neubausiedlungen, darunter Uránváros (›Uranstadt‹) vor allem für die Arbeiter in den Uranminen.

In den 1980er Jahren arbeiteten allein 25 000 Menschen im Bergbau. Mit der Wende gerieten Stahlindustrie und Bergbau in eine tiefe Krise, 2004 wurde die letzte Mine geschlossen. Heute ist Pécs – wie in der Zwischenkriegszeit – vor allem als Stadt der Kultur und der Bildung von Bedeutung, dabei aber viel internationaler geworden. So werden heute Lehrveranstaltungen im Fachbereich Medizin auch in deutscher und englischer Sprache angeboten.

Die Europäische Union vergab Pécs und seinem eingereichten Konzept ›Stadt ohne Grenzen‹ neben Essen und Istanbul den Titel Kulturhauptstadt Europas 2010. Eckpfeiler dieses Konzepts waren die Umwandlung des alten Zsolnay-Fabrikgeländes zu einem Kulturviertel, die Sanierung der Museumsgasse und anderer Museen mitsamt teilweiser Neukonzeption, der Neubau des riesigen ›Südtransdanubischen Bibliotheks- und Wissenszentrums‹ im Südosten der Stadt und die Revitalisierung der öffentlichen Plätze und Parks in allen Vierteln. Davon haben gerade auch die Bewohner der Neubauviertel profitiert, Touristen erfreuen sich heute meist am blumengeschmückten Domplatz.

Früher eine Moschee: die Innerstädtische Pfarrkirche

Orientierung

Ein Spaziergang durch Pécs ist eine angenehme Sache. Die Plätze und Türme innerhalb des rechteckigen, von einem Stadtring begrenzten Zentrum - knapp 1000 Meter breit, etwa 700 Meter lang - erlauben eine gute Orientierung, und in Teilen ist dieses Gebiet als Fußgängerzone gestaltet. An den Gassen finden sich zahlreiche Lokale, und die stimmungsvollen Plätze fungieren als Treff- und Mittelpunkte des öffentlichen Lebens.

Széchenyi tér

Der Széchenyi tér ist zweifellos der Mittelpunkt der Stadt. Der langgestreckte und nach Norden ansteigende Platz war schon im Mittelalter der Marktplatz, und er gilt als einer der schönsten des Landes. Beherrschendes Bauwerk ist die **Innerstädtische Pfarrkirche** an der Nordseite. Es ist unschwer zu erkennen, dass dieser recht schlichte Bau als Moschee errichtet wurde: Auf einem quadratischen Grundriss erhebt sich ein achteckiger Tambour, der wiederum von einer 28 Meter hohen Halbkuppel bekrönt wird. An dieser Stelle stand ursprünglich eine gotische Kirche. Die Türken legten sie nach ihrem Einzug nieder und bauten um 1590 die Moschee. Man kann noch einige Steine der gotischen Kirche in der Außenmauer ausmachen. Diese Moschee war während der Türkenzeit die Hauptmoschee der Stadt und die größte auf ungarischem Gebiet. Nach der Vertreibung der Osmanen wurde das Minarett durch einen Kirchenturm ersetzt und die Moschee selbst barock umgestaltet, aber von 1938 bis 1942 wiederum teilweise in ihren ursprünglichen Zustand zurückversetzt. Später kam noch ein halbkreisförmiger Anbau hinzu. Das Ergebnis all dieser Um- und Anbauten ist eine eigentümliche Mischung aus Moschee und Kirche. Aus osmanischer Zeit sind die charakteristischen Fenster und im Inneren einige Fresken sowie an der südöstlichen Seite die Gebetsnische (Mihrab) erhalten.

Dort wo sich in der Mitte des Platzes zur Türkenzeit ein Reinigungsbad und ein öffentlicher Brunnen befunden haben, stehen das **Reiterstandbild des János Hunyadi** (1939) - der aus Siebenbürgen stammende Vater des König Matthias wird in Ungarn sehr verehrt - und die **Pestsäule** von 1908, eine Kopie des Originals von 1714.

Der Széchenyi tér wird von einigen schönen Bauten gesäumt. Besondere Beachtung verdienen neben dem Hotel ›Nádor‹ an der Ostseite - schönster Jugendstil - ein sorgsam renoviertes neobarockes Gebäude an der Südwestecke, in dem heute unter anderem die **Pécs Galerie** untergebracht ist, das sich rechts anschließende frühere **Jesuitenkolleg**, heute ein Gymnasium, sowie das **Rat-**

▶ Karte S. 242

haus an der Ecke zur Kiraly utca. Dieses selbstbewusste Jugendstilgebäude war ursprünglich einstöckig und neobarock, erhielt seine heutige Form 1907, ist dank seines hohen Turmes unübersehbar und steht dort, wo sich früher die wichtige West-Ost- und die ebenso wichtige Nord-Süd-Handelsstraße getroffen haben. Vom Turm erklingt zu jeder vollen Stunde eine Melodie.

Unterhalb des Széchenyi tér befindet sich mit der **Kirche der Barmherzigen Brüder** ein weiterer hübscher Sakralbau, viel beliebter als Fotomotiv ist jedoch der **Zsolnay-Brunnen** davor. Seine eigenwillige Form erinnert an einen Trinkbecher, und auffällig sind auch die vier Stierkopf-Wasserspeier mit ihrer Eosin-Glasur: drei grünlich, einer violett. Der Brunnen, ein Werk von Andor Pilch von 1912, ist eine Stiftung der Zsolnay-Manufaktur zum Andenken an Vilmos Zsolnay, den Gründer der Fabrik.

Das **Archäologische Museum** an der Nordostecke des Platzes vermittelt die Geschichte der Region von den ältesten Funden aus der Jungsteinzeit an, an der nordwestlichen Ecke des Platzes nimmt die **Janus Pannonius u.** ihren Anfang. Diese angenehme, von hübschen Jugendstilfassaden gesäumte Straße leitet zum anderen großen Platz der Stadt, dem Szent István tér, der nach Norden in den Dom tér übergeht.

Petersdom

Herausragendes Bauwerk im Wortsinn ist der Petersdom. Er erhebt sich am höchsten Punkt der Altstadt über die Dächer von Pécs, und seine vier auffälligen Ecktürme recken sich gen Himmel. Nicht nur die Ausmaße des Doms – 77 Meter lang und 23 Meter breit – sind beeindruckend, sondern auch seine Geschichte, die sich bei genauerem Hinschauen noch an einzelnen Details ablesen lässt. 1064 vernichtete ein Brand eine christliche Kirche an dieser Stelle. Vermutungen besagen, dass hier wohl schon in spätrömischer Zeit eine erste christliche Kirche gestanden hat. Nach der Brandkatastrophe wurde mit dem Bau einer neuen Kirche begonnen, die Arbeiten dauerten mehrere Jahrzehnte.

Wahrzeichen der Stadt Pécs: der Petersdom

In den kommenden Jahrhunderten gab es immer wieder Um- und Anbauten, aber wohl von Anfang an besaß der Bau seine auffälligen vier Ecktürme. Das heutige Aussehen geht einerseits auf die Zeit zwischen 1800 und 1830 zurück, als eine zweite Fassade vorgesetzt wurde, andererseits auf die Jahre zwischen 1882 und 1891, als der Dom unter der Leitung des Wiener Baumeisters Friedrich Schmidt - nach seinen Plänen entstand unter anderem das Neue Rathaus am Ring in Wien - neobarock umgestaltet wurde. An der Innengestaltung waren namhafte ungarische Künstler beteiligt, unter anderem die hervorragenden Vertreter des ungarischen Jugenstils Bertalan Szekely und Károly Kotz; ihre Handschrift ist vor allem in der Oberkirche und der Krypta unübersehbar.

Besonders sehenswert sind die romanische, fünfschiffige **Krypta** - der älteste erhaltene Teil des Doms - und der **Renaissance-Altar** von 1507, der aus rotem Marmor gearbeitet ist. Er steht in der Corpus-Christi-Kapelle, die sich unter dem südwestlichen Turm befindet. Überhaupt sind besonders die vier **Kapellen** unterhalb der vier Türme sehenswert. Das Hauptschiff beeindruckt mit reichen Verzierungen und einem erhöhten Hochaltar.

In der Krypta des Doms

Dom tér und Szent István ter

Die östliche Seite des Domplatzes (Dóm tér) schmückt das frühere **Domstift**, heute das Dommuseum und Pfarramt, die westliche das **Bischöfliche Palais** im Neorenaissancekleid. Von einem Balkon dieses Palais blickt - als Statue - Franz Liszt (Imre Varga, 1983) auf den Platz, etwas weiter ist der bronzene János Pannonius im Garten (1972) zu sehen. Pannonius (1434–1472) ist der wohl bekannteste Bischof in der langen Reihe der Bischöfe, ein berühmter Humanist, der neben theologischen auch eine Reihe von weltlichen Dichtungen verfasste, die noch heute in Ungarn gelesen werden. Ganz in der Nähe befindet sich die in den 1970er Jahren restaurierte **Barbakane** (Rundbastei). Das ist ein Rest der alten Befestigung, die im 15. Jahrhundert angelegt wurde, um den Dombezirk zu schützen. Die nördlichen und westlichen Teile der Stadtmauer sind noch erhalten, die südlichen wurden in der Neuzeit abgetragen; sie verliefen etwa entlang der heutigen Janus Pannonius utca. Zur Barbakane gehört ein kleiner Turm, von dem sich Blicke auf den Domplatz eröffnen. An und in der Nähe von Dóm tér und Szent István tér befindet sich ein **Komplex aus Grabkapellen und Grabkammern** aus spätrömischer Zeit, der zu den bedeutendsten Zeugnissen der frühchristlichen Kultur in Ungarn gehört und seit dem Jahr 2000 auf der UNESCO-Liste des Weltkulturerbes steht. Seit dem Frühjahr 2007 sind einige dieser unterirdischen archäologischen Ausgrabungen zum Besucherzentrum Cella Septichoras zusammengeschlossen und können in einem Rundgang besichtigt werden. Beeindruckend sind die erhaltenen Wandmalereien, die etwa zur

▲ Karte S. 242

Namensgebung ›Grabkammer mit dem Krug‹ führten. Der Eingang zum Komplex liegt an der südöstlichen Seite des Dóm tér; die Ausgrabungsarbeiten dauern nach wie vor an.
An der südlichen Seite des Platzes befindet sich das **frühchristliche Mausoleum**. Die Grundmauern der Basilika sind erhalten, eine Treppe erlaubt den Zugang zu den darunter liegenden Grabkammern. Weitere Funde dieser Art können ganz in der Nähe, in der Apáca utca 8 und 14, besichtigt werden: Friedhofskapelle, Doppelgrab und Grabkammer.
Dóm tér und Szent István tér sind aber nicht nur wegen der Funde einen Besuch wert. Sie werden von alten Bäumen begrünt und bieten sich für einen Aufenthalt im Schatten gerade im Hochsommer an.

■ Káptalan utca

Ein Durchgang an der Ostseite des Dóm tér führt zur Káptalan utca. An dieser hübschen Straße haben sich die niedrigen ehemaligen Domherrenhäuser erhalten, und heute ist die Straße die Museumsmeile von Pécs.
Das Haus Nr. 2 wurde 1324 erstmals urkundlich erwähnt und ist damit das älteste erhaltene Wohnhaus der Stadt. Gotische Elemente aus dieser Zeit haben sich ebenso erhalten wie Details aus Renaissance und Barock aus späteren Um- und Anbauphasen. In dem Haus sind zwei ständige Ausstellungen untergebracht: die **Kunstgewerbliche Abteilung des Janus-Pannonius-Museums** im Erdgeschoss und im Obergeschoss das bekannte **Zsolnay-Museum** mit Beispielen aus der hiesigen Keramik- und Porzellanmanufaktur. Die Firma Zsolnay wurde 1853 in Pécs gegründet und war jahrzehntelang führend in der Verarbeitung von Keramik. Die bunten Majolikafliesen findet man an vielen Gebäuden in Ungarn. Diese Tradition wurde während des Kommunismus unterbrochen, und heute wird längst nicht mehr so viel produziert wir früher.
Gegenüber, in der Nr. 3, lädt die ständige Ausstellung mit Werken des in Ungarn berühmten und sehr geschätzten Künstlers **Victor Vasarely** zum Besuch ein. Insgesamt sind hier die rund 150 Werke ausgestellt, die der 1920 nach Frankreich emigrierte und 1997 verstorbene Künstler seiner Heimatstadt vermachte. Vasarely gilt als Begründer der Op-Art.
In der Nr. 4 ist die **Moderne Ungarische Gemäldegalerie** untergebracht, die verschiedene Künstler aus dem späten 19. und dem 20. Jahrhundert präsentiert, in der Nr. 5 eine Ausstellung mit Werken des Surrealisten **Endre Nemes**. Das Museum in der Nr. 6 zeigt Werke von **Ferenc Martyn**, einem Vertreter der abstrakten Malerei. Es ist sein früheres Wohnhaus.
Ein besonders sehenswertes Museum liegt einige Schritte entfernt, in der Janus Pannonius utca 11: Das **Csontváry-Museum** zeigt Gemälde von Tivadar Csontváry Kosztka (1853–1919). Csontváry war eigentlich Apotheker und begann spät mit dem Malen. Er gilt als einer der wichtigsten Vertreter des Symbolismus, und seine großformatigen, farbenfrohen Werke bezaubern noch heute.

■ Király utca

Die Király utca ist eine beliebte Flaniermeile: Man hat sie schon vor Jahren vom Autoverkehr befreit, und seitdem kommen die wunderbaren Fassaden – Klassizismus, Jugendstil und allerlei Neo-Spielarten – deutlich besser zur Geltung. Es macht Spaß, hier ohne Ziel durchzuschlendern und sich von Detail zu Detail treiben zu lassen. Auffälligste Gebäude an der Straße sind das würdevolle **Stadttheater** (1895) und das stattliche **Hotel Palatinus** (1913), das vor allem mit

Bürgerhäuser am Jókai tér

seinem Jugendstilinterieur beeindruckt. Dazwischen findet sich eine Reihe von Cafés und, etwas weiter östlich, mit der 1756 fertiggestellten **Lyzeumkirche** ein weiterer schmucker Sakralbau.

Jókai tér und Umgebung

Der hell gepflasterte Jókai tér gehört zu den anmutigsten Plätzen der Stadt. Sorgfältig restaurierte, zweistöckige Häuser säumen ihn, in seiner Mitte plätschert ein künstliches Bächlein den sanften Abhang hinab, und gerade im Sommer bieten sich die Cafés für eine Pause an. Mit diesem Platz löst Pécs seinen Ruf, ein mediterranes Flair zu besitzen, ganz besonders ein.

Die **Mohrenapotheke** an der Nordostecke des Jókai tér trägt ihren Namen nach den kleinen Mohrenfiguren in der Fassade. Sie ist die älteste Apotheke des Ortes und seit ihrer Gründung 1697 ununterbrochen in Betrieb. Die Innenausstattung im Neorokoko lohnt einen Blick. Sie ist von 1897 und stammt aus der Zsolnay-Manufaktur. Gegenüber der Apotheke liegt das **Wirthaus Zum Weißen Elefanten**, ebenfalls eine Institution in Pécs.

Von hier führt die Jókai Mór utca nach Süden, die **Hauptpost** von 1903 an ihrem Ende ist ein weiteres besonders schönes Beispiel für den ungarischen Jugendstil. Natürlich ist ihr Dach mit farbenfrohen Ziegeln aus der hiesigen Zsolnay-Manufaktur gedeckt. Gegenüber hat sich ein Teil der Stadtmauer erhalten.

▲ Karte S. 242

Weitere Sehenswürdigkeiten

Folgt man vom Jókai tér der Ferencesek utcája nach Westen, stößt man auf die barocke **Franziskanerkirche**, die um 1760 fertiggestellt wurde. Sie gehört zum Franziskanerkloster, in dem während der Osmanenzeit eine Moschee eingerichtet war.

Noch etwas weiter, südlich des Kórház tér, liegt mit der **Moschee des Hassan Jokowali** Pascha die einzige mitsamt Minarett erhaltene Moschee Ungarns. Sie stammt aus dem 16. Jahrhundert, heute ist im Inneren eine ständige Ausstellung osmanischer Kunst und Kultur untergebracht.

Die Schritte zum Kossuth tér mit dem Denkmal für den Publizisten und Freiheitskämpfer Lajos Kossuth lohnen sich vor allem wegen der **Großen Synagoge** an der Ostseite des Platzes. Sie wurde 1869 nach Plänen von Frigyes Feszel im damals in ganz Europa beliebten maurischen Stil für die große jüdische Gemeinde der Stadt errichtet; 1000 Gläubige fanden in ihr Platz. Eine Tafel an der Außenwand erinnert an die während des Faschismus ermordeten Juden. Ein Blick in das Innere lohnt: Das Interieur ist weitgehend original.

i Kalocsa, Hajos, Mohács, Pécs

Eine Erkundung der Orte auf eigene Faust ist bis auf Mohács nicht möglich. Die Halbtagesausflüge in die Puszta oder nach Pécs beinhalten ausnahmslos eine Einkehr, die Lokale in Mohács lohnen keinen Besuch. Da auch die Souvenirläden in Kalocsa und Pécs Euro annehmen, ist Geldwechsel unnötig.

Entlang der serbisch-kroatischen Grenze

Kurz hinter Mohács wird Kilometer 1444 passiert, die geographische Mitte der Donau. Nur wenig weiter, bei Flusskilometer 1433, verlässt die Donau Ungarn. Sie war bis 1992 jenseits der ungarischen Grenze eine innerjugoslawische Angelegenheit, heute markiert sie bis Vukovar die Grenze zwischen Kroatien und Serbien. Der Strom behält auch jenseits der ungarischen Grenze seine südliche Richtung bei, vollzieht kleinere und größere Kehren. Deutlich stärker als in Ungarn sind die Ufer nun von Wäldern gesäumt, ausgedehnte Flächen stehen auf beiden Seiten unter Naturschutz.

Bezdan und Batina

Als erster serbischer Ort wird **Bezdan** (km 1425) erreicht; der Ort selbst (etwa 4500 Einwohner) ist im Unterschied zur Grenzstelle nicht zu sehen, da er einige Kilometer landeinwärts liegt. In der Nähe mündet der **Veliki-Bački-Kanal** in die Donau. Diese 123 Kilometer lange Verbindung verbindet die Donau mit der Theiß und wurde 1801 eingeweiht; heute wird der Kanal kaum noch als Handelsweg genutzt, da er zu schmal und zu flach für moderne Frachtschiffe ist. Eine wichtige wirtschaftliche Funktion als Bewässerungskanal nimmt er aber noch immer wahr. Zwischen Donau und Theiß durchzieht ein verzweigtes Netz von schiffbaren Kanälen die Ebene. Zu diesem Netz gehören Pumpstationen, Dämme, Schleusen und Brücken. Seit Fertigstellung dieses Systems ist in dem Gebiet, das im Sommer immer wieder durch extreme Trockenheit gekennzeichnet ist, die Landwirtschaft nicht mehr durch Dürren bedroht.

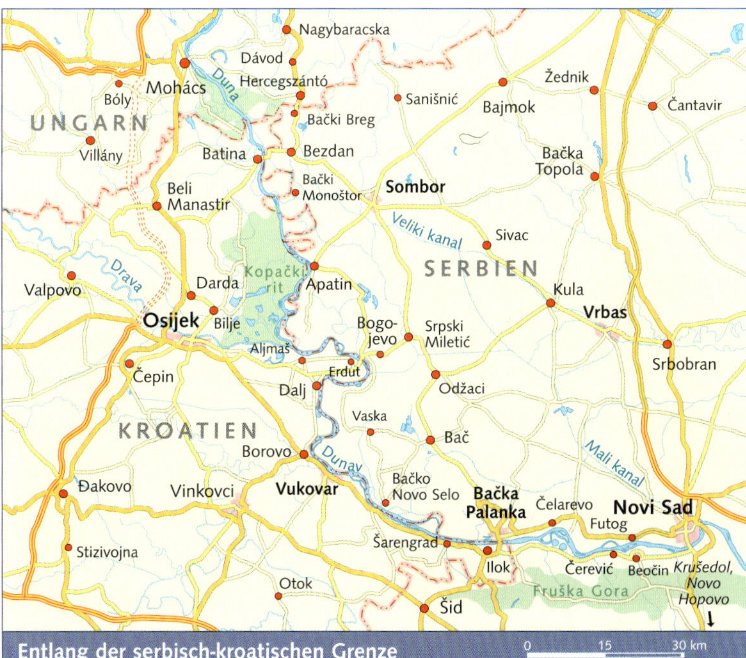

Entlang der serbisch-kroatischen Grenze

Gegenüber, auf kroatischer Seite, ist der kleine Ort **Batina (rund 1500 Einwohner)** auszumachen. Das Siegesdenkmal oberhalb des Ortes erinnert an die Partisanenkämpfe während des Zweiten Weltkriegs.

Apatin ▸ km 1401

Eine gute Stunde von Batina entfernt bilden auf der linken Seite eine **Brauerei**, eine **Kirche** und ein **Hotel** eine eigenartig anmutende Mischung. Das ist der sichtbare Teil der Stadt Apatin. Sie ist typisch für die Siedlungen in diesem ungarisch-serbischen Grenzgebiet, die Region zwischen Theiß und Donau, die Banat genannt wird. Zentrum des Banat ist Sombor, etwa 20 Kilometer östlich von Apatin. Die Region war nach der Befreiung von der Türkenherrschaft geradezu menschenleer, und die Habsburger, besonders Maria Theresia, förderten die Ansiedlung von Kolonisten. Die sogenannten Banater Schwaben kamen im

Das beliebteste Bier Serbiens kommt aus Apatin

▲ Karte S. 249

18. Jahrhundert und prägten die Region bis 1945 entscheidend. Apatin war in dieser Zeit vor allem für seine seit 1756 produzierende Brauerei und die Hanfseilproduktion bekannt; die Seile waren auf den Donau-Schleppzügen sehr geschätzt. Vom Fluss ist nicht zu sehen, dass Apatin – der alte deutsche Name ist Abthausen – ein gepflegtes Städtchen (17 000 Einwohner) ist. Aus der Wiederaufbauzeit finden sich einige barocke Kirchen und eine Synagoge, sehenswert ist auch das Rathaus im Jugendstil.

Die Kirche am Ufer ist die Kirche der heiligen Apostel. Diese serbisch-orthodoxe Kirche wurde Anfang des 20. Jahrhunderts im damals beliebten orientalisierenden Stil errichtet und steht am westlichen Stadtrand. Bereits im 14. Jahrhundert war Apatin Bischofssitz. Diese Bedeutung ging mit der osmanischen Eroberung verloren und konnte danach nicht wiedergewonnen werden. So steht der Name Apatin heute vor allem für das Bier: ›Jelen Pivo‹ (Hirsch-Bier) ist das meistgetrunkene Bier Serbiens, die Brauerei der größte Arbeitgeber am Ort.

Nationalpark Kopački Rit

Das Gebiet zwischen Donau, Drava und der Grenze zu Ungarn ist ein Teil Slawoniens und trägt den Namen Baranja. Bis zum Ersten Weltkrieg war es im Privatbesitz österreichischer Adliger. Einer der ersten Besitzer war Prinz Eugen von Savoyen, der sich in Bilje zwischen 1707 und 1712 nach Plänen des renommierten Wiener Architekten Johann Lukas von Hildebrandt ein **Jagdschloss** bauen ließ. Die Summe dafür wie auch den Grundbesitz hatte Eugen als Anerkennung seiner Verdienste im Kampf gegen die Osmanen von den Habsburgern erhalten. Im Schloss ist heute das Informationsbüro des Naturparks Kopački Rit untergebracht.

Besucher im Nationalpark Kopački Rit

Der Naturpark umfasst rund 17 000 Hektar und wird im Süden durch die Drava und im Osten durch die Donau begrenzt. Vor allem die Donau bildet hier zahlreiche Seiten- und Totarme, und im Frühjahr treten beide Flüsse regelmäßig über die Ufer und überschwemmen weite Gebiete, die dann den Charakter eines Marschlandes einnehmen. Zu den anderen Zeiten ist es ein Grünland, in dem zahlreiche Gewässer liegen, die teils über unterirdische Verbindungen mit der Donau verbunden sind. Dazwischen erstrecken sich Trocken- und Sumpfgebiete. Das Gebiet ist für seinen Wildreichtum bekannt und ist daher seit den Zeiten Prinz Eugens ein beliebtes Jagdrevier, zunächst für den Adel, später für Tito und die Spitzen seines Systems, heute auch für andere Stände. Bemerkenswert ist die Vielfalt an Pflanzenarten, an Insekten, an Säugetieren – darunter Biber, Wildkatze, Goldschakal und eine Reihe von Fledermausarten –, Reptilien und vor allem an Vogelarten. Man hat über 270 gezählt, von denen rund 100 hier brüten. Viele Wandervögel machen im Frühjahr und Herbst hier Rast. In Kopački Rit sind in Europa sonst sehr seltene Arten zu Hause wie Wasserhuhn, Schwarzstorch, Großer Silberreiher und vor allem der Seeadler, der als der seltenste Adler Europas gilt. Der Seeadler ist auch das Wappentier des Nationalparks.

Seit 1967 steht das Gebiet unter Naturschutz, 1976 wurde es zum Reservat erklärt, um es als Rückzugsort für die seltenen Tier- und Pflanzenarten zu erhalten. Einige Teile sind für Menschen gesperrt, andere für Fischer und Jäger freigegeben. Ausflüge für Touristen werden vom Büro in Bilje organisiert.

Osijek

Osijek mit seinen rund 84 000 Einwohnern ist die viertgrößte Stadt des Landes, das kulturelle, wirtschaftliche und politische Zentrum Ostslawoniens. Es hat eine Universität, einen für Kroatien einzigartigen barocken Stadtkern und ein reizvolles Umland. Wegen der Randlage zu Serbien und der recht großen Entfernung zum Mittelmeer finden aber nur wenige Touristen den Weg hierher.

Das Jagdschloss des Prinzen Eugen in Bilje

Auch die Kreuzfahrtschiffe legen hier nur selten einen Stopp ein, nicht zuletzt weil Osijek an der Drava (Drau) und rund 20 Kilometer von deren Mündung in die Donau entfernt liegt; oft wird ein Besuch mit einem Ausflug in den Nationalpark Kopački Rit oder nach Đakovo kombiniert. Die wenigen Touristen, die die Stadt besuchen, werden angenehm überrascht: Osijek ist eine ebenso lebendige wie grüne Stadt, in der ein reiches architektonisches Erbe zu Entdeckungen einlädt.

Geschichte

An der Stelle des heutigen Osijek bestand von alters her eine Möglichkeit, die Drava zu überqueren, und diese Lage hat die Geschicke der Stadt immer wieder entscheidend beeinflusst.

Die Römer richteten hier im Jahr 133 eine Zivil- und Militärstadt ein, die sie Mursar nannten und dabei offenbar eine Bezeichnung übernahmen, die zuvor schon die Kelten gebraucht hatten. Über die Zeit nach ihrem Abzug wissen wir wenig, Historiker gehen aber von einer dauerhaften Besiedlung aus. Die Region gehörte seit dem 9. Jahrhundert zu Kroatien, das ab 1102 durch eine Personalunion mit Ungarn verbunden war, und für das Jahr 1196 gibt es eine erste urkundliche Nennung des Ortes als ›Eszeg‹. Der alte deutsche Name Esseg ist eine Variante davon. Im Mittelalter war Osijek im Besitz feudaler Familien, und in dieser Zeit wurde wohl eine erste Festung am südlichen Drava-Ufer angelegt.

Die Osmanen eroberten Eszeg 1526, machten den strategisch wichtigen Ort zu einem Verwaltungszentrum und befestigten ihn. Er wurde durch den Bau einer acht (!) Kilometer langen Holzbrücke über die Drava und die sie säumenden Überschwemmungsgebiete berühmt. Die Brücke war mit Wachtürmen und Räumen für Mannschaften ausgestattet und wurde zu ihrer Zeit als ingenieurtechnische Meisterleistung bewundert.

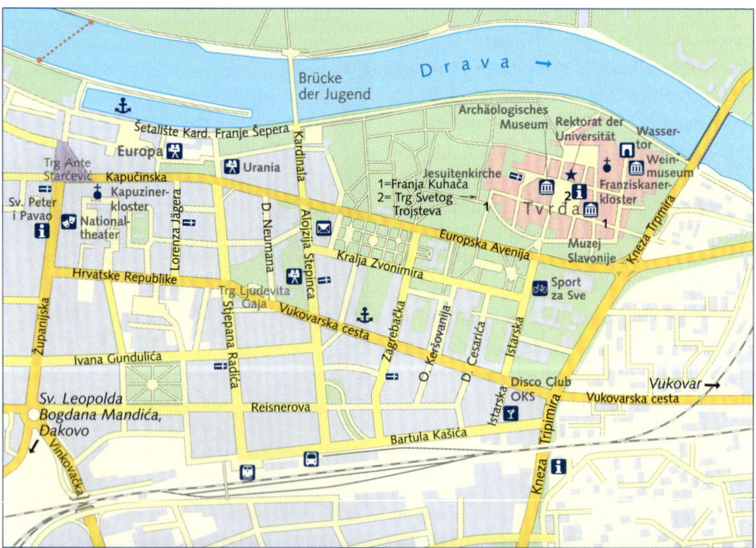

Osijek, Zentrum

Die Österreicher eroberten die osmanische Festung 1687; dabei wurde der Ort, wie schon 1526, nahezu vollständig zerstört. Die Österreicher wiesen Osijek vor allem eine militärische Funktion zu und legten daher an der Stelle, an der sich zuvor die osmanische Festung befunden hatte, eine neue, moderne an. Ab dieser Zeit entwickelten sich auch Unter- und Oberstadt (Dorji Grad und Gornji Grad). Sie vereinigten sich erst 1786. Um 1900 bestand die Einwohnerschaft zur Hälfte aus deutschsprechenden Bürgern, zu einem Drittel aus Südslawen, die übrigen Bewohner waren Ungarn. Heute besteht die Einwohnerschaft zu 90 Prozent aus Kroaten.

In den 1920er Jahren wurden große Teile der noch vorhandenen Festungsanlagen abgetragen, an ihre Stelle traten Parks, die das Stadtbild in sehr angenehmer Weise prägen, in den 1950er Jahren erfolgte die Industrialisierung nach Plan. Osijek nahm 1991 erheblichen Schaden, da es von der serbischen Armee monatelang belagert und beschossen wurde. Die äußerlichen Schäden sind zwar fast zur Gänze behoben, wirtschaftlich aber hat sich die Stadt noch nicht ganz vom Krieg erholen können.

Das historische Osijek hat drei Zentren: die frühere Unterstadt (Donji Grad), die frühere Oberstadt (Gornji Grad) und die alte Festung (Tvrda). Die geführten Rundgänge führen fast immer zu Festung und Oberstadt, zwischen denen die reizvollen König-Tomislav-Gärten liegen.

Gornji Grad

Zentrum der alten Oberstadt ist der vor einigen Jahren vom Autoverkehr befreite und seitdem mit einer Bodenheizung ausgestattete **Trg Ante Starčevića**. Springbrunnen und Bänke, Eisdielen und Cafés schaffen eine entspannte Stimmung. Der Namensgeber,

Am Trg Ante Starčevića

Ante Starčević (1823–1896), war ein nationaler kroatischer Politiker und Publizist, der die Habsburger als ›größte Feinde des kroatischen Volkes‹ bezeichnete und sich bis zu seinem Tod mit Inbrunst für die Unabhängigkeit Kroatiens einsetzte. National-konservative kroatische Kreise nennen ihn heute noch ›Vater der Heimat‹. Wegen seiner unnachgiebigen antiklerikalen Haltung wurde er von Vertretern der katholischen Kirche stark kritisiert, gar als ›Antichrist‹ beschimpft. Interessanterweise steht heute das **Denkmal für Ante Starčević** in unmittelbarer Nähe zum wichtigsten Sakralbau Osijeks. Diese Kirche ist gleichzeitig Wahrzeichen der Stadt: die durch ihren 90 Meter hohen Turm weithin sichtbare **Pfarrkirche Petra i Pavla** (Peter- und Paulskirche). Sie entstand anstelle eines Vorgängerbaus zwischen 1894 und 1898 auf Initiative des Bischofs Josip Juraj Strossmayer, der unter anderem auch den Bau der Kathedrale im nahegelegenen Đakovo veranlasste. Von außen wirkt der Backsteinbau einfach nur groß – tatsächlich bietet er 3000 Gläubigen Platz –, seine reiche Innenausstattung aber lohnt einen genauen Blick.

Die Županjska ist eine der Haupteinkaufsstraßen in Osijek, auch einige Cafés und das Touristenbüro finden sich hier. Zwei bedeutende Einrichtungen haben hier ebenfalls ihren Sitz: das 1866 errichtete **Casino-Theater** im venezianisch-maurischen Stil, in dem seit 1907 das Nationaltheater beheimatet ist, und die **Regionalverwaltung** der Gespanschaft Osijek-Baranja. Sie residiert in einem würdevollen klassizistischen Bau von 1846. Um die Ecke, in der Kapucinska, findet sich die dazugehörige Verwaltung. Sie ist in einem repräsentativen **Palais** (1890) im neoromanischen Stil untergebracht, das von den Osijekern nach den früheren Besitzern auch Norman-Palast genannt wird. Die Kapucinska trägt ihren Namen nach den Kapuzinermönchen, die hier 1710 ein Kloster begründeten. Die dazugehörige **Kirche** wurde im Jahr 1727 fertiggestellt. Schräg gegenüber erhebt sich der wohl prächtigste Bau der Straße, das **Gebäude Royal**, ursprünglich ein Hotel und 1905 im detailfreudigen Sezessionsstil fertiggestellt.

Die Verlängerung der Kapucinska ist die ebenso breite, baumbestandene Europska Avenija. Hier finden sich in einer ungewöhnlichen Häufung einige schöne **Jugendstilbauten**. Sie konzentrieren sich an der Nordseite der Allee, besonders sehenswert sind die Hausnummern 12 bis 22, die sämtlich in den Jahren 1904/05 entstanden. Die dreieckige **Hauptpost** gegenüber, an der Ecke zur Stjepana Radića, komplettiert das Ensemble.

Ebenso sehenswert sind zwei Kinos ganz in der Nähe. Die 1912 im Sezessionsstil fertiggestellten **Urania-Lichtspiele** – nach längerer Pause wieder bespielt – erinnern an eine geschwungene Kirchenorgel, das **Kino Europa** von 1939 ist ein funktionalistischer Bau, der seine architektonische Raffinesse erst bei genauerer Betrachtung offenbart.

▲ Karte S. 252

Die Pestsäule am Dreifaltigkeitsplatz

Zwischen dem Mittelteil der Europska Avenija und der Drava erstrecken sich die **König-Tomislav-Gärten**, früher Kulturpark genannt. Diese Grünanlage wurde im 18. Jahrhundert von den Österreichern angelegt. Es spaziert sich hier sehr schön im Schatten, und Kinder finden zahlreiche Möglichkeiten, sich zu vergnügen.

Tvrda

Mit seinen kopfsteingepflasterten Straßen auf unregelmäßigem Grundriss, den klaren Begrenzungen und seiner einheitlichen Bebauung bildet Tvrda eine kleine, in sich geschlossene Welt.

Sie entstand, als hier die Österreicher ab 1692 ihre Festung errichteten und dabei in Teilen den unregelmäßigen Grundriss übernahmen, den die osmanische Festung hinterlassen hatte. Innerhalb der neuen Mauern wurden in rund 20 Jahren Bauten vornehmlich für Militär und Verwaltung errichtet. Sie haben zu großen Teilen die Zeiten überdauert und sind durchweg im Schönbrunner Gelb gehalten – Tvrda gilt als das besterhaltene Barockensemble in Kroatien. Das wurde jahrzehntelang vernachlässigt und war bis in die 1990er Jahre recht unbelebt. Seitdem aber haben sich hier einige Lokale, Clubs und Ateliers eingerichtet. Zwar gibt es noch immer einigen Leerstand und Sanierungsbedarf, die Tvrda aber hat sich in den vergangenen Jahren zu einem vor allem bei der Jugend beliebten Ausgehviertel entwickelt und präsentiert sich spürbar revitalisiert.

Zentrum dieses Stadtteiles ist der **Dreifaltigkeitsplatz** (Trg. Sv. Trojstva), in dessen Mitte sich die **Pestsäule** von 1729/30 erhebt. Beherrschendes Gebäude ist das ehemalige **Generalkommando des Esseger Bezirks** an der Nordseite. Der dreigeschossige Bau (1726) ist im Barock-Renaissance-Stil ausgeführt; hier sitzt heute das Rektorat der Strossmayer-Universität. Imposant ist unter anderem das Eingangsportal, das Atlanten schmücken. Prinz Eugen gab den Bau in Auftrag.

Ältestes Gebäude am Platz und vielleicht anmutigster Barockbau in Osijek ist das 1702 errichtete frühere Rathaus an der Ostseite. Darin präsentiert das sehr sehenswerte **Slawonische Museum** die Geschichte der Region seit den Römern bis in die unmittelbare Gegenwart, aber auch Zeugnisse der Volkskultur. Auffällig an der Westseite ist vor allem die frühere **Hauptwache** (1729) mit ihren Arkaden und dem charakteristischen Turm. Hier ist heute das Archäologische Museum untergebracht. Die Südseite des Platzes nehmen mehrere Lokale ein, und da der Platz vom Autoverkehr befreit ist, sitzt es sich, mit Blick auf die historischen Gebäude, sehr angenehm. An jedem ersten Sonnabend im Monat lässt sich von hier auch das Treiben auf dem Osijeker Antikmarkt beobachten, der rund um die Pestsäule stattfindet.

Die Brücke der Jugend

Die **Kirche Sveti Mihovil** (1725–1755) am Trg. Križnića gehört wegen der erhalten gebliebenen reichen spätbarocken Innenausstattung zu den bedeutendsten Kirchen der Region. Auffällig sind ihre Doppeltürme, beeindruckend ihre Ausmaße: Es ist die zweitgrößte Kirche Osijeks. Im Viertel finden sich mit dem **Franziskanerkloster** und der **Kirche des Heiligen Kreuzes**, die von den Einheimischen zumeist Kirche des heiligen Anton genannt wird, weitere Sakralbauten. Auch sie sind barock ausgeführt.

Die Mauern, die ursprünglich das Viertel umschlossen, wurden in den 1920er Jahren fast vollständig zugunsten von Parks abgetragen. Folgt man der Fakultetska nach Norden, so gelangt man zu einem der wenigen erhaltenen Reste der Befestigungsanlagen, dem **Wassertor**.

Jenseits davon eröffnet sich der Blick auf die Drava, und von hier bietet es sich an, dem Beispiel der vielen Spaziergänger, Fahrradfahrer und Skater zu folgen und entlang der Promenade zu schlendern. Sie führt nach Westen zum jüngsten Wahrzeichen der Stadt, der 1979 fertiggestellten und seit 2007 abends beleuchteten eleganten **Brücke der Jugend**, die den Fußgängern vorbehalten ist.

Etwas weiter westlich davon befindet sich ein kleiner **Hafen** für Sportboote, um den sich gleich mehrere empfehlenswerte Cafés gruppieren – ein schöner Ort, um einen Besuch in Osijek ausklingen zu lassen.

Vom Drava-Zufluss nach Vukovar

Bei Flusskilometer 1382 mündet die Drava und führt der Donau erhebliche Wassermassen zu. Die Drava ist etwa 720 Kilometer lang und von der Mündung in die Donau aufwärts auf rund 150 Kilometern schiffbar. Die Donau fließt in großen Kurven und Bögen dahin, ihre Ufer sind von zahlreichen Seitenarmen und Feuchtgebieten gesäumt, sie ist weder kanalisiert noch im Sinne einer Fahrrinne ausgebaggert, so dass die Schifffahrt hier immer noch mit sehr viel Aufmerksamkeit betrieben werden muss.

Aljmaš (km 1380) in der Nähe des Zusammenflusses von Drava und Donau ist ein kleiner Ort und wäre trotz der Marienkirche, die seit dem 19. Jahrhundert eine Wallfahrtsstätte ist, nicht der Erwähnung wert, wenn nicht das Schloss im 18. und 19. Jahrhundert der Stammsitz der Familie Adamovič gewesen wäre. Ihr gehörten ausgedehnte Flächen in der Region, und sie ließ viele davon, die zuvor weithin unzugängliches Sumpfland gewesen waren, trockenlegen und in Nutz- und Kulturflächen umwandeln.

Erdut (km 1369) liegt in einer Flussschleife; von der Donau sind lediglich die Reste seiner Burg auszumachen, die sich rund hundert Meter über dem Strom erhebt. Eine erste Festung errichteten die Römer, und bis zu den Habsburgern existierte eine Anlage zur Sicherung des Verkehrs auf der Donau. Der kleine und ansonsten vor allem wegen seiner Weingüter bekannte Ort erlangte historische Bedeutung, als hier im November 1995 ein Abkommen zwischen Serbien und Kroatien unterzeichnet wurde, das die Rückgabe der serbisch kontrollierten Gebiete Slawoniens an Kroatien beinhaltete. Dieser Vertrag beendete die Besetzung Ostslawoniens und indirekt auch die multiethnische Zusammensetzung dieses Gebiets, denn mit den Truppen verließen zahlreiche Serben ihre kroatische Heimat Richtung Osten.

Dalj (km 1356) in der nächsten Flussschleife hat eine Kirche und einen Patriarchenpalast aufzuweisen. Charakteristisch für diesen Ort war seine lange Weinbautradition und die mehrheitlich serbische Bevölkerung. Das eine ist geblieben, das andere seit 1995 Geschichte.

Vukovar ▸ km 1333

Bis 1990 war Vukovar eine elegante Stadt mit schönen Kirchen und zahlreichen überregional bekannten Museen. Charakteristisch waren die vielen schönen barocken Wohn- und Handelshäuser mit ihren Arkadengängen, die vom Bürgerstolz und Wohlstand ihrer Bewohner kündeten. Den Mittelpunkt dieses geschlossenen Ensembles bildete das Schloss derer von Eltz, ein Barockbau von Rang.

Dieses Denkmal erinnert an die Kriegszerstörungen

▲ Karte S. 249

Auch gut 20 Jahre nach Ende des Krieges ist Vukovar eine in weiten Teilen zerstörte Stadt. Zwar wurden einige Solitäre und öffentliche Gebäude wiederhergestellt, entstanden einige moderne Zweck- und Wohngebäude, aber ganze Viertel Vukovars liegen immer noch in Trümmern, und das abends und nachts unbeleuchtete Zentrum gleicht in Teilen einer Geisterstadt. Ab und an werden Schulklassen hier durchgeführt, damit die Kinder sich ein Bild von den Schrecken eines Krieges machen können. Geradezu zum Wahrzeichen für die Tragödie ist der große, zerschossene **Wasserturm** am Donauufer geworden. In der Nähe der Anlegestelle erinnert ein kleines **Denkmal** in Form fallender, übereinander stürzender Hausfassaden an die Zerstörungen.

Vukovar wurde von Juli bis November 1991 von der serbischen Armee belagert und dabei fast völlig zerstört. Die Kämpfe forderten mehrere tausend Tote, mehrere hundert Menschen wurden von den serbischen Truppen nach der Eroberung erschossen. Bis 1995 war die Stadt von serbischen Truppen besetzt, 1998 wurde sie in das kroatische Gebiet reintegriert. Die Menschen kamen danach nur zögerlich zurück, auch weil wirtschaftliche Perspektiven fehlen. Vor dem Krieg lebten fast 60 000 Menschen hier, mehrheitlich Serben, allein 20 000 von ihnen arbeiteten im nördlichen Stadtteil Borovo in einer Schuhfabrik. Dieses Industriegelände wurde im Krieg fast vollständig zerstört. Zwar hat der Hafen längst wieder seine Arbeit aufgenommen, die Landwirtschaft in der Gegend um Vukovar aber ist durch nach wie vor verminte Gebiete noch immer erheblich eingeschränkt. Wegen der immer noch sehr schlechten Wirtschaftslage sind viele Flüchtlinge nach Ende der Kampfhandlungen nicht wieder zurückgekehrt. Heute hat Vukovar knapp 28 000 Einwohner, von denen sich bei

Der zerschossene Wasserturm in Vukovar

einer 2011 durchgeführten Volkszählung etwa 57 Prozent als Kroaten und 35 Prozent als Serben bezeichneten.

Im Mittelalter gab es hier bereits eine Stadt, sie hieß Vakovo, unter den Türken war sie Garnisonsstadt und Handelszentrum. Der Ort wurde nachhaltig durch die deutschstämmige Familie von Eltz geprägt, die ab 1736 die Herrschaft im Ort ausübte. Sie baute sich bis 1751 ein **Barockpalais**, dessen Wiederherstellung vor einigen Jahren abgeschlossen werden konnte und in dem wieder das **Stadt- und Regionalmuseum** untergebracht ist. Zu nennen sind daneben das restaurierte **Franziskanerkloster** auf einem Hügel am Stadtrand, dem höchsten Punkt Vukovars, und die **Kirchen** Sveti Filip i Jakov und Sveti Nikola, die beide aus der Mitte des 18. Jahrhunderts stammen.

Đakovo

Bei der Annäherung an Đakovo ist die Hauptsehenswürdigkeit des Ortes schon von weitem zu erkennen: die Kathedrale mit ihren beiden 84 Meter hohen, steil aufragenden Türmen. Sie ist das Wahrzeichen des Ortes, der als zweite

Attraktion ein Lipizzanergestüt aufweisen kann. Ansonsten besteht er aus einigen Barockbauten und Beschaulichkeit und wirkt trotz seiner knapp 30 000 Einwohner wie ein großes Dorf.

Đakovo wird erstmals 1239 urkundlich erwähnt, und seit dem 13. Jahrhundert, unterbrochen nur von der türkischen Zeit, ist die Stadt Bischofssitz, das Zentrum der Diözese Đakovo und Srijem. Die Kathedrale ist also Symbol für dieses kirchliche Zentrum. Bischof Josip Juraj Strossmayer veranlasste ihren Bau. Strossmayer (1815–1905) war gleichzeitig ein großer Kunstmäzen und einflussreicher Politiker, zeitweilig Vorsitzender der Kroatischen Volkspartei im Ungarischen Landtag. Er setzte sich zeitlebens für die Unabhängigkeit von Ungarn und eine Union aller Südslawen ein. Strossmayer gilt heute in Kroatien als ein wichtiger Freiheitskämpfer, und in vielen Städten Kroatiens sind zentrale Straßen, Plätze und öffentliche Einrichtungen nach ihm benannt. In Đakovo tragen ein Museum, ein Park und einen Platz seinen Namen, und gegenüber der Kathedrale erinnert eine Statue an ihn.

Sehenswürdigkeiten

Der Backsteinbau der **Kathedrale** wurde von 1866 bis 1892 in neoromanisch-gotischer Mischform nach Plänen der Wiener Architekten Karl Roesner und Friedrich von Schmidt errichtet, die Gestaltung der Innenräume vollzog sich unter der Leitung der Deutschen Alexander-Maximilian Seitz und Ludwig Seitz, Vater und Sohn. Man rühmt allgemein die sehr qualitätsvolle Art, und viele Details gerade der Innenausstattung sind sehenswert. Interessant ist ein Besuch der Krypta, in der die Bischöfe begraben sind. Das Grab für Strossmayer ist besonders aufwendig gestaltet, und hier wird deutlich, dass er in Kroatien geradezu wie ein Heiliger verehrt wird. Die Bedeutung Đakovos als religiöses Zentrum Kroatiens verdeutlichen zwei Gebäude ganz in der Nähe. An die Kathedrale schmiegt sich links ein weißer, schlossähnlicher Bau im Spätbarock an. Es ist das im 18. Jahrhundert errichtete **Bischofspalais**, nach wie vor Sitz des Bischofs. Schräg gegenüber befindet sich das **Theologische Seminar**. Es wurde 1773 ins Leben gerufen und war damit

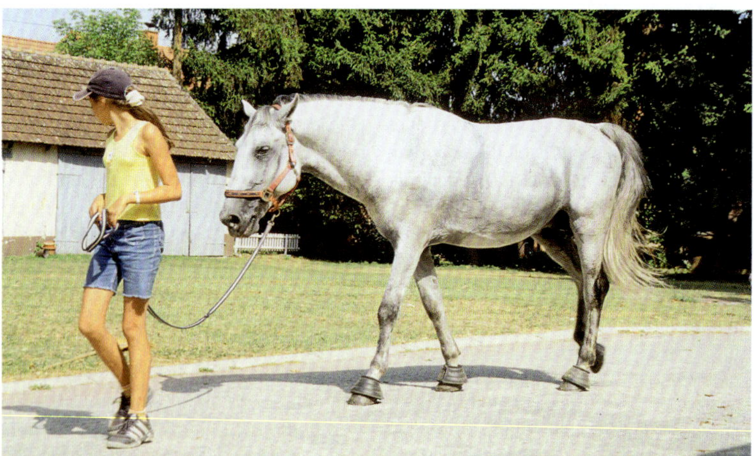

Im Lipizzanergestüt von Đakovo

Karte S. 249

Blick vom Korso auf die markanten Türme der Kathedrale

die älteste akademische Institution in dieser Region. Bis heute wird hier der Priesternachwuchs ausgebildet.
Von der Kathedrale führt der Korso zur Allerheiligenkirche. Der **Korso** ist die Fußgängerzone und das Zentrum des kleinen Ortes. In den hübschen, zumeist zweistöckigen Gebäuden sind einige Cafés und Eisdielen untergebracht.
Hinter der Fassade der klassizistischen **Allerheiligenkirche** ist eine Kuppel zu sehen, und daran wird deutlich, dass der Bau zeitweilig als Moschee diente. Im Kern stammt die Kirche aus dem 14. Jahrhundert. Die Osmanen bauten sie für ihre Zwecke um, und die Christen veränderten sie im 18. Jahrhundert erneut. Dennoch gilt die frühere Ibrahim-Pascha-Moschee als einziger erhaltener osmanischer Bau dieser Art in Slawonien.
Etwas außerhalb liegt das **Lipizzanergestüt**. Das Gestüt selbst besteht bereits seit 1506, Lipizzaner werden hier aber erst seit 1806 gezüchtet. Im Jahr 1580 wurde die Gründung einer Pferdezucht in Lipica (Slowenien) durch Anordnung des österreichischen Erzherzogs Karl begonnen. 1806 wurde die Pferdezucht von dort unter anderem wegen der Sorge nach Đakovo verlegt, der Bestand könne in die Hände der vorrückenden napoleonischen Armee fallen.
Die Lipizzaner sind vornehmlich Dressur- und Paradepferde, und sie werden meist mit der Spanischen Hofreitschule in Wien assoziiert, wo sie auch ausgebildet werden. Ein Training findet in Đakovo nicht statt, und so können Besucher die weißen und stets etwas aristokratisch wirkenden Pferde nur beim Ausgang oder in den Stallungen beobachten.

i Vukovar, Osijek und Đakovo

Bei den Landausflügen in Kroatien haben die Teilnehmer meist nur wenig Zeit zur freien Verfügung und fast immer gehört eine Einkehr in ein Lokal zum Ausflugsprogramm. Geldwechsel lohnt also nicht. Viele Lokale - nicht alle! - in Osijek, Đakovo und Vukovar akzeptieren ohnehin den Euro.
Nur die **Touristeninformationen in Osijek** bietet kostenlose Stadtpläne u.ä.: Županijska 2 (direkt an der Kathedrale).

In den Schiffsanleger in **Vukovar** ist ein kleiner **Souvenirladen** integriert; hier gibt es auch deutsch- und englischsprachiges Informationsmaterial zur Region.

Ilok ▸ km 1301

Mit Ilok ist die östlichste Stadt Kroatiens erreicht. Die Grenze zu Serbien verläuft unmittelbar östlich von Ilok, und landschaftlich gesehen gehört der Ort bereits zu dem Gebiet, das auf serbischer Seite als Fruška Gora bezeichnet wird.
Ilok ist das Zentrum des Weinanbaugebiets in der Region Srijem und berühmt für seine Produkte, und diese Tradition geht bis auf die Römer zurück. In

dem kleinen Ort mit gut 8000 Einwohnern gibt es Dutzende von Weinkellern und Restaurants, in der die Produkte der Region probiert werden können. Im 14. Jahrhundert entstand auf dem Hügel rund 150 Meter über der Donau eine erste Festung, die Herrscher wechselten seitdem, typisch für diesen Landstrich, häufig.

In der ersten Hälfte des 15. Jahrhunderts war die Festung in Ilok die Wahlheimat des Franziskanerpaters Johannes Capristan, der sich sehr im Kampf gegen die Türken engagierte und es sogar schaffte, ein Heer auf die Beine zu stellen und das von den Türken belagerte Belgrad für kurze Zeit zu befreien. Capristan starb hier, wurde heilig gesprochen und Ilok somit zum Wallfahrtsort. 1526 schließlich eroberten die Türken dann doch die Anlage und blieben bis 1691. In ihrer Zeit war Ilok ein wichtiges Verwaltungs- und Militärzentrum, und es entstanden mehrere Moscheen und Bäder innerhalb der Festungsmauern, die in Teilen erhalten sind.

Unter den Ungarn im 14. Jahrhundert entstand in dem Komplex die **Franziskanerkirche**, der heute noch am besten erhaltene Teil der Anlage. Sehenswert ist die backsteinerne Mauer, die den ältesten Teil des Ortes umschließt, und wunderbar ist der Blick vom erhöht liegenden Ort auf die Tiefebene nach Westen, die Hügel der Fruška Gora nach Osten und über die Donau nach Norden.

Bačka Palanka ▸ km 1301

▲ Karte S. 249

Eine Brücke, ein Grenzübergang und die lange Tradition qualitätsvoller Weine verbinden das kroatische Ilok und das serbische Bačka Palanka. Dieser Ort mit heute 28 000 Einwohnern hat eine lange Geschichte, er profitierte immer schon von der günstigen Lage an einem Donauübergang. Die heutige Gestalt geht größtenteils auf den planmäßigen Ausbau nach Ende der Osmanenherrschaft zurück. Neben einem Erdwall aus der Eisenzeit hat der Ort vor allem die serbisch-orthodoxe **Kirche Johannes des Täufers** (1783) und das **Stadtmuseum** zu bieten. Westlich des Ortes erstreckt sich das **Naturschutzgebiet Karađorđevo**. Es ist ein großes Jagdrevier, in dem Fasane, Mufflons und Weißwedelhirsche beheimatet sind.

Kroatin in typisch slawonischer Tracht

Auf den etwa 40 Flusskilometern zwischen Bačka Palanka und Novi Sad liegen einige unbedeutende Orte und auch Strandbäder an den Ufern. Reizvoller ist die Landschaft: Rechts säumen Hügel die Ufer, links Ebenen, und dazwischen erstreckt sich in der Donau eine ganze Reihe bewaldeter und teils recht großer Inseln.

Novi Sad ▸ km 1257

Novi Sad ist mit rund 231 000 Einwohnern das wirtschaftliche, administrative und kulturelle Zentrum der Vojvodina und nach Belgrad die zweitgrößte Stadt Serbiens. Am südlichen Stadtrand liegen die Einrichtungen der Universität – derzeit sind rund 38 000 Studenten eingeschrieben – und das Sport- und Geschäftszentrum ›Vojvodina‹. Bedeutung hat Novi Sad auch als Messestadt. Die wichtigste ist die Landwirtschaftsmesse, die seit 1931 jährlich abgehalten wird. Überregional hat sich Novi Sad zudem einen Namen durch das Festival EXIT gemacht, das seit 2001 auf der Petrovaradiner Festung stattfindet und jährlich rund 200 000 Besucher anzieht: Vier Tage lang werden im Sommer auf zehn Bühnen Theater- und Musikaufführungen geboten.

Nahezu alle Kreuzfahrtschiffe legen in Novi Sad einen Stopp ein. Besucht wird dann meist die Festung Petrovaradin. Ihre Lage und ihre schiere Größe beeindrucken tatsächlich, aber auch das historische Zentrum am anderen Ufer lohnt einen Besuch: Es ist hübsch, lebendig und charmant.

Geschichte

Vor allem im Vergleich mit den vielen Orten entlang der Donau, die auf antike Siedlungen zurückgehen, ist Novi Sad eine junge Stadt. Sie entstand am Ende des 17. Jahrhunderts: Am gegenüberliegenden Donauufer hingegen hatte es seit der römischen Zeit durchgängig eine Festung gegeben, die die Donau und einen sie an dieser Stelle querenden Handelsweg bewachte.

Die ersten Siedler auf der linken Donauseite waren Serben, die aus dem Süden vor den Osmanen geflohen waren. Der Ort entwickelte sich um einen Brückenkopf, den die Habsburger zur Sicherung der gegenüberliegenden Festung 1694 einrichteten. Maria Theresia löste ihn aus der Militärhoheit und verlieh ihm 1748 den Status einer ›freien Königsstadt‹. Gleichzeitig wurde er in der entsprechenden Urkunde nun als ›Neusatz‹ bezeichnet. Diese Urkunde kann man als die eigentliche Gründung des Ortes ansehen, auch wenn er zu diesem Zeitpunkt wohl schon einige tausend Einwohner hatte. Dank seiner günstigen Lage im Schutz der Burg und an einem Handelsweg wuchs Neusatz rasch. Im 18. und 19. Jahrhundert zogen Ungarn, Deutsche und Serben zu, daneben lebten Slowaken, Griechen und Juden und weitere kleinere Minderheiten in der Stadt. Wenn auch nach wie vor Ungarn und Kroaten in Novi Sad ansässig sind, so ist das einstige Völkergemisch, von dem vor allem die Sakralbauten zeugen, nicht mehr vorhanden: Laut der letzten Volkszählung 2011 stellen die Serben knapp 80 Prozent der Bevölkerung.

Im Jahr 1848 wurde die Stadt zu rund zwei Dritteln zerstört. Ungarische Aufständische hatten sich in der Festung verschanzt und beschossen die sie belagernden habsburgischen Truppen, 15 000 Einwohner kamen ums Leben. Ab 1849 begann der Wiederaufbau der Stadt; das in den folgenden Jahren errichtete Novi Sad entspricht im harmonischen Zentrum in weiten Teilen dem heutigen.

In der zweiten Hälfte des 19. Jahrhunderts prosperierte die Stadt, gleichzeitig entwickelte sie sich zum kulturellen Zentrum der Serben. So hatten ein serbisches Theater und der enorm wirkungsmächtige serbische Kulturverein ›Matica Srpska‹ hier ihren Sitz. Nach dem Ersten Weltkrieg kam Novi Sad, bis dahin im ungarischen Teil der k.u.k. Monarchie

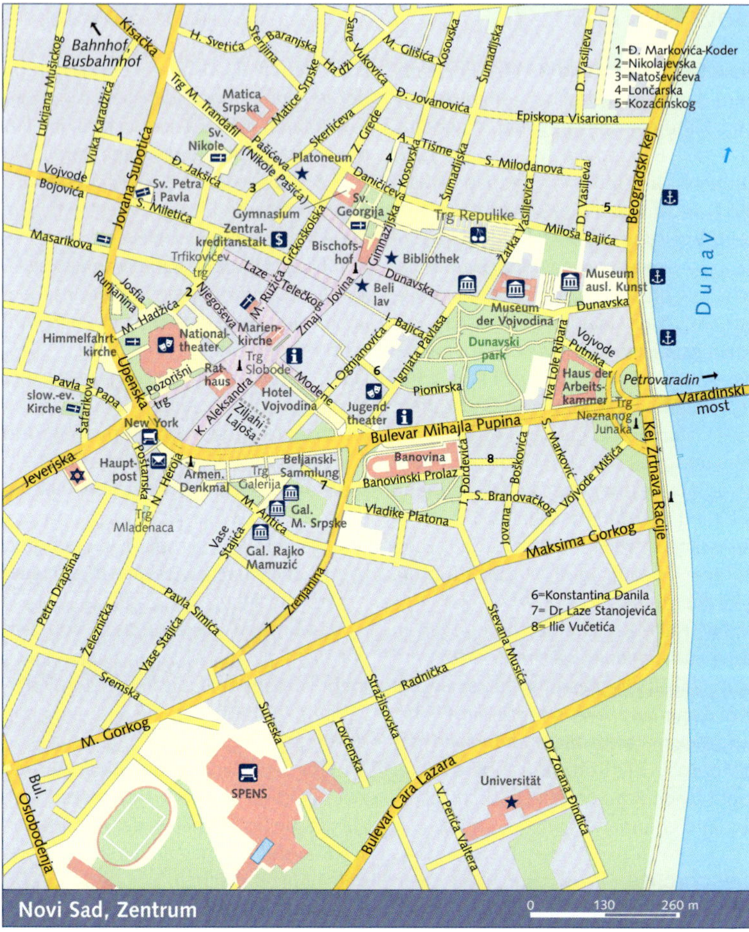

Novi Sad, Zentrum

gelegen, zum Königreich der Serben, Kroaten und Slowenen.

In Novi Sad treffen sich wichtige Eisenbahn- und Straßenverbindungen. Während des letzten Krieges stufte die NATO die drei Brücken, über die der Bahn- und Autoverkehr läuft, als militärstrategisch bedeutsam ein und zerstörte sie 1999 durch Bombardierungen. Schäden erlitten dabei auch die Festung und andere öffentliche und private Gebäude. Zwei Brücken wurden nach Ende des Krieges wieder aufgebaut, der Neubau der Freiheitsbrücke am südlichen Stadtrand konnte im Oktober 2005 dem Verkehr übergeben werden.

Stadtzentrum

Die Kreuzfahrtschiffe legen stets in unmittelbarer Nähe des Stadtzentrums an. Die **Uferpromenade** ist ein Teil des internationalen Donau-Radwegs und wurde in den vergangenen Jahren neu gestaltet. Seitdem sind hier zu allen Zeiten viele

Radfahrer, Skater und auch Jogger unterwegs. Ein Stück südlich der Varadinski-Brücke erinnert das **Denkmal für die Opfer des Faschismus** an ein schlimmes Massaker: Der ungarische Befehlshaber ließ zwischen dem 21. und dem 23. Januar 1942 mehr als 1200 Zivilisten erschießen, die meisten von ihnen waren Juden. Mehrere hundert Menschen wurden unter das Eis der zugefrorenen Donau geworfen und ertränkt. Das Verbrechen wurde etwa zwei Kilometer flussaufwärts vom Standort des Denkmals begangen.

Vom Schiffsanleger führt der breite Bul. Mihajla Pupina in das Zentrum. Er wurde erst zwischen den beiden Weltkriegen angelegt. Bis dahin erstreckte sich hier ein Sumpfgebiet, und zudem hatten die Machthaber bis 1918 aus militärstrategischen Gründen eine Bebauung des Ufers nicht zugelassen. So ist zu erklären, dass die älteren Stadtteile von Novi Sad ein wenig von der Donau zurückgesetzt liegen.

Die Gebäude stammen daher zumeist aus den 1930er Jahren, besonders auffällig ist das wuchtige **Haus der Arbeitskammer**. Beherrschendes Gebäude am Bul. Mihajla Pupina ist die **Banovina**. Dieser langgestreckte und kühn geschwungene Bau des Architekten Dragiša Brašovan entstand zwischen 1935 und 1939 und war bis zum Zweiten Weltkrieg Sitz des Donaubezirks. Heute tagen hier das Parlament und der Vollzugsrat der autonomen Provinz Vojvodina. Seine abgerundete Spitze erinnert an den Bug eines Donauschiffs, der turmartige Abschluss an einen Leuchtturm oder einen Fahnenmast.

Folgt man dem Bulvar weiter in Richtung Hauptpost, so stößt man auf dem Trottoir auf einen Kubus, der nicht in die Umgebung zu passen scheint und auch keine Inschrift trägt. Es handelt sich dabei um einen Kreuzstein, der die Verbundenheit des armenisches Volkes mit den Serben symbolisiert. Allgemein spricht man von dem **Armenischen Denkmal**. Es steht nicht zufällig hier: Ganz in der Nähe verweist das Grab der Familie Čenazi vom Ende des 18. Jahrhunderts darauf, dass in dieser Zeit eine größere armenische Gemeinde in Novi Sad ansässig war.

Rund um den Platz der Freiheit

Mittelpunkt des kleinräumigen Zentrums, das seit den 1980er Jahren in Teilen zur Fußgängerzone umgestaltet wurde, ist der freundliche und belebte Trg Slobode (Platz der Freiheit). Er wurde um 1746 anstelle eines alten Stadtmarkts angelegt. Sein heutiges Aussehen erhielt er am Ende des 19. Jahrhunderts; in dieser Zeit entstanden an seinen Sei-

Das Hotel Vojvodina am Freiheitsplatz

ten das Rathaus, die katholische Marienkirche, das ›Grand Hotel Majer‹, heute eine Bank, der Finanzpalast, ebenfalls eine Bank, und das **Hotel Vojvodina**.

Das **Rathaus** wurde 1895 nach Plänen des Architekten Gyorg Molnar errichtet. Der Neorenaissancebau ist eine Kopie des Rathauses in Graz. An dem Gebäude fällt neben den allegorischen Figuren vor allem der Turm mit der Glocke auf. Vor dem Rathaus steht ein **Denkmal**, das an Svetozar Miletič erinnert. Der serbische Rechtsanwalt, Politiker und Journalist war im 19. Jahrhundert Bürgermeister von Novi Sad und gilt als einer der bedeutendsten serbischen Politiker seiner Zeit. Der sehr bekannte kroatische Bildhauer Ivan Meštrović schuf das Denkmal 1939.

Die neogotische **Marienkirche** ist dank des spitzen, gut 70 Meter hohen Turms das auffälligste Bauwerk am Platz. Auch für sie lieferte Molnar die Pläne; eine Büste im Vorraum erinnert an ihn. An dieser Stelle gab es mehrere Vorgängerbauten, die römisch-katholische Marienkirche wurde 1895 fertiggestellt. Die Marienkirche ist ein geradezu klassisches k. u. k. Produkt: Der Architekt war ein Bürger Novi Sads, die auffälligen Majolikaziegel kamen aus der Zsolnay-Manufaktur in Pécs, die farbigen Fenster aus Böhmen, Teile der Innenausstattung aus Tirol. Die Einwohner von Novi Sad bezeichnen die Kirche oft auch als Kathedrale. Das ist streng genommen unrichtig, befindet sich der Sitz des Bistums, zu dem Novi Sad gehört, doch in Subotica.

In der Marienkirche

▲ Karte S. 262

Die restliche Bebauung am Freiheitsplatz wie auch die entlang der fünf von ihm abgehenden Straßen und der angrenzenden Viertel stammt zu großen Teilen aus der Wiederaufbauzeit nach 1848 und wurde danach nur in Teilen verändert; das Stadtbild ist daher relativ einheitlich und harmonisch.

Einen Kontrast zur historischen Bebauung bildet das **Serbische Nationaltheater**, ein von Rosenrabatten gesäumter weißer Kubus westlich des Platzes. Er wurde bis 1981 erbaut; in ihm ist ein Dreispartenhaus untergebracht: Drama, Oper und Ballett. Die Institution selbst ist eine Gründung von 1961.

Die ul. Zmaj Jovina

Vom Freiheitsplatz nach Nordosten verläuft als eine der fünf Straßen die ul. Zmaj Jovina, schon immer die wichtigste Verbindungsstraße in der Stadt und in früheren Zeiten auch Ort des Bauernmarktes. Sie trägt ihren Namen nach dem Arzt und Dichter Jovan Jovanovič Zmaj; ihm zu Ehren, etwa auf der Ecke zur ul. Dunavska, ist auch ein kleines **Denkmal** errichtet. Es erinnert an den Mann, so formulierte es ein serbischer Journalist, der »sein Volk mit dem Stethoskop und der Feder zugleich zu heilen suchte.«

Ul. Zmaj Jovina und ul. Dunvaska sind die wichtigsten Straßen der Stadt, die Flanier- und Einkaufsmeilen. Ungewöhnlich sind die vielen kleinen Passagen, die auf den Grundstücken eingerichtet sind. In den schmalen Durchgängen und engen, oft baumgeschmückten Höfen finden sich neben Büros vor allem zahlreiche

Der Bischofshof

kleine Läden und Lokale. Die Fußgängerzone ist auch abends stets belebt.

Die ul. Zmaj Jovina läuft auf den **Vladika-Hof** (Bischofshof) zu, der sie auch auf östlicher Seite begrenzt. Dieser auffällig rote Bau im byzantinischen Stil (1901) kann leider nicht besichtigt werden.

Unmittelbar dahinter, an der ul. Pašiceva, erhebt sich mit der serbisch-orthodoxen **Kirche des heiligen Georg** eine der ältesten Kirchen der Stadt. Sie ist leider ebenfalls im Allgemeinen verschlossen. Ihr heutiges Aussehen erhielt sie in der Wende vom 19. zum 20. Jahrhundert, der Ursprungsbau stammt von 1734 bis 1740.

Ul. Dunavska

Die ul. Dunavska verläuft in Richtung Donau – daher auch der Name. Die Straße ist durchgängig von zwei- und dreistöckigen Bauten gesäumt, in denen zahlreiche Läden und Lokale untergebracht sind – sie ist eine der anmutigsten und zugleich lebendigsten Straßen.

Gleich auf der Ecke steht das als **Beli lav** (Weißer Löwe) bekannte und älteste erhaltene Haus der Stadt; es stammt von 1720. Im Haus gegenüber (Dunavska Nr. 1) ist seit 1958 die **Städtische Bibliothek** untergebracht; in diesem Jahr entstand sie als Zusammenschluss mehrerer Bestände. Früherer Besitzer dieses Eckhauses war Arsa Pajević, ein Verleger und Buchhändler.

Das grüne, schmale Haus an der Nr. 29 gehörte einst dem Arzt Branko Ilić. Er war ein leidenschaftlicher Sammler westeuropäischer Kunst des 16. bis 19. Jahrhunderts und schenkte Sammlung und Haus 1968 der Stadt; seitdem steht hier das **Museum ausländischer Kunst** den Besuchern offen. Das Haus birgt auch Räume für Sonderausstellungen.

An der ul. Dunavska befindet sich auch, verteilt auf zwei Häuser, eines der wichtigsten Museen in Novi Sad, das **Museum der Vojvodina**. Es präsentiert Exponate von den prähistorischen Zeiten bis in die unmittelbare Gegenwart. Die Abteilungen Archäologie, Antike und Ethnologie sind in der Nr. 35 untergebracht, die zur Gegenwart in der Nr. 37. Ein kleiner Museumsshop bietet neben diversen Publikationen auch typisches Kunsthandwerk aus der Region an.

Die Dunavska

Die Straße läuft schließlich auf den **Donaupark** zu, die größte innerstädtische Grünanlage. Diese ist sehr gepflegt, geschwungene und baumbeschattete Wege führen um kleinere Seen, Skulpturen schmücken diesen Park.

Im Rücken der Dunvaska, am Trg Republike, wird jeden Tag bis in die Mittagsstunden ein **Markt** abgehalten. Hier gibt es neben den Produkten der Region auch allerlei Haushaltswaren und Kleidung.

Rund um die ul. Pašicéva

Direkt hinter der Georgskirche schließt sich mit dem **Gymnasium** - 1900 im Stil der Neorenaissance fertiggestellt - eine der wichtigsten und traditionsreichsten Bildungsstätten der Stadt an. Sie ist nach Jovan Jovanović Zmaj benannt, dessen Geburtshaus sich an dieser Stelle befand. An der Ecke zur ul. Matica Srpske befindet sich mit der **Matica Srpska** (Serbischer Kulturverein) die bedeutendste kulturelle Institution der serbischen Volkes in der Vojvodina. Die Einrichtung wurde 1826 in Budapest begründet, um die serbische Kultur in einer Umwelt zu sichern, in der immer stärker ungarisch-nationale Tendenzen vorherrschten, und 1864 nach Novi Sad verlegt. Der Verein gründete unter anderem Bibliotheken und gab Zeitschriften heraus.

Gleich mehrere Kirchen liegen in dem kleinen Viertel, das die Matica Srpska umgibt. Am schönsten ist sicherlich die serbisch-orthodoxe **Kirche des heiligen Nikolaus** von 1730, ein in eine Grünanlage gebetteter, schlicht-eleganter Bau. Es ist die älteste im Originalzustand erhaltene Kirche in Novi Sad und hat eine gewisse Bekanntheit, weil hier die Söhne von Milena und Albert Einstein getauft wurden; Milena Einstein-Marič stammt aus Novi Sad. Um die Kirche herum befindet sich das älteste Viertel von Novi Sad; einige der schmalen einstöckigen Häuser vermitteln noch eine Vorstellung davon, wie Novi Sad vor der Mitte des 19. Jahrhunderts ausgesehen hat.

Der Weg von hier zurück zum Freiheitsplatz könnte über die ul. Subotiča und die ul. Miletiča führen. Auf der Ecke zur ul. Grčkoškolska kommt seit der jüngsten Renovierung die Schönheit der früheren **Zentralkreditanstalt** (1896) wieder vortrefflich zur Geltung: von einer Kuppel gekrönter Neobarock in ausgewogenen Proportionen. Eine Statue des Merkur, Gott des Handels, erhebt sich auf dem kleinen Turm. In der ul. Grčkoškolska wohnten im 18. und 19. Jahrhundert zahlreiche Griechen; eine **Gedenktafel** an der früheren griechischen Schule erinnert daran.

Galerieplatz

In Novi Sad gibt es eine Reihe von interessanten Museen - unter anderem auf der Festung und in der Dunavska -, lohnend für all diejenigen, die sich mit serbischer Kunst auseinandersetzen möchten, ist ein Bummel zum Trg Gale-

Die Nikolauskirche

▲ Karte S. 262

rije. Hier sind gleich mehrere Sammlungen zu sehen, leider trübt der übergroße Parkplatz etwas die Stimmung.
Die **Galerie der Matica Srpska** an der Ostseite dominiert den Platz, den Kern der heutigen Sammlung bildet die Gründung der Serbischen Volkssammlung im Jahr 1847. An diesem Platz befindet sie sich erst seit 1958. Die Sammlung umfasst rund 5000 Kunstwerke aus der Zeit zwischen dem 14. und dem 20. Jahrhundert. Die ständige Ausstellung präsentiert serbische Malerei des 18. und 19. Jahrhunderts, daneben werden Wechselausstellungen gezeigt.
In dem kleinen modernen Gebäude daneben ist die **Pavle-Beljanski-Gedächtnissammlung** untergebracht. Der Jurist Beljanski, ein Bürger Novi Sads, hatte viele Jahre Künstler gefördert und Bilder erworben. Seine Sammlung vermachte er testamentarisch der Stadt, und 1961 konnte das Museum in dem eigens dafür entworfenen Gebäude eröffnet werden. Es hat vor allem serbische Malerei aus der ersten Hälfte des 20. Jahrhunderts in seinem Bestand.
In der hellgelben Villa gegenüber ist die **Sammlung von Rajko Mamuzič** untergebracht. Er schenkte sie der Stadt im Jahr 1972. Die Sammlung umfasst rund 400 Werke zeitgenössischer jugoslawischer und serbischer Maler, daneben Skulpturen und Tapisserien. Neben den Dauerausstellungen werden Sonderausstellungen gezeigt.

Weitere Sehenswürdigkeiten

Folgt man der Umgehungsstraße vom Nationaltheater aus nach Norden, hat man die Gelegenheit zu weiteren Kirchenbesichtigungen. Direkt an der Straße liegen die serbisch-orthodoxe Maria-Himmelfahrtskirche und die griechisch-katholische Peter-und-Paul-Kirche. Noch weiter im Norden befindet sich in der ul. Almaška die serbisch-orthodoxe Kirche der Drei Heiligen Hierarchien. Diese Bauten lohnen sich allerdings nur für ausgesprochene Kirchenenthusiasten.
Lohnenswerter ist ein Abstecher in die baumbestandene ul. Jevrejska. Hier findet sich die überraschend große **Synagoge** (1909). Zu dem Komplex gehören die ehemalige jüdische Schule und das Gemeindehaus. In Novi Sad gab es bis in das 20. Jahrhundert eine große jüdische Gemeinde, ihre Mitglieder wurden, sofern sie zuvor nicht schon ermordet worden waren, 1944 deportiert. Daran erinnert eine kleine Gedenktafel. Die Synagoge wird heute als Konzertsaal genutzt.

Festung Petrovaradin

Erst seit 1945 ist das Gebiet auf der südlichen Donauseite der Stadt Novi Sad angegliedert. Bis dahin waren die Festung und der sie umgebende kleine Ort selbständig. Und erst seit Ende des Zweiten Weltkriegs dient der Ort nicht mehr militärischen Zwecken, die ihn zwei Jahrtausende lang geprägt hatten.
In der hervorragend erhaltenen und restaurierten Festungsanlage ist eine ganze Anzahl von Kultureinrichtungen untergebracht, dazu Hotel und Restaurant, Bars und Cafés. Allein der Blick von den Mauern auf Novi Sad und die Donau zur einen und die Fruška Gora zur anderen Seite lohnt den Aufstieg. Petrovaradin, seit 1951 als historisches Denkmal von besonderem Wert ausgewiesen, ist die Hauptattraktion von Novi Sad und eine der herausragenden Festungsanlagen an der Donau überhaupt.

Geschichte der Festung

Von den Kelten, die hier als erste siedelten, bis zu den Osmanen war die in einer Donauschleife am Rande eines Höhenzugs gelegene Stelle immer wieder umkämpft. In den Jahrhunderten dazwischen waren die Römer ebenso hier wie die Byzantiner, Hunnen, Awaren und Ungarn; sogar die Franken hatten ihn kurz in der Hand, und die Zisterzienser bauten hier im 13. Jahrhundert ein Kloster, das sie Belafons nannten. Im Jahr 1463 schlossen Matthias Corvinus und Venedig hier einen Pakt gegen die Osmanen, allerdings vergeblich: Die Türken eroberten die Festung und blieben bis 1687. Die Habsburger folgten ihnen und beschlossen, auf dem Hügel eine vollkommen neue Festung zu errichten, die dem damaligen Stand der Festungsbautechnik entsprechen sollte. Also verpflichtete man den berühmtesten Fortifikationsingenieur dieser Zeit, den in ganz Europa tätigen Sébastien le Prestre de Vauban, und ließ unverzüglich die Arbeiten beginnen. Einer kurzzeitigen Belagerung der Türken hielt die Anlage kurz nach Baubeginn schon stand; nach 1739, als Belgrad ein letztes Mal vorübergehend an die Türken zurückgefallen war, wurde die Festung nochmals erheblich ausgebaut und verstärkt. Die Arbeiten waren erst 1780 abgeschlossen, seitdem ist die Anlage kaum noch verändert worden. Die Festung war nach dem Friedensvertrag von Karlowitz (heute Sremski Karlovci) im Jahr 1699 das Herzstück eines ungewöhnlichen militärischen Systems.

Festung Petrovaradin und Unterstadt

Nach jenem Friedensschluss waren in sehr kurzer Zeit rund 40 000 Familien in die Gebiete gekommen, die nun nicht mehr von den Osmanen beherrscht wurden. Viele von ihnen erhielten unter den Österreichern den Status von ›Wehrbauern‹ und sollten die immer noch unruhige Grenze zwischen Osmanischem und Habsburger Reich sichern. Die Familien erhielten Land, waren freie Bürger und weitgehend von Steuerpflichten und Frondiensten befreit, dafür die männlichen Mitglieder aber zum Wehr- und Grenzdienst verpflichtet. Sie standen unter der Befehls- und Gerichtsbarkeit des österreichischen Heeres. Diese Militärgrenze nannte man den ›Konfin‹. Die Festung Petrovaradin war Sitz des Kommandierenden dieser Grenze, gleichzeitig ein Sitz der österreichischen Donauflotte. Erst 1871 wurden Militärgrenze, der Status des Wehrbauern und der Sitz der Flotte aufgelöst.

Die Festung musste ihre Wehrhaftigkeit nie unter Beweis stellen, und vielleicht aus diesem Grund wurde sie bis 1918 als größtes Gefängnis der k. u. k. Monarchie genutzt. Hauptsächlich politische Gefangene waren hier inhaftiert, prominentester Insasse aus heutiger Sicht war Josip Broz, der später als Tito eine wichtige politische Rolle spielen sollte.

Sehenswürdigkeiten

Für Fußgänger ist der kürzeste Zugang nicht ausgeschildert, aber leicht zu finden. Der Verlängerung der Brücke, die vom Stadtzentrum Novi Sads auf die andere Donauseite führt, folgt man ein kurzes Stück. Nach Beginn der Blockbebauung biegt man in die erste Straße nach rechts ein, geht bis zur nächsten Ecke, wendet sich nach links und steht nach wenigen Metern vor einer Treppe. Sie führt in sanftem Schwung direkt zum Tor unterhalb des Uhrturms. Man ist richtig, wenn die **Kirche des heiligen Georg** links zurückbleibt. Sie wurde 1701 bis 1714 im Stil des Barock errichtet und ist mit dem Jesuitenkloster, das 1734 fertiggestellt wurde, zu einem Komplex verbunden.

Die Festungsanlage umfasst 112 Hektar, sie weist 16 Kilometer unterirdischer Gänge auf, 5 Tore, 12 000 Schießscharten entlang der 5 Kilometer langen Mauern und hat Platz für 400 Kanonen. Wegen ihrer Größe und ihrer Solidität wurde sie auch ›Gibraltar an der Donau‹ genannt.

Neben dem stilvollen **Hotel**, dem **Historischen Archiv der Stadt** in der ehemali-

Der Uhrturm mit den vertauschten Zeigern

gen Kaserne, dem **Planetarium** und der **Sternwarte** sind eine Reihe von Institutionen in dem weitläufigen Areal untergebracht. Das **Stadtmuseum** im ehemaligen Waffenlager beleuchtet mit einer ständigen Ausstellung das städtische Leben von der Mitte des 18. bis zur Mitte des 20. Jahrhunderts; zudem gehört zur Einrichtung auch ein 1000 Meter langes Teilstück der unterirdischen Gänge, das Besuchern offensteht. Wahrzeichen der Festung ist der **Uhrturm**, dessen großer Zeiger die Stunden und dessen kleiner die Minuten anzeigt. So konnten die Schiffer auf der Donau besser die Zeit erkennen. Den äußeren Abschluss der Festung bilden die in die Mauern eingelassenen **Bastionen**. Sie heißen etwa Ludwigsbastion oder Bastion Maria Theresia und bieten die besten Ausblicke auf die Umgebung. Bemerkenswert ist vor allem, dass die Festung heute das Zentrum des künstlerischen Lebens in Novi Sad ist: Die Akademie der Schönen Künste residiert in einer ehemaligen Kaserne etwas am Rand, die Straße der alten Handwerkerarten hält, was ihr Name verspricht, neben mehreren Galerien mit Dauer- und Wechselausstellungen sind aber vor allem die insgesamt 88 Ateliers einen Besuch wert. Darin arbeiten Musiker und Schriftsteller sowie Maler und Bildhauer. Viele Türen stehen stets offen, und fast alle Mieter freuen sich über einen Besuch und erläutern gern ihre Werke.

■ Unterstadt

▲ Karte S. 268

Innerhalb der Festungsanlage liegt die Unterstadt. Sie besteht aus wenigen Straßen, Rückgrat des kleinen Viertels ist die ul. Beogradska, die nach Osten durch das Belgrader Tor begrenzt wird. Seit Mitte des 18. Jahrhunderts wohnten vor allem Angehörige des Militärs in dem Viertel, daneben auch Händler, Handwerker und Bauern. Entlang der engen Gassen sind noch viele der schmalen zweistöckigen Häuser erhalten, von denen die meisten im Barockstil ausgeführt sind. Allerdings könnte die Mehrzahl auch eine Auffrischung gut vertragen. Man findet hier einige Läden und Restaurants, der Kontrast zum lebendigen Stadtzentrum auf der anderen Seite ist jedoch augenfällig.

Nationalpark Fruška Gora

Ab Ilok säumen recht steil abfallende Hügel das rechte Donauufer. Das sind die Ausläufer des Nationalparks Fruška Gora, der sich, von der Donau begrenzt, bis etwa Sremski Karlovci erstreckt. Mit knapp 80 Kilometern Länge und bis zu 12,5 Kilometern Breite – insgesamt rund 500 Quadratkilometer – handelt es sich um ein ausgesprochen großes Naturschutzgebiet. Durchgängig bestimmen sanfte Hügel das Bild, die höchste Erhebung bildet mit seinen 539 Metern der Crevničot.
Die Fruška Gora ist dünn besiedelt und wird von nur wenigen Straßen durchzogen. Landwirtschaftlich genutzte Flächen – darunter Wein, viel Mais und Obst, neuerdings auch wieder Tabak – wechseln sich mit Wäldern ab; Laubwald überwiegt, und hier findet sich unter anderem das größte Lindenbaumgebiet Europas. 1500 verschiedene Pflanzenarten, davon rund 12 Prozent endemische, konnten nachgewiesen werden, darunter allein 670 Heilkräuter. Ungewöhnlich sind auch die Orchideenwiesen. Dazwischen liegen einige kleinere Seen und Orte, in denen Weinanbau betrieben wird. Sie haben sich auch als Ausflugsziele etabliert, und dank der Kombination von Abgeschiedenheit und Einkehrmöglichkeiten ist die Fruška Gora ein beliebtes Wandergebiet. Vergleichbar mit dem Nationalpark Kopački Rit in Kroatien sind auch hier zahlreiche seltene Vogelarten heimisch, daneben Baummarder, Wildkatze und verschiedenes Damwild.

Erhaltene Wandmalerien im Kloster Krušedol

Klöster

Für die Serben war die Fruška Gora über Jahrhunderte, gerade auch während der osmanischen Herrschaft, das Zentrum ihrer Orthodoxie, die Klöster die Bewahrer serbischer Traditionen und Sitten. Nicht selten wird von dem ›serbischen Athos‹ gesprochen. Ursprünglich gab es 30 Klöster in diesem Gebiet, 16 Anlagen sind bis heute erhalten oder nach Kriegszerstörungen rekonstruiert worden, einige wenige ruinös. Wegen der enormen Dichte der Anlagen, der einzigartigen kulturhistorischen Einheit, die sie bilden, sowie der überragenden Bedeutung, die sie für die Baukunst und Malerei, die Geschichte und Religion der Serben haben, wurden sie 1990 zum ›Kulturgut von außerordentlicher Bedeutung für die Republik Serbien‹ erklärt.

Die Klöster entstanden zwischen dem 15. und dem 18. Jahrhundert als Stiftungen serbischer Herrscher. Es sind nicht nur viele Klosterkomplexe, sondern auch solche von besonderem Kulturwert. Nicht alle sind in architekturhistorischer Sicht bedeutend, aber eine Handvoll von ihnen hat besonders schöne Innenausstattungen zu bieten und lohnt daher einen Besuch. Die Anlagen sind heute zum großen Teil Museen und weniger ein Abbild einer alltäglichen Religiosität. Eine lebendige Klosterkultur findet kaum noch statt; daher ist auch der Erhalt der Baudenkmäler mit Schwierigkeiten verbunden. Die bedeutendsten Klöster sind die in Grgeteg, Jazak, Novo Hopovo und Krušedol. Die Tagesausflüge führen ab und an nach Novo Hopovo, fast immer aber zum letztgenannten Komplex. Er ist zu manchen Zeiten daher mehr als gut besucht. Die meisten Gäste, die also busladungsweise dem Kloster zustreben, halten schon das bunte Eingangstor in das weitläufige Gelände für einen Teil der historischen Anlage. Es ist aber erst in jüngerer Zeit entstanden.

Kloster Krušedol entstand ursprünglich zwischen 1509 und 1516 im Auftrag gleich dreier Fürsten. Beim Rückzug der Türken um 1716 wurde die Anlage erheblich beschädigt. Der Wiederaufbau konnte erst 1753 fertiggestellt werden, seitdem ist am barocken Erscheinungsbild kaum etwas verändert worden, und seit dieser Zeit ist die Kirche von Wohntrakten umgeben. Die meisten Malereien stammen ebenso aus dem 18. Jahrhundert, nur einzelne Ikonen in der Kirche sind älteren Datums. In der Kirche befinden sich auch die Grabstellen einiger wichtiger kirchlicher Persönlichkeiten, wodurch sich auch die herausragende ideelle Bedeutung dieser Anlage erklärt. Kirche und Nebengebäude sind hell getüncht, bescheiden in ihren Ausmaßen und in eine schöne Landschaft gebettet: Krušedol ist ein ausgesprochen freundlicher Ort.

Kloster Novo Hopovo

Novo Hopovo kann nicht mit ähnlich bedeutenden Grabstellen aufwarten. Dafür gilt seine Kirche - sie ist dem heiligen Nikolaus geweiht - unter architektonischen Gesichtspunkten als der bedeutendste Sakralbau der Fruška Gora. Sie stammt von 1575/76, der Glockenturm mitsamt der Kapelle in seinem ersten Stock von 1751 bis 1758, die umgebenden Wohntrakte kamen zwischen 1728 und 1771 hinzu. Der Ikonostas ist sehenswert, als besonders wertvoll aber gelten die Freskenmalereien, die zwischen 1608 und 1654 entstanden.

Novi Sad/Fruška Gora

Tourismusbüro, Bulevar Mihajla Pupina 9. Erstaunlich umfangreiches Material, vieles davon auch in deutscher Übersetzung.

Zahlreiche Cafés findet man am trg Slobode, der ul. Zmaj Jovina und der Dunavska. Durchweg nette Atmosphäre. Die Kneipenmeile schlechthin ist seit einiger Zeit die **Laze Telečkog** in unmittelbarer Nähe des trg Slobode. Südlich des Zentrums gibt es zahlreiche **Strandbars** und **Restaurantschiffe**. Einen wunderbaren Blick auf die Donau hat man von der Terrasse des Lokals unterhalb der **Festung**.

Der Euro wird nicht immer akzeptiert, in der Fußgängerzone gibt es aber eine Reihe von Wechselstuben und Bankautomaten.

Vom direkt am Bahnhof gelegenen Busbahnhof in Novi Sad (2 km nordwestlich des Zentrums) fahren die Linien 61 und 62 nach Sremski Karlovci; etwa halbstündiger Takt; Fahrtzeit ca. 30 Minuten.

Sremski Karlovci ▸ km 1246

Unter dem deutschen Namen Karlowitz ist der Ort, zehn Kilometer hinter Novi Sad am rechten Ufer gelegen, Historikern ein Begriff: Im Jahr 1699 wurde hier der ›Karlowitzer Frieden‹ geschlossen, zwischen den Türken auf der einen und den Habsburgern und ihren Verbündeten, der selbsternannten ›Heiligen Allianz‹, auf der anderen Seite.

Bis dahin war der Ort völlig unwichtig. Die bedeutendste Zeit von Sremski Karlovci lag zwischen der Mitte des 18. und dem Anfang des 20. Jahrhunderts, als sich hier der Sitz der orthodoxen Metropolie befand. Diese Rolle zeigt sich

▸ Karte S. 273/274

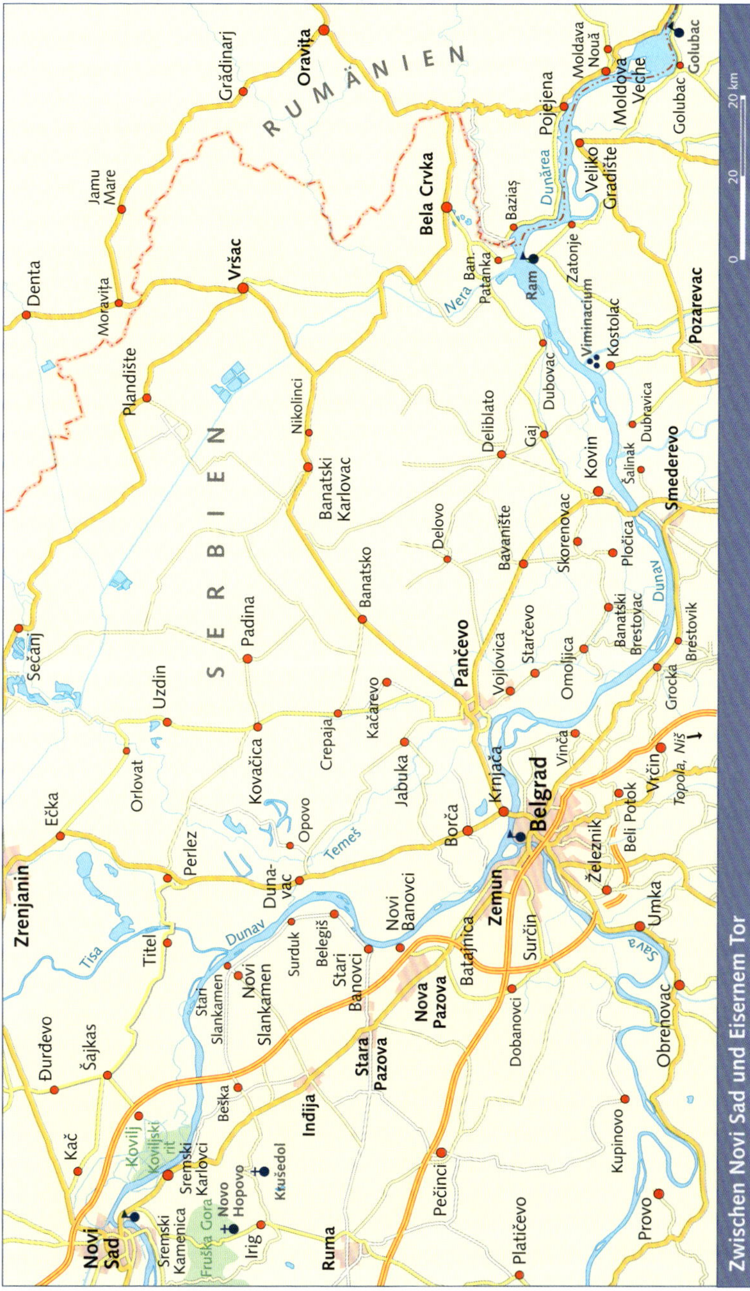
Zwischen Novi Sad und Eisernem Tor
RUMÄNIEN
SERBIEN
Novi Sad
Sremski Kamenica
Fruška Gora
Novo Hopovo
Irig
Krušedol
Sremski Karlovci
Kovilj
Koviljski rit
Kač
Đurđevo
Šajkas
Beška
Inđija
Ruma
Pećinci
Platičevo
Stara Pazova
Nova Pazova
Stari Banovci
Novi Banovci
Batajnica
Zemun
Surčin
Dobanovci
Stari Slankamen
Novi Slankamen
Surduk
Belegiš
Titel
Tisa
Dunav
Zrenjanin
Ečka
Perlez
Orlovat
Dunavac
Opovo
Temeš
Kovačica
Crepaja
Uzdin
Padina
Sečanj
Kačarevo
Jabuka
Borča
Krnjača
Belgrad
Pančevo
Vojlovica
Starčevo
Omoljica
Banatski Brestovac
Brestovik
Grocka
Vinča
Banatsko
Banatski Karlovac
Nikolinci
Plandište
Moravița
Denta
Jamu Mare
Vršac
Grădinarj
Oravița
Bela Crvka
Nera
Ban. Patanka
Baziaș
Ram
Zatonje
Dunărea
Veliko Gradište
Pojejena
Moldova Veche
Moldava Nouă
Golubac
Delovo
Bavanište
Deliblato
Gaj
Dubovac
Viminacium
Kostolac
Pozarevac
Dubravica
Kovin
Šalinak
Smederevo
Skorenovac
Pločica
Železnik
Beli Potok
Vrčin
Topola, Niš
Umka
Sava
Obrenovac
Kupinovo
Provo
0 20 20 km

auch heute noch im Stadtbild, das von zahlreichen sakralen und auch Profanbauten geprägt wird, die die Patriarchen in Auftrag gaben. Noch im 19. Jahrhundert verlor Sremski Karlovci seine Stellung als wichtigste Stadt der Vojvodina an das aufstrebende Novi Sad, und heute wirkt das pittoreske und mit Leben erfüllte historische Zentrum des 9000-Einwohner-Städtchens wie ein Freilichtmuseum. Es steht komplett unter Denkmalschutz und lohnt unbedingt einen Besuch.

Sremsi Karlovci ist als Heimat sehr guter Rotweine bekannt und als Zentrum der Bermetproduktion. Das ist ein Getränk, das aus verschiedenen Weinsorten unter Zusatz von Kräutern, Gewürzen und Früchten hergestellt und als Aperitif getrunken wird. Fast immer sind Vanille-, Zimt- und Nussaromen enthalten, es gibt jedoch eine große Bandbreite an Rezepturen, und so sind die Geschmacksrichtungen bei zumeist 16 bis 18 Prozent Alkohol sehr unterschiedlich und oft sehr eigenwillig.

Trg Branka Radičevića

Die Hauptsehenswürdigkeiten konzentrieren sich am verkehrsberuhigten Trg Branka Radičevića. Ihn säumen auch einige hübsche Bürgerhäuser aus dem 18. und 19. Jahrhundert in Barock und Neobarock, Klassizismus sowie Rokoko, die einige angenehme Lokale und Cafés beherbergen.

Den oberen Abschluss des Platzes bildet der barocke **Brunnen Vier Löwen**. Er wurde 1799 fertiggestellt und war sichtbarer Teil eines ersten Wasserleitungssystem in Sremski Karlovci. Er geht auf einen Entwurf des italienischen Architekten Guiseppe Aprilli zurück. Die Einwohner von Sremski Karlovci erzählen gern, dass das Wasser des Brunnens magische Kräfte habe: Jeder, der davon trinke, werde eines Tages hierher zurückkommen und hier heiraten.

Das **Gymnasium** ist eine Gründung von 1791 und damit das älteste in Serbien, das heutige Gebäude entstand genau einhundert Jahre später, als Stiftung des ser-

Sremski Karlovci, Zentrum

Die drei Türme der Domkirche

bischen Patriarchen German Andjelić und des Kaufmanns Dimitrije Anastasijević Sabov. In der eigentümlichen Stilmischung überwiegt der Sezessionsstil.

Der neoklassizistische **Magistrat** entstand von 1806 bis 1811 anstelle eines weitaus bescheideneren Vorgängerbaus. Der Festsaal wird noch heute für Volks- und kirchliche Feste genutzt, vom Balkon dieses Gebäudes verkündete im Mai 1848 der serbische Patriarch Josif Rajačić – vergeblich – die Unabhängigkeit der Vojvodina.

Die barocke **Kirche der heiligen Dreifaltigkeit** gegenüber kann man leicht übersehen. Sie stammt von 1768, besonders die Schnitzarbeiten auf dem hölzernen Eingangstor sind einen Blick wert.

Für die meisten Besucher stellt die 1762 fertiggestellte **Domkirche des heiligen Nikolaus** an der Südostseite des Platzes die Hauptattraktion des Ortes dar. Ihr heutiges Aussehen geht auf umfangreiche Renovierungsarbeiten von 1909/10 zurück, die eigentümlichen drei Türme – Glockendoppeltürme und kleines Türmchen dazwischen – waren aber schon bei der Vollendung des Baus im Jahr 1762 vorhanden. Die Kirche steht an der Stelle eines Vorgängerbaus aus dem 16. Jahrhundert, der ebenfalls dem heiligen Nikolaus geweiht war. Der Ikonostas gilt als Meisterwerk der serbischen Barockmalerei, sehenswert sind auch die Wandmalereien. Hinter der Domkirche, vom Platz aus nicht zu sehen, befindet sich der alte **Patriarchensitz**. Das blassrosafarbene, niedrige Gebäude im Biedermeierstil stammt von 1859.

Der klassizistische **Patriarchenhof**, 1894 fertiggestellt und direkt neben der Domkirche gelegen, gilt als das monumentalste Bauwerk des 19. Jahrhunderts nicht nur in Sremski Karlovci, sondern in der ganzen Vojvodina. Er besitzt eine eigene Hofkapelle, die Dimitrioskapelle, in der der prächtige Ikonostas von 1896 dominiert. Der Patriarchenhof ist heute Sitz des Bischofs von Srem, die Sommerresidenz der serbischen Patriarchen und beherbergt auch die Schatzkammer dieses Bistums. Leider gingen die meisten Schätze – Bücher aus dem 17. Jahrhundert, Bilder und andere Gegenstände – im Zweiten Weltkrieg verloren.

Der Patriarchenhof

In dem großen Bau auf der anderen Seite, weiter unten am Platz, ist seit 1964 die **Theologiehochschule** untergebracht. Das Gebäude stammt von 1900, wurde vom Patriarchen in Auftrag gegeben und war für den kirchlich-nationalen Fonds geplant. In einem Teil ist das Archiv der Serbischen Akademie der Wissenschaften und Künste untergebracht. Die Theologieschule hat einen ideellen Vorgänger, der 1794 ins Leben gerufen, 1914 geschlossen und nach seiner Wiedereröffnung nach dem Zweiten Weltkrieg nach Belgrad verlegt wurde.

Es schließt sich das **Seminar der Theologiehochschule** an, heute das Internat der Studenten der Theologieschule. Der Bau von 1901 ist weitgehend neobyzantinisch mit leichten maurischen Einsprengseln darin. Das **Stefaneum** – harmonischer doppelstöckiger Neoklassizismus – direkt daneben entstand 1903 als Schülerinternat auf Initiative des Patriarchen und wurde nach dem Metropoliten Stefan Stratimirović benannt.

Weitere Sehenswürdigkeiten

Es gibt auch außerhalb des Hauptplatzes noch einige Kirchen, zu nennen sind vor allem Obere und Untere Kirche: zumeist barock, hübsch, aber deutlich unspektakulärer als die Domkirche. Daher lohnen eher andere Gebäude einen Blick und die wenigen Gehminuten dorthin:

Auf der Terrasse des Restaurants ›Dunav‹

▲ Karte S. 274

In der früheren **Burg der Familie Rajačić** ist heute das Stadtmuseum untergebracht. Es zeigt Funde aus dem Neolithikum und der Römerzeit, die ethnologische Abteilung im oberen Geschoss konzentriert sich auf das 19. Jahrhundert. Das zweistöckige Anwesen entstand in den Jahren von 1836 bis 1848, war ursprünglich neobarock, präsentiert sich aber seit dem Umbau um 1920 im Stil des Biedermeierklassizismus.

Das **Haus der Familie der Matić**, ein einstöckiges, weißes und in seinen Ausmaßen bescheidenes Häuschen, stammt aus der Wende vom 17. zum 18. Jahrhundert und gehört daher zu den ältesten erhaltenen Gebäuden in Sremski Karlovci. Das **Haus von Dimitrije Anastasijević Sabov** in der gleichen Straße gilt als einer der gefälligsten Barockbauten im Ort.

Friedenskapelle

Für die so bedeutsamen Friedensverhandlungen wurde etwas außerhalb von Sremski Karlovci 1698 eigens ein ungewöhnlicher Kuppelbau errichtet, die Friedenskapelle. Sie besaß vier Türen, je eine für die an den Verhandlungen beteiligten Mächte Österreich, Polen und Russland auf der einen und Osmanisches Reich auf der anderen Seite. Man sagt, dass diese vier Türen notwendig waren, da sich die Vertreter der Mächte nicht einigen konnten, wer zuerst den Raum betreten durfte. Wohl zum ersten Mal in der Geschichte wurde an einem ›runden Tisch‹ verhandelt.

Den Abschluss der Verhandlungen – sie waren unter Vermittlung der Vereinigten Königreichs und der Niederlande geführt worden – bildete ein Dokument, das die Parteien am 26. Januar 1699 unterzeichneten. In ihm wurden im Wesentli-

chen die territorialen Gewinne bestätigt, die die Habsburger und ihre Verbündeten unter Führung von Prinz Eugen in dem ›Großen Türkenkrieg‹ (1683–1699) errungen hatten.
Die heutige Kapelle erhebt sich recht fotogen auf einem Hügel, ist allerdings nicht das Original, sondern stammt von 1814.

Sremski Karlovci

Das **Touristenbüro** befindet sich direkt am Hauptplatz. Neben Broschüren und Stadtplänen auch ein kleines Angebot an Weinen und Souvenirs.

Nicht alle Ausflüge in die Fruška Gora beinhalten einen Schlenker nach Sremski Karlovci. Er ist auf eigene Faust aber leicht möglich: Vom direkt am Bahnhof gelegenen Busbahnhof in Novi Sad fahren die Linien 61 und 62 nach Sremski Karlovci. Etwa halbstündiger Takt; Fahrtzeit ca. 30 Minuten.

Neben den netten Kneipen am Hauptplatz bietet sich für eine Einkehr vor allem die Terrasse das Hotel-Restaurants ›Dunav‹ an; man sitzt direkt an der Donau. Seit Kurzem gibt es mit dem ›Pasent‹ genau gegenüber eine Alternative.

Von Sremski Karlovci nach Belgrad

Kurz hinter Sremski Karlovci, auf der linken Seite, erstreckt sich das **Kovilj-Petrovaradiner Ried**. Das ist eine Auen- und Sumpflandschaft, die von früheren Seitenarmen der Donau geprägt und geformt wurde. Um die hier heimischen und durchziehenden seltenen Vogelarten zu schützen, sind knapp 5000 Hektar als Naturreservat ausgewiesen. Wanderfalke, Fischreiher und Weißreiher, Rotschnabeliger Schwan, Schwarzer Storch, Schwarzente und viele andere Arten können mit etwas Glück auch vom Schiff beobachtet werden. Unübersehbar ist die **Besak-Brücke** bei Kilometer 1232: Mit 50 Meter Durchfahrtshöhe ist sie die höchste auf der ganzen Donau. Auf ihr verläuft die wichtige Autobahn nach Belgrad, Teil des auch bei uns berühmt-berüchtigten ›Autoput‹.
Der ansonsten recht unbedeutende Ort **Stari Slankamen** (km 1215) ist bei Historikern bekannt, weil hier 1691 eine größere Schlacht zwischen den Habsburgern und den Osmanen stattfand, die die Österreicher für sich entscheiden konnten. Etwas weiter (km 1216) mündet auf der linken Seite die Tisa (Theiß) in die Donau. Sie ist nach der Save der wasserreichste Nebenfluss der Donau, der zweitgrößte und -wichtigste Fluss Ungarns und auch Serbiens.
Bis Belgrad zieht sich die Donau in ruhigen Schleifen dahin. Wichtige Orte werden nun nicht mehr passiert, nennenswert ist allein **Zemun** (km 1174). Zwischen 1717 und 1918 hieß diese Ortschaft Semlin und war der letzte Vorposten der Habsburger Monarchie an der Nordseite der Save, dem Osmanischen Reich und später Serbien unmittelbar gegenüber gelegen. Das kleine Zentrum mit seinen barocken Kirchen und teils nur zweistöckigen Häusern hat sich die Atmosphäre aus dieser Zeit weitgehend bewahren können. Heute ist Zemun ein Vorort von Belgrad.
Unmittelbar dahinter, bei Flusskilometer 1171, mündet die Save in die Donau. Sie ist mit 945 Kilometern nur der drittlängste Nebenfluss der Donau, dabei aber der wasserreichste und gleichzeitig der größte Fluss Sloweniens und Kroatiens. Allgemein wird der Verlauf der Save vom Ursprung in den Julischen Alpen nahe der slowenisch-österreichischen Grenze bis zur Mündung in die Donau als nördliche Begrenzung der Balkanhalbinsel angesehen.

Belgrad ▸ km 1170

Die Lage des Hochplateaus am Zusammenfluss von Donau und Save ist überaus günstig. Beide Ströme sind schiffbar – die Save auf fast 600 Kilometer Länge –, und zudem treffen sich hier gleich mehrere uralte Handels- und Wanderungswege. Diese Land- und Wasserwege eröffneten und eröffnen den hier Siedelnden Verbindungen in weit entfernte Regionen. So ist es kein Wunder, dass Belgrad aus der west- und mitteleuropäischen Perspektive oft als ›Tor zum Balkan‹ bezeichnet worden ist.

Diese strategisch so günstige Lage des Ortes weckte schon früh Begehrlichkeiten, und seit den Römern lag der Hügel oberhalb des Zusammenflusses von Save und Donau die meiste Zeit an der unmittelbaren Grenze von Herrschaftsgebieten. Hier verlief die – stetigen Verschiebungen unterworfene – Nahtstelle zwischen Habsburger und Osmanischem Reich, später zwischen Österreich und Serbien. Belgrad lag also jahrhundertelang im Spannungsfeld zwischen Okzident und Orient, Christentum und muslimischer Welt, Mitteleuropa und Balkan. Symbol dieser Auseinandersetzungen und heute Wahrzeichen der Stadt ist die häufig umkämpfte, über Save und Donau thronende Festung.

Historiker haben errechnet, dass seit der Antike der Ort vierzigmal erobert, und das heißt fast immer zerstört worden ist. Immer wieder wurde eine neue Siedlung gebaut, und fast nie ging sie eine Verbindung mit der vorigen ein. Es gab keine Kontinuität, statt dessen Brüche, Verwandlungen und jähe Wechsel. Das betrifft die Herrschaftsverhältnisse wie auch die Bevölkerung, ihre Zusammensetzung, Sprache, Lebensweise und Kultur. Daher finden sich kaum Gebäude, die älter als 150 Jahre sind, und architektonisch einheitliche Viertel sind rar. Viele Epochen sind im Stadtbild nur noch in mikroskopischer Dosis vorhanden, und die Geschichte der Stadt lebt eher in Legenden und Mythen fort als in ihrem Äußeren. Wer ihr auf die Spur kommen will, sollte den Besuch wenigstens einiger der zahlreichen Museen in Betracht ziehen. Das besondere Erbe Belgrads, die Mischung aus Balkan und Mitteleuropa, drückt sich heute vielleicht am sichtbarsten in der Küche aus. So stammen die Fleischgerichte oft aus der türkischen und ungarischen Küche, die überaus beliebten Grillgerichte vom südlichen Balkan, die hervorragenden Mehlspeisen verraten den österreichisch-böhmischen Einfluss, und in der Kafana, dem Belgrader Kaffeehaus, steht immer der Turska kafa auf der Karte, ein Mokka.

Belgrad war seit jeher die größte Stadt Serbiens, seit der Unabhängigkeit Serbiens seine Hauptstadt, nach 1918 auch die des neuen Königreichs und später Jugoslawiens und heute wieder Serbiens. Es ist das überragende Kultur- und Medienzentrum des Landes, das serbische Parlament, der Patriarch der serbisch-orthodoxen Kirche und der römisch-katholische Erzbischof haben ebenso hier ihren Sitz.

Belgrad ist die wichtigste Universitäts-, Messe- und Industriestadt, sein Wissenschafts- und Handelszentrum. Außerdem hat sich Belgrad in den vergangenen zwei Jahrzehnten den Ruf erworben, eine der aufregendsten Club- und Partystädte Europas zu sein.

Gerade abends lohnt ein Bummel: Man flaniert dann entlang der ul. Knez Mihailova, trifft sich auf der Festung oder am Trg Republike oder sucht eines der stimmungsvollen Lokale im Viertel Skadarlija auf und lässt sich vielleicht dann

▲ Karte: hintere Umschlagklappe

Die Mündung von Save und Donau

noch bis frühmorgens durch die ausgelassene Stimmung in den vielen Clubs treiben. Und weil Belgrad touristisch nicht so überlaufen ist wie manch andere Großstadt an der Donau, bietet sich dem Betrachter zu allen Tages- und Nachtzeiten ein Einblick in die Alltäglichkeit einer überaus lebendigen Metropole.

Geschichte

Bereits in der Bronzezeit war der Hügel am Zusammenfluss von Save und Donau besiedelt. Die Griechen waren seit dem 7. Jahrhundert vor Christus hier, dann die Illyrer; die Kelten errichteten eine erste Festung. Im 1. Jahrhundert unserer Zeitrechung eroberten die Römer den Ort und gaben ihm den Namen Singidunum. Ihre Festung sollte die Straße von Italien nach Byzanz und via Trajansbrücke in die Provinz Dacia schützen; die Stadt lag am äußersten Punkt ihres Herrschaftsgebietes und war daher ständig bedroht. Nach der Teilung der Römischen Reiches gehörte der Ort zu Byzanz. Die Grenze zum Weströmischen Reich verlief unmittelbar westlich und nördlich der Stadt.

Die Römer wurden im 5. Jahrhundert vertrieben, ihre Bauten zerstört, die Awaren eroberten im 7. Jahrhundert diese Stelle und ließen sie wüst zurück. Im 8. Jahrhundert errichteten die Slawen auf dem Hügel eine Festung, der Name Beo Grad (Weiße Burg) wird erstmals 878 in einer Urkunde des Papstes Johannes VIII. erwähnt. Sie war in den folgenden Jahrhunderten zwischen Byzantinern, Bulgaren, Ungarn und Serben umkämpft und wechselte mehrmals den Besitzer. 1284 übergab der ungarische König Stephan V. Belgrad an den serbischen Fürsten Dragutin, der sich mit Stephans Tochter verheiratet hatte. Seither gilt Belgrad als Zentrum des Serbentums. 1319 eroberten wiederum die Ungarn den Ort. Im Jahr 1403 übergaben die Ungarn den Ort an Stephan Lazar. Er hatte sich mit den Ungarn arrangiert, und sie ließen ihm die Stadt in der Hoffnung, er könne das südungarische Gebiet gegen die bereits andrängenden Osmanen stabilisieren. Während der Herrschaft des Fürsten Lazar wurde Belgrad erstmals zur Residenzstadt mit vermutlich bis zu

Darstellung der Einnahme Belgrads durch die Osmanen 1521 (Urheber unbekannt)

40 000 Einwohnern, zum Mittelpunkt eines serbischen Staates. Nach dem Tod des Fürsten 1427 waren wieder die Ungarn die Herrscher. Die Türken nahmen Belgrad 1521 ein; die Eroberung dieser Schlüsselfestung ermöglichte es ihnen letztlich, ihr Herrschaftsgebiet für Jahrhunderte bis weit nach Ungarn hinein auszudehnen. Belgrad erlebte in der Mitte des 17. Jahrhunderts eine Blütezeit. Man nimmt an, dass zu dieser Zeit rund 100 000 Menschen hier lebten; Reiseberichte aus jener Epoche vermitteln das Bild einer pulsierenden orientalischen Stadt. Zwischen 1683 – Niederlage der Türken vor Wien – und 1867 – Abzug der letzten osmanischen Truppen – war Belgrad Zankapfel zwischen Habsburgern und Osmanen, die es jeweils mehrmals eroberten und wieder verloren. In dieser Zeit erlitt die Stadt wiederholt schwerste Zerstörungen; Anfang des 19. Jahrhunderts lebten nach Schätzungen nur noch 10 000 Menschen hier.

Die Belagerung Belgrads 1717, zeitgenössischer Kupferstich (Urheber unbekannt)

▲ Karte: hintere Umschlagklappe

Belgrad wird serbisch

Seit dem frühen 19. Jahrhundert schalteten sich die Serben als politisch handelnde Kraft ein. 1806 und 1815 brachten serbische Aufrührer die Stadt jeweils kurz in ihren Besitz, 1817 kam Belgrad zum halb autonomen Serbien, eine türkische Garnison aber blieb. Belgrad als das Zentrum des selbstverwalteten, aber unter der Oberaufsicht der Osmanen stehenden Fürstentums Serbien zog Gebildete an, Serben aus anderen Regionen zogen zu. 1820 hatte die Stadt vermutlich nicht mehr als 5000 Einwohner, 1850 waren es wohl um die 20 000. Einige Jahre bestanden das zur Donau gelegene Türkenviertel und der zur Save gelegene neuere, serbische Stadtteil nebeneinander.

Nach dem Ende der Osmanenherrschaft 1867 verlor Belgrad rasch das Aussehen einer orientalischen Stadt. Sie wuchs nach einem Generalplan in Schüben, tilgte die Zeugnisse der Fremdherrschaft aus dem Stadtbild und breitete sich zunächst nach Süden aus. Belgrads Bedeutung als Handelsstadt nahm deutlich zu, die Industrialisierung hielt dagegen nur sehr allmählich Einzug.

Im Jahr 1878 verpflichtete sich Serbien auf dem Berliner Kongress zum Bau einer Eisenbahnverbindung zwischen Belgrad und Niš mit Anschlüssen nach Konstantinopel und Saloniki. 1884 waren die Verbindungen fertiggestellt, Europa und der Nahe Osten verknüpft, da nun auch das österreichische Zemun auf der anderen Seite der Save und Belgrad mit einer Eisenbahnbrücke verbunden waren. Dennoch war Belgrad Anfang des 20. Jahrhunderts eine nur wenig repräsentative Hauptstadt. Bekannt ist die Beschreibung des jungen Le Corbusier aus dem Jahr 1910: »Ganze zwei Tage haben wir uns von der Illusion von ihr befreit, und das so endgültig und gründlich, da die Stadt tausendmal weniger definiert ist als Budapest. Wir hatten uns das Tor nach Osten vielfach ausgemalt, eine von bunter Lebhaftigkeit vibrierende Stadt [...] Dies ist eine lächerliche Hauptstadt; sogar noch schlimmer, eine anrüchige Stadt, schmutzig und desorganisiert. Ihre Lage aber ist umwerfend.«

Hauptstadt Jugoslawiens

Im Ersten Weltkrieg erlitt die Stadt während der Eroberung durch österreichische Truppen erhebliche Zerstörungen. Nach Kriegsende wurde sie zur Hauptstadt des Königreichs Jugoslawien; mit dieser Aufwertung stieg auch die Bevölkerungszahl rasch an, sie lag Anfang der 1920er Jahre bei rund 300 000.

In der Zwischenkriegszeit entstanden viele der großen Straßen und die an ihnen liegenden repräsentativen Wohn- und Geschäftshäuser sowie Regierungsbauten, die das Stadtbild noch heute prägen. Deutsche Truppen bombardierten Belgrad im April 1941 unmittelbar, bevor sie einmarschierten. Für die deutsche Wehrmacht war Belgrad das Logistikzentrum auf dem Balkan. Luftangriffe der Alliierten 1944 und die Kämpfe bei der Befreiung richteten weitere Schäden an, 1945 waren ein Drittel der Häuser und die Hälfte der industriellen Anlagen zerstört.

Nach 1945 wurde Belgrad Hauptstadt Jugoslawiens. Seitdem konzentrieren sich hier die wichtigsten staatlichen Einrichtungen, gleichzeitig wurde die Industrie massiv ausgebaut, und in dieser Zeit entstand mit Novi Beograd ein riesiges Neubauviertel nordwestlich der Save.

Jugoslawien war während des Kalten Krieges Anführer der sogenannten ›Blockfreien Staaten‹. Diese politische Bedeutung zeigt sich äußerlich im riesigen Sava Center. Es wurde im Stadtteil Novi Beograd eigens für die erste KSZE-Nachfolgekonferenz errichtet, die darin

1977/78 tagte. Diese Rolle auf politischer Bühne und die auch nach Westen offenen Grenzen bewirkten, dass das Land und insbesondere seine Hauptstadt auf vielen Gebieten zu einer der führenden kulturellen Metropolen Europas wurde und sich auf den vielen Kunst-, Theater-, Literatur-, Musik- und Filmfestivals Besucher aus Ost und West so ungezwungen begegnen konnten wie wohl zu dieser Zeit in keiner anderen europäischen Stadt.

Nach 1990

Während der Jugoslawienkriege zogen viele Serben aus den nun selbständigen früheren Republiken nach Belgrad, zuletzt aus dem Kosovo. Gleichzeitig kam es in den Neubauvierteln zur Ausbildung von großen und bis heute bestehenden Armutssiedlungen, in denen nach Schätzungen bis zu 100 000 Menschen leben, fast ausschließlich Roma.

Belgrad wurde von den NATO-Luftangriffen 1999 besonders schwer getrof-

Belgrad, Festung und Kalemegdan

fen, einzelne Kriegsruinen – weder abgetragen noch wieder aufgebaut – sind heute noch zu sehen.
Derzeit leben gut 1,6 Millionen Menschen im Großraum Belgrad, und Besuchern fällt schnell auf, dass der Ausbau des Verkehrsnetzes nicht mit dem Bevölkerungswachstum Schritt gehalten hat. Als herausragendes stadtplanerisches Vorhaben wird daher allgemein der Bau einer Metro mit drei Linien angesehen. Die jahrzehntelangen Planungen sind nun weitgehend abgeschlossen, erste Teilstrecken sollen 2020 in Betrieb gehen.

Orientierung

Die Kreuzfahrtschiffe machen stets am Savehafen fest, der etwa anderthalb Kilometer von der Mündung der Save in die Donau entfernt liegt. Von dort sind die Festung und die wichtigsten Sehenswürdigkeiten zu Fuß mühelos erreichbar; die Kathedrale ist als Orientierungspunkt sehr gut zu erkennen.

Festung

Die herausragende Sehenswürdigkeit Belgrads ist zweifellos die Festung (Tvrdjava) mit ihrer Umgebung, dem Kalemegdan genannten Plateau. In dem Winkel zwischen Donau und Save erhebt sich ein Hügel, und diese strategisch günstige Lage erkannten schon die Kelten. Die Römer legten an dieser Stelle ebenso wie die Byzantiner und alle späteren Herrscher Befestigungen an und erweiterten und modernisierten die vorhandenen Anlagen. Nach der Inbesitznahme durch die Österreicher 1717 entstand nach den Prinzipien des berühmten Festungsingenieurs Vauban ein Neubau, der von den Osmanen weitgehend übernommen und umgebaut wurde. Innerhalb der untersten Ebene sind sogar noch Reste der römischen Befestigung zu erkennen.

Bis heute sind die Umfassungsmauern großteils erhalten, die Gebäude, die sich innerhalb und unterhalb des Areals befanden, dagegen weitgehend verschwunden. Sie wurden in den vielen kriegerischen Auseinandersetzungen zerstört. Einige Überreste verraten noch etwas von der wechselhaften Geschichte der Anlage, ansonsten ist sie als schöner Park gestaltet und weist neben Denkmalen und Museen einige Sportanlagen, ein Restaurant, einen Kinderspielplatz und einen Zoo auf. Insgesamt umfasst das Areal rund 55 Hektar. Fantastisch ist der Blick von den Mauern auf die Stadt und vor allem auf die Donau, die Save, den Stadtteil Novi Beograd und weit in das Umland. Das Gelände ist zu allen Tageszeiten sehr belebt, abends sind die Zugänge von mobilen Verkaufsständen und Grilleinrichtungen gesäumt.

Der Siegesbote bei Nacht

Inneres Stambultor und Uhrturm

Sehenswürdigkeiten auf der Festung

Am einfachsten ist der Zugang von der ul. Pariska. Vorbei an zahlreichen Denkmalen, die vor allem bedeutenden Künstlern gewidmet sind, und einer schönen Fontäne führt der Weg geradewegs zum **Karađorđetor**. Dahinter finden sich mit dem **Naturkundemuseum** und dem recht großen **Militärmuseum** zwei Einrichtungen in vormals militärischen Zwecken dienenden Gebäuden. Teile der militärhistorischen Sammlung sind unter freiem Himmel ausgestellt, und so führt der Weg an Haubitzen und Panzern aus dem Ersten und Zweiten Weltkrieg vorbei.

Das **Innere Stambultor** von 1750 ermöglicht den Eintritt in die Obere Burg. Hat man es durchschritten, steht man direkt vor dem **Uhrturm**. Auffällig ist seine achteckige Gestalt auf einem quadratischen Sockel: Die Osmanen errichteten ihn auf Mauern, die die Österreicher angelegt hatten. Das **Südtor**, in dem eine Ausstellung zur Geschichte der Festung untergebracht ist, schließt sich gleich dahinter an.

▶ Karte S. 282

Im westlichen Teil der Oberburg findet sich bei einem Rundgang zunächst das kleine achteckige **Mausoleum**, in dem der türkische Großwesir Damad Ali Pascha begraben liegt. Er war 1716 in der Schlacht bei Novi Sad gefallen. In dem schön restaurierten **Fachwerkgebäude** aus dem 19. Jahrhundert, einige Schritte weiter, ist heute die Behörde zum Schutz der Kulturdenkmäler untergebracht. Etwas weiter rechts ist der Eingang zu dem rund 62 Meter tiefen **Brunnen** zu sehen. Er wurde von den Österreichern angelegt, trägt aber aus heute unbekannten Gründen den Namen Römischer Brunnen. Dieser Brunnen konnte im Belagerungsfall die gesamte Besatzung der Festung mit Wasser versorgen. Gleich daneben zeigt ein **Modell** die Festung, wie sie im 15. und 16. Jahrhundert bestand. Unübersehbar ist das riesige **Siegesmonument**, ein Siegesbote mit dem Falken in der linken und dem Schwert in der rechten Hand. Die Figur von Ivan Meštrović wurde 1928 aufgestellt, zum zehnten Jahrestag eines großen militärischen Erfolges serbischer Truppen im

Ersten Weltkrieg. Mitunter ist zu lesen, dass das Monument eigentlich am Terazijeplatz aufgestellt werden sollte. Der Widerstand der Öffentlichkeit gegen die nackte Männerfigur sei aber so groß gewesen, dass sie schließlich einen Platz an der äußersten Nordwestecke der Festung erhalten habe. Hier steht sie nun um so exponierter und wird sogar abends angestrahlt; der Siegesbote ist weithin sichtbar und heute ein Wahrzeichen Belgrads. Das **Westtor** in der Nähe ermöglicht den Zugang zur früheren Unterstadt, heute eine parkähnliche Grünfläche.

An der der Donau zugewandten Seite liegt das Glacis, die frühere Unterstadt, dem Betrachter zu Füßen. Rechter Hand ist ein heller Bau auszumachen. Es ist das einzig erhaltene **Türkische Bad** in Belgrad. Es stammt aus dem frühen 19. Jahrhundert, war bis in die 1920er Jahre in Betrieb und wurde nach schwerer Beschädigung im Zweiten Weltkrieg restauriert. Nördlich davon markiert ein barockes Tor den früheren Zugang zur Unterstadt. Die Österreicher bauten es im Stil eines Triumphbogens um 1736. Man bezeichnet es als **Eugen-von-Savoyen-Tor** oder als Tor Karls VI., wahlweise also nach dem Eroberer der Stadt oder dem Herrscher, für den Eugen in den Krieg zog. Das Gebäude daneben war früher eine Kanonenfabrik und beherbergt heute das **Zentrum für die Erforschung der Belgrader Festung**. Auffälligstes Gebäude zwischen Donau und Festung ist der oktogonale **Nebojšaturm**. Er sicherte ursprünglich den Donauhafen, der mittlerweile zugeschüttet ist, und diente im 18. Jahrhundert als Verlies.

Schachspieler im Park an der Festung

Dizdartor und **Dizdarturm** dominieren die nordöstliche Ecke der Anlage. Das Tor stammt aus dem 15. Jahrhundert und ist damit das älteste erhaltene auf der Festung, es fußt auf römischen Fundamenten. In dem Turm ist das astronomische Observatorium zu Hause. Freitags und sonnabends steht es allgemeinem Publikumsverkehr offen, und so können Besucher zu diesen Zeiten von der obersten Ebene in den Sternenhimmel oder auch nur auf die erleuchtete Stadt schauen. Das **Zindantor** aus dem 15. und das **Leopoldstor** aus dem 18. Jahrhundert schließen sich an, beidseits des Zindantores befanden sich früher Kerker. Der oktogonale **Jakšičturm** schließlich, eine Rekonstruktion von 1937, schließt die Festungsanlage nach Osten ab. Etwas unterhalb dieses Turms befinden sich mit den **Petka-Kirche** und der **Ružicakirche** zwei kleine, aber für die Serben ideell wichtige Kirchen.

Östlich des Turms liegt der **Zoo**, deutlich attraktiver aber ist das **Café Tvrdjava**, das in einem Turm der Festung untergebracht ist. Es ist Café (untere Terrasse) und Restaurant (obere Terrasse) in einem, nicht preiswert, bietet neben einer guten Küche aber einen weiten Blick über Save und Donau; die Sonnenuntergänge hier sind betörend.

Das Viertel Varoš kapija

Der älteste noch erhaltene Stadtteil Belgrads schließt sich unmittelbar an den Kalemegdan an und erstreckt sich parallel zur Save. Er heißt Varoš kapija, was soviel wie Stadttore bedeutet. Von hier dehnte sich Belgrad seit der Mitte des 19. Jahrhunderts nach Süden und Osten aus. In einigen wenigen Straßen vermitteln die schmalen Häuser und das Kopfsteinpflaster noch einen Eindruck von dieser Zeit.

Vom Schiffsanleger führt die **Große Treppe** in das Viertel. Lange gab es keine Straßenverbindung von Belgrad an die Save, nur ein schmaler unbefestigter Pfad schlängelte sich vom Hügel an das Ufer. Man sagt, dass Fürst Mihailo eines Tages seine Schwester am Hafen verabschiedete und bei dieser Gelegenheit die Notwendigkeit einer befestigten Straßenverbindung erkannte. So ließ er auf eigene Kosten eine kopfsteingepflasterte Straße und eben die große Treppe anlegen. Sie war 1862 fertiggestellt und ist seit ihrer Renovierung im Jahr 1904 praktisch unverändert geblieben.

An der Ecke der ul. Pariska zum Kosančičev venac befindet sich die **Österreichische Botschaft**. Das neoklassizistische Gebäude wurde am Ende des 19. Jahrhunderts für den Kaufmann Dimitrije Krsmanovič errichtet und gilt als einer der wichtigsten Bauten eines serbischen Architekten aus jener Zeit.

Die Straßen Kosanćičev venac, Srebenička und Zadarska vermitteln noch etwas von dem alten Belgrad; es lohnt, sich hier ziellos von Haus zu Haus treiben zu lassen. Der Kosanćičev venac folgt der Abrisskante des Hügels, der sich um einiges über die Save erhebt. An manchen Stellen ergeben sich Blicke auf den Fluss und die andere Uferseite. Leicht kann man eine kleine **Büste für Mihajl Petrovič Alas** übersehen. Sie wurde 1968 für den genau hundert Jahre zuvor geborenen Mann aufgestellt, der sich für Philosophie, Wirtschaftsfragen und Musik interessierte, literarische Werke veröffentlichte, sich aber vor allem als Mathematiker einen Namen machte. Bis zu seinem Tod 1943 unterrichtete er an der Universität. Er gilt heute als ein Pionier auf dem Feld der Kybernetik, der an der Konstruktion von Computern forschte. Sein früheres Wohnhaus liegt genau gegenüber (Nr. 22).

Hinter der Einmündung der ul. Zadarska sind einige Mauerreste auszumachen. Das sind Trümmer der **Nationalbibliothek**. Bei der Bombardierung Belgrads durch deutsche Truppen am 6. April 1941 wurde die Bibliothek völlig zerstört, über 300 000 Bücher, Karten, viele unersetzbare Handschriften aus dem Mittelalter sowie die hier aufbewahrten Nachlässe zahlreicher Wissenschaftler verbrannten. Es gibt Pläne, an dieser Stelle ein Monument zur Erinnerung an die Bibliothek und ihre Vernichtung zu errichten, derzeit informiert ein etwas pathetisch formuliertes Plakat über die Geschichte dieses Ortes.

Café am Kosanćičev venac

▲ Karte: hintere Umschlagklappe

Ein Innenraum im Ljubica-Palast

Kathedrale und Umgebung

Ganz in der Nähe liegen einige Sehenswürdigkeiten, die im Rahmen eines geführten Stadtspaziergangs zum Pflichtprogramm gehören. Sie gruppieren sich um die Kreuzung der Kralja Petra I. mit der Kneza Sime Markoviča.

Erster Anlaufpunkt ist stets die **Kathedrale**. Interessant ist die Kombination von klassizistischer Fassade und filigranbarockem Turm, sehenswert vor allem das Innere. Fein gearbeitete Deckenleuchter, schöne Wand- und Glasmalereien, auch auf der gewölbten Decke, und die prächtige Ikonostase sind nicht nur wertvoll, sondern verbinden sich zu einem eindrucksvollen Raumerlebnis. Die alte Schönheit wurde bei Renovierungsarbeiten Anfang der 1990er Jahre hergestellt, errichtet wurde der Bau zwischen 1836 und 1845 unter Fürst Miloš Obrenovič. Er ist in der Kathedrale ebenso begraben wie Fürst Lazar, der auf 1389 auf dem Amselfeld den Tod fand, sowie Dositej Obradovič und Vuk Karadžič, zwei der bedeutendsten serbischen Gelehrten.

Das Eckgrundstück gegenüber nimmt die **Residenz des Patriarchen** ein. Der helle, streng gegliederte Bau ist ein Werk des russischen Architekten Viktor Lukomski (1932–1935). Ununterbrochen ist es seitdem der Sitz des Patriarchen, hier ist auch das Museum der serbisch-orthodoxen Kirche untergebracht. Es hat Ikonen, Handschriften und zahlreiche liturgische Objekte in seinem Bestand, vieles davon aus den Klöstern der Fruška Gora (Führungen nur nach Voranmeldung).

Der **Palast der Fürstin Ljubica** gegenüber ist wohl eines der schönsten Beispiele für den Baustil in der ersten Hälfte des 19. Jahrhunderts, die filigrane äußere Gestaltung vereint orientalische und mitteleuropäische Einflüsse. Fürst Miloš Obrenovič gab den Palast in Auftrag, residierte aber lieber in seinem Palast im Stadtteil Topčider, so dass nach der Fertigstellung 1831 seine Frau hier einzog, die Fürstin Ljubica. Sie bewohnte den Palast mit ihren Söhnen bis 1842. Heute befindet sich in dem sorgsam renovierten Gebäude die sehr sehenswerte Dauerausstellung ›Innenraumgestaltung Belgrader Bürgerhäuser im 19. Jahrhundert‹. Die Exponate zeigen sehr anschaulich, wie die serbischen Familien die Annehmlichkeiten des türkischen Lebensstils übernahmen und wie sich ab der zweiten Hälfte des 19. Jahrhunderts die Einflüsse aus Mitteleuropa immer stärker durchsetzten.

Auf der vierten Ecke schließlich gibt auch das **Café Fragezeichen** eine Vorstellung davon, wie dieses Viertel in der ersten Hälfte des 19. Jahrhunderts aussah. Der Bau stammt von 1825 und gehört zu den ältesten erhaltenen Häusern Belgrads. Die Fachwerkkonstruktion ist im sogenannten serbisch-türkischen Stil ausgeführt. 1879 zog hier ein Kaffeehaus ein, das lange den Namen ›Ečim Tomas Café-Restaurant‹ trug. Man sagt, dass der

In der Ulica Knez Mihailova

Besitzer es in ›Kathedralencafé‹ umbenennen wollte und damit den scharfen Protest der Kirche und auch der Regierung provozierte, die darin eine Verunglimpfung der Institution Kirche sahen. Als Übergangslösung brachte der Wirt das Schild mit dem Fragezeichen an – so blieb es bis heute, und bis heute kann man hier einkehren. Das Café ist vor allem bei den Studenten beliebt.

Ulica Knez Mihailova

Seit der Römerzeit ist die heutige Ulica Knez Mihailova – die bekannteste Prachtstraße und bedeutendste Einkaufsmeile – die wichtigste Straße Belgrads. Auf ganzer Länge ist sie seit den 1980er Jahren als Fußgängerzone gestaltet, und so flaniert es sich hier recht angenehm. An der Knez Mihailova und ihren Seitenstraßen finden sich Lokalitäten und Modegeschäfte aller Preisklassen, einige der renommiertesten Kulturinstitutionen haben hier ihren Sitz, und sie bildet die direkte Verbindung zwischen zwei wichtigen Punkten: dem Eingang zur Festung und den nebeneinander liegenden zentralen Plätzen Trg Republike und Terazije. Daher ist die ul. Knez Mihailova zu allen Tageszeiten sehr belebt. Zur Festung hin überwiegen die Bauten aus der Gründerzeit der Straße, zur anderen Seite bestimmen jüngere Gebäude das Bild. Die Straße steht als bauliches Ensemble komplett unter Denkmalschutz.

Vom Schiffsanleger führt der Weg dorthin über die Pariska und somit an der **Französischen Botschaft** vorbei. Der weiße modernistische Bau wurde 1930 vollendet. Einen Blick sind die drei weiblichen Statuen wert, die in der Mitte auf dem Frontfirst stehen, Allegorien der Freiheit, Gleichheit und Brüderlichkeit.

Auf der Ecke der Pariska zur Knez Mihailova ist mit der **Stadtbibliothek** die erste von vielen kulturellen Einrichtungen zu finden. Seit 1987 befindet sie sich an diesem Standort, bis dahin war in dem zweistöckigen beigefarbenen Gebäude (1867) das Hotel ›Srpska Kruna‹ (Serbische Krone) beheimatet, bei seiner Eröffnung das modernste der Stadt. Im rosafarbenen Haus schräg gegenüber, dessen Ecken mit etwas dunkleren

Fassade der Serbischen Akademie der Wissenschaften

▲ Karte: hintere Umschlagklappe

Kuppeln auffällig betont werden, ist seit 1937 die **Schule der Schönen Künste** untergebracht.

Das helle zweistöckige Eckhaus (Nr. 52) hinter der nächsten Querstraße mit seiner klassizistischen Formensprache ist ein gutes Beispiel für die Art der Bebauung, die ab 1870 die ul. Knez Mihailova prägte. Hier kreuzt die ul. Kralja Petra I. Die **Nationalbank** residiert in der Kralja Petra I Nr. 12. Der helle Bau im Kleid der Neorenaissance, der seit seiner Fertigstellung 1899 außen und innen kaum verändert worden ist, bildet einen deutlichen Kontrast zur Nr. 20. Bei diesem ungleich moderner anmutenden Bau handelt es sich um das erste moderne **Warenhaus**, das in Belgrad eröffnet wurde, im Jahr 1906. Eine für diese Zeit neuartige Stahlskelettkonstruktion ermöglichte die glasdominierte Fassade.

In der ul. Kneza Mihajla Nr. 48 und der Nr. 46 sind zwei der zahlreichen Lokale untergebracht. Die beiden zweigeschossigen Häuser stammen von 1869 bzw. 1882 und sind wie auch das Hotel ›Grčka kraljica‹ (1867) in der Nr. 51 – derzeit geschlossen – gute Beispiele für die frühe Bebauungsphase der Straße.

Aus dieser Zeit stammt auch das Gebäude auf der Ecke zur ul. Vuka Karadžiča. Allerdings sieht man es ihm nicht an: Um 1901 kam ein Stockwerk hinzu, in der Mitte des 20. Jahrhunderts zwei weitere, und so hat der Bau nur noch wenig mit seinem ursprünglichen Aussehen gemein. Seit 1988 ist hier die **Galerie der Gesellschaft der serbischen Maler** untergebracht, eine weitere Einrichtung, die zum Ruf der Knez Mihailova als einer der wichtigsten kulturellen Adressen beigetragen hat.

Sie weitet sich nun zu einem schmalen Platz. Eine kleine **Pyramide** zeigt an dieser Stelle die genauen Koordinaten Belgrads: 44 Grad, 49'14'' nördlicher Breite

Die Koordinaten der Stadt

und 20 Grad, 27'44'' östlicher Länge; 116,75 Meter Höhe über NN. Unmittelbar daneben setzt der **Delijska-Brunnen** einen modernen Tupfer. Er wurde hier 1987 im Rahmen der Rekonstruktion der Knez Mihailova aufgestellt. Es gab einen Vorgängerbrunnen, der aber weichen musste, als die Baugrube für die **Serbische Akademie der Wissenschaften und Künste** ausgehoben wurde. Dieses Gebäude – 1924 fertiggestellt – nimmt das Eckgrundstück zur ul. Đure Jakšiča ein. Die Fassade zur Knez Mihailova wird von der griechischen Göttin des Sieges, Nike, dominiert, ihr zu Füßen sollen die anderen Figuren die Zukunft symbolisieren. Das etwas überladen wirkende Gebäude im Stil der Sezession beherbergt zentrale kulturelle Institutionen: die Archive der Akademie, die Bibliothek, die als eine der bestausgestatteten in Belgrad gilt, und eine Galerie. Die Akademie, von Fürst Mihajl 1842 ins Leben gerufen, gehört zu den Gründung-

mitgliedern des **Museums für Wissenschaft und Technik**, das sich in der ul. Đure Jakšiča unmittelbar anschließt. Hier soll dieses kulturelle Erbe aufbewahrt und über Ausstellungen der Öffentlichkeit vermittelt werden.
Weiter nach Osten bietet die ul. Kneza Mihajla vor allem Geschäfte, Bedeutsames für die Geschichte oder Gegenwart Belgrads aber nicht mehr. Wer shoppen möchte, schlendert daher am besten geradeaus weiter.

Rund um den Akademski trg

Der Straßenzug Uzun Mirkova-Akademski trg-Vase Čarapiča parallel zur ul. Kneza Mihaolava ist eine der Hauptverkehrsachsen im Belgrader Zentrum und entsprechend laut und hektisch. Einige wichtige Gebäude an der Straße und in der Nähe und vor allem der Studentenplatz lohnen aber einen Besuch.

Rektorat der Universität

Auffälligstes Gebäude an der Straße ist das Rektorat der Universität. Der Kaufmann und Reeder Miša Anastasijevič, zu seiner Zeit einer der reichsten Männer Belgrads, ließ es für seine Tochter und ihren Mann 1863 errichten; daher wird es auch Kapetan-Miša-Haus genannt. Der Reichtum zeigt sich zweifellos allein in den Dimensionen des breiten neoromanischen Gebäudes. Es mutet eher wie ein auf Repräsentation zielendes öffentliches Gebäude denn wie ein Bürgerhaus an, und so darf man den Standort des Rektorats wohl als angemessen bezeichnen.

Der Studentenplatz

Der kleine Akademski trg gegenüber, auch Studentenplatz genannt, ist eine gepflegte, angenehme Grünanlage unter Straßenniveau, die einige Bänke aufweist und mit drei **Statuen** auch etwas zum Hinschauen: Die mittlere Statue von 1897 zeigt den Botaniker Josif Panćič, dem Belgrad seinen Botanischen Garten verdankt. Panćič (1814–1888) war Pionier in der systematischen Erforschung der serbischen Pflanzenwelt und einige Jahre lang Präsident der Serbischen Akademie der Wissenschaften. Das linke Monument (1994) erinnert an Jovan Cvijič (1865–1928), Geograph und Ethnologe. Er unterrichtete als Professor an der Universität, war ebenfalls Präsident der Akademie und gilt als Begründer der wissenschaftlichen Geographie in Serbien. Der Herr rechts ist Dositej Obradovič (1739–1811). Der Schriftsteller und Philosoph gründete die Große Schule, aus der später die Universität hervorging. Mit ausgreifenden Schritten und wehendem Mantel scheint er sich geradewegs auf das Rektoratsgebäude zuzubewegen.
Der graue Klotz an der Westseite des Platzes wirkt nicht sonderlich attraktiv, ist aber einen Besuch wert. Denn hier ist das **Ethnographische Museum** untergebracht, das mit einer großen Anzahl an Exponaten dem Besucher Traditionen und Lebensweisen Serbiens und Jugoslawiens näherbringt.

Das ehemals türkische Belgrad

Nördlich des Akademieplatzes lag früher das türkische Belgrad, der Stadtteil Dorčol. Das türkische Wort Dort-jol bedeutet Kreuzung. Bis zur Übergabe der Stadt an die Serben 1867 war dieses Viertel, das ungefähr vom heutigen Studentenplatz, der Donau und der Skadarlija begrenzt war, ein typisch orientalisches Viertel: niedrige Häuser entlang ungleichmäßig und in Kurven verlaufender Straßen, dazwischen zahlreiche Moscheen. Heute ist dieses Viertel von parallel zueinander verlaufenden Straßen durchzogen, an denen sich nur wenige Reste aus der langen Zeit der Osmanenherrschaft erhalten haben.

▲ Karte: hintere Umschlagklappe

Eines dieser Relikte ist die kleine **Türbe** von Scheich Mustafa von 1783. Sie liegt unmittelbar gegenüber dem nordöstlichen Ausgang des Studentenplatzes. Eine Inschrift über dem Eingang tut kund, dass der Scheich hier begraben liegt.

Das 1949 gegründete **Dositej-und-Vuk-Museum** an der ul. Gospodar Jevremova ist in einem der wenigen erhaltenen Gebäude aus dem 18. Jahrhundert beheimatet. Der zweistöckige Bau (1739) gilt als ältestes erhaltenes Gebäude Belgrads im osmanischen Stil. Ab 1806 war hier die erste Belgrader Hochschule untergebracht. Heute ist es ein Museum, das zwei für die serbische Kultur und Identität sehr einflussreichen Persönlichkeiten gewidmet ist: Dositej Obradovič, Begründer und erster Leiter des Gymnasiums, und Vuk Karadžič (1787–1864), der als der Begründer der modernen serbokroatischen Schriftsprache gilt. Karadžič besuchte das Gymnasium; er verfasste später die erste serbokroatische Grammatik, sammelte und veröffentlichte Heldenlieder und Sagen.

Die **Bayrakli-Moschee** an der Gospodar Jevremova gehört zu den wenigen noch im Stadtbild vorhandenen Moscheen. Sie wurde um 1690 fertiggestellt, später mehrmals beschädigt und wieder rekonstruiert. Sie wird nach wie vor von den Moslems in der Stadt genutzt.

Folgt man vom Akademski trg der ul. Uzun Mirkova nach Nordwesten, so erreicht man wiederum die ul. Pariska, dort wo sie ihren Namen in ul. Tadeuša Koščuška ändert. Das einstöckige Gebäude auf dieser Ecke ist heute die Heimat des **Pädagogischen Museums**, eines der ältesten Museen in Belgrad; es wurde bereits 1896 eingerichtet. Die Dauerausstellung ›Zehn Jahrhunderte serbische Schulen‹ umfasst die Zeit vom 9. Jahrhundert bis 1914. Das kleine Gebäude, das als eines der ersten die Abkehr vom orientalischen hin zum europäischen Baustil markiert, wurde 1837/38 errichtet. Umgeben von hohen Häusern und starkem Verkehr, wirkt es etwas verloren.

Trg Republike

Im allgemeinen Sprachgebrauch heißt der Trg Republike nur ›der Platz‹. Hier treffen mehrere große Straßen aufeinander, hier verabredet man sich abends, um in die Ausgehviertel weiterzuziehen, und hier befinden sich mit dem Nationaltheater

Das Rektorat der Universität

und dem Nationalmuseum zwei der ideell bedeutsamsten Einrichtungen – der Trg Republike ist das Herz der Stadt. Das **Kulturni centar Beograd** mit Buchhandlung, Galerie und Souvenirshop auf der südlichen und das frühere **Jadran-Kino** an der westlichen Seite, heute ein Geschäfts- und Bürohaus, komplettieren die Bebauung am Trg Republike.

Nationalmuseum

Der trg Republike wird von der roten Fassade des Nationalmuseums dominiert, dem wohl bedeutsamsten Museum der Stadt. Die Institution wurde 1844 ins Leben gerufen, seit 1964 ist sie hier ansässig. Der Bau wurde ursprünglich 1903 für die Staatsbank errichtet. Nach schweren Beschädigungen im Zweiten Weltkrieg wurde er restauriert und den Bedürfnissen des Museums angepasst. Seitdem wird auf fünf Etagen die serbische und jugoslawische Geschichte von der Ur- und Frühzeit bis zur Gegenwart

Das Reiterdenkmal für Fürst Miloš Obrenovič

▲ Karte: hintere Umschlagklappe

präsentiert. Daneben gehören auch Werke der europäischen Malerei vom 16. bis zum 20. Jahrhundert zum Bestand, darunter Arbeiten von Tintoretto und Rubens, Gauguin und Picasso. Insgesamt besteht der Bestand des Museums aus rund 400 000, darunter vielen sehr kostbaren, Objekten. Seit 2003 wird das Museum grundlegend renoviert und erweitert – so sollen Anbauten und eine neue Kuppel hinzukommen – und ist daher geschlossen; einen offiziellen Termin für die Wiedereröffnung gibt es nicht.
Vor dem Museum erhebt sich seit 1882 unübersehbar das elf Meter hohe **Reiterstandbild** für Fürst Miloš Obrenovič, ein Werk des italienischen Bildhauers Enrico Pazzi. Auf dem Sockel ist die Übergabe der Festungsschlüssels vom letzten türkischen Machthaber an den Fürsten dargestellt. Dieser hoch symbolische Augenblick gilt als der Gründungsmoment Serbiens. Daneben sind im Sockel die Namen der serbischen Städte eingraviert, die in der Regierungszeit des Fürsten aus der osmanischen Fremdherrschaft befreit wurden.

Nationaltheater

Das Nationaltheater an der Ostseite des Platzes steht an der Stelle des Stambultores. Dieses Stadttor legte man nieder, als auf Initiative des Fürsten Mihailo mit den Ausschachtungsarbeiten für das Theater begonnen wurde. Der Fürst konnte die Einweihung indes nicht mehr erleben, er starb im Mai 1868 bei einem Anschlag. Das Theater wurde im Oktober 1869 mit dem Stück ›Der postume Ruhm des Fürsten Mihajl Obrenovič‹ eingeweiht. Das heutige Aussehen geht auf die jüngste der verschiedenen Renovierungen zurück; sie war 1989, zum 100. Geburtstag des Theaters, abgeschlossen. Nach wie vor ist das Theater ein Dreispartenhaus mit festem Ensemble.

Die berühmten drei Hüte am gleichnamigen Traditionslokal

Skadarlija

Nur wenige Fußminuten vom Trg Republike entfernt liegen die Straßen, die zusammenfassend als ›Künstlerviertel Skadarlija‹ bezeichnet werden. Genau genommen handelt es sich dabei vor allem um die Skadarska-Straße. Dieses Viertel war am Ende des 19. und zu Beginn des 20. Jahrhunderts das Künstlerviertel schlechthin, man nannte es das ›Montmartre Belgrads‹. Heute ist es das beliebteste Ausgehviertel der Stadt, und Belgrader und Gäste kommen gleichermaßen gern hierher. Das Kopfsteinpflaster, die altertümliche Beleuchtung und die schmalen Häuser verleihen der leicht abschüssigen Straße ein romantisches, pittoreskes Aussehen, und es sitzt sich sowohl an der Straße wie in den Hofgärten malerisch. Insgesamt mehr als ein Dutzend Lokale gibt es hier.

Die erste Bebauungsphase begann ab 1810, es entstand eine Art Budensiedlung. Nach einer Zählung von 1878 gab es in dem Viertel mehr als hundert Häuser, die fast 20 Lokale beherbergten. Von diesen einstöckigen Häusern, zumeist im balkanisch-osmanischen Stil errichtet, stehen heute noch etwa ein Dutzend. Die anderen sind zum großen Teil ab den 1920er Jahren zugunsten von vierstöckigen Mietshäusern abgetragen worden, wodurch der alte intime Flair des Viertels etwas gelitten hat.

Das dominierende Gebäude im unteren Teil der Straße ist die **Brauerei**. Der zugezogene Tscheche Ignjat Bajloni kaufte in der zweiten Hälfte des 19. Jahrhunderts das Eckgrundstück zwischen der ul. Cetinjska und der ul. Skadarska, auf dem sich bereits eine kleine Brauerei befand. Bajloni erweiterte in großem Stil und kombinierte Massenproduktion mit Qualität: Sein Bier wurde bei der Weltausstellung in Paris 1900 sogar mit einem Preis bedacht. In dieser Zeit kamen viele Nachtschwärmer hierher, wenn das nahe gelegene Nationaltheater und das Kino ihre Vorstellungen beendet hatten. Eine bedeutende Revitalisierung erfuhr die Skadarska-Straße ab 1966. Sie wurde vom Verkehr befreit und bekam ihr historisches Kopfsteinpflaster zurück, der **Skadarlija-Brunnen** am oberen Ende wurde aufgestellt, und viele Lokale wurden modernisiert oder nach historischem Vorbild neu eingerichtet, manche gar von Grund auf rekonstruiert.

Am oberen Ende der Straße finden sich zunächst einige Lokale, man kommt am Brunnen vorbei und stößt dann auf das **Haus von Djura Jakšič** (Nr. 36). Der Schriftsteller und Maler (1832–1878) gehörte auf beiden Gebieten zu den einflussreichsten Künstlern seiner Zeit. Das Haus wird heute für Ausstellungen und Lesungen genutzt, und Jakšič, der seit Ende der 1980er Jahre als **Bronzefigur** vor seinem früheren Wohnhaus sitzt, scheint zufrieden mit dieser Nutzung zu sein. Weitere **Denkmäler** erinnern an die frühere Zeit als Künstlerviertel: das Denkmal an den Trommler von Skadarlija (im Garten des Restaurants Ima dana, Nr. 38) und das Denkmal an den Reisenden Schauspieler (1989) an der Ecke zur Gospodar Jevremova.

Gegenüber befindet sich das berühmteste der Traditionslokale, das **Tri šešira** (Drei Hüte). Es ist das älteste Restaurant im Viertel, seit 1864 durchgängig geöffnet, und das helle einstöckige Haus ein schönes Beispiel für die erste Bebauungsphase. Ursprünglich war hier eine kleine Firma beheimatet, deren Firmenzeichen die drei Hüte waren. Das Lokal kam so zu seinem Namen und behielt ihn bis heute. Die drei farbigen Hüte an der Außenwand sind beliebtes Fotomotiv und gleichzeitig Wahrzeichen der Skadarlija.

Der **öffentliche Brunnen** im arabischen Stil markiert das untere Ende der Straße. Er sieht alt aus, ist aber von 1989. Er ist ein Geschenk Sarajevos an Belgrad, eine exakte Kopie des Brunnens, der sich in der Baščaršija befindet, dem Altstadtviertel in Sarajevo.

Das Gewerkschaftshaus

▲ Karte: hintere Umschlagklappe

Der Terazije-Brunnen

Entlang der Terazije

Die Terazije Kralja Milana, kurz Terazije, ist mit ihren Verlängerungen einer der zentralen Straßenzüge Belgrads. Neben Hotels, großen Geschäfts- und Bürogebäuden finden sich hier wichtige staatliche Einrichtungen. Dieser Teil Belgrads war bis in die 1830er Jahre unbebaut, erst dann erschloss man ihn. 1867 wurde ein erster Stadtbebauungsplan verabschiedet. Dies und die Tatsache, dass der Baugrund von Fürst Miloš kostenlos zur Verfügung gestellt worden war, führte dann seit den 1860er Jahren zu einer raschen Bebauung. Das heutige Aussehen der Straße geht auf die 1947 vorgenommene Umgestaltung zurück, die wichtigsten Gebäude sind älteren Datums.

Dort wo die ul. Kneza Mihajla in die Terazije übergeht, ragt ein 1938/39 errichtetes Hochhaus auf. Der Bau mit seiner konvex geschwungenen Fassade ist eigentlich ohne Namen, aber die Belgrader gaben ihm schnell den Namen des Restaurants, das sich zuvor an dieser Stelle befunden hatte, und so hat sich die Bezeichnung **Albanija** eingebürgert. An der nächsten Ecke weitet sich die Terazije zu einem Platz, auf den mehrere große Straßen münden. Die nördliche Seite nimmt das Hotel ›Balkana‹ ein, auffälliger ist die mit grünen Kacheln verkleidete Jugendstilfassade des **Hotels Moskva** gegenüber. Es stammt von 1905, der großen Zeit der Grand Hotels, und hat sich seinen Charakter seitdem bewahrt. An der Hauptfassade symbolisieren drei Frauengestalten die ökonomische Macht Russlands. Im Erdgeschoss befindet sich ein Café, von dem man einen guten Blick auf das Treiben an diesem lebendigen Platz hat.

Der **Terazije-Brunnen** vor dem Hotel steht seit 1975 wieder auf seinem angestammten Platz. Er war 1860 als Ehrendenkmal für die Rückkehr des Fürsten Miloš aufgestellt worden. Daher sind auf allen vier Seiten die Initialen M. O. für Miloš Obrenovič und das Jahr 1860 eingraviert. Der Platz, auf dem der Brunnen steht, gilt als geographischer Mittelpunkt Belgrads.

Das Alte Schloss, Seitenansicht

Nach Osten schließt sich der trg Nikola Pašiča an. Der alte Name – Trg Marksa i Engelsa – war passender, denn an ihm liegen das Gewerkschaftshaus und das Revolutionsmuseum. Das **Gewerkschaftshaus**, ein konkav geschwungener, breiter Bau, wurde 1952 fertiggestellt. Die Architekten nahmen ganz offensichtlich Anleihen bei Funktionsbauten, die in den Jahren und Jahrzehnten zuvor in anderen sozialistischen Ländern ihrer Bestimmung übergeben worden waren. In dem großen Bau kam früher die KP Jugoslawiens zusammen, heute finden hier neben politischen Veranstaltungen vor allem Konzerte, Filmfestivals und Showabende statt. Das **Krsmanovič-Haus** (Terazije Nr. 34) ist leicht zu übersehen, war aber Schauplatz einer wichtigen Entscheidung. Hier proklamierten im Herbst 1918 Serben, Kroaten und Slowenen ihre Föderation und hoben somit den neuen Staat aus der Taufe. In dem neobarocken Bau hatte auch der König des neugeschaffenen Staates zwischen 1918 und 1922 seinen vorübergehenden Amtssitz. Überhaupt weist die Terazije auf diesem Abschnitt einige schöne Beispiele aus der Bebauungsphase kurz vor und nach der Jahrhundertwende auf.

Altes und Neues Schloss

Das Alte Schloss wurde auf Initiative von König Milan (1882–1889) mit der Maßgabe errichtet, es solle die Schönheit aller Residenzen in den Schatten stellen. Ob die 1884 ihrer Bestimmung übergebene trutzige Vierflügelanlage in den Formen der italienischen Neorenaissance dieser Vorgabe genügt, mag jeder selbst entscheiden. Den besten Eindruck erhält man, wenn man den Park betritt: Die frühere Residenz wendet ihm ihre Hauptfassade zu. Sie wurde 1941 beschädigt und nach Kriegsende sorgfältig restauriert, allerdings fehlen seitdem die früher charakteristischen Türme auf den Ecken. Heute beherbergt der Bau das Belgrader Stadtparlament und das Rathaus; daher ist nur ein Teil der Räume für die Öffentlichkeit zugänglich.

Das Pendant zum ›Alten‹ ist das 1918 seiner Bestimmung übergebene Neue Schloss gegenüber; es war bis 1934, als König Alexander einem Attentat zum Opfer fiel, die Residenz des Königs. In dem Gebäude, das die Formensprache des Alten Schlosses aufnimmt, befindet sich seit 1945 der Amtssitz des serbischen Präsidenten.

Ivo-Andrič-Museum

Gleich hinter dem Neuen Schloss mündet die Andričev venac ein. Für den Namensgeber dieser ruhigen Straße ist an ihrem Knick, am Eingang zum Palastpark, seit 1991 eine kleine Büste aufgestellt. Ivo Andrič (1892–1975), einer der bedeutendsten Schriftsteller des Landes, verbrachte einen Großteil seines Lebens im heutigen Bosnien und Herzegowina, und viele seiner Bücher spielen dort, etwa ›Die Brücke über die Drina‹, sein wohl bekanntestes Werk. Andrič lebte einige Jahre in Belgrad, seine Novellen spielen teils hier. Seine frühere Wohnung ist seit 1976 als Museum für den Schriftsteller eingerichtet, dem 1961 der Nobelpreis für Literatur verliehen wurde; Arbeitszimmer und Salon sind original erhalten. Dieses Museum befindet sich in dem geschwungenen Gebäude (Nr. 8) unmittelbar gegenüber der Statue.

Palastpark und Parlament

Der schöne, skulpturengeschmückte Palastpark lohnt einen Besuch. Er wurde als Teil des Alten Schlosses angelegt, einige Bäume aus dieser Zeit haben sich bis heute gehalten.

Nimmt man den nordöstlichen Ausgang, findet man sich direkt gegenüber dem Parlament. Mit dem Bau wurde nach Plänen des Architekten Jovan Ilkič 1906 begonnen, die Arbeiten wurden aber erst 1936, unter der Leitung seines Sohnes Pavle, vollendet. Das Parlament reiht sich in die Monumentalität ähnlicher Funktionsbauten ein, die in Europa um die und kurz nach der Jahrhundertwende entstanden. Der streng symmetrische Bau wird von einer gewaltigen Tambourkuppel in der Mitte gekrönt, ein Tempelportikus strukturiert den Eingang. Davor greift die Skulpturengruppe ›Tanz der Schwarzen Pferde‹ des Bildhauers Toma Rosandič ein Volksliedmotiv auf. Das Parlament geriet in den 1990er Jahren einer größeren Öffentlichkeit ins Blickfeld: Die Demonstrationen, die maßgeblich zum Sturz des Milosevič-Regimes beitrugen, führten stets hierher.

Kathedrale des heiligen Sava

Etwas südlich des Zentrums, auf dem Vračár-Hügel, erhebt sich die Kathedrale des heiligen Sava, die größte Kirche Südeuropas und eine der größten weltweit: 81 Meter breit und 91 hoch; der Kuppeldurchmesser beträgt 35 Meter, das 4 Tonnen schwere Kreuz auf der Spitze misst 12 Meter. Damit übertrifft die Sava-Kathedrale in ihren Ausmaßen die Hagia Sophia in Istanbul, auf die sich ausdrücklich bezieht. Der monumentale Bau ist im sogenannten serbisch-byzantinischen Stil errichtet, der den Traditionen der mittelalterlichen byzantinischen Kunst verpflichtet ist. Dessen Hauptkirche ist die Hagia Sophia. Die Kirche war daher als Symbol für die Größe Jugoslawiens gedacht, seine Verwurzelung in der byzantinischen Kultur und gleichzeitig als Ausdruck für die enge Verbindung von staatlicher und geistlicher Macht.

Die Grundsteinlegung fand 1939 statt, aber erst 1989, zum 600. Jahrestag der Schlacht auf dem Amselfeld, wurde der

▲ Karte: hintere Umschlagklappe

Ivo Andrič gegenüber dem Andrič-Museum

Kirche die Kuppel mitsamt vergoldetem Kreuz aufgesetzt. Die Arbeiten an den Fassaden waren erst 1995 abgeschlossen, der Innenraum gleicht nach wie vor einer großen Baustelle und wird nicht vor 2020 vollendet sein. Die Einweihung fand 2004 statt.

Die Kathedrale steht an der Stelle, an der die türkischen Machthaber 1594 die sterblichen Überreste des heiligen Sava (1175–1235) verbrannten. Der heilige Sava, Sohn des Fürsten Stephan aus der Dynastie der Nemaniden, wählte das Leben eines Mönchs und begründete das Hilandar-Kloster auf dem Berg Athos. Später war er für den jungen serbischen Staat in diplomatischen Diensten rund um das Mittelmeer unterwegs. Sein Werk ›Biographie des heiligen Simeon‹ gilt als Anfangspunkt der mittelalterlichen serbischen Literatur. Sava war zudem der erste serbische Erzbischof. Heute wird er als wichtige literarische und religiöse Persönlichkeit verehrt.

Einige **Parks**, in denen Denkmäler an verschiedene Stationen der serbischen Geschichte erinnern, umgeben die Kirche. Ursprünglich sollten um die Kirche herum ein neues Patriarchenpalais, eine theologische Fakultät und ein kirchliches Museum errichtet werden. Dafür fehlen aber derzeit die finanziellen Mittel.

Da man vom Zentrum eine halbe Stunde unterwegs ist und die Kathedrale unter künstlerischen Gesichtspunkten diesen weiten Weg nicht lohnt, ist ein Besuch nur Spezialisten zu empfehlen.

Ein Ausflug nach Topola

Der Name des 80 Kilometer südlich von Belgrad gelegenen Ortes Topola (5000 Einwohner) ist in Serbien allgemein geläufig, war er doch das Zentrum des Ersten Serbischen Aufstandes (1804–1813) und damit für die Geschichte der Serben von großer Wichtigkeit. Wegen dieser

Eher groß als schön: die Sava-Kirche

großen ideellen Bedeutung werden auf manchen Reisen Halbtagesausflüge dorthin angeboten. Der Ort selbst ist nicht spektakulär, es ist aber für Ausländer interessant zu sehen, wie sehr die Erinnerung an die serbischen Aufstände gepflegt wird und welche große Rolle diese Ereignisse heute noch für die serbische Identität einnehmen.

Im Februar 1804 versammelten sich im kleinen Dorf Orašac bei Topola einige führende politische Vertreter der Serben um Đorđe Petrović (1762–1817), genannt ›Karađorđe‹ (Schwarzer Đorđe), und beschlossen den Aufstand. Es gelang den Serben zunächst, die Osmanen in mehreren Schlachten zu besiegen und die meisten Gebiete von der Besetzung zu befreien; allerdings konnten die Türken im Verlaufe des Jahres 1813 das Land zurückerobern. Obwohl die Erhebung letztlich erfolglos war, stellt sie in der historischen Gesamtschau einen wichtigen Schritt auf dem Weg in die Unabhängigkeit dar, die schließlich 1867 endgültig erreicht und auf dem Berliner Kongress 1878 von den europäischen Großmächten bestätigt wurde.

Die Familie Karađorđević, Nachfahren des Đorđe Petrović, war eine der bei-

▲ Karte: hintere Umschlagklappe

den wichtigen Dynastien im selbständigen Serbien und stellte zahlreiche Fürsten und Könige. Mehr als 20 Mitglieder dieser Familie ruhen in der Krypta der **St.-Georgs-Kirche**, die sich auf dem Hügel Oplenac bei Topola erhebt, darunter natürlich auch Đorđe Petrović, der Begründer der Dynastie, sowie alle Könige; Peter II. (1923–1970) kam als jüngster Neuzugang 2013 hierher.

Man kann die fünfkupplige Kirche aus weißem Marmor daher als Pantheon der serbischen Könige ansehen, als Privatmausoleum der Familie Karađorđević und zugleich als Dank der Serben an diese Familie, der sie in politischer Sicht sehr viel verdanken.

Im Örtchen selbst gibt es noch ein **Museum**, das sich den serbischen Aufständen widmet, und einen **Park** mitsamt Gedenkstätte für die Opfer des Aufstandes. Somit wird in Topola dieses Thema erschöpfend behandelt und dargestellt.

In der Umgebung wird viel Weinanbau betrieben. Die berühmteste der hier produzierten Sorten heißt seit Jahrzehnten ›Triumpf‹, ein Weißwein, der ursprünglich exklusiv für König Aleksandar Karađorđević (1888–1934) hergestellt wurde.

Belgrad

Touristische Organisation, Kneza Mihaila 6 (in der Nähe des trg Republike). Eine Zweigstelle des Touristenbüros befindet in dem Neubau direkt am Schiffsanleger. Zahlreiche aktuelle Materialien, z.B. eine Museumsbroschüre mit Karte, in der alle größeren Museen präzise vorgestellt werden.

Der Euro wird in den Gaststätten nur selten akzeptiert. In der Kneza Mihailova und ihren Seitenstraßen findet sich eine Reihe von Bankautomaten und Wechselstuben.

Festung und Fußgängerzone können mit öffentlichen Verkehrsmitteln nicht direkt erreicht werden, zudem sind es vom Schiffsanleger nur wenige Fußminuten dorthin. Diejenigen, die sich nicht in Vororte oder nach Zemun begeben möchten, sind also nicht auf Tram und Bus angewiesen.

Belgrads vibrierendes Nachtleben zieht am Wochenende viele Gäste aus dem Umland und sogar aus Montenegro und Kroatien an. Es gibt geschätzt 2000 Kneipen, Restaurants und Clubs. Tipps für ein erstes Kennenlernen:

Café Tvrdjava auf der Festung mit wunderbarem Blick auf Save und Donau.

Die **Mihailova** ist abends so etwas wie der Korso Belgrads. An einem der Tische vor den Cafés lässt sich dieses Treiben schön beobachten.

Die Traditionslokale der **Skadarlija** bieten durchweg gute landestypische Küche, oft spielen ebenso gute Musikgruppen dazu.

Am nördlichen Ufer der Save und dem nach Zemun führenden Donauufer liegen rund 150 **Schiffe**, in denen Discos, Clubs, einfache Kneipen und Restaurants aller Art untergebracht sind. Einige bieten hervorragende landestypische oder internationale Küche. Diese Belgrader Besonderheit kennenzulernen, ist ein Erlebnis für sich; Tipps z.B. beim Touristenbüro am Schiffsanleger.

In den alten **Lagerhäusern** (betonhala) in unmittelbarer Nähe zum Schiffsanleger (an der Uferstraße Richtung Festung) haben sich in den vergangenen Jahren originelle Bars und Restaurants angesiedelt. Eher jüngeres Publikum.

Souvenirs findet man im **Beogradski Izlog**, Knez Mihailova 6 (Kulturcenter), im **Informationszentrum der Stadt**, Knez Mihailova 18, und im Laden des **Ethnographischen Museums**, Studentski trg 13.

Eugen von Savoyen

Zwischen Linz und Belgrad stößt man immer wieder auf den Namen Prinz Eugen: Allerorten sind Straßen und Plätze nach ihm benannt, große Denkmäler erheben sich an exponierten Orten in Wien und Budapest, in gleich drei Ländern sind Schlösser mit ihm verbunden, und jahrzehntelang sahen Kreuzfahrtreisende auf dem österreichischen Abschnitt der Wachau das Ausflugsschiff ›Prinz Eugen‹ der DDSG (Donaudampfschiffahrtsgesellschaft) an sich vorbeiziehen. Die Präsenz des Namens ist kein Zufall: Prinz Eugen gehörte einige Jahrzehnte lang zu den wichtigsten Persönlichkeiten Europas. Er war einer der berühmtesten Feldherren seiner Zeit und als ›Türkenbezwinger‹, wie er oft heute noch genannt wird, hat er sich einen bleibenden Platz in den Geschichtsbüchern erworben.

Eugen Franz, Prinz von Savoyen-Carignan, wurde am 18. Oktober 1663 in Paris geboren. Die von Savoyen-Carignan waren eine in Frankreich ansässige Nebenlinie des in Italien regierenden Herzogsgeschlechtes Savoyen mit verwandtschaftlichen Verbindungen in den spanischen, italienischen, französischen und deutschen Adel. Sie fühlten sich weniger einem Land verpflichtet als vielmehr einem Dienstherren. Der Vater starb, als Eugen zehn war, und die Mutter, einige Jahre eine der Favoritinnen des Königs Ludwig XIV., fiel wegen einer Intrige bei Hof in Ungnade und floh 1680 nach Brüssel. Sie hatte sich bis dahin ohnehin kaum um ihre Kinder gekümmert. Es gibt Grund zur Annahme, dass Eugen, weil er nicht hübsch, dabei zart und klein war – als Erwachsener maß er 1,54 Meter –, in seinen Kindheits- und Jugendjahren verspottet worden ist, und so darf diese Zeit wohl als überhaupt unglücklich bezeichnet werden. Die Ursache für die Distanz und Reserviertheit, die er zeitlebens verströmte, liegt wohl in diesen Jahren.

Eugen erhielt zwar in Frankreich eine militärische Ausbildung; seine Bitte, ihm das Kommando über ein Regiment zu geben – ein solches Kommando hätte ihm Kraft seines Standes nach den damaligen Gewohnheitsrechten zugestanden –, wurde jedoch abgewiesen. Die offizielle Begründung nennt seine zu schmächtige Statur, vermutlich aber war seine Familie bei den Ludwigs nicht mehr hoch angesehen.

Eugen ging daher nach Österreich, erhielt von Leopold I. ein Offizierspatent und kämpfte bei der Schlacht am Kahlenberg bei Wien im September 1683 erstmals und in der Schlacht bei Párkany (heute Štúrovo) einen Monat später wiederum gegen die Türken. Offenbar bewährte er sich und hatte gleichzeitig Fürsprecher, denn er erhielt bereits im Dezember das Kommando über ein Regiment.

In den folgenden Jahren war Eugen pausenlos für die Habsburger im Einsatz, hauptsächlich gegen die Türken, und stieg dabei rasch auf. Ab 1697 war er Oberbefehlshaber im Großen Türkenkrieg, und im September dieses Jahres fügte er den Osmanen in der Schlacht bei Zenta (Senta) in der Vojvodina eine vernichtende Niederlage zu. Dieser Sieg begründete Eugens Ruf als überragender Feldherr. Unmittelbare Folge dieser Schlacht war der 1699 geschlossene Frieden von Karlowitz (heute Sremski Karlovci), mit dem sich das Kräfteverhältnis in Südosteuropa zu Ungunsten des Osmanischen Reiches veränderte. Österreich besaß nun weite Teile der Pannonischen Tiefebene, Siebenbürgens und Sloweniens und war zu einer europäischen Großmacht aufgestiegen. Durch den glanzvollen Sieg und den Vertrag wurde Eugens Name in ganz Europa zu einem Begriff.

Zu Beginn des Jahres 1700 wurde er zum Mitglied des Geheimen Rates – so etwas wie das Kabinett Leopolds I. – ernannt, im Juni zum Präsidenten des Hofkriegsrates in Wien und im Mai 1708 zum Generalleutnant, in Österreich damals der höchste militärische Titel als Stellvertreter des Kaisers im Oberkommando der Armee. Eugen vereinte nun den Posten des Ministers und den des Generals, er galt als der zweitmächtigste Mann im Staat. Friedrich der Große hat ihn später als den ›eigentlichen Kaiser‹ bezeichnet. Im Spanischen Erbfolgekrieg (1701–1714) war Eugen Oberkommandierender der antifranzösischen Alliierten und maßgeblich auch an den Verhandlungen beteiligt, die 1714 zum Friedensschluss führten.

Im Venezianisch-Österreichischen Türkenkrieg (1714–1718) gelangen Eugen zwei entscheidende Siege. Er fügte den Osmanen im August 1716 in der Schlacht von Peterwardein eine vernichtende Niederlage zu, und er eroberte mit seinen Truppen im August 1717 die Festung Belgrad, indem er nicht wie erwartet vom Land, sondern mittels einer Pontonbrücke vom Wasser aus angriff. Eugen war wesentlich an den Verhandlungen beteiligt, die zum Frieden von Passarowitz (1718) führten. Der vergrößerte das Territorium Österreichs um das nördliche Serbien, das Banat und die Walachei und bestätigte die Vorherrschaft der Habsburger in Südosteuropa. Diese Belagerung und Einnahme der Stadt Belgrad ist auch Thema des Volksliedes ›Prinz Eugen, der edle Ritter‹, das bis heute bekannt ist. Auch dieses Lied in Balladenform, dessen älteste handschriftliche Fassung von 1719 stammt, trug zur Popularität des Eugen bei. Danach verlor Eugen an Einfluss, das militärische Geschick verließ ihn, und seine Gesundheit verschlechterte sich deutlich. Als er im April 1736 in Wien an einer Lungenentzündung starb, war er in Wien trotz aller Titel weitgehend isoliert und am Hof nicht mehr gern gesehen.

Dank der Zuwendungen für seine Siege besaß Eugen seit seinen ersten Erfolgen ein beträchtliches Vermögen, mit dem er zu einem der bedeutendsten Mäzene, Kunstsammler und Bauherren seiner Zeit wurde. Ab 1694 ließ er sich sein Stadtpalais an der Wiener Himmelpfortgasse durch Johann Bernhard Fischer von Erlach, zu dieser Zeit bereits einer der renommiertesten Baumeister seiner Zeit, umbauen und erweitern. Es ist heute Sitz des Barockmuseums. Von seinem Lieblingsarchitekten Johann Lukas von Hildebrandt ließ er sich gleich mehrere Schlösser für zuvor erworbene Ländereien entwerfen: Schloss Ráckeve südlich von Budapest (1701/02), Schloss Hof im Marchfeld (1726) sowie das Untere und Obere Belvedere (1714–1716 bzw. 1720–1723), das als Hauptwerk Hildebrandts gilt und heute zu den herausragenden Sehenswürdigkeiten in Wien zählt.

Eugen war bis zu seinem Tod ein unverheirateter Einzelgänger, auch über Mätressen oder Favoritinnen, wie man damals gern sagte, war und ist nichts bekannt. Daher wurde schon zu Lebzeiten gemutmaßt, er sei homosexuell gewesen. Eugen hinterließ kein Testament. Seine Nichte Anna Viktoria von Savoyen erbte seinen beweglichen Besitz, darunter erhebliches Barvermögen. Dennoch verschacherte sie recht schnell alles, was sich irgendwie zu Geld machen ließ. Die Kunstwerke wurden dabei in alle Winde verstreut, das sorgfältig geführte Privatarchiv mit Bauplänen und der Privatkorrespondenz ging gar vollkommen verloren.

Prinz Eugen erhielt ein Ehrenbegräbnis in der nach ihm bekannten Kapelle des Wiener Stephansdoms; sein Herz aber wurde in der Grabkirche des Königshauses Savoyen bestattet, der Basilica di Superga in Turin.

Zwischen Belgrad und Eisernem Tor

Der Zufluss der Save hat die Donau noch im Belgrader Stadtgebiet erheblich anschwellen lassen. Dahinter variiert ihre Breite zwischen 800 Metern und deutlich mehr als zwei Kilometern. Der Fluss vollzieht kleinere und größere Schleifen und Kehren, manchmal weitet er sich seenartig; einige Inseln werden passiert. Bis zum Eingang in das Eiserne Tor sind die Ufer von flachen oder leicht hügeligen Landschaften gesäumt.

Zu den kleineren Zuflüssen der Donau gehört der in Rumänien entspringende Fluss Temeš, der kurz hinter Belgrad einmündet. An dieser Stelle entwickelte sich **Pančevo** (km 1154). Die Industrie, unter anderem Flugzeugbau, Stahl- und Elektrotechnik sowie Petrochemie, und der Hafen bestimmen den Charakter der Stadt mit rund 76 000 Einwohnern. In **Vinča** (km 1145) befindet sich ein kernphysikalisches Forschungsinstitut. In den vergangenen Jahren wurde der Ort vor allem wegen der in der Nähe gemachten archäologischen Funde bekannt.

Grocka wuchs vor allem nach dem Zweiten Weltkrieg, als sich wohlhabende Belgrader hier einen Sommersitz anlegten und zurückkehrende ›Gastarbeiter‹ aus Deutschland ebenso die Bauindustrie ankurbelten. Der Ort fällt nicht weiter auf, war aber gegen Ende des Zweiten Weltkriegs Schauplatz einer der größeren Schlachten zwischen den sowjetischen und den sich zurückziehenden deutschen Truppen. Schon 1739 hatte es hier eine wichtige Schlacht gegeben: Die Österreicher mussten gegen die Osmanen eine herbe Niederlage einstecken. Damit war der Weg für die siegreichen Truppen gen Norden frei; die Türken zogen erneut, nun zum letzten Mal und für rund hundert Jahre, in Belgrad ein.

Smederevo ▸ km 1116

Auch als Ruine ist die Festung Smederevo imposant. Sie hat nicht nur einen pittoresken Charme, sondern besitzt für die Serben einen großen Stellenwert, da sie vor der völligen Eroberung Serbiens durch die Osmanen der letzte Residenzsitz war und sich am längsten der Eroberung widersetzen konnte.

Die Festung entstand in nur zwei Jahren, zwischen 1428 und 1430, danach wurden weitere Um- und Ausbauten vorgenommen. Die fertiggestellte Anlage war in etwa dreieckig, auf der einen Seite durch die Donau, auf den anderen beiden Seiten durch Wassergräben geschützt. Jede Seite war um die 500 Meter lang. Die Festung verfügte über 19 Türme, die durch Mau-

Smederevo

▲ Karte S. 273

Festung Ram

ern miteinander verbunden waren. Innerhalb der Mauern entwickelte sich die im Mittelalter größte serbische Stadt an der Donau, zu jener Zeit gleichzeitig eine der größten Städte in Europa.
Die Anlage gilt heute bei den Historikern als eine der wehrhaftesten ihrer Zeit. Dennoch konnten die Türken sie im Jahr 1459 erobern, damit war ein Serbisches Reich endgültig nicht mehr vorhanden. Die Türken bauten um 1480 drei große Geschütztürme an, die durch eine niedrige Mauer verbunden waren – das Zeitalter der Feuerwaffen hatte begonnen. Von kurzen Perioden abgesehen, blieben die Osmanen bis 1867. Bis in das 20. Jahrhundert blieb die Festung weitgehend unbeschädigt erhalten. Durch Beschuss der Österreicher im Ersten Weltkrieg nahm sie erhebliche Schäden, im Zweiten Weltkrieg wurde sie zunächst von alliierten Flugzeugen bombardiert und dann vollständig zerstört, als durch bislang ungeklärte Ursache ein deutsches Munitionslager in die Luft flog. Diese Explosion kostete mehrere tausend Zivilisten das Leben, die sich in der Mittagszeit, als das Unglück geschah, auf dem Markt und dem Bahnhof aufhielten. Die Türme hielten stand, die Mauern zum Teil, innerhalb der Festung blieb jedoch kaum ein Stein auf dem anderen.
Smederevo war zu jugoslawischer Zeit wichtig, weil sich hier einer der größten Industriebetriebe befand, der mit sowjetischer Hilfe errichtet wurde. Zu dem Komplex gehörten eine Eisengießerei, ein Walzwerk und eine Maschinenfabrik. Das Stahlwerk, heute im Besitz der chinesischen Staatsfirma HBIS, ist noch immer der größte Arbeitgeber der Stadt mit ihren derzeit etwa 77 000 Einwohnern.
Kurz hinter Smederevo mündet auf rechter Seite die Morava (km 1103) ein; am linken Ufer erhebt sich die **Ruine Kulic**.

Von Kostolac nach Veliko Gradište

Kostolac (km 1095) am rechten Ufer war eine Gründung der Römer und als Viminacium seit 2. Jahrhundert Hauptstadt ihrer Provinz Moesia; heute ist es unbedeutend. Zehn Kilometer weiter reichen auf der anderen Seite die Ausläufer einer **Sanddüne** (Deliblatska pescara) bis an die Donau. Sie erstreckt sich auf etwa 300 Quadratkilometern. Die Donau ist hier sehr breit, und nicht selten tritt wegen der vorherrschenden Ost- und Nordostwinde auf dieser Passage spürbarer Wellengang auf.
Sehr fotogen erheben sich auf einem Felsvorsprung eingangs einer Rechtskurve die Ruinen der **Festung Ram** (km 1077). Auszumachen sind ein rechteckiger größerer und ein runder kleinerer Turm sowie zwei weitere Türme, dazwischen Wehrmauern. Mehr ist seit dem 18. Jahrhundert nicht mehr vorhanden. Bis dahin stand hier eine Festung, die die Türken im 16. Jahrhundert auf den Fundamenten einer Anlage aus dem 12. Jahrhundert angelegt hatten. Der serbische Name ist Ramski Grad.

Brücke ins Nichts bei Moldova Veche

Fast genau gegenüber, am linken Ufer, mündet das Flüsschen **Nera** in die Donau. Es bildet auf einigen Kilometern die Grenze zwischen Rumänien und Serbien, und ab hier wird die Donau zur Grenze zwischen den beiden Staaten. Der nächste Ort auf der linken Seite, die Kleinstadt Bazias, gehört bereits zu Rumänien.

Unmerklich hat sich auf den letzten Kilometern das Landschaftsbild verändert, und ab **Bazias** (km 1073) rahmen Hügel die Donau: Links erheben sich die Ausläufer des Banater Gebirges, rechts schieben sich die Serbischen Karpaten heran. Für Kreuzfahrt- wie auch Frachtschiffe ist **Veliko Gradište** (km 1059) ein wichtiger Ort. Er besteht im wesentlichen aus der Zollstation, in der die Grenzformalitäten abgewickelt werden, und ansonsten aus dörflicher Ruhe; er hat rund 6000 Einwohner. Mit dem Beitritt Serbiens zur EU – die Verhandlungen dauern an – dürfte es noch ruhiger werden.

▲ Karte S. 273/305

Moldava Veche und Moldava Nouă ▸ km 1049

Seit 1956 bilden die zuvor administrativ getrennten Orte Moldava Veche und Moldava Nouă eine Einheit mit derzeit rund 25 000 Einwohnern; äußerlich sind die beiden Teile deutlich voneinander unterscheidbar: Der alte Teil liegt am Fluss, der neue dagegen landeinwärts.

Das rumänische Gebiet ist reich an Bodenschätzen, vor allem Kupfer, das seit der Römerzeit abgebaut wird. Es wird auch heute noch im Hafen umgeschlagen. Früher war der Ort eine wichtige Station. Hier stiegen die Lotsen zu, um die Schiffe durch das gefährliche Eiserne Tor zu führen. Mit der Entschärfung der schwierigen Streckenabschnitte sind die Lotsen überflüssig geworden.

Hinter Moldava Veche liegt eine größere Insel im Fluss, **Moldava**, auf der sich sogar Flugsanddünen befinden. In den 1980er Jahren sollten hier Industrieanlagen entstehen. Der Zerfall der sozialistischen Ordnung stoppte jedoch das rumänisch-jugoslawische Gemeinschaftsprojekt, die Pläne wurden nie vollendet. Nur eine halbfertige Brücke (km 1045), die ins Nichts zu führen scheint, gibt von dem Vorhaben Zeugnis ab.

Hinter der Insel weitet sich die Donau auf sechs Kilometer Breite und nimmt den Charakter eines Sees an; umso beeindruckender ist die scheinbar unvermittelt auftauchende Engstelle: Der Eingang zum Eisernen Tor ist erreicht.

Eisernes Tor

Die Fahrt durch die Engstelle zwischen Golubac und dem Staudamm kurz vor Drobeta-Turnu Severin ist sicherlich einer der Höhepunkte einer Donaukreuzfahrt; sie dauert zwischen vier und sechs Stunden. Auf diesen gut hundert Kilometern wird die Donau zwischen den Ausläufern von Serbischem Erzgebirge und Banater Gebirge eingezwängt und sucht sich ihren Weg durch teils steil und hoch aufragende Felswände; die Bergketten entlang des Flusses steigen auf bis zu 1200 Meter an. Gleichzeitig ist das Gefälle dieser Strecke doppelt so groß wie danach und zuvor und damit die Strömung sehr kräftig, und das Flussbett ist uneben und felsig. An den sehr schmalen Stellen war die Strömung besonders stark und unberechenbar, an anderen Stellen ragten Felsformationen aus dem Wasser, die zu umschiffen waren. Zudem gab es Untiefen, die aber nicht von Sandbänken, sondern von Felsriffen gebildet wurden und eine große Gefahr für die Schiffe darstellten. Die Passage, die heute die Reisenden fasziniert, war dadurch bis in die 1970er Jahre ein lange schwer passierbarer und gefürchteter Abschnitt der Donau.

Nach achtjähriger Bauzeit, im Jahr 1972, wurde das rumänisch-jugoslawische Gemeinschaftswerk eingeweiht, das die Donau am östlichen Ausgang der Đerdap-Schlucht abriegelt, sie anstaut und so den Wasserpegel dort um 40 Meter und von dort 220 Kilometer flussaufwärts – bis nach Belgrad – erhöht hat. Das Großbauwerk dient der Stromgewinnung, reguliert gleichzeitig den Fluss und hat ihm seinen Schrecken genommen.

Schon immer hatte es Versuche gegeben, den Fluss zu bändigen und zu umgehen. Bereits der römische Kaiser Trajan hatte mit dem Bau eines Kanals beginnen lassen, im 19. Jahrhundert versuchte man unter Einsatz von reichlich Sprengstoff die Untiefen zu entschärfen. Einen ersten bedeutenden Fortschritt brachte aber

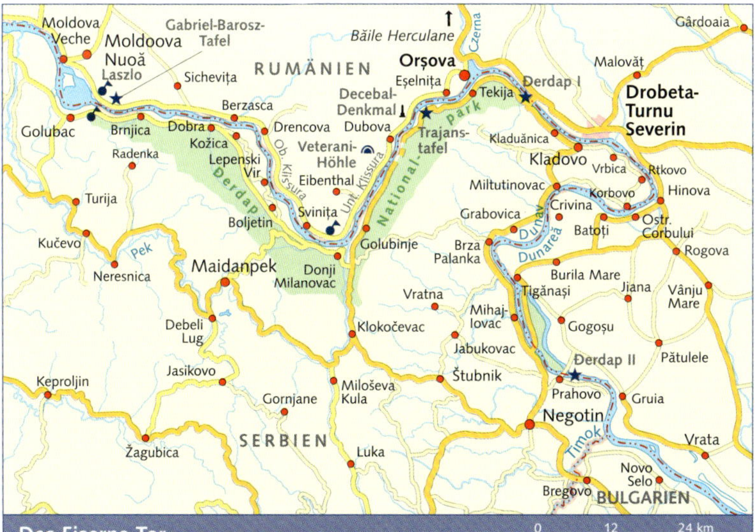

Das Eiserne Tor

Schroffe Felsen säumen das Eiserne Tor

erst das Jahr 1896. Ein zwei Kilometer langer und 80 Meter breiter Kanal wurde eingeweiht, der an einer der heikelsten Passagen (Kilometer 949 bis 946) in mühevoller achtjähriger Arbeit parallel zur Donau aus den Felsen gesprengt worden war. An den Arbeiten waren bis zu 10000 Menschen beteiligt. Der Kanal galt als so große Errungenschaft, dass gleich drei Regenten zu seiner Einweihung erschienen: Der König von Rumänien, der König von Serbien und der österreichische Kaiser. Die Strömung im Kanal war aber so stark, dass die Schiffe auf der Bergfahrt von Lokomotiven gezogen wurden.

Durch den Bau des Đerdap-Staudamms wurden 17 Ortschaften überflutet, rund 25000 Menschen mussten ihre Orte verlassen. Fluss und Landschaft haben sich verändert: Die Ufer sind nun durchgängig weiter voneinander entfernt, die Berge mögen an manchen Stellen weniger hoch wirken, und die Donau hat den Charakter eines Fjords. Aber immer noch ist diese Passage voller dramatischer Landschaftseindrücke und steht in krassem Kontrast zu den zuvor durchmessenen und sich danach anschließenden Landschaften; seenartige Erweiterungen wechseln sich mit sehr schmalen Abschnitten – Klissura genannt – ab. Auf serbischer Seite ist zwischen Golubac und der Đerdap-Staumauer ein mehrere Kilometer breiter Streifen – insgesamt über 600 Quadratkilometer – als einzigartig und schützenswert anerkannt und zum Nationalpark Đerdap erklärt worden.

Die Passage ist tags und nachts gleichermaßen beeindruckend, auf Kreuzfahrten findet mindestens eine Durchfahrt am Tag statt. Geologen sprechen lieber von der Đerdap-Schlucht, der Begriff Eisernes Tor hat sich aber im internationalen Sprachgebrauch für die Passage zwischen Golubac und Đerdap-Staudamm weitgehend durchgesetzt.

Der Eingang

Eingangs der Passage liegen die Reste der **Festung Golubac** (km 1040). Seit der Fertigstellung des Staudamms umspielt das Wasser den unteren Teil der Burg, die Mauern und neun Türme demonstrieren aber die einstige Wehrhaftigkeit der Anlage, die den Eingang zur Schlucht immer noch zu bewachen scheint. Die Festung wird derzeit renoviert.

Eine erste Festung entstand vermutlich im 14. Jahrhundert auf dem Grat dieses Höhenzugs. Sie fiel von dort in mehreren Stufen zum Ufer der Donau ab und kontrollierte den Durchbruch der Donau zwischen Karpaten und Balkan, war also von eminenter strategischer Bedeutung. Die jeweiligen Herrscher dieses Gebiets – zunächst die Ungarn, dann die Serben und schließlich die Osmanen – waren sich dieser Schlüsselstellung stets bewusst. Charakteristisch sind die bis zu 30 Meter hohen und sehr starken Türme, die durch ebenso starke Ringmauern miteinander verbunden waren. Durch Lage und Bauart war dies eine sehr wehrhafte und schwer zu erobernde Festung. Nach Abzug der Osmanen 1867 verlor sie ihre

▲ Karte S. 305

Funktion, wurde aufgegeben und verfiel mit der Zeit. Dennoch gilt sie als eine der besterhaltenen serbischen Festungen aus dem Mittelalter.

Allerlei Sagen, Legenden und Histörchen umranken oft Burganlagen, und auch in denen, die mit Golubac verbunden sind, spielt eine schöne Frau die zentrale Rolle. In der Türkenzeit, so die eine Legende, herrschte ein Pascha. Seine Geliebte wandte sich aber einem Ungarn zu. Der Pascha erfuhr davon und ließ seine Geliebte, deren Schönheit weithin gerühmt wurde, auf einem Felsen im Fluss aussetzen. Eine zweite Version handelt vor allem davon, dass der Pascha den Ungarn enthaupten und den Kopf an die Haare seiner untreuen Frau binden ließ, bevor er sie aussetzte. Einer dritten Version zufolge besaß der Pascha einen Harem, und die Schöne war nur eine unter vielen, wenn auch die schönste. Einer vierten Version zufolge entkam die Schöne.

Golubac gegenüber liegt die **Burgruine Laszlo**, die als Gegenstück und Vorposten zu Golubac gedacht war, aber nie vollendet wurde.

Zwischen den beiden Anlagen ragt eine Felsnase aus dem Wasser, der berühmte **Babakaj-Felsen**. Vor der Stauung erhob er sich knapp 50 Meter aus dem Wasser, seitdem wirkt er nicht mehr ganz so furchteinflößend. Früher galt diese Stelle als ›Äquator der Donau‹, und beim Passieren wurden die Schiffsjungen ›getauft‹, also ins Wasser geworfen.

Der Name geht möglicherweise auf das türkische Wort Babakai zurück, das in etwa ›Sünden bereuen‹ bedeutet. Eine der vielen Legenden, die sich auch um diesen Felsen ranken, berichtet jedenfalls von einer jungen und schönen Frau, die wegen ihrer Liebe zu einem anderen Mann von ihrem Ehemann, einem türkischen Sultan, auf diesem Felsen ausgesetzt wurde, wo sie bis zu ihrem Tod ihre Sünden bitterlich bereute.

Die Durchfahrt

Unmittelbar hinter den beiden Burgruinen rücken die Berge abrupt zusammen und bilden bis Kilometer 1025 die erste Enge. Die **Gabriel-Barosz-Tafel** (km 1036, links) erinnert an den ungarischen Verkehrsminister, der zwischen 1886 und 1892 die Regulierung der gefährlichen Donauschnellen in Angriff nahm. Der markante Granitfelsen auf

Die Festung Golubac scheint noch immer die Einfahrt in das Eiserne Tor zu bewachen

der linken Seite etwas weiter (km 1029) heißt Stenka-Eck, ebenso wie die nun folgende drei Kilometer lange, sehr schmale Fahrrine. Das **Becken von Ljubcova** (km 1025–1015) erstreckt sich bis auf zwei Kilometer Breite. Ljubcova (km 1022) ist ein kleines Dorf, Dobra schräg gegenüber (km 1021) eine alte Lotsenstation. Die Lotsen stiegen hier zu und blieben bis Kladovo an Bord. Das alte Dobra versank in den Fluten, das neue wurde oberhalb der Wasseroberfläche angelegt und liegt weitgehend in einem Nebenflusstal.

Berzasca (km 1018) war und ist unwichtig, **Drencova** etwas weiter (km 1016) besaß zur Zeit der Dampfschifffahrt dagegen durchaus einige Bedeutung, denn hier war für die Passagiere die Fahrt mit dem Schiff zu Ende. Die Weiterfahrt erfolgte mit kleinen Booten oder der Kutsche.

Die zweite Enge, auch **Obere Klissura** genannt, erstreckt sich zwischen den Flusskilometern 1015 und 999. Am linken Ufer ist ganz am Anfang der Engstelle noch der Rest einer Burg zu sehen, etwas weiter (km 1011) seit 1972 nichts mehr: Das Relief für Kaiser Tiberius liegt heute unter der Wasseroberfläche. Es

Das neue Ausstellungsgebäude von Lepenski Vir

Karte S. 305

Unmittelbar vor der Enge von Kazan

erinnerte an den römischen Herrscher, der 14 n. Chr. den Bau einer ersten Straße angeordnet hatte.

Bei Kilometer 1004 vermittelt das kleine **Informationszentrum Lepenski Vir** den Besuchern Einzelheiten über die älteste Siedlung in dieser Region, die 1965 eher zufällig an der südlichen Uferseite entdeckt wurde. Systematische Grabungen begannen, als abzusehen war, dass der Fundort wegen des Staudammprojekts bald in den Fluten versinken würde. Man fand sieben über-, also nacheinander angelegte Siedlungen, deren älteste auf die Jungsteinzeit, etwa 6000 Jahre vor unserer Zeitrechnung, zurückgeht. Sie beherbergten die bislang ältesten bekannten bildhauerischen Arbeiten in Europa. Weitere Grabungen bestätigten die These, dass sich hier das Zentrum einer Kultur befunden hatte, die rund 2000 Jahre existierte und die heute als Lepenski-Vir-Kultur bezeichnet wird. Die Häuser wurden auf dreieckigem oder halbkreisförmigen Grundriss erbaut. Die Siedlung öffnete sich zur Donau und war zu den anderen Seiten geschützt. Man hat sogar mehr als nur vage Vermutungen über die Bauart der Häuser, die Dachkonstruktionen und darüber, dass ein zentrales Element einer jeden Behausung wohl ein Opferstein war. Welche genaue Funktion die bearbeiteten Steine hatten, ist unklar, vieles deutet auf einen religiösen oder okkulten Zusammenhang.

Funde in der weiteren Umgebung lassen mit ziemlicher Sicherheit den Schluss zu, dass sich an den Südhängen der Karpaten bereits vor 20 000 Jahren Menschen aufhielten. Dies ist bemerkenswert, da in der Zeit bis etwa 5500 vor Christus in vielen Teilen Europas keine Siedlungen vorhanden waren: In dieser Epoche, dem sogenannten Holozän, einer Nacheiszeit, waren in weiten Teilen die Lebensbedingungen zu unwirtlich. Die gesamte Ausgrabungsstätte wurde 1970 um 17 Meter nach oben verlegt und dort auch das **Informationszentrum** eingerichtet. Es zog 2011 in den großen modernen Bau um, der vom Fluss aus wie ein überdimensionales Gewächshaus wirkt.

Eine eindrucksvolle rote **Felsnase** markiert das Ende der Oberen Klissura. Gleich dahinter weitet sich das Tal zum **Becken von Milanovic** (km 999–984). Früher erstreckte sich hier die Insel Porec im Strom, sie liegt heute unter der Wasseroberfläche. Das alte Dorf **Donji Milanovac** (km 992) am rechten Ufer wurde ebenso überflutet, das neue gleichen Namens, in dem die Bewohner nun leben, liegt weiter oben am Hang und ist baulich gut in die Landschaft eingepasst. Die Bewohner lebten früher vom Fischfang und auch von der Kaviarproduktion; dem Stör ist heute durch den Staudamm der Weg donauaufwärts versperrt. Schräg gegenüber (km 991) sind die **Ruinen** eines türkischen Kastells auszumachen.

Unscheinbar: die berühmte Trajanstafel

Die dritte Engstelle, auch **Untere Klissura** genannt, erstreckt sich zwischen den Flusskilometern 984 und 965. Die Ufer sind hier teils nur noch 150 Meter voneinander entfernt, dafür ist der Fluss bis zu 80 Meter tief und die Strömung besonders stark. Die Ufer ragen steil auf, es ist die wildeste, vielleicht auch romantischte Stelle des Eisernes Tores.

Die engste Stelle im Eisernen Tor wird **Obere Kazan** (974–970) genannt. Die Ein- und Ausfahrt in diesen spektakulären Abschnitt dürfen Schiffe wegen der starken Strömung und der Enge nur einzeln passieren.

Die **Veterani-Höhle** (km 972, links) wurde nach dem österreichischen General benannt, der in ihr im Jahr 1692 mit einer Truppe von 500 Soldaten 45 Tage lang gegen eine große Übermacht der Türken ausharrte. 1788 hielten erneut österreichische Soldaten 21 Tage gegen eine große türkische Übermacht aus, diesmal unter Oberleutnant Voith. Die Höhle aber behielt ihren Namen.

Dubova hinter der Oberen Kazan ist nicht weiter erwähnenswert. Die Donau weitet sich hier buchtartig, um gleich darauf wieder von den Bergen eingeschnürt zu werden. Diese Stelle (968–965) wird **Unterer Kazan** genannt, nach und neben dem Oberen Kazan wohl der beeindruckendste Abschnitt im Eisernen Tor. Zunächst passieren die Schiffe die frühere untere Signalstation, heute ei-

Decebal in Stein gemeißelt

ne kleine orthodoxe **Kirche**. Dann folgt, an der Mündung des kleinen Flüsschens Mraconia, das 40 Meter hohe **Reliefbild des Decebal** (km 967). Grimmig schaut seit 2004 der Dakerfürst auf die Donau. Decebal unterlag mit seinen Truppen im Jahr 106 den Römern unter Trajan und beging nach der Schlacht Selbstmord, um nicht in die Hände der Feinde zu fallen. Die Rumänen sehen sich heute als Nachfahren auch der Daker, und Decebal wird noch heute in Volksliedern besungen. Das Denkmal wurde privat finanziert. Es steht es nicht zufällig hier, denn nur wenige Kilometer weiter befindet sich eine Tafel zum Gedenken an jenen Römer, der Decebal besiegte. Die weltberühmte **Trajanstafel** (km 964, rechts) am Beginn des Beckens von Orşova (km 965–950) ist zwar verwittert, klein und, da direkt über der Wasseroberfläche angebracht, leicht zu übersehen, aber dennoch ein äußerst beliebtes Fotomotiv. Ihre Inschrift lautet übersetzt: ›Der Sohn des göttlichen Nerva und regierende Kaiser, Trajanus Augustus Germanicus, Pontifex Maximus, zum vierten Male Tribun, Vater des Vaterlandes und Konsul, hat Gebirge und Strom überwunden und diese Straße erbaut.‹ Trajan ließ am südlichen Flussufer eine Straße anlegen, um das Eiserne Tor vor allem für seine Truppen zu erschließen. Es war eine ungemein mühselige Arbeit, einen Weg in die steilen Felsen zu schlagen. Bis zur Überflutung waren auf einigen Abschnitten die Löcher noch deutlich zu sehen, in die Stämme eingelassen waren, die wiederum die Bretter trugen, auf denen sich die Truppen bewegten. Die Holzstraße war sogar überdacht, damit die Soldaten vor Angriffen von den Bergen geschützt waren.

Die Tafel wurde im Jahr 101 angebracht und 1972 um 35 Meter nach oben versetzt.

Hinter der Trajanstafel ist die Landschaft rechts weiterhin hügelig, auf dem linken, dem rumänischen Ufer nun aber deutlich flacher. In **Tekija** (km 956) endet meist die Fahrt der Ausflugsschiffe, die in Kladovo gestartet sind. **Orşova** (955) erstreckt sich malerisch entlang einer seenartigen Ausbuchtung; die Wohngebiete liegen an der Westseite, Hafen und Werft gegenüber. Ort und See sind Ergebnis der Stauung. Das alte Orşova, das auf die Römer zurückging, verschwand unter der Wasseroberfläche. Die Römer nannten den Ort Tierna und behielten den Namen der dakischen Siedlung bei, die sich zuvor an der gleichen Stelle befunden hatte. Im 6. Jahrhundert wurde die Stadt verlassen, im 12. Jahrhundert entstand erneut eine Ansiedlung. Bis 1914 gehörte Orşova zu Österreich-Ungarn, war letzter Ort vor der Grenze nach Rumänien. Deswegen war er bis dahin durch die zahlreichen Gasthöfe geprägt. Die Erinnerung an die Zeiten vor der Flutung bewahrt das Stadtmuseum, in dem vor allem Funde aus der Antike ausgestellt sind, die in den Jahren 1967 bis 1971 bei Grabungen gefunden wurden. Gleich hinter Orşova mündet die kleine **Czerna** ein.

Wo bei Kilometer 952 bis 950 heute nichts als die ruhige Wasseroberfläche zu sehen ist, wurde früher die Insel Ada Kaleh von der Donau umflossen. Auf ihr befand sich ein sehr kleiner Ort, der vor allem durch die türkische Festung geprägt war. Die aber ging nicht mit der Insel unter, sondern wurde, ebenso wie die Moschee, abgetragen und originalgetreu auf der Insel Simian (km 928) kurz hinter Drobeta-Turnu Severin wieder aufgebaut.

Auf dem Berliner Kongress 1878 hatte man schlichtweg vergessen, die Insel einem Staat zuzusprechen. Und so blieb sie bis 1912 türkisch, und die Türken

Đerdap I, Staumauer

blieben auch danach. Nach dem Ersten Weltkrieg kam die Insel zu Rumänien. Manche Bewohner siedelten beim Bau von Đerdap auf das Festland um, die meisten aber zogen in die Türkei. Reisende haben immer wieder von der ganz besonderen Atmosphäre berichtet, die sich so sehr von den Orten auf serbischer wie auch rumänischer Seite unterschied. So wuchsen hier Oliven- und Mandelbäume, Feigen und Tabak, und neben und unterhalb von Minarett und Moschee hatte sich ein Stück Orient in einer Region gehalten, die ansonsten jeden Tag feierte, der sich auch nur entfernt mit der Überwindung des, wie man sagte und sagt, ›türkischen Jochs‹ in Verbindung bringen ließ.

Bei Kilometer 949 mündet auf linker Seite die **Bachna** ein. Das Flüsschen ist so klein, dass man es von Bord aus praktisch nicht wahrnehmen kann, war aber bis 1918 durchaus bedeutsam: Hier verlief die Grenze zwischen dem Habsburger Reich und Rumänien.

▲ Karte S. 305

Zwischen den Flusskilometern 949 und 946 befand sich früher die für die Schifffahrt heikelste Stelle, das eigentliche ›Eisene Tor‹, ein dicht unter der Wasseroberfläche gelegenes Felsriff quer über die 900 Meter breite Donau. Diese Stelle konnte nur bei Hochwasser überwunden werden. Heute ist die Passage gefahrlos möglich.

Kraftwerk Đerdap

Kurz nach dem Eisernen Tor, bei Kilometer 941, ist die riesige Kraftwerksanlage erreicht, die den Charakter des Eisernen Tors so einschneidend verändert hat: Đerdap I. Đerdap II liegt bei Prahovo, gut 80 Kilometer flussabwärts. 1964 hatten Tito und Gheorghiu-Dej den Vertrag über den Bau von Damm und Kraftwerk unterzeichnet – symbolträchtig an Bord eines Donauschiffs.

Allein die Größe der Anlage beeindruckt: In der 440 Meter langen und gut 55 Meter hohen Staumauer – sie gilt als die fünftgrößte weltweit – erzeugen zwölf Aggregate (je sechs auf rumänischer und serbischer Seite) insgesamt rund 3000 Megawatt Leistung, die jährlich rund elf Milliarden Kilowattstunden elektrischer

Energie liefern. Serbien und Rumänien teilen sich den Strom; Rumänien deckt damit rund 15 Prozent seines gesamten Strombedarfs. Schiffe werden mittels eines Doppelkammersystems gehoben und gesenkt. Die beiden Schleusen sind je 310 Meter lang und 34 Meter breit und können auch hochseetüchtige Schiffe aufnehmen. Sie heben oder senken die Schiffe um insgesamt 34 Meter, einmal um 20 und einmal um 14 Meter. Dieser Vorgang dauert rund 90 Minuten, und so bleibt den Reisenden ausreichend Zeit, um sich die dominierenden elektrischen Anlagen anzuschauen.

Auf manchen Reisen werden Ausflüge zum **Museum** angeboten, das in den östlichen Abschluss der Staumauer integriert ist. Sie beginnen und enden meist in Drobeta-Turnu Severin. Das Museum informiert über die Baugeschichte des Staudammprojekts, über die verschwundene Insel Ada Kaleh und die Lebensweise ihrer Bewohner sowie über Flora und Fauna in dieser Region. Allerdings lassen die geringe Zahl der Exponate, ihre angejahrte Darstellung und das herrische Regiment der Museumsbediensteten den Besuch nicht zu einem Vergnügen werden.

Băile Herculane

Folgt man ab Orşova dem Czernatal, so gelangt man nach gut 20 Kilometern zum Kurort Băile Herculane (Herkulesbad). Auf manchen Kreuzfahrten wird ein Busausflug dorthin angeboten. Er lohnt sich durchaus: Băile Herculane besitzt zwar keine herausragenden Sehenswürdigkeiten, aber Charme.

Schon die Römer erkannten die heilende Wirkung der hier entspringenden radioaktiven Quellen, bis 1918 gehörte der Ort zur Habsburger Monarchie und war so etwas wie das Nobelheilbad Österreich-Ungarns. Diese Vergangenheit teilt sich dem Besucher auch heute noch in den würdevollen Hotels und Kurhallen mit, die links und rechts der Czerna liegen und mittlerweile zum großen Teil renoviert sind.

Nach 1945 und nochmals nach der Wende entstanden um diesen Kern große moderne – und teils durchaus unansehnliche – Hotels und Heilbäder, so dass Băile Herculane heute zu den größten Kurorten Rumäniens gehört, wenngleich es weniger exklusiv zugeht als einstmals. Im Winter ist der Ort fest in der Hand der Wintersportler.

Abendstimmung in der Enge von Kazan

Zwischen Eisernem Tor und Schwarzem Meer fließt die Donau bei niedrigem Gefälle durch ausgedehnte Ebenen. Kleinere Orte, Einsamkeit und Ursprünglichkeit prägen das Bild. Hauptattraktion neben Bukarest und Ruse ist das Donaudelta, eine der faszinierendsten Landschaften Europas.

Die ›Deltastar‹ unterwegs auf der unteren Donau

AUF DER UNTEREN DONAU

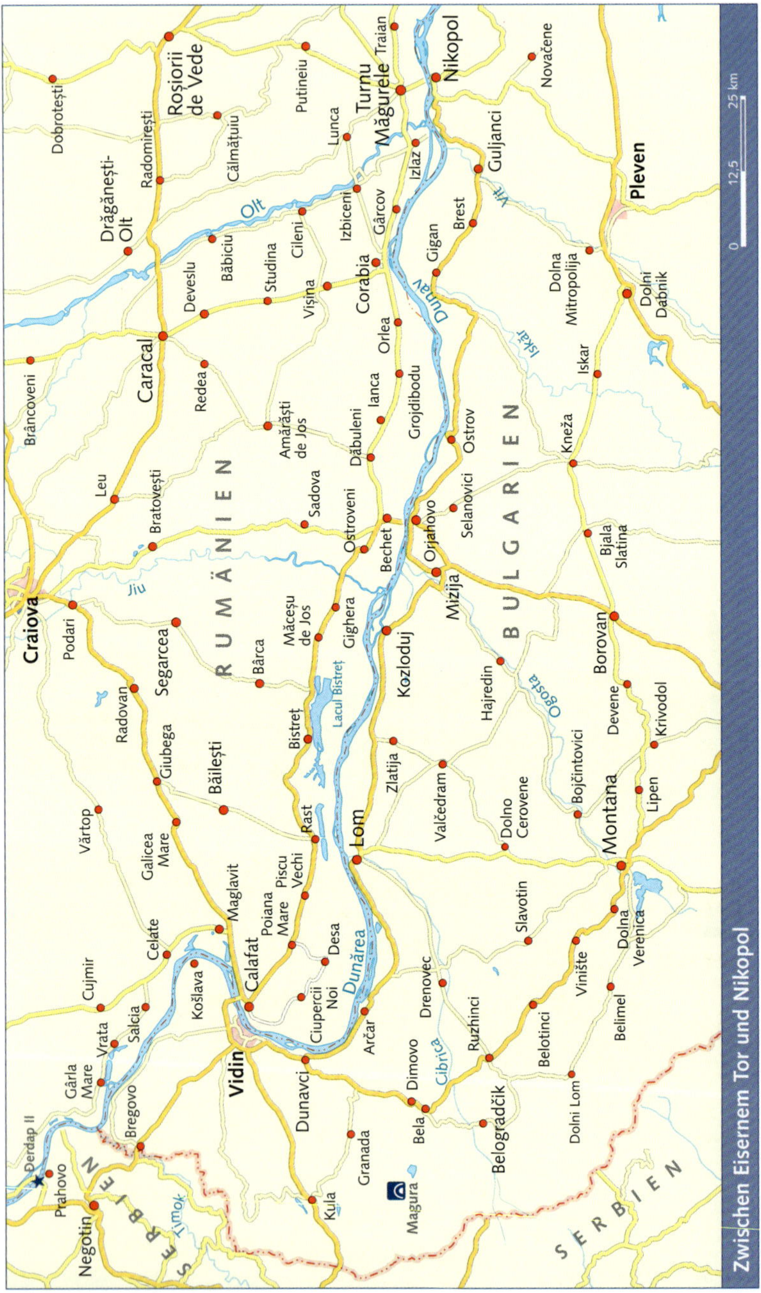
Zwischen Eisernem Tor und Nikopol
0
12,5
25 km
RUMÄNIEN
BULGARIEN
SERBIEN
Craiova
Caracal
Roșiorii de Vede
Turnu Măgurele
Nikopol
Pleven
Calafat
Vidin
Lom
Montana
Băilești
Segarcea
Corabia
Drăgănești-Olt
Dobrotești
Radomirești
Călmățuiu
Putineiu
Traian
Lunca
Izlaz
Gârcov
Izbiceni
Cileni
Băbiciu
Deveslu
Studina
Vișina
Brâncoveni
Redea
Amărăștii de Jos
Dăbuleni
Ianca
Orlea
Grojdibodu
Leu
Bratovești
Sadova
Ostroveni
Bechet
Podari
Măceșu de Jos
Gighera
Bârca
Radovan
Bistreț
Lacul Bistreț
Giubega
Vârtop
Galicea Mare
Rast
Piscu Vechi
Poiana Mare
Maglavit
Desa
Celate
Cujmir
Košlava
Ciupercii Noi
Salcia
Vrata
Gârla Mare
Bregovo
Derdap II
Prahovo
Negotin
Timok
Kula
Granada
Magura
Dunavci
Arčar
Dimovo
Bela
Belogradčik
Drenovec
Ruzhinci
Cibrica
Belotinci
Dolni Lom
Belimel
Vinište
Dolna Verenica
Slavotin
Dolno Cerovene
Bojčintovici
Lipen
Krivodol
Devene
Valčedram
Zlatija
Hajredin
Ogosta
Borovan
Kozloduj
Mizija
Orjahovo
Selanovici
Ostrov
Bjala Slatina
Kneža
Iskar
Dolni Dăbnik
Dolna Mitropolija
Gigan
Brest
Guljanci
Novačene
Vit
Olt
Jiu
Dunărea
Dunav

In ihrem Unterlauf fließt die Donau träge dahin, bis sie sich im Donaudelta verästelt und in das Schwarze Meer ergießt. Rechts liegen bis etwa Nikopol die Ausläufer des Balkan, links Walachei und Dobrudscha, weite Tiefebenen.

Im Vergleich zum Mittellauf nimmt die Dichte der Siedlungen merklich ab. Die Entfernungen zwischen ihnen werden erheblich größer, und selten werden größere Orte passiert. Die beiden Hauptstädte Bukarest und Sofia liegen 60 und 150 Kilometer von der Donau entfernt. Allein dadurch wird deutlich, dass die Donau für Bulgarien und Rumänien nicht von annähernd so großer Bedeutung ist wie für die Länder am Mittellauf. Ein weiteres Indiz dafür sind die wenigen Verkehrsverbindungen zwischen den beiden Staaten. Jahrzehntelang verband lediglich Ruse und Giurgiu eine Brücke, erst 2013 kam eine weitere zwischen Vidin und Calafat hinzu. Der restliche Verkehr wird über Fährverbindungen abgewickelt. Eine Kreuzfahrt auf diesem Abschnitt ist ein gleichmäßiges und ruhiges Dahingleiten, das einen starken Kontrast zum Mittellauf bildet. Der Schiffsverkehr hat erheblich abgenommen, und zwischen den Haltepunkten vergehen gerade auf der Bergfahrt ganze Tage.

Die ›klasssischen‹ Sehenswürdigkeiten der beiden Länder liegen, von Ruse und auch noch Vidin abgesehen, im Landesinneren und an der Küste. Fahrten nach Bukarest und Constanța, Belogradčik, Veliko Tărnovo und Arbanasi sowie nach Pleven stehen daher oft auf dem Programm, sehr selten auch die – recht strapaziöse – Bustour nach Sofia.

Zwischen Eisernem Tor und Ruse

Das Eiserne Tor bildet eine deutlich wahrnehmbare Grenze. Stromabwärts säumen nicht mehr Berge die Ufer, sondern ausgedehnte Ebenen. Charakteristisch für diesen Abschnitt sind die Doppelstädte, die sich auf den Ufern gegenüber liegen. Sie verweisen stets auf einst bedeutende Handelswege, die die Donau querten und an beiden Ufern zur Ausbildung von Ansiedlungen führten. Da die Donau über Jahrhunderte die nördliche Grenze des Römischen und später des Osmanischen Reiches bildete und die militärischen Einrichtungen, Handelsorte und Bürgerstädte innerhalb dieser Grenze entstanden und am nördlichen Ufer ausgedehnte Sumpfgebiete die Gründung von Orten erheblich erschwerten, sind die Siedlungen auf bulgarischer Seite unter touristischen Gesichtspunkten attraktiver als die auf rumänischem Gebiet.

Kladovo ▸ km 934

Kladovo war jahrhundertelang ein unscheinbares Dorf und ist erst seit den 1960er Jahren eine Stadt mit einem Hafen; sie entstand mit dem Staudammprojekt. Heute leben hier etwa 9000 Menschen. Direkt am Ufer, vom Schiff aus gut zu sehen, finden sich Reste der **Festung Fetislam**. Die Osmanen bauten sie im 16. Jahrhundert, die Serben eroberten sie 1810 und verloren sie drei Jahre später wieder an die Osmanen, die sie verstärkten. Sie steht auf den Fundamenten eines römischen Kastells. Die weit zurückliegende wie auch die jüngste Vergangenheit des Ortes wird in dem ansprechend gestalteten **Geschichtsmuseum** lebendig.

Wenige Kilometer flussabwärts des eigentlichen Ortes sind wiederum steinerne Fragmente auszumachen; es sind Reste der berühmten **Trajansbrücke**.

Das Denkmal für den Literaten Vuk Karadžić am Donauufer in Kladovo

Drobeta-Turnu Severin ▸ km 930

Untrennbar ist der Name Drobeta mit dem Trajans verbunden. Denn hier ließ der römische Feldherr in dreijähriger Arbeit eine Brücke über die an dieser Stelle über einen Kilometer breite Donau bauen – eine auch aus heutiger Sicht bewundernswürdige technische Leistung. Die Brücke sollte dazu dienen, Truppen schnell auf die nördliche Flussseite bringen zu können. Rom befand sich im Krieg mit den dort siedelnden Dakern, und Trajan suchte die Entscheidung. Sie fiel auch zu seinen Gunsten – allerdings mehrere hundert Kilometer entfernt, nahe dem Schwarzen Meer.

Bereits die Daker siedelten auf dem Gebiet des späteren Drobeta, die Römer ebenso, nachdem sie die Daker besiegt hatten. Sie richteten bis zu ihrem Abzug im 7. Jahrhundert hier eine Garnison ein, eine der wichtigsten entlang der Donau. Im 5. Jahrhundert zerstörten die Hunnen zwar die Stadt, der damalige römische Kaiser Justinian ließ sie aber wieder aufbauen, weil der Brückenkopf an der nördlichen Donauseite eine große militärstrategische Bedeutung besaß. Danach wechselten oft die Besitzverhältnisse. Die Ungarn waren hier, die Rumänen und selbst der Johanniter-Ritterorden. Drobeta war im Mittelalter ein Sammelpunkt der christlichen Heere, die sich von hier in das Heilige Land aufmachten.

1524 kamen die Türken und blieben rund 350 Jahre. In dieser Zeit war der Ort relativ bedeutungslos und verfiel zum Teil. Der Aufschwung kam nach Abzug der Türken. Seitdem sind der Hafen und die Werften für sein Gedeihen bestimmend geblieben. 1916 und 1944 war er Schauplatz von Kämpfen. Heute leben etwa 105 000 Menschen in der Stadt; Hafen und Industrie sind die wichtigsten Arbeitgeber.

Nur wenige Kreuzfahrtschiffe legen in Drobeta-Turnu Severin einen Stopp ein; wenn angelegt wird, so stets, weil hier der Besuch des Staudamm-Museums beginnt oder endet. Allemal interessanter als dieser eher enttäuschende Programmpunkt ist eine Besichtigung des geschichtsträchtigen Ortes. In zwei bis drei Stunden lassen sich vom Schiffsanleger aus die Sehenswürdigkeiten zu Fuß gut erkunden.

Trajan als Denkmal im Stadtpark

▲ Karte S. 319

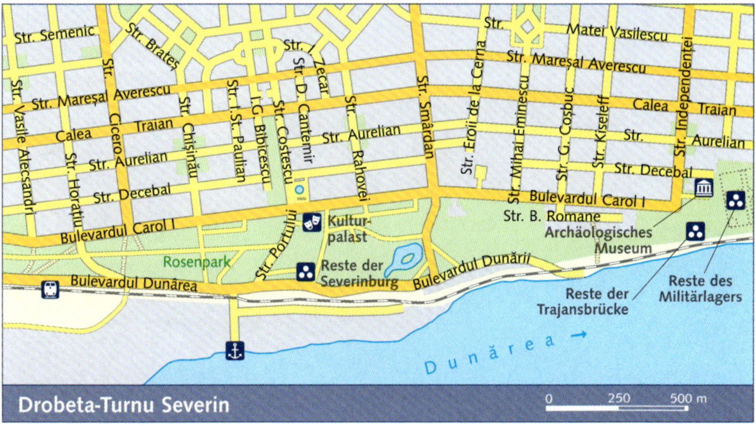

■ Sehenswürdigkeiten

Drobeta-Turnu Severin weist ein strenges Straßenraster auf, das eigentümlicherweise weder nennenswerte Plätze noch ein erkennbares Zentrum besitzt. Als sein Wahrzeichen gilt der massige graue Wasserturm, der von vielen Punkten in der Stadt sichtbar ist; angenehmster Aufenthaltsort ist dank Bänken und einiger Fontänen der namenlose Platz vor dem **Kulturpalast** nicht weit vom Ufer entfernt. Die Reste der Bauten, die von der bewegten und interessanten Geschichte des Ortes künden, liegen sämtlich in Donaunähe und etwas versteckt. Den besten Überblick über die bewegte Stadtgeschichte und die Völker, die sie bestimmten, gibt das **Archäologische Museum**. Hier sind die Artefakte aus Stein- und Bronzezeit, der Römerzeit und allen folgenden Epochen zusammengetragen, die man vor dem Staudamm-Projekt in der Đerdap-Schlucht fand. Das Museum wurde vor Kurzem renoviert. Vor dem Museum erinnert eine Apollodorusbüste an den Baumeister der Trajansbrücke.

In unmittelbarer Nähe sind von der alten römischen **Befestigungsanlage Drobeta**, meist als Castrum bezeichnet, noch einige freigelegte Reste zu sehen. Die Anlage besaß ursprünglich eine Größe von etwa 140 mal 125 Metern und auf jeder Seite ein durch Türme geschütztes Tor. Westlich davon wurden die Grundmauern einer Therme freigelegt, außerdem fand man in der Nähe eine Basilika; beides ebenfalls Bauten aus römischer Zeit. Von der **Trajansbrücke** ist nur sehr wenig erhalten, die niedrigen Reste werden durch eine Betonmauer gesichert. Man mag diese Stelle als unspektakulär bezeichnen, sogar als trist. Wer jedoch hier steht und auf das andere, weit entfernte Ufer blickt, dabei die dortigen Pfeilerreste mit bloßem Auge kaum zu erblicken vermag, kann die Kühnheit des Plans ermessen. Die Brücke wurde zwischen 103 und 105 gebaut, war 1135 Meter lang, die hölzerne Fahrbahn 14,5 Meter breit. 20 im Donaubett versenkte Pfeiler aus Ziegelstein – jeweils etwa 63 Meter voneinander entfernt – stützen sie. Trajan hatte zu ihrem Bau eigens den zu seiner Zeit berühmtesten Brückenbauer kommen lassen, und in der Antike wurde das Meisterwerk nach seinem Architekten als Brücke des Apollodorus von Damaskus bezeichnet. Sie ist nie von Feindeshand zerstört worden: Dem

Der Kulturpalast

Nachfolger Trajans, Kaiser Hadrian, war ihre Verteidigung gegen die immer wieder angreifenden Feinde zu mühselig. Er wollte ihnen keinen einfachen Übergang über die Donau gewähren und ließ das Bauwerk abtragen.

Im nahegelegenen **Rosenpark** stehen Standbilder sowohl für Trajan als auch für Decebal. Sie sind Erinnerungen an die beiden Heerführer, die die Geschicke dieses Landstrichs so sehr bestimmten, zugleich aber auch ein Hinweis darauf, dass das heutige Rumänien von beiden Kulturen nachhaltig geprägt wurde. Die Rumänen selbst sehen sich als Nachfahren sowohl der antiken römischen Kultur als auch der Daker. Im Sommer macht die Grünanlage ihrem Namen alle Ehre, dann bestimmen tausende von Rosen das Bild. Folgerichtig vermarktet sich Drobeta auch als ›Rosenstadt‹.

Von der mittelalterlichen Festung, der **Severinburg**, gibt es ebenfalls nur noch Reste. Die Anlage, zwischen dem 13. und 15. Jahrhundert errichtet, ist bei und nach der Eroberung der Stadt durch die Türken von den Angreifern zerstört worden. Man kann ruinöse Reste einiger Türme, Teile der Außenmauer und die Fundamente eines Sakralbaus ausmachen, trotz aller Überwucherungen ist der originale Grundriss an manchen Stellen noch deutlich erkennbar.

Von Drobeta-Turnu Severin nach Calafat

Kurzer hinter dem Hafen von Drobeta-Turnu Severin, mitten im Strom, liegt die **Insel Simian**. Einige wenige Gebäude der beim Staudammprojekt in den Fluten versunkenen Insel Ada Kaleh wurden hier wieder aufgebaut, aber nur sehr wenige Bewohner zogen hierher.

Dahinter vollzieht die Donau zwei weite Kehren um die Halbinsel Ključ, um dahinter in einigen größeren Schleifen ihren Weg nach Südosten einzuschlagen. Auf den rund 70 Kilometern bis Prahovo säumen lediglich kleinere Orte wie das Dorf Korbovo (km 911) und einzelne Häuser die Ufer.

Bei Prahovo findet eine erneute Schleusung statt, diesmal über nur eine Kammer. **Đerdap II** (km 863) heißt die An-

▲ Karte S. 305/316/319

lage etwa 80 Kilometer hinter Đerdap I, die wie ihr Pendant 1984 ebenfalls als rumänisch-jugoslawisches Gemeinschaftsprojekt in Betrieb genommen wurde. Und so wird auch der hier gewonnene Strom auf beide Länder aufgeteilt. **Prahovo** selbst ist ein unscheinbarer, nicht sehr ansehnlicher Ort, von dessen Hafen vor allem Erze verschifft werden. Selbst bei genauem Hinsehen ist das kleine Flüsschen **Timok** (km 846) kaum auszumachen. Dort wo es in die Donau mündet, markiert es die Landgrenze zwischen Serbien und Bulgarien. Ab hier bildet die Donau auf rund 470 Kilometern Länge die Grenze zwischen Bulgarien und Rumänien.

Das rumänische Ufer präsentiert sich auf dieser Strecke von einer auffälligen Gleichförmigkeit. Bis an die Ufer erstreckt sich die weite Ebene der Walachei, oft säumen Auwälder oder Sumpfgebiete den Fluss. Die Walachei war lange eine abweisende Steppe, im 20. Jahrhundert ist sie dank ausgedehnter Bewässerungskanäle in einen landwirtschaftlich intensiv genutzten Landstrich umgewandelt worden.

Die bulgarische Seite ist nicht so eintönig. Einige größere Dörfer liegen am Ufer, die Spitzen kleinerer Dorfkirchen funkeln in der Sonne, und in einiger Entfernung sind flache Höhenzüge auszumachen.

Calafat und Brücke Neues Europa ▸ km 795

Von Weitem schon ist die neue Brücke auszumachen, die offiziell den Namen Donaubrücke 2 oder Brücke Vidin-Calafat trägt, manchmal aber auch schwärmerisch ›Brücke Neues Europa‹ genannt wird. Von ihr erwarten sich Bulgarien und Rumänien vor allem starke Impulse für die hier beidseits der Donau schwächelnde Wirtschaft. Pläne für eine zweite feste Verbindung zwischen Bulgarien und Rumänien gab es seit mehreren Jahrzehnten, aber erst im Jahr 2000 einigten sich die beiden Staaten auf den Bau an dieser Stelle. Der Zuschlag für den Bau ging an eine spanische Firma. Die Europäische Union klassifizierte das Projekt als Teil des ›Paneuropäischen Verkehrskorridors IV‹ und übernahm ein knappes Viertel der Baukosten. Seit der Einweihung im Juni 2013 können Eisenbahnen, Autos und Lastkraftwagen (beide mautpflichtig) sowie Fußgänger und Fahrradfahrer (kostenlos) die Brücke nutzen. Zwar sparen motorisierte Grenzgänger nun viel Zeit, weil sie nicht mehr auf Fähre oder weite Umwege ausweichen müssen, allerdings gibt es auf beiden Seiten bislang keine Anbindung an eine Schnellstraße. Und so wird sich erst noch zeigen müssen, inwieweit das neue Bauwerk die Hoffnungen seiner Planer erfüllen kann. Auf rumänischer Seite führt der Zubringer zur neuen Brücke unmittelbar nördlich am Ort Calafat vorbei. Der Name der Stadt (rund 17 000 Einwohner) leitet sich vom Kalfatern der Schiffe ab. Das ist der Fachausdruck für die Abdichtung von Holzschiffen mittels Harz oder Teer. Die Genueser legten den Ort an und gaben ihm diesen Namen, seit 1855 besitzt er Stadtrechte.

Die **Denkmäler** in der Stadt sind mit wichtigen Daten verknüpft, die nicht nur die Stadtgeschichte bestimmten. So erinnern das Unabhängigkeitsdenkmal und das Denkmal der Batterie Mircea daran, dass der Krieg zwischen den Osmanen und Rumänien 1877 mit der Beschießung Calafats durch türkische Artillerie von Vidin aus begann, und die Statue für Tudor Vladimirescu an den gescheiterten Volksaufstand gegen die osmanischen Besatzer im Jahr 1821. Im Jahr 1854, während des Krimkrieges, fand hier eine größere Schlacht zwischen Osmanen und Russen statt.

Vidin ▸ km 790

Vidin liegt im äußersten Nordwesten Bulgariens und im Dreiländereck zu Serbien und Rumänien. Diese Grenzlage hat die Stadt im Guten wie im Schlechten seit Jahrhunderten geprägt. Allein 20 000 Arbeitsplätze gingen kurz nach der Wende verloren, als das Chemische Kombinat, bis dahin wichtigster Arbeitgeber der Stadt und auch der Region, dichtmachte. Zudem traf das Embargo, das die EU gegenüber Serbien in den 1990er Jahren verhängte, Vidin hart; bis heute hat sich die Stadt davon nicht erholen können. Die Einwohnerzahl sank von rund 70 000 im Jahr 1990 auf heute nur noch 44 000, gleichwohl ist die Arbeitslosenquote mit rund 20 Prozent in diesem Teil Bulgariens etwa doppelt so hoch wie im Landesdurchschnitt. Große Erwartungen richteten sich daher auf die neue Brücke Vidin–Calafat, von der man sich eine deutliche Belebung der niederliegenden Wirtschaft versprach.

Das Gelände war günstig für die Anlage einer festen Siedlung und gut zu verteidigen: Über einem sumpfigen Uferstreifen steigt es landeinwärts an. So war es kein Zufall, dass sich bereits die Kelten an diesem Ort niederließen. Die Römer nannten den befestigten Ort Bononia, Bdin hieß er im 14. Jahrhundert. Da war

Vidin, Zentrum

er das Zentrum eines nordwestlichen bulgarischen Zarenreiches. Die mittelalterliche Burg Babini Vidini Kuli entstand im 13. Jahrhundert im Auftrag eines bulgarischen Fürsten auf den Mauern des römischen Kastells. 1396 fielen Stadt und Festung an die Türken, die sie erheblich ausbauten. Im 16. Jahrhundert war Vidin die größte Stadt Bulgariens und der wichtigste Donauhafen. Im 19. Jahrhundert erfolgte die planmäßige Anlage der Stadt, dabei flossen orientalische und europäische Traditionen zusammen. Wie überall entlang der Donau wurden viele orientalische Gebäude nach Abzug der Osmanen abgetragen, und in den 1970er Jahren wurden die Zeugnisse der osmanischen Zeit sogar systematisch abgerissen; daher ist aus dieser Zeit nur wenig erhalten.

Schon im 7. Jahrhundert gab es neben der Festung eine weitere Befestigungsanlage, die die südlich gelegene Stadt umschloss. Das System wurde im Lauf der Jahrhunderte immer wieder verbessert. Ende des 18. Jahrhunderts verliefen die äußeren Mauern im Abstand von über einem Kilometer parallel zur Donau und konnten im Gefahrenfall die gesamte Bevölkerung aufnehmen. Dieses System wurde allerdings, gemäß den Bestimmungen des Berliner Vertrages von 1878, bis auf sehr wenige Überreste abgetragen. So sind lediglich einige Tore und Teile der Wallanlagen an der Donau erhalten geblieben.

Mit dem Abzug der Türken büßte der Ort seine wichtige strategische Funktion ein, seither sind der Hafen und die Fähren sowie etwas Industrie die wichtigsten wirtschaftlichen Grundlagen.

Die Kreuzfahrtschiffe legen in Vidin an, weil oft hier die Landausflüge nach Belogradčik und Pleven beginnen oder enden; Stadtrundgänge werden nicht angeboten. Ein Bummel lohnt jedoch:

Die Festung Baba Vidin

Das freundliche Zentrum mit seiner Fußgängerzone und den sie säumenden kleinen Läden und Lokalen befindet sich in unmittelbarer Nähe zum Schiffsanleger, und alle anderen Sehenswürdigkeiten liegen ebenfalls in fußläufiger Entfernung. Einen Stadtplan erhält man im Info-Pavillon an der Donaupromenade (kleine Gebühr), Möglichkeit zum Geldwechsel bieten die Bank und das Hotel ›Dunav‹ am pl. Bdinci, dem Zentrum.

Festung Baba Vidin

Hauptanziehungspunkt ist zweifellos die Festung Baba Vidin. Ihr Name soll auf die Legende von den drei Schwestern Vida, Kulla und Gamza zurückgehen, Töchter eines bulgarischen Adligen. Die beiden letzteren heirateten, verloren aber in kurzer Zeit die Erbschaft ihres Vaters. Vida blieb Zeit ihres Lebens allein und ließ die Festung errichten, die fortan niemals erobert wurde.

Die aus Stein gebaute Festung gilt als die am besten erhaltene Anlage dieser Art in Bulgarien. Sie stammt im Kern aus dem 14. Jahrhundert, einige Spuren der Vorgängerbauten aus der römischen und der bulgarischen Epoche sind erhalten. Unter den Osmanen war Baba Vidin Basis und

Ausgangspunkt für die Eroberungszüge gegen Serbien, die rumänischen Fürstentümer und die Habsburger.

Die Anlage weist einen fast quadratischen Grundriss auf, hat mehrere Tore und vier mächtige Ecktürme. Der achteckige Turm auf der Donauseite und weitere Änderungen wurden erst um 1860 realisiert. Festungsgräben und Wälle sind zum Teil noch erhalten, nicht aber die Zugbrücke, die durch eine Steinbrücke ersetzt worden ist. Sie führt über den Graben zum an der nördlichen Seite gelegenen Eingang.

Der frühere Kasernenraum ist als Museum hergerichtet, das die Geschichte der Anlage und der Stadt veranschaulicht. Von der Terrasse hat man einen guten Blick auf die Donau und das gegenüberliegende Ufer auf rumänischer Seite. Die Innenhöfe bilden im Sommer für allerlei Theater- und Musikaufführungen oder auch Ausstellungen die stimmungsvolle Kulisse. Überhaupt wirkt die Anlage zwar noch immer wehrhaft, dabei aber sehr romantisch. Das mag daran liegen, dass sie in einen Park gebettet ist.

Zentrum

Von der Festung bieten sich zwei Möglichkeiten, ins Zentrum zu gelangen. Der schnellste Weg führt immer am Donauufer entlang und dabei zum großen Teil unter schattigen Bäumen. Dabei kommt man am kleinen Strand vorbei und hat die ganze Wegstrecke einen schönen Blick vom Wall auf den Fluss und das rumänische Ufer. Oder man hält sich etwas weiter westlich und passiert dabei einige Zeugnisse der Stadtgeschichte.

In diesem Fall stößt man zunächst auf die frühere **Synagoge**. Dieser erstaunlich große Bau wurde während des Sozialismus als Lagerhaus genutzt. Seit langem schon fehlt das Dach, und die Bäume im Inneren haben mittlerweile eine beträchtliche Höhe erreicht. Offenbar gibt es keine Idee, wie man mit der Ruine umgehen könnte.

▲ Karte S. 322

Etwas weiter befindet sich das jüngst renovierte **Ethnographische Museum**. Dieser Teil des Historischen Museums ist in einer ungewöhnlichen vierflügeligen Anlage untergebracht, eine der früheren türkischen Kasernen, und von einem gepflegten Park umgeben. Gegenüber liegt die orthodoxe Kirche **Sveti Petka** von 1636. Man kann sie leicht übersehen, da sie von bescheidenen Ausmaßen ist und zudem unter Straßenniveau liegt. Aus der schlichten Inneneinrichtung ragen die schöne Ikonostase und einige fast verblasste Wandmalereien hervor.

Auf eine ungewöhnliche Episode verweisen **Moschee** und **Bibliothek** des Pascha Osman Pasvantoglu, Statthalter des Sultans in Vidin. Im Jahr 1794 ließ er den Halbmond auf dem Minarett durch eine herzförmige Spitze ersetzen. Da er sich zugleich gegen den Sultan aufgelehnt hatte, wird diese Tat zumeist als Demonstration der Unabhängigkeit gegen die Zentralgewalt gedeutet. Romantiker sehen in dem Herz aber auch ein Symbol für die Toleranz, für das friedliche Zusammen-

Ausschnitt aus einer Darstellung des ›Befreiungskampfes‹ im Historischen Museum

Das Stambultor

leben der in der Stadt ansässigen Völker, das der Pascha fördern wollte.

Die Holztüren der Moschee sind mit Schnitzereien geschmückt, insgesamt wirkt sie aber ein wenig heruntergekommen. Um so augenfälliger sind die filigranen Holzschnitzereien auch im Inneren der beiden Gebäude. Die Osman-Pasvantoglu-Moschee ist als einzige von früher 30 vorhandenen Moscheen erhalten. Gegenüber liegt die orthodoxe Kirche **Sveti Nikolai**.

Der **pl. Bdinci** bildet das Zentrum des Ortes. Das hoch aufragende frühere Gebäude der kommunistischen Partei, einige Banken und Geschäfte befinden sich hier, er ist aber eher groß als wohlproportioniert. Sehenswert ist vor allem das erstaunlich niedrige **Stambultor** an der Nordseite, eines der erhaltenen Stadttore.

Westlich des Platzes erhebt sich die 1889 eingeweihte **Kathedrale Sveti Dimitar** mit den auffälligen, 33 Meter hohen Doppeltürmen. Sie beeindruckt nicht allein durch ihre Größe – die Kathedrale ist die zweithöchste Bulgariens –, sondern auch durch ihre sorgfältige und reiche Innenausstattung: Fresken, Wand- und Glasmalereien sowie wertvolle Ikonen.

Ganz in der Nähe lädt eines der wenigen erhaltenen Häuser aus osmanischer Zeit zu einem Besuch ein. In den Räumen des früheren türkischen Amtshauses (Konak) ist heute das **Historische Museum** untergebracht, das über die Entwicklung der Stadt seit den Thrakern und Römern informiert und einen Schwerpunkt auf die Epoche der Nationalen Wiedergeburt legt. Mittlerweile wirkt die Ausstellung etwas angejahrt, und leider sind die Erläuterungen nur auf Bulgarisch.

Am südlichen Rand des Stadtzentrums befinden sich Busbahnhof und Bahnhof. Der Kopfbahnhof wurde bis 2012 erheblich erweitert und modernisiert, da mit der Fertigstellung der Donaubrücke nun auch Züge nach Rumänien verkehren.

Dimovo und Magura-Höhle

An der Straße von Vidin nach Belogradčik liegt der kleine Ort Dimovo (1000 Einwohner). Er ist nicht weiter erwähnenswert und weist mit einer kleinen orthodoxen **Kirche** auch nur die eine klassische Sehenswürdigkeit bulgarischer Städte dieser Größe auf. Interessant aber und typisch bulgarisch ist der häufige Wechsel des Ortsnamens. So hieß das Dorf vor 1878 Osmaniye bei den Besatzern und Barzitsa bei den Bulgaren, nach dem Unabhängigkeitskrieg Aleksandrovo nach Alexander I. von Battenberg, nach 1936 kurzzeitig Vlaykovo nach dem Schriftsteller Todor Vlaykov und heute eben Dimovo, nach dem Spitznamen eines hier geborenen Partisanen, der gegen die Osmanen kämpfte.

Die Magura-Höhle etwas westlich von Dimovo wurde bereits 1960 als nationales Kulturerbe ausgewiesen. Ungewöhnlich ist ihre Länge von 2500 Metern, günstig für die Sekterzeugung die konstante Temperatur von 12 Grad, beeindruckend neben den vielen Stalagmiten und Stalagtiten vor allem die zahlreichen Höhlenzeichnungen aus der späten Bronze- und der jüngeren Eisenzeit. Diese Zeichnungen werden derzeit restauriert, Kopien sollen dann in dem frei zugänglichen Teil der Höhle ausgestellt werden. Bleibt zu hoffen, dass die Ausflüge nach Belogradčik zukünftig einen Schlenker zur Magura-Höhle beinhalten.

Belogradčik

»Es wurde wohl kaum jemals eine romantischere Festung gebaut als diese in Belogradschik.« Dieses Urteil, das der österreichische Naturforscher und Völkerkundler Felix Philipp Kanitz um 1880 formulierte, ist nicht übertrieben. Um den kleinen Ort Belogradčik erstreckt sich die spektakulärste Felsenlandschaft Bulgariens, und auf ihrem höchsten Plateau wurde eine Festung geradezu in die Felsen gebaut, sie geht eine elegante Verbindung mit der steinernen Umgebung ein.

Der Ausflug nach Belogradčik (5000 Einwohner) beginnt meist in Vidin, und allmählich führt die Straße von dort in eine hügelige Landschaft, bis schließlich die skurrilen Felsformationen sichtbar werden. Einen ähnlichen Anblick erlebt man auf einer Reise entlang der Donau nicht ein zweites Mal, und so ist allein die gut einstündige Fahrt unbedingt lohnenswert. Der Name des Städtchens bedeutet etwa ›weiße Stadt‹ und verweist auf die weißgetünchten Häuser, die in osmanischer Zeit das Ortsbild prägten.

■ Kaleto-Festung

▲ Karte S. 316

Die Kaleto-Festung erhebt sich auf rund 600 Meter Höhe und damit hundert Meter über der Umgebung. Dank der ausgezeichneten strategischen Lage errichteten bereits die Römer hier zwischen dem 1. und 5. Jahrhundert eine Festung; eine zweite, byzantinisch-bulgarische Phase lässt sich auf das 8. und 9. Jahrhundert datieren. Die Osmanen schließlich leg-

Die Kirche in Dimovo

ten zwischen 1805 und 1837 mithilfe französischer und italienischer Fortifikationsexperten eine Festungsanlage an, die wegen ihrer Solidität und Lage als uneinnehmbar galt. Die Tore, Mauern, Gänge und Gebäudeteile, die heute noch zu sehen sind, gehen ausnahmslos auf diese Zeit zurück.

Noch beeindruckender als die Festung ist der grandiose Blick, der sich von ihren höhergelegenen Teilen auf die umliegenden skurrilen Felsen bildet. Auf etwa 200 Hektar ragen spitze, nadelförmige wie auch pilzförmige Felsen auf. Wegen ihrer ungewöhnlichen Formen tragen einige von Ihnen Namen wie der Kuss von Adam und Eva, die Sphinx, das Schulmädchen, der Bär, die zärtliche Madonna, der Reiter, die Schülerin, der Derwisch, die Mönche oder der Adler. Es ist unschwer zu erkennen, wie die Bewohner auf diese Namen kamen, und man kann gut verstehen, dass zahlreiche Legenden mit den Felsen verbunden sind. Der Sandstein besitzt wegen des eingeschlossenen Eisenoxyds eine charakteristische rötliche Färbung, die besonders in den Nachmittags- und Abendstunden hervortritt – dies sind die romantischsten Stunden an einem wahrlich romantischen Ort.

Das Dorf

Der Ort selbst ist rund 20 Fußminuten vom Eingang zur Festung entfernt. Es gibt hier ein historisches Museum in einem denkmalgeschützten Haus von 1810, die Kirche Sv. Georgi von 1868, die überraschend große Lesestube aus sozialistischer Zeit am zentralen Platz, eine verwaiste Moschee und einige pittoreske einstöckige Häuser. Da jedoch der Bus auf dem Weg zur Festung ohnehin die Hauptstraße durch den Ort nehmen muss und der Fußweg etwas beschwerlich, da steil ist, lohnt sich ein Abstecher auf eigene Faust kaum.

Die Lesestube am Hauptplatz

Lom und Kozloduj

Die Donau vollzieht hinter Vidin eine Wendung um etwa 90 Grad und fließt bis Svištov in strikt östlicher Richtung. **Lom** (km 744) ist der zweitgrößte Donauhafen Bulgariens. Diese Bedeutung resultiert aus seiner Lage: Keine Stadt an der Donau ist Sofia näher. Der Ort mit derzeit rund 25 000 Einwohnern befindet sich an der Mündung des gleichnamigen Flusses, der im Balkan entspringt. Unter touristischen Gesichtspunkten ist Lom keinen Stopp wert. Die römische Festung Almus befand sich einst hier, Reste davon stellen die Hauptattraktion des kleinen Stadtmuseums dar.

Die Kaleto-Festung inmitten der wunderlichen Felsformationen

Das weiter flussabwärts gelegene **Kozloduj** (km 698) war Schauplatz eines folgenreichen geschichtlichen Ereignisses: Im April 1876 befand sich das Linienschiff ›Radetzky‹ auf seiner planmäßigen Fahrt in Richtung Eisernes Tor. 200 Revolutionäre, aus Rumänien kommend, kaperten es unter der Führung des 28-jährigen bulgarischen Dichters Christo Botev. Kapitän Dagobert Engländer hatte keine Wahl: Außerplanmäßig hielt er in Kozloduj und ließ die Piraten von Bord. Danach setzte er seine Fahrt fort. Die kleine Schar, die die Fremdherrschaft stürzen wollte, wurde schnell vom türkischen Heer entdeckt und innerhalb von zwei Wochen völlig aufgerieben. Die Türken brachten als Vergeltungsmaßname für den gescheiterten Aufstand mehrere tausend – manche sprechen von mehreren zehntausend – Menschen um. Das war der Vorwand für Russland, den Türken 1877 den Krieg zu erklären. Die Landung des heute als Helden verehrten Botev hatte zwar keinen direkten Erfolg, indirekt führte sie aber dazu, dass sich Russen und Bulgaren gegen die Osmanen zusammentaten und so den Grundstein

Das Museumsschiff ›Radetzky‹ in Kozloduj

für eine Völkerfreundschaft legten, die bis heute andauert. Am Ufer in Kozloduj erinnert ein kleines **Denkmal** an die Ereignisse. Es soll die Stelle markieren, an der die Aufständischen erstmals bulgarischen Boden betraten. Ein Nachbau der ›Radetzky‹, mittlerweile ein **Museumsschiff**, liegt in unmittelbarer Nähe. Diese Stelle befindet sich rund vier Kilometer westlich des Stadtzentrums.

Kozloduj ist international vor allem als Standort des einzigen bulgarischen Kernkraftwerks bekannt. Die sechs Blöcke gingen zwischen 1974 und 1983 in Betrieb; vier von ihnen wurden wegen verschiedener Störungen 2004 und 2006 abgeschaltet, die zwei jüngsten in dieser Zeit sicherheitstechnisch nachgerüstet. Sie produzieren rund 20 Prozent des bulgarischen Strombedarfs und sollen bis mindestens 2018 am Netz bleiben. In der Nähe entstand vor Kurzem ein Endlager für den Atommüll.

Vor der Stadt liegen auf zehn Flusskilometern zwei größere und zwei kleinere Donauinseln, daher ist von ihr von Bord eines Schiffes so gut wie nichts auszumachen.

Auf der linken Seite (km 692) mündet der 348 Kilometer lange Jiul ein. In diesem Abschnitt halten sich in manchen Jahren Pelikankolonien auf.

▲ Karte S. 316

Orjahovo und Corabia

Orjahovo (km 678) ist ein kleiner Ort (5000 Einwohner). Das Zentrum ist gut einen Kilometer vom Ufer entfernt, fällt landeinwärts ab und weist eine Reihe hübscher einstöckiger Häuser aus dem 19. Jahrhundert entlang baumbestandener Straßen auf. Es gibt hier einen Hafen und eine Fähre, die vor allem für den Fernlastverkehr von Bedeutung ist. Davon zeugt das neue Abfertigungsgebäude auf dem gegenüberliegenden, rumänischen Ufer. Im 13. und 14. Jahrhundert bestand nicht weit vom heutigen Hafen entfernt eine starke Festung, danach eine Festung der Türken.

Hinter Orjahovo werden die Hügel auf bulgarischer Seite etwas flacher, allmählich verlässt die Donau die Balkanausläufer. Bei Kilometer 638 mündet auf bulgarischer Seite der 368 Kilometer lange Isker ein, alles andere als ein breiter Strom und dennoch einer der größeren Nebenflüsse der unteren Donau. Das einige Kilometer weiter stromabwärts gelegene rumänische Corabia (km 630, 16 000 Einwohner) lebt von seinem kleinen Hafen und einer Zuckerfabrik. **Somovit** (km 608) ist noch kleiner (6000 Einwohner), von seinem Hafen wird vor allem Kohle und Erze verschifft.

Nikopol ▸ km 597

Wie so viele Orte am südlichen Donauufer geht auch Nikopol, eher ein Dorf als eine Stadt (4000 Einwohner), auf eine römische Anlage zurück. In der Nähe hatte Trajan einen seiner Siege über die Daker errungen. In Erinnerung daran wurde eine byzantinische Festung, die um 640 fertiggestellt war, Nicopolis ad Istrum genannt, ›Stadt des Sieges an der Unteren Donau‹. Noch während des Zweiten Bulgarisches Reichs war die Festung von Bedeutung. Die Türken erweiterten sie zunächst, vernachlässigten sie aber später, nachdem sie einen Stützpunkt am gegenüberliegenden Ufer, in Turnu, errichtet hatten. Reste der Festung sind aber noch vorhanden und künden von der einstigen Größe und Bedeutung.

In Nikopol erlebte die abendländische katholische Welt eine erste vernichtende Niederlage gegen die nach Westen drängenden Osmanen. Im September 1396 belagerte ein großes Heer unter der gemeinsamen Führung von Sigismund von Luxemburg, damals König von Ungarn und später deutscher Kaiser, und Johannes ohne Furcht, später Herzog von Burgund, die Festung, die die Osmanen hielten. Das Kreuzfahrerheer, dem Soldaten aus zahlreichen Ländern angehörten, wurde dabei fast völlig vernichtet.

Turnu Măgurele ▸ km 597

Gegenüber von Nikopol ist eine Industrieanlage auszumachen. Die dazugehörige Stadt erreicht man, wenn man von der Fabrik einige Kilometer landeinwärts einer Straße folgt. Turnu Măgurele ist eine kleine Stadt (25 000 Einwohner), die auf die antike Festung Turris zurückgeht. Es gibt noch Reste einer bulgarischen Festung und einer Kirche aus dem 13. Jahrhundert zu sehen. Turnu Măgurele wuchs,

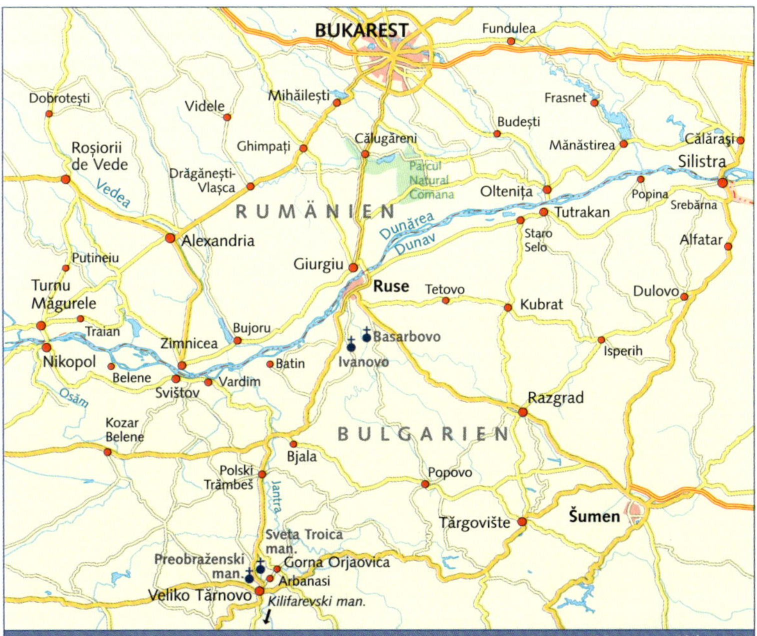

Zwischen Nikopol und Silistra

als es zu einer wichtigen Station entlang des Handelsweges von Siebenbürgen nach Istanbul wurde; seit 1836 schließlich besitzt es Stadtrechte.

Lange Zeit bestimmte lediglich ein Getreidehafen das Bild des Ufers. In den 1960er Jahren wurde dann das Ammoniakwerk errichtet, das den für eine intensive Landwirtschaft notwendigen Kunstdünger produziert. Rumänien hatte sich schon früh der im COMECON vereinbarten Aufgabenteilung widersetzt. Die Sowjetunion sah in Rumänien einen Rohstofflieferanten und ein Agrarland und hielt den Aufbau von Industrien, insbesondere der Schwerindustrie, für unnötig. Die rumänische Führung baute daher zahlreiche Industriekombinate mit westlicher Beteiligung auf, so auch die Fabrik in Turnu Măgurele. Dass Rumänien das erste Land innerhalb des RGW war, das mit der Bundesrepublik erst Handelskontakte knüpfte und dann diplomatische Beziehungen aufnahm, ist so gesehen sicherlich kein Zufall.

An der Donau entstanden in dieser Zeit einige Industrieanlagen, manchmal, wie zum Beispiel in Brăila und Galați, waren sie von gigantischen Ausmaßen und wurden ohne Berücksichtigung ökologischer Aspekte erbaut.

Die Anlage in Turnu Măgurele ist nach wie vor in Betrieb – der beißende Geruch ist bei manchen Wetterlagen an Deck eines Schiffs deutlich wahrnehmbar.

Belene, Svištov und Zimnicea

Hinter Turnu Măgurele beginnt auf rumänischer Seite ein Sumpfgebiet, das ›Lunca dunarii‹ genannt wird. Mit etwas Glück lassen sich hier Fischreiher und sogar Pelikane beobachten.

Dem bulgarischen Ort **Belene** (km 575) ist die 48 Hektar große, gleichnamige Insel vorgelagert, so dass man ihn nicht ausmachen kann. Die Weltöffentlichkeit nahm vor einiger Zeit Notiz von Belene, weil die bulgarische Regierung hier ein Kernkraftwerk errichten wollte. Der ausländische Investor sprang jedoch 2010 ab, wodurch die Pläne zersprangen.

Auf der Insel befindet sich eines der größten bulgarischen Gefängnisse. Von 1949 bis 1989 waren hier politische Gefangene inhaftiert, heute ›normale‹ Kriminelle. Man fährt nördlich an der Insel vorbei – der kleinere Donauarm umschließt die Insel im Süden – und sieht nichts von den

Russische Truppen erobern 1877 die Festung Nikopol (Ölbild von 1883)

▲ Karte S. 329

Sicherheitsanlagen; die Insel ist scheinbar ein pappelbestandenes Idyll.

Svištov (km 555) wendet dem Fluss seine unattraktive Seite zu: Verlade-, Kai- und Industrieanlagen. Nach Ruse und Lom befindet sich hier der drittgrößte bulgarische Donauhafen. Eine Zollstation ist hier auch eingerichtet.

An dieser Stelle richteten die Römer im Rahmen des Donaulimes die Befestigung Novae ein. Dieses Lager war eines der wichtigsten entlang der Donau und bereits seit dem 1. Jahrhundert ein Sitz der Donauflotte. Der Ort war so gut befestigt, dass er allen Eroberungsversuchen in den nächsten Jahrhunderten standhielt. Erst im 7. Jahrhundert wurde er zerstört. Gut hundert Jahre später entstand etwa fünf Kilometer westlich eine neue Siedlung, die sich vor allem unter der türkischen Herrschaft zu einem wichtigen Handelszentrum entwickelte. Sie war nun nicht mehr, wie der römische Ort, dem Fluss zugewandt, sondern landeinwärts ausgerichtet. Auch das heutige, recht hübsche Svištov liegt von der Donau abgewandt auf der Südseite eines Hügels, der sich direkt am Ufer erhebt und von dort terrassenartig nach Süden abfällt. Als Handelsstadt blieb die Siedlung bis zum Ende des 19. Jahrhunderts bedeutend, dann musste sie diese Rolle an das aufstrebende Ruse abgeben.

Svištov ist in Bulgarien sehr bekannt, weil sich hier gleich mehrere Werke des berühmten Architekten Koljo Fičeto befinden, darunter die Kirche Sveta Troica (1867), und weil hier im Jahr 1877 mittels einer Pontonbrücke russische Truppen übersetzten, die eine entscheidende Rolle bei der Überwindung der Osmanischen Herrschaft spielten. Heute prägen auch die Studenten der Universität die Stadt mit ihren rund 30 000 Einwohnern.

Das Pendant zu Svištov, die Kleinstadt **Zimnicea** (km 553), ist die südlichste Stadt Rumäniens. Zwar gab es hier schon unter den Dakern eine Art Burg und im Mittelalter einen Handelsplatz mit Zollstelle, aber die Ansiedlung blieb über die Jahrhunderte sehr bescheiden. Beim schweren Erdbeben von 1977 wurde die Stadt zu großen Teilen zerstört und danach modern wieder aufgebaut. Bis auf die beim Erdbeben erhalten gebliebene Kirche der heiligen Kaiser vom Anfang des 19. Jahrhunderts hat der Ort nichts Sehenswertes zu bieten, und heute ist seine Bedeutung als Handelsplatz denkbar gering. Über die Fähre besteht Verbindung nach Bulgarien.

Die Donau erreicht unmittelbar hinter Svištov, bei Kilometer 550, ihren südlichsten Punkt und wendet sich danach nach Nordosten. Bei Kilometer 537 mündet die Jantra ein. Sie hat von ihrer Quelle im Balkangebirge bis zur Mündung in die Donau rund 270 Kilometer zurückgelegt.

Pleven

In bulgarischen Darstellungen wird Pleven oft als ›Stadt-Museum des Russisch-Türkischen Krieges‹ bezeichnet. Damit ist präzise ausgedrückt, worin ihre Bedeutung liegt: Sie steht für den entscheidenden Sieg der Russen und der mit ihnen verbündeten Rumänen über die Osmanischen Truppen im Jahr 1877, der schließlich zur Unabhängigkeit Bulgariens führte. An dieses Ereignis erinnern allein in Pleven und der Umgebung rund 200 mehr oder weniger geschmackvolle Denkmäler.

Pleven ist das Verkehrszentrum Nordbulgariens inmitten einer stark landwirtschaftlich genutzten und hügeligen Landschaft, auch das kulturelle und wirtschaftliche Zentrum der Region und hat unter anderem ein Theater, eine Philharmonie, eine Oper und eine Medizinische Hochschule zu bieten – Sehenswürdigkeiten von Rang aber sind rar.

Teil des Dioramas im Panoramamuseum

Die Römer richteten hier einen Stützpunkt ein und übernahmen den Namen Storgosia wohl von den Thrakern, die vorher hier ansässig gewesen waren. Die Slawen nannten den Ort Kamenec, eine Erwähnung als Pleven findet sich erstmals 1266, in einer Urkunde der ungarischen Eroberer. Unter den Osmanen wurde Pleven zu einer wichtigen Festung und Garnisonsstadt ausgebaut, gleichzeitig war es ihr Verwaltungs- und Handelszentrum im nördlichen Bulgarien. Am Vorabend der bedeutsamen Schlacht lebten rund 17 000 Menschen hier.

Nachdem die russischen Truppen im Sommer 1877 die Donau überschritten hatten, verlegten die Osmanen etwa 45 000 Soldaten von Vidin nach Pleven und befestigten die Stadt. Die russischen und rumänischen Truppen, insgesamt rund 100 000 Mann, rannten dreimal – am 7. Juli, am 28. Juli und am 25. August – vergeblich an und errichteten daher einen 50 Kilometer langen Belagerungsring um die Stadt. Hunger, Krankheiten und Kälte setzten den 43 000 Verteidigern zu, und der türkische Oberbefehlshaber kapitulierte schließlich am 10. Dezember, nachdem ein Entsatzheer am Schipkapass von den Russen geschlagen worden war und keine Aussicht auf Hilfe mehr bestand. Die Russen und ihre Verbündeten verloren fast 40 000 Mann, wie viele Tote es auf türkischer Seite gegeben hat, ist nicht genau bekannt.

▲ Karte S. 329

Pleven erlebte im ausgehenden 19. Jahrhundert einen Aufschwung, nicht zuletzt dank Anschluss an das Bahnsystem mit den Strecken Sofia–Varna und Pleven–Somovit. Heute sind die Viehzucht, der Weinanbau und die Lebensmittelindustrie bestimmend, daneben gibt es einige Betriebe der Bekleidungs- und der chemischen Industrie. Pleven hat rund 100 000 Einwohner und ist damit die siebtgrößte Stadt Bulgariens.

Sehenswürdigkeiten

Die erste Station einer Besichtigungstour ist für Besuchergruppen fast immer der am südwestlichen Stadtrand gelegene **Skobelejev-Park**. Auf diesem Hügel fanden 1877 besonders erbitterte Kämpfe statt, und gleich neun Massengräber befinden sich in dem ausgedehnten Gelände.

Auf dem höchsten Punkt erhebt sich das **Panoramamuseum**, ein zylindrischer und gleichzeitig klobig wirkender Betonbau, den russische Kanonen flankieren. Er wurde 1977, zum hundertjährigen Jahrestag der denkwürdigen Schlacht, eingeweiht. Seinen Mittelpunkt bildet die 115 Meter lange und 15 breite Leinwand, auf der entscheidende Szenen aus dem dritten Angriff dargestellt sind. In anderen Räumen wird mit kleineren und dennoch großformatigen Gemälden, Feuerwaffen, Uniformen und zahlreichen weiteren Gegenständen die Schlacht dokumentiert. Wer sich nicht für militärische Details interessiert, kann mit dem Fahrstuhl auf das Dach fahren und von der Plattform den Blick auf Pleven und die Umgebung genießen.

Das **Historische Museum** der Stadt Pleven ist in einem großen zweistöckigen Gebäude untergebracht. Zwar nehmen auch hier die Wiedergeburtszeit und der Freiheitskampf gegen die türkischen Besatzer breiten Raum ein, aber daneben finden sich Ausstellungsstücke von den ersten Besiedlungszeiten (50 000 v. Chr.) bis heute, außerdem gibt es eine naturkundliche und eine ethnographische Abteilung, die das Alltagsleben der Städter und der Landbevölkerung vom 19. Jahrhundert bis heute dokumentiert.

Der Vurazdene-Platz, den Fußgängern vorbehalten und mit Fontänen geschmückt, ist der angenehmste Platz der Stadt. In seiner Nähe liegen fast alle Sehenswürdigkeiten Plevens. Unübersehbar ist das 24 Meter hohe **Mausoleum** an seiner Südseite. Es wurde 1907 errichtet und erinnert an die russischen und rumänischen Gefallenen. Um das Mausoleum stehen Kanonen aus dem Krieg, und vor dem Gebäude brennt die Ewige Flamme zum Gedenken an die Toten. Im Innern lohnt vor allem die geschnitzte Ikonostase aus Lindenholz einen Blick.

Von hier erstreckt sich die ul. Vasil Levski nach Norden. Sie ist als Fußgängerzone gestaltet und weist eine Reihe von Cafés auf. Das auffällig rot-weiße Haus an der Westseite der Straße ist ein ehemaliges türkisches Bad von 1607. In dem sorgfältig renovierten, unverkennbar orientalischen Gebäude ist die **Kunstgalerie Svetlin Rusev** beheimatet. Die Sammlung, eine Schenkung des bulgarischen Malers Svetlin Rusev, umfasst hauptsächlich moderne Kunst.

Etwas weiter umgibt ein gepflegter, baumbestandener Park das **Museum der Befreiung Plevens**. Es wurde nicht zufällig hier eingerichtet: In diesem Gebäude ließ sich der russische Zar Alexander II. einen Tag nach der Kapitulation den gefangenen türkischen Oberbefehlshaber, Osman Pascha, vorführen. Auf der nächsten Straßenecke befindet sich das **Städtische Theater**. Folgt man hier der ul. Vasil Levski weiter nach Norden, so erreicht man bald ein kleines Viertel mit Häusern aus der Wiedergeburtszeit – es ist ein ungewöhnlich geschlossenes Ensemble inmitten eines ansonsten unruhigen und uneinheitlich wirkenden Stadtbilds.

Hält man sich am Theater nach rechts, so stößt man rasch auf die Kirche **Sv. Nikolai**. Sie wirkt unscheinbar, weil sie 1834, den damaligen Gesetzen folgend, unter Straßenniveau errichtet wurde. Auffällig ist der große Glockenturm, sehenswert sind die wertvollen Ikonen im Innern.

Zwei Kilometer südlich der Stadt, am Beginn der Kailaka-Schlucht, erstreckt sich der **Kailaka-Park**. Hier gibt es Sportplätze und Schwimmbäder, einen See mit Ruderbooten, Campingplatz und Hotel sowie mehrere Restaurants, von denen eines recht pittoresk in einer Karsthöhle untergebracht ist. Die Bewohner Plevens schätzen den Park, und vor allem an Wochenenden ist er stark frequentiert. Hier hat man auch die Überreste einer Basilika aus dem 4. bis 6. Jahrhundert gefunden, und so führt ein Besuch des Parks interessierte Besucher weiter zurück als in das allgegenwärtige Jahr 1877.

Die Kunstgalerie Svetlin Rusev

Ruse ▸ km 496

Mit rund 146 000 Einwohnern ist Ruse die größte bulgarische Stadt an der Donau und die fünftgrößte des Landes. Typisch bulgarisch, sofern Urteile dieser Art überhaupt angebracht sind, ist sie rein äußerlich wahrlich nicht; nicht zufällig spricht man oft vom ›Klein Wien‹. Gleichzeitig ist Ruse sehr charmant und lebendig und nicht nur wirtschaftliches, sondern auch kulturelles Zentrum des nordöstlichen Bulgarien. Es gibt eine Oper, Theater und Philharmonie haben feste Ensembles und gehören zu den besten des Landes, zahlreiche renommierte Kulturfestivals finden regelmäßig statt.

Geschichte

Die Römer nannten den Ort Sexaginta Prista (Stadt der 60 Schiffe), was auf seine hauptsächliche Funktion in dieser Zeit verweist: Er war ein größerer Stützpunkt ihrer Flotte. Um 590 zerstörten ihn die Slawen und Awaren, und von den folgenden Jahrhunderten ist fast nichts bekannt. Anfang des 16. Jahrhunderts wird in Dokumenten ein Ort namens Russe erwähnt, die Osmanen nannten ihn Rustschuk. Vermutlich lag ihre Siedlung genau auf den Überresten der römischen. Bis 1811 war sie durch eine Festung geschützt; diese wurde während des russisch-türkischen Krieges zerstört. Prägend für Ruse waren die Jahrzehnte nach 1856. In diesem Jahr wurde eine erste internationale Vereinbarung über den freien Handelsverkehr auf der Donau geschlossen, der den Warenaustausch zwischen den Anrainerstaaten deutlich beförderte. Davon profitierte Ruse, das an der wichtigsten Handelsstraße zwischen Mitteleuropa und Konstantinopel lag. In der stürmischen Wachstumsphase öffnete sich Ruse für westliche Einflüsse aller Art, und die vielfältigen Kontakte, die die multiethnische Bevölkerung in alle Richtungen, vor allem aber donauaufwärts unterhielt, ließen sie zur europäischsten aller bulgarischen Städte werden, zum ›Tor nach Europa‹, wie es später so eindrucksvoll Elias Canetti im ersten Teil seiner Autobiographie ›Die gerettete Zunge‹ beschrieben hat.

Großen Einfluss auf die Stadtentwicklung hatte auch die weitsichtige Politik des letzten osmanischen Gouverneurs der Donauprovinz, des Midhat Pascha. Er förderte ab 1864 den Zuzug von Menschen unterschiedlichster Herkunft, seine folgenreichste Entscheidung war sicherlich die, zwischen Ruse und Varna am Schwarzen Meer eine Eisenbahnstrecke bauen zu lassen. Sie war die erste auf bulgarischem Gebiet, ging 1866 in Betrieb, verband zwei wichtige Umschlagzentren miteinander, und für alle aus Norden kommenden Reisenden war der Weg über Ruse nun die schnellste Verbindung nach Konstantinopel.

Auch der heutige Stadtgrundriss geht auf den Gouverneur zurück. In dem Zusammenspiel zwischen breiten Boulevards und davon abzweigenden schmalen Straßen, großen und kleinen Plätzen, auf die die Straßen zulaufen, ist unschwer das Vorbild aller europäischen Städte jener Zeit abzulesen: Paris. Der Midhat Pascha hatte einige Jahre dort verbracht. Die Stadt war wahrhaft kosmopolitisch: Unter anderem Griechen, Armenier, Juden, Türken, Deutsche und Österreicher lebten neben den Bulgaren hier, zeitweilig waren bis zu elf Konsulate ansässig.

Nach der Unabhängigkeit Bulgariens wurden gezielt Architekten aus westeuropäischen Ländern in das Land geholt, um die Stadt aus- und umzubauen. Darunter waren viele aus Österreich und Deutschland. Zwischen 1880 und 1910

▸ Karte S. 335

entstanden zahlreiche private und vor allem auch öffentliche Gebäude, die die damals vorherrschenden Stile annahmen. Daher sieht Ruse europäisch und relativ jung aus. Aus dieser ganz eigenwilligen bulgarischen Gründerzeit sind noch etwa 200 Gebäude erhalten. Im Zweiten Weltkrieg gab es Verluste durch angloamerikanische Bomben, im Sozialismus vor allem durch Vernachlässigung. Seit 1990 aber ist ein Großteil der noch erhaltenen historischen Substanz wieder hergerichtet worden; insgesamt sind mehr als 260 Gebäude aus verschiedenen Epochen als Kulturdenkmäler ausgewiesen. Um die Wende zum 20. Jahrhundert verlor Ruse den Rang als größte bulgarische Stadt an die Hauptstadt Sofia. Während der sozialistischen Zeit erfuhren Industrie und Hafen einen erheblichen Ausbau nach Plan, und seit 1954 verlief wenige Kilometer östlich von Ruse die einzige Straßenverbindung zum ›Bruderland‹ Rumänien. Die Bevölkerung verdoppelte sich dadurch innerhalb weniger Jahrzehnte, und die ausgedehnten Industrieanlagen und Neubaugebiete umfassen seitdem das historische Zentrum auf drei Seiten. Nach 1990 gerieten viele Industriebetriebe in eine tiefe Krise, einige mussten schließen. Seit einigen Jahren jedoch kann die Stadtverwaltung stolz die deutlich gestiegenen Investitionen ausländischer Konzerne vermelden. Zum Aufschwung trug nicht zuletzt bei, dass Rumänien und Bulgarien seit 2007 Mitglieder der EU sind.

Stadtzentrum

Die Kreuzfahrtschiffe ankern unterhalb des weithin sichtbaren Hotels ›Riga‹, so dass man leicht wieder zurückfindet. Hinter dem schmalen Uferpark leitet eine Unterführung auf einen breiten Boule-

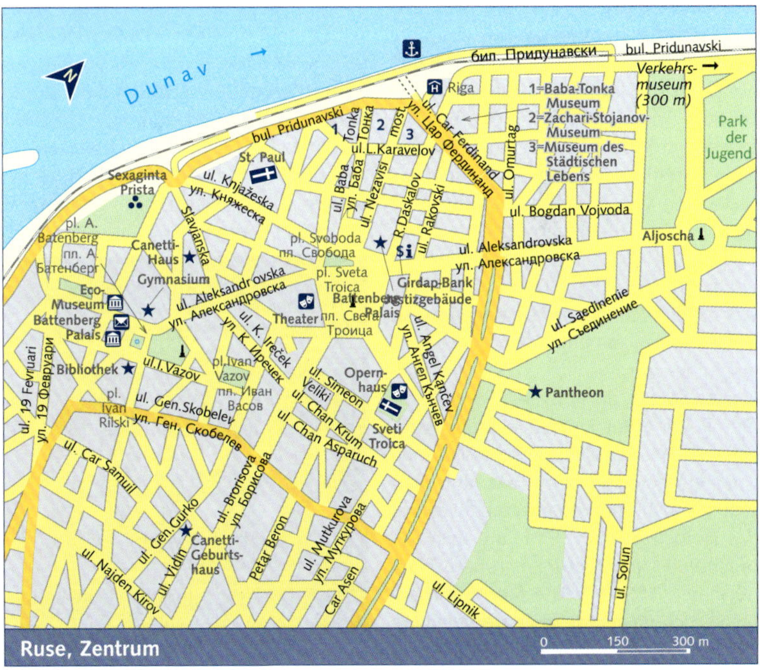

Ruse, Zentrum

Das Theater am Freiheitsplatz

vard, der das Zentrum umschließt. Egal, welcher der kleinen Seitenstraßen man dann folgt: Man landet stets auf dem Freiheitsplatz.

Freiheitsplatz

Das Herz der Stadt ist der Freiheitsplatz (ploštad Svoboda). Hier mündet exakt ein Dutzend Straßen ein. Der Platz präsentiert sich ausgesprochen heiter. Die gepflegten Blumenrabatten, die parkähnliche Grünfläche in der Mitte und das Plätschern von Brunnen und Fontänen nehmen auch der Figur in der Mitte etwas von ihrem Pathos. Dabei handelt es sich um das 18 Meter hohe **Freiheitsdenkmal**, das 1909 nach Plänen des Italieners Arnoldo Zocchi entstand. Eine Pyramide auf einem von zwei Löwengestalten flankierten Sockel, die von einer Frauenfigur als Allegorie der Freiheit bekrönt wird, soll an den bulgarisch-russisch-türkischen Krieg erinnern. An dem Platz fühlt man sich nach Mitteleuropa versetzt, sowohl das **Hotel Teteven** (1911) als auch das prachtvolle klassizistische frühere **Handelshaus** (1896), heute Sitz des Theaters, scheinen geradewegs aus Wien importiert zu sein; die eigentliche Bestimmung dieses Hauses ist noch an der Figur des geflügelten Merkur zu erkennen; er gilt als Gott des Handels. Das mächtige **Justizgebäude** - 1940 an der Stelle des Fischmarkts errichtet - an der Nordseite und das etwas klobige **Gebäude der Gemeindeverwaltung** aus sozialistischer Zeit komplettieren die Bebauung. Leicht zu übersehen, aber einen Blick wert ist das Gebäude der früheren **Girdap-Bank** (1896), das sich rechts an das Justizgebäude anschließt. Zur entspannten Stimmung tragen die vielen Cafés und Restaurants bei und nicht zuletzt die vielen schlendernden Passanten. Besonders stimmungsvoll ist der Platz am Abend, wenn der Brunnen und die prächtigen Gebäude angestrahlt werden.

▲ Karte S. 335

Dreifaltigkeitsplatz

Der pl. Svoboda geht nach Osten unmittelbar in den Dreifaltigkeitsplatz (pl. Sveta Troica) über. Die **Kirche Sveta Troica** steht dort seit 1764 an der Stelle eines 1632 errichteten Vorgängerbaus. Man muss 22 Stufen nach unten gehen, um den Ikonen, der Holzkassettendecke und der geschnitzten Innenausstattung einen Besuch abzustatten, denn wie alle Kirchenbauten aus dieser Zeit liegt sie unter Straßen-

Das Opernhaus bei Nacht

niveau; die christlichen Kirchen durften in osmanischer Zeit die Moscheen nicht überragen. Die Kirche ist überhaupt in ihren Ausmaßen bescheiden, aber dennoch die bedeutendste der acht Kirchen in der Stadt. Sehenswert ist die Sammlung von Ikonen, Kultgegenständen und auch Wiegendrucken.

Gegenüber versteckt sich das in einem warmen Rotton gehaltene **Opernhaus** etwas hinter Bäumen. Es ist die Heimstatt eines international renommierten Symphonieorchesters. Überraschend ist weniger sein bescheidenes Auftreten als vielmehr die Tatsache, dass sich die doch recht überschaubare Stadt um die Wende zum 20. Jahrhundert überhaupt ein solches Haus leistete. Direkt neben der Oper wird der **Blumenmarkt** abgehalten.

Ul. Aleksandrovska

In den umliegenden Straßen sind kleine Läden in den zumeist zwei- und dreistöckigen schmalen Häusern untergebracht. Am angenehmsten ist ein Bummel durch die ul. Aleksandrovska. Sie ist als Fußgängerzone gestaltet, und so kann man in Ruhe einen Blick auf Details wie schmiedeeiserne Balkone werfen. Die Straße konnte sich ihr Aussehen aus dem 19. Jahrhundert weitgehend erhalten und bietet eine Reihe von pastellfarbenen Fassaden. Ein schönes Beispiel für die Architektur der Jahrhundertwende ist etwa das **Martinov-Haus** (1900) auf der Ecke zur Iretček-Straße, das nach einem früheren Bürgermeister von Ruse benannt ist und in dem heute der Kulturclub seinen Sitz hat. Hier finden zahlreiche Veranstaltungen statt, freitags beispielsweise regelmäßig Jazzkonzerte. Die frühere **Simeonov-Bank** (1895), heute DSK-Bank, ragt mit ihrer aufwendig gestalteten Fassade ebenso etwas heraus. Sie befindet sich an der Einmündung der ul. Aleksandrovska zum Battenbergplatz.

Das Battenbergpalais

Battenbergplatz

Dem Battenbergplatz (pl. Batenberg) ist ein eleganter, würdevoller Charakter eigen; er unterscheidet sich deutlich von dem zu allen Tageszeiten lebendigen pl. Svoboda. In der Mitte laden eine gepflegte Grünanlage und ein Lokal zu Kontemplation oder Einkehr ein, an der Westseite zieht das schön restaurierte **Battenbergpalais** die Blicke auf sich. Der Neorenaissancebau wurde von dem österreichischen Architekten Friedrich Grünanger entworfen und 1892 fertiggestellt, heute ist darin das **Regionalmuseum** untergebracht, das gleichzeitig als Geschichtsmuseum des Bezirks fungiert. Es hat Porzellan-, Waffen- und Münzsammlungen in seinem Bestand, eine archäologische Sammlung, in der römische Artefakte dominieren, und einiges altes Silber. Am spektakulärsten ist der thrakische Schatz, der 1975 bei Borovo, rund 50 Kilometer südlich von Ruse, gefunden wurde. In dem schönen Gebäude schräg gegenüber, das sich die Handelskammer 1911 errichten ließ, ist die **Stadtbibliothek** untergebracht. Nicht zu übersehen ist das **Denkmal**, das an die Gefallenen im serbisch-bulgarischen Krieg (1885) erinnert; unscheinbarer,

aber deutlich harmonischer präsentiert sich das zweistöckige Gebäude rechts neben dem Battenbergpalais. Es handelt sich dabei um die alte **Post**.
An der Nordseite präsentiert seit 2015 das **Eco-Museum** vor allem mit einigen ausgestopften Präparaten die frühere und heutige Tierwelt der Umgebung. Hingucker schlechthin nicht nur für junge Besucher ist zweifellos das lebensgroße Mammut.

Am Eingang zur Ausgrabungsstätte Sexaginta Prista

■ Ul. Slavjanska

Die zum Nikola-Platz hin leicht abfallende ul. Slavjanska verbindet den Flusshafen mit dem Zentrum. Einen Bummel wert ist sie wegen ihres fast ensembleartigen Charakters, der sie zu einer der anmutigsten Straßen in Ruse macht: Sorgfältig restaurierte, zumeist dreistöckige Häuser aus der Jahrhundertwende säumen die Straße zu beiden Seiten. Eines der wenigen noch nicht renovierten Häuser - nach wie vor ungeklärte Eigentumsverhältnisse verhindern die Sanierung - ist die Nummer 9. Dabei handelt es sich um das von Elias Canettis Großvater 1898 errichtete **Canetti-Haus**, in dem die Familie bis zu ihrer Übersiedlung nach London 1912 einen Großmarkthandel betrieb. Die Canetti-Gesellschaft, die ihr Büro derzeit am Freiheitsplatz unterhält, plant hier die Einrichtung eines internationalen Kultur-, Wissenschafts- und Dokumentationszentrums. Im Moment wird das Haus in seinem unsanierten Zustand als alternativer Veranstaltungsort für Konzerte, Performances oder bildende Kunst genutzt.

■ Elias Canetti

Literaturnobelpreisträger Elias Canetti (1905–1994) ist der berühmteste Sohn der Stadt, und so ist es erstaunlich, dass ihm immer noch kein Museum gewidmet wurde. Das Haus, in dem Canetti aufwuchs, existiert noch, es steht in der ul. Gen. Gurko 13. An einer Wand des Hinterhauses, von Zweigen verdeckt, ist eine Gedenktafel angebracht. Auf ihr steht, dass hier im Jahr 1905 Elias Canetti geboren wurde, Träger des Nobelpreises für Literatur. Das Haus selbst ist heute ein normales Wohnhaus und ein Zugang zu der Wohnung nicht möglich. Er wäre aber auch uninteressant, denn Originalgegenstände aus der Zeit, als die Canettis hier wohnten, sind nicht mehr vorhanden. Man kann sich heute nur schwer in die Welt des jungen Elias Canetti hineinversetzen, denn das jüdische Viertel, in dem sich auch die ul. Gurko befand, ist weitgehend verschwunden; Neubauten prägen die Straßen.

■ Ausgrabungsstätte Sexaginta Prista

In der Ausgrabungsstätte Sexaginta Prista kann man sich die Überreste eines römischen Kastells anschauen: Fundamente, ein kleines Stück der früheren Umfassungsmauer sowie Gebrauchsgegenstände, Grabsteine und einige Skulpturen. Der Eingang zur Stätte liegt etwas von der baumbestandenen Kreuzung zurück, und nur ein kleines und leicht zu übersehendes Schild gibt die Richtung an.

▲ Karte S. 335

Gedenkstätten und Museen

In der Zeit der Nationalen Wiedergeburt war Ruse ein Zentrum der Freiheitsbewegung. Daher ist es nicht verwunderlich, dass sich die meisten Museen ausführlich diesem Thema widmen. Sie sind nur Spezialisten zu empfehlen. Für die meisten interessanter ist sicherlich das **Verkehrsmuseum**, das man erreicht, wenn man vom Schiffsanleger den Bahngleisen nach Osten bis zum alten Bahnhof folgt. Zahlreiche Exponate, darunter alte Lokomotiven und Waggons sowie antiquierte Telefone, vermitteln Wissenswertes aus den Bereichen Eisenbahnwesen, Schifffahrt auf der Donau und Nachrichtentechnik.

In der Reihe der Stätten, die sich mit dem bulgarischen Freiheitskampf beschäftigen, ist an erster Stelle das **Pantheon der Helden der Nationalen Wiedergeburt** zu nennen. Der Kubus aus hellem Stein, der von einer goldenen Kuppel gekrönt wird, ist nicht frei von pathetischem Gestus. Im Inneren sind 453 Soldaten bestattet, die im Befreiungskrieg gegen die Türken fielen, das Ewige Feuer symbolisiert das immerwährende Gedenken an sie. Das Denkmal wurde 1978 eingeweiht, zur 100. Wiederkehr der bulgarischen Unabhängigkeit; 2011 kamen Kapelle und Museum hinzu.

Etwas persönlicher wird diese Zeit in zwei weiteren Museen vermittelt, dem vor einiger Zeit renovierten **Baba-Tonka-Museum** in der gleichnamigen Straße und dem **Zachari-Stojanov-Museum** fast nebenan. Familienangehörige beider Häuser gehörten zu den Aufständischen, und mit Fotografien, Briefen und persönlichen Gegenständen werden die Geschehnisse visualisiert.

Nur wenige Meter vom Zachari-Stojanov-Museum entfernt, in der ul. Car Ferdinand 39, vermittelt das **Museum des Städtischen Lebens** im Kaliopa-Haus auf zwei Stockwerken einen Eindruck von der Lebensweise des Großbürgertums am Ende des 19. Jahrhunderts. Sämtliche Exponate – Möbel und Haushaltseinrichtung – stammen aus dieser Epoche.

Das Pantheon

Das schlichte Gebäude ist im bulgarischen Wiedergeburtsstil (1865) gehalten und somit eine Ausnahme in Ruse; eine Zeitlang befand sich hier das preußische Konsulat. Einer romantischen Legende zufolge unterhielt der Midhat Pascha eine Liebesbeziehung zu einer schönen jungen Frau mit dem Namen Kaliopa. Er lobte für einen Bogenschießwettbewerb dieses Haus als Preis aus - und Kaliopa gewann. Und so kam die Frau zu dem Haus und das Haus zu seinem Namen.
Im weitläufigen Park der Jugend erinnert ein etwas martialisch blickender Soldat an die Sowjetarmee. Dieses Denkmal wird in der Bevölkerung meist **Aljoscha** genannt. Ansonsten finden sich im Park noch das mächtige Hauptgebäude der Universität, die Philharmonie und eine größere Anzahl von Spazierwegen.

Die Felsenklöster Basarbovo und Ivanovo

Westlich von Ruse mündet der Russenski Lom in die Donau. Zusammen mit seinen Nebenflüssen Beli Lom, Malki Lom und Černi Lom bildet er auf dutzenden

Kaum auszumachen: das Felsenkloster Basarbovo

▲ Karte S. 329

Kilometern ein reizvolles Tal mit Nebentälern aus. Über Jahrtausende gruben sich die Flüsse tief in den Kalkstein, so dass Höhlen und Felsplateaus entstanden. Seit dem 12. Jahrhundert zogen sich zahlreiche Einsiedler hierher zurück, und im Laufe der Zeit entwickelte sich ein Netz von Klöstern, Kirchen und Wohnstätten. Die Neuankömmlinge gruben ihre Zellen und Kirchen durchweg in den weichen Stein.
Allein diese Bauart und die Dichte dieser Anlagen war ungewöhnlich, zu heute bestaunten Touristenzielen wurden sie aber durch ihre Ausschmückung. Der Zarenhof in Veliko Tărnovo unterstützte die Klöster, und im 13. und 14. Jahrhundert wurden viele der Felsenkirchen mit Malereien geschmückt. Die Art der Gestaltung und einige Inschriften lassen den Schluss zu, dass die Maler aus der zu dieser Zeit berühmten Schule in Veliko Tărnovo stammten. Die wenigen heute noch erhaltenen Malereien gelten allgemein als ein Höhepunkt der bulgarischen Kunst.
Nach der Eroberung Bulgariens durch die Osmanen erlosch das bis dahin rege Klosterleben allmählich, viele Objekte wurden aufgegeben und verfielen. Die meisten Wandmalereien sind unwiederbringlich verloren, die erhaltenen in zumeist schlechtem Zustand. Eine Ahnung von der früheren Pracht vermitteln die vergleichsweise gut erhaltenen Anlagen in Basarbovo und Ivanovo, 8 bzw. 20 Kilometer südwestlich von Ruse gelegen.

■ Basarbovo

Das Kloster Basarbovo wird erstmals 1431 in türkischen Steuerlisten genannt, existierte zu dieser Zeit aber wohl schon mehrere hundert Jahre. Es stellt eine Besonderheit dar, da es das einzige heute noch aktive Männerkloster in Nordostbulgarien und das einzige noch aktive Felsenkloster in Bulgarien ist. In jüngerer

Teile des Malereien in Ivanovo

Zeit entstanden innerhalb der gepflegten Anlage einige neue Unterkünfte für Pilger und Touristen.

Das Kloster heißt offiziell Sveti Dimitar Basarborski, nach dem Mönch Dimitar, der in dem etwa zwei Kilometer westlich liegenden Dorf Basarbovo geboren wurde und bis zu seinem Tod hier lebte. Einer Legende zufolge starb er am Ufer des kleinen Flusses und wurde durch ein Hochwasser unter dem Ufersand begraben. Einem blinden Mädchen erschien der Tote in einem Traum, und dank ihrer präzisen Beschreibung konnte der Körper geborgen werden. Der russische General Saltikov veranlasste 1769, während des ersten türkisch-russischen Krieges, die Überführung des Leichnams nach Russland; auf Bitten der Bulgaren in Bukarest ließ er ihn aber in der Stadt, er liegt heute in der dortigen Kirche Konstantin und Elena begraben. Der 300. Todestag des heiliggesprochenen Mönchs wurde am 27. Oktober 1985 begangen, und seit diesem Jahr findet immer an diesem Datum ein großes Fest in Basarbovo statt. Das Kloster erlitt im 19. Jahrhundert größere Zerstörungen und wurde um 1937 restauriert. Daher ist die Ikonostase in der Felsenkirche auch jüngeren Datums. Die Wandmalereien mögen nicht ganz so eindrucksvoll wie die in Ivanovo sein, dafür bezaubert das Kloster durch seine Lage. Besonders lauschig ist der große Garten im Innenhof, der mit Büschen, Obstbäumen und Blumenbeeten geschmückt ist und sogar Heilwasser aus einem Brunnen bietet. Von hier führt eine schmale, recht steile Treppe zu der eigentlichen Kirche und den früheren Klosterzellen.

Ivanovo

Die Felsenkirche der Heiligen Jungfrau in Ivanovo liegt in 38 Meter Höhe über dem Flusstal. Dabei handelt es sich um den einzig erhaltenen Teil des Klosters des heiligen Erzengels Michael. Trotz der Verluste wurde die Kirche bereits 1979 in die UNESCO-Liste des Weltkulturerbes eingetragen. Den Titel verdankt sie allein den Wandmalereien aus dem 14. Jahrhundert, die zu den schönsten in Bulgarien, wenn nicht gar des gesamten Balkans zählen. Ungewöhnlich für jene Zeit ist die Genauigkeit in den Naturdarstellungen und die Individualität in der Darstellung von Menschen und mythischen Gestalten. Bei genauem Hinsehen sind Szenen aus der Passionsgeschichte auszumachen oder auch der Judaskuss, der sie verursachte. Beeindruckend ist ebenso, wie geschickt die Maler die Ausmaße der Kirche überspielten und räumliche Illusionen schufen. Die Kirche wirkt sehr viel größer, als ihre eigentlichen Ausmaße – 16 Meter lang, 4 Meter breit und lediglich 2,20 Meter hoch – vermuten lassen.

Die Malereien waren durch Feuchtigkeit, natürliche Alterung und den Ansturm der Touristen bedroht und wurden in einem langwierigen und mühseligen Prozess restauriert. Seit 2002 sind sie wieder der Öffentlichkeit zugänglich.

Die geradezu winzige Kirche kann allerdings nur erreichen, wer ihre genaue Lage kennt, denn selbst von dem Parkplatz unmittelbar unterhalb des bewaldeten Felsens ist sie nicht auszumachen. Auch die schmale Straße zu finden, die als Sackgasse von der Hauptstraße zur abseits gelegenen Anlage führt, ist für Ortsunkundige nicht einfach. Im Zweifelsfall frage man im nächstgelegenen Dorf nach-

Es lohnt, nach der Besichtigung der Malerien einige Meter weiter dem schmalen Weg zu folgen. Er öffnet sich zu einer Art Grat, von dem aus sich weite Blicke auf das liebliche Tal und die sanften Hügel der Umgebung eröffnen. Am Parkplatz gibt es ein kleines Café, hier werden auch Broschüren - teils in englischer Sprache - mit Informationen zum Kloster angeboten.

Ruse und die Felsenklöster

Touristeninformation, ul. Aleksandrovska 61. Sehr kompetentes und freundliches Personal, gegenüber früheren Zeiten deutlich verbessertes Informationsmaterial, nicht zuletzt zu den Felsenklöstern. Die Mitarbeiter vermitteln Interessierten auf Wunsch einen Taxifahrer dorthin (Festpreis bei 1,5 bis 2 Stunden je nach Verhandlungsgeschick um 30 Euro).

Einen wunderbaren Blick auf die Donau und Ruse eröffnen die oberen Etagen des 24-stöckigen **Hotels Riga**.

Am pl. Svoboda und an der Aleksandrovska bis zum Battenbergplatz Bankautomaten und Wechselstuben gleich im Dutzend. Hier ist auch die größte Dichte an Lokalen. Sehr viele Geschäfte und gastronomische Betriebe im Zentrum akzeptieren den Euro, fast ohne Ausnahme auch Münzen; vorsichtshalber vorher fragen. Leider gibt es keine Uferpromenade mit Cafés; entlang der Donau verlaufen Straße und Gleisanlagen.

Kleiner **Souvenirshop** direkt beim Schiffsanleger, das Angebot in Ruse selbst ist eher spärlich.

Veliko Tărnovo

›Wiege der bulgarischen Malerei, Architektur und Literatur‹, ›eine der schönsten bulgarischen Städte überhaupt‹, gar ›Mutter aller bulgarischen Städte‹: um Lage, Anmutung und frühere Bedeutung Veliko Tărnovos angemessen würdigen zu können, wurden und werden oft große Worte gewählt - zu Recht.

Die Stadt liegt malerisch an den letzten nördlichen Ausläufern des Balkans und beidseits des hier in engen Windungen verlaufenden Flusses Jantra. Ihre Gebäude erheben sich auf mehreren Hügeln, die steil zur Jantra abfallen. Auf den ersten Blick ist dies eine ungewöhnlich malerische Lage; dass Veliko Tărnovo im Mittelalter Hauptstadt des bulgarischen Zarenreichs war, entschließt sich dagegen erst bei genauerem Hinsehen.

▲ Karte S. 343

Geschichte

Seit dem 3. Jahrtausend vor Christus ist der Ort durchgängig besiedelt, schließlich kontrollierten ihn die Byzantiner. Gegen ihre Herrschaft lehnten sich die Bulgaren unter Führung der Brüder Asen und Peter auf. Der Aufstand war erfolgreich, Veliko Tărnovo wurde zur Hauptstadt des Zweiten Bulgarischen Reiches. Diese Epoche, das Goldene Zeitalter der Stadt, währte von 1185 bis 1393. In dieser Zeit wurde der Ort ausgebaut, befestigt und in eine wehrhafte und zugleich repräsentative Hauptstadt umgestaltet. Auf dem Zarenhügel (Carevec) lebten die Spitzen aus Klerus und Adel, auf dem Trapezica-Hügel die rangniederen Würdenträger, dazwischen und gegenüber lag die eigentliche Stadt. Sie avancierte zu einem religiösen und kulturellen Zentrum des gesamten Balkans, die ansässigen Händler pflegten Handelsbeziehungen weit über die Landesgrenzen hinaus. Veliko Tărnovo wurde im Mittelalter immer wieder mit anderen glanzvollen Städten verglichen. Typisch ist das Urteil eines byzantinischen Chronisten, der sie als ›die unzugänglichste sowie die schönste unter allen Städten‹ bezeichnete, als ›Das Dritte Rom und das Zweite Konstantinopel‹.

Die Osmanen belagerten die Stadt 1393 drei Monate lang, und womöglich aus Wut über den langanhaltenden Widerstand machten sie sie nach der Eroberung fast vollständig dem Erdboden gleich. Unter den Osmanen fristete Veliko Tărnovo ein Schattendasein, war nach deren Abzug aber Schauplatz wichtiger Ereignisse: Hier wurde die bulgarische Verfassung von 1879 geschrieben und angenommen, und hier erfolgte 1908 die Proklamation der Unabhängigkeit Bulgariens.

Seit den 1860er Jahren entstanden erste Industriebetriebe, seit dem frühen 20. Jahrhundert gehört Veliko Tărnovo zu den wichtigen bulgarischen Industriestandorten – Textilien, Nahrungs- und Genussmittel sowie Maschinenbau – und ist gleichzeitig mit Theater, Museen und den Hochschulen ein kulturell-geistiges Zentrum des Landes.

In jüngerer Zeit hat der Tourismus deutlich zugenommen, und zahlreiche Gebäude aus der Zeit der Nationalen Wiedergeburt sind renoviert worden. Die Altstadt steht als Gesamtensemble unter Denk-

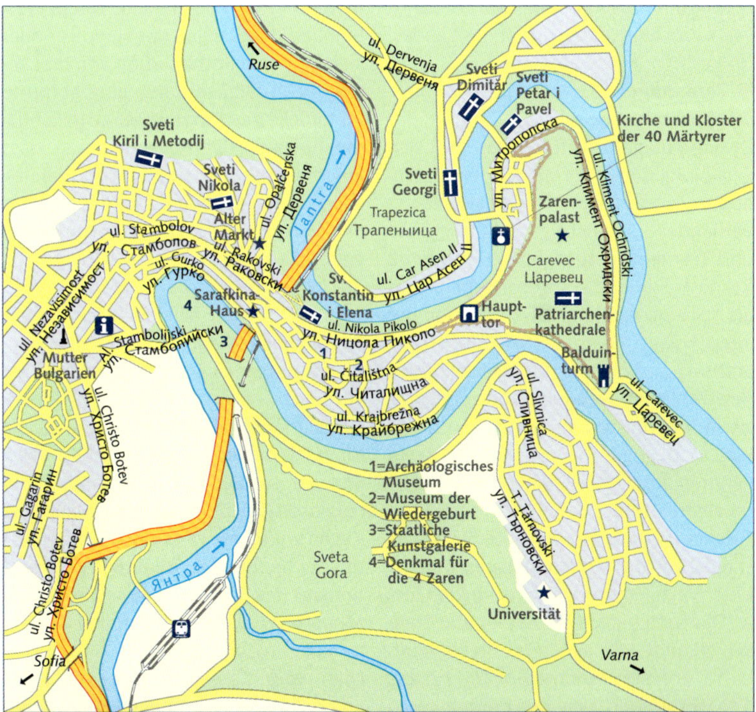

Veliko Tărnovo, Zarenhügel und Altstadt

malschutz, an den gewundenen schmalen Gassen finden sich gleich mehrere Bauwerke des Baumeisters Koljo Fičeto, einem der herausragenden bulgarischen Architekten.

Künstler und Kunsthandwerker haben sich im Ort niedergelassen, etwa 15 000 Studenten - bei insgesamt gut 70 000 Einwohnern -, und nach der Wende sind viele Geschäfte und Lokale neu eröffnet worden. Veliko Tărnovo ist heute eine Stadt, die eine zauberhafte Lage mit Lebendigkeit vereint. Sie lohnt die gut anderthalbstündige Anreise, die man von Svištov oder Ruse, wo die Busausflüge meist starten, hinter sich zu bringen hat. Veliko Tărnovo und das meist während eines Ausflugs auch besuchte Arbanasi machen mit Bulgarien, seiner Geschichte, Kultur und auch Gegenwart bekannt wie kaum eine andere Stadt des Landes.

Zarenhügel

Das politische und religiöse Zentrum des Zweiten Bulgarischen Reiches lässt sich exakt lokalisieren: Es lag auf dem Zarenhügel. Zwar ist kaum Originalsubstanz vorhanden - die heutigen Mauern, Tore und Türme sind ausnahmslos moderne Rekonstruktionen -, sie aber geben mehr als nur eine Ahnung von der Größe der alten Anlage. Die prachtvolle Innenausstattung sowohl der sakralen als auch der weltlichen Gebäude, die zeitgenössische Chronisten so sehr beeindruckt hat, ist dagegen bis auf winzige Reste verloren gegangen und auch nicht mehr rekonstruierbar.

Die Lage auf dem Hügel, der fast vollständig von der Jantra umflossen wird, ist unter Verteidigungsgesichtspunkten ideal. Das hatten auch die Römer und Thraker erkannt, die an dieser Stelle wehrhafte Anlagen errichteten. Im 12. bis 14. Jahrhundert war der Komplex von einer rund 1100 Meter langen, bis zu

Am Alten Markt ist man ganz auf die Touristen eingestellt

3,5 Meter dicken und bis zu 10 Meter hohen Mauer umgeben. Darin waren mehrere Tore eingelassen. Nach Westen, der Stadt zu, lag das Haupttor oder vielmehr eine Kombination von drei Toren, die zusätzlich durch eine hölzerne Zugbrücke geschützt waren. Die Fundamente lassen den Rückschluss zu, dass innerhalb der Mauer neben den zahlreichen Palastgebäuden 21 Kirchen standen, von denen vier zu Klosterkomplexen gehörten. Dazu kamen die Wohnviertel mit insgesamt rund 500 Wohnungen.

Von allen Seiten fällt der Blick auf die **Patriarchenkathedrale**. Sie liegt auf dem höchstgelegenen Teil des Komplexes, ihr Turm scheint himmelwärts zu streben. Der Standort war bewusst gewählt: Die Kirche dominierte den ganzen Komplex und war Ausdruck für die Herrschaft der religiösen Macht über die weltliche. Die Kirche wurde im 13. Jahrhundert errichtet, der heutige Bau ist eine Rekonstruktion aus den 1980er Jahren. Die starken Mauern verleihen dem Bau den Charakter einer Wehrkirche.

Man weiß, dass das Innere der Patriarchenkirche ursprünglich mit Wandmalereien und Fußbodenmosaiken

▶ Karte S. 343

geschmückt war. Die modernen Wandmalereien stellen die wichtigsten Geschehnisse der bulgarischen mittelalterlichen Geschichte dar, darunter die Annahme des christlichen Glaubens unter dem Fürsten Boris Michael, die ›Erfindung‹ des kyrillischen Alphabets durch Kyrill und Method und anderes. Die Kirche ist Teil des Patriarchenkomplexes, der oberhalb des Zarenkomplexes lag und Wohn- und Arbeitsräume für das Oberhaupt der Kirche umfasste.

Der **Zarenpalast** war von seiner Größe her der dominierende Bau auf dem Hügel. Er war wehrhaft wie eine Burg in der Burg angelegt, zugleich aber reich geschmückt und architektonisch sorgfältig ausgestaltet. Die gefundenen Reste lassen auf reiche plastische Formen, Mosaike, Marmorverkleidungen und Ähnliches schließen. Der Palast war auf drei Ebenen errichtet, den Mittelpunkt der Anlage bildete der 32 mal 18 Meter große Thronsaal. Man nimmt an, dass er dreischiffig ausgeführt und reich mit Mosaiken, Marmor und Fresken gestaltet war. Hier tagte der Bojarenrat und wurden die Gäste empfangen. Östlich dieser Räume lag die Schlosskirche der heiligen Paraskeva.

Am Eingang zum Zarenhügel, im Hintergrund die Patriarchenkathedrale

Das nördliche Tor führt zu einem weiteren Klosterkomplex, das südliche führte einst zum Händlerviertel. In der Nähe befindet sich der sogenannte **Balduinturm**, der seinen Namen nach einer oft gehörten Legende erhalten hat. Ihr zufolge war ein Ritter Balduin von Flandern dort im Jahr 1205 eingesperrt. Als der Zar erfuhr, dass sich seine Frau in diesen Balduin verliebt hatte, ließ er ihn töten. Auch wer diesen und weiteren ungesicherten Histörchen kein großes Interesse entgegenbringt, sollte den Aufstieg auf den Hügel wagen: Von dort ergeben sich weite Blicke über die Stadt und ihre Umgebung.

An wichtigen Feiertagen wie auch auf Vorbestellung findet am Abend die Show **Tsarevgrad – Klang und Licht** statt. Musik, Glockenklänge und Lichteffekte sollen, so die Veranstalter, die Geschichte der Festung lebendig machen, das ›berühmte und tragische Schicksal‹ Bulgariens vergegenwärtigen und dem Betrachter die Möglichkeit geben, ›die Größe und Herrlichkeit der alten Hauptstadt zu fühlen‹. Das mag gerade ausländischen Besuchern nicht immer gelingen, der auf verschiedenste Weise beleuchtete Hügel beeindruckt aber tatsächlich sehr.

Sveta Gora

Die **Kyrill-und-Method-Universität** auf dem südlich gelegenen Hügel Sveta Gora befindet sich auf traditionsreichem Terrain, denn hier bildeten im Mittelalter gleich mehrere Klöster den kulturellen Mittelpunkt des Landes. Die hiesige Kunst- und Literaturschule wirkte in das ganze Land und in den slawischen Raum bis nach Russland. Die Klöster waren ein Zentrum des literarischen und kulturellen Lebens in Bulgarien; wie auch sonst in Europa wurden Bücher verfasst und kopiert, also abgeschrieben. Trotz der Zerstörungen in den Türkenkriegen sind einige der Handschriften erhalten geblieben. Die wichtigsten von ihnen befinden sich allerdings nicht im Inland, das sogenannte Londoner Evangelium etwa im Britischen Museum in London, die Chronik von Manassi in der Bibliothek des Vatikans.

Asenviertel

Unterhalb des Zarenfelsens liegt das sogenannte Asenviertel. In der Blütezeit der Stadt war dies das Viertel der Handwerker und Händler. Davon ist so gut wie nichts mehr vorhanden, die wenigen und im Vergleich zur Altstadt stillen Straßen sind vor allem wegen einiger Kirchen einen Abstecher wert.

Die **Kirche Sveti Dimităr** westlich der Jantra stammt aus dem späten 12. Jahrhundert und ist die älteste erhaltene Kirche des Ortes. Auffällig sind die gemusterten rot-weißen Ziegel der Dächer. Die Kirche wurde in den 1980er Jahren sorgfältig restauriert, ihr Inneres ist ohne große Attraktionen. Einige gut erhaltene Wandmalereien und Ikonen schmücken die etwas südlich gelegene kleine **Kirche Sveti Georgi**.

Über die Bischofsbrücke gelangt man wieder auf die andere Seite der Jantra. Die recht niedrige **Kirche Sveti Petar i Pavel** stammt aus dem 13. Jahrhundert. Die Fresken im Inneren werden zum einen auf diese Zeit, zum anderen auf das 16. und 17. Jahrhundert datiert. Der auffallend kleine Bau erlitt bei der Eroberung durch die Osmanen keine Beschädigungen, erst ein Erdbeben im Jahr 1913 richtete ernsthafte Zerstörungen an. In den 1980er Jahren war die Restaurierung abgeschlossen.

Die **Kirche der 40 Märtyrer** mitsamt zugehörigem Klosterkomplex, etwas südlich davon, ist vor allem wegen dreier Säulen berühmt, die man hier fand. Sie stammen aus dem frühen 13. Jahrhundert, der Entstehungszeit des Komplexes. Die Inschriften in altbulgarischer und griechischer Schrift gehören zu den ältesten Zeugnissen der bulgarischen Schriftkultur und sind ein Indiz für die Bedeutung des Ortes im Mittelalter. Die Säulen sind heute im historischen Nationalmuseum in Sofia ausgestellt. Die Kirche, während der Osmanenherrschaft als Moschee benutzt, präsentiert sich nach vielen Jahren der Restaurierung heute in einem sehr guten Zustand. Zahlreiche Ikonen und wertvolle Grabbeigaben sind in dem Areal ausgestellt.

Hauswand an der ul. Gurko

Ul. Gurko und Nebenstraßen

Die relativ kleine Altstadt ist östlich durch den Trapezica-Hügel und auf der südlichen Seite durch eine Schleife der Jantra begrenzt. Sie ist der Hauptanziehungspunkt für die Touristen. Die schmalen, teils kopfsteingepflasterten und mitunter steilen Gassen und Straßen sind dank einiger Brunnen und Laternen durchweg sehr malerisch, die meisten Sehenswürdigkeiten finden sich an der ul. Gurko und der ul. Ivan Vazov. Hauptcharakteristikum der Bauten gerade an der ul. Gurko ist das steinerne Untergeschoss und das rundherum überkragende Ober-

▲ Karte S. 343

geschoss aus Holz. Überhaupt sind an der ul. Gurko besonders viele Häuser aus der Wiedergeburtszeit erhalten.

Das **Archäologische Museum** macht vor allem mit der mittelalterlichen Stadtgeschichte bekannt und präsentiert daneben Funde aus römischer und thrakischer Zeit. Es ist nicht besonders groß oder spektakulär, aber mit Sachverstand eingerichtet. Das Haus selbst ist malerisch, und von hier haben Besucher einen zauberhaften Blick in das Flusstal.

In unmittelbarer Nähe verdeutlicht das **Museum der Wiedergeburt** – gut auszumachen an der säulengeschmückten Front –, dass eben diese Phase untrennbar mit der Stadt verknüpft ist. Die Ausstellung ›Nationale Wiedergeburt und Gründungsversammlung‹ konzentriert sich ganz auf die Jahre vor, während und nach der Befreiung. In diesem Haus wurden in den Jahren des Umbruchs politische Versammlungen abgehalten, und hier wurde auch die erste Verfassung für Bulgarien erarbeitet und verabschiedet. Das Gebäude ist 1872 als Konak, also als Amtsgebäude für die osmanischen Behörden, errichtet worden. Heute würde man wohl vom Bürgermeisteramt sprechen. Architekt war der berühmte Baumeister Koljo Fičeto (1800–1881), dem Veliko Tărnovo einige seiner berühmtesten Gebäude verdankt.

Gleich nebenan stößt man auf ein gutes Beispiel für den Wiedergeburtsstil, das **Sarafkina-Haus** (1861), ebenso an der ul. General Gurko. Es ist außen gefällig, aber nicht effektheischend, die sorgfältige und auch kostbare Ausstattung der Innenräume zeugt aber sehr deutlich vom Wohlstand seines früheren Besitzers, eben des Kaufmanns Sarafkin. Diese Form von Understatement ist typisch für die Bürgerhäuser des 19. Jahrhunderts. Von der Straße sind nur zwei Stockwerke auszumachen, tatsächlich

Das Gasthaus Hadschi Nikoli

aber sind fünf Ebenen vorhanden: drei weitere liegen unterhalb des Straßenniveaus auf der Seite, die zur Jantra abfällt. In diesem Haus ist heute ein Museum untergebracht, das mit zahlreichen Einrichtungsgegenständen das Leben der Oberschicht am Ende des 19. Jahrhunderts veranschaulicht.

Rund um den Alten Markt

Ganz in der Nähe der ul. Gurko bildet der Alte Markt (Samovadska-Čaršiya-Komplex) das Zentrum der traditionellen Handwerke. In den zumeist zweistöckigen renovierten Häusern aus dem späten 19. Jahrhundert, von denen einige mit hölzernen und umrankten Balkonen geschmückt sind, haben sich Galerien, kleine Läden und Kunsthandwerksbetriebe sowie Cafés und Restaurants angesiedelt. Das Angebot ist auf die Touristen abgestimmt, die den Schnitzwerkern, Töpfern und anderen Künstlern und Handwerkern hier wie auch in den Werkstätten an der ul. Rakowski und den anderen angrenzenden kleinen Gassen gern über die Schulter schauen dürfen.

Als Fotomotive sind zwei weitere Arbeiten Fičetos beliebt und bekannt, das **Gast-**

Das ›Haus mit dem Affen‹

haus Hadschi Nikoli, 1858 als Herberge in diesem Viertel errichtet, und das **Haus mit dem Affen** am Slavejkov-Platz von 1849. Es trägt seinen Namen nach dem Affen, der an der Fassade unterhalb des Erkers zu sehen ist. Heute sind hier eine Galerie und ein Geschäft untergebracht. Nur Gästen, die sich nun schon zu den Fičeto-Fans zählen, sei der Besuch dreier weiterer Sakralbauten empfohlen: der **Kirche Sveti Konstantin i Elena**, einer der schönsten Kirchenbauten Fičetos, der **Kirche Sveti Sv. Kiril i Metodij** und der **Kirche Sveti Nikola**.

Weitere Sehenswürdigkeiten

Auf den **Trapezica-Hügel** verirrt sich kaum ein Tourist. Denn der Aufstieg ist beschwerlich, und lediglich die Grundmauern der einstmals 17 Kirchen und einiger weltlicher Gebäude sind noch vorhanden; Archäologen haben im 20. Jahrhundert noch einige Nekropolen freigelegt, die Arbeiten werden noch einige Zeit andauern. Im Mittelalter war dieser Hügel der Wohnort von Aristokratie und Teilen der Geistlichkeit.

Genauso frei von Touristengruppen ist normalerweise das Gebiet südlich der Jantra, zu Recht: Das **Denkmal Mutter Bulgarien** ist eher monumental als ästhetisch gelungen, und das **Denkmal für die vier Zaren** Asen I., Peter, Kalojan und Asen II., in deren Regierungszeit die Blüte der Stadt im Mittelalter fiel, nicht viel ansprechender. Es wurde 1985 fertiggestellt, anlässlich des 800. Jahrestages des Aufstandes der Brüder Asen und Petar gegen die Fremdherrschaft.

Einen Besuch ist am ehesten die nahegelegene **Staatliche Kunstgalerie** wert, die seit ihrer Eröffnung 1934 vor allem moderne bulgarische Malerei und Skulpturen präsentiert; derzeit sind rund 5300 Exponate in ihrem Besitz.

Arbanasi

Nur wenige Kilometer von Veliko Tărnovo entfernt liegt mit Arbanasi ein ganz ungewöhnlicher und einzigartiger Ort, ebenso klein wie sehenswert und seit vielen Jahren eine Touristenattraktion. Es ist ein architektonisches Juwel, und seine Lage auf einem Hochplateau inmitten von viel Grün ist malerisch.

Geschichte

Die Siedlung wurde im 15. Jahrhundert von Christen gegründet, die aus den südwestlichen Gebieten der Balkanhalbinsel übergesiedelt waren. Manche Quellen sprechen vor allem von Albanern, andere betonen, in der Mehrzahl seien Griechen zugezogen. Der Ort kam in den Machtbereich verschiedener osmanischer Würdenträger und in der Mitte des 16. Jahrhunderts schließlich in den Privat-

▲ Karte S. 343

besitz von Rustem-Pascha, Großwesir des Osmanischen Reichs. Somit waren die Bürger nur diesem Feudalherrn, nicht aber der Hohen Pforte steuerpflichtig. Die Bewohner hatten den nahegelegenen Pass zu schützen, dafür erhielten sie Steuererleichterungen und große Freiheiten in der Ausübung von Handwerk und Handel. Die Kaufleute nutzen ihre Freiheiten, unterhielten rege Handelsbeziehungen bis nach Russland, Indien und in die Levante und gelangten zu einigem Wohlstand. Dazu trugen neben den Händlern auch Gold- und Kupferschmiede bei.

Die Blütezeit Arbanasis lag im 17. und 18. Jahrhundert, in dieser Zeit bestand es aus etwa 1000 Häusern. Am Ende des 18. Jahrhunderts verheerte ein Brand große Teile der Stadt, zudem plünderten sie in dieser Epoche immer wieder Räuberbanden. Der Ort verfiel und konnte seine einstige Bedeutung nie wieder erreichen. Heute sind noch rund 90 historische Gebäude – Kirchen, Klöster und Kaufmannshäuser – erhalten, die durchweg unter Denkmalschutz stehen. Im 20. Jahrhundert entdeckte man Arbanasi vor allem wegen seiner Lage als Zweitwohnsitz, in jüngerer Zeit haben sich reiche Bulgaren in dem Ort mit seinen nur 1000 Einwohnern dutzende von neuen Villen erbaut oder vorhandene Häuser revoniert. Prominentester Sommergast war früher der einstige Ministerpräsident Todor Živkov, unter den heutigen Bewohnern ist der frühere Fußballprofi Krassimir Balakov sicherlich am bekanntesten; er stammt aus Veliko Tărnovo.

Orientierung

Der Ort ist sehr gepflegt und überschaubar, die Sehenswürdigkeiten liegen auf Fußweite zueinander. Arbanasi hat eine erstaunliche Anzahl geschmackvoller Hotels und sehr guter Restaurants aufzuweisen – es lohnt also einen Halbtagesausflug.

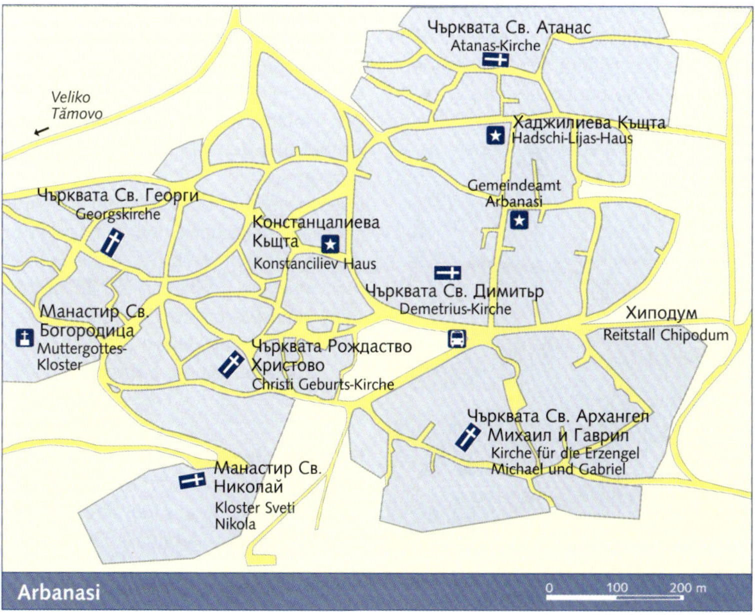

Arbanasi

Kaufmannshäuser

Neben der Handvoll Kirchen - es soll im 18. Jahrhundert mehrere Dutzend gegeben haben - und zwei Klosteranlagen lohnt vor allem ein Besuch der ehemaligen Kaufmannshäuser, die heute musealen Zwecken dienen. Sie geben sich nach außen schlicht und aufgrund der dicken Steinmauern und der vergitterten Fenster im Erdgeschoss abweisend, offenbaren dafür im Inneren um so stärker den Wohlstand ihrer früheren Besitzer.
Sie finden sich inmitten von Gartenanlagen, die von Steinmauern eingefasst sind. Die Steinhäuser sind zweistöckig, im Erdgeschoss befanden sich die Lager und Wirtschaftsräume, darüber der Wohnbereich. Es gibt Vermutungen, dass der für Bulgarien ungewöhnliche Baustil der Sorge um den eigenen Besitz erwuchs, bislang aber hat man keine genaue Erklärung.
Ein halbes Dutzend Häuser kann besichtigt werden; die meisten Touristen zieht es zunächst zum **Konstanciliev-Haus**, das seinen Namen nach einer Familien trägt, die das Haus über Generationen besaß. Es ist besonders geräumig, im unteren Geschoss war sogar Platz für eine

Eines der schönen Kaufmannshäuser

Wandmalerei an der Christi-Geburts-Kirche

Bedienstetenwohnung und einen Stall für mehrere Pferde. In der Mitte des ersten Stocks liegt der Speiseraum, um ihn herum gruppieren sich Salon, weitere Wohn- und mehrere Schlafräume. Die Zimmer sind großzügig dimensioniert, tragen dennoch eine persönliche Handschrift und strahlen Behaglichkeit aus. Dazu tragen die kunstvollen Verzierungen an den Holzdecken, die geschmackvollen Möbel aus dem 19. Jahrhundert und der Kamin bei.
Ebenso gewährt das **Hadschi-Lijas-Haus** einen anschaulichen Einblick in das Leben der früheren Oberschicht, auch wenn es nicht ganz so großzügig ist. Besonders bemerkenswert sind die geschnitzten Fenster- und Türrahmen und Schränke, die Stukkaturen und weiterer Deckenschmuck.

Christi-Geburts-Kirche

Unter den Kirchen im Ort ragt die Christi-Geburts-Kirche heraus, der älteste erhaltene Sakralbau in Arbanasi. Sie ist klein, besitzt keinen Turm und wirkt daher wie die Wohnhäuser von außen schmucklos,

▲ Karte S. 349

ihr Inneres aber weist einige Kostbarkeiten auf. Schon in der Vorhalle beeindrucken die Wandmalereien. Die ältesten stammen von 1597, die jüngeren waren 1681 fertiggestellt. Auch die Wände des heutigen Hauptschiffs, ursprünglich eine eigenständige Kirche, sind mit Wandbildern verziert; sie stammen aus dem späten 16. Jahrhundert. Die Abbildungen an der umlaufenden Galerie sind jüngeren Datums und thematisieren vor allem Teile des Neuen Testaments. Die Wandbilder in der Johanneskapelle stammen aus der Zeit um 1630 und sind ganz Johannes dem Täufer gewidmet, dem Schutzheiligen der Kirche.

Insgesamt schmücken über 3000 Einzeldarstellungen die Wände, dabei sind sie ungewöhnlich realistisch ausgeformt. Sie sind einzigartig in Bulgarien, man weiß bis heute nicht, wer sie schuf und wer sie in Auftrag gab.

Weitere Sakralbauten

Die **Kirche für die Erzengel Michael und Gabriel** (um 1600) ist die größte im Ort, aber trotz einiger Wandmalereien (um 1760) bei weitem nicht so spektakulär wie die Christi-Geburts-Kirche, auch das **Muttergottes-Kloster** (Sveta Bogorodica) ist nur etwas für Spezialisten. Die Kapelle des **Klosters Sveti Nikola** weist einige erhaltene Wandmalereien auf, im Kloster selbst leben seit einiger Zeit wieder Nonnen.

Die Umgebung

In der näheren und weiteren Umgebung von Arbanasi liegen zahlreiche weitere Klosteranlagen, die sämtlich zu den besterhaltenen und anmutigsten des Landes zählen. An erster Stelle ist sicherlich das **Preobraženski-Kloster** (Verklärungskloster) zu nennen. Es findet sich sieben Kilometer von Veliko Tărnovo entfernt an den Hängen des Jantratals. Die Ikonen in der Hauptkirche schuf von 1849 bis 1851 der berühmte Maler Zachari Zograf. Die Malereien auf der Außenwand der Klosterkirche sind ebenso sehenswert wie die Holzschnitzereien des Altars und die Fresken im Innern. Das Kloster wurde 1822 auf einem Felssporn errichtet, ein Vorgängerbau aus dem 14. Jahrhundert hatte sich etwa 500 Meter südlich davon befunden.

Gegenüber dem Verklärungskloster liegt das nicht mindere sehenswerte **Kloster Sveta Troica** (Heilige Dreieinigkeit), begründet im 11. Jahrhundert und heute noch von Nonnen bewohnt. Das **Kilifarevski-Kloster** ist eine Gründung von 1348. Es wurde mehrmals zerstört, der heutige Bau, an dem sich auch Koljo Fičeto beteiligte, war 1830 fertiggestellt. Nach seiner Gründung erlangte das Kloster als Literaturzentrum Bedeutung, heute ist es ein Mädchenkloster.

i Veliko Tărnovo/Arbanasi

Veliko Tărnovo gehört zu den meistbesuchten Orten Bulgariens, und vermutlich deshalb ist das **Touristenbüro** bemerkenswert gut ausgestattet, unter anderem mit Plänen und Broschüren auch zu Arbanasi; ul. Hristo Botev 5 (knapp zehn Fußminuten westlich der Altstadt).

In Veliko Tărnovo ist ein Cafébesuch unproblematisch, denn die Lokale am Alten Markt leben vornehmlich von den Touristen und akzeptieren durchweg den Euro. Außerhalb dieser Gasse kann man jedoch oft nur mit Lewa bezahlen.

Die besten Einkaufsmöglichkeiten bieten sich am Alten Markt und im erstaunlich breit sortierten Shop des Konstanciliev-Hauses in Arbanasi (Decken, Stickereien, Holzschnitzereien, Rosenwasser, Getränke u.v.a. mehr). Hier wird durchgängig der Euro, auch Münzen, akzeptiert.

Giurgiu ▸ km 494

Giurgiu liegt hinter einem schmalen Seitenarm der Donau, etwas vom Strom zurückversetzt. Daher ist von der Stadt (60 000 Einwohner) nichts auszumachen, lediglich die ausgedehnten und teils heruntergekommenen Hafen- und Industrieanlagen verweisen auf die Bedeutung des Ortes; hier befindet sich nach wie vor einer der wichtigsten rumänischen Häfen. Dort wurde während des Zweiten Weltkriegs rumänisches Erdöl verladen, das für Deutschland bestimmt war. So galt Giurgiu als kriegswichtiges Ziel, wurde von alliierten Bombern angegriffen und dabei weitgehend zerstört.

Die Geschichte des recht tristen Ortes ist daher im Stadtbild nicht mehr sichtbar. Dabei ist sie interessant, da Giurgiu eine Gründung der Genueser ist, die hier ein Kastell anlegten, San Giorgio. Davon leitet sich der heutige Name ab. Zwischen 1417, als die Türken den Ort erstmals besetzen, und 1829, als sie ihn endgültig aufgaben, war Giurgiu zwischen ihnen und den Rumänen stets umkämpft. Seine Prägung erfuhr Giurgiu mit der Industrialisierung. Seit 1869 ist es mit Bukarest über eine Bahnlinie verbunden, Anfang des 20. Jahrhunderts wurde der Hafen erheblich ausgebaut und kurze Zeit später eine große Werft eröffnet.

Kreuzfahrtteilnehmer sehen neben der Anlegestelle meist nur die frisch renovierten Durchgangsstraßen, weil die Schiffe hier manchmal anlegen, um die Passagiere auf ihre Bustour nach Bukarest zu entlassen.

Das rund 2800 Meter lange, 1954 als ›Brücke der Freundschaft‹ dem Verkehr übergebene und heute nüchterner **Dunav Most** (Donaubrücke) genannte Bauwerk (km 489) ist ein bulgarisch-rumänisches Gemeinschaftsprojekt und entstand unter Federführung sowjetischer Ingenieure. Jahrzehntelang war die Brücke trotz der langen gemeinsamen Grenze die einzige zwischen den beiden Ländern, eine weitere Brücke – sie verbindet Vidin und Calafat – wurde erst im Juni 2013 dem Verkehr übergeben. Auf der längsten Stahlbrücke Europas verläuft der Verkehr in zwei Ebenen: oben die Autos und die Fußgänger, unten die Bahn. Das 85 Meter breite Mittelstück der unteren Ebene lässt sich bei Bedarf um einige Meter anheben, damit auch bei starkem Hochwasser die hoch aufragenden Schiffe passieren können. Eine grundlegende, mit EU-Mitteln geförderte Sanierung erfuhr die Brücke im Jahr 2003.

Dass sich an dieser Stelle mit Giurgiu und Ruse zwei der größten Orte an der Unteren Donau gegenüberliegen, ist kein Zufall: Hier verlief jahrhundertelang der am stärksten frequentierte Handelsweg zwischen Istanbul und Bukarest.

▲ Karte S. 329

Tutrakan und Oltenița

Gleichmäßig und in sanften Kurven fließt die Donau hinter Ruse in Richtung Nordost. Bis Silistra verändern sich die Ufer kaum, kleinere und größere Inseln, teils bewachsen, teils blank, liegen im Strom. Auch die nächsten beiden Orte passen sich in die Beschaulichkeit ein.

Tutrakan (km 432) mit seinen rund 10 000 Einwohnern geht auf die Römer zurück. Sie legten hier einen Stützpunkt an, mit ihrem Abzug verwaiste die Ansiedlung. Seit dem 15. Jahrhundert ist der Ort wieder durchgängig besiedelt, zwischen 1913 und 1940 gehörte er als Turtucaia zu Rumänien.

Es gibt in der Stadt ein Historisches Museum, das vor allem über die Epoche der Nationalen Wiedergeburt informiert. Besonders sehenswert ist aber das für Bulgarien einzigartige Museum für Fischfang und Bootsbau. Hier wird das Leben am und mit dem Strom thematisiert, das es so heute nicht mehr gibt; dennoch ist

Diese Brücke verbindet Giurgiu und Ruse

Tutrakan noch heute das größte Fischereizentrum Bulgariens. Das frühere Leben der Fischer, die am Fluss und seinen Seitenarmen, Auen und Sümpfen und selbst bis zum Donaudelta ausfuhren, wird mit zahlreichen Ausstellungsstücken anschaulich gezeigt.

Das gegenüberliegende **Oltenița** (km 430) kann eine größere Schiffswerft sowie einige Fabriken direkt am Ufer vorweisen und ist ansonsten ohne Bedeutung. Der Ortskern befindet sich einige Kilometer landeinwärts.

Silistra ▸ km 375

Silistra (38 000 Einwohner) ist die östlichste bulgarische Stadt an der Donau. Zwar ist sie seit dem Mittelalter vor allem ein Handelszentrum, dennoch macht sie mitsamt ihrem überschaubaren Hafen einen ruhigen Eindruck. Von den Römern über die Byzantiner bis zu den Osmanen markierte dieser Ort lange Zeit den nordöstlichsten Punkt des jeweiligen Einflussgebietes. Daher war die Stadt oft umkämpft, gleichzeitig finden sich Spuren all der Völker, die die Stadtgeschichte bestimmten. Vom Fluss aus ist davon aber nichts zu sehen.

Kaiser Trajan gründete im 2. Jahrhundert die Festung Durostorum, um die sich eine Zivilstadt entwickelte. Im 4. Jahrhundert war sie die Hauptstadt der Provinz Scythia. Nach mehrfacher Zerstörung bauten die Byzantiner im 6. Jahrhundert erneut eine Festung. Zu dieser Zeit hieß sie Dorostol, später, als die Bulgaren hier herrschten, Drăstăr. Unter dem Fürsten Mircea gehört Silistra zwischen 1386 und 1418 zur Walachei, zwischen 1913 und 1940 wie die gesamte Süddobrudscha zum Staat Rumänien. Die türkische Herrschaft dauerte von 1417 bis 1878. Mitte des 19. Jahrhunderts, als sich das Osmanische Reich in permanenter Auseinandersetzung mit Russland befand, wurde erneut eine Festung errichtet. Sie erhielt ihren Namen nach Sultan Abdul Medzid, der sie im Jahr 1847 besuchte.

Diese gut erhaltene und restaurierte osmanische **Festung Medzini Tabija** liegt nicht am Fluss, sondern wenige Kilometer südlich des Stadtzentrums auf einem Hügel. Dort ist auch seit 1998 das **Historische Museum** untergebracht, das über die Geschichte der Stadt und der Region vom 15. Jahrhundert bis in die Gegenwart informiert. Die Ruinen der antiken Festung befinden sich etwas außerhalb des eigentlichen Stadtgebiets. Dort wie überhaupt rund um die Stadt stößt man auf unzählige Aprikosenbäume; die Hälfte aller in Bulgarien angebauten Aprikosen stammt aus dieser Gegend.

Direkt hinter Silistra verläuft die bulgarisch-rumänische Grenze nicht mehr in der Flussmitte, sondern zunächst am südlichen Seitenarm entlang und dann auf Land. Somit wird die Donau ab Flusskilometer 374 für rund 240 Kilometer zu einem rumänischen Strom.

Von Silistra in das Donaudelta

Bukarest

Mit knapp 1,9 Millionen Einwohnern ist Bukarest die mit Abstand größte Stadt Rumäniens und seine einzige Metropole. Sie ist Hauptstadt und Sitz fast aller wichtigen Firmen und auch das kulturelle und geistige Zentrum des Landes: annähernd 30 staatliche und private Universitäten, dazu weitere Akademien, Bildungs- und Forschungseinrichtungen haben hier ihren Sitz, insgesamt sind mehr als 100 000 Studierende eingeschrieben. Bukarest ist auch der wichtigste Verkehrsknotenpunkt: Sternförmig nehmen von hier die Straßen- und Schienenverbindungen in alle Landesteile ihren Anfang. Umgeben ist Bukarest von einem Autobahnring, der in etwa die Stadtgrenzen markiert, an der Peripherie liegen ausgedehnte Industrieansiedlungen und Neubaugebiete.

Immer wieder ist Bukarest als ›Paris des Ostens‹ beschrieben worden. Der Reisende, der mit einer durch diesen Vergleich genährten Erwartungshaltung Bukarest besucht, wird verwundert, womöglich enttäuscht sein. Denn anders als in der französischen Hauptstadt sind in der rumänischen nur sehr wenige Ecken und Viertel von Geschlossenheit geprägt. Das Charakteristikum Bukarests ist das unmittelbare Nebeneinander unterschiedlichster Baustile, von Glanz und Verfall, Alt und Neu. So stehen konstruktivistische Bauten in unmittelbarer Nähe flacher Holzhäuser, schlichte Kirchen aus dem 17. Jahrhundert ducken sich im Schatten palastartiger Bauten aus der rumänischen Gründerzeit, herausgeputzte Jugendstilfassaden stehen Wand an Wand mit Bauten aus der sozialistischen Epoche. Liebe auf den ersten Blick wird kaum jemand empfinden, ein zweiter aber lohnt, denn er erlaubt Einblicke in eine Stadt, deren Werden so sehr verschieden von dem der meisten europäischen Metropolen ist.

Bukarest entstand in einer Ebene, am Kreuzungspunkt wichtiger Handelsstraßen. Zwar kann man ältere und jüngere Viertel benennen, die Besonderheit der Stadt aber besteht darin, dass in der Osmanischen Zeit über 20 sogenannte Vorstädte allmählich zu einer Einheit zusammenwuchsen, die sich dann immer weiter nach außen ausdehnte. Daher besitzt Bukarest kein unbestrittenes Zentrum, wie es in Mitteleuropa klassischerweise der historische Marktplatz mit Rathaus und Kirche ist. Zudem liegt Bukarest in einer Ebene, so dass weder ein großer Fluss – sowohl die Dămbovița wie auch die Colentina sind größere Bäche – noch gut sichtbare Hügel Orientierungshilfen geben können.

Leider beschränken sich die geführten Touren fast immer auf die äußere Be-

Eine Volkstanzvorführung in der Nähe des Dorfmuseums

sichtigung oder Umrundung des Volkspalastes, einen kurzen Stopp auf dem Patriarchenhügel und einen Besuch des Dorfmuseums mit ausgedehntem Mittagessen und Tanzvorführung. Es ist zu hoffen, dass zukünftig wenigstens etwas Zeit für die Besichtigung des alten Handelszentrums bleibt - seine baulichen Kontraste und das bunte Leben dort vermitteln viel eher einen Eindruck von der Geschichte und Gegenwart Bukarests.

Geschichte

Im 2. Jahrhundert entstand an der Stelle des heutigen Bukarest erstmals eine Siedlung, ein römisches Militärlager. Man nimmt an, dass der Ort mit dem Abzug der Römer aufgegeben wurde. Im 13. Jahrhundert bildete sich an der Stelle des früheren römischen Lagers eine erste feste Stadt aus. Sie wurde 1459 erstmals in einer Urkunde genannt und 1465 erstmals als Fürstensitz bezeichnet. Seit dieser Zeit wuchs der Marktflecken stetig. Bei Kämpfen zwischen den Türken und den walachischen Truppen 1595 brannte Bukarest zu großen Teilen ab. Nach ihrem Wiederaufbau ab 1625 erlebte die Stadt eine erste Blüte in Handel und Handwerk, Kultur und Architektur. Im Jahr 1659 wurde Bukarest unter Vlad Tepeş endgültig Sitz des Fürsten der Walachei, eines türkischen Vasallenstaates. Der für seine angebliche Grausamkeit berüchtigte Vlad Tepeş diente später als Vorbild für den Grafen Dracula. 1668 folgte die religiöse Führung der orthodoxen Kirche dem Fürsten, und seitdem ist Bukarest unbestritten das politische und religiöse Zentrum des Landes. Bis ins 19. Jahrhundert beherrschten Türken, Russen und Österreicher das Gebiet des heutigen Rumänien. Bukarest lag am Schnittpunkt von Handelsrouten und wurde in seiner Entwicklung davon maßgeblich beeinflusst - so waren nach verschiedenen Schätzungen die Rumänen in dieser Zeit in der Minderheit -, gleichzeitig etablierte es sich als Zentrum der Unabhängigkeitsbewegung.

Reisende haben immer wieder erstaunt und fasziniert das orientalisch beeinflusste Stadtbild dieser Zeit geschildert. So waren die Wohnviertel locker um die zahlreichen Kirchen gruppiert und viele Gebäude von Parks und Gärten umgeben. Bukarest war noch zu Beginn des 19. Jahrhunderts ein eher ländlicher Charakter eigen, gleichzeitig war es die bevölkerungsreichste Stadt zwischen

Bukarest um 1870, Aquarellzeichnung (Ausschnitt)

▲ Karte S. 357

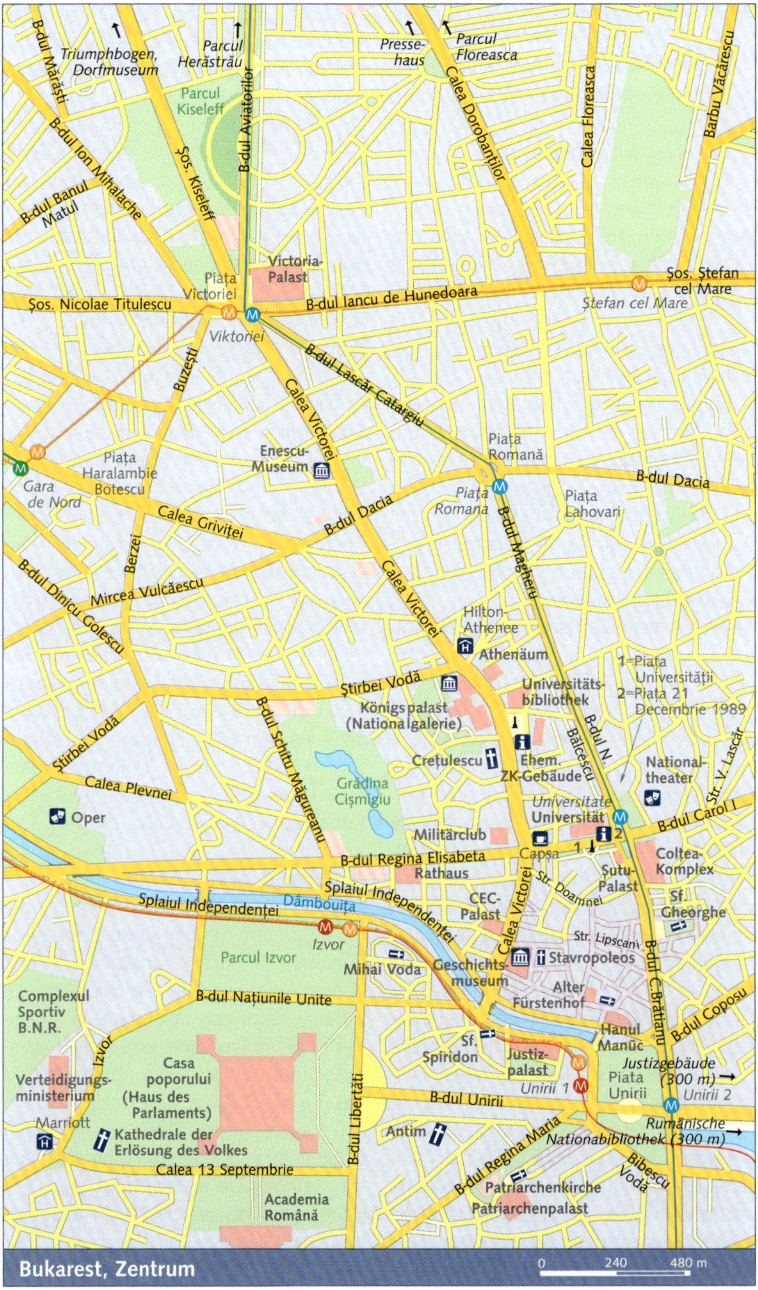

Bukarest, Zentrum

Wien und Konstantinopel. 1847 zerstörte ein großer Brand im Handelsviertel rund 2000 Häuser; unmittelbar danach begann der planmäßige Wiederaufbau.

Bukarest wird rumänische Hauptstadt

In der Zeit der revolutionären Bewegung 1848 hatte Bukarest etwa 70 000 Einwohner, zehn Jahre später bereits 120 000. Der neue Staat Rumänien umfasste bei seiner Gründung 1862 die vormaligen Provinzen Moldau und Walachei, als Hauptstadt kam nur Bukarest in Frage. Diese neue Funktion und der Anschluss an die Eisenbahn bewirkten eine vehemente Entwicklung und Ausdehnung. Industriebetriebe siedelten sich an, repräsentative Bauten entstanden. Auf der anderen Seite brachten Großbrände und Erdbeben immer wieder schwere Zerstörungen.

Als Rumänien 1881 zum Königreich wurde, hatte Bukarest bereits etwa 180 000 Einwohner. Das Land war seit der Staatsgründung zentralistisch organisiert, und so waren die wichtigen staatlichen Einrichtungen von Anfang an hier angesiedelt. Daneben war Bukarest das Handelszentrum Rumäniens, die wichtigste Industriestadt und das kulturelle Zentrum des Landes. Am Vorabend des Ersten Weltkriegs lebten in Bukarest rund 380 000 Menschen, davon zwei Drittel Rumänen. Juden, Ungarn, Deutsche und Griechen bildeten große Minderheiten. Die Bestimmungen der Friedensverträge nach 1918 brachten Rumänien erhebliche territoriale Gewinne. Bukarest wurde nun planmäßig nach dem Vorbild Paris zu einer repräsentativen Hauptstadt ausgebaut: Breite Boulevards, Parks und zahlreiche öffentliche und private Bauten entstanden, daneben größere Wohnviertel. Die Bevölkerungszahl stieg von rund 630 000 im Jahr 1930 auf fast eine Million zehn Jahre später. Schwere Schäden erlitt das Zentrum 1944: Im Frühjahr flogen die Alliierten Luftangriffe und richteten insbesondere in den Vierteln rund um den Nordbahnhof große Zerstörungen an, und im August bombardierte die deutsche Luftwaffe die Stadt, aus Rache dafür, dass Rumänien tags zuvor die Seiten gewechselt und Deutschland den Krieg erklärt hatte.

▲ Karte S. 357

Die Zeit des Kommunismus

Nach Kriegsende wohnten rund eine Million Menschen in Bukarest, 1977 waren es bereits 1,8 Millionen und 1990 rund 2 Millionen. Zum einen war die Stadtfläche durch Eingemeindungen verdreifacht worden, zum anderen besaß der Ausbau der Schwerindustrie bei den Planern höchste Priorität. Und so entstanden nach 1945 riesige Neubauviertel, vor allem für die in der Industrie Beschäftigten, die vom Land zuzogen. Die Industrieanlagen und Plattenbausiedlungen umgeben Bukarest heute wie einen Kranz. 1977 richtete ein Erdbeben schwere Schäden an, 1500 Menschen starben. In den 1980er Jahren bekam Bukarest die Metro, deren vier Linien heute das Rückgrat des Nahverkehrs bilden.

Bukarest heute

Nach 1990 erlebte Bukarest einen wahren Bauboom, der das Gesicht der Stadt nochmals deutlich verändert hat. Neue Firmen, Banken- und Versicherungszentralen entstanden und auch einige öffentliche Bauten wie etwa die Nationalbibliothek, das Neue Rathaus und das Justizgebäude, gleichzeitig wurde die marode Infrastruktur modernisiert. Andererseits geschah die intensive Bautätigkeit gerade im Zentrum auch auf Kosten der historischen Bausubstanz, und die – von vielen Bukarestern mit Misstrauen beobachtete – Stadtverwal-

Gigantomanisch: das Haus des Volkes

tung hat ihre Pläne zur Verbreiterung der ohnehin schon großzügigen Boulevards noch nicht aufgegeben; ihrer Verwirklichung würden wohl weitere Bauten im Zentrum zum Opfer fallen.

Auffällig ist aber auch, wie ungemein sich seit der Wende nicht nur das Geschäftsleben entwickelt hat. Eine große Anzahl von originellen kleinen Läden und Lokalitäten, Bühnen und Galerien zeigt die große Vitalität des neuen Bukarest.

Orientierung

Die Stadt wird vornehmlich durch die breiten Boulevards strukturiert, die sich immer wieder an markanten, großen Plätzen schneiden – hier wird das große Vorbild der Stadtplaner, Paris, am deutlichsten. Für diejenigen, die nur wenig Zeit haben, bietet es sich an, durch die Straßen und Gassen zwischen der Piața Unirii und dem Revolutionsplatz, dem Cișmigiu-Garten und dem Universitätsplatz zu schlendern. In diesem Gebiet befinden sich einige der ältesten und herausragenden Gebäude – unter anderem die Reste des alten Fürstenhofs und das alte Handelsviertel –, überhaupt liegen die Sehenswürdigkeiten hier dicht an dicht, und die Kleinräumigkeit dieses Gebiets hat den Vorteil, dass man sich mit den Eigenheiten des Nahverkehrs gar nicht erst auseinandersetzen muss. Man sollte beim Flanieren jedoch ein wenig Obacht geben: Überall wird gebaut, und auch dort, wo das Pflaster nicht aufgerissen ist, kann es mit Stolperfallen überraschen.

Casă Poporului

Dort wo sich heute die monströse Casă Poporului, das Haus des Volkes, auf einem künstlich aufgeschütteten Hügel erhebt, befanden sich bis Anfang der 1980er Jahre gleich mehrere Stadtquartiere, darunter das alte jüdische Viertel und das malerische Viertel Dealul Spirii mit seinen Villen. Sie waren mitnichten 1977 beim großen Erdbeben zerstört worden, sondern weitgehend intakt, als der ›Titan der Titanen‹ beschloss, sich hier als genialischer Stadtplaner und unersetzbarer Führer des Volkes zu verewigen.

Und so wurden neben 21 Sakralbauten und anderen Baudenkmälern über 1000 Häuser abgerissen. Darunter waren viele Jugendstilbauten in jener eigenwilligen rumänischen Prägung, die westeuropäische und orientalische Einflüsse verband. Gerade sie hatten die Stadt berühmt

Monströs: die Academia Română

gemacht und viele Besucher von Bukarest schwärmen lassen. Das bedeutete, dass rund 20 Prozent der vorhandenen Bausubstanz im Zentrum mutwillig vernichtet wurden - ein für Friedenszeiten in Europa einzigartiger Vorgang. 70 000 Menschen mussten ihre vertraute Umgebung verlassen.

Am Bau des Volkspalastes waren 700 Architekten und - in einem Drei-Schichten-System - bis zu 30 000 Bauarbeiter gleichzeitig beteiligt. Mit der Errichtung wurde 1984 begonnen, aber 1989 war das Gebäude noch immer nicht fertiggestellt. 1992 begann der Weiterbau, der bis heute noch nicht abgeschlossen ist. So sind etwa die Kellergeschosse noch nicht ausgebaut.

Die Baukosten wurden nie veröffentlicht, nach Schätzungen verschlang der Volkspalast rund 3,5 Milliarden Euro. Seine Errichtung fiel in eine Zeit, in der die Rationen auf den Lebensmittelkarten kaum zum Überleben reichten, Stromsperren die Normalität darstellten und die Wohnungen im Winter nicht über 12 Grad geheizt werden durften. Der Bau ist keinem architektonischen Stil zuzuordnen, am ehesten noch »als monströse Metapher für eine Tyrannei«, so der Historiker Tony Judt, beschreibbar. Er hat auf einem Grundriss von 270 auf 244 Metern eine Gesamtfläche von 400 000 Quadratmetern, drei unterirdische Kellergeschosse mit verzweigten Verkehrswegen, ist bis zu 86 Meter hoch und weist rund 400 Räume auf. Es gibt Vermutungen, dass die Dimensionen die des Schlosses von Versailles zu übertreffen hatten; der Palast heute das nach dem Pentagon flächenmäßig größte Verwaltungsgebäude der Welt. Für eine Umrundung legt man etwa vier Kilometer zurück und sollte eine knappe Stunde einplanen.

Nach außen wirkt der hellgraue Bau kalt und abweisend, und im Inneren dominiert die Art von schlechtem Geschmack, die die Renommiersucht eines Parvenüs hervorbringt. Marmor, Kristalllüster, Stuck, Travertinverkleidungen, Holzornamente - alles ist so im Übermaß in den unüberschaubaren Zimmerfluchten und vollkommen überdimensionierten Sälen vorhanden, dass das Ergebnis unweigerlich das Gegenteil von Eleganz und Stil ist. Dafür gibt es weitere Rekorde: Die rund 2000 Kristallleuchter sind bis zu zwei Tonnen schwer, die Teppiche bis zu 14 Tonnen. Sie können nur mit Spezialkränen bewegt werden.

Der Koloss entzieht sich durch die räumliche Aufteilung einer sinnvollen Nutzung. Ceauşescu plante, hier alle wichtigen Organe des Staates zu konzentrieren: Regierung, Parlament, Ministerien. Daneben sollte für das Ehepaar Ceauşescu eine weitläufige Privatwohnung eingerichtet werden. Zentralistischer in seinem Anspruch war wohl nie ein Staat, und sinnfälliger hätte nicht zum Ausdruck gebracht werden können, dass sich der Diktator als allmächtiger Vater des Volkes ansah, dem alle Institutionen direkt zu unterstehen hatten.

In einigen Trakten werden Kongresse abgehalten, einen anderen nutzt tatsächlich das Parlament, der Senat ist auch im Haus untergebracht. In dem Flügel, der für die Privaträume der Ceauşescus vorgesehen war, ist vor einigen Jahren ein Museum eingezogen. Auf 16 000 Quadratmetern sind Arbeiten zeitgenössischer Künstler ausgestellt, die sich vor allem mit dem Bau selbst beschäftigen.

Die Umgebung

Umgeben ist der Volkspalast von Parks und Brachflächen, der Ruine eines Fußballstadions und einem Bauprojekt an der südwestlichen Seite. Hier wurde 2010 mit dem Bau der **Kathedrale der Erlösung des Volkes** begonnen. Auch

▶ Karte S. 357

sie ist vollkommen überdimensioniert: 120 Meter lang, 70 Meter breit und 120 Meter hoch. Der Bau soll ab 2017 5000 Menschen Platz bieten.

An der westlichen Seite erheben sich zwei weitere abweisende übergröße Betonmonster. Das eine war als Innenministerium gedacht und wird heute vom **Hotel Marriott** genutzt, das andere hat tatsächlich, wie unter Ceaușescu geplant, das **Verteidigungsministerium** bezogen. An der südlichen Seite wollte sich Elena Ceaușescu, die ebenso ungebildete wie geltungssüchtige Frau des Diktators, ein Denkmal setzen. Elena Ceaușescu, Vorsitzende der rumänischen Akademie der Wissenschaften und mit einem fingierten Doktortitel ausgestattet, ließ sich als ›größe Chemikerin des Landes› und ›Gelehrte von Weltruhm‹ feiern; der Bau sollte das Chemie-Insititut werden und Elena Ceaușescu seine Direktorin. Heute ist das übergroße Gebäude Sitz der **Academia Română**.

Bulevardul Unirii

Schnurgerade zieht sich der Bulevardul Unirii von der Casă Poporului nach Osten. Beide Bauvorhaben gehören zusammen, denn entlang dieser über drei Kilometer langen Achse wurden zeitgleich mit dem Palast neue Wohnviertel angelegt, die der Funktionselite des Staates vorbehalten sein sollten. Die Blocks sind mit hellem Sandstein verkleidet, mit Kapitellchen und Kandelabern verziert, wirken aber nach nur drei Jahrzehnten bereits wieder angejahrt. Hier wird deutlich, dass der herrische Gestus der Neubauten in krassem Verhältnis zu ihrer schlampigen Qualität steht. Ein Architekturkritiker sprach zutreffend von der ›geborgten Grandezza von Fertigteilsäulchen‹. Die Neubauten gehen zudem keinerlei Verbindung mit den umliegenden Wohnvierteln ein, und so wirken sie wie ein Fremdkörper in der Stadt. Auch diesem Boulevard fiel wertvolle historische Bausubstanz zum Opfer, darunter ein Villenviertel, mehrere Museen und ein Stadion. Bis zur Wende hieß diese Straße ›Boulevard des Sieges des Sozialismus‹, die Bukarester nannten sie mit bitterem Unterton ›Straße des Sieges des Sozialismus über die Menschen‹. Der Bulevardul Unirii ist mit einem breiten Grünstreifen in der Mitte geschmückt. Die 40 Brunnen, die auf ihm verteilt sind, symbolisieren die 40 Kreise des Landes, der größte von ihnen

Übergroß: die Piața Unirii

die Stadt Bukarest. Der Bulevardul ist bewusst breiter und länger angelegt als die Champs-Elysées, ihm fehlen aber die entscheidenden Charakteristika, die aus einem Verkehrsweg erst einen großstädtischen Flanierraum machen: Cafés, Geschäfte, überhaupt Anziehungspunkte. Starker Verkehr wälzt sich zu allen Zeiten durch die breite Schneise, gleichzeitig ist sie auffallend menschenleer.

Zentraler Platz der breiten Achse ist die **Piața Unirii**; maßlos ist ihr Durchmesser, klobig sind die Randbauten, auf denen riesige Werbetafeln dem Kapitalismus huldigen. Der Name - Platz der Einheit - soll an den Zusammenschluss der Fürstentümer Moldau und Walachei, die die Kernländer Rumäniens bilden, im Jahr 1856 erinnern. Der Platz ist über einen Kilometer vom Volkspalast entfernt, und es ist erstaunlich, wie groß dieser von hier immer noch wirkt.

Am östlichen Boulevard finden sich keine Bauten aus der Ceaușescu-Ära; die Revolution kam den Bauarbeitern zuvor. Diesen Abschnitt dominieren das 2009 fertiggestellte neue Justizgebäude und die 2012 eröffnete neue Rumänische Nationalbibliothek; beide Bauten liegen fußläufig zur Piața Unirii.

■ In der Umgebung des Bd. Unirii

Im Rahmen des Volkspalast-Projektes wurden nicht nur zahlreiche Kirchen abgerissen - offiziell wurde diese Barbarei als ›Systematisierung‹ bezeichnet -, sondern sogar einige auf Initiative der Architekten gerettet: Man verschob sie und versteckte sie hinter den Neubauten. Auf diese Weise entgingen zwölf Kirchen ihrer Zerstörung, zwei von ihnen liegen im Rücken des Bulevardul Unirii: Das **Kloster Antim** wurde ›nur‹ um 13 Meter verschoben, die umgebenden Gebäude quasi neu angeordnet. Der Komplex ist stimmungsvoll und voller architektonisch wertvoller Details und dabei ein gutes Beispiel für den Brâncoveanu-Stil (→ S. 364), liegt aber inmitten eines etwas vernachlässigten Viertels. Die **Kirche Mihai Vodą** legte dagegen rund 290 Meter nach Osten zurück und wurde gleich noch um sechs Meter tiefergelegt; zuvor hatte sie sich auf einem Hügel befunden. Das Kloster rund um die Kirche galt ideell und unter kunsthistorischen Gesichtspunkten als eines der wichtigsten in Bukarest. Es wurde dennoch nicht mit verschoben, sondern abgerissen.

Das nahe gelegene Kloster **Sankt Spiridon** fiel 1987 ebenso dem Abrisswahn zum Opfer. Die Kirche ist ein Nachbau von 1992, die Rekonstruktion der Klostergebäude dauert an.

Patriarchenhügel

Südwestlich der Piața Unirii, ein wenig hügelan, liegt mit der **Patriarchenkirche** ein für die Stadt und das Land wichtiger Sakralbau.

In der Patriarchenkirche

▲ Karte S. 357

Auf dem Gelände des Alten Fürstenhofs

Er war ursprünglich ein Kloster, das in den Jahren ab 1654 entstand. 1668 wurde der Sitz der walachischen Metropolie unter Fürst Radu Leon von Târgoviște nach Bukarest verlegt und der Bau zur Kathedrale aufgewertet. Seitdem lautet der offizielle Name ›Kathedrale des orthodoxen Patriarchats‹. In der Folgezeit sind mehrere Umbauten vorgenommen, später bei einer Restaurierung aber wieder beseitigt worden. Der heutige bauliche Zustand kommt dem im späten 17. Jahrhundert daher sehr nahe.

Die Kirche ist als Kuppelkirche mit vier Türmchen gestaltet und von bescheidenen Ausmaßen. Dennoch ist sie sehenswert, vor allem wegen der kostbaren Inneneinrichtung, zu denen auch besonders die Wandmalereien gehören. Dabei ist nur ein Bild im Original erhalten, die anderen stammen aus der Zeit um 1830. Die Bedeutung der Kirche lässt sich daran ermessen, dass hier der erste König Rumäniens, Carol I., gekrönt wurde. Einige Klostergebäude flankieren die Kirche. Wegen der hügeligen Geländebeschaffenheit wurden sie nicht symmetrisch angelegt.

Das ehemalige **Parlamentsgebäude** östlich der Kirche, durch einen Metallzaun vor Neugierigen geschützt, wurde in seinem Grundriss ebenso dem Gelände angepasst. Es entstand 1907 überwiegend im Stil des Neoklassizismus.

Bei gutem Wetter hat man von manchen Punkten des Hügels einen guten Blick auf Bukarest.

Altes Handelsviertel

In dem zwischen dem kanalisierten Flüsschen Dâmbovița, der Calea Victoriei, dem Bulevardul Republicii sowie dem Bulevardul Brătianu umschlossenen Gebiet finden sich einige der ältesten Baudenkmäler Bukarests. Hier liegt auch das alte Handelsviertel. Sein Mittelpunkt ist die Str. Lipscani.

Das Viertel wurde in der sozialistischen Phase dem Verfall preisgegeben; die Pläne für den Abriss waren bereits ausgearbeitet. Die Revolution war ein Glücksfall, seitdem hat sich viel getan, und heute ist das kleine Gebiet das Ausgehviertel Bukarests schlechthin. Die jahrelang aufgerissenen Straßen gehören der Vergangenheit an. Gebaut wird aber noch immer, und man darf auf weitere Veränderungen gespannt sein.

■ Alter Fürstenhof

Nördlich der Piața Unirii liegen die Reste des alten Fürstenhofs (Curtea Veche). Befestigungen sind an dieser Stelle schon für das 14. und 15. Jahrhundert nachgewiesen, unter Vlad Tepeș wurden sie erheblich ausgebaut. Der eigentliche repräsentative Fürstensitz wurde im 16. Jahrhundert angelegt und danach mehrmals erweitert. Der Komplex war seitdem gleichzeitig Befestigung und Fürstenresidenz. Man gab ihn nach einigen Bränden und Erbeben im 17. und 18. Jahrhundert auf; danach verfiel er. Es ist wenig von ihm geblieben. In den 1970er Jahren begann man mit systematischen Ausgrabungs- und Sicherungsarbeiten, über die einige Tafeln informieren.

Denkmal für Vlad Tepeș vor dem Fürstenhof

Der Brăncoveanu-Stil

Von 1688 bis 1714 war Constantin Brăncoveanu der Fürst der Walachei. Er förderte Kunst und Wissenschaft und modernisierte auch Bukarest. So wurde etwa in dieser Zeit die erste gepflasterte Straße angelegt, die heutige Calea Victoriei. Die Formensprache, die sich in dieser Epoche herausbildete und für viele Gebäude der Zeit typisch war, wird nach dem Fürsten Brăncoveanu-Stil benannt. Sie zeichnet sich vor allem durch reiche florale Verzierungen aus. Dabei wurden Einflüsse aus dem italienischen Barock, aus dem Orient und vor allem aus Siebenbürgen aufgenommen und zu einem neuen Stil zusammengefügt. Der Fürst initiierte einige öffentliche Bauten, vornehmlich Kirchen; die Häuser, die Privatleute in dieser Zeit in Bukarest errichteten, folgten in ihrer Formensprache oft deren Beispiel.

▲ Karte S. 357

Hofkirche

An der nahegelegenen Hofkirche (Biserică Curtea Veche), auch Verkündigungskirche genannt, kann man den Brăncoveanu-Stil studieren. Sie wurde zwar bereits 1559 fertiggestellt und gilt als älteste erhaltene Kirche Bukarests, ist aber später umgebaut worden. Die Kirche ist in gutem Zustand und damit der besterhaltene Teil des Fürstenhofs, einige Teile sind rekonstruiert und nicht original. Ihr Grundriss ist kleeblattförmig. Das Kirchenportal ist von schlanken Pilastern mit Blatt- und Blumenranken gerahmt, was typisch für den Brăncoveanu-Stil ist. Die Fensterumrahmungen stammen aus dem 19., die Schmuckelemente oberhalb des Eingangsportals aus dem frühen 18. Jahrhundert. Die **Biserica Sf. Anton** (Kirche des heiligen Anton), ein anmutiger kleiner Bau, schließt sich unmittelbar östlich an den alten Fürstenhof an. Auch ihr Äußeres ist im Brăncoveanu-Stil gehalten, im Inneren dominiert der Klassizismus des 19. Jahrhunderts.

Hanul lui Manuc

Die frühere Karawanserei Hanul lui Manuc einige Schritte entfernt ist die letzte erhaltene ihrer Art. Früher gab es in der Stadt zahlreiche Karawansereien.

Hanul lui Manuc, Innenhof

Die Stavropoleoskirche scheint verwunschen zu sein

Sie verschwanden, als Bukarest ab 1869 Anschluss an die Eisenbahn fand. Ein armenischer Händler namens Manuc Bey ließ die Anlage 1808 errichten, und eine historische Bedeutung hat sie insoweit, als hier 1812 der Friedensvertrag zwischen Russland und der Türkei unterschrieben wurde. Zweistöckige Gebäude mit Säulengängen und Holzgalerie umschließen einen Innenhof; hier stellten die Händler Zugtiere und Wagen ab. In den früheren Ställen und Unterkünften sind heute ein Hotel und gleich mehrere Restaurants und Cafés untergebracht, im Sommer sitzt es sich an den Tischen zur Hofseite sehr angenehm. Der sorgfältig rekonstruierte Hanul lui Manuc ist ein rares Beispiel Alt-Bukarester Architektur.

Stavropoleoskirche

Die kleine Stavropoleoskirche an der Str. Poștei ist die anmutigste Kirche der Stadt. Ein Handbuch der Kunstdenkmäler formuliert es so: »Bauform und Schmuck vereinigen sich zu einem malerischen Spiel, das für die walachische Architektur des 18. Jahrhunderts stilbestimmend wurde.« Abermals ist an den schönen Schnitzereien an den Portaltüren, den Malereien an den Innen- und Außenmauern und auch den Steinmetzarbeiten in der Vorhalle der Brâncoveanu-Stil erkennbar. Der Name der Kirche geht auf ihren Stifter zurück, den griechischen Mönch Joanikide, der später Metropolit von Stavropolis wurde, einem Ort nicht weit von Saloniki. Die Kirche wurde anstelle eines Vorgängerbaus von 1274 in der ersten Hälfte des 18. Jahrhunderts errichtet, die Kuppel stammt von 1899. Bei der Restaurierung in dieser Phase stieß man auch auf Grundmauern des hier ehemals befindlichen Gasthauses. Diese wurden mit Arkaden überbaut, so dass ein malerischer Innenhof entstand. Dies ist ein bezaubernder stiller Ort, an dem die ausgestellten Grabsteine wie Kunstobjekte wirken.

Rund um die Str. Lipscani

Die Str. Lipscani war seit jeher der Mittelpunkt des alten Handelsviertels. Der Name bedeutet Leipziger Straße und verweist darauf, dass in den Läden mit Waren aus der Messestadt Leipzig gehandelt wurde. Auch die umliegenden Straßennamen sind Zeugen der Geschichte dieses Viertels. So ist die Str. Gabroveni nach den Tuchhändlern aus der bulgarischen Stadt Gabrovo benannt, die Str. Blănari ist die Kürschnergasse, die Str. Covaci die der Schmiede. Das Viertel wurde in der sozialistischen Zeit arg vernachlässigt und verödete, nach der Wende siedelten sich rasch Händler wieder an, und heute finden sich an den schmalen Gassen viele kleine Läden, Galerien, Lokale und mobile Imbissstände. Verfall und Ruin, Herausgeputztes und Schick liegen direkt nebeneinander; Biertische finden sich auf einem leergeräumtem Grundstück, daneben bietet eine Boutique die neueste Kollektion an. Sehenswert sind viele der Fassaden mit ihren schmiedeeisernen Balkonen. Am entspanntesten flaniert es sich durch die Str. Lipscani, die als Fußgängerzone gestaltet ist.

In der Pasajul Bijuterie

▲ Karte S. 357

Eine Besonderheit stellen die Passagen dar. Die bekannteste ist sicherlich die **Pasajul Bijuterie** (auch Macca-Villacrosse genannt), in der früher – der Name deutet es an – vor allem Goldschmiede ansässig waren. Sie verbindet die Calea Victoriei mit der Str. Carada, einer Seitenstraße der Lipscani. Durch das gedämpft durch die Oberlichter hineinfallende Licht ist ihr eine etwas unwirkliche Stimmung inne, was man besonders gut an einem der Cafétische studieren kann. Die **Passage Hanul cu Tei** – ein kleines, auf beiden Seiten von niedrigen Holzhäusern gesäumtes Gässchen – bezaubert mit ihren kleinen Antikläden, Galerien und Cafés.

Zwei repräsentative Gebäude (Nr. 25 und direkt gegenüber) zeigen, dass das alte Handelsviertel nach der Unabhängigkeit Rumäniens im 19. Jahrhundert zum Bankenzentrum wurde. Noch heute findet man zwischen der Calea Victoriei und dem Universitätsplatz gleich ein halbes Dutzend Banken.

Calea Victoriei

Die Calea Victoriei ist die repräsentativste Straße der Stadt und von zahlreichen Sehenswürdigkeiten gesäumt; die wichtigsten davon liegen zwischen ihrem Anfang am Fluss Dămbovița und der Piața Revoluției. In ihrem Teil nördlich des Bulevardul Regina Elisabeth bildet sie das Zentrum eines Ausgehviertels, das von Theatern und Kinos, Hotels und Restaurants geprägt ist. Ihren Namen erhielt sie 1877 zum Gedenken an den Sieg der rumänischen Armee im Unabhängigkeitskrieg.

Geschichtsmuseum

Das monumentale klassizistische Gebäude, das am südlichen Ende der Calea Victoriei einen ganzen Block einnimmt, wurde ursprünglich (1900) für die Hauptpost errichtet; heute ist darin das Geschichtsmuseum untergebracht. Seine Ausstellung gilt als die wichtigste zur Geschichte Rumäniens. Unter den Exponaten befinden sich neben besonders wertvollen Gold- und Silberarbeiten auch die Krone des Fürsten Constantin Brăncoveanu und eine Kopie der Trajanssäule sowie eine Dauerausstellung zur Geschichte der Securitate, der gefürchteten früheren Geheimpolizei.

Sparkasse

Schräg gegenüber dem Museum erhebt sich das prächtige Gebäude der Sparkasse (CEC-Palast), das ebenfalls im Jahr 1900 fertiggestellt wurde. Über der mächtigen Fassade mit ihren korinthischen Säulen erhebt sich eine hochaufragende Kuppel im Renaissancestil, auch hier ist das französische Vorbild gut erkennbar.
Die **Finanzial Plaza** gleich daneben (1993) ist unübersehbar.

Cişmigiu-Park

Besonders an heißen Tagen bietet sich ein Abstecher entlang des Bulevardul Regina Elisabeth an. Der Grădina Cişmigiu ist der wohl schönste innerstädtische Park. Ein großer Teich bildet seinen Mittelpunkt, geschwungene Wege durchziehen ihn, kleine Haine, Wiesen und gepflegte Rabatten mit vielerlei Pflanzen wechseln sich ab. Für Hungrige gibt es Gelegenheit zur Einkehr, für Sportliche die Möglichkeit, sich ein Ruderboot auszuleihen. Bereits 1810 entstanden erste Teile, die heutige Gestalt stammt von 1850 und geht weitgehend auf den deutschen Gartenarchitekten Carl R. Meyer zurück.

Offizierscasino

Wem der Umweg zu weit erscheint, findet auf der Ecke der Calea Victoriei mit dem Bulevardul Regina Elisabeth ebenso eine Möglichkeit für eine Pause. Auf der etwas erhöhten und zurückgesetzten Terrasse, die zu einem Restaurant im Erdgeschoss gehört, sitzt man sehr nett, man schaut auf Blumenrabatten, das berühmte, 1852 begründete **Kaffeehaus Capşa** schräg gegenüber und den Hauptstadttrubel an dieser stets belebten Kreuzung. Auffällig an dem mächtigen klassizistischen Bau sind die wehrhaft wirkenden Türme. Er wurde 1921 als Haus der Armee errichtet, und noch heute ist in ihm ein Offizierscasino eingerichtet.

Piaţa Revoluţiei

Vorbei an einigen interessanten Passagen, eleganten Hotels und wichtigen Theatern erreicht man die Piaţa Revoluţiei, an

Der prächtige Sparkassenpalast

Der Obelisk zur Erinnerung an die Opfer von 1989

der sich gleich mehrere der bedeutendsten Bauten Bukarests befinden.
Im massigen, grauen Gebäude an der Ostseite des Platzes war früher das ZK der sozialistischen Partei Rumäniens untergebracht. Von einem Balkon dieses Baus hielt Ceaușescu seine letzte öffentliche Rede, die er im Angesicht des Massenprotestes abbrechen musste - das Ende seiner Herrschaft, auch wenn gerade hier tagelang die Kämpfe tobten. Das Gebäude nutzt heute das Innenministerium.
Seit 2005 erhebt sich mitten auf dem Platz ein **Obelisk**, den ein Halbkreis mit Kreuzen geschmückter Steine umgibt. Dieses Denkmal erinnert an die Opfer der Kämpfe vom Dezember 1989.

Crețulescu-Kirche

Die zierliche Crețulescu-Kirche an der Südwestseite des Platzes, 1772 anstelle eines Vorgängerbaus errichtet, gilt unter Kunsthistorikern als schönes Beispiel für den späten Brâncoveanu-Stil. Die Kirche verdankt ihren Namen den Stiftern, der Bojarenfamilie Crețulescu. Seit der grundlegenden Restaurierung zwischen 1934 und 1939 ist das Gurtgesims nicht mehr in Ziegelbauweise, sondern steinern ausgeführt. Die Fassadengliederung fällt ins Auge: unten mit rechteckigen Feldern, oben mit sich kreuzenden Blendarkaden. Im Inneren wie an den Außenwänden sind einige Wandmalereien erhalten.

▲ Karte S. 357

Ehemaliges Königliches Schloss

Das ehemalige Königliche Schloss dominiert den Platz. Bis zur Abdankung des letzten rumänischen Königs 1947 war es seine Residenz. Später amtierte in einem Trakt der Staatsrat, heute wird der ausgedehnte Bau hauptsächlich museal genutzt. In einem Flügel ist das **Kunstmuseum** untergebracht. Herausragend unter den rund 70 000 Exponaten sind neben einigen Gemälden die Teppich- und die Ikonensammlung. Die **Nationalgalerie** ist ebenfalls hier zu finden, sie weist die wichtigste Sammlung rumänischer Malerei auf und zeigt daneben Exponate

Der frühere Hausherr Carol I. vor dem ehemaligen Königlichen Schloss

Sitz der Philharmonie: das Athenäum

aus verschiedenen wichtigen Epochen der europäischen Malerei. Die heutige hufeisenförmige Gestalt geht auf Um- und Anbauten zurück, die in den Jahren 1930 bis 1937 vorgenommen wurden.

Universitätsbibliothek

Bei den Kämpfen im Winter 1989/90 erlitt der fein gegliederte, konkav geschwungene Bau der zentralen Universitätsbibliothek (1910) an der östlichen Seite der Piața Revoluției erhebliche Schäden. Große Teile brannten vollständig aus, und bis heute wird gemutmaßt, die Staatssicherheit habe mutwillig Brände im Inneren gelegt. Die äußeren Schäden sind behoben, der Verlust an Büchern wiegt nach wie vor schwer.

Athenäum

Unbeschädigt bei den Kämpfen 1989 blieb das Athenäum an der Nordostseite des Platzes. Der Rundbau ist in eine kleine gepflegte Grünanlage gebettet, dort steht eine Bronzebüste für den bedeutenden Schriftsteller Mihai Eminescu. Das Athenäum wurde 1888 seiner Bestimmung als Konzerthaus übergeben. Der Architekt Albert Galleron schuf einen wohlproportionierten neoklassizistischen Bau, der heute als einer der imposantesten Rumäniens gilt. Im Inneren beeindrucken die geschwungenen Treppen, die zum Kuppelsaal führen, und der Wandfries, der bedeutende Stationen aus der rumänischen Geschichte thematisiert. Heute ist das Gebäude das Stammhaus der Staatlichen Philharmonie ›Gheorghe Enescu‹. Ebenfalls an der Calea Victoriei, etwa eineinhalb Kilometer stadtauswärts, beleuchtet ein sehenswertes **Museum** Leben und Schaffen dieses bedeutenden rumänischen Komponisten.

Piața 21 Decembrie 1989

Die Piața 21 Decembrie 1989 ist kein Platz, an dem man sich lange aufhalten möchte. Zwei große Boulevards schneiden sich hier, unentwegt fließt der Verkehr, und so ist es hier vor allem großstädtisch: laut und hektisch. Einige Bauten am Platz und in seiner Nähe lohnen jedoch einen Besuch. Seinen Namen trägt der Platz zur Erinnerung an die blutigen Ereignisse vom Dezember 1989, als das sozialistische Regime Demonstranten zusammenknüppeln und -schießen ließ. Steinerne Kreuze in der Mitte der Piața Universității erinnern an die Toten der Revolution.

Eine markante städtebauliche Dominante ist das moderne, auffällig geschwungenen **Hotel Intercontinental** an der Nordostseite des Platzes, ehemals das luxuriöseste Hotel in Bukarest. Daneben befindet sich das **Nationaltheater**, das seit den Veränderungen in den 1970er Jahren etwas grobschlächtig wirkt. Drumherum liegen gepflegte Grünanlagen.

Das weiße Gebäude an der Südwestecke des Platzes wird leicht übersehen: Es ist nur zweistöckig und etwas hinter Bäumen verborgen. Dabei handelt es sich um das ehemalige **Palais Suțu**, das sich 1833/34 der Hofmarschall dieses Namens bauen ließ. Hier traf sich im 19. Jahrhundert die einflussreiche Gesellschaft, heute beherbergt es das Museum für Stadtgeschichte. Das schmucke Haus ist einen Blick wert, die angestaubte Sammlung aber weniger.

Die kleine Kirche gegenüber ist Teil des sogenannten **Colțea-Komplexes**, der seinen Namen nach dem einstigen Grund-

Michael der Tapfere auf dem Universitätsplatz

stücksbesitzer erhielt. Er beherbergte die 1695 begründete Stiftung des Mihai Cantacuzino. Dazu gehörten verschiedene fürsorgliche Einrichtungen, unter anderem ein Spital, dessen Tradition bis heute an dieser Stelle weitergeführt wird. Von den originalen Bauten ist nur die Colțea-Kirche von 1701/02 erhalten. Sie ist reich verziert, fast verspielt, und Fachleute führen das auf den Einfluss des italienischen Barock zurück, der über Dalmatien seinen Weg bis in die Walachei fand. Von den ursprünglichen Wandmalereien sind nur noch vereinzelte Reste erhalten, die heute sichtbaren Innenmalereien und die Ikonostase stammen aus der Mitte des 19. Jahrhunderts. Neben dem Spital steht ein Denkmal für den Stifter.

Das ehemalige Palais Suțu

Karte S. 357

Die **Neue Georgskirche** etwas weiter südlich ist nicht die schönste der Stadt, aber aus zwei Gründen bemerkenswert. Zum einen wird hier der Nullkilometer des Landes definiert, dass heißt alle Entfernungen zur Hauptstadt Bukarest beziehen sich auf diese Stelle; zum anderen ist hier, wie man bei Untersuchungen seit Anfang des 19. Jahrhunderts herausgefunden hat, der für die Stadt so wichtige Fürst Brăncoveanu begraben. Das ist wohl kein Zufall: Er stiftete diesen Kirchenbau.

Piața Universitații

An die Piața 21 Decembrie 1989 schließt sich nach Westen die Piața Universitații an. Das wuchtige graue **Hauptgebäude des Universität** beherrscht die nördliche Seite des Platzes. Die Fakultäten sind über die Stadt verteilt, dieser Bau ist das zentrale Gebäude; es wurde zwischen 1857 und 1869 errichtet und zwischen 1914 und 1934 um mehrere Flügel erweitert.

Gegenüber bilden zwei eindrucksvolle **Bankgebäude** ein auffallendes Pärchen. Rechts erhebt sich die halbrund geschwungene Rumänische Handelsbank (1906), links die rund 30 Jahre später fertiggestellte Industriebank, die die Formensprache des Nachbargebäudes aufnimmt.

Zwischen diesen dominierenden Gebäuden finden sich einige Denkmäler, so für den Dichter Ion Heliade Rădulescu und den Gelehrten Gheorghe Lazăr. Besonders auffällig ist das **Reiterstandbild** des Fürsten Michael der Tapfere (Mihai Viteazul). Der französische Bildhauer Albert Erneste Carrier de Belleuse schuf es 1876. Das Denkmal erinnert an den Herrscher, der um 1600 die kurzzeitige Einigung der Fürstentümer Walachei, Siebenbürgen und Moldau erreichte. Am Sockel sind die bronzenen Wappen der drei Fürstentümer angebracht, von steinernen Lorbeerkränzen geschmückte Tafeln zeigen die Schlachten, die der Fürst und seine Heere siegreich beendeten.

Reizvoll gelegen: das Pressehaus

Vom Zentrum nach Norden

Wendet man sich von der Piața Revoluției nach Norden, passiert man bald linker Hand das kleine **Gheorghe-Enescu-Museum**, das dem in Rumänien sehr verehrten Komponisten (1881–1955) gewidmet ist. Auf dem Weg dorthin lohnen eine Reihe von eigenwilligen Jugendstilbauten einen Blick. Man gelangt schließlich zur Piața Victoriei (Siegesplatz), auf die gleich sechs Straßen einmünden.

Der gleichnamige, unübersehbare **Victoria-Palast** (Palatul Victoria) ist der Regierungssitz Rumäniens. Das Gebäude entstand von 1937 bis 1944, in der kommunistischen Ära beherbergte es den Ministerrat und das Außenministerium. Der Haupttrakt ist zum Platz ausgerichtet, von ihm gehen drei Nebenflügel ab.

Weiter nach Norden heißt die Ausfallstraße nun Șoseaua Kiseleff. Sie durchzieht ein großzügiges und elegantes Viertel, dessen zwei- und dreistöckigen Villen sehr an Paris erinnern.

Die Straße führt zum **Triumphbogen**; hier beginnt sich die Stadtlandschaft aufzulösen. Das Monument erinnert an die Siege der rumänischen Armee im Ersten Weltkrieg. Abermals ist unverkennbar Paris das Vorbild, namentlich der Arc de Triomphe. Der neoklassizistische ru-

Eine der vielen Kirchen im Dorfmuseum

mänische Triumphbogen wurde nach Plänen des Architekten Petre Antonescu 1922 provisorisch aus Holz und Gips und zwischen 1933 und 1936 in seiner endgültigen Form errichtet.

Folgt man von hier weiter der Şoseaua Kiseleff, ist das 1956 fertiggestellte **Pressehaus** bald unübersehbar; sein Vorbild ist zweifellos die Lomonosov-Universität in Moskau, sicherlich nicht zufällig: Das Pressehaus ist ein Geschenk Stalins. Hier waren während der sozialistischen Ära alle wichtigen Medien konzentriert: Fernsehen, Radio, Printmedien. Auch heute residieren in dem riesigen Gebäude zahlreiche Redaktionen, fast alle wichtigen rumänischen Verlage haben hier nach wie vor ihren Sitz. Daneben erhebt sich das World Trade Center, in dem zahlreiche in- und ausländische Firmen ihre Büros untergebracht haben.

Gegenüber ist der **Lacul Herăstrău** auszumachen, Teil der Seenkette, die sich weit über die Stadtgrenzen hinaus von West nach Ost zieht und von dem kleinen Flüsschen Colentina gespeist wird. Ausgedehnte Flächen um ihn herum sind als Naherholungsgebiet gestaltet. Anziehungspunkt der Touristen wie auch der erholungssuchenden Bukarester ist zumeist der Herăstrău-Park mit dem Dorfmuseum.

Dorfmuseum

Auf rund 15 Hektar Fläche zeigt sich hier das ländliche Rumänien im Kleinformat. Man spricht allgemein vom Dorfmuseum, genau genommen sind es mehrere Museen in einem. Es dürfte einzigartig nicht allein für Rumänien sein, und es ist eine Welt, in die einzutauchen den Besuchern leicht gemacht wird: durchgängig zweisprachig beschriftete Tafeln, perfekte Beschilderung und Lagepläne. Leicht kann man sich einen ganzen Tag in der Betrachtung unterschiedlicher Dachtypen oder einzelner originaler Interieurs verlieren.

Das Dorfmuseum wurde 1936 von dem Soziologen Dmitrie Gusti ins Leben gerufen. Unter seiner Leitung zogen bis zu 1000 Wissenschaftler und Studenten aus Bukarest in alle Regionen des Landes, um

▶ Karte S. 357

das dörfliche Leben zu erforschen. Dazu gehörten die Lebensweise, die Dialekte, Brauchtum und Trachten sowie anderes mehr. Im Rahmen des Forschungsprojektes wurden 47 Bauernhöfe, 29 technische Anlagen und 3 Holzkirchen in den verschiedenen Landesteilen abgebaut und originalgetreu hier wieder zusammengesetzt. Die derzeit mehr als **120 Ensembles**, insgesamt über 360 Bauwerke, repräsentieren alle traditionellen historischen Landschaften Rumäniens: Moldau, Siebenbürgen (hier Transylvanien genannt), Banat, Oltenien, Muntenien, Dobrudscha. Zusammen führen sie in das dörfliche Leben des 18. und 19. Jahrhunderts ein. Manche Gehöfte kamen erst in den 1950er Jahren an ihren heutigen Standort, und es kommen auch jetzt immer mal wieder einzelne Bauten dazu.

Unter den Gebäuden finden sich Heuschuppen, Vorratshäuser und Backöfen, Wind- und Walkmühlen, Kirchen, Weinkeller und Ställe. Darin sind Webwaren und Webstühle ausgestellt, Alltagskleidung wie Trachten für besondere Anlässe, ebenso verschiedenes Interieur, Einrichtungs- und Haushaltsgegenstände, Möbel sowie Öfen und Kachelöfen, Werk- und Spielzeug. Decken und Wände sind mit den typischen Mustern und Farben der Regionen geschmückt.

Im Freien verdeutlichen einzelne Objekte wie bemalte Kreuze an Bäumen, wie sie in vielen Dörfern zu finden sind, und bemalte Tabernakel die Religiosität des Dorflebens; Pflüge und Eggen aus Holz, Sensen, Mähmaschinen, Weinpressen, Fässer zur Fermentation und andere Gerätschaften erlauben einen Einblick in die bäuerliche Arbeitswelt.

Im Dorfmuseum werden die traditionellen Handwerke wie Weben und Nähen und die Bräuche für religiöse Feste oder besonderen Anlässe gezeigt. Führungen finden regelmäßig statt, davor oder danach kann man sich an Volksmusik und -tänzen erfreuen, die eine Trachtengruppe vorführt. In dem gut sortierten Laden am Haupteingang gibt es eine große Palette kunsthandwerklicher und kulinarischer Produkte und auch Broschüren, Bücher und Postkarten.

i Bukarest

Bukarest liegt etwa 60 Kilometer von der Donau entfernt, eine Erkundung auf eigene Faust ist im Rahmen einer Kreuzfahrt nicht möglich.

Touristeninformation, Pasajul Piața Universitații (in der Unterführung des Universitätsplatzes). Geringes Angebot, die Öffnungszeiten könnten großzügiger sein. Alternative: Das privat betriebene **Info Tourist Center**, Calea Victoriei 68–70.

Wechselstuben und Bankautomaten finden sich überall, in besonders großer Zahl im alten Handelsviertel.

Für eine Einkehr bieten sich die zahlreichen Cafés und Bars im Handelsviertel an, z.B. die in der Schmuckpassage und im früheren Hanul cu tei an der Str. Lipscani 63. Traditionsreich und urig ist der Caru Cu Bere (Bierkeller) in der Str. Stavropoleos 3–5.

Am Haupteingang zum Dorfmuseum gibt es einen gut sortierten Andenkenladen, Mitbringsel findet man auch in einigen Läden im Hanul cu tei (s.o.) und im Unirea-Shopping-Center an der östlichen Seite der Piața Unirii. Das ist zwar etwas unansehnlich, vom Restaurant im 5. Stock aber kann man bis 22 Uhr die Piața Unirii und den Boulevard bis zum Volkspalast gut überblicken.

Bücher und Karten in großer Auswahl führen die Buchläden am Bd. Magheru nördlich des Universitätsplatzes.

Zwischen Silistra und dem Donaudelta

Unmittelbar hinter Silistra wird die Donau vom Grenzfluss zu einer innerrumänischen Angelegenheit. Die Grenze verläuft ab diesem Punkt fast genau nach Osten, bis sie auf das Schwarze Meer trifft, die Donau aber vollzieht einen Schwenk nach Nordosten; ab Cernavodă fließt sie nach Norden. Zudem teilt sie sich hinter Silistra in zwei Arme auf. Der westliche Arm, der Borcea-Arm, ist der kleinere von beiden und gleichzeitig die etwas kürzere Strecke bis zum Schwarzen Meer. Die Kilometrierung folgt dem östlichen, längeren Arm, der keine eigenständige Bezeichnung hat, sondern offiziell einfach Donau heißt.

Stromabwärts der Stadt Hârşova, bei Flusskilometer 248, finden Hauptarm und Nebenarm wieder zu einem Strom zusammen, der sich unmittelbar darauf wiederum in zwei Hauptarme teilt, die sich bei Brăila erneut vereinigen. Die Donau bildet zwischen Silistra und Brăila also eine große Acht aus. Dabei werden die Hauptarme von zahlreichen Seiten- und Totarmen, Sumpfgebieten und Auenwäldern gesäumt, Inseln liegen im Fluss, manche so groß, dass sie die Hauptarme in ein System von kleineren Gewässern aufteilen.

Der Borcea-Arm

Der rund 100 Kilometer lange Borcea-Arm nimmt bei Flusskilometer 370,5 am westlichen Ufer der Donau seinen Anfang. Er verkürzt den Weg Richtung Donaudelta um rund 23 Kilometer, und im Unterschied zum Hauptstrom bietet er den Schiffen auch in trockenen Sommern genügend Wasser unter dem Kiel. Daher nehmen die Kreuzfahrtschiffe, die keinen Stopp in Cernavodă einlegen, zumeist diesen Arm auf dem Weg vom oder ins Donaudelta.

▲ Karte S. 354

Auf dem ersten Teil der Talfahrt reihen sich einige kleinere Orte am linken Ufer, unter anderem das Dorf Borcea, das dem Arm seinen Namen gab, dahinter aber nimmt die Siedlungsdichte ab. Besonders eindrücklich ist daher eine nächtliche Fahrt durch diesen Flussabschnitt, da sie stundenlang durch tiefschwarze oder aber sternenhelle Nacht führt.

Bei **Feteşti** überspannt eine Auto- und Eisenbahnbrücke den Fluss, Teil der Strecke von Bukarest nach Constanța. Der Ort mit seinen rund 30 000 Einwohnern ist noch der größte am Borcea-Arm, sogar Schnellzüge haben hier einen regulären Haltepunkt, aber auch er wirkt wie ein großes, recht verschlafenes Dorf. Das Zentrum gruppiert sich um den rund zwei Kilometer von der Donau entfernten Bahnhof. Manchmal beginnen oder enden die Busausflüge nach Bukarest oder nach Constanța in Feteşti.

Bis **Giurgeni** fließt die Donau nun in vielerlei Kehren, und an den Ufern künden nurmehr einzelne Gehöfte, kleinere Fischerboote und einige Viehherden am Ufer von der Existenz von Dörfern. Die aber liegen sämtlich etwas vom Fluss zurückgesetzt.

Von Silistra nach Cernavodă

Zwischen Silistra und Cernavodă, das am östlichen, größeren Arm liegt, sind nur vereinzelt Anzeichen der Zivilisation auszumachen. Einige weitere Inseln werden passiert, die Vegetation wirkt auf diesem Abschnitt abwechslungsreicher als zuvor und ist stärker von Wäldern geprägt, die bis unmittelbar an die Ufer reichen. Dahinter liegen weitere Seiten- und Totarme sowie einige größere Seen – ein mehrere Kilometer breiter Streifen entlang beider Ufer besteht zu großen Teilen aus Sumpfgebiet.

Cernavodă ▸ km 300 und der Donau-Schwarzmeer-Kanal

Mit Cernavodă ist für viele Kreuzfahrttouristen der Wendepunkt ihrer Reise erreicht. Nicht der Ort selbst liefert den Grund, sondern seine Lage: Hier ist die Donau dem Schwarzen Meer am nächsten, und hier beginnen daher zumeist die Busausflüge nach Constanța.

Diese Lage führte dazu, dass der Donau-Schwarmeer-Kanal (Canalul Dunăre-Marea Neagră) in Cernavodă seinen Anfang nimmt. Er mündet unmittelbar südlich von Constanța in das Meer, ein Stichkanal bei Năvodari, nördlich von Mamaia.

Pläne für einen Kanal bestanden seit Jahrhunderten, und in den 1950er Jahren begannen erste Arbeiten, die aber bald wieder eingestellt wurden. Für Ceaușescu war es ein Prestigeobjekt, ab 1975 wurden die Arbeiten wieder aufgenommen und vehement vorangetrieben. Der 64 Kilometer lange Kanal wurde 1983 fertiggestellt und ein Jahr später dem Verkehr übergeben. Er verkürzt die Strecke zum Schwarzen Meer um etwa 250 Kilometer, Ein- und Ausfahrt erfolgen über zwei Doppelkammerschleusen an den beiden Enden. Der Kanal verläuft weitgehend parallel zu Bahn und Straße zwischen Cernavodă und Constanța, und so kann man vom Zugabteil oder Reisebus gut sehen, dass nur sehr wenige Schiffe die Abkürzung nutzen. Offenbar stehen die erhobenen Gebühren in keinem Verhältnis zur möglichen Zeitersparnis. Dabei ist die Wasserstraße durchgängig 7,5 Meter tief und zwischen 60 und 90 Meter breit und damit auch für große Frachtschiffe geeignet. Damit der Bau in so kurzer Zeit realisiert werden konnte, wurden zusätzlich zu den Bauarbeitern vor allem Soldaten und Häftlinge herangezogen; bis zu 130 000 Arbeiter waren gleichzeitig an dem Projekt beteiligt. Es gibt Gerüchte, manche sprechen von Indizien, dass wegen der katastrophalen Arbeitsbedingungen hunderte von Häftlingen beim Bau starben, aber bislang liegen keine gesicherten Informationen vor.

Die Einmündung des Kanals liegt direkt neben einem berühmten Bauwerk, der **Saligny-Brücke**. Sie trägt den Namen des rumänischen Konstrukteurs Anghel Saligny, nach dessen Plänen sie zwischen 1890 und 1895 errichtet wurde. Diese Eisenbahnbrücke, eine ingenieurstech-

Die Saligny-Brücke in Cernavodă

nische Meisterleistung, stellt die Verbindung zwischen dem Landesinneren und dem Schwarzen Meer her und trug maßgeblich dazu bei, dass das bei Ploiești geförderte Öl exportiert werden konnte. Die Brücke spannt sich über 1163 Meter und verläuft in rund 40 Meter Höhe, damit auch große Schiffe gefahrlos unter ihr durchfahren können. Die Autofahrer und auch die meisten Bahnen benutzen heute die 1987 dem Verkehr freigegebene moderne Brücke, die unmittelbar parallel dazu verläuft. Die Züge fahren langsam, und so kann man von oben gut sehen, dass die Donau hier von einer Sumpflandschaft umgeben ist. Womöglich rührt der Name des Ortes daher: Cernavodă bedeutet ›Schwarzes Wasser‹.

Unter Kunsthistorikern ist der Ort bekannt, weil hier 1956 per Zufall zwei Statuen gefunden wurden, die man wegen ihrer Form allgemein ›Die Denkerin‹ und ›Der Denker‹ nennt. Sie stammen aus dem 5. Jahrtausend vor unserer Zeitrechung und zeigen, dass sich an der Unteren Donau in dieser Epoche eine hochentwickelte Kultur befand. Die beiden Statuen können im Archäologischen Museum in Constanța besichtigt werden. An der Stelle des heutigen Cernavodă gründeten bereits die Daker eine Siedlung, sie war in der Antike als Axiopolis bekannt und dauerhaft besiedelt. Trotz seiner langen Geschichte und seiner exponierten Lage ist Cernavodă mit seinen rund 17000 Einwohnern ein gesichtsloser Ort; er erstreckt sich entlang des Kanals. Wichtigster Arbeitgeber ist das Kernkraftwerk unmittelbar am Strom. Die beiden Blöcke, die 1996 und 2007 in Betrieb gingen, liefern etwa 20 Prozent des rumänischen Stroms und nutzen zur Kühlung das Donauwasser. Die Pläne für zwei weitere Blöcke sind kürzlich zu den Akten gelegt worden.

▲ Karte S. 354

Von Cernavodă nach Brăila

Bei Cernavodă versperren die Hügel der Dobrudscha der Donau den direkten Weg zum Schwarzen Meer, so wendet sie sich nach Norden.

Bei **Capidava** am rechten Ufer sind noch Reste einer römischen Festung aus dem 3. Jahrhundert vorhanden. Ein Turm und ein Stück der Mauer verraten etwas von der ursprünglichen Konstruktion. **Ghindărești** ist eine typische Siedlung der Lipowaner, zu erkennen an den Kuppeln der erstaunlich großen orthodoxen Kirche. Die Lipowaner sind orthodoxe Altgläubige, die bereits zur Zarenzeit vor religiöser Verfolgung aus Russland ins Donaudelta geflohen sind, wo sie vor allem als Fischer arbeiten. **Hârșova**, ebenfalls ein Lipowanerdorf mit einer hübschen orthodoxen Kirche, geht auf das Römerlager Carsium zurück, später errichteten hier die Türken eine Festung. Fischfang und -verwertung spielen heute noch eine große Rolle.

Kurz dahinter mündet der Borcea-Arm ein, und wiederum etwas weiter überquert die **Giurgeni-Brücke**, die erste Brücke seit Cernavodă und die letzte überhaupt bis zur Mündung der Donau in das Schwarze Meer, den Fluss. Zu breit ist der Strom nun, bis ins Delta wird der

Morgenstimmung bei Giurgeni

Verkehr mittels Fähren abgewickelt. Man hört oft, die Brücke sei nur errichtet worden, damit die Hirten aus Transsilvanien ihre Herden auf den fruchtbaren Weiden der Dobrudscha weiden lassen konnten. Bei Kilometer 237 teilt sich die Donau erneut. Rechts zweigt der Macin-Arm ab, der sich bei Kilometer 171 wieder mit dem Hauptstrom vereinigt. Die beiden Arme umschließen die **Brăila-Insel** (Insula Mare a Brăila). Sie ist etwa 60 Kilometer lang und 20 breit und eine ganz eigene Welt. Hier führt das Aufeinandertreffen von Wasser und Land zu sehr unterschiedlichen Ausformungen: Zwischen zahlreichen Seitenarmen und Totarmen, Kanälen, Seen und Tümpeln, Sümpfen und Sumpfgebieten gibt es Schilffelder und auch größere zusammenhängende Landgebiete, auf denen sich Dörfer und Einzelgehöfte befinden. Da hier der Boden besonders fruchtbar, aber durch immer wiederkehrende Überschwemmungen nur bedingt für eine intensive Landwirtschaft nutzbar war, baute man ab den 1960er Jahren hohe Deiche, die schließlich bis auf eine Gesamtlänge von über 150 Kilometern anwuchsen und so den im Volksmund genannten ›großen Sumpf‹ nutzbar machten. Trotz aller Eingriffe ist diese einzigartige Landschaft weitgehend erhalten geblieben.

Brăila ▸ km 171

Im Jahr 1968 feierte Brăila seinen 600. Geburtstag. Zwar wurde der Ort bereits 1350 in einer Quelle erwähnt, aber erst 1368 erstmals mit seinem heutigen Namen. Und so gilt dieses Datum als das der Stadtgründung.

Die Osmanen herrschten zwischen 1540 bis 1829. Sie errichteten eine große Festung und verstärkten sie um 1790 erheblich. Sie ist nach ihrem Abzug aber niedergelegt worden. 1835 wurde Brăila

Schlepper zwischen Brăila und Galați

der Status eines Freihafens verliehen, was die Entwicklung zur Industrie- und Handelsstadt deutlich beförderte. Das ist sie bis heute geblieben. Neben den Werften bestimmen der Schwermaschinenbau und das Kombinat, in dem das Schilf des Donaudeltas zu Zellstoff verarbeitet wird, die Stadt. Man hatte gigantomanische Pläne und sah in den reichen Schilfvorkommen unerschöpfliche Ressourcen, etwa zur Energiegewinnung. Wären die Vorgaben der Planwirtschaft umgesetzt worden, wären wohl weite Teile des Deltas vernichtet worden. Allein das sumpfige Gelände aber brachte unüberwindbare Schwierigkeiten, nach der Wende durften sich Umweltgruppen auch öffentlich zu Wort melden, und heute wird zwar der Schilfabbau betrieben, aber längst nicht in so großem Stil wie in den 1950er und 1960er Jahren geplant.

Heute leben hier gut 180 000 Menschen, die meisten in Neubausiedlungen. Den großen Hafen können auch Hochseeschiffe anlaufen, wie überhaupt die Donau von Brăila bis zum Schwarzen Meer ganzjährig auch für diese Schiffe tief genug ist. Auf vielen nautischen Karten ist auch die Kilometrierung ab hier doppelt angegeben: in Kilometern und in Seemeilen, die ebenso von der Mündung aus gezählt werden. Brăila beispielsweise liegt an Kilometer 171 und an Seemeile 92.

Das **historische Zentrum** ist recht klein, aber durchaus sehenswert. Es wird im Osten von der Donau begrenzt und weist eine in etwa halbkreisförmige Gestalt auf, deren Mittelpunkt der Trajansplatz bildet. Hier finden sich einige hübsche Gebäude aus dem 19. Jahrhundert, die meisten in einem eigenwilligen neoklassizistischen Ost-West-Stil und mittlerweile renoviert, daneben unter anderem die Griechische Kirche und die Kirche des Erzengels Michael mit dem separaten Turm. Sie wurde als Moschee geplant – der Baubeginn fand bereits im 17. Jahrhundert statt –, aber erst 1836 als orthodoxe Kirche geweiht. Es gibt ein kleines Stadtmuseum, in der Nähe des Hafens ein Trajansdenkmal und eine Büste für den Dichter Panait Istrati, der hier geboren wurde, sowie eine Uferpromenade mit zahlreichen Cafés.

Galați ▸ km 150

Zwischen den Einmündungen der beiden wichtigsten Nebenflüsse der unteren Donau – die Sereth bei Kilometer 155 und der Pruth bei Kilometer 134 – am linken Donauufer liegt Galați. Über fast zehn Kilometer erstrecken sich die ausgedehnten Hafen- und Industrieanlagen, und ihre schiere Größe verdeutlicht die Bedeutung dieser Stadt für das Land: Galați ist der größte Binnenhafen Rumäniens. Hier befinden sich die größte Werft und die größte Stahlhütte des Landes, und bis zur Wende war es einer der größten Militärhäfen des Landes. Wegen der Dominanz von Hafen, Werften und Stahlverarbeitung wird Galați immer mal wieder als ›Duisburg an der Donau‹ bezeichnet. In den 1960er Jahren wurde die

Kurz vor Tulcea

Stadt planmäßig zum Industriezentrum ausgebaut, das riesige Stahlkombinat Sidex, das zwischen 1961 und 1966 hochgezogen wurde – es gehört heute zu ArcelorMittal –, beschäftigte zu seinen Hochzeiten allein 30 000 Menschen, heute etwa 7000.

Galați hat bei deutlich abnehmender Tendenz rund 250 000 Einwohner, ist die achtgrößte Stadt des Landes, 500 Jahre alt und wurde also, ungewöhnlich für eine Stadt an der Unteren Donau, nicht von den Römern, den Griechen oder den Genuesern begründet. Die Osmanen herrschten hier lange Jahre, und im 17. Jahrhundert legten sie einen ersten Hafen an, der vor allem als Getreideumschlagsplatz genutzt wurde. Galați boomte nach der Unabhängigkeit Rumäniens und wurde zu einer reichen Hafenstadt, nach dem Ersten Weltkrieg lebten bereits 90 000 Menschen hier. Der Zweite Weltkrieg richtete verheerende Zerstörungen an. Wenn auch die verbliebenen historischen Gebäude im etwas vom Fluss zurückgesetzten Zentrum gerade in den vergangenen Jahren renoviert wurden und das Stadtbild insgesamt deutlich aufgehübscht

▸ Karte S. 354

wurde, so trägt Galaţi heute doch ein überwiegend modernes Gesicht.
Nicht zuletzt dank der beiden Zuflüsse ist die Donau hier über einen Kilometer breit und vergleichsweise tief. Wer im Sommer, umgeben von den kreischenden Möwen, von der Uferpromenade auf den sehr breiten Strom schaut, kann sich der Illusion hingeben, in einer Hafenstadt am Meer zu sein.
Bei Galaţi vollzieht die Donau einen neuerlichen Schwenk. Bis kurz vor Tulcea fließt sie nun in östlicher Richtung.

Von Galaţi zum Donaudelta

Ab Brăila und bis Galaţi hatte sich wieder das Bild des breiten, von eindeutig definierten Ufern gesäumten Stroms gezeigt. Im weiteren Verlauf wird die Donau von großen Seen gesäumt, die teils unterirdisch an ihren Wasserhaushalt angeschlossen sind.
Der Pruth bildet die Grenze zwischen der Republik Moldau – bei uns zumeist als Moldawien bezeichnet – und Rumänien. Moldawien berührt nur auf wenigen hundert Metern die Donau, ist dadurch aber offiziell einer der zehn Anrainerstaaten. Im Jahr 2001 vereinbarten die Regierungen der Republik Moldau und der Ukraine einen Gebietstausch. Seitdem hat Moldawien einen etwas breiteren Zugang zur Donau. Einziger moldawischer Ort an der Donau ist **Giurgiuleşti** (km 134). Es hat zwar nur 3000 Einwohner, aber den einzigen Donauhafen des Landes. Der internationale Freihafen wurde 2006 eröffnet und besitzt ein Öl-, Stückgut- und Passagierterminal. Die Regierung hofft, durch den Ausbau wirtschaftlich – und damit auch politisch – von der Ukraine und Russland unabhängiger zu werden.
Seit wenigen Jahren haben einige Kreuzfahrtanbieter ein Angebot in ihr Programm integriert, das sie meist ›Unbekanntes Moldawien‹ nennen. Dieser Halbtagestrip beschränkt sich in aller Regel auf den Besuch einer Folklorevorführung in der Nähe von Giurgiuleşti. So bleibt das Land den Teilnehmern weiterhin unbekannt, die Folkloredarbietung allerdings ist hübsch.
Unmittelbar hinter Giurgiuleşti bildet die Donau bis zur Mündung der nördlichen Arms in das Schwarze Meer die Grenze zwischen der Ukraine und Rumänien. Mit **Reni** (km 127), sieben Kilometer weiter, ist bereits die erste größere ukrainische Stadt erreicht. Sie ist unansehnlich und hat die Bedeutung als Umschlagort vor allem für Erdöl, die sie zu sowjetischen Zeiten besaß, weitgehend verloren. Die zahlreichen großen Kräne im Hafen künden noch von den besseren Zeiten.
Das rumänische **Isaccea** (km 102) mit Hafen und Grenzübergang ist bis Tulcea die einzig nennenswerte Ortschaft. Im Altertum befand sich hier eine der wichtigen Übergangsstellen über den Fluss, als Noviodunum war es ab dem 2. Jahrhundert ein Hafen der römischen Flotte, und an dieser Stelle richteten später die Genueser eine Handelsniederlassung ein. Schließlich unterhielten die Türken eine Festung. Man nimmt an, dass genau hier im Jahr 514 vor Christus der Perserkönig Darius mit 600 000 Soldaten mittels einer Brücke die Donau nach Norden überquerte. Sein Feldzug gegen die Skythen endete desaströs.
Kurz vor Tulcea (km 79,5) zweigt der Chilia-Arm von der Donau nach Norden ab. Es gibt bis heute unterschiedliche Auffassungen darüber, wo eigentlich das Delta landeinwärts beginnt – seine östliche Begrenzung ist mit dem Schwarzen Meer ja deutlich erkennbar –, zumeist aber wird diese Stelle bei Tulcea angegeben, an der sich der Strom in ein Labyrinth von Haupt- und Nebenarmen aufzulösen beginnt.

Rumänische Schwarzmeerküste

Rumäniens Schwarzmeerküste ist 245 Kilometer lang und gliedert sich in zwei Teile. Der eine reicht von der Grenze zur Ukraine bis etwa nördlich von Mamaia und umfasst damit im wesentlichen das Donaudelta, der andere zieht sich von dort nach Süden bis zur bulgarischen Grenze. Dieser Abschnitt ist von ausgedehnten Sandstränden und einem flach abfallenden Meer geprägt. Das Ufer hat an manchen Stellen, dort wo die Hochebene der Dobrudscha bis direkt zum Meer reicht, den Charakter einer Steilküste. In diesem Teil der Küste finden sich im Hinterland auch Salzseen, salz- und mineralhaltige Heilquellen sowie esundheitsfördernde Schlämme.

Die Dobrudscha, zu der die Küste gehört, ist ein niederschlagsarmes Gebiet. Die Winter sind im südlichen Teil, verglichen mit den manchmal eisigen Perioden im Delta, relativ mild, die Sommer stabil, die Hitze mildert der stetige, meist von Nordost wehende Wind. Dem Klima wird eine heilende Wirkung bei vielen Krankheiten nachsagt. Der Tidenhub beträgt nur maximal 20 Zentimeter. All diese Faktoren haben dazu geführt, dass die Küste zwischen Mamaia und Vama Veche seit langem schon für den Strand- und Kurtourismus erschlossen wurde.

Entlang der Küste findet man allenthalben Spuren aus griechischer, römischer, byzantinischer, genuesischer und osmanischer Zeit, viele Orte gehen auf antike Handelsstädte zurück; Tomis (das heutige Constanța), Istros (Histria), Callatis (Mangalia) sind ebenso antike Gründungen wie Odessos (Varna) und Mesembria (Nessebar) in Bulgarien.

Zu den Anrainern des Schwarzen Meeres gehören neben Rumänien, Bulgarien und der Ukraine noch Russland, Georgien und die Türkei. Das Schwarze Meer ist über Bosporus und Dardanellen mit dem Mittelmeer, über die Meerenge bei Kerč (Halbinsel Krim) mit dem Asovschen Meer verbunden und bildet die Brücke zwischen Europa und Asien. Da nur ein geringer Austausch mit dem Mittelmeer stattfindet, gleichzeitig aber einige Ströme einmünden - Donau, Dnjepr, Bug -, ist der Salzgehalt relativ gering: Er liegt zwischen 2 und 2,2 Prozent. Das Schwarze Meer ist im Mittel nicht sehr tief, entlang der Küsten ausgesprochen flach, die tiefste Stelle beträgt 2425 Meter. Die Artenvielfalt ist, verglichen mit anderen Meeren, gering.

▶ Karte S. 354

Constanța

Mit seinen rund 283 000 Einwohnern ist Constanța die fünftgrößte Stadt Rumäniens. Die Bevölkerungszahlen stiegen lange kontinuierlich an, und lange galt Constanța deshalb als die dynamischste Stadt des Landes. Den Aufschwung verdankte sie dem 200 Hektar großen Hafen am südlichen Stadtrand. Er ist der mit Abstand wichtigste des Landes.

Die Stadt ist ein Zentrum der Chemie-, Nahrungsmittel- und Elektroindustrie, hat sich mit der renommierten Oleg-Danvoski-Ballettkompagnie, dem Philharmonischen Orchester und den zahlreichen Museen als Stadt der Künste einen Namen gemacht. An der Ovid-Universität sind derzeit mehr als 15 000 Studenten eingeschrieben.

Seitdem die Griechen an dieser Stelle eine erste Niederlassung gegründet hatten, war der Hafen bestimmend für die Geschicke der Stadt. Sie hatte ihre Blütezeit, wenigstens was die Neuzeit anbetrifft, kurz nach der Wende zum 20. Jahrhundert. In dieser Zeit ließen sich Staat, Kaufleute und Firmen repräsentative Bauten errichten. Mitteleuropäische Städtebautradition und osmanische Einflüsse fanden sich zusammen, und das Ergebnis war eine Art orientalisch beeinflusster Haussmann-Stil. In der Kombination mit der traumhaften Lage auf einem etwa 30 Meter über dem Meeresspiegel liegenden Plateau rief sie bei Besuchern immer wieder Bewunderung hervor.

Wie in vielen Hafenstädten, so lebten auch in Constanța traditionell Menschen unterschiedlichster Herkunft zusammen. Erst seit der zweiten Hälfte des 20. Jahrhunderts sind mehr als 90 Prozent der Einwohner Rumänen; die Türken bilden mit gut drei Prozent die größte Minderheit. Dennoch wirkt die Stadt wie viele Hafenstädte überaus weltoffen.

Geschichte

Händler aus Milet legten im 6. Jahrhundert vor Christus an der günstig gelegenen Stelle eine Handelsniederlassung an und gaben ihr den Namen Tomis. Seit 28 vor Christus übernahmen die Römer die Regie. In der Regierungszeit des Octavian wurde Tomis zur bedeutendsten römischen Stadt am Schwarzen Meer, im 2. Jahrhundert gehörte es mit den Hafenstädten Callatis (Mangalia), Histria und Dionysopolis (Varna, Bulgarien) zum mächtigen Pontischen Bund.

Die Awaren zerstörten die Stadt im Jahr 601 vollständig, und man nimmt an, dass sie wüst fiel. Auf den Ruinen bildete sich wohl erst wieder im 10. Jahrhundert eine Siedlung, nurmehr nichts weiter

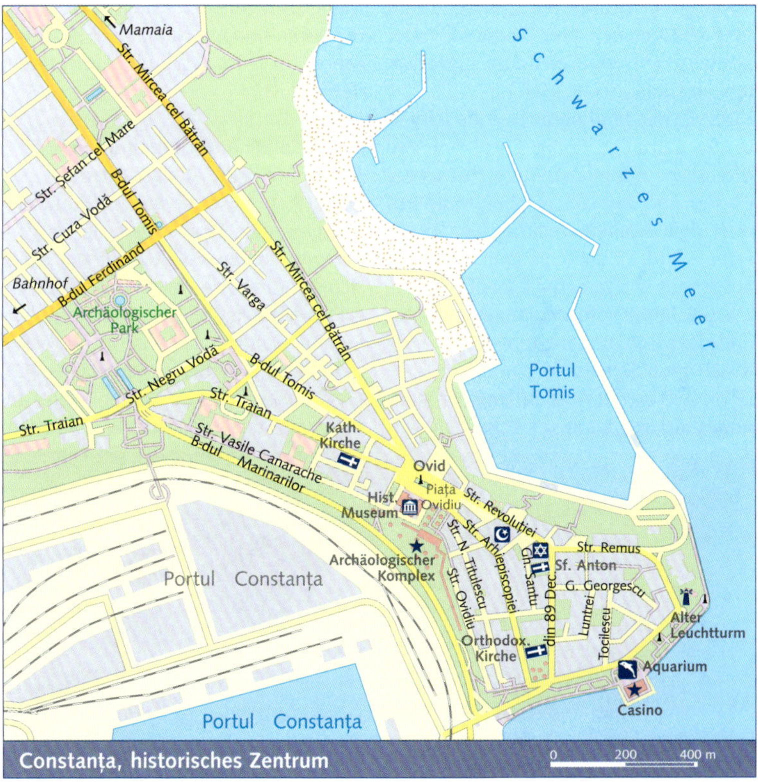

Constanța, historisches Zentrum

als ein Fischerdorf, das den Namen des byzantinischen Kaisers Constantin VIII. annahm - in dieser Zeit stand das Gebiet unter der Kontrolle des Byzantinischen Reiches. Manche Historiker gehen für das 12. bis 14. Jahrhundert, als die Genueser hier eine Handelsniederlassung betrieben, von einer erneuten Blüte aus. Unter der rund 500-jährigen Herrschaft der Osmanen - sie begann 1393 - war Constanța unbedeutend. Zwar veranlasste noch der letzte amtierende Sultan den Ausbau des Hafens, ein erneuter Aufschwung stellte sich aber erst nach der Unabhängigkeit Rumäniens ein. Er wurde erheblich durch den Bau einer direkten Eisenbahnverbindung Richtung Bukarest befördert, die erst mit Fertigstellung der Brücke bei Cernavodă im Jahr 1895 eingerichtet werden konnte. Schnell avancierte Constanța zum wichtigsten rumänischen Hafen.

Kurz vor der Jahrhundertwende initiierte der damalige König Carol I. einige öffentliche Bauten, darunter Moschee, Casino und Archäologisches Museum. Nach dem Zweiten Weltkrieg wurden die Hafen- und Industrieanlagen erheblich ausgebaut und außerhalb des Zentrums ausgedehnte Wohnsiedlungen errichtet und dazwischen, vor allem entlang der Küste, großzügige Parks.

Gemessen an der Ausdehnung der Stadt insgesamt ist das historische Zentrum winzig. Es liegt auf einer felsigen Halbinsel, die zu drei Seiten hin deutlich zum Meer abfällt, besteht aus wenigen Quer- und Parallelstraßen und ist schnell durchmessen. Bis in die 1970er Jahre war die Altstadt großteils erhalten und erstreckte sich auch westlich und nördlich des Ovid-Platzes. In der Ceaușescu-Ära ließ man vieles verfallen und ganze Straßenzüge abreißen. Gerade die stolzen Bürgerhäuser waren besonders von dieser Barbarei betroffen, und so finden sich in manchen Vierteln nurmehr gesichtslose Neubauten und zwischen den Solitären und erhalten gebliebenen Häuserzeilen immer noch erschreckend viele Lücken. Fast ebenso erschreckend ist der nach vor wie ruinöse Zustand vieler Bauten. Manches wurde bereits renoviert, andere Lücken sind mit Neubauten geschlossen, auffällig im Straßenbild bleibt aber der Verlust.

Ovidplatz und Umgebung

Mittelpunkt der Altstadt ist der Ovidplatz (Piața Ovidiu), seit 2013 mit den angrenzenden Straßen in eine Fußgängerzone umgewandelt. Hier befanden sich das römische Forum und davor die griechische Agora. Der Namensgeber, Publius Ovidius Naso, ist in der Mitte des Platzes unschwer auszumachen. Ob Ovid tatsächlich, wie immer wieder gesagt wird, tatsächlich direkt unter dem

Karte S. 381

Ein Teil des Mosaikmuseums

Denkmal begraben liegt, ist umstritten. Die **Ovid-Statue** ist ein Werk des italienischen Bildhauers Ettore Ferrari, sie wurde 1887 eingeweiht. Der linke Arm liegt auf der Brust, die rechte stützt den Kopf. Nachdenklichkeit und Melancholie geht von der Darstellung aus. Am Sockel des Denkmals ist eine Inschrift angebracht, die der Dichter selbst verfasst hat:

Hic ego qui iaceo, tenerorum lusor amorum
Ingenio perii, nasa poeta, meo
At tibi qui transis, ne sit grave quisquis amasti
Dicere, Nasonis molliter ossa cubent.

Hier liege ich, der Dichter Naso,
der Sänger zarter Liebesbande,
Mein Talent hat mich in den Tod getrieben.
Aber Dir, der du hier vorüber gehst,
wenn Du je geliebt hast,
sei es nicht schwer zu sagen:
Es mögen die Gebeine Nasos sanft ruhen.

Das wuchtige **Nationale Museum für Geschichte und Archäologie** dominiert den Platz. Es beherbergt die sicherlich bedeutendste Sammlung zur Römerzeit in Rumänien. Ausgestellt sind zahlreiche Gebrauchs- und Einrichtungsgegenstände, Schmuck, Statuen und Büsten, Reste von Häusern wie Säulen, Friese, Reliefs, und vor allem religiöse Darstellungen wie Götterstatuen. Auf den zwei Etagen finden sich außerdem Fundstücke aus ur- und frühgeschichtlicher Zeit, unter denen die bei Cernavodă gefundenen Statuen ›Der Denker‹ und ›Die Denkerin‹ herausragen; eine kleine Ausstellung vermittelt einen Überblick über die Kunstgeschichte von der Antike bis zur Gegenwart. Seit kurzem informieren die Tafeln in vier Sprachen, darunter auch Deutsch, die Besucher.

Das **Mosaikmuseum** schließt sich unmittelbar südlich an das Archäologische Museum an. Ein großes erhaltenes römisches Fußbodenmosaik aus dem 3. Jahrhundert ist hier in einem Glaspavillon zu sehen. Es umfasst heute rund 700 Quadratmeter und ist in dieser Größe eine weltweite Rarität. Vermutlich war es einst gut 2000 Quadratmeter groß. Man stieß 1959 zufällig auf dieses Mosaik und legte es dann in zehnjähriger Arbeit frei.

Ganz in der Nähe liegen die Reste einiger **Gewölbe**, die zu Römerzeit als Warenlager genutzt wurden. Die Archäologen fanden hier Handelserzeugnisse, darunter Amphoren, deren Inhalt noch bestimmt werden konnte, und auch Schiffszubehör. Hier befindet man sich am Rand eines Hangs und hat einen guten Blick auf die Hafenanlagen, die sich schier endlos bis zum Horizont erstrecken.

Vom Ovidplatz führen einige schmale Gassen zum Meer, und an den einst prächtigen Fassaden der würdevollen Häuser kann man die Atmosphäre des alten Constanța erahnen. Etwas versteckt in einer Seitenstraße liegt die **Moschee**, 1910 an der Stelle eines Vorgängerbaus errichtet. Von dem in Betonweise ausgeführten und dennoch grazilen, 50 Meter hohen Minarett – 140 Stufen! – bietet sich ein schöner Blick auf die Stadt, den Hafen und das Meer. Die Moschee wurde in den 1990er Jahren umfassend restauriert und dient der türkischen Gemeinde nach wie vor als Gebetsort. Die **Synagoge** dagegen, wenige Fußminuten entfernt, ist ein Relikt vergangener Zeiten, seit dem Fortzug der Juden ungenutzt.

Ebenfalls ganz in Fußnähe, vom Ovidplatz in Richtung Yachthafen, liegt sie römisch-katholische **Kirche des heiligen Anton**. Der neoromanische Bau wurde ursprünglich um 1890 für die bulgarische Gemeinde der Stadt errichtet.

Ovid in der Verbannung

Als Publius Ovidius Naso im Jahr 8 nach Christus in Tomis ankam, war er 51 und stand im Zenit seines Könnens und seines Ruhms. Verbittert und einsam starb er nur neun Jahre später, ohne dass seine Bitten um Gnade und Heimkehr bei Kaiser Augustus und dessen Nachfolger Tiberius Gehör gefunden hatten. Ovid war schon zu Lebzeiten einer der angesehensten römischen Dichter, und bis heute beschäftigen sich Althistoriker und Philologen mit der Frage, warum ihn der Kaiser in eine der entlegensten Städte des Römischen Reichs verbannt hat.

Der kriminalistische Spürsinn hat bis heute nichts als Vermutungen und keine Beweise produziert. Als offizieller Grund wurde der bedenkliche Einfluss seiner Liebeslyrik, ›ars amatoria‹, genannt. Kaum jemand hält diese Begründung für stichhaltig, da das Buch bereits acht Jahre ungehindert in Umlauf gewesen war, als Ovid verbannt wurde. Gesichert ist, dass Augustus persönlich den Bann aussprach. Ovid selbst hat auch nicht den Grund der Verbannung genannt. In den ›Tristia‹ spricht er davon, dass der Grund allzu bekannt sei und von ihm nicht verraten werden dürfe. An anderer Stelle spricht er davon, er habe Schuld auf sich geladen, da er etwas gesehen habe.

Daher gab es immer wieder die Vermutung, Ovid habe Verfehlungen des Augustus selbst beobachtet, so dass er ihm gefährlich werden konnte. Anderen Gerüchten zufolge hat Ovid Julia verführt, die Enkelin des Augustus. Gesichert ist, dass Julia Ehebruch begangen und ein Exemplar der ›Liebeskunst‹ besessen hat. Wieder andere behaupten, Ovids Geliebte sei eine Frau namens Terentia gewesen. Augustus habe nicht so sehr gestört, dass sie mit Maecenas verheiratet war, einem seiner wichtigen Ratgeber, sondern vielmehr, dass er selbst ein Verhältnis mit ihr hatte.

Der plausibelste Grund für die Verbannung ist politischer Art. Augustus hatte selbst keine Söhne, nur eine Tochter Julia mit seiner zweiten Frau Scribonia. Augustus' dritte Frau Livia hatte aus erster Ehe den Sohn Tiberius. Ovid lässt in der ›ars amatoria‹ eine deutliche Präferenz, was die Thronnachfolge betrifft, für Caius Caesar erkennen, Sohn der Scribonia. Dieser starb plötzlich, und man nimmt an, dass er auf Geheiß von Livia vergiftet wurde, damit Tiberius die Thronnachfolge antreten konnte. Ovid hatte auf das falsche Pferd gesetzt, wusste wohl zu viel und wurde daher von Augustus verbannt – auf Drängen von Livia, die einen starken Einfluss auf ihren Mann

Ovid am Ovidplatz

ausübte. Augustus adoptierte Tiberius, der dann tatsächlich der nächste Kaiser wurde. So erklärt sich auch, dass Ovid nach dem Tod des Augustus nicht nach Rom zurückkehren durfte. Für Ovids Schaffen war der direkte ständige Kontakt mit Freunden und Gleichgesinnten, die Geselligkeit in kleiner und großer Runde, eine wesentliche Voraussetzung. Hier erfuhr er die Neuigkeiten, den Klatsch, das Geraune um Skandale und Skandälchen, von den Intrigen und Affairen, den geheimen und offenen Liebschaften, aus denen er seine Inspiration schöpfte. Davon war er in der Verbannung abgeschnitten.

Sein erhebliches Vermögen hatte Ovid nach Tomis mitnehmen dürfen, man beließ ihm auch seine Bürgerrechte und sogar das Recht, weiterhin zu publizieren – so fern der Stadt Rom war diese Geste aber bedeutungslos. Tomis, obwohl eine für die damalige Zeit ansehnliche Stadt, lag am äußersten Rand des Imperium Romanum, und das gesellige Leben war mit dem in Rom nicht im entferntesten vergleichbar. Als ›unfreundliches Land‹ oder als ›Ende der Welt‹ beschrieb Ovid diesen Landstrich. Verwundert registrierte er die Kargheit der Böden und das rauhe Klima, das im Winter das Schwarze Meer in Ufernähe gefrieren ließ.

Über dieses Eis fielen immer wieder feindliche Reitervölker ein, und Ovid, der noch in seiner ›Liebeskunst‹ gespottet hatte, die Liebe sei ihm Kriegsdienst genug, musste bei der Verteidigung der neuen ungeliebten Heimat mithelfen:

Harte soldatische Kämpfe mied ich als junger Mann,
und nur um damit zu spielen, bewegte ich Waffen mit der Hand.
Jetzt, als älterer Mann, habe ich ein Schwert an der Seite und einen Schild an der Linken
und drücke mein ergrauendes Haar unter einen Helm.
Denn wenn der Wächter vom Turme das Zeichen uns gibt zum Alarme,
rüsten zum Kampf wir uns eilends mit zitternder Hand.
Feinde, mit Bogen bewehrt und giftgetränkten Geschossen,
ziehn um die Mauern herum wütend auf schnaubendem Roß.

Von seiner Einsamkeit und seinem Heimweh geben die ›Epistulae ex Ponto‹, die Briefe vom Schwarzen Meer, und die ›Tristia‹, die Lieder der Trauer, anrührend Auskunft. In ihnen beklagt Ovid die geistige Armut der Stadt Tomis, das Klima und auch die Kulturlosigkeit der Bewohner. Sie sprachen kein Latein und konnten seine literarische Kunstfertigkeit nicht würdigen.

So eignete er sich die Sprache seiner Mitbewohner an, und anlässlich des Todes von Kaiser Augustus trug er auf dem Forum von Tomis, dort wo heute das Denkmal für ihn steht, eine Lobrede für den Caesaren auf Getisch vor. Sie ist verloren gegangen.

Ich selbst, scheint mir, habe schon mein Latein verlernt,
Denn ich habe getisch und sarmatisch zu sprechen gelernt.

Die Bürger von Tomis mögen seine Geringschätzung für ihre Stadt gespürt haben, aber ihnen war sehr wohl bewusst, wer in ihrer Mitte lebte. Sie ernannten Ovid noch zu dessen Lebzeiten zu ihrem Ehrenbürger.

Kathedrale

Folgt man von der Moschee der leicht abwärts führenden Str. Arhiepiscopei, ist bald die 1884 geweihte orthodoxe Kathedrale erreicht. Der Kuppelbau wirkt trotz seiner Größe zurückhaltend, interessant sind die Wandmalereien im Inneren ebenso wie die Gestaltung der äußeren Fassaden. Vor der der Küste zugewandten Seite liegt ein Ruinenfeld. Es handelt sich um Fundamente griechischer Bauten aus dem 3. Jahrhundert vor Christus.

Casino und Aquarium

Das Casino zieht die Blicke auf sich, denn es ist in einem verspielten Art-Nouveau-Stil gehalten. Der Architekt Daniel Renard war zwar Rumäne, aber in Paris ausgebildet, wo er offenkundig zu seinem Bau inspiriert wurde. Das 1910 seiner Bestimmung übergebene Casino geht unmittelbar auf Initiative von König Carol I. zurück. Er plante, Constanţa zu einem mondänen Badeort für die Schönen und Reichen ganz Europas auszubauen. Das Casino sollte Anziehungspunkt und Einnahmequelle zugleich sein. Die Erwartungen erfüllten sich nicht, ein Casinobetrieb fand nur kurz statt, und schon bald zog ein Restaurant ein. Nach wie vor hinreißend ist die Lage unmittelbar am Wasser – von der Terrasse hat man einen weiten Blick auf das Meer –, nach wie vor betrüblich der heruntergekommene Zustand des seit 1990 geschlossenen Gebäudes. Schon mehrmals war die baldige Wiederbelebung dieses Solitärs versprochen worden – zuletzt für 2012 –, aber noch immer wandeln Besucher zwischen blätternden Putzschichten, halbblinden Scheiben und um die mächtigen Kronleuchter herumkreisenden Tauben.

Im 1958 eröffneten **Aquarium** gegenüber wird dem Besucher die Vielfalt der Donau- und Schwarzmeerfische vor Augen geführt.

Das Casino wartet nach wie vor auf einen Investor

Malerei an der Außenwand der Kathedrale

▲ Karte S. 381

Promenade und Hafen

An der gepflegten Promenade, Richtung Leuchtturm, wurde ein **Denkmal** für den Schriftsteller Mihail Eminescu (1850–1889) aufgestellt. Eminescu verfasste Romane, Erzählungen und Märchen, naturwissenschaftliche Berichte und übersetzte französische Märchen ins Rumänische. Bekannt geworden ist er vor allem aber als Lyriker, und er gilt heute als eminent wichtige Persönlichkeit, da er maßgeblich dazu beitrug, eine rumänische Literatursprache zu etablieren. Er wurde im moldauischen Botoșani geboren und verbrachte die meisten Jahre in Bukarest, in vielen seiner Gedichte klingt aber die Sehnsucht nach dem Schwarzen Meer an.

Die Promenade vollzieht einen Bogen und führt auf den anmutigen **Leuchtturm** zu. Fälschlicherweise wird oft behauptet, er sei von den Genuesern errichtet worden. Tatsächlich ist er nur eine 1860 fertiggestellte Kopie dieses Bauwerks und nach wie vor in Betrieb.

Der **Hafen** etwas weiter nördlich ist stets von Betriebsamkeit gefüllt, weil hier die Charterboote beheimatet sind und die Bootstouren in die nahegelegenen Badeorte starten. Die zahlreichen Cafés bieten sich für eine Pause an.

Bulevardul Tomis

Der Bulevardul Tomis, der sich vom Ovidplatz bis weit in die nördlich gelegenen Neubauviertel erstreckt, ist eine der Hauptmagistralen Constanțas.

Das **Kunstmuseum** ist in zwei Häusern untergebracht, einem Schulgebäude von 1893 und dem benachbarten Neubau. Es präsentiert moderne rumänische Kunst: Bildhauerei, Malerei, Grafik.

Etwas weiter liegt der **Archäologische Park**, in dem Fundstücke aus antiker Zeit locker verstreut sind. Eine Hinweistafel zeigt die Besiedlung des Landstrichs in der Antike. Das **Volkskunstmuseum**, ebenso am Bd. Tomis gelegen, macht mit Volkstrachten, Einrichtungsgegenständen, Keramik, Kunsthandwerk, Hinterglasikonen, Werkzeugen, Möbelstücken, Hand- und Holzschnitzarbeiten aus der Dobrudscha bekannt.

In der nördlichen Innenstadt befinden sich mit der **Griechischen Kirche** – für die Griechische Gemeinde in der Stadt bis 1865 gebaut – und der **Kleinen Moschee** zwei weitere sehenswerte Sakralbauten. An den Straßen drumherum und auf dem Weg liegen einige Lokale, Internetcafés und Geschäfte, zu denen auch Antiquitätenläden gehören. Die Straßen sind geprägt von kleinen Stadthäusern

Am Yachthafen

Mamaia erstreckt sich über mehrere Kilometer

und Villen, leider auch von Abrisslücken, die nach 1990 aber teils durch Neubauten geschlossen worden sind.

Außerhalb des Zentrums findet man am nördlichen Bulevardul Tomis den **Griviţa-Markt**, eine Mischung aus Wochen- und Trödelmarkt unter freiem Himmel mit einem breiten Angebot: Lebensmittel, Blumen, Zigaretten, Haushaltsgegenstände und Kleidung.

Mamaia

Alle Badeorte an der rumänischen Schwarzmeerküste haben einen breiten, langen und weißen Strand, Mamaia aber erwiesenermaßen den breitesten, längsten und vielleicht auch den weißesten, und das ist der Grund, warum es neben Mangalia zum größten Ferienort an der Küste mit den meisten Übernachtungszahlen aufgestiegen ist. In Zahlen bedeutet dies: 8 Kilometer ist der Strand lang, zwischen 100 und 250 Meter breit, und 80 Hotels und Ferienanlagen nehmen auf dieser Länge die Besucher auf. Dazu kommen zahlreiche Lokale sowie Einrichtungen, die dem Vergnügen und der Zerstreuung dienen: Bars, Nachtclubs und Discos, Modegeschäfte, verschiedene Sportanlagen, ein Freilichttheater, ein Delphinarium und das Museum der Weltmeere.

▲ Karte S. 354

Im Jahr 1939 wurde das erste Hotel, das ›International‹ (heute das ›Grand Hotel Rex‹), festlich eingeweiht. Damit begann die Geschichte des Ortes, denn vorher hatte hier keine Siedlung existiert. Ab 1964 wurden im großen Stil die Hotelanlagen errichtet, und in den 70ern war Mamaia auch bei deutschen Pauschalisten im Programm. Seit den 1980er Jahren verlor es erheblich an Zuspruch, und bis heute sind deutsche Anbieter zurückhaltend geblieben. So bleibt an der rumänischen Küste die etwas besser betuchte einheimische Schicht zumeist unter sich.

Dabei ist in den vergangenen Jahren einiges getan worden, um den Attraktionswert Mamaias zu steigern, und seine Lage ist ansprechend. Einen guten Eindruck davon bekommt man, wenn man eine Fahrt mit der Gondelbahn unternimmt, die einen Teil des Geländes überspannt. Mamaia ist ein recht schmaler Ort und liegt beidseits einer langgezogenen vierspurigen, palmengesäumten Autostraße, die offensichtlich südfranzösischen Strandpromenaden nachempfunden ist. Auf der einen Seite wird der Ort durch den Strand begrenzt, der sich bis nach Constanţa zieht, auf der anderen, der westlichen, durch einen Süßwassersee namens Siutghiol. Er bietet einige Möglichkeiten zum Wassersport.

Ganz im Norden wurde der Campingplatz angelegt, hier ist es bedeutend ruhiger als auf der südlichen Seite. Sie wurde mit der neuen Park- und Konzertanlage, im Stil der Zeit mit Palmen und fotogenen Fontänen ausgestattet, und vor allem mit dem 2003 eingeweihten Aqua-Magic-Park deutlich aufgewertet. Dies ist eine weiträumige Anlage, die verschiedene Schwimm- und Spaßbecken, Rutschen in unterschiedlicher Länge, Gastronomie und Showbühnen vereint.

Weitere Orte an der Küste

Orte wie Mamaia wurden in der Ceaușescu-Ära viele angelegt, wenn auch keiner von ihnen dessen Größe erreicht. Sie unterscheiden sich vor allem durch ihre Namen. Neben Venus, Saturn, Jupiter und Neptun-Olimp sind noch Costinești und Aurora zu nennen. Eforie-Nord und Eforie-Süd sind vor allem als Heilbäder bekannt, hier wird die besonders bei rheumatischen Erkrankungen lindernde Wirkung genutzt, die das Wasser des Techirghiol-Sees und der schwarze Heilschlamm hervorrufen. Eforie-Nord wurde bereits Ende des 19. Jahrhunderts als Kurort ausgewiesen. All diese Siedlungen können hauptsächlich mit ihrer Lage punkten; die Besucher, die einen organisch gewachsenen Ort sehen möchten oder kulturhistorisch interessiert sind, müssen ein wenig fahren.
Seit einigen Jahren haben sich entlang der Küste große gastronomische Betriebe etabliert. Sie bieten ihre Kombination aus Essen und Folkloredarbietung vor allem den Touristen, die busladungsweise zur Einkehr kommen.

Murfatlar

Die Kleinstadt Murfatlar (10 000 Einwohner, von 1980 bis 2007 Basarabi) hat einen eigenen Hafen am Donau-Schwarzmeer-Kanal und eine hölzerne Kirche mit Spitztürmen. Seine eigentlichen Attraktionen aber liegen außerhalb. Da ist zunächst die **Höhlensiedlung**. Man entdeckte sie nach dem Zweiten Weltkrieg und legte seitdem einige Fundamente und andere Reste von Sakralbauten wie auch Wohnhäusern frei. Es handelt sich vermutlich um eine klösterliche Siedlung aus dem 9. und 10. Jahrhundert. Sie verdeutlicht, dass bereits zu dieser Zeit das Christentum in der Dobrudscha weit verbreitet war.
Die zweite Attraktion stellt das **Weingut** dar. Es erhebt sich inmitten seiner schier endlos reichenden Weinberge auf einem Hügel. Murfatlar gehört zu den bekanntesten Weingütern in Rumänien und hat auch international einen guten Namen. Die Weine sind keine absoluten Spitzenprodukte, aber von guter Qualität und weithin geschätzt und werden zum großen Teil exportiert. In Murfatlar werden traditionell vor allem Weißweine angebaut, bekannt ist vor allem der gleichnamige Dessertwein aus Muskattrauben. Bereits die Griechen erkannten die für den Weinanbau günstigen Bedingungen – der gute Boden und die vielen Sonnenstunden – und begannen auf den sanften Hügeln mit dem Anbau. Auch der nach Tomis, dem heutigen Constanța, verbannte römische Dichter Ovid erwähnte die Weinkeller von Murfatlar.
Heute ist Murfatlar eine gut besuchte Touristenattraktion, es gibt regelmäßig Führungen durch das **Weinmuseum** und die Keller und natürlich auch Degustationen, zu denen landestypische Speisen gereicht werden. Sie finden im angeschlossenen Restaurant ›Crama‹ statt. Man sitzt in einem runden großen Saal vor großen Weinfässern, junge Frauen in adretten bunten Trachten sorgen für den perfekten Service, die schmucke hauseigene Folklorecombo spielt dazu. Kaufen kann man die Weine wie auch Broschüren und Andenken in einem Shop natürlich auch.

Donaudelta

Das Donaudelta gehört zu den faszinierendsten Landschaften Europas. Dieses große, in weiten Teilen menschenleere Gebiet weist zwischen Wüste und Urwald eine ganze Palette von Landschaftsformen und eine beeindruckend reiche Tier- und Pflanzenwelt auf. Zwischen Tulcea und dem Schwarzen Meer fließt die Donau fast ohne Gefälle dahin – nur 0,006 Prozent! –, 20 Prozent des Gebiets liegen sogar unterhalb des Meeresspiegels, und so konnte sich eine Übergangszone ausbilden, in der die Grenzen zwischen Fluss, Land und Meer verschwimmen. Geologen datieren ihre Bildung auf das 10. Jahrtausend vor unserer Zeitrechnung. Das Delta bezeichnen sie daher auch als den ›jüngsten Boden Europas‹.

Das Klima in Ostrumänien ist gemäßigt-kontinental, im Delta sind deutliche Einflüsse des Meeres und der zahlreichen Gewässer spürbar. Die Sommer können, je nach Windrichtung, trocken oder schwül-warm sein, gemäßigt warm oder tropisch heiß, die Winter mild oder sehr kalt, zuweilen sinkt die Temperatur unter 20 Grad minus. Das Gebiet ist auffallend niederschlagsarm – im Mittel fallen jährlich nur 450 Liter auf einen Quadratmeter –, im Frühling und Herbst sind Gewitter nicht selten. Im Mai und Juni muss man in den sumpfigen Teilgebieten mit Stechmückenschwärmen rechnen.

Landschaften

Das Donaudelta hat in etwa die Form eines gleichseitigen Dreiecks mit jeweils 80 Kilometer Seitenlänge. Insgesamt umfasst es gut 4100 Quadratkilometer Fläche, davon 3400 auf rumänischem Gebiet. Der größte Teil, etwa 2400 Quadratkilometer, ist Schilfgebiet, 70 bis 80 Prozent der Gesamtfläche sind zeitweilig oder permanent vom Wasser bedeckt.

▲ Karte S. 391

Fischerboote im Delta

Das Delta hat drei große Mündungsarme. Der größte von ihnen, der Chilia-Arm, zweigt etwa acht Kilometer vor Tulcea nach Norden ab. Ab hier ist die Donau deutlich schmaler. Hinter Tulcea findet eine erneute Gabelung statt, die Donau spaltet sich nun in Sulina-Arm und Sfântu-Gheorghe-Arm.

Charakteristisch für das Delta ist das komplexe hydrographische System mit seiner Vielzahl von Gewässerarten. So unterscheiden die Geologen tote, also versandete ehemalige Arme der Donau, Wasseradern geringeren Ausmaßes, Kanäle, Durchbruchsadern im Küstengebiet, durch die ein Austausch von Süß- und Salzwasser erfolgt, Senkseen, Küstenseen, Lagunen, Sümpfe und Japse. Das sind Seen, die nur bei Hochwasser gespeist werden. Dazwischen liegen Inseln und Treibinseln, Fluss- und Seesanddünen und das Festland. Auffällig sind die Grinduri (Festlandsstreifen). Das sind Anschwemmungen, die entweder vom Fluss (fluviatile Ablagerungen) oder vom Meer (maritime Ablagerungen) verursacht werden. Dieses Netz von Gewässern und Inseln ist durch das Ringen von

Land und Meer und den Verschiebungen und den Zwischenformen zwischen beiden charakterisiert und in stetem Wandel begriffen.

Wegen der Unübersichtlichkeit und der sich ständig ändernden Verhältnisse hatte man von der Antike bis weit in die Neuzeit keine klaren Vorstellungen von den geographischen Verhältnissen, wusste noch nicht einmal, wo und in wie viele Arme geteilt die Donau mündet. Erst im Jahr 1856 fertigte der englische Kapitän Thomas Spratt eine erste genaue Karte an. Sie bildete die damaligen Verhältnisse gut ab, ist aber heute nur noch bedingt stimmig: Die Leuchttürme von Sulina (1802) und Sfântu Gheorghe (1856) beispielsweise, die damals die Endpunkte der Donau markierten, ihre Mündung in das Schwarze Meer, liegen heute einige Kilometer im Inland. Das Wasser führt pro Sekunde etwa zwei Tonnen Schwebestoffe mit sich, die diese Verlandung bewirken, und so wächst das Delta an manchen Stellen jährlich bis zu 40 Meter in das Schwarze Meer hinein.

Tier- und Pflanzenwelt

Die einzigartige Landschaft, die von Dünen bis zum Urwald zahlreiche Schattierungen aufweist, führte zur Ausbildung einer ganz spezifischen Tier- und Pflanzenwelt mit einem ungewöhnlichen Artenreichtum. Dazu trug auch die Lage des Deltas bei. Hier kreuzen sich gleich mehrere Routen der Zugvögel, so dass man gerade im Frühjahr und Herbst besonders viele Vogelarten beobachten kann, die hier Durchzugs-, Rast- und Nistplätze finden. Die Ornithologen unterscheiden gemäß ihrer Herkunft fünf Haupttypen.

Das Donaudelta

0 10 20 km

Zu den mediterranen Arten zählen vor allem Fischreiher, Sichler, Kormoran, Stelzenläufer, Säbelschnabler und Pelikan, zu den europäischen Rohrnachtigall, Goldammer, Beutelmeise, Seeschwalbe, Möwe, Seeadler und Fischadler, zu den sibirischen Singschwan, Bruchwasserläufer, Polartaucher, Kranich, Winterschwan und Großer Uhu, zu den mongolischen Lämmergeier, Donaufalke, Steinadler, Rote Ente und Weißer Aasgeier und zu den chinesischen Silberreiher, Höckerschwan, Großer Kormoran und Mandarinente.
Einige Arten sind gefährdet und stehen daher unter besonderem Schutz: Gemeiner Pelikan – der mit bis zu 190 Zentimetern Höhe größte Vogel –, Krauskopfpelikan, Silber- und Seidenreiher, Höckerschwan, Seeadler, Rostgans, Säbelschnabler und Stelzenläufer.
Man hat etwa 150 Fischarten kategorisiert, darunter Hausen, Sternhausen, Karpfen, Wels, Zander, Hecht, Barbe. Karausche und Barsch. Plattfische fühlen sich in den ruhigeren Teilen des Deltas wohl, das Brackwasser suchen auch Hecht, Meeräsche und Flunder auf. Bekannt sind Donauhering und Stör, der den Donaukaviar liefert. Gerade er ist akut von der Überfischung bedroht, sein Bestand gefährdet.

Auch Störe sind im Delta heimisch

▲ Karte S. 391

Zur spezifischen Population tragen, was die Säugetiere anbetrifft, Otter und Fischotter, Fuchs, Wolf, Iltis, Wildkatze, Nerz und Bisamratte bei. Schließlich sind noch die zahlreichen Schlangenarten zu nennen.
Auf den schwimmenden Vegetationsinseln haben sich Schilfrohr, Rohrkolben, Sumpffarn, Sumpfampfer, Vergißmeinnicht, Wasserminze und Wasserschierling niedergelassen, auf dem Festland dominieren die sumpfliebenden Bäume wie Silberweide, Pappel, Erle und Esche. Auf den zahlreichen Seen sind Weiße Seerose, Gelbe Seerose, Froschzange, Wassernuss und Wasserschere heimisch. Charakteristisch für das Delta sind weiterhin fleischfressende Pflanzen und Lianen sowie eine große Artenvielfalt auch bei Schmetterlingen.

Der Mensch und seine Eingriffe

Das Delta ist dünn besiedelt. Bei deutlich abnehmender Tendenz leben kaum 15 000 Menschen hier, viele von ihnen vom Fischfang, und wegen fehlender wirtschaftlicher Perspektiven – die Arbeitslosigkeit liegt bei über 30 Prozent – wird sich diese Zahl vermutlich noch verringern. Einige Zeit haben die Menschen Hoffnung in den auch von der Europäischen Union propagierten sanften Tourismus gesetzt, das sensible Delta scheint aber schon jetzt kaum mehr Touristen vertragen können.
Mehr noch als andere Regionen Rumäniens war das Delta ein Kreuzungspunkt der unterschiedlichsten Völker. Daker, Griechen, Römer, Goten, Hunnen und Awaren kamen hier durch oder blieben für längere Zeit, später die Slawen, nach der Jahrtausendwende die Petschenegen, Kumanen und Mongolen. Das Delta stand 500 Jahre unter der Türkenherrschaft, in der Neuzeit prägten zudem Ju-

Typisches Fischerhaus

den und Griechen die Städte. Von vielen Völkern sind nur steinerne Überreste geblieben, von anderen nicht einmal das. Viele Fischer hingegen bezeichnen sich heute noch als Lipowaner. Es sind strenggläubige, orthodoxe Russen, die im 17. Jahrhundert zuwanderten, nachdem sie sich geweigert hatten, sich dem Zaren zu unterwerfen. Sie sind oft blond und blauäugig, und die streng nach Traditionen lebenden Männer erkennt man daran, dass sie sich nicht rasieren. Bis weit in das 19. Jahrhundert galt es als Strafe, im Delta zu wohnen, und hier fanden die Lipowaner einen Zufluchtsort, in dem sie ihre Kultur und Religion bewahren konnten.

Bis in die 1950er Jahre war das Delta weitgehend sich selbst überlassen, sieht man von der Begradigung des Sulina-Arms im 19. Jahrhundert ab. Genaue Karten gab es kaum, und man wusste auch nicht so genau, wie viele Menschen welcher Herkunft wo genau lebten. Dann entdeckten es die sozialistischen Wirtschaftsplaner, deren Überlegungen in dem 1984 verabschiedeten ›Programm zur komplexen Herrichtung und Nutzung des Donaudeltas‹ gipfelten. Zu diesem Zeitpunkt waren dem Delta schon schwere Schäden zugefügt worden. Durch den massiven Schilfabbau kam es zu Erosion, Versalzung und Austrocknung großer Flächen, die rücksichtslose Ausbeutung der Fischbestände verursachte ihren raschen Rückgang um 90 Prozent.

Das realitätsfern gestrickte Programm sah vor, das Delta zu einem Drittel in Ackerland zu verwandeln, auf anderen Flächen Industrie anzusiedeln und das Schilf in großem Stil industriell auszubeuten. Dazu hätte man den Großteil der Flächen trockenlegen müssen, was das Ende des Deltas bedeutet hätte. Mit der Wende wurde das Programm gestoppt; ein Viertel des Gebiets steht seit 1990 als Biosphärenreservat unter dem Schutz der UNESCO, und insgesamt sind 18 Zonen als besonders schutzwürdig ausgewiesen.

Die strengen Auflagen zum Erhalt des Landschaft werden aus wirtschaftlichen Gründen jedoch nicht überall befolgt. Noch immer sind gerade die Fischbestände, insbesondere der Stör, bedroht. Die empfindlichen Ökosysteme haben auch mit Verschmutzungen zu kämpfen, denn die großen Industriebetriebe in Brăila und Tulcea emittieren nach wie vor erhebliche Mengen an Umweltgiften, und wohl noch immer werden entgegen den Bestimmungen Pestizide eingesetzt.

Tulcea ▸ km 71

Als ›Tor zum Donaudelta‹ wird Tulcea zutreffend bezeichnet. Hier starten zahlreiche Tages- oder Mehrtagestouren, und dank seiner Bahnanbindung und den zahlreichen Hotels ist die Stadt für viele Gäste der erste Anlaufpunkt, bevor sie sich auf eine Reise in und durch das Delta begeben.

Tulcea hat gut 70 000 Einwohner, von denen viele in den Werften, dem Aluminiumkombinat, dem Schilfplattenpresswerk, der fischverarbeitenden Industrie

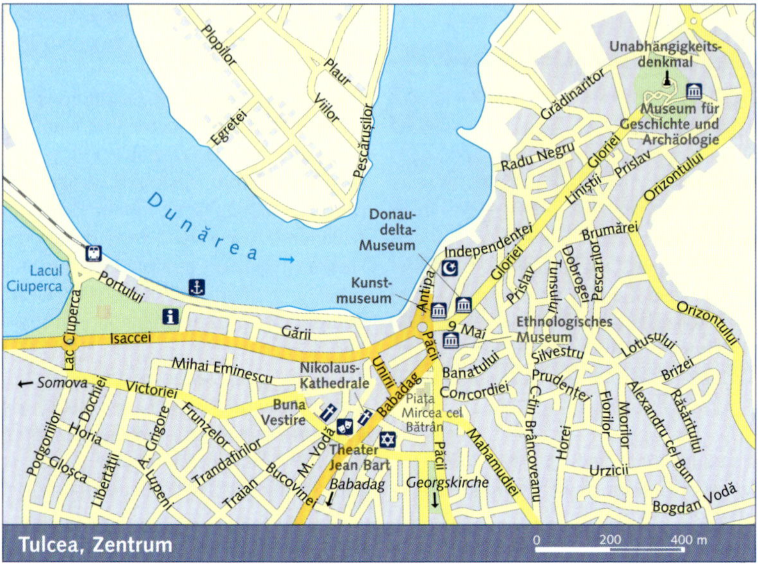

Tulcea, Zentrum

und natürlich auch vom Tourismus leben. Tulcea wirkt wie eine typische Hafenstadt am Meer, wozu auch die Minderheiten beitragen. Zwar leben hier nicht mehr, wie noch in den 1960er Jahren, gleichermaßen Rumänen, Russen, Ukrainer, Türken, Griechen, Bulgaren, Deutsche und Lipowaner, aber es gibt noch immer eine größere türkische und eine lipowanische Minderheit.

Begründet wurde Tulcea als Aegyssus im 6. Jahrhundert vor Christus von griechischen Kolonisten aus Milet, seitdem war es wohl dauerhaft bewohnt. Funde, die der sogenannten Hallstadtkultur zuzuordnen sind, legen nahe, dass die Region bereits seit dem 11. Jahrhundert vor Christus besiedelt war. Die Römer lösten die Griechen ab, ab dem 10. Jahrhundert unterhielten die Genueser hier eine Handelsniederlassung. Ab 1416 hatten die Osmanen die Herrschaft über die Dobrudscha inne. Die Ortschaft hieß nun Hora-Tepe oder auch schon Tulcea, nach einem Gouverneur namens Tula-Bey. Der Aufstieg zur Stadt begann zögerlich erst nach 1860, endgültig nach 1877/78, als die Rumänen ihre Unabhängigkeit erlangten.

Sehenswürdigkeiten

Bis in die frühen 1980er Jahre war das Stadtbild Tulceas aus dem 19. Jahrhundert weitgehend erhalten. Dann ließen die sozialistischen Stadtplaner ihrer Vorliebe für phantasielose, architektonisch gewagte und teils auch nur deprimierende Wohnblocks auch hier freien Lauf. Sie bestimmen seitdem das Zentrum und die Uferpromenade. So ist die Lage Tulceas an einer großen halbkreisförmigen Donauschleife und den Ausläufern einer Hügelkette deutlich reizvoller als das Stadtbild selbst.

Freundlicher als noch vor einigen Jahren präsentiert sich die Uferpromenade. Hier sind in jüngerer Zeit nicht nur einige Hotels und Restaurantschiffe hinzugekommen, sondern auch rustikale Biergärten. Das Informationsbüro hat undurchsichtige Öffnungszeiten, dafür aber kann man im Hotel ›Delta‹ am östlichen Rand der Uferpromenade Stadtpläne kaufen oder auch Geld tauschen. Mehrere Banken finden sich an der Str. Isaccei, im Rücken der Promenade.

Die beste Einstimmung auf das Abenteuer einer Exkursion bietet das **Museum des Donaudeltas** (Muzeul Delta Dunării). Es bezog vor wenigen Jahren sein neues und vor allem größeres Domizil und kann Besuchern nun die Lebenswelt des Deltas auf zwei Etagen näherbringen. Aquarien dominieren, die archäologische Abteilung verdeutlicht mit einigen Stücken, wie viele Völker im und am Delta siedelten. Den größten Anteil haben Funde aus der griechischen und der römischen Zeit.

Im etwas angestaubten **Museum für Volkskunst und Ethnographie** werden Dauer- und Wechselausstellungen präsentiert, Schwerpunkte sind rumänische und türkisch-tatarische Volkstrachten, Kunsthandwerk und Ikonen. Das nahegelegene **Kunstmuseum** zeigt vor allem Werke rumänischer Maler aus der ersten Hälfte des 20. Jahrhunderts. Gleich daneben vermittelt ein stolzer Bau eine Vorstellung von der früheren Bedeutung der Fischerei; es wurde von 1910 bis 1914 für die Vereinigung der Fischer errichtet.

Die **Sakralbauten** der Stadt sind vergleichsweise unspektakulär. Zu nennen sind vor allem die St.-Nikolaus-Kathedrale von 1865, die Aziza-Moschee von 1924 – eine Rekonstruktion der Moschee von 1877 – und die Synagoge, die seit dem Fortzug der Juden verwaist ist.

Für diejenigen mit etwas Zeit und Kondition empfiehlt sich ein Spaziergang zum weithin sichtbaren **Unabhängigkeitsdenkmal**, das sich auf einem Hügel am östlichen Stadtrand befindet und an die Befreiung der Stadt von der Türkenherrschaft erinnert. Diese Stelle lockt auch mit den Resten der Burg Aegyssus und einem hinreißenden Blick auf die Stadt und die Donau. Auf dem Weg dorthin geben die einstöckigen Häuser entlang der schmalen Straßen eine Vorstellung davon, wie Tulcea vor den städtebaulichen Sünden der Ceaușescu-Ära ausgesehen hat.

Ergänzend kann man dem **Museum für Geschichte und Archäologie** am Fuß des Denkmals einen Besuch abstatten. Unter seinen über 40 000 Exponaten finden sich verschiedene Arbeiten aus Keramik, Stein, Metall, Glas, daneben Schmuck und eine Vielzahl von Münzen verschiedenster Herkunft; einige antike Amphoren sind locker in dem umgebenden Park verteilt.

Tulcea weist kein klassisches Stadtzentrum auf. Viele größere und kleinere Feste, deren inhaltlicher Schwerpunkt teils von der Lage Tulceas an der Donau beeinflusst sind, finden auf der **Piața Mircea cel Bătrân** statt. Der Namensgeber schmückt als übergroße Reiterstatue den Platz. Mircea I. cel Bătrân (1355–1418) gilt als eine der wichtigsten Persönlichkeiten der rumänischen Geschichte: Unter seiner Herrschaft als Woiwode erreichte die Walachei ihre größte Ausdehnung.

Auf der Piața Mircea cel Bătrân

Die Kathedrale in Izmail

Klöster in der Umgebung

Obgleich sich in der Nähe von Tulcea eine Reihe interessanter Orte und Solitäre befinden, bieten die Veranstalter nur sehr selten einen Ausflug an, der ab hier nicht ins Delta führt. Die Bustour führt in diesen wenigen Fällen stets zu den **Klöstern Cilic Dere** und **Saon**, die beide außerhalb von Ortschaften und etwa 20 bzw. 25 Kilometer westlich von Tulcea liegen. Beide Anlagen sind klein, farbenfroh, bewohnt, wurden in jüngerer Zeit renoviert und vermitteln einen Eindruck vom religiösen Leben im ländlichen Rumänien. Cilic Dere ist eine Gründung aus dem 17. Jahrhundert, Saon dessen Tochtergründung aus dem mittleren 19. Jahrhundert.

Der Chilia-Arm

Der Chilia-Arm ist der nördlichste und wasserreichste der drei Donauarme. Er führt etwa 60 Prozent des Wassers mit sich – vor den Eingriffen des Menschen waren es rund 70 Prozent – und ist bis zu 1000 Meter breit, seine größte Tiefe beträgt 39 Meter. Er fächert sich hinter Vylkovo in zwei Gabelungszonen auf und mündet nach etwa 105 Kilometern in das Schwarze Meer. Der Hauptarm bildet auf seiner gesamten Länge die Grenze zwischen Rumänien und der Ukraine, an seinem nördlichen Ufer liegen die beiden ukrainischen Hafenstädte Izmail und Kilija.

Izmail

Izmail liegt nur rund 80 Kilometer vom Schwarzen Meer entfernt, aber gleichzeitig im äußersten Südwesten der Ukraine, und nicht zuletzt diese Randlage macht der Stadt schwer zu schaffen. Sie befindet sich heute, anders als zu sowjetischen Zeiten, abseits der wichtigen Verkehrs- und Handelsströme, und sichtbarstes Zeichen dafür ist die fast unheimliche Ruhe entlang der über zwei Kilometer langen Hafenanlagen – sie sind, obwohl für Tiefseefrachter ausgelegt, derzeit nur zu einem Viertel ausgelastet. Auch die zu sowjetischer Zeit hochgezogenen Industrieanlagen liegen weitgehend brach. Ein wichtiger Arbeitgeber ist die UDP (Ukrainian Danube Shipping Company), die auf der Donau vor allem im Frachtverkehr tätig ist, aber auch vier Kreuzfahrtschiffe der Mittelklasse unterhält. Diese werden saisonweise mitsamt Personal auch an deutsche Reiseveranstalter vermietet. In Izmail wohnen derzeit rund 72 000 Menschen, in den 1980er Jahren waren es 20 000 mehr.

Geschichte

Die Besiedlungsgeschichte beginnt mit den Griechen, und wohl auch slawische Stämme ließen sich hier nieder. Die eigentliche Gründung des Ortes fand aber im 12. Jahrhundert statt, als die Genueser hier einen Handelspunkt mitsamt Festung errichteten. Die Osmanen eroberten den Ort, und bis 1812 waren Stadt und Festung Teil des Osmanischen Reiches. Bis 1856 und von 1877 bis 1917 gehörte Izmail zu Russland und 1940/41 zur Sowjetunion, von 1856 bis 1877, von 1918 bis 1940 und schließlich von 1941 (Überfall Rumäniens an der Seite Deutschlands auf die Sowjetunion) bis 1944 (Befreiung durch die Rote Armee) zu Rumänien, dann zur Sowjetunion und ab 1991 schließlich zur unabhängig gewordenen Ukraine. Die zweimaligen Kämpfe um die Stadt im Zweiten Weltkrieg führten zu ihrer weitgehenden Zerstörung. Daher trägt sie heute, nicht nur in den Neubausiedlungen am Rand, weitgehend ein modernes Gesicht.

Der Hafen war spätestens seit Mitte des 19. Jahrhunderts von erheblicher Bedeutung – damals lebten hier bereits rund 40 000 Menschen –, und nach

1877 war auch ein Teil der russischen Donauflotte hier stationiert. Nach 1945 wurden Hafen und Industrie erheblich erweitert, 1940 bekam Izmail Anschluss an das Fernbahnnetz.

Noch heute wird die Erinnerung an die russisch-türkischen Kriege sorgsam gepflegt, und ganz besonders wird der Schlacht von Izmail vom 22. Dezember 1790 gedacht, als es russischen Truppen unter Alexander Suworow in mehreren Anläufen gelang, die türkische Festung einzunehmen. Diese starke Verklärung ist umso bemerkenswerter, da mit diesem Sieg keineswegs die dauerhafte Vertreibung der Türken verbunden war - sie blieben noch bis 1812. Besucher werden im Rahmen eines Stadtrundgangs mehrfach mit dem Namen des ›Helden von Izmail‹ konfrontiert, aber Izmail hat noch einige andere Sehenswürdigkeiten aufzuweisen. Interessant ist nicht zuletzt, eine Stadt zu erleben, die nahezu unberührt vom Tourismus ist - auch hier macht sich ihre Randlage bemerkbar.

Orientierung und Sehenswürdigkeiten

Izmail weist ein strenges schachbrettartiges Straßenraster auf. Mittelpunkt der Stadt ist kein Platz, sondern der auf etwa acht Kilometer Länge schnurgerade verlaufende **Suchorow-Prospekt**, der wenige hundert Meter vom Passagierhafen entfernt seinen Anfang nimmt. In seinem südlichen Teil, zum Schiffsanleger hin, finden sich einige der Hauptsehenswürdigkeiten - und in den baumbeschatteten Grünanlagen inmitten der 60 Meter breiten Magistrale neben Spielplätzen auch einige Biergärten. So lässt es sich ganz angenehm spazieren. An beiden Seiten erheben sich Häuser aus fast allen Epochen der Stadtgeschichte: allerlei Neo-Spielarten aus dem späten 19. Jahrhundert, etwas stalinistischer ›Zuckerbäckerstil‹ der zurückhaltenden Art und das Rathaus, ein typischer Betonklotz aus der Chruschtschow-Ära mit davorgesetzter Lenin-Statue.

▲ Karte S. 391

Am südlichen Anfang des Prospekts hält ein auf ein Podest gestelltes **Kanonenboot** aus dem Zweiten Weltkrieg die Erinnerung an die Seeleute der Donauflotte im Allgemeinen und an die Befreiung Izmails 1944 im Besonderen wach. Etwas weiter stößt man dann auf das **Reiterstandbild** (1996) für Alexander Suchorow. Der Berufssoldat Alexander Suchorow (1730–1800) war einer der berühmtesten russischen Generäle des 18. Jahrhunderts und galt schon zu Lebzeiten als einer der größten Strategen seiner Zeit. Er führte seine Truppen zu Siegen gegen die Preußen, Polen, Franzosen und auch die Türken; Denkmäler für ihn finden sich heute unter anderem auf dem St. Petersburger Marsfeld und in Tiraspol (Republik Moldau). In Izmail wird er aber ausschließlich als der General gewürdigt, der 1790 die Osmanen bezwang.

Das Reiterstandbild für Alexander Suchorow

Das Diorama, Ausschnitt

Unmittelbar dahinter erhebt sich die kürzlich grundsanierte **Kathedrale** (1821–1831) in kräftigem Blau, die eigentlich ein kolonnadengeschmückter Zusammenschluss zweier Kirchen ist. Der weithin sichtbare, 54 Meter hohe Glockenturm kam erst Ende des 19. Jahrhunderts hinzu, die Glocken für den Turm wurden aus erbeuteten türkischen Kanonen gegossen.

An der westlichen Seite des Prospekts, auf Höhe der Kathedrale, erinnert ein **Denkmal** an die in Afghanistan gefallenen Soldaten. Daran schließt sich ein kleiner **dendrologischer Park** mit rund 100 Pflanzenarten an.

Etwas weiter nördlich steht ein kleines **Denkmal** für Taras Hryhorowytsch Schewtschenko (1814–1861). Er gilt als der bedeutendste ukrainische Lyriker, in zahlreichen Städten gibt es Schewtschenko-Denkmäler an zentralen Plätzen. Ebenso am Prospekt befinden sich das 1948 gegründete **Suchorow-Museum** und die nach Schewtschenko benannte **Gemäldegalerie** auf der westlichen Seite. Sie präsentiert vor allem Gemälde aus dem 20. Jahrhundert, meist mit eher volkstümlichen Motiven und von der konservativen Art. Interessanterweise sind die Exponate meist zweisprachig beschriftet: ukrainisch und deutsch.

Noch etwas weiter nördlich, kurz vor der Kreuzung zur Puschkin-Straße, aber auf der anderen, der östlichen, Seite des Prospekts, nimmt der **Markt** seinen Anfang. Wer etwas Zeit hat, sollte sich ein wenig umschauen. Hier werden an jedem Werktag an kleinen Ständen vornehmlich Lebensmittel aus der Umgebung angeboten und dazwischen ein breites Sortiment an Haushaltsgegenständen und Kleidung. Es ist ein buntes Treiben, das sich sehr von den oft sterilen Markthallen Westeuropas unterscheidet.

Diorama

Eine der wichtigen Straßen, die den Suchorow-Prospekt kreuzt, ist der Lenin-Prospekt. Er zieht sich über mehrere Kilometer nach Westen. An ihm und in seiner Nähe liegen einige Fakultäten der verschiedenen Hochschulen, eine 1897 eingeweihte orthodoxe Kirche, ein unscheinbares Männerkloster mit gleich zwei Kirchen und der Bahnhof. Schließlich führt er zur Hauptsehenswürdigkeit Izmails, dem Diorama.

Das liegt an der Donau, mehrere Kilometer vom Stadtzentrum entfernt und an der Stelle, an der die Genueser die erste Festung errichteten. Unter den Osmanen war es eine äußerst wehrhafte Anlage: zehn Meter dicke Mauern, die von Wassergräben umgeben waren, die wiederum von der Donau gespeist wurden. Daher und weil die russischen Truppen 1790 in der Unterzahl waren, wird ihr militärischer Erfolg bis heute als ›Heldentat‹ bezeichnet. Die Russen setzten die Festung instand und bauten sie nach 1812 sogar noch aus, mussten sie aber nach 1856, nach dem verlorenen Krimkrieg, gemäß einer Bestimmung des Pariser Friedensvertrages schleifen. Der einzige Rest der Festung ist die frühere Moschee, die heute das Diorama beherbergt. Das ist, verglichen etwa mit dem in Breslau oder gar dem in Wolgograd, eher bescheiden – nur 20 mal 9 Meter als Viertelkreis –, aber effektvoll. Sein Thema ist natürlich, so der offizielle Titel: ›Russische und ukrainische Soldaten unter der Führung von Alexander Wassiljewitsch Suworow erobern die Festung von Izmail am 22. Dezember 1790‹. Um die Moschee herum ist Kriegsgerät ausgestellt, auch aus dem 20. Jahrhundert.

Kilija und Chilia Veche

Bei Pardina verzweigt sich der Chilia-Arm mehrmals, um kurz vor Kilija wieder zusammenzufinden. Kilija ist Izmail in seiner wechselhaften Geschichte und äußerer Anmutung wie auch seiner früheren Bedeutung als Hafen- und Industriestadt sehr ähnlich, wenngleich deutlich kleiner; es hat rund 20 000 Einwohner. Gegenüber, also auf rumänischer Seite, liegt Chilia Veche, heute nicht mehr als ein großes Dorf mit unter 5000 Einwohnern. Es gilt als eine der ältesten Ansiedlungen im Delta. Gegründet wurde sie wohl von den Griechen im 6. Jahrhundert vor Christus als Achillea, im Mittelalter befanden sich hier wehrhafte Anlagen der Genueser. Zu dieser Zeit lag der Ort nur 5 Kilometer vom Meer entfernt – heute rund 40 –; daran wird deutlich, wie sehr sich die Mündung von Jahr zu Jahr weiter ins Meer schiebt. Im 15. Jahrhundert war Chilia Veche eine wichtige Hafenstadt des damals existierenden Fürstentums Moldau. Reste der Festung sind noch sichtbar, ansonsten wird Chilia Veche von weißen Häusern und einer erstaunlich großen orthodoxen Kirche dominiert.

▲ Karte S. 391

Der Hafen in Kilija

Vylkovo

Vylkovo ist der letzte Ort auf ukrainischer Seite vor der Mündung des Chilia-Arms in das Schwarze Meer. 45 Prozent der Stadtfläche nehmen Kanäle und Seitenarme des Deltas ein, die auch an einigen Stellen die Funktion von Verkehrsstraßen einnehmen, weswegen Vylkovo oft – sicherlich etwas übertrieben – ›das ukrainische Venedig‹ genannt wird. Ein Großteil der knapp 9000 Einwohner sind Lipowaner, und ihre in kräftigen Blautönen gehaltene **Kirche** gehört zu den Hauptsehenswürdigkeiten des Ortes. Es gibt eine weitere kleinere Kirche, und seit kurzem hat der recht regelmäßige Besuch der Kreuzfahrtschiffe zu einigen kleineren Souvenirständen direkt am Schiffsanleger geführt. Von dort sind es nur wenige hundert Meter bis zum **Markt**, der täglich außer montags abgehalten wird; die kleinen Stände mit Selbstangebautem bestimmen seinen Charakter, und Imbissbuden gibt es auch. Hier gewinnt man einen kleinen Eindruck vom Leben in der ländlichen Ukraine – womöglich eine Alternative für diejenigen, die am Bootsausflug in das Delta nicht teilnehmen möchten. Geldwechsel ist in den Banken ganz in der Nähe möglich; man folgt dazu der Hauptstraße etwas nach Osten.

In Vylkovo starten viele Tagesgäste mit kleineren Booten zu Exkursionen in das Delta, seinem Schutz ist die Verwaltung des ukrainischen Donau-Biosphären-Naturreservats verpflichtet, das hier seinen Sitz hat. Überhaupt entwickelt sich das kleine Vylkovo zu einem Ferienort; sehr hübsch, da direkt am Wasser gelegen, ist etwa die junge Ferienanlage ›Pelikan‹ mit ihren Holzhütten.

Das Fischerdorf **Periprava** am gegenüberliegenden Ufer ist für all diejenigen, die eine Exkursion in den südlich angrenzenden Leteawald unternehmen, der erste Anlaufpunkt. Der Ort ist klein und abgeschieden, die weißen Häuser mit ihren blauen Fensterrahmungen hübsch anzuschauen.

Dahinter löst sich der nördliche Arm in ein Labyrinth aus Hauptstrom, zwei Kanälen und unzähligen Seitenarmen auf, die in das Schwarze Meer münden.

Der Sfăntu-Gheorghe-Arm

Der südlichste der drei Donauarme führt etwa 22 Prozent des Wassers. Er ist 109 Kilometer lang, seine größte Breite beträgt 550, die größte Tiefe 26 Meter. Der Sfăntu-Gheorghe-Arm ist lediglich für die lokale Schifffahrt von Bedeutung, für sie hat sich die Strecke seit dem Bau einiger Kanäle, die die großen Schleifen und Kehren abkürzen, auf 70 Kilometer verringert. Er ist dennoch weit weniger kanalisiert als der Sulina-Arm.

Nufăru, der erste Ort an der Strecke, zehn Kilometer östlich von Tulcea, ist eine

Eine der Hauptstraßen in Vylkovo

Einsamer Strand bei Sfăntu Gheorghe

Gründung der Römer, die ihr den Namen Talamorium gaben. Für das 10. bis 14. Jahrhundert ist für diese Stelle die Festung Perislava nachweisbar.

In **Murighiol** sind einige Überreste einer römisch-byzantinischen Siedlung aus dem 4. bis 6. Jahrhundert gefunden worden. Der Name kommt aus dem Türkischen und bedeutet ›lila See‹. Der angrenzende See trägt den gleichen Namen, an seinen Ufern befinden sich einige Feriensiedlungen. Im Ort starten kleinere Deltarundfahrten.

■ Sfăntu Gheorghe

Das Dorf Sfăntu Gheorghe liegt an der Mündung des Sfăntu-Gheorghe-Arms. Wiederum die Genueser gründeten 1318 an dieser Stelle einen Ort, von dem aus sie donauaufwärts fuhren. Im 17. und 18. Jahrhundert war er ein Stützpunkt der osmanischen Flotte. Im Dorf mit Hafen ist die Fischindustrie bestimmend, es gilt als das Zentrum der Störfischerei und damit als Hauptkaviarproduzent des Landes. Für Menschen, die möglichst abgeschieden und ungestört von anderen Besuchern wie auch Sehenswürdigkeiten einen Badeurlaub verbringen möchten, ist Sfăntu Gheorghe genau richtig: Mit 40 Kilometern Länge ist sein Meeresstrand der längste an der rumänischen Küste, und außer zwei Leuchttürmen - einer aus dem 19., einer aus dem 20. Jahrhundert - weist er keine Sehenswürdigkeiten auf, sieht man von den Bunkern auf dem Weg zum Strand ab. Es sind Hinterlassenschaften der deutschen Armee aus dem Zweiten Weltkrieg.

▶ Karte S. 391

In jüngerer Zeit ist am Ortsrand eine Feriensiedlung gebaut worden, die privat genutzt wird, aber keine Touristen aufnimmt. Es gibt aber Privatquartiere. Die nicht sehr zahlreichen Besucher kommen meist, um hier an einer Exkursion in das angrenzende Naturschutzgebiet teilzunehmen, vor allem für Ornithologen ein interessanter Ausflug. Vor der Küste hat sich seit Ende des 19. Jahrhunderts die Insel Sachalin herausgebildet, wo Kolonien von Krauskopfpelikanen brüten.

Der Sulina-Arm

Der Sulina-Arm ist der kürzeste und seit den zwischen 1862 und 1902 durchgeführten Kanalisierungsmaßnahmen gradlinigste und gleichzeitig touristisch uninteressanteste Mündungsarm. Er ist 64

Die Kirche in Sulina

Am Sulina-Arm

Kilometer lang (vor den Begradigungen waren es gut 92 Kilometer), seine größte Breite beträgt lediglich 250 Meter, die größte Tiefe 18 Meter. Eine Tiefe von mindestens 7,32 Metern ist durch stete Ausbaggerungen einer Fahrrinne gewährleistet, und für die Frachtschifffahrt ist der Sulina-Arm die wichtigste Verbindung. Der Arm führt etwa 18 Prozent des Donauwassers, vor den Kanalisierungsarbeiten waren es 8 Prozent. Damit ist er zwar der wasserärmste, aber dennoch fokussiert sich die Aufmerksamkeit ganz automatisch auf ihn, denn die gültige Kilometereinteilung der Donau orientiert sich an seinem Verlauf.

Mila 23 ist eine große Fischabnahmestelle und liegt etwas abseits an einer Verzweigung des Sulina-Arms, nördlich vom Hauptstrom. Seine Bezeichnung geht auf die alte Längenzählung zurück und bedeutet nichts weiter als Meile 23.

Crișan erstreckt sich über mehrere Kilometer entlang des rechten Ufers. Hier erforscht eine Zweigstelle des Donaudelta-Instituts die biologischen Zusammenhänge der Region. Zur Einrichtung gehört auch ein Museum, das allen Interessierten offensteht.

Sulina

Die einzige Stadt im Donaudelta ist Sulina mit knapp 4000 Einwohnern; 85 Prozent der Einwohner sind Rumänen, 10 Prozent Lipowaner. Da Sulina nur über die Donau erreichbar ist, gibt es fast keinen Autoverkehr. Die Hafenstadt an der Mündung des Sulina-Arms in das Schwarze Meer wird von der Fischindustrie, Werften und dem traditionellen Fischfang bestimmt. 1944 erlitt der Ort in den Kämpfen erhebliche Zerstörungen, 1970 wurde er von einem schlimmen Hochwasser heimgesucht. Sulina gilt als die am niedrigsten gelegene Stadt des Landes.

Eine byzantinische Anlegestelle bestand ab etwa 950, seit 1318 bestimmten die Genueser ihre Geschicke, seit dem 17. Jahrhundert die Osmanen. Sulina hat seit 1856 den Status eines Freihafens und war bis nach dem Ersten Weltkrieg Sitz der Europäischen Donaukommission, die sich unmittelbar am Hafen ein repräsentatives Verwaltungsgebäude errichten ließ. Die Förderung der Schifffahrt und die ständige Präsenz der Donaukommission mit ihren Vertretern aus acht europäischen Staaten machten aus Sulina zu Beginn des 20. Jahrhunderts eine kosmopolitisch geprägte Kleinstadt mit zahlreichen konsularischen und Handelsvertretungen und einer modernen Infrastruktur.

Lohnenswert ist ein Besuch des **Friedhofs** zwischen Stadt und dem Meer, der diese frühere multiethnische und multireligiöse Zusammensetzung der Stadt widerspiegelt: Grabmäler für Russen und Griechen, Deutsche, Engländer, Türken, Rumänen und Juden; auf manchen Grabsteinen sind noch die Berufsbezeichnungen lesbar.

Von den Bauten der Byzantiner und der Genueser ist nichts erhalten. Kleine Häuser prägen die Stadt, dazwischen einige moderne Wohnblocks und alte Villen sowie eine neu errichtete Hotelanlage und am nördlichen Ufer ein kleines Industriegebiet. Sehenswert ist die rumänisch-orthodoxe Kirche, daneben gibt es eine lipowanische sowie eine kleine römisch-katholische Kirche.

Anziehungspunkt ist neben dem langen Sandstrand am Meer der berühmte **Leuchtturm**. Er beherbergt das Botez-Museum, das dem Andenken an den Hafenkapitän und Schriftsteller Eugeniu Botez (1877–1933) gewidmet ist. Unter dem Pseudonym Jean Bart fing er in seinem Roman ›Europolis‹ die internationale Atmosphäre Sulinas um das Jahr 1920 ein. Von der Spitze des Leuchtturms hat man einen wunderbaren Blick auf Sulina, die Donaumündung und das Schwarze Meer. Der Leuchtturm wurde 1802 am Meer gebaut, heute befindet er sich in der Stadt. Der Fluss führt große Mengen an Schwebestoffen mit sich und schiebt das Ufer jedes Jahr um etwa 40 Meter ins Meer. Damit dies nicht zur Beeinträchtigung der Schifffahrt führt, ist Sulina ein Kanal vorgebaut worden, der weit in das Schwarze Meer hineinreicht. Gegenwärtig beträgt seine Länge rund zehn Kilometer.

Das wiederum hat zur Folge, dass der Besucher nicht so recht zu erkennen vermag, wo die Donau endet und das Schwarze Meer beginnt. Beeindruckender als die Landschaft ist das Wissen, sich am Kilometer 0 zu befinden, dort wo der Lauf der Donau nach 2888 Kilometern endet.

An der Anlegestelle in Vylkovo

Karte S. 391

Reisetipps von A bis Z

Zum Thema Bordleben ► *S. 14.*

Ärztliche Versorgung
Im Gegensatz zu Hochseekreuzfahrtschiffen ist für Flussschiffe kein Arzt an Bord vorgeschrieben. Manchmal reist routinemäßig einer mit, manchmal nicht. Das Personal ist in Erster Hilfe geschult und besitzt natürlich die Adressen von Krankenhäusern an der Route an Bord und auch Notfallpläne. Es gibt jedoch nur eine kleine Bordapotheke: Medikamente nicht vergessen! Es ist sehr ratsam, eine Auslandskrankenversicherung abzuschließen, die auch einen eventuell notwendigen Rücktransport einschließt.

Ausstattung des Schiffes
Neuere Schiffe sind zumeist besser und umfangreicher ausgestattet als ältere, das Angebot spiegelt sich nicht zuletzt in den unterschiedlichen Preisen der Anbieter wider. Je nachdem, worauf man Wert legt, sollte man sich genau beim Reisebüro/ Reiseveranstalter informieren.
Standard sind mittlerweile Sonnendeck mit Swimming-Pool, Bar, TV-Raum und kleiner Souvenirshop, Friseur und Wäscherei sowie Safe. Neuere Schiffe haben durchweg größere und komfortablere Kabinen, oft auch einen kleinen Wellnessbereich mit Geräteraum und Sauna.

Behinderte
Viele Schiffe sind nur eingeschränkt oder gar nicht auf Behinderte eingestellt. Im Zweifel sollte man direkt im Reisebüro oder bei der Reederei nachfragen.

Einreisebestimmungen
Innerhalb der EU genügt zwar der Personalausweis, aber für Serbien, die Ukraine und die Republik Moldau ist die Mitnahme eines Reisepasses erforderlich. Visa müssen nicht ausgestellt oder gar vor der Reise beantragt werden. Die Grenzformalitäten außerhalb der EU werden durch das Bordpersonal erledigt.

Elektrizität
An Bord durchgängig 220 Volt. Alle Steckdosen entsprechen der EU-Norm, Adapter sind nicht erforderlich.

Filmen und Fotografieren
Viele, aber nicht alle, Orte, die während der Fahrt angelaufen werden, sind touristisch frequentiert. Daher ist es oft möglich, sich mit Batterien und Speicherkarten zu versorgen.

Impfungen
Sind nicht notwendig.

Klima und Reisezeit
Die meisten Reisen finden zwischen April und Oktober statt, in den Wintermonaten bieten die Veranstalter immer mehr Reisen mit speziellen Schwerpunkten - Besuche von Weihnachtsmärkten oder Opern-, Konzert -und Theateraufführungen - an. Im Juli und August kann es heiß werden, zu Saisonbeginn und -ende sind die Abende an Deck recht kühl. Die angenehmsten Reisezeiten sind Mitte Mai bis Ende Juni und Mitte August bis Mitte September.

Kriminalität
Kein Thema. In allen Orten und Gegenden kann man sich als Tourist gefahrlos bewegen. Wie überall auf der Welt, sind dort, wo viele Gäste sind, Taschendiebstahl und andere Kleinkriminalität nicht weit. Es gelten die üblichen Vorsichtsmaßnahmen.

Post und Telefon
Es besteht die Möglichkeit, Briefe und Urlaubskarten an der Rezeption abzugeben. Sie werden beim nächsten Stop vom Personal zur Post gebracht. Karten und Briefmarken sind meist im Souvenirshop erhältlich. An Bord existiert kein regulärer Festnetzanschluss. Welche Netze wo empfangbar sind, ist beim jeweiligen Netzbetreiber zu erfragen. Mit größeren Funklöchern ist aber nicht zu rechnen.

Radio und Fernsehen

Fast alle Schiffe sind mit einem Fernseher oder einem abgetrennten TV-Raum ausgestattet, manche haben ein TV-Gerät in jeder Kabine; zur Ausstattung einiger Schiffe gehört auch das Radio in jeder Kabine.

Reiseveranstalter

Die Donau ist ein äußerst beliebtes Reiseziel, das von zahlreichen Reedereien und Charterern angeboten wird. Auskünfte erteilt jedes Reisebüro. Es gibt oft Sonderangebote, immer häufiger werden Themenfahrten (Weingenuss, Fahrradausflüge, Weihnachtsmärkte, Opernbesuche etc.) angeboten. Die größten Anbieter sind (s.a. Internethinweise):

1-AVista Reisen, Siegburger Str. 23, 50667 Köln, Tel. 0221/99800800, www.1avista.de.

A-ROSA Flussschiff GmbH, Loggerweg 5, 18055 Rostock, Tel. 0381/44040-100, www.a-rosa.de.

Lüftner Reisen, Amraser See Straße 56, 6020 Innsbruck, Tel. 0512/365781, www.lueftner-cruises.com.

Nicko Tours, Mittlerer Pfad 2, 70499 Stuttgart, Tel. 07 11/248980-44, www.nicko-cruises.de.

Phoenix Reisen, Pfälzer Str. 14, 53111 Bonn, Tel. 02 28/9260-0, www.phoenix-reisen.com.

TransOcean Kreuzfahrten, Rathenaustr. 33, 63067 Offenbach, Tel. 069/800871650, www.transocean.de.

Plantours Kreuzfahrten, Obernstr. 76, 28195 Bremen, Tel. 0421/17369-0, www.plantours-partur.de.

Sprache

Nimmt man an einem organisierten Ausflug mit Führungen teil, muss man sich darum keine Gedanken machen, da die Reiseleiter und die Fremdenführer vor Ort Deutsch sprechen – oft ausgezeichnet. Die Orte, die als Landgänge angeboten werden, sind zumeist von Touristen ohnehin gut besucht. Mit Englisch- oder auch Deutschkenntnissen ist eine Verständigung in vielen Museen, Geschäften und Lokalen problemlos möglich. In von Touristen stark besuchten Orten sind auch die Speisekarten und Beschriftungen in Museen oft mehrsprachig gehalten.

Tiere

Die Mitnahme von Tieren ist nicht gestattet.

Zahlungsmittel vor Ort

Abseits der Touristenströme und in kleineren Lokalen und Geschäften wie auch in Museen und anderen Einrichtungen wird der Euro, obwohl in den Orten entlang der Donau immer stärker quasi als Zweitwährung akzeptiert, nicht immer angenommen, ebenso wenig Kredit- oder EC-Karten. In allen Städten der Länder, in denen der Euro kein offizielles Zahlungsmittel ist (Ungarn, Kroatien, Serbien, Rumänien, Bulgarien, Ukraine), finden sich Bankautomaten und Wechselstuben im Zentrum und in der Nähe der Anlegestellen.
Über die aktuellen Wechselkurse informiert die Bordcrew, sie können im Internet beispielsweise unter www.oanda.com abgerufen werden.

Rettungsübung an Bord

Glossar

Atlas/Atlasfigur Titan der griechischen Mythologie, der die Säulen trägt, die Erde und Himmel auseinander halten. Atlasfiguren tragen – scheinbar – Teile eines Gebäudes wie Erker, Decken o.ä.

Basilika Typus eines christlichen Sakralbaus, der sich vor allem durch zwei bzw. vier Seitenschiffe auszeichnet.

Eklektizismus Künstlerische Ausdrucksweise, die sich bereits entwickelter und abgeschlossener Stile bedient. In der Architektur wird damit die Vermischung verschiedener Baustile bezeichnet.

Epitaph Gedenktafel mit Inschrift für den Verstorbenen, seltener Grabinschrift.

Evangeliar Liturgisches Buch mit dem vollständigen Text der vier Evangelien.

Fayence Feinglasierte, bemalte Tonware.

Fortifikation Veraltete Bezeichnung für Festungs- oder Befestigungswerk.

Freskomalerei Wandmalerei, die abschnittsweise auf den noch feuchten Putz aufgetragen wird.

Gobelin Handgearbeiteter Wandteppich.

Ikone Transportable, meist auf Holz gemalte Kultbilder; typisch für die Orthodoxie.

Ikonostase Mit Ikonen besetzte dreitürige Holzwand, die in orthodoxen Kirchen Altar- und Gemeinderaum voneinander trennt.

Inkunabeln (Wiegendrucke) die ältesten mit metallenen Einzellettern gedruckten Bücher und Einzelblattwerke (etwa 1450 bis 1500).

Karner Auch Beinhaus genannt, ein vom Mittelalter bis ins 19. Jahrhundert gebräuchlicher Friedhofsbau zur Aufbewahrung ausgegrabener Gebeine.

Kassettendecke Deckenkonstruktion, die durch sich kreuzende Träger gebildet wird und dazwischen kastenförmige und vertiefte Felder aufweist.

Katakomben Unterirdische Begräbnisstätten, vor allem im Mittelmeerraum verbreitet.

Kreuzrippengewölbe Eine Konstruktion von zwei Tonnengewölben, bei der die Grate durch Rippen verstärkt sind.

Krypta Unterirdischer Sakralraum in christlichen Kirchen.

Lapidarium Steinsammlung.

Laufwasserkraftwerk Wasserkraftwerk, bei dem der Zufluss oberhalb des Stauwehrs und der Abfluss im Regelbetrieb stets gleich sind, also kein Aufspeichern von Wasser zur ökonomischeren Nutzung bei Verbrauchs- und Zuflussschwankungen erfolgt.

Lithographie Verfahren zur Verfielfältigung von Graphiken unter Verwendung von Kalksteinplatten.

Majolika → Fayence.

Mautrecht Anderes Wort für Zollrecht.

Merianstich Matthäus Merian d. Ä. (1593–1650) schuf ab 1624 eine Vielzahl von Stadtansichten; heute allgemein als Merianstich bezeichnet.

Minoriten 1517 begründeter Orden, der seit dem 19. Jahrhundert nur noch wenige Anhänger hat.

Mitra Kopfbedeckung von Bischöfen und anderen hohen geistlichen Würdenträgern bei liturgischen Amtshandlungen.

Monstranz In der katholischen Kirche das liturgische Gefäß für die Darbietung der Hostie zur eucharistischen Verehrung.

Palas (Burg) Wohnbereich einer Burg.

Piaristen Katholischer Orden zur Erziehung der Jugend, seit 1621 anerkannt.

Pietà In Bildhauerei und Malerei Darstellung der trauernden Maria mit dem Leichnam Jesu auf dem Schoß.

Portikus Säulenhalle als Vorbau an der Haupteingangsseite eines Gebäudes.

Presbyterium In katholischen Kirchen der Altarraum.

Putte/Puttenfigur In Malerei und vor allem der Bildhauerei vom 15. bis zum 19. Jahrhundert beliebte Darstellungen kleiner und nackter, dabei nicht selten geflügelter Knaben.

Radierung Graphische Technik, dem Kupferstich ähnlich.

Relief In der Bildhauerkunst eine plastische, an einen festen Hintergrund gebundene Darstellung.

Reliquiar Behälter für Reliquien.

Sgraffito (Kratzputz) auf eine Putzschicht wird eine weitere dünnere aufgetragen, die nach dem Erhärten teilweise wieder abgeschabt wird. Dadurch ergeben sich Muster auf der Fassade.

Stapelrecht Im Mittelalter örtliches Recht, das es erlaubte, durchziehende oder passierende Kaufleute zu zwingen, ihre Waren für einen bestimmten Zeitraum zum Verkauf anzubieten.

Stich Graphisches Blatt (z.B. Kupferstich, Stahlstich).

Stukkatur Anderes Wort für Stuckarbeiten.

Tabernakel Behälter zur Aufbewahrung der wertvollsten liturgischen Gegenstände.

Trappisten Geistlicher Orden, dessen Mitglieder in strenger Askese, täglicher Arbeit und absolutem Schweigen leben.

Treideln Schleppen eines Schiffes gegen die Strömungsrichtung durch Menschen- oder meist Pferdekraft.

Trinitarier Seit dem 12. Jahrhundert bestehender Orden.

Triptychon Dreiflügeliger Altar.

Türbe Islamischer turmförmiger Grabbau.

Turul Mythologischer Vogel, der Legende nach Stammtier der ungarischen Arpaden.

Wiegendrucke → Inkunabeln.

Zopfstil Übergangsstil zwischen Rokoko und Klassizismus, besonders in Österreich und Ungarn verbreitet.

Internethinweise

Die meisten Städte entlang der Route findet man, indem man den Städtenamen und das jeweilige Länderkürzel eingibt, also zum Beispiel www.passau.de, www.wien.at, www.budapest.hu, www.beograd.rs. Die Seiten sind allerdings, je nach Engagement der jeweiligen Tourismusorganisationen bzw. Stadtverwaltungen, sehr unterschiedlich. Generell gilt, dass deutsche, österreichische und ungarische Städte sehr professionell vertreten sind, Richtung Osten wird das Angebot deutlich schwächer. Solide länderübergreifende Informationen bieten:

www.argedonau.at Arbeitsgemeinschaft Donauländer, bietet neben Informationen zu Wirtschaftskontakten, Verwaltungszusammenarbeit etc. auch eine Karte mit allen Kulturdenkmälern entlang der Donau.

www.danubecommission.org Die Internationale Donaukommission mit Hauptsitz in Budapest ist ein Zusammenschluss aller Anrainerstaaten. U.a. detaillierte Informationen zur Wirtschaft an der Donau und eine genaue Kilometrierung aller Orte.

www.danubeday.org Jedes Jahr am 29. Juni finden in allen Anrainerstaaten Donautage mit zahlreichen Veranstaltungen statt. Hier kann man sich über das Programm informieren.

www.danubecc.org Seite des Donau Kompetenz Centers mit Sitz in Belgrad, das sich vor allem der grenzüberschreitenden Förderung des Tourismus verschrieben hat.

www.deutsche-donau.de In der seit 1988 bestehenden Arbeitsgemeinschaft Deutsche Donau haben sich regionale Fremdenverkehrsverbände, Landkreise und Gemeinden zusammengeschlossen.

www.donauauen.at Hier stellt sich der Nationalpark Donauauen vor, der von Wien bis zu den Marchauen an der slowakischen Grenze reicht.

www.donaubuero.de Seite des Internationales Donaufestes, das alle zwei Jahre – das nächste Mal 2018 – in Ulm stattfindet.

www.icpdr.org Seite der Internationalen Kommission zum Schutz der Donau.

www.undp-drp.org Seite der Vereinten Nationen mit Informationen zu regionalen Entwicklungsprojekten (Danube Region Projekt).

www.via-donau.org Service- und Informationsseiten der Österreichischen Wasserstraßen-Gesellschaft mbH. Interessantes zum Thema Transportlogistik, zu Schleusen, Brücken und Fahrzeiten.

Seit Jahren bieten Internetportale Informationen zu den Hochsee- und Flusskreuzfahrten. Hier werden nahezu alle Fahrten mit Informationen zum Schiff, zum Reiseverlauf und auch mit Preisen und sogar Sonderangeboten nachgewiesen. Die Suchmasken sind allesamt ähnlich aufgebaut und einfach zu bedienen, Buchungen ebenso möglich.

Als verlässlich haben sich erwiesen:
www.kreuzfahrtenportal.de
www.kreuzfahrten.de
www.donau-flusskreuzfahrten.com
www.cruisepool.de
www.dreamlines.de
www.kreuzfahrtenpool.de
www.travelshop.de

Literaturhinweise

Zu allen Anrainerstaaten der Donau gibt es aktuelle Reiseführer und Länderkunden, oft auch aktuelle Kunst- und Bildbände und historisch-politische Sachbücher, die sich an ein allgemeines Publikum wenden. Auch die belletristische Literatur zur Donau einschließlich der Märchensammlungen und anderer Anthologien ist sehr breit. Daher beschränken sich die Literaturhinweise hier auf Werke, die noch lieferbar oder, falls vergriffen, oft in nicht-wissenschaftlichen Bibliotheken einsehbar sind und sich gleichzeitig grenzüberschreitend mit dem Donauraum befassen.

Sachbücher

Die Donau. Facetten eines europäischen Stroms. Katalog zur oberösterreichischen Landesausstellung 1994 in Engelhartszell, hg. v. Kulturreferat der Oberösterreichischen Landesregierung, Linz 1994. Die gut 50 Beiträge beschäftigen sich mit Geologie und Natur, Geschichte und Politik, Handel und Wirtschaft sowie der Kulturgeschichte des Donauraums. Sie sind durchweg anregend geschrieben und gut illustriert.

Martin Graff, Donauträume. Stromaufwärts nach Europa, München 1998. Reiseskizze des polyglotten Weltenbummlers und TV-Journalisten, der über seine Begegnungen mit den Menschen zwischen Schwarzem Meer und Schwaben berichtet.

Harald Heppner (Hrsg.), Hauptstädte in Südosteuropa. Geschichte, Funktion, nationale Symbolkraft, Wien u.a.O. 1994. Enthält weit mehr, als der Titel nahelegt, denn die einzelnen Texte betten die Entwicklung der Hauptstädte stets in den Kontext der Nationalstaatbildung ein und geben so eine gute Einführung in das Werden und das Selbstverständnis der behandelten Staaten und Nationen. Die Beiträge widmen sich u.a. Budapest, Bukarest und Belgrad.

Peter Mario Kreuter (Redakteur), **Konrad Clewing** (Hg.), **Oliver Jens Schmitt** (Redakteur), Geschichte Südosteuropas. Vom frühen Mittelalter bis zur Gegenwart, Regensburg 2011. Umfangreiches (ca. 840 Seiten) und fachlich hervorragendes Werk. Für Historiker und geschichtlich besonders Interessierte mit großem Gewinn zu lesen, für das allgemeine Publikum anstrengend.

Claudio Magris, Donau. Biographie eines Flusses, Wien 1988 (auch andere Ausgaben). Brillanter Essay mit vielen originellen Assoziationen und einzigartigen Hinweisen vor allem geistesgeschichtlicher Art.

Marianne Mehling (Hrsg.), Die Donau, München 1993 (Knaurs Kulturführer in Farbe). Bewährte Qualität der bekannten Reihe: Alle Sehenswürdigkeiten am Fluss von A bis Z in knappen Zusammenfassungen mit dem Hauptschwerpunkt Kunst- und Architekturgeschichte; die Orte abseits der Ufer fehlen jedoch. Leider nicht mehr lieferbar und auch antiquarisch nur mit Glück erhältlich.

Eckart v. Stratenschulte/Florian H. Setzen (Hgg.), Der europäische Fluss: Die Donau und ihre Regionen als Strategieraum, Berlin 2011. Dieser Sammelband beschreibt und reflektiert die Donau-Strategie der EU.

Ernst Trost, Die Donau. Lebenslauf eines Stroms, Wien, München, Zürich 1968. Trost gilt als der beste Kenner des Stroms. Die Bemerkungen zu Gegenwartsgeschehnissen sind natürlich zum Teil überholt, sein Werk ist aber überreich an Fakten und klugen Gedanken zur (Kultur-) Geschichte des Donauraums.

Michael W. Weithmann, Die Donau. Ein europäischer Fluss und seine Geschichte, Regensburg u.a.O. 2000. Darlegung der Geschichte im Donauraum von den ersten Anfängen bis zum Ende des 20. Jahrhunderts. Verdienstvolle Arbeit, wenngleich sie sich manchmal in den Einzelheiten verliert.

Ders., Die Donau: Geschichte eines europäischen Flusses, Wien, Köln und Weimar 2012. Deutlich kürzer und übersichtlicher als der Band von 2000, naturgemäß dabei in vielem aber auch summarischer.

Bildbände

Manfred Fiala, Die Donau. Steierische Verlagsgesellschaft, Wiener Neudorf 2004. Teilweise neue Perspektiven gegenüber älteren Bildbänden, da der Fotograf den Strom mit einem Kanu befuhr.

Frank Gaudlitz, Warten auf Europa. Mit Essays von Karl Schlögel, Jule Reuter und Günter Schödel, Potsdam 2006. Der Fotograf Frank Gaudlitz portraitiert Menschen in den ländlichen Regionen zwischen Delta und Donaueschingen und lässt sie selbst zu Wort kommen. Ein sensibles Buch über die Eigenheiten und auch Rückständigkeit und Armut der Provinz und ein harter Kontrast zu den vielen Bildbänden, die sich auf klassische Sehenswürdigkeiten kaprizieren.

Jutta Gay, Die Donau. Von der Quelle bis zur Mündung. Komet Verlag, Köln 2010. Rund 150 Abbildungen, preiswerte Alternative zu den hochpreisigen Bildbänden.

Thomas Merk/Andreas Riedmiller, Die Donau. Von der Quelle bis zur Mündung, Ellert & Richter: Hamburg 1994. Schöner Bildband mit kürzeren präzisen Texten.

Lászlo Mészáros, Die Donau, München 2006. Eindrucksvolle Fotos und hochwertige Ausstattung auf 250 großformatigen Seiten – dieser Bildband setzte ästhetisch neue Maßstäbe.

Christian Prager/Thomas Deuschle, Donau-Kreuzfahrt: Von Passau bis zum Schwarzen Meer, Reim Knut Verlag, Hamburg 2010. Qualitätsvolle aktuelle Fotos, kurze Texte.

Ralf Schröder, Flusskreuzfahrten auf der Donau, Bielefeld 2005. In den Landschaften zwischen Passau und Budapest werden neben den Sehenswürdigkeiten vor allem auch die Kreuzfahrtschiffe ins vorteilhafte Bild gerückt. Sehr knappe Texte.

Bernhard Schütz/Achim Bunz, Die Donau: Kulturschätze an einem europäischen Strom, München 2012. Echtes Schwergewicht, brillante Fotos.

Belletristik

Donau, hg. v. Christian Fridrich, Wieser Verlag, Klagenfurt 2012 [Reihe Europa erlesen]. Auf mehr als 600 kleinformatigen Seiten mehrere Dutzend Autoren und Textausschnitte; etwas unhandlich, aber eine wahre Fundgrube.

Nora Kircher (Hrsg.), Die Donau in Mythen, Märchen und Erzählungen, München 1988. Die ausgewählten Texte beschäftigen sich mit der Donau von der Quelle bis zum Delta. Der Schwerpunkt der nicht märchen- und mythenhaften Texte liegt vor dem 19. Jahrhundert.

Anna Lindner (Hg.), Donausagen. Vom Schwarzwald bis zu Schwarzen Meer, Wien 2011. Nicht sehr umfangreich; die Herausgeberin paraphrasiert die historischen Stoffe: Vor allem für diejenigen geeignet, die einen modernen Sprachduktus bevorzugen.

Susanne Schaber, Literaturreisen. Die Donau von Passau bis Wien, Stuttgart und Dresden 1993. Bekannte und unbekannte Autoren werden vorgestellt und kommentiert, vor allem die ausführlichen bibliograpischen Angaben sind eine Fundgrube.

Bernhard Setzwein, Die Donau. Eine literarische Flussreise von der Quelle bis Budapest, Stuttgart 2004. In der Anlage ähnlich wie der Band von Schaber, ebenso mit ausführlichem Literaturverzeichnis. Aktueller, die Zitate sind knapper.

Schifffahrt

Josef Darmstädter (Hg.), Die Donau und ihre Weiße Flotte. Geschichte der Donaupassagierfahrt. Register, Bilder, Pläne aller Passagierschiffe auf der Donau, Wien 1988. Interessant sind vor allem die abgedruckten Dokumente, die ein lebendiges Bild von dem Donaukreuzfahrttourismus vermitteln, wie er vor dem Zweiten Weltkrieg bestand.

Franz Dosch, 180 Jahre Donau-Dampfschiffahrts-Gesellschaft, sutton Verlag, Erfurt 2009. Die Geschichte der berühmten DDSG in über 200 historischen Abbildungen.

Ders., Eine nostalgische Donaureise mit der DDSG 1830–1995, sutton Verlag, Erfurt 2012. Variation und Ergänzung zum Band von 2009.

Ders., Oldtimer auf der Donau, sutton Verlag, Erfurt 2010. 180 Jahre Geschichte in über 200 historischen Abbildungen.

Melanie Haselhorst/Kenneth Dittmann, Die Donau. Von Kelheim zum Schwarzen Meer, Edition Maritim/Delius Klasing, Bielefeld 2011. Umfassender Reisebegleiter für Sportbootfahrer mit Informationen zu den Anrainerstaten und Sehenswürdigkeiten.

Karten

Ein aktuelle Karte, die den Donauraum zwischen Passau und dem Delta abdeckt, ist noch immer nicht auf dem Markt. Die beste Alternative ist ein achtteiliges Kartenset, das für den Radtourismus in Zusammenarbeit von GTZ und dem Kartenverlag Huber entwickelt wurde. Aktuell, detailliert und mit Länderinformationen, allerdings nur für die Strecke zwischen Budapest und Delta. Die neueste Auflage stammt von 2015 (www.kartographie.de).

Der Autor

Hinnerk Dreppenstedt, geb. 1966 in Celle, lebt seit 1993 in Berlin. Germanistik- und Geschichtsstudium, seit 1997 als Autor und Lektor im Sachbuchbereich tätig. Unter h.dreppenstedt@t-online.de freut er sich über Hinweise und Anregungen aller Art zu diesem Buch.

Der Autor

Danksagung

Herzlichen Dank an Heike Euskirchen (Phoenix Reisen), die durch ihr Entgegenkommen eine längere Recherchereise in großzügiger Weise förderte; an Madeleine Napetschnig und vor allem Uwe Mauch, die mir Wien zu verstehen halfen; an Ilia Jordanov, der mir Ruse nahebrachte; an Robert Dunkelberg für eine Reihe von kulturhistorischen Hinweisen; großer Dank an den Reiseleiter Ulrich Deiß (Phoenix Reisen), der mir zwischen Passau und Tulcea viele Besuche erleichterte oder überhaupt erst ermöglichte und nicht zuletzt Einsicht in sein umfangreiches Archiv gewährte. Wertvolle Hinweise auch zu dieser Auflage kamen wiederum von Lesern: Sylvia Andresen, Jutta Geissler, Manfred Hackenberg, Friedrich Heilbronner, Manfred Meklenburg. Dafür herzlichen Dank.

A

Adamovič (Familie) 257
Aggsbach-Dorf 101
Aggsbach-Markt 101
Aggstein 101
Alas, Petrovič 287
Aljmaš 257
Altmann von Passau 111
Altomonte, Bartolomeo 75, 76
Ámos, Imre 201
Ámos, Margit Anna 201
Anastasijevič, Miša 291
Andersen, Hans Christian 166
Andrič, Ivo 297
Antonescu, Petre 373
Apatin 251
Apollodorus von Damaskus 320
Aprilli, Guiseppe 275
Arbanasi 349
Ardagger Markt 83
Aschach 70

B

Baba Gül 215
Babakaj-Felsen 308
Bachna 313
Bačka Palanka 261
Bad Deutsch-Altenburg 153
Băile Herculane 314
Baja 239
Balakov, Krassimir 350
Balassi, Balint 189
Barosz, Gabriel 308
Bartók, Béla 213
Basarbovo 341
Batina 250
Bazias 305
Beduzzi, Antonio 73
Béla II. 188
Béla IV. 207
Belene 331
Belgrad 279
  Akademski trg 291
  Festung 284
  Kathedrale des heiligen Sava 297
  Skadarlija 294
  Terazije 295
  Trg Republike 292
  Ulica Knez Mihailova 289
  Viertel Varoš kapija 287
Beljanski, Pavle 268
Belleuse, Albert Erneste Carrier de 372
Belogradčik 327
Bezdan 250
Borcea-Arm 375
Bordleben 14
Botev, Christo 328
Botez, Eugeniu 405
Brăila 378
Brăila-Insel 378
Brašovan, Dragiša 264
Bratislava 159
  Burgberg 162
  Eurovea-Viertel 171
  Stadtzentrum 164
Broz, Josip 270
Brücke der Freundschaft 353
Brücke Neues Europa 322
Bruckner, Anton 76, 78
Budapest 206
  Andrássy út 227
  Burgberg 209
  Gellértberg 216
  Heldenplatz 229
  Kleiner Ring 222
  Margareteninsel 215
  Millenniumsviertel 231
  Pester Uferpromenade 217
  Stadtwäldchen 229
  Wasserstadt 214
Bukarest 356
  Altes Handelsviertel 364
  Bulevardul Unirii 362
  Calea Victoriei 367
  Casă Poporului 360
  Dorfmuseum 373
  Patriarchenhügel 363
  Piața 21 Decembrie 1989 370
  Piața Revoluției 368
  Piața Universitații 372
Bulgarien (Überblick) 44
Burg Eschelberg 71
Burg Freyenstein 85
Burg Greifenstein 115
Burg Haichenbach 70
Burg Kreuzenstein 116
Burg Marsbach 69
Burg Neuhaus 70
Burg Rannariedl 69
Burgruine Kulic 304
Burgruine Laszlo 308
Burgruine Weitenegg 89
Burgruine Wesenstein 69
Burgruine Wörth 84
Burg Schaunburg 71
Burg Spielberg 82
Burg Vichenstein 68
Burg Werfenstein 84

C

Calafat 322
Canetti, Elias 339
Canevale, Isidore 196
Capidava 377
Carlone, Carlo Antonio 77
Carlone, Giovanni Battista 60
Carlone, Pietro Francesco 75
Ceaușescu, Elena 362
Ceaușescu, Nicolae 361, 369
Cernavodă 376
Červený kameň (Bibersburg) 175
Chilia-Arm 398
Chilia Veche 401
Constanța 381
Constantin Brăncoveanu 365
Corabia 329
Crișan 404

Čunovo 177
Curtis, Tony 223
Cvijič, Jovan 291

D
Đakovo 258
Dalj 257
Decebal 312
Deix, Manfred 110
Đerdap II 321
Deutschland (Überblick) 24
Devín 157
Dietmayr, Bertold 95
Dimovo 326
Dobra 309
Dobrudscha 381
Dömös 190
Donaudampfschiffahrtsgesellschaft (DDSG) 116
Donaudelta 391
Donauinsel 195
Donauknie 184
Donauleiten 67
Donau-Schwarzmeer-Kanal 376
Donji Milanovac 310
Donner, Georg Raphael 75, 125, 133, 166, 171
Đorđe Petrović (Karađorđe) 299
Dornach 83
Drancova 309
Drava (Drau) 253
Dritter Koalitionskrieg 106
Drobeta-Turnu Severin 319
Dubček, Alexander 164
Dunaföldvár 234
Dunajská Streda 177
Dunaújváros 234
Dunkelsteiner Wald 104
Dürer, Albrecht 175
Dürnstein 104

E
Eco, Umberto 95
Einstein, Albert 267
Einstein-Marič, Milena 267
Eisernes Tor 306
Elisabeth (›Sisi‹) 128, 147, 202
Eminescu, Mihail 388
Emmersdorf 100
Enescu, Gheorghe 372
Engelhartszell 69
Enns 82
Erdut 257
Erlach, Johann Bernhard Fischer von 133, 139, 143
Erster Serbischer Aufstand 299
Esztergom 185
Eugen von Savoyen 125, 141, 233, 251, 301
Europäische Donaukommission 404

F
Fajsz 239
Fellner und Helmer 165, 231
Ferency, Károly 201
Fernkorn, Anton 132
Ferrari, Ettore 384
Ferstel, Heinrich 137
Festung Golubac 307
Festung Ram 304
Feszl, Frigyes 220
Fetești 375
Fičeto, Koljo 332, 345, 348
Fischer von Erlach, Joseph Emanuel 139
Flussverlauf 19
Franz Joseph (Kaiser) 147
Frieden von Karlowitz 301
Frieden von Passarowitz 302
Friedrich III. 75, 77, 124
Fugger (Familie) 175

G
Gabčik, Jozef 177
Gabčikovo 177
Galați 379
Gedenkstätte Mohács 242
Gellért 217
Gemencer Wald 239
Georg Scheck vom Wald 101
Gerbeaud, Emile 224
Ghindărești 377
Gisela (Heilige) 61
Giurgeni 375
Giurgeni-Brücke 377
Giurgiu 353
Giurgiuleşti 380
Glossar 408
Gödöllő 202
Grassalkovich, Antal I. 202
Grassalkovich, Anton 169
Grein 84
Grenzverläufe der Anrainerstaaten 19
Grigoletti 187
Grocka 303
Große Schütt 177
Grünanger, Friedrich 338
Gusti, Dmitrie 373

H
Hainburg 154
Hajós 239
Hansen, Theophil 136, 138
Hărșova 377
Harta 234
Hasenauer, Carl 136
Haydn, Joseph 154
Hefele, Melchior 61, 170
Herzl, Theodor 223
Hildebrandt, Johann Lukas von 251
Hildebrandt, Lukas von 75, 142
Hinweise zur Benutzung 12
Hitler, Adolf 75

Horthy, Miklós 203
Hrdlicka, Alfred 126
Hundertwasser, Friedensreich 145
Hviezdoslav 166

I

Idrisi 107
Ilić, Branko 266
Ilok 260
Insel Csepel 233
Insel Simian 321
Insel Wörth 84
Internethinweise 409
Isaccea 380
Istrati, Panait 379
Ivanovo 342
Izmail 398

J

Jakšič, Djura 294
János Pannonius 247
Jantra 332
Joanikide 366
Jochenstein 68
Joching 103
Johannes Capristan 261
Jókai, Mór 179

K

Kahlenberg 117
Kalocsa 234
Kanitz, Felix Philipp 327
Karađorđević (Familie) 299
Karadžič, Vuk 288, 292
Karlowitzer Frieden 273
Kartenlegende 421
Kasten 68
Kempelen, Wolfgang 166
Kepler, Johannes 75, 76
Kernkraftwerk Zwentendorf 113
Kilifarevski-Kloster 352
Kilija 401
Kladovo 318
Kleine Karpaten 172
Kleine Schütt 177
Klimt, Gustav 140
Kloster Cilic Dere 398
Kloster Krušedol 272
Klosterneuburg 116
Kloster Saon 398
Kloster Sveta Troica 352
Kmetty, János 201
Kodály, Zoltan 228
Kokoschka, Oskar 89
Komárno 178
Komárom 178
König (Familie) 214
Korneuburg 116
Kossuth, Lajos 222
Kostolac 304
Kosztka, Tivadar Csontváry 248
Kotz, Károly 247
Kovács, Margit 201
Kovilj-Petrovaradiner Ried 278
Kozloduj 328
Kraftwerk Abwinden-Asten 82
Kraftwerk Đerdap 313
Kraftwerk Greifenstein 115
Kraftwerk Ottensheim-Wilhering 71
Kraftwerk Wallsee-Mitterkirchen 82
Krempelstein 67
Krems 106
Kremser Schmidt 76, 108
Kroatien (Überblick) 35

L

Lazar 288
Lechner, Ödön 225
Lehár, Franz (Ferenc) 179
Lepenski Vir 309
Linz 72
Lipowaner 377, 394
Liszt, Franz (Ferenc) 187, 211, 227, 236
Literaturhinweise 410
Ljubcova 309
Loiben 106
Lom 328
Loos, Adolf 127, 130, 140
Lorenz, Konrad 115
Lukomski, Viktor 288
Lurago, Carlo 60

M

Machland 82
Magura-Höhle 326
Makovecz, Imre 234
Malý Dunaj 177
Mamaia 389
Mamuzič, Rajko 268
Marbach 87
Marc Aurel 113
Marchfeld 152
March (Morava) 154
Maria Taferl 87
Martyn, Ferenc 248
Matthias Corvinus 168, 191, 207
Mautern 106
Mauthausen 82
Maximilian I. Joseph 58
Mayerhoffer, Andreas 199, 202, 222
Melk (Stadt) 98
Messerschmidt, Franz Xaver 171
Meštrović, Ivan 265, 285
Meyer, Carl R. 368
Mihajl 287
Mila 23 404
Miletič, Svetozar 265
Mircea I. cel Bătrân 396
Mitterarnsdorf 103
Mittlere Donau 156
Modra 174
Mohács 240
Moldava 305
Moldava Nouă 305
Moldava Veche 305
Moldawien (Überblick) 47
Molnar, Gyorg 265
Mosoni Duna 177
Mozart, Wolfgang Amadeus 77, 124
Murfatlar 389

N

Nagy, Imre 222
Nagymaros 190
Nationalpark Fruška Gora 271
Nationalpark Kopački Rit 251
Nibelungen 90
Nibelungengau 87
Nibelungenlied 90
Nikopol 330
Novi Sad 262
Novo Hopovo 273
Nüll, Eduard van der 135

O

Obere Donau 54
Obermühl 70
Obernzell 67
Obradovič, Dositej 288, 291, 292
Obrenovič, Miloš 288
Oltenița 353
Ordas 234
Orjahovo 329
Orșova 312
Orth 152
Ortner, Laurids 138
Ortner, Manfred 138
Osijek 252
Osman Pasvantoglu 325
Österreich (Überblick) 24
Ottensheim 71
Otto von Habsburg 126
Ovid (Publius Ovidius Naso) 385

P

Pacassi, Nicolaus 143
Pajević, Arsa 266
Paks 234
Pálffy 176
Pálffy (Familie) 173
Pálffy, Nikolaus 176
Pančevo 303
Panćič, Josif 291
Passau 56
Pécs 242
Periprava 402
Persenbeug 86
Petőfi, Sándor 217, 219
Petronell-Carnuntum 153
Petrovaradin 268
Pezinok 173
Pilgram, Anton 123
Pleven 332
Pöchlarn 89
Prahovo 322
Preobraženski-Kloster 352
Pruth 380
Puchenau 71
Puszta-Show 238

R

Rajačić, Josif 276
Reisetipps von A bis Z 406
Renard, Daniel 387
Reni 380
Richard Löwenherz 105
Romains, Jules 206
Rosandič, Toma 297
Rossatz 106
Rottmayr, Johann Michael 97
Rüdiger von Bechelaren 89
Rumänien (Überblick) 41
Rumänische Schwarzmeerküste 381
Ruse 335
Russenski Lom 341

S

Sailern zu Asperg-Schönbühel (Familie) 102
Saligny, Anghel 376
Saligny-Brücke 376
Sarmingstein 85
Save 278, 279
Schewtschenko, Taras 400
Schiele, Egon 115
Schlacht am Kahlenberg 117
Schlacht von Loiben 106
Schleuse Jochenstein 68
Schleusen 20
Schlögener Schlinge 70
Schloss Persenbeug 86
Schloss Ráckeve 233
Schloss Schönbühel 100
Schmidt, Friedrich 247
Schneider, Romy 149
Schulek, Frigyes 211, 212
Schüttinsel 177
Schwallenbach 102
Seilern zu Aspang-Schönbühel (Familie) 100
Seitz, Alexander-Maximilian 259
Seitz, Ludwig 259
Semper, Gottfried 128, 136, 137
Serbien (Überblick) 38
Servitenkloster 100
Severin 64
Sfăntu Gheorghe 403
Sfăntu-Gheorghe-Arm 402
Sicardsburg, August Sicard von 136
Silistra 354
Simor, János 189
Sio-Kanal 239
Slovenský Grob 174
Slowakei (Überblick) 28
Smederevo 303
Spitz 102
Sremski Karlovci 273
Starčević, Ante 254
Starhemberg, Lothar Balthasar von 100
Stari Slankamen 278
Stein 110
Steindl, Imre 221
Stifter, Adalbert 80
Stift Göttweig 111
Stift Melk 94
St. Michael 103
St. Nikola 85
Strauß, Johann 121, 135
Streckenverlauf (Kilometrierung) 23
Strossmayer, Josip Juraj 254, 259
Struden 85

Anhang

Strudengau 83
Stüler, Friedrich August 221
Štúr, Ľudovít 165, 174, 183
Štúrovo 182
Suchorow, Alexander 399
Sulina 404
Sulina-Arm 403
Svätý Jur 172
Svištov 331
Százhalombatta 233
Széchenyi, Ferenc 211
Széchenyi, István 220
Szekely, Bertalan 247
Szentendre 197
Szob 190
Szönyi, István 190

T

Tekija 312
Thun, Wenzeslaus von 60
Thurzo (Familie) 175
Tisa (Theiß) 278
Topola 299
Torres, Francesco 60
Traismauer 113
Trajan 312
Trajansbrücke 318
Trajanstafel 312
Tulcea 394
Tulln 113
Tullner Becken 113
Turnu Măgurele 330
Tutrakan 353

U

Ukraine (Überblick) 50
Ungarn (Überblick) 31
Untere Donau 316
Untermühl 70

V

Vác 196
Vasarely, Victor 248
Vauban, Sébastien le Prestre de 269, 284
Veliko Gradište 305
Veliko Tărnovo 343
Venus von Willendorf 102
Verőcemaros 196
Vidin 323
Vinča 303
Visegrád 191
Viski, Károly 237
Vlad Tepeș 364
Von Eltz (Familie) 257
Von Hildebrandt, Johann Lukas 233
Von Liechtenstein (Familie) 116
Vukovar 257
Vylkovo 401

W

Wachau 93
Wagenschön, Franz 214
Wagner, Otto 135, 139, 140, 141
Wallsee 82
Walther von der Vogelweide 131
Wasserkraftwerk Altenwörth 113
Weißenkirchen 103
Weitenegg 89
Whiteread, Rachel 132
Wien 118
Albertinaplatz 126
Am Hof 131
Belvedere 141
Donauinsel 122
Freyung 131
Goldenes Quartier 131
Graben 130
Griechengasse 124
Heldenplatz 129
Herrengasse 131
Himmelpfortgasse 125
Hofburg 127
Hoher Markt 133
Hundertwasserhaus 145
Judenplatz 132
Karlsplatz 138
Kärntner Straße 125
Kohlmarkt 130
Michaelerplatz 127
Morzinplatz 133
Mozarthaus Vienna 124
Museumsquartier 138
Naschmarkt 140
Neuer Markt 125
Prater 146
Ringstraße 134
Schönbrunn 143
Stephansdom 122
Stephansplatz 122
UNO-City 122
Westliche Altstadt 130
Wilfering 71
Willendorf 102
Wittgenstein, Karl 140
Wösendorf 103

Y

Ybbs 86
Ybbs-Persenbeug 85
Ybl, Miklós 203, 227

Z

Zebegény 190
Zeichenlegende 421
Zemun 278
Zimnicea 331
Živkov, Todor 350
Zmaj, Jovan Jovanovič 265
Zocchi, Arnoldo 337
Zsolnay, Vilmos 246

Bildnachweis

Alle Fotos: Hinnerk Dreppenstedt, außer: Archiv Ruine Aggstein (S. 100), Archiv Trescher Verlag (S. 238, 390, 402), Novi Sad Tourismus (S. 272), Oberösterreich Tourismus/Bohnacker (S. 68, 69), Oberösterreich Tourismus/Fersterer (S. 83), Michael Runkel/Robert Harding World Imagery/Corbis (Titel), shutterstock/Pecold (S. 184), shutterstock/Scirocco340 (S. 55), Ungarisches Tourismusamt (S. 195, 203o., S. 203u.).

Kartenregister

Übersichtskarten
Kartenübersicht S. 13
Zwischen Passau und dem Strudengau S. 54
Strudengau und Nibelungengau S. 82
Wachau 92
Tullner Becken S. 113
Zwischen Wien und Devín S. 151
Zwischen Marchmündung und Esztergom S. 157
Zwischen Donauknie und Budapest S. 183
Zwischen Budapest und kroatisch-serbischer Grenze S. 232
Entlang der serbisch-kroatischen Grenze S. 249
Zwischen Novi Sad und Eisernem Tor S. 273
Eisernes Tor S. 305
Zwischen Eisernem Tor und Nikopol S. 316
Zwischen Nikopol und Silistra S. 329
Von Silistra in das Donaudelta S. 354
Donaudelta S. 391

Grundriss
Visegrád/Königspalast S. 192

Stadtpläne
Arbanasi S. 349
Belgrad Hintere Umschlagklappe
Belgrad/Festung S. 282
Bratislava S. 159
Budapest/Budaer Seite S. 209
Budapest/Pester Seite S. 217
Bukarest/Zentrum S. 357
Constanța S. 381
Drobeta-Turnu Severin S. 319
Esztergom S. 185
Kalocsa S. 235
Komárno S. 179
Krems S. 106
Linz S. 73
Melk/Stift und Ort S. 94
Mohács S. 239
Novi Sad S. 262
Novi Sad/Festung S. 268
Osijek S. 252
Passau S. 58
Pécs S. 242
Pezinok S. 173
Ruse S. 335
Sremski Karlovci S. 274
Szentendre S. 196
Tulcea S. 394
Tulln S. 114
Veliko Tarnovo S. 343
Vidin S. 322
Wien/Zentrum Vordere Umschlagklappe

Donau-Kreuzfahrten
1AVista
Reisen
Zahlreiche
Donau-Kreuzfahrten
mit All-Inclusive-
Verpflegung
Beratung und Buchung
unter www.1avista.de oder in Ihrem Reisebüro

Kartenlegende

- Autofähre
- Bahnhof
- Bank
- Brunnen
- Burg/Festung
- Burgruine
- Busbahnhof
- Café
- Denkmal
- Dorfkirche
- Flughafen
- Hafen
- Höhle
- Hotel
- Kirche
- Kloster
- Klosterruine
- Krankenhaus
- Leuchtturm
- Markt
- Moschee
- Museum
- Oper
- Post
- Restaurant
- Ruine/Ausgrabungsstätte
- Sehenswürdigkeit
- Sehenswürdigkeit
- Seilbahn
- Strand
- Synagoge
- Theater
- Tor
- Touristeninformation
- Turm
- Zoo

- Sehenswürdigkeit
- Burg
- Kirche
- Friedhof

- Berggipfel
- Seilbahn

- Autobahn
- Schnellstraße
- Hauptstraße
- sonstige Straßen
- E 65 Europastraße
- A 65 Autobahn
- 243 Bundesstraße
- Eisenbahn
- Grenzübergang
- Staatsgrenze
- Hauptstadt
- Stadt/Ortschaft

Zeichenlegende

- Tourismusbüros, allgemeine Informationen
- Wechselstuben, Bankautomaten
- M Öffentliche Verkehrsmittel
- Übernachtungsmöglichkeiten
- Cafés und Restaurants
- Einkaufsmöglichkeiten
- Dampfer- und Ausflugsfahrten